**Die Berliner S-Bahn**
Gesellschaftsgeschichte
eines industriellen Verkehrsmittels

# Die Berliner S-Bahn

## Gesellschaftsgeschichte eines industriellen Verkehrsmittels

Katalog zur Ausstellung der Neuen Gesellschaft für Bildende Kunst (NGBK)

*28. November 1982 – 12. Januar 1983*

**1982**
**Verlag Ästhetik und Kommunikation**

**Neue Gesellschaft für Bildende Kunst e. V. (NGBK)**
in Zusammenarbeit mit dem

**Museumspädagogischen Dienst Berlin (MD)**
**Museum für Verkehr und Technik, Berlin (MVT)**
**Künstlerhaus Bethanien**
**Verlag Ästhetik und Kommunikation**

## Herausgegeben von der Arbeitsgruppe Berliner S-Bahn

Rainer Balcerowiak, Lothar Binger, Hans Michael Bock, Peter Buchmann, Udo Dittfurth, Christoph Fischer, Peter Haumann, Susann Hellemann, Petra Hellemann, Knut Hickethier, Peter Hielscher, Franz-Josef Hilbers, Gisela Kayser, Eberhard Knödler-Bunte, Rainer Krznar, Rolf Külz, Achim Langhans, Uta Lehnert, Ting-I Li, Lisa Lorenz, Nellie Mackenzie, Olav Münzberg, Michael Passenheim, Michaela Preuß, Erika Schachinger, Hans D Reichardt, Martin Schwarz, Marie-Theres Suermann, Rainer Struck, Ingeborg Ullrich, Peter Urban-Halle, Detlev Wittgen

*Organisation:*
*Eberhard Knödler-Bunte (Koordination), Knut Hickethier (Katalog, Finanzen), Peter Haumann (Ausstellungsrealisation), Rolf Külz (Medienangebote)*

*Redaktion des Kataloges:*
*Knut Hickethier, Erika Schachinger, Eberhard Knödler-Bunte*

*Gestaltung: Peter Haumann*
*Titel: Peter Haumann unter Verwendung eines Fotos von Rainer Krznar;*
*Rücktitel: Ingeborg Ullrich*

Dank
Wir danken dem Senator für Kulturelle Angelegenheiten für die Förderung und der Deutschen Klassenlotterie Berlin für die Finanzierung des Projekts.




Bogotastraße 27, 1000 Berlin 37
Gesamtherstellung: DRUCKHAUS Neue PRESSE, Coburg
Reproduktionen: Rink & Silbermann
ISBN 3-88245-105-X

# Inhalt

# Zur Gesellschaftsgeschichte der Berliner S-Bahn

Eberhard Knödler-Bunte

## 1. Die Eisenbahn als Industriekultur

An historischen und verkehrstechnischen Darstellungen über Eisenbahnen herrscht kein Mangel. Wohl kaum ein anderer technischer Gegenstand ist so breit erforscht worden wie dieser, hat mehr Interessen auf sich gezogen bis hinein in den Hobby- und Freizeitbereich. Dies liegt sicherlich an den herausragenden ökonomischen, sozialen und verkehrstechnischen Funktionen, die die Eisenbahnen vor allem in den ersten großen Phasen der Industrialisierung übernommen haben: als das zentrale Vehikel, das neue Absatzmärkte überhaupt erst erschloß, in dem es selber den ersten großen Absatzmarkt für maschinelle Produkte und den massenhaften Einsatz von Arbeitskräften bei Erd- und Transportarbeiten schuf; das die soziale und schließlich auch psychische Mobilität der Menschen in einem zuvor völlig unbekannten Umfang beschleunigte; das den Verstädterungsprozeß der Gesellschaft vorantrieb und ihn zugleich erst ermöglichte. Aber gleichzeitig ist auch kein anderes industrielles Medium so sehr geeignet, den Fortschritt industrieller Technik zu verkörpern wie die Eisenbahn. Das zeit- und raumgreifende Maschinensystem Eisenbahn erscheint als ein ungeheures, gleichwohl noch beseeltes und von Menschen beherrschbares Instrument, das die Macht des Funktionierens und der Bewegungsdynamik auf seiner Seite hat. Gerade diese Eigenschaft macht die Eisenbahn in besonderem Maße fähig als Projektionsfläche für Wunschbilder, die sich auf die Seite des industriellen Fortschritts schlagen wollen.

Damals, in der Inkubationszeit des deutschen Eisenbahnbaus, verläuft im ›Für und Wider die Eisenbahn‹ die Trennungslinie zwischen reaktionär und fortschrittlich, zwischen liberal-kapitalistischem Unternehmergeist, der durch das übergreifende Netz der Eisenbahnen die alten Zollschranken ins Wanken gebracht sieht und den beharrenden Kräften von König, staatlicher Verwaltung und Krautjunkern, die um ihre Chausseeinnahmen oder ihre landwirtschaftlichen Erträge fürchten oder gar die Gleichartigkeit der Beförderung für einen Siegeszug der Demokratie halten. König und Volk auf einer Schiene, in einem Zug — das überstieg den Horizont einer Gesellschaft, die eben erst mit viel Mühe Napoleon und mit ihm die Reste der französischen Revolution besiegt hatte. Die königlichen Befürchtungen haben sich denn auch nicht in dieser Hinsicht bewahrheitet, zumindest nicht in Deutschland. Bis ins 20. Jahrhundert hinein verfügte jeder halbwegs bedeutende Bahnhof über eigene Eingänge und Warteräume für die »kaiserlichen Hoheiten«, die in besonderen Zügen und mit ausgesuchtem Personal zu verkehren pflegten. Das niedere Volk mußte mit umgebauten Güterwagen vorliebnehmen, die in der IV. Klasse noch bis zum Ende des 19. Jahrhunderts im Einsatz waren. Auch der technische Fortschritt hat seine Klassenschranken, die ihn aber nicht aufgehalten haben.

Das Interesse der vorwärtsblickenden Militärs und die hohen Renditen der überwiegend privatwirtschaftlich organisierten Eisenbahngesellschaften haben schließlich den Ausschlag gegeben. Trotz zahlreicher düsterer Prognosen über die kulturzerstörerischen Wirkungen des Eisenbahnverkehrs und die Beschädigungen der menschlichen Sinnesorgane durch die hohe Zuggeschwindigkeit von ca. 10 km/h, wie sie in vielen ärztlichen Gutachten und nicht weniger vielen Sozialgeschichten festgehalten sind, war die Durchsetzung des Eisenbahnbaus in Deutschland in den Jahren 1830 — 1840 nicht mehr zu verhindern.

Heute ist, zumindest was die Eisenbahnen angeht, die Zerrissenheit in konservative Kulturkritik einerseits und technische Fortschrittsgläubigkeit andererseits überholt. Selbst modernste verkehrstechnische Entwicklungen wie in Japan mit Magnetbahnen und Hochgeschwindigkeitszügen oder in Frankreich mit dem 250 km schnellen TGV können nicht darüber hinwegtäuschen, daß die Eisenbahn nicht mehr die Speerspitze des technischen, innovativen Fortschritts darstellt. Technisch werden die Eisenbahnen, so überhaupt noch in sie qualitativ investiert wird, zum Nebenanwendungsgebiet einer Technologie, die in der Flug- und Weltraumindustrie entwickelt wurde. Ökonomisch sind die Eisenbahnen, sieht man von wenigen rentablen Fernstrecken ab, hoffnungslos defizitär geworden, angewiesen auf umfangreiche staatliche Subventionen. Die Weichen für den Individualverkehr sind längst gestellt, die Autogesellschaft mit ihren tödlichen Nebenfolgen, dem alltäglichen kleinen Bürgerkrieg auf den Straßen und den inzwischen unumkehrbaren Umweltschäden, ist zur herrschenden Realität geworden. Ihr harter Kern ist die Ökonomie des industriellen Wachstums um jeden Preis, die in der Autoindustrie trotz gegenwärtiger Flaute noch immer ihre solide Stütze findet; ihr nur wenig weicherer Kern liegt in unserer eigenen psychischen Verfaßtheit, die uns das Auto zum unverzichtbaren, fast universellen Fetisch werden läßt, der nahezu sämtliche kulturelle Ziele auf sich zu vereinigen gewußt hat; von Macht- und Potenzgelüsten über das Bedürfnis nach Repräsentation und Selbstdarstellung bis hin zu den Beweglichkeitswünschen von Freiheit und Abenteuer.

Wer vorwärtsgewandte technische Prozesse und Gegenstände noch libidinös besetzen will, hat sich schon längst den historisch neueren Produkten Flugzeug und Auto, Raketen und Satelliten zugewandt, der Entwicklung von Mikroelektronik und Computertechnologie, die sich bereits anschicken, die Bastlerkeller und Kinderzimmer zu erobern.

Die Stellung der Eisenbahnliebhaber scheint völlig überzugehen in die Hände der Modellbahner und Industrienostalgiker, der eigensinnigen Ökologen und Industrialismuskritiker. Es sieht so aus, als sei die Eisenbahn und die mit ihr verbundenen Lebensweisen selber historisch geworden, Gegenstand einer vergangenen Zukunft, die nur noch über Rekonstruktionen vergegenwärtigbar ist. Aus dem ›fliegenden Projektil‹, das die Menschen konfrontiert mit ganz neuen technologischen Gefahren und Verhaltenszumutungen ist im Laufe eines guten Jahrhunderts ein verkehrstechnisches Medium geworden, dem im Vergleich zur Auto- und Fluggesellschaft bestenfalls noch unabgegoltene Qualitäten anhaften: energie- und raumsparende Fortbewegung, Bequemlichkeit des Reisens, Kommunikativität, flanierende Beweglichkeit, der freie Blick auf Dinge und Menschen — alles Eigenschaften, die die Kulturkritiker des beginnenden 19. Jahrhunderts mit dem Entstehen der Eisenbahnen verschwinden sahen.
Diese ständige Verkehrung der Fronten nötigt uns dazu, genauer darüber nachzudenken, wie wir uns die geschichtlichen Zusammenhänge von Technik aneignen. Wenn es richtig ist, daß unsere Eigenschaften und Bedürfnisse, unsere Erfahrungen und Wahrnehmungsweisen sich mit der Industrialisierung verändern, teils zerstört und umgebogen, teils entfaltet und neu geschaffen werden, dann müssen wir uns fragen, warum wir so häufig die jeweils jüngst vergangene Periode libidinös besetzen. Liegt dies an der puren Schwerkraft, die einer kulturgeschichtlichen Aneignung zu eigen ist? Liegt dies am Festhalten an kindlichen, lebensgeschichtlich frühen Erfahrungen, die eine vergangene Entwicklungsperiode uns zurückspiegeln? Benötigen wir für die Erfahrung gegenwärtiger Zerstörungen und industriellen Zumutungen den anschaulichen Rückgriff auf eine jüngere Vergangenheit, deren Spuren noch nicht völlig getilgt sind? Oder ist die Erfahrungslosigkeit in der eigenen Gegenwart, die scheinbare Nähe, die doch nicht gelebt wurde, die Bedingung dafür, daß unsere Wünsche nach Vergangenheit freigesetzt werden? Eine Antwort darauf wäre die Forderung, Vergangenheit als Gegenwärtiges zu beschreiben, ihre Modernität, ihre gesellschaftliche und technologische Herausforderung. Aber wie ließe sich vergangene Modernität begreiflich machen mit authentischen Bildern und Ausdrucksweisen, die wir in unserer Wahrnehmung immer schon historisiert und ästhetisiert haben?

## 2. Rückblicke auf eine historisch gewordene Technik

Kurz vor der Jahrhundertwende wird Bilanz gezogen. Das junge Deutsche Reich mit seiner nur wenig älteren Industrie- und Machtmetropole Berlin hatte es endlich geschafft: den ersehnten Anschluß an den industriellen Fortschritt. Man konnte sich wieder sehen lassen unter den zivilisierten Ländern. Das Warenzeichen ›Made in Germany‹, durch ein englisches Gesetz von 1887 als Herkunftangabe vorgeschrieben und als Kennzeichnung eher minderwertiger Waren gedacht, hatte sich binnen kurzem zu einem Markenzeichen verwandelt; die deutsche Industrie war zu einem gewichtigen Faktor auf dem expandierenden Weltmarkt geworden. Aber auch politisch hatte Deutschland wieder an Macht, wenn auch nicht unbedingt an Ansehen, gewonnen. Die staatliche Einheit, nach dem gewonnenen deutsch-französischen Krieg, im fremden Land triumphal verkündet, schien ein Ende zu machen mit jener Zerrissenheit Deutschlands, dem jahrhundertealten Trauma deutscher Unterlegenheit. Die nationale Frage schien zu einem befriedigenden Schluß gekommen, wenn auch nur um den Preis, daß Österreich ausgeschlossen blieb: eine, wie sich zeigen sollte, vorschnelle, bewußtseinsmäßig nicht wirklich vollzogene Ablösung, die als Syndrom von ›Nibelungentreue‹ und ›Heimkehr ins Reich‹ noch lange politisch wirksam blieb. Aber dafür hatte man Elsaß-Lothringen von ›welscher Fremdherrschaft‹ befreit und bekam sogar in den folgenden Jahren noch einige, wenn auch nicht gerade sehr bedeutende, überseeische Kolonien hinzu.
Das Deutsche Reich trat wieder im Gleichschritt mit den alten Hegemonialmächten England und Frankreich, ja auf einigen Gebieten war man ihnen sogar um Nasenlänge voraus, so im Bereich der Elektrotechnik, der Feinmechanik, der Maschinen- und Eisenbahntechnik. Und der inneren Ordnung, trotz oder gerade wegen der enormen Zunahme der Sozialdemokratie. Jedenfalls gab es nirgends in der industriellen Welt so wenig Streiks und Revolten und so viele Gefängnisse und Ordnungswächter wie im Deutschen Reich der Jahrhundertwende. Man hatte folglich allen Anlaß, mit Stolz und Selbstbewußtsein auf jene Epoche zurückzublicken, die von späteren Wirtschafts- und Sozialhistorikern als forcierte industrielle Revolution in Deutschland beschrieben wurde, mit all ihren Folgeerscheinungen von Massenelend und Wohnungsnot, von unsäglichen Lebensbedingungen und gescheiterten Revolten.

Davon ist in den vielen zeitgenössischen Rückblicken, wie sie zum Ende des 19. Jahrhunderts in Mode kommen, nur andeutungsweise die Rede. Vorherrschend ist der gerade, selbstsichere Blick im historischen Gewande auf das Erreichte, der keine Zweifel aufkommen läßt.

Der industrielle Fortschritt und die ihm innewohnenden Tugenden von Fleiß und Arbeitsdisziplin, von Opferbereitschaft um einer Sache willen, erscheint als Hebel zum Glück, für das Gemeinwohl des Staates wie für jeden Unternehmer und für jeden Arbeiter.
In der Rede von Albert Borsig, die er während der Festlichkeiten zur Feier der 1000. Borsig-Lokomotive vom 21. August 1858 gehalten hat, hört sich dies so an: »Wer muß nicht schließlich bekennen, daß durch die Industrie dem Bürger des Staates Arbeit zugeführt wird, und wo Arbeit ist, da ist auch

Sittlichkeit und je mehr Arbeit bei einem Volke, desto höher steht es in seiner Sittlichkeit, in seiner Achtung vor den Ländern und Völkern der Erde.«
Der ›Vater des deutschen Lokomotivbaus‹, Hauptmann der Bürgerwehr, der sich um die Niederschlagung der Revolten des Pöbels und bei den Erd- und Eisenbahnarbeitern verdient gemacht hatte, getreuer Untertan seiner königlichen Majestät, spricht hier selbstbewußt aus, was Schule, Militär, Fabrikdisziplin und Arbeitshäuser dem sich herausbildenden Industrieproletariat buchstäblich in die Körper einbleuen werden. Daß daran geglaubt wurde, bis tief ins protestantisch-pietistische wie ins sozialdemokratische Lager hinein gibt dem Industrialisierungsprozeß in Deutschland erst seine materielle Basis.

Im Jahre 1896 erscheint, herausgegeben im Auftrag des Ministeriums für öffentliche Arbeiten, eine umfassende zweibändige Geschichte zu ›Berlin und seine Eisenbahnen‹. Der Umschlag läßt keinen Zweifel, wohin der Zug geht: breitbeinig und von zwei weiteren Gleisen flankiert tritt eine Dampflokomotive mit überdimensionalem Berliner Wappen dem Betrachter entgegen, von statuarischer Unbeweglichkeit trotz der großen Dampfwolke, die den Buchtitel trägt. Ein breiter Bildrahmen mit organizistischen Jugendstilornamenten umgreift das Motiv und hält den Dampf im Zaum, der aus dem Rahmen geht. Kein Zweifel: die Dampfmaschine ist unter Kontrolle gebracht, die Naturkräfte in *dieser Form* sind gebändigt und einer gesellschaftlichen Nutzanwendung zugeführt worden, man kann sich Monumentalität leisten.
Lenins Wort von den Revolutionen als Lokomotiven der Weltgeschichte hat hier, im Deutschen Reich der Jahrhundertwende, keinen Platz. Trotz der naiven, plumpen Gestalt der dargestellten Lokomotive — verglichen etwa mit der windschnittigen, hochbeinigen Dampflokomotive S 3/6 von Krauss-Maffei in München, 1914 vom Deutschen Werkbund für eine gestalterisch vorbildliche Leistung erklärt, — gibt es hier noch keine Zugeständnisse an ästhetische Eleganz oder an funktionalistische Erfordernisse. Was zählt ist das Vertrauen auf den Fortschritt des Dampfes, der die alten Verhältnisse in Bewegung bringt. Dessen Personifikation ist jene Maschine, die sich scheinbar aus sich selbst heraus bewegt. In der Dampflokomotive erfährt der industrielle Fortschritt wohl seine gegenständlichste Gestalt, die sie zum beseelten Triebbild werden läßt, Symbol einer sich bewegenden, weitausgreifenden Macht, die ihrer Handhabbarkeit noch nicht völlig entrückt ist. Das macht sie zu einem industriellen Traumstoff, der Kinderphantasien ebenso zu nähren beginnt wie die Tag- und Machtträume von Industriellen und Politikern, von Kleinbürgern wie Revolutionären. Der kindliche Wunsch, Lokomotivführer zu werden, als das Vexierbild einer erwachsenen Welt, die ihre Lust auf erfahrbare Räume entdeckt, in ihren männlichen Selbstbildern wie in ihren inneren und äußeren Kolonien. Beherrschbarkeit der Naturkräfte, indem man sich ihrer bedient, durch Arbeit und Selbstbeherrschung, wird zum Garant des *Fortschritts*, den man auf seiner Seite zu haben meint. Dieses Pathos des Dampfes, das sich an den Eisenbahnen entzündet, ist selbst noch spürbar in so ausgewogenen Berichten, die nur sachliche Begebenheiten beschreiben wollen:

»Zwei Momente wirken zusammen und tragen gleichmäßig zu dieser gewaltigen Umwälzung des Berliner Lebens und Verkehrs in dem letzten halben Jahrhundert bei: es ist die völlige Umwandlung in den wirthschaftlichen Grundlagen der städtischen Existenz und die politische Entwicklung Deutschlands. Berlin nimmt an dem gewaltigen Fortschritt Theil, den im Kulturleben der Erde unser Zeitalter des Dampfes heraufführt. Auf der Dampfkraft beruhen die neuen Fortbewegungsmittel, Eisenbahnen und Dampfschiffe, die Ersetzung der Handarbeit durch die Maschinen, die gesammte wirthschaftliche und industrielle Entwicklung unseres Jahrhunderts; der Dampf entfesselt die gewerblichen Kräfte, er hebt die räumlichen Entfernungen auf, vor ihm fallen die Schranken, in die die alte Zeit den Verkehr eingeengt hatte. Dazu die gewaltigen Fortschritte der Naturwissenschaft, die ihre Errungenschaften in den Dienst der gewerblichen Technik stellt und diese zu den höchsten Aufgaben befähigt.
Voran die Elektrizität, die dem Kulturleben der Völker den Telegraphen, das Telephon und die Dynamomaschine schenkt; dann technische Leistungen, wie der Kanal von Suez, wie die Durchtunnelung der Berge, kühne Brückenbauten und Eisenkonstruktionen, an die sich die Technik führerer Zeiten nicht heranwagen konnte. So erhält das Güterleben der Erde eine völlig neue Gestalt. Amerika tritt in das wirthschaftliche Leben Europas ein, das Kapital wird in der Form der Aktiengesellschaft beweglich gemacht, der Welthandel mit seinen einschneidenden Folgen umspannt den Erdkreis.
Wie alle diese Umgestaltungen in der ganzen Kulturwelt zu Tage treten, so verwandeln sie auch von Grund aus das wirthschaftliche Gedeihen der Stadt Berlin. Diesem allgemeinen Fortschritte tritt bei Berlin noch der Gang der politischen Ereignisse hinzu: das Deutsche Reich ersteht zu neuer Kraft und Herrlichkeit, Deutschland hört auf, ein nur geographischer Begriff zu sein, Berlin wächst zur Kaiserstadt und Reichshauptstadt des politisch erstarkten und geeinten Vaterlandes empor.«
(Berlin und seine Eisenbahnen, Berlin 1896, Reprint 1982, Bd. 1, S. 4).

Wer darin *nur* die naive, ideologische Beschreibung des kapitalistischen Industrialisierungsprozesses zu sehen vermag, verkennt den Kern der Sache. Das ist nicht einfach Verklärung des Dampfes oder des Fortschritts schlechthin; sondern die wirtschaftliche und technologische Dynamik selber wird, aus einer liberalen Perspektive, begriffen als epochemachende Umwälzung der gesamten Existenz. Es ist das Pathos der Befreiung, das in den scheinbar egalitären, demokratischen Eigenschaften der Technik *das* Mittel für die Entwicklung der Gesellschaft sucht. Wenn man schon selber nicht in der Lage war, die bürgerlich-kapitalistischen Zielsetzungen auch politisch durchzusetzen, dann wollte man doch wenigstens rechtzeitig paktieren mit jener unaufhaltsamen Kraft, die die alten Verhältnisse auch ohne eigenes Zutun in Bewegung bringt.

Industrialismus wird als kulturelle Umwälzung begriffen und mit technologischen Entwicklungsprozessen identifiziert. An dieser Gleichsetzung zu Ende des 19. Jahrhunderts geht das Bürgertum zugrunde. Das hindert die geschichteschreibenden Beamten im Ministerium für öffentliche Arbeiten nicht daran, die negativen Auswirkungen des industriellen Wachstums nachhaltig zu beschrei-

ben. Da ist von Wohnungsnot die Rede, von wilder Spekulation vor allem im Baugewerbe, die die Mieten hochtreibt und die städtische Umwelt Berlins zerstört, mit den überhöhten Mietskasernen, den überbauten Hinterhöfen, den zu niedrigen Wohngeschossen und der erzwungenen Überbelegung von Wohnungen; von Planungsfehlern und dem Fehlen von Planung bei den städtischen und staatlichen Behörden, die an die immer mächtiger werdenden Bau- und Terraingesellschaften nicht herankommen; von zu niedrigem Arbeitseinkommen und von fehlenden sozialen Absicherungen für die Ärmsten.
Aber all diese Zustände werden nicht verstanden als die strukturellen Nebenwirkungen eines Industrialisierungsprozesses, die sich einer bewußten Planung entziehen, sondern als vermeidbare Fehler und als mangelnde Geschicklichkeit im Umgang mit neuen Problemen. Im Prinzip, so lassen die Autoren immer wieder durchblicken, können die Probleme mit derselben Technik gelöst werden, die sie hat hervortreten lassen.

Dieses Vertrauen in die Fortschrittsgeschichte befreit sie von dem Zwang, die Geschichte Berlins und seines Verkehrs entlang einer Erklärungslinie sich vergegenwärtigen zu müssen. Wer sich von der Geschichte getragen weiß, kann sich ihrer als Erzählung bemächtigen. Das macht den Blick zunächst frei für Dinge und Begebenheiten. In der Tat ist man verblüfft, wenn man liest, welche Spannweite der Kopf eines höheren preußischen Ministerialbeamten zu überblicken imstande ist. Da wird erst einmal (fast) ganz von vorne angefangen, mit der umfänglichen Darstellung der Stadtgeschichte Berlins seit dem Mittelalter bis hin zu ihrem industriellen Aufstieg in den 20er und 30er Jahren des 19. Jahrhunderts. Dann wird in Form von kleinen Chroniken die Geschichte der ersten Berliner Eisenbahnen nachvollzogen, von der Berlin-Potsdamer-Bahn im Jahre 1837 bis hin zur Berlin-Wetzlarer Bahn und zur Militärbahn, deren erste Teilstrecke 1875 eröffnet wird. Der Abschluß des ersten Bandes bildet die Darstellung der Stadt- und Ringbahn, gefolgt von einer Beschreibung der baulichen Entwicklung der Fern- und Vorortbahnen.
Der zweite Band rollt die ganze Eisenbahngeschichte noch mal auf, von der praktischen, betrieblichen und verkehrstechnischen Seite aus. Da geht es von der Tarifentwicklung des Fern- und Stadtverkehrs über den Güterverkehr in Berlin bis hin zu den betrieblichen Leistungen und den eingesetzten Lokomotiven und Wagen, den Sicherungen der Züge und den Strukturen des örtlichen Zugverkehrs. Das alles wird zusammengehalten durch ein Interesse, das sich noch nicht aufgespalten hat in das von Lokomotivenfans und Verkehrsexperten, von Stadthistorikern und Statistikern. Jeder Ausgangspunkt ist noch gleich nah zum Ganzen, das man gegenständlich vor sich haben will.

Die Beschreibung der Bahnhofsarchitektur und die statistische Erfassung des Güterverkehrs, z. B. von Eiern und Getreide, die stadtgeschichtliche Darstellung des Berliner Verkehrs und die detaillierte Typenbeschreibung von Lokomotiven und Wagen haben sich noch nicht aufgeteilt in getrennte Zugangsweisen, die nichts mehr miteinander zu tun haben wollen. Das bildungsbürgerliche Bedürfnis nach Gesamtdeutung kann noch die dürresten Zahlenreihen und technischen Schemata in sich aufnehmen, ohne sich in ihnen fetischistisch zu verkrallen, und es ist noch selbstsicher genug, um sich nicht dem spezialistischen Fachwissen zu unterwerfen.

### 3. Historische Bedingungen des Berliner Nahverkehrs

Tatsächlich scheinen um die Jahrhundertwende die industriellen Errungenschaften Berlins noch greifbar, darstellbar als Bestandsaufnahme der vielen neuen Einrichtungen und Innovationen. Binnen bloß zweier Generationen hatte sich Berlin bis zum Ende des 19. Jahrhunderts zu einer Großstadt entwickelt mit einem Entwicklungsschub, der alle anderen mitteleuropäischen Städte weit übertraf. Aus einer größeren Residenz- und Handelsstadt, die zu Beginn der Industrialisierung zwischen 1830—1840 über eine nicht allzubedeutende Textilindustrie verfügte, mit 323 000 Einwohnern (1840), war bis zu der Jahrhundertwende eine Industriestadt mit fast zwei Millionen Einwohnern geworden. Hauptträger dieser raschen industriellen Entwicklung war die Maschinenindustrie, die durch die Eisenbahnen ständig sich erweiternde Absatzmärkte fand, später kam die Elektrotechnik und Chemoindustrie als weitere Träger hinzu. Diesem Aufstieg Berlins zu einer der führenden Industriemetropolen, der mit der wachsenden politischen Bedeutung des Deutschen Reiches einherging, hatte durchaus auch seine Entsprechungen auf dem Gebiet der öffentlichen Verwaltung und der städtischen Infrastruktur. In den Zeittafeln und Auflistungen der vielen Rückblicke zur Jahrhundertwende finden sich immer wieder jene Einrichtungen aufgeführt, die sich auch im internationalen Vergleich sehen lassen konnten: die Kanalisation und Entwässerung, zunächst der Innenstadt ab 1867, die Einführung eines Pferde-Omnibus-Betriebs 1868, dem wenig später die Pferdeeisenbahnen folgen sollten; die Bepflasterung der Straßen und die Einführung einer städtischen Straßenreinigung; die Schaffung eines Nahverkehrsrings (Nordring 1871, Südring 1877), die Einführung amtlicher Fleischuntersuchungen und die Einrichtung von Markthallen; schließlich im Jahr 1882 die Eröffnung der Stadtbahn, der Beginn der ersten kontinuierlichen Straßenbeleuchtung; die Verbesserung der Strom- und Gasversorgung in den 80er Jahren, die zusammenging mit der Einführung von elektrischen Straßenbahnen.

All dies waren sicherlich Leistungen einer Verwaltung, die oft im Kompetenzstreit zwischen staatlichen und städtischen Behörden und mit geringen planerischen Mitteln durchgesetzt wurden, um wenigstens einige der Probleme in den Griff zu bekommen, die durch die enorme Konzentration von Menschen innerhalb eines relativ kleinen Raumes entstanden. Die andere Seite dieser Entwicklung, von der extremen Wohnungsnot über die seit den 80er Jahren sinkenden Reallöhne bis hin zur Zerstörung der Stadtarchitektur und der nahezu planlosen Zersiedlung von Berlins näherer Umgebung, kommt nur als *Schattenseite* von ›Berlins Aufstieg zur Weltstadt‹ in den Blick, die vorläufig noch Berlins Stern verfinstert.

In Wahrheit verläuft der Prozeß umgekehrt. Zu den städtischen Einrichtungen und den vielen Verbesserungen der städtischen Infrastruktur kommt es immer dann, wenn es anders nicht mehr weiter geht. Wenn die Abwässer allzusehr zunehmen und sich Seuchenepidemien über die Stadt ausbreiten, wird die Kanalisation eingeführt; wenn der

innerstädtische Verkehr zum Erliegen kommt, weil ihm die ungepflasterten Wege bei schlechter Witterung nicht mehr gewachsen sind, wird gepflastert und wenn man die kleinen Händler aus der Umgebung von Berlin von den Straßen haben möchte, dann werden Markthallen gebaut und der Straßenhandel verboten.
Vorausschauend ist die Planung immer nur da, wo militärische oder repräsentative Interessen im Spiel sind. Die überfällige Verbindung der Berliner Kopfbahnhöfe durch eine Verbindungsbahn 1851 entlang der damals noch bestehenden Stadtmauer erfolgte durch Anordnung des Königs zur ›Befriedigung des dringendsten militärischen Bedürfnisses‹, nachdem bei der Mobilmachung des Heeres im Herbst 1850 die Verkehrsmängel deutlich hervortraten: die Berliner Ringbahn verdankte sich zunächst ebenfalls militärischer Planungen im Vorlauf des deutsch-französischen Krieges, seine südliche Hälfte verlief auf Umwegen durch ein damals noch schwach besiedeltes Gebiet, nur um den Exerzierplatz auf dem Tempelhofer Felde (heute Flugplatz Tempelhof) zu erreichen; die ersten elektrischen Scheinwerfer fallen auf die preußischen Truppen bei ihrem siegreichen Einzug durchs Brandenburger Tor, lange ehe die Fa. Siemens damit beginnt, die finsteren Gassen Berlins auszuleuchten; die verkehrsmäßige Erschließung von neuen Siedlungsgebieten durch Pferde-Eisenbahnen, später durch Straßenbahnen, geschieht immer nur dann, wenn eine Kadettenanstalt günstige Verbindung zum Zentrum braucht oder wenn eine Terraingesellschaft ein neues Gebiet für die Bauspekulation erschließt; und auch die Eisenbahngesellschaften legen nur dort Haltestellen an, wo die Baugesellschaften oder Fabrikunternehmer ihnen die Bahnhöfe bezahlen und die Auslastung der Strecken garantieren. Der erste regelmäßige Berufsvorortverkehr fand denn auch 1868 auf der Strecke vom Hamburger Bahnhof nach Spandau statt mit zwei Zügen täglich, um die Arbeiter der bei Spandau gelegenen Artillerie-Werkstätten zur Arbeit zu bringen, wobei die preußische Regierung die Mehrkosten aufbringen mußte.

Das Geschäft lag im Transport zunächst von Gütern, dann von Menschen über große Entfernungen hinweg. Daran hat sich bis heute nur wenig geändert. Aus der Perspektive der interessierten Kapitalgesellschaften genügte dafür die politisch kürzeste Strecke zwischen Berlin und seinen wichtigsten Handels- und Industriestädten, von Endbahnhof zu Endbahnhof. In den Dimensionen von Vernetzung und Verknüpfung dachte zu dieser Anfangszeit, außer Friedrich List und wenigen anderen, niemand so recht. Erst das militärische Kalkül und die durch den Eisenbahnverkehr freigesetzte Dynamik des Warenverkehrs ließ die einzelnen Linien zusammenwachsen. An die Bedeutung des Nahverkehrs für die rasch wachsenden Großstädte und Industrieregionen wurde dabei zunächst nicht gedacht. Und als er unvermeidlich wurde, war er für die privaten Bahngesellschaften uninteressant. Das Geschäft mit niedrigen Renditen oder gar Verlusten überließen sie bereitwillig dem Staat, der die Kosten dann wieder umverteilte. Auch daran hat sich bis heute nichts geändert.

Auch beim Bau der Berliner Ringbahn standen zunächst militärische, dann Interessen des Güterverkehrs im Vordergrund. Die wohlmeinende Überlegung mancher vorausschauender Verwaltungsbeamten, daß die Ringbahn die Wohnungssituation in der Innenstadt entlaste und neue, billigere Wohngebiete für die arbeitende Bevölkerung erschließe, hatte sich auf lange Sicht nicht bewahrheitet. Ehe die Arbeiter in billige Vorortwohnungen einziehen konnten, hatte sich dort bereits die Bauspekulation eingenistet. Statistiken aus den 80er und 90er Jahren belegen, daß im Norden und Nordosten von Berlin die Mieten nicht wesentlich billiger waren als in den stadtnahen Gebieten Kreuzberg und Moabit. Nur in den südlichen und westlichen Vororten, in den Garten- und Villenstädten, wo die wohlhabenderen Bürger wohnten, wurden die Mieten vergleichsweise günstiger als in der Innenstadt, kam mehr Wohnfläche pro Quadratmeter auf die Bewohner.

Die wichtigste Bedeutung kam der Ringbahn denn auch in den ersten Jahren ihres Bestehens durch den Ausflugsverkehr zu, der für alle Bevölkerungsteile immer wichtiger wurde. Der Ausflug ›ins Jrüne‹ entschädigte viele für die neuen Zumutungen des industriellen Arbeitsprozesses, die seit der Jahrhundertwende entstehenden Laubenkolonien und Ausflugsorte schufen Gegengewichte zum Leben in einer Großstadt, das vielen über ganze Generationen hinweg fremd blieb. Diese ›Gegengewichte‹ befriedigten oft, neben allen anderen Bedürfnissen nach Geselligkeit und Erholung in der Natur, ganz unmittelbare Interessen. Für das Berlin kurz vor dem II. Weltkrieg mit dann über drei Millionen Einwohnern wurde geschätzt, daß ca. 400 000 Menschen sich wenigstens teilweise aus ihrem Gartenbau auf den zahllosen Parzellen und Laubenkolonien ernährten. In ökonomischen Krisenzeiten und während der beiden großen Kriege bildete diese ›sekundäre Ökonomie‹ oft die einzige Möglichkeit, zu überleben.

Erst mit der Fertigstellung der Stadtbahn 1882 entstand ein innerstädtisches Verkehrsnetz, das von seiner Struktur her fähig war, den in den 80er und 90er Jahren rasch anwachsenden Berufsverkehr aufzunehmen. Die Stadtbahn wirkte als querliegende Achse, die wichtige Endbahnhöfe miteinander verband (Schlesischer Bahnhof — heute Ostbahnhof —, Lehrter Bahnhof und Bahnhof Charlottenburg), neue Zentren entstehen ließ (zunächst Bahnhof Friedrichstraße, dann Bahnhof Zoo) und den Ring unterteilte. Erst sehr viel später sollte in den Jahren 1935—1939 eine weitere Achse hinzukommen, die Nord-Südbahn, die die Endbahnhöfe Potsdamer, Anhalter und Stettiner Bahnhof miteinander verband. Aber bereits die Transformation einiger Kopfbahnhöfe in Durchgangsbahnhöfe, die durch die Stadtbahn bewirkt wurde, legte den Gedanken nahe, in Kategorien eines einheitlichen Wirtschafts- und Verkehrsraumes Groß-Berlin zu planen. Das neue Verkehrssystem Stadt-, Ring- und Vorortbahnen sollte verwirklichen helfen, was die Gegensätze zwischen Stadt und Staat, zwischen Stadtgemeinde Berlin und den vielen Vorortgemeinden, in den Interessen zwischen Haus- und Grundbesitzern, Unternehmern und Verwaltungsbeamten bisher immer verhindert hatten: die Herausbildung einer Großstadt, die mehr sein sollte als eine bloße Ansammlung von Siedlungsgebieten und Fabriksiedlungen rings um das alte Weichbild von Berlin. Tatsächlich sind die Pläne zur Schaffung einer Großstadt Berlin so alt wie die zur Stadt- und Ringbahn und mit dieser eng verbunden, nur wurden sie sehr viel später realisiert. Es bedurfte erst eines verlorenen Krieges und einer Veränderung des politischen Systems, ehe man 1920 diese Pläne verwirklichen konnte. Zu diesem Zeitpunkt war es dann zu spät für alternative, mehr föderalistische Lösungen. Bereits die preisgekrönten Entwürfe aus den Jahren 1909–1912 für den Wettbewerb Groß-Berlin lassen ein klares Votum für einen zentralistischen Großraum Berlin erkennen, dessen Klammer die Stadt- und Ringbahn bildet. Bis zum heutigen Tag hat sich daran, trotz Teilung der Stadt und Veränderungen in ihren Funktionen, nicht viel geändert. Über alle Brüche und Spaltungen hinweg hat sich die Struktur der Planung von 1910 bis heute weiter fortgeschrieben, auch wenn im Westen dieser Stadt die innerstädtische Autobahn anstelle der S-Bahn gesetzt wurde: Abriß der Endbahnhöfe, Verbindung des Rings durch sich kreuzende Achsen, Verlagerung von Industrie- und Wohnsiedlungen in die städtischen Randbereiche, Herausbildung von Citybereichen mit Geschäfts- und Verwaltungsfunktionen.

Freilich: diese Logik von Zentrum und Randsiedlungen, von Hierarchisierung von Funktionen und Zuordnungen lag noch nicht in der Perspektive der Stadt- und Eisenbahnhistoriker, die um die Jahrhundertwende auf die Industrialisierung Berlins so selbstgewiß zurückblicken. Für sie war die Überbrückung von Entfernungen, die Bewegung der Menschen und Güter über die alten Beschränkungen hinaus das, was sie an den Eisenbahnen faszinierte, ihre Erwartungen eilten den endlichen Resultaten und Auswirkungen weit voraus.

*Vor dem Stettiner Bahnhof*

Die Zeit, die uns von der Jahrhundertwende trennt, die Millionen Tote, die der deutsche Griff zur Weltmacht kostete, die Rückwirkungen des Industrialisierungsprozesses auf unsere innere und äußere Natur, hat unser Vertrauen in einen der Technik innewohnenden Fortschritt zerstört und unseren Planungshorizont auf das Niveau gegenwärtiger Zielsetzungen gebracht.

Der Druck der industriellen Objektwelt und des technologischen Wissens auf die Subjekte hat sich beträchtlich verstärkt, die Verarbeitungsweisen haben komplementär dazu abgenommen. Wer könnte heute noch das Unternehmen beginnen, auch nur die Verkehrsentwicklung einer Region oder einer Stadt als zusammenhängende Geschichte zu erzählen? Ihm würden tausende Spezialisten sich in den Weg stellen und ihn für seine Grenzüberschreitungen bestrafen durch die Fülle ihres angehäuften Detailwissens, mit dem sie ihre Kompetenz bekräftigen. Andererseits bliebe aber auch das Nachahmen jenes bildungsbürgerlichen Horizontes viel zu ungenau, vage, leer, gemessen an unseren heutigen Bedürfnissen nach einer Geschichtsschreibung, die uns die vergangenen Objekte näherrückt. Aber die Alternative zur historischen Gesamtschau ist keineswegs die selbstzufriedene Beschränkung auf verkehrstechnische Daten und Fakten, die bestenfalls noch durch Anekdoten oder literarische Zitate aufgelockert werden. Die vielen Verkehrs- und Eisenbahnbücher, die gegenwärtig einen neuen Boom erleben, sind dafür der beste Beleg. Sie fixieren ihre Leser an die scheinbare Festigkeit von Daten, betriebstechnischen Beschreibungen von Lokomotivbaureihen und Wagentypologien, ohne sie in geschichtliche Verhältnisse zu überführen.

Aber die Stabilität, die durch die Sattelfestigkeit in der Beherrschung technischer Daten gewonnen wird, ist trügerisch, sobald sie auf Lebensverhältnisse trifft, in denen mit Daten gearbeitet und gelebt wird. Wer nur von einer Baureihe oder einem Wagentyp etwas versteht, versteht nichts von der Eisenbahn, und wer nur von der Eisenbahn etwas versteht, versteht auch davon nichts. Der Komponist Hans Eisler hat diesen bitteren Satz auf die Musikspezialisten gemünzt. Aber er betrifft jeden, der mit Gegenständen arbeitet, die sich scheinbar aus einer autonomen, inneren Logik heraus entwickeln. In Wahrheit ist jede Logik, die wir in gegenständlichen Zusammenhängen erkennen, das Ergebnis unserer Erkenntnisarbeit, mit der wir uns geschichtliche Verhältnisse begreiflich machen. In ihr sind geschichtliche Sprünge und Entscheidungen aufbewahrt, die erst über Umwege, durch den Blick auf die nähere und fernere Umgebung, aussagekräftig werden. An ihnen aber macht Erinnerung sich fest.

Man kann die Entwicklung eines S-Bahn-Wagens lückenlos ableiten aus den Anfängen der Postkutsche über deren Transformation in einen preußischen Abteilwagen, der dann schließlich, über die Einführung von Mittelgängen und Verbreiterung der Türöffnungen, in den Typus eines Triebwagens mit Drehgestellen übergeht, der seinerseits wieder die Genealogie der nachfolgenden S-Bahnwagentypen bestimmt. Auf diese Weise ließe sich vielleicht eine Erkenntnis gewinnen, die der Genealogie von Schmetterlingen und ihrer Aufteilung in verschiedene Arten und Familien entspräche. Die Arbeit an der Geschichte beginnt aber erst da, wo wir in den Veränderungen der Gegenstände und Objekte ein gesellschaftliches Verhältnis wahrnehmen, das uns durch Fremdheit oder überraschende Nähe, durch Distanzerfahrung oder Rückerinnerung provoziert.

Erst wenn wir, um am Beispiel zu bleiben, den preußischen Abteilwagen in Beziehung setzen zu den Veränderungen des Reisens und der Zeitwahrnehmung, wie Wolfgang Schivelbusch dies in seiner Geschichte der Eisenbahnreise eindrucksvoll vorgeführt hat, erst wenn wir den damals neuen und überaus modernen Typus des S-Bahnwagens in Beziehung setzen zu den Prozessen, die zur Elektrifizierung der S-Bahn geführt haben, zu einer Erhöhung der Zugfolge und zu einer Dynamisierung des großstädtischen Massenverkehrs im Zeichen Taylors und des Fließbandes, dann verstehen wir etwas von der geschichtlichen Triebkraft, die in den Gegenständen und in uns wirksam ist.

Wir haben der Ausstellung über die Berliner S-Bahn den Untertitel ‚Zur Gesellschaftsgeschichte eines industriellen Verkehrsmittels‹ gegeben, um eine Richtung für unsere Interessen anzugeben. Gesellschaftsgeschichte steht für eine Untersuchungsrichtung, die die S-Bahn als Gegenstand unseres Alltags *und* als technisches Produkt begreift, als einen Leitfaden, an dem sich die Industrialisierungsgeschichte Berlins verfolgen läßt, die Veränderungen des städtischen Raumes und die Verstädterung von Lebensverhältnissen. Insofern ist die S-Bahn Teil jener Industriekultur, die durch die Dynamik der Warenproduktion in Gang gesetzt wurde und die unsere Lebensweise und unseren Alltag innerhalb weniger Generationen verändert hat. Wir behaupten nicht, daß uns dies schon in allen Teilen gelungen ist. Aber durch die Gesamtheit der ganz unterschiedlichen Beiträge und Zugangsweisen wollen wir die vielfältigen Bedeutungen sichtbar machen, mit denen sich die S-Bahn in die Geschichte dieser Stadt eingegraben hat. Wir wollen Anknüpfungspunkte geben, an denen sich Gedächtnis und historische Erinnerung festmachen läßt, wir wollen Geschichte und gesellschaftliche Verhältnisse ins Bewußtsein rufen, um der Verdrängung ebensosehr Widerstand zu leisten wie der Abrißmodernisierung eines Verkehrsmittels, das uns unsere Geschichte zurückspiegelt.

*Schöneberger Dreieck 1931*

# Stadtgeschichte

*Umseite: Foto Pragher*

*Berliner Stadtbahn 1904*
*Bahnhof Börse mit einem Zug,*
*der über den Südring fährt*

*Archiv Fotothek*

# Einige historische Voraussetzungen der Eisenbahnstadt

Dieter Hoffmann-Axthelm

Ein merkwürdiger Widerspruch kennzeichnet heute das Berliner Stadtbild in beiden Teilen der Stadt: Einerseits ist Berlin bis heute durch die Bahntrassen des 19. Jahrhunderts geprägt wie keine andere Metropole, andererseits ist die tatsächliche Eisenbahnkultur des Eisenbahnjahrhunderts nirgendwo so gründlich aus dem Stadtbild verschwunden wie gerade hier. Noch heute zerschneiden die Bahnkörper Boulevards, trennen sie in aller offiziellen Sichtbarkeit die Stadtviertel und schieben sie sich in einer unerreichten Dreistigkeit der Länge nach durchs Stadtinnere.

Dabei kommen die Gleise nirgendwo mehr an. Die Bahnhöfe der Grande Epoque sind verschwunden, an ihrer Stelle finden sich hochinteressante innerstädtische Wüsteneien und öffentliche Flächen, die mehr und mehr ins Zentrum der Städtebaudiskussion rücken; die verbliebenen Bahnhöfe sind nichts Rechtes, sie sind innerstädtische Haltestellen, wo, eher nur gewohnheitsmäßig, die internationalen Züge auf der Fahrt von Paris nach Moskau oder von München nach Kopenhagen unauffällig anhalten. Wenn man heute, meist fröstelnd, im ängstlich vernagelten und seinerseits getrennten Bahnhof Friedrichstraße steht, dann ist die Emphase völlig unverständlich, mit der einst Sven Hedin eben diesen Bahnhof als das Eisenbahnherz Europas beschrieb.

Dergleichen ist nicht zufällig, auch wenn die Gründe dafür nicht einheitlich sind und nicht überall auf der Hand liegen. Wie im Laufe des 19. Jahrhunderts die Bahnanlagen in die verschiedenen Metropolen eingriffen, um sich dann zu den getrennten Systemen von Stadt- und Fernverkehr zu verdichten, hing z. B. auch von der Bodenbeschaffenheit ab. Die für London, doch genau so für Paris oder Barcelona typische Tunnellage, die Führung der Bahnen in Einschnitten (cuttings) in den damaligen Stadtrandlagen (z. B. Camden, St. Lazare), das war in Berlin schon von der Bodenbeschaffenheit her nicht möglich.

Fraglich ist aber auch, ob die finanziellen Voraussetzungen dafür vorhanden gewesen wären; charakteristisch für Berlin war von Anfang an die Vielzahl von Bahnanlagen bei jeweils möglichst bescheidener Kalkulation, wobei die Vielzahl kein Indiz einer vorhandenen, also auch anders einsetzbaren Kapitalmenge ist, sondern auf die Konkurrenz unterschiedlicher, meist durch regionale Handelsbedingungen bestimmter Interessen verweist. Die staatliche und städtische Planung, so unbeholfen sie sich dem Problem auch stellte, ging dagegen stets, logischerweise, entgegengesetzt auf Vernetzung und Zentralisierung, was den Preis der Beseitigung überflüssig werdender Anlagen ja schon von Anfang an einbegriff. Schon im 19. Jahrhundert gehörten nicht nur erweiterte Neubauten, sondern ebenso Auflassungen (Hamburger Bahnhof, Dresdener Bahnhof, Ostbahnhof) zur Eisenbahnentwicklung.

Noch einschneidender aber ist der Umstand, daß die Zentralisierung im Fall der Stadtbahn in ambulanter Form stattfand. Es kam zu keinen der tatsächlichen Zentrumsfunktion und Massenbelastung entsprechenden Bahnhofsanlagen; der Wunsch nach dem Zentralbahnhof wurde erst in Konkurrenz zu Wilhelms II. – einem solchen zum Verwechseln ähnlichen – Dombau wach und blieb allezeit unerhört: Der eigentliche Zentralbahnhof Berlins war und ist die Stadtbahn als ganze.

Diese Bemerkungen sind noch weit weg von einer schlüssigen Erklärung – es deutet sich darin aber etwas von den städtebaulichen Voraussetzungen an, die die Einrichtung der verschiedenen Bahnstrecken vorfand, in die sie ergänzend eintrat und die sie auf der erreichten Industrialisierungsebene fortführte. Wenn dem Bau von Eisenbahnen derart weitgehende Strukturierungsfunktionen zufallen, wie das in Berlin der Fall gewesen ist, dann weist das zurück auf einen bereits vorher bestehenden Ordnungskonflikt bzw. überhaupt auf eine Unentschiedenheit der die Stadtentwicklung vorantreibenden politischen und ökonomischen Interessen. Der Blick auf einen Plan von 1846 zeigt das recht deutlich. Dieser Plan, gleich allen Plänen der vierziger Jahre, beschreibt einen Zustand, in dem die Stagnation bereits überwunden, die strukturellen Konsequenzen aber noch nicht gezogen sind. Andersherum gesagt: die Bebauung hat sich gegenüber 1826 nur geringfügig erweitert, aber alle für die bevorstehende Expansion notwendigen Weichenstellungen sind vollzogen. Ich versuche, diesen aufschlußreichen Schwebezustand am Kartenbild näher zu erläutern, und dabei die sichtbar gegeneinanderstehenden Ordnungsstrukturen abzugrenzen.

Diese Gegenläufigkeit geplanter und wildwüchsiger Stadtentwicklung ist nun das eigentliche Spannungsmoment der Zukunft, in das dann die Anlage der verschiedenen Eisenbahnen eingreift. Die unterschiedlichen Wachstumsformen sind mit der Hand zu greifen: hier die Auffüllung eines fix und fertig, aufs Gelände projizierten obrigkeitlichen Planes, dort die tastende Vorwärtsbe-

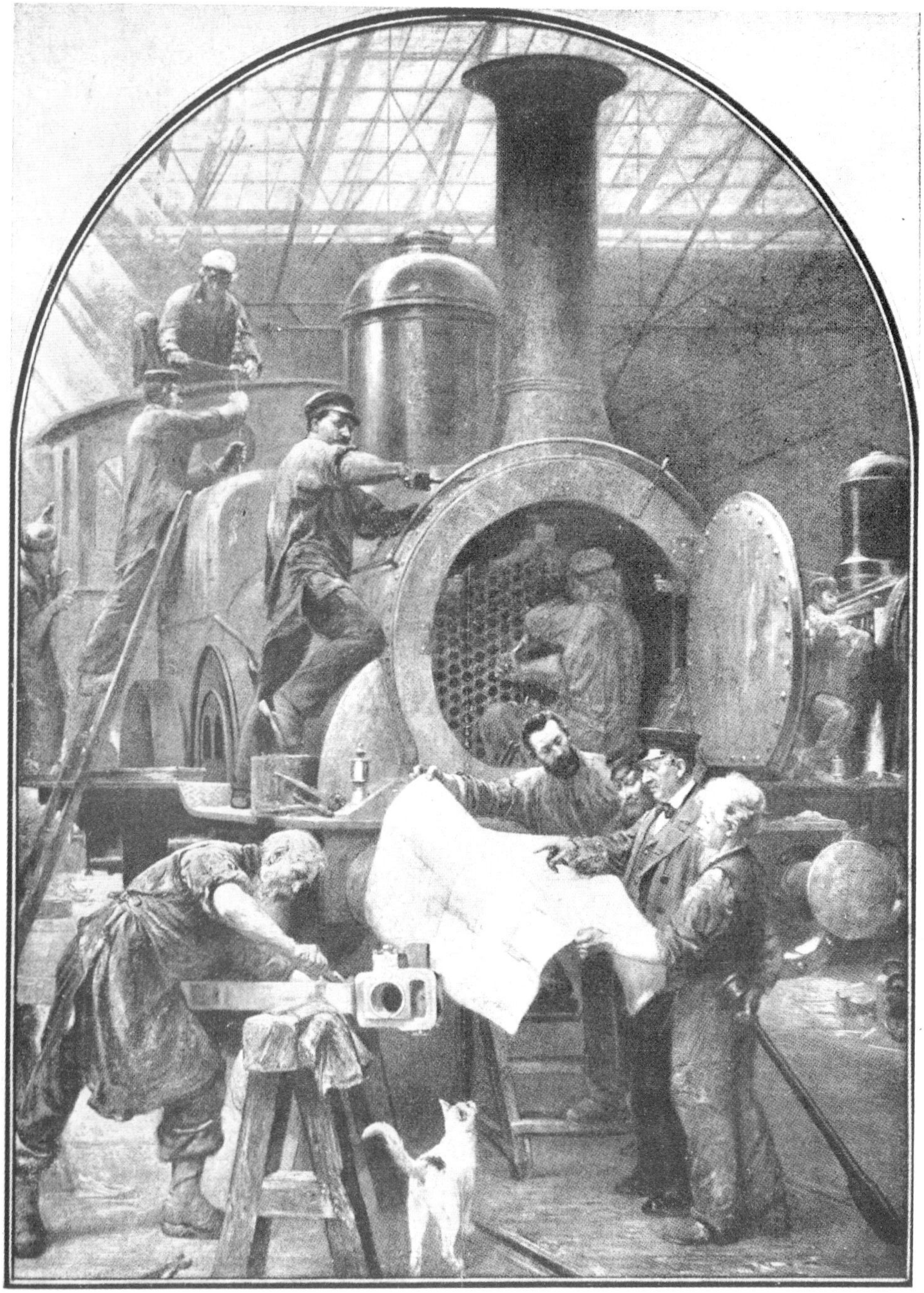

*Der Lokomotivbau. Gemälde von Paul Meyerheim (um 1876)*

wegung entlang bestehender Ordnungsmomente wie Straßen, Wege, Feldergrenzen, Wasserläufe und Geländeunebenheiten. Entsprechend ergeben sich unterschiedliche soziale Charaktere: In den geplanten Vierteln sammeln sich, neben erzwungener Ansiedlung baufähiger Leute, vor allem geschlossene Gruppen, Böhmen, Franzosen, Staatsbeamte und Offiziere; in den wildgewachsenen Vierteln bauen sich Ackerbürger und Handwerker freiwillig an, jeder baut so groß oder klein, wie er es für vorteilhaft hält, Kneipen und Kegelbahnen schießen aus dem Boden und vermengen sich mit Landwirtschaft und raumgreifendem Gewerbe. Vor allem aber gehorchen diese gegenläufigen Stadtentwicklungsbewegungen historisch ungleichzeitigen Boden- und Raumorganisationen.

Das Stadtgebiet besteht auch 1846 im wesentlichen noch aus nur zwei historischen Ausbaustufen, der mittelalterlichen Altstadt als Zentrum und dem sich um dieses Zentrum gruppierenden Ring von Vorstädten. Letztere sondern sich zu drei strukturell unterschiedlichen Gruppen, die im Kartenbild deutlich unterschieden sind.
Das sind erstens die sich sichelförmig ergänzenden Stadtteile Friedrichswerder und Neukölln, die den schmalen Raum zwischen den beiden Schwesterstädten Berlin und Cölln und dem Befestigungsring von 1680 ausfüllen – letzterer zeichnet sich noch deutlich im Bebauungsbild als eindrucksvollste Markierung des altstädtischen Kerns ab. Als zweites Element schließen sich westlich die sukzessive entstandenen geplanten Stadtviertel einer repräsentativen barocken Stadterweiterung an, Dorotheenstadt und Friedrichstadt, die zwischen 1686 und 1734 von Staats wegen angelegt wurden. Drittens gibt es die wilden Vorstädte, die in ihrer Straßenführung jede stadtplanerische Reglementierung vermissen lassen – Stadtentwicklung vollzog sich hier naturwüchsig als Bebauung beidseits der Landstraßen bzw. in die davon abseits gelegene Geländetiefe hinein entlang der existierenden Feldwege, mittels derer die Ackerbürger ihre Felder erreichten. Diese wilden Vorstädte machten Dreiviertel der Altstadtumbauung aus: die Spandauer Vorstadt im Norden, die Königsvorstadt im Nordosten, die Stralauer Vorstadt im Osten, und auf der Cöllner Seite im Süden die Cöllnische oder Köpenicker Vorstadt. Stralauer und Köpenicker Vorstadt stellen hierbei eher Embryos als ausgewachsene Stadtviertel dar.

Letzteres wird deutlich, wenn man sich den Zuwachs ansieht, den das 19. Jahrhundert zu diesem Zeitpunkt, um 1846, über die um 1800 vorhandenen ständestaatlichen Entwicklungen gebracht hat. Planung und tatsächlicher Ausbau beschränken sich auf zwei Gebiete, deren eines, die Friedrich-Wilhelm-Stadt, ziemlich untypisch ist, da das Gelände durch

*Industrie und Ringbahn in engem Zusammenhang (Archiv Petersen)*

*Am Bahnhof Sonnenallee, um die Jahrhundertwende (Archiv Petersen)*

die Charité und diverse umfangreiche Kasernenbauten bereits seit längerem erschlossen war – es bedurfte nur der Durchführung einer organisierenden städtebaulichen Achse. Im andern Fall, dem der Köpenicker Vorstadt, war dagegen ein großes Gelände planerisch völlig neu zu erschließen. Diese Planung war 1840/43 nach endlosen Winkelzügen abgeschlossen, aber noch 1846 (Falckenstein-Plan) stand sie großenteils bloß auf dem Papier – wir können also die Wachstumsprozesse in vivo betrachten.

Dabei ist zu berücksichtigen, daß sich die Zeiten gegenüber dem 18. Jahrhundert geändert haben: Der Staat ist jetzt nur Platzanweiser, die eigentliche geregelte Entwicklung liegt in Händen der – wenn auch ganz kleinteilig angelegten – Bauspekulation; das spontane Wachstum hat ebenfalls einen neuen Protagonisten gefunden – die aufkommende Industrie. Auf dem Stadtplan von 1846 sind nun die beiden Wachstumssysteme deutlich nebeneinander (und teils auch übereinander) sichtbar. Das spontane Wachstum hangelt sich ohne die geringsten städtebaulichen Rücksichten einfach an den zahlreichen großen Ausfallstraßen entlang. Mit später möglicherweise nötig werdenden Quererschließungen hält man sich nicht auf: Die Entwicklung geht ungebremst linear vom Stadtzentrum weg ins agrarisch genutzte Umland hinein, die Zukunft ist jeweils gerade jenseits der eben erreichten Hausnummer. Auch mit Parzellierungen hält man sich noch nicht auf – es werden genau die Ackerflächen zugrunde gelegt, die jeweils vorhanden sind. Je weiter von der Stadt weg, desto unbekümmerter kann man mit Grund und Boden umgehen. Das gilt, obwohl die Spekulation seit etwa 1820 auf der Lauer lag und obwohl seit derselben Zeit in einigen Bereichen Stadtplanung und Separation im Gange sind.

Die Separation, d. i. die Herauslösung privaten Grundeigentums aus der mittelalterlichen Gewannbindung der Berliner und Cöllnischen Feldmark, ist die notwendige Voraussetzung der Spekulation, möglich und notwendig geworden durch die Steinschen Reformen von 1807. Bevor nicht die Separation erfolgt war, gab es keinen echten Zugriff auf das städtische Umland: Obwohl historisch längst überholt und durch staatliche Eingriffe wie privaten Landkauf vielfach durchlöchert, war doch noch der alte Gewannverbund in Kraft. Er regelte zwar nicht mehr das soziale Verhältnis der Berliner Ackerbürger zueinander, aber doch ihre Eigentumsbeziehungen, die bis tief ins 19. Jahrhundert hinein eindeutig dörflicher Natur waren, wie die Eigentumsfortschreibung durch Erbgang und Heirat zeigt, noch unmittelbar an den Rändern städtischer Bebauung (mit alledem, was dazu gehörte: Straßenlaternen, Entwässerungskanäle, Polizeikommissare usw.).

Die modulare Form aber, die Grundeinheit dieses Gewannverbundes, waren jene schmalen, langgestreckten Feldstreifen, aus denen sich, ursprünglich verteilt auf die drei Gewanne der Dreifelderwirtschaft, die Hufe des Ackerburgers traditionell zusammensetzte.

Nicht die modernen Blockgrundstücke, die die Separation in unmittelbarer Stadtnähe hervorbrachte, sondern diese Flurstreifen

sind der städtebauliche Grundraster der spontanen Stadtentwicklung. In ihn tritt, wie zu zeigen sein wird, dann auch der Eisenbahnbau ein.
Die Reichweite des spontanen Wachstums war also nur gebremst durch die Ausdehnung des städtischen Weichbildes, also jener ebenfalls mittelalterlichen Grenzsetzung, die den Geltungsbereich städtischen Rechts beschrieb (also nicht den Umfang des tatsächlich der Stadt grundherrschaftlich gehörigen Umlandes, der weit größer war). Erweiterungen des Weichbildes (so durch endgültige Hereinnahme des Wedding und Einbeziehung von Moabit) waren komplizierte Pingpongspiele zwischen Staat und Magistrat aufgrund des Interessengegensatzes zwischen staatlicher Expansionspolitik und städtischer Bodenspekulation (die Stadtverordnetenversammlung war bekanntlich ein Haus- und Grundbesitzerparlament).

Dieser Gegensatz war mit der Gegenläufigkeit von geplantem und spontanem Wachstum auch keineswegs identisch. Weil er expansiv orientiert war, unterstützte der Staat nämlich durchaus auch das spontane Wachstum – dann nämlich, wenn es um die Anlegung neuer Industrien ging, Egells, Borsig, Wöhlert usw. Im Interesse städtebaulicher Kontrolle verhielt er sich jedoch antizyklisch zur städtischen Spekulationspolitik: 1824 schnitt er die städtische Expansionspolitik, die die Stadtplanung in der Luisenstadt auf das gesamte Weichbild auszudehnen wünschte, kurzerhand ab; 1861 erweiterte er in einem einseitigen Verwaltungsakt das Weichbild erheblich gegen den um die Bodenpreise zitternden Widerstand des Magistrats.
Das alles erscheint nur solange verworren, wie man sich nicht die ganz andere räumliche Schablone der staatlichen Reaktionen klarmacht. Bereits der Ständestaat, wie er sich ab 1648 formte, hatte an den mittelalterlichen Raumordnungen keinerlei Interesse und versuchte, wie in den Konfiszierungen kirchlicher Bodenrechte in der Reformation bereits begonnen, so weit wie möglich über das Instrument der Grundherrschaft eine moderne Kontrolle über Grund und Boden zu erreichen. Das Durcheinander von Gewannverfassung, körperschaftlichem Eigentum, am Boden haftenden Weide-, Hütungs- und Wegerechten, all das stand ja einer expansiven Baupolitik stracks entgegen. Was der Staat wollte, war die frei veräußerbare, hypothekarisch voll belastbare Parzelle. Diese Parzelle hatte sich in eine ordentliche Straßenplanung einzufügen, die die Stadt als ein ästhetisch konzipiertes Ganzes behandelte.

Dieses Ganze sollte wiederum möglichst genau mit der rechtlichen Form der Stadt zusammenfallen. Dafür war aber die lose Grenzziehung des Weichbildes völlig unbrauchbar: Der Verwaltungsbegriff von einer Stadt bezieht sich auf besteuerbare Subjekte, also Bewohner und ihre Häuser. Für den Staat war die Stadtgrenze die Steuergrenze. Die ab 1734 errichtete Stadtmauer ist eine Akzisemauer ohne jede militärische Bedeutung (abgesehen von der einen, daß sie auch das Desertieren der in der Stadt stationierten Soldaten verhindern sollte). Diese Mauer trennte von Staats wegen zwischen Stadt und Land, und an ihr hielt der Staat daher zähe fest, solange, bis er angesichts der bevorstehenden Bevölkerungsexplosion sich einem neuen Ordnungssystem zuwenden mußte.

Dieser Zähigkeit zufolge zeichnet sich noch heute der gesamte Mauerverlauf eindeutig im Straßenbild ab, während er im Stadtplan von 1846 alles in allem noch die Stadtgrenze überhaupt repräsentiert. Die im Stadtplan von 1846 im Stadtgebiet der Luisenstadt eingezeichnete Lennesche Planung tut nichts anderes, als daß sie den durch die Stadtmauer vorgegebenen, durch das bis dahin erfolgte Wachstum aber nicht ausgefüllten Rahmen des Köpenicker Feldes innerhalb der Stadtmauer ausfüllt, unter Außerachtlassung des nach bügerlichen Begriffen, also besonders auch im Verlauf der Feldergrenzen, sich jenseits ungebrochen fortsetzenden Teils des Köpenicker Feldes, der späteren äußeren Luisenstadt. Das zeichnet sich auch im offiziellen Sprachgebrauch ab: Die ehemaligen Vorstädte sind jetzt gleichberechtigte Stadtviertel innerhalb der Mauer, Vorstadt heißen jetzt die neuerlichen Ausstülpungen jenseits der Stadtmauer vor den Akzisetoren, insbesondere im Norden die Rosenthaler Vorstadt mit dem berüchtigten Voigtland.

Um 1840 hat das spontane Wachstum diese Grenze längst durchbrochen, aber nur in der Weise der Randbebauung längs der Ausfallstraßen. Daß es sich dabei schwerpunktmä-

*Erste Maschinen- und Lokomotivfabrik von L. Schwartzkopff in der Chauseestraße längs der Anlage der Berlin-Stettiner Eisenbahn*

ßig um Industrieansiedlung handelt, hat seinen Grund schon darin, daß vor den Toren die innerstädtischen Baugesetze nicht galten. Das war ungeheuer vorteilhaft in dem Augenblick, in dem die neuen Maschinen auftauchten, Feuer- und Dampfanlagen von vorerst undurchschaubarer Gefährlichkeit, Lärm, Funkenflug und unendliche Rußschwaden implizierend.

Ab 1835 konnten innerhalb der Stadtmauer Dampfmaschinen und ähnliches nur mit Zustimmung der Umwohner aufgestellt werden, was dann, z. B. im Textilviertel in der Köpenicker Straße, durchaus als Waffe im Konkurrenzkampf benutzt wurde – wobei die Köpenicker Straße ihrer exzentrischen Lage wegen zu den wenigen Standorten intra muros zählte, die überhaupt nutzbar waren. In der Form der Geländenutzung ist zwischen der Köpenicker Straße innerhalb und der Schlesischen Straße außerhalb der Mauer kein Unterschied zu erkennen; wie die Besitzstrukturen durchlaufen, so die beidseitig angebauten Industrien. Insofern unterscheidet sich die Köpenicker Straße keineswegs von dem Eisenindustriegebiet vor dem Oranienburger Tor. Die wirklich große Industrie, Heckmanns Messingwalzwerk, liegt allerdings auch hier vor den Toren, und was für Borsig der Stettiner Bahnhof wurde, war für Heckmann von Anfang an der von ihm für diesen Zweck mit einer Hafenanlage ausgebaute Landwehrkanal.

Man sieht nun allerdings noch heute jedem genaueren Stadtplan (z. B. 1:4000) an, daß auch der Staat, bei aller eigenständigen Rechtsetzung, sich den vorhandenen Eigentumsstrukturen anzupassen hatte. Stadtplanung ist zunächst einmal ein Finanzierungsproblem, und die staatliche Planung hatte für jeden Quadratmeter, den sie als Straßenland oder Schmuckplatzfläche beanspruchte, Entschädigungen an die zu zahlen, die das Land in Besitz hatten.

Das war ein Anreiz, nicht zu früh und möglichst unaufwendig zu planen. Im übrigen stellte sich schon ein quantitatives Problem: mit je mehr Grundeigentümern zu verhandeln war, desto umständlicher gestaltete sich die Realisierung, desto unwahrscheinlicher wurde sie.

Alles das war Grund genug für jeden preußischen Stadtplaner, nicht einfach nach abstrakten städtebaulichen Ideen querfeldein zu planen, sondern sich sehr genau die Grundstücksverhältnisse anzusehen und danach seine Pläne einzurichten. Und das taten sie denn auch alle, die kleineren wie Mandel und Schmidt und die großen wie Schinkel und Lenné. So war oberster Grundsatz, bei Anlegung einer Straße, wo immer möglich, sich den vorhandenen Eigentumsgrenzen anzubequemen, also den Felderformen, deren Längsstreckung sich hierzu vorzüglich eignete. Das war für den gesamten Süden, also die ehemalige Cöllnische Feldmark, immerhin bei den Straßenzügen möglich, die in Nord-Süd-Richtung verlaufen sollten, allerdings unter der Bedingung einer Drehung des gesamten Straßenrasters um etwa 20> in eine ungefähr nordöstliche Richtung, denn das war die Richtung des überwiegenden Bestandes der althergebrachten Gewannstreifen.

Ein einziger Blick auf einen beliebigen Berliner Stadtplan kann einen vom durchschlagenden Effekt dieser Gegebenheiten auf die Planung überzeugen. Was insbesondere die endgültige Planung für das Köpenicker Feld angeht, fügt sich in diese ökonomische Form auch weitgehend die Anlegung des Luisenstädtischen Kanals, der als Verbindung zwischen Spree und Landwehrkanal (welch letzterer nötig war, um die Zollmauer zu umfahren) der industriellen Entwicklung der Luisenstadt dienen sollte.

*Maschinenbauanstalt A. Borsig in Moabit (Ölgemälde)*

Nach alledem überrascht es also nicht weiter, wenn auch die Eisenbahngesellschaften sich entsprechend verhielten. Sie hatten kein Geld zu verschenken und gingen beim Grunderwerb so sparsam wie möglich vor – was sich spater rächen sollte. Das strategische Problem der Bahngesellschaften war einfach: so nahe wie möglich an den Stadtkern heranzukommen, ohne sich mit den Bebauungsbedingungen innerhalb der Stadt herumzuschlagen. An Ausweichen in die Tiefe, wie in Paris oder London, war nicht zu denken. Das Optimum, das sie zu erreichen trachteten, war, sich bis direkt an die Stadtmauer heranzuarbeiten und dann mit den Kopfgebäuden direkt vor den Toren präsent zu sein.

Die Bahnen saugen sich also, um ein Bild von Andreas Reidemeister zu gebrauchen, wie

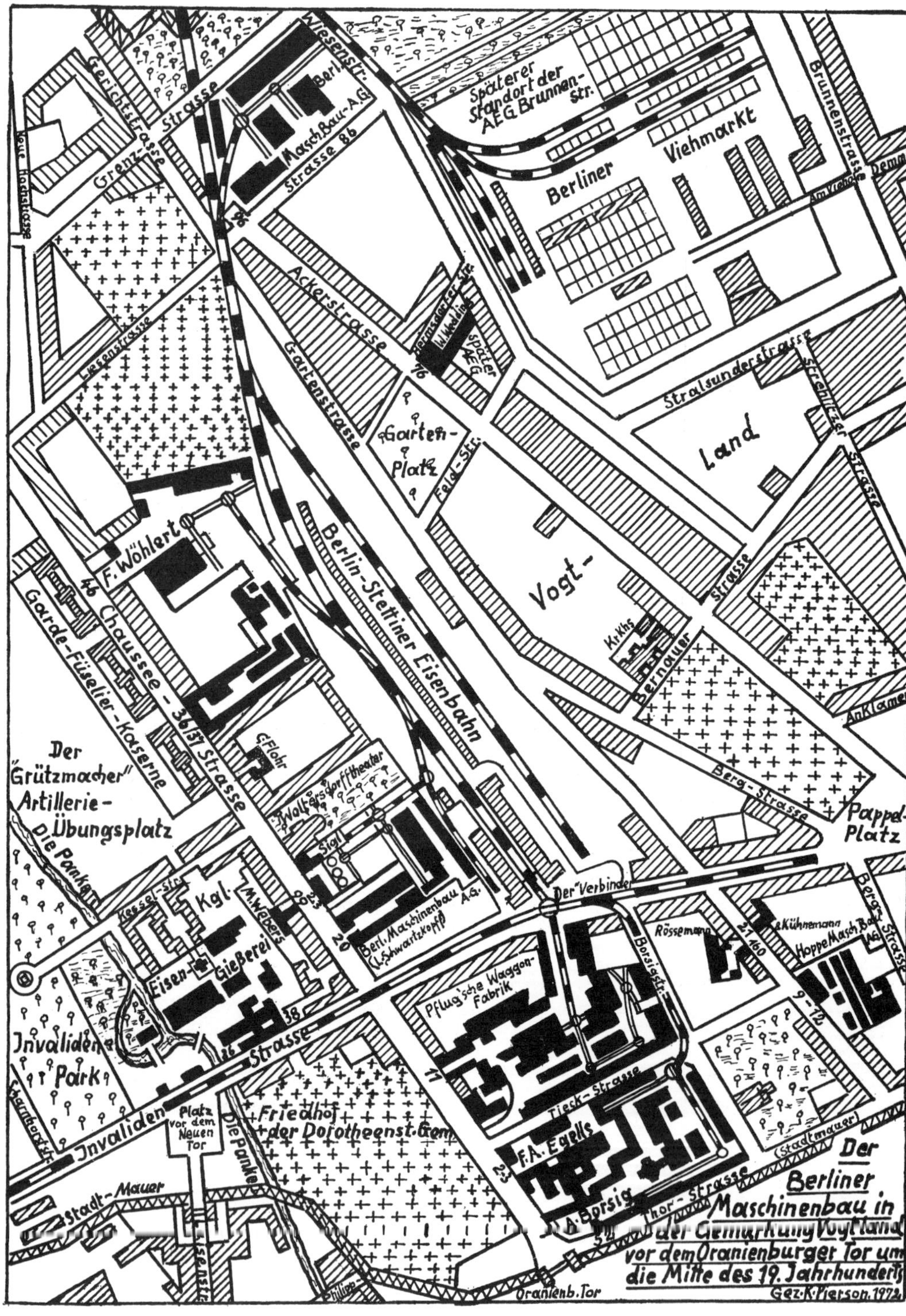


*Das Zentrum des Berliner Maschinenbaus in der Mitte des vorigen Jahrhunderts mit Borsig, Egells, Pflug, Schwartzkopff, der Kgl. Eisengießerei und anderen am Oranienburger Tor, gezeichnet von Kurt Pierson.*

Polypen am alten Stadtkörper fest, und lauern dort mit ihrem neuartigen Angebot auf die Kunden, die aus den gegenüberliegenden Toren hervorquellen. Das ist in dieser Form klassisch verwirklicht beim Potsdamer Platz. Im Falle des Anhalter Bahnhofs, der 1840 errichtet wurde, hatte die Bahngesellschaft, um in den Genuß einer gleichartigen Situation zu kommen, schon selber die Kosten für die Anlegung von Torplatz, Tor und den dahinterliegenden Durchbruch zur Wilhelmstraße zu tragen. Letzteres löste die Bahngesellschaft, indem sie das Grundstück Wilhelmstr. 128 aufkaufte und in eine Straße verwandelte, die Anhalter Straße. Der Hamburger Bahnhof lag schon nicht mehr dem Tor, auf das er sich bezog – dem Neuen Tor an der Invalidenstraße – direkt gegenüber, sondern nur in einer nicht unbeträchtlichen Westverschiebung. Der Stettiner Bahnhof vollends, der ursprünglich bis ans Hamburger Tor herangeführt werden sollte, steckte auf einen Standort sozusagen im zweiten Glied zurück, dem weiträumigen Areal an der Invalidenstraße, nahe der Chausseestraße. In der größten Entfernung zum Stadtzentrum blieben ausgerechnet die Bahnhöfe stecken, die sich von Osten her als einzige in den Stadtmauerbereich hineinschoben, der Frankfurter und der Ostbahnhof.

Je näher sie an das Stadtzentrum heran wollten, desto mehr mußten die Bahngesellschaften bestrebt sein, diesen Zugang sparsam zu gestalten. Insbesondere die Anhalter Bahngesellschaft ging hier recht geizig vor. Am Anfang glaubte man allen Ernstes, mit zwei oder drei Feldbreiten auskommen zu können. Als dann die eigentliche Expansion einsetzte, wurde es zunehmend schwieriger, noch die parallel laufenden Geländestreifen für den Bahnausbau zu erwerben. Das Problem spiegelt sich in der auffälligen Schlankheit und Länge der Berliner Bahnhofsgebäude, so auch noch des zweiten Anhalter und des letzten Potsdamer Bahnhofs, die ja nicht einfach darin aufgeht, daß es sich um konkurrierende Kopfbahnhöfe mit spezialisiertem Richtungsverkehr handelte. Im Grunde ist es diese Art der Geländebeschaffung, die von Anfang an die Abschaffung all dieser Kopfbahnhöfe vorprogrammiert hat.

Im bisher verfolgten Modell gegenläufiger Entwicklungstendenzen der Stadterweiterung betrachtet, stellen die Eisenbahnen einen neuen Typ von Durchbruchsachsen dar.

Anders als Ausfallstraßen und Kanalanlagen, durchbrechen sie nicht nur die alten Raumgrenzen und Wachstumsformen, sondern ordnen sich darüber hinaus auch sekundär nicht in ein städtebauliches Schema ein. Sie werden, anders gesagt, von der ausgreifenden, teils auch an ihnen entlangwachsenden Stadt nicht eingebunden, sondern bleiben unvermittelbar neben ihr liegen. Das ist die Basis dafür, daß die Bahnanlagen heute, wo sie beseitigt oder stillgelegt sind, als eine neue, städtebaulich noch gar nicht recht begriffene Dimension in der alten industriellen Stadt des 19. Jahrhunderts erscheinen, versöhnte Versionen dessen, was als überwiegende Zerstörungstatsache in den Stadtautobahnen zum Maßstab der Stadtentwicklung der sechziger Jahre wurde.

Im 19. Jahrhundert dominierte auch bei den Bahnanlagen das Ein- und Abschneidende. Es wurden ja nicht nur Stadtviertel derart getrennt. Genauso häufig ist der entgegengesetzte Effekt, daß Zusammengehöriges bis zur Unkenntlichkeit zerfiel, alte Verbindungen unterbrochen, wurden wie z. B. die Schöneberger Straße durch die Potsdamer und Dresdener Bahn (das spätere Gleisdreieck-Gelände). Wie aufgeschlitzt liegen neben den Schnittkanten der Bahnanlagen, ob S- oder Fernbahn, die Segmente spekulativer Wohnviertel. Abbrüche dieser Art kennzeichnen für den geborenen Berliner als lieb gewordenes Muttermal die Stadt, brüskes Nebeneinander von Bahnunterführungen, Schrebergärten, plötzlichen Tälern und Schluchten, auf die wieder ein Segment Stadt folgt, eingezwängt möglichst in die Zange zwischen dieser und der nächsten Bahn wie in Schöneberg die »Rote Insel« zwischen Potsdamer und Anhalter Bahn oder noch dramatischer das benachbarte Wohn- und Gewerbesegment zwischen Potsdamer Bahn und Crellestraße.

Die Brutalität, in der sich überall in Berlin die wie mit dem Kuchenmesser geschnittenen Seitenflügel der (zeitlich viel späteren) Mietshaushinterhöfe an den diversen Bahntrassen reiben, läßt nach allem auf eine rücksichtslose Konkurrenz schließen, in der sich die Bahntrassen der Stadtplanung überhaupt, ob geplant oder naturwüchsig erfolgend, gegenüberstellten.

Staat und Eisenbahngesellschaften befanden sich dabei in einem komplizierten Verhältnis

*Ehemaliger Berliner Ringbahnzug der Pflug'schen Waggonbau-Anstalt im Jahre 1911*

zueinander, das nicht einfach als Gegensatz beschrieben werden kann – es wäre der Eingriff der Bahngesellschaften in den expandierenden Stadtkörper, wäre das der Fall gewesen, vermutlich viel rücksichtsvoller ausgefallen. Die anarchischen Züge verdanken sich nicht zuletzt der Tatsache, daß der Staat den Eisenbahngesellschaften gar nicht entschlossen entgegentrat, also auch gar nicht so entschieden hinter seiner Stadtplanung stand, wie es nötig gewesen wäre, um sie gegen die Eisenbahngesellschaften zu schützen. Diese kauften einfach das Land, das sie brauchten, und dann waren sie da – was immer sonst die Stadtplanung geplant haben mochte.

Die Eisenbahnen waren nicht nur ein vitales Interesse des Staates, auch wenn sie von privaten Aktiengesellschaften gebaut und erst sehr viel später verstaatlicht werden konnten; es gab vor allem auch unmittelbare Interessenverflechtungen, da der agrarische Adel, der in Preußen die Politikerkaste stellte, intensiv am Eisenbahngeschäft beteiligt war und damit ein direkter Zugang zu den Genehmigungsbehörden gegeben war. Der Interessenausgleich hatte innerhalb der Ministerien zu erfolgen, des Ministeriums für Handel und Gewerbe einerseits, des Polizeipräsidenten als Unterbehörde des Ministeriums des Inneren andererseits. Daß die Stadtplanung, sobald sie nicht mit unabweislichen Ordnungs- und Sicherheitsinteressen aufwarten konnte, den kürzeren ziehen mußte, versteht sich von selbst.

Zu klassischen Denkmälern solcher Niederlagen kam es insbesondere im Zusammenhang der Stadterweiterungsplanung, die James Hobrecht im Auftrage des Polizeipräsidenten zwischen 1859 und 1862 erarbeitete und in mehreren, teils gedruckten Planversionen niederlegte. Die 13 Abteilungen dieses Planes entwarfen, nach Vorlagen Lennés von 1853, ringförmig um die Stadt herum einen breiten Gürtel von Wohnvierteln, die sich, soweit möglich, an einen Ringboulevard angliedern und zugleich eine innere ästhetische Strukturierung über Schmuckplätze und Blickachsen erhalten sollten.

Der eigentlich repräsentative Teil der Aufgabe war der Ringboulevard, der darüber hinaus durch eine Reihe aufwendiger Plätze ausgezeichnet werden sollte. Höhepunkt des südlich der Spree verlaufenden Boulevards sollte ein Doppelplatz sein, benannt Blücher bzw. Wahlstatt, auch das ein Erbe Lennés; unglücklicherweise zeichnete Hobrecht ihn an eine Stelle, wo die Anhalter Bahngesellschaft ihren Güterbahnhof anzulegen im Begriffe war.

Was übrig blieb, ist der heutige Generalszug: Der Straßenzug Gneisenaustraße – Yorckstraße läuft platt auf das Bahngelände auf, in einer monumentalen Quasisackgasse, die den

Namen Hornstraße erhielt, während der Verkehr der abknickenden Yorckstraße folgt, die sich weiter südlich bei erster Gelegenheit unter den gesammelten Eisenbahnbrücken der verschiedenen Bahnen hindurchwindet, heute sicherlich eine der spannendsten Berliner Verkehrssituationen.
Eine ähnliche, doch weit weniger spektakuläre Niederlage mußte Hobrecht im Osten einstecken, dort, wo der Ringboulevard die Spree überschreiten sollte. Hobrecht wollte die Warschauer Allee linear nach Süden verlängern, um in Neukölln (dem damals von derartiger Expansion noch wenig ahnenden Rixdorf) in der Höhe der Karl-Marx-Straße nach Westen in den Generalszug einzuschwenken; entsprechend wies er die Breite der heutigen Falckensteinstraße aus. 1864 aber, und da es vorher langjährige Verhandlungen gegeben hatte, war dies durchaus voraussehbar — wurde quer über diese Achse Strousbergs Görlitzer Eisenbahn gelegt, Güterbahnhof und Personenbahnhof nebeneinander, also in stattlicher Breite, so daß an die Durchlegung der großen Achse nicht mehr zu denken war. Die Falckensteinstraße, 1889 endlich durchgelegt, wurde die schmalste des Viertels, jenseits der Bahn geht der Straßenzug als Glogauer und Pannierstraße weiter nach Neukölln, führt aber nur noch auf die Sonnenallee.
Ähnlich ging es Hobrecht auch im Norden, besonders eindrucksvoll z. B. beim Sparrplatz, seiner interessantesten Platzidee, der die Ringbahn mit Guillotinenschärfe die städtebauliche Anbindung und damit überhaupt die Luft abschneidet.

Auf lange Sicht gesehen, waren das Pyrrhussiege des Eisenbahnsystems, aber um das damals zu erkennen, hätte man die Erfindung und rasante Entwicklung des Automobils voraussehen müssen. Die mangelhafte Einbindung der Eisenbahnlinien in das Hobrechtsche Rundverkehrssystem sollte sich als eine entscheidende Achillesferse der Berliner Eisenbahnen erweisen. Für die wachsende Stadt wurde die Lage der Bahnhöfe an der Stadtmauer, die um 1840 optimal schien, relativ belanglos, wenn nicht gar zum Verkehrshindernis, da eine moderne, für den Massenverkehr geeignete Erschließung kaum zu erreichen war. Um 1880 war der Prozeß der Citybildung voll im Gange; die Wanderung der Industrie zeichnete sich ab. Im Süden war das zunächst eine Wanderung von West nach Ost, aus der Friedrichstadt in die westliche Luisenstadt (Exportviertel Ritterstraße) und von dort aus in die östliche Luisenstadt »jenseits des Kanals«, ein Prozeß, der 1860 mit einer gewaltigen Welle von Neuetablierungen begann und 1880 etwa abgeschlossen war.
Der Industriewanderung auf dem Fuße folgte die Expansion der Geschäftsstadt, von Norden nach Süden in die Friedrichstadt vordringend, südöstlich in die Luisenstadt ausstrahlend, westlich in die Potsdamer Straße. Die Bewohner dividierten sich auseinander: Die oberen Schichten zogen Schritt für Schritt westwärts, die unteren in die östliche Luisenstadt und weiter hinaus. Die Bevölkerungswelle plazierte also die Masse der Bevölkerung außerhalb des Innenstadtradius, an dem die alten Kopfbahnhöfe orientiert waren, entvölkerte die Innenstadt und ließ große Konzentrationen in den neuen Stadtvierteln entstehen: Schöneberg, Tempelhof, Neukölln, Lichtenberg, Prenzlauer Berg, der nördliche Wedding, Reinickendorf.
Daß die Bahn für die entfernteren unter den neuen Vierteln die Bedingung ihrer Entstehung war, liegt auf der Hand, und noch mehr gilt das für die Siedlungsgründungen wie Lichterfelde. In den neunziger Jahren kam schließlich noch der großindustrielle Wanderungsschub hinzu: Siemens ging aus der Friedrichstadt nach Charlottenburg, Loewe aus der Luisenstadt nach Moabit; Borsig hatte schon in den sechziger Jahren an zwei Standorten in Moabit produziert und ging noch weiter hinaus nach Tegel, im Osten wurde Treptow mit Agfa u. a. zum Industriestandort, nördlich der Spree entstanden Osram und Knorr-Bremse. In gewisser Weise gegenläufig war allenfalls die Plazierung der neuen Edison-Gesellschaft/AEG auf dem aufgelassenen Güterbahnhofgelände an der Voltastraße.
Eine der notwendigen Antworten auf diese Entwicklung war die Entwicklung der beiden konkurrierenden Schienennahverkehrssysteme, der Ring- bzw. Vorortbahnen und, eine Generation später, die elektrische Hochbahn. Entwertungssymptome im Zusammenhang der Vorortbahnen sind z. B. die Anlegung eigener Vorortbahnhöfe neben dem Potsdamer Bahnhof bzw. des nördlich korrespondierenden Gegenstückes neben dem Stettiner Bahnhof. Man mag das umgekehrt als Erweiterung betrachten, aber die qualitative Abspaltung ist von dem Augenblick an, wo die Ringbahn aus dem geplanten Verbindungsmittel der Fernbahnhöfe zu einem Personennahverkehrssystem wurde, das entscheidende, und diese Abspaltung trieb schließlich auf völlige Trennung und schließlich Einsparung des Fernbahnhofes hin. Ein anderes Symptom ist die Deklassierung des Görlitzer Personenbahnhofs zum bloßen Vorortbahnhof: Hier wurde der Anschluß an Ringbahn (1872) und Stadtbahn (1885) sofort und unmittelbar für die Fernverkehrsfunktion tödlich. Diese ging an die Stadtbahn, also an den am anderen Ufer der Spree gegenüberliegenden Schlesischen Bahnhof über, der, entstanden durch Verdoppelung des alten Bahnhofs der Niederschlesisch-Märkischen Bahn, zugleich den gesamten Personenverkehr des Bahnhofs der Ostbahn am benachbarten Küstriner Platz übernahm (1882), weshalb letzterer seitdem leerstand. Bezeichnenderweise traf dieser Niedergang eben nur den Verkehrsbereich, in den die Ausdifferenzierung des Personennahverkehrs eingriff: die Personenbahnhöfe. Dagegen blieben sowohl der Görlitzer Güterbahnhof wie der der Ostbahn als zentrale Berliner Kohlebahnhöfe, Baustoff- und Getreideplätze in Funktion.

Vom Beginn der 90er Jahre zeichnet sich das Anwachsen der Vororte, besonders der Arbeitervororte Tempelhof, Rixdorf, Prenzlauer Berg denn auch statistisch ab: als erdrückendes Überwiegen des Personennahverkehrs (1894: 5 % Fernverkehr, 20 % Vorortverkehr, 75 % Stadtverkehr). Hatte die Stadtbahn von Anfang an den Fernverkehr unter eine Form innerstädtischer Verkehrsbildung subsumiert, so stellte sich das parallel auch für die im übrigen vom Güterverkehr stark belastete Ringbahn her; der durchgehende Ringverkehr verselbständigte sich gegenüber der an Fernverkehr und Güterverkehr orientierten Verbindungsfunktion.

Diese Bedeutung von Stadtbahn und Ring ist also die Antwort auf die Defizienzen ungenügend ausgestatteter konkurrierender Kopfbahnhöfe, die bis dahin herrschende Grundfigur des Berliner Eisenbahnsystems. Abweichend von anderen Metropolen wie Paris, London usw. fand aber neben der Etablierung des Nahverkehrs als eigener Verkehrskategorie zugleich eine weitgehende Entlastung vom Vorortverkehr und damit eine funktionelle Entleerung der alten Kopfbahnhöfe statt, die der städtebaulichen Entwertung parallel lief. Nur noch für den Fernverkehr, und zwar nur für eine, wenn auch bedeutsame Fraktion desselben zuständig, legten sie die Schwächen des dezentralen Kopfbahnsystems deutlicher zutage, als das ohne jene Ausdifferenzierung nicht nur des Nah-, sondern auch noch des Vorortverkehrs gewesen wäre. Städtebaulich war klar, daß das Bahnsystem in Zukunft zur Disposition stehen würde.

Das zeigte dann offen der Städtebauwettbewerb von 1910 »Groß-Berlin«. Vorlauf einer offiziellen Planung auf der Ebene des Zweckverbandes Groß-Berlin, brachte dieses Verfahren zum ersten Male Stadtplaner und Eisenbahningenieure zu einem planerischen Zusammengehen und zu einer Kenntnisnahme von den Denkweisen der anderen Seite, gar zu einer gemeinsamen Zielvorstellung: Die Eisenbahn sollte, in Anerkennung ihrer radialen Richtungstendenz, zu einem Mittel der organisierten Anbindung der Vororte gemacht werden, mithin einer gesteigerten Zentralisierung der Stadt. Drei der vier preisgekrönten Entwürfe legten Hand an die Hochburgen des Kopfbahnsystems: Lehrter, Anhalter und Potsdamer Bahnhof; einer davon (H. Jansen) begnügte sich mit einer Nord-Süd-Tunnel-Verbindung zwischen beiden Bahnhofsgruppen, die beiden anderen (Eberstadt/Möhring/Petersen und Havestad & Contag/Schmitz/Blum) hoben auf unterschiedliche Weise die südwestlichen Kopfbahnhöfe zugunsten durchgehender Nord-Süd-Verbindungen auf und benutzten das frei geplante Gelände zum Stadtumbau. Die Ergebnisse des Wettbewerbes wurden aufwendig und mehrfach publiziert und auf der

*S-Bahn-Bogen am Bahnhof Jannowitzbrücke, 1930 (Foto Pragher).*

Städtebau-Ausstellung in Berlin 1911 ausgestellt, der 1. Weltkrieg unterband aber alle Realisierungsbestrebungen, indem er die politischen und ökonomischen Grundlagen vernichtete.
Trotzdem ist der Wettbewerb von zentraler Bedeutung: Er definierte für das neue Jahrhundert ein verändertes Verhältnis von Stadterweiterung und Schienenverkehrsausbau, in dem beide Teile ihren eigenen Vorteil zu finden hoffen. Dieser Interessennexus – von einer Gemeinsamkeit des Ziels zu sprechen, wäre geprahlt – hat die Kultur eines Viehhandels: Die Zentralisierungs- und Rationalisierungswünsche der Eisenbahn bescheren der Stadtplanung unverhoffte innerstädtische Areale, deren Wert den Aufwand des Verschwindens des innerstädtischen Eisenbahnverkehrs aus der stadtplanerischen Erscheinungsebene in die Tunnellage ökonomisch machbar, wenn nicht gar attraktiv erscheinen läßt.

Obwohl also der Handel praktisch unterbunden wurde, hatte zumindest die Stadtplanung jenes neue Verhalten ein für allemal erlernt, unabhängig von praktischer Bekräftigung, Kopfbahnhofsflächen als innerstädtische Reserveflächen zu betrachten. Innerhalb dessen wurde insbesondere auch die Nord-Süd-Tunnellage zum Topos, ohne den keine Planung des Geländes westlich der alten Innenstadt seitdem auskam, bis hin zu dem gegenwärtig im »Zentralen Bereich« laufenden Planungsverfahren, das ja ein direkter, ebenfalls vom AIV quasi gezeugter Urenkel des Wettbewerbs Groß-Berlin ist (die Einschränkung »quasi« bezieht sich nur auf die bezweifelbare Zeugungsfähigkeit des Berliner Architekten- und Ingenieurverbandes).

Dazwischen liegen, wie hiermit angedeutet, zwei ganze Planungsgenerationen. Die erste ist die von Mächler und Speer. Von M. Mächler stammt (1917/1920) das Grundmodell: Führung des Nord-Süd-Eisenbahnverkehrs in Tunnellage und Nutzung der freiwerdenden Personen- und Güterbahnflächen zur Errichtung eines repräsentativen innerstädtischen Straßenzuges. Mächler wollte dabei den gesamten Fernverkehr in einem anstelle des Lehrter Bahnhofs zu errichtenden Zentralbahnhof gebündelt wissen.
Speer dagegen benutzte planerisch die Aufhebung der südwestlichen Kopfbahnhöfe, um als südlichen Endpunkt seiner Prachtstraße einen Südbahnhof vorzusehen, was im Grunde ideenlos auf Hausmann zurückfiel (Gare de l'Est und Boulevard Sebastopol). Gebaut wurde davon nichts, bis auf einige Vorhaltetunnel für den großen unterirdischen Bahnhof der geplanten Siegeshalle, sondern stattdessen, im Nachtrab zu den beiden U-Bahn-Nord-Süd-Strecken von 1928 und 1932, nur die Durchlegung der Nord-Süd-S-Bahn in Tunnellage.

Wirksam wurde die Planungsgeschichte der zwanziger und dreißiger Jahre vor allem negativ: als nach 1945 festgehaltener Planungsanlaß für den Abriß sämtlicher Kopfbahnhöfe, der in Ost und West gleichlautend vollzogen wurde (wie ja in nichts sich die Fortdauer Gesamtberliner Stadtplanung so deutlich zeigt wie in den Abrißstrategien). Daß wir diese Abrisse, besonders im Rückblick auf den Anhalter Bahnhof, als Barbarei ersten Ranges beklagen, vergleichbar den Abrissen von Schloß und Bauakademie in Ost-Berlin, hat nicht verkehrstechnische, sondern stadtplanerische, historische, affektive Ursachen.

Der Abriß fiel damals so leicht, weil die Stadtplanung die Eisenbahn als städtebauliches Problem gar nicht mehr wahrnahm, sondern total auf das kommende Ordnungssystem stadtübergreifender Autobahnverzweigungen fixiert war. Hypothetisch blieb der Südbahnhof im Gespräch, in einer Plazierungsvorstellung, die südlich der Yorckbrücken ansetzte. Inzwischen ist noch diese Vorstellung abgebaut und auf die Anlegung eines neuen Süd-Güterbahnhofs beschränkt worden, der die noch zahlreich vorhandenen, aber untergenutzten dezentralen Güterbahnhöfe ersetzen soll. Ob dieser Güterbahnhof je gebaut werden wird, ist inzwischen aber eine Frage, die vorrangig vom stadtökologischen Standpunkt her interessant ist. Von dem alten Plan eines den Lehrter Bahnhof ersetzenden Nordbahnhofes ist nur noch die Planung einer Inter-City-Schleife geblieben.

Heute ist die Stadtplanung voll im Stadium der Revanche, auf Beutesuche auf Kosten des Eisenbahnsystems. Die Flächen der Kopfbahnhöfe sind seit längerer Zeit heiß umkämpfte Planungssituationen, bei denen es, angesichts erheblicher Ankaufskosten um die Verwertungsaussichten geht. So wie zur Zeit die Dinge stehen, dürften Görlitzer Bahnhof (sobald die Verhandlungen mit der DDR-Reichsbahn zu Ergebnissen geführt haben) und Anhalter Bahnhof zu öffentlichen Parkflächen werden; das Potsdamer Bahnhofsviertel dagegen liegt nach wie vor unter dem drohenden Schatten der geplanten Nord-Süd-Verbindung, sie möge nun Westtangente oder – neuerdings – Parkway heißen, ebenso ist hier eine Zerteilung des Geländes durch Untertunnelungen für eine auf Westberliner Gebiet verlaufende, neu zu bauende Nord-Süd-S-Bahn-Strecke im Zuge der S-Bahn-Modernisierung sicherlich nicht auszuschließen.

Diese in Aussicht stehende S-Bahn-Sanierung ist das zweite Gebiet, wo das Erbe der vergangenen Kämpfe zwischen Eisenbahnen und Stadtplanung zur Zeit noch einmal zur Diskussion steht. Hier geht die neue Auseinandersetzung darum, mit Schienenverkehrsmitteln die weitere Zerstörung der Innenstadt durch Autobahnbau abzulenken.
Die Rettung des alten S-Bahn-Netzes ist deshalb nicht einfach ein stadthistorisches Projekt: Es geht letztlich darum, daß die öffentliche Stadt, und nicht der teilfunktionale Autoschnellverkehr, Erbe der Flächen des 19. Jahrhunderts wird, aus denen sich der Eisenbahnverkehr zurückgezogen hat. Die Wiederherstellung der S-Bahn ist also alles andere als ein konservatives Anliegen, sie ist Teilbedingung einer anstehenden Neubestimmung von Stadt, Öffentlichkeit und Verkehr.

*Der Centralbahnhof Friedrichstraße 1883*

# Zum Bau der Stadtbahn in der alten Innenstadt Berlins

Erika Schachinger

### Die allgemeine Situation der Stadt

Bei der Betrachtung der Veränderung des Stadtbildes durch den Bau der Stadtbahn im Bereich der alten Innenstadt muß man sich die komplizierte Verwaltungssituation der Stadt Berlin in jener Zeit vor Augen halten. Weder die Städteordnung von 1808 noch die von 1853 hatten Berlin als preußischer Haupt- und Residenzstadt einen Sonderstatus gewährt. Eine Anzahl von Ausnahmeregelungen legte verschiedene Bestimmungen für die Verwaltung der Stadt und ihre Stellung im Staat fest. Da sich oftmals Einrichtungen des Staates und die der bürgerlichen Selbstverwaltung die Zuständigkeiten für die Verwaltungsgebiete teilten, gab es häufig Schwierigkeiten bei der Frage der Abgrenzungen. So konnte von einer städtischen Selbstverwaltung im eigentlichen Sinn des Wortes keine Rede sein. Erst 1880 schied Berlin aus der Provinz Brandenburg aus und bildete einen eigenen Verwaltungsbezirk. Trotzdem übte der Polizeipräsident im wesentlichen auch weiterhin die ihm bzw. seiner Behörde eingeräumten Regierungsfunktionen aus. Er stand an Stelle eines Regierungspräsidenten für den Stadtkreis Berlin. Einige gesetzliche Bestimmungen unterstrichen die Besonderheit Berlins als Residenzstadt. *Die Neufestsetzung und die Abänderung bestehender Bebauungspläne waren von der königlich/kaiserlichen Genehmigung abhangig* (Fluchtliniengesetz von 1875), *ebenfalls Straßenbenennungen und der Einbau von Bahnanlagen in die Straßen der Stadt.* 1875 wurde die Erhaltung und Pflege der Straßen und Brücken in die alleinige Verantwortung der Stadt gestellt.

Trotz der Hemmnisse bei der Ausübung ihrer Verwaltungsfunktionen haben die städtischen Behörden große Aufgaben gemeistert. Hier sei nur an die Versorgung der ständig wachsenden Bevölkerung mit Wasser (Kauf und Bau von Wasserwerken, Anlage der Kanalisation) und Lebensmitteln (Bau von Markthallen, amtliche Fleischkontrollen), mit Krankenhäusern und Schulen erinnert.

Die Bevölkerung Berlins, die 1871 noch 826 000 Menschen betragen hatte, war 1910 auf über 2 Millionen angewachsen. Die Bevölkerungszahlen betrugen in Berlin (ohne Vororte):

| | | |
|---|---|---|
| 1871 | 826 000 | Einwohner |
| 1876 | 980 000 | ,, |
| 1880 | 1 122 000 | ,, |
| 1890 | 1 578 000 | ,, |
| 1900 | 1 888 000 | ,, |
| 1910 | 2 071 000[1] | ,, |

Das Weichbild der Stadt erfuhr in dieser Zeit keine wesentliche Erweiterung. Das Wohnraumbedürfnis konnte nicht befriedigt werden, obwohl umfangreiche Wohngebiete im Norden und Osten der Stadt entstanden. Die Bauordnung von 1853 und der Bebauungsplan von 1862 begunstigten das Entstehen langer Straßen und großer Mietskasernen mit mehreren Quergebäuden und Seitenflügeln, in denen die ärmere Bevölkerung hauste. Die Wohnraumnot sowie der damit verbundene Mietwucher und die Bodenspekulation zwangen die Menschen in den folgenden Jahren, in die Vororte abzuwandern. Während die Wohlhabenden in die westlich und südlich gelegenen Gemeinden zogen, blieben die Armen, vorwiegend die Arbeitermassen, im Norden und Osten der Stadt. Wiederholte Versuche der preußischen Staatsregierung, eine Provinz Berlin zu bilden bzw. das Weichbild der Stadt wesentlich zu vergrößern, blieben erfolglos. (Es gab nur zwei geringfügige Erweiterungen: 1878 wurde das Gebiet des späteren Viehhofs in Lichtenberg durch Ankauf eingemeindet, und 1881 folgte die Eingemeindung des Tiergartens, des Zoologischen Gartens und des Schloßbezirks Bellevue aufgrund einer Regierungsvorlage.) Gegen die Eingemeindungspläne wurde erbittert gekämpft. Einerseits befürchteten die Vertreter der wohlhabenderen Landgemeinden zunächst eine Vermehrung der Steuerlasten für ihre Gemeinden, andererseits bangten die Stadtverordneten Berlins um ihre politische Stellung und fürchteten vor allem im Laufe der Jahre die Kosten für die Ausstattung der einzugemeindenden Gebiete mit den Einrichtungen einer modernen Großstadt. Damit scheiterten die Versuche, die Steuermittel der Gemeinden umzuverteilen und einen einheitlichen Wirtschaftsraum Groß-Berlin zu schaffen. Den Kauf und den Bau der Wasserwerke, den Bau von Kanalisation, Schulen und Krankenhäusern finanzierte die Stadt Berlin über Anleihen. Ihre Haupteinnahmequelle bildete bis in die neunziger Jahre die direkt erhobene Haus- und Mietsteuer, die dann zu einer einheitlichen Grundsteuer zusammengefaßt wurde, sowie die Einkommensteuer (d. h. ein Zuschlag zur staatlichen Einkommensteuer, der bei Spitzenverdiensten bis zu 100 % betragen konnte).[2]

Die Finanzlage Berlins gestaltete sich in diesen Jahren günstig, da immer mehr Menschen auf der Suche nach Arbeit die Produktivität der Hauptstadt, die immer dichter bebaut wurde, steigerten.

## Die ersten Eisenbahnlinien

Anfang der siebziger Jahre führten bereits acht Eisenbahnlinien nach Berlin:[3] die Berlin-Potsdamer Eisenbahn (seit 1838, weiter nach Magdeburg ab 1846/48), die Berlin-Anhaltische Bahn (seit 1841), die Berlin-Stettiner Eisenbahn (seit 1842), die Niederschlesisch-Märkische Eisenbahn (seit 1842/46), die Berlin-Hamburger Eisenbahn (seit 1846), die Königlich-Preußische Ostbahn (seit 1857), die Berlin-Görlitzer Eisenbahn (seit 1867) und die Berlin-Lehrter Bahn (seit 1871). Abgesehen von der Ostbahn, die von Anfang an eine Staatsbahn war und Berlin mit Königsberg/Ostpreußen verband, wurden die Eisenbahnlinien von Privatgesellschaften gegründet. Als erste dieser Bahnen wurde 1852 die Niederschlesisch-Märkische Eisenbahn verstaatlicht; erst Anfang der achtziger Jahre gingen die anderen Privatbahnen in staatliches Eigentum über.
Mit Ausnahme der Niederschlesisch-Märkischen Eisenbahn, deren Endbahnhof innerhalb der Berliner Stadtgrenze lag (ursprünglich »Frankfurter Bahnhof« genannt, dann »Schlesischer Bahnhof«, heute »Ostbahnhof«), und später der Ostbahn, deren Endbahnhof zeitweilig der Ostbahnhof (in der Nähe des Schlesischen Bahnhofs) am Küstriner Platz war, befanden sich die Endbahnhöfe der ersten Privatbahnen unmittelbar an der Stadtgrenze Berlins, d. h., zum Zeitpunkt ihrer Anlage befanden sie sich an der Grenze des Weichbildes der Stadt, wie es im wesentlichen seit dem Ende des 18. Jahrhunderts bestand. Die damals um die Stadt angelegte Mauer diente der Steuererhebung und sollte das Desertieren der Soldaten verhindern. Selbst als die Weichbildgrenze 1841 (im wesentlichen durch Eingemeindung von Gebieten im Norden und Nordosten in Richtung Pankow, Heinersdorf und Weißensee und im Süden streckenweise bis zum Landwehrkanal) und 1861[4] (durch Eingemeindung von Wedding mit Gesundbrunnen, Moabit und den nördlichen Teilen von Schöneberg und Tempelhof) erheblich verschoben wurde, bildete die überkommene Stadtmauer ein verkehrstechnisches Hindernis in vielfältiger Hinsicht. Erst nach langwierigen Verhandlungen zwischen städtischen und staatlichen Behörden wurde die Stadtmauer 1867–1869 niedergelegt. Von den Stadttoren blieb nur das Brandenburger Tor erhalten.

## Die alte Verbindungsbahn und die Ringbahn

Bereits 1851 war eine Verbindungsbahn im Westen und Süden zwischen den Endbahnhöfen der Eisenbahnlinien auf Staatskosten gebaut worden.[5] Sie diente aber lediglich dem Güterverkehr und dem Militärtransport und stellte in zunehmendem Maße eine große Behinderung des Straßenverkehrs dar, da sich ihr Verkehr auf den Straßen der Stadt abspielte. Als man den Betrieb der Verbindungsbahn schließlich in die Nachtstunden verlegte, wurden die Klagen der Bevölkerung nicht geringer, weil es zu einer massiven Beeinträchtigung der Nachtruhe kam.
Zwischen dem Polizeipräsidium, dem Magistrat von Berlin und dem Kriegsministerium wurden jahrelang Pläne erörtert, Verbesserungen einzuführen bzw. eine neue Verbindungsbahn zu schaffen. Diese Überlegungen führten schließlich zur Anlage der heutigen Ringbahn. Der Magistrat legte besonderen Wert darauf, daß die neue Bahn als Gürtelbahn im weitesten Umkreis um die Stadt geführt wurde und die Orte Pankow, Weißensee, Lichtenberg, Rixdorf, Tempelhof, Schöneberg, Wilmersdorf und Charlottenburg umfaßt wurden. Mit der Einrichtung von Personenzügen sollte der Arbeiterbevölkerung die Möglichkeit gegeben werden, billigere Unterkünfte außerhalb der Stadt zu finden. Bei der Anlage der Ringbahn wurde auch die Forderung mitberücksichtigt, Kreuzungen von Straßen und Eisenbahnen möglichst zu vermeiden: Die Bahnanlagen wurden deshalb tief in das Gelände gelegt oder auf hohen Dämmen entlanggeführt. Der Bau zog sich von 1867 bis 1871 hin, weil es damals schon Schwierigkeiten beim Grunderwerb gab, weil sumpfige Gebiete (z. B. am Rummelsburger See) trockengelegt werden mußten und weil schließlich der Deutsch-Französische Krieg 1870/71 die Arbeiten beeinflußte (so beim Anschluß der Anhalter und Potsdamer Bahn mit dem Bahnhof Tempelhof, in dessen Nähe die Lazarettbaracken lagen). 1871 wurde der Güterverkehr auf der Ringbahn (ursprünglich »neue Verbindungsbahn« genannt) aufgenommen. Bedingt durch den starken Materialverbrauch im Krieg, fehlten zunächst Personenwagen, die erst ab Januar 1872 eingesetzt werden konnten. Die Ringbahn fuhr von Moabit über Stralau bis Schöneberg, und zwar zunächst zweimal, später dreimal täglich in beiden Richtungen. Der westliche Teil der Ringbahn von Schöneberg über Charlottenburg (heute: Westend) nach Moabit wurde bis 1877 fertiggestellt. In den folgenden Jahren wurde sie weiter ausgebaut. Von Anfang an war sie eine Staatsbahn wie die alte eingleisige Verbindungsbahn, die nun stillgelegt und beseitigt wurde. Nur die Strecke vom Schlesischen Bahnhof zu den Gasanstalten am Hellwege, der heutigen Gitschiner Straße, diente noch einige Jahre dem Kohlentransport.
Wie die alte Verbindungsbahn beförderte die Ringbahn auch Güter und Militär, und zwar über besondere Anschlüsse an die verschiedenen Eisenbahnlinien. Neu war jedoch die Beförderung von Personen, ein Umstand, der in den folgenden Jahren zu einem raschen Ausbau insbesondere von Charlottenburg und Schöneberg führte.

## Der Stadtbahnbau
## Die ersten Initiativen

1871 gab August Orth, der als Architekt des Görlitzer Bahnhofs und mehrerer Kirchen in Berlin bekannt geworden war, die Anregung, die einzelnen Bahnhöfe und die Ringbahn mit einer Bahn zu verbinden, die als Hochbahn von Ost nach West geführt werden sollte, und zwar für den Personen- und Güterverkehr. (Letzterer fand später nur für die Zentrale Markthalle Anwendung.) Er wurde so »der geistige Vater der Stadtbahn«.[6] Bei seinem Tode wurde hervorgehoben, daß er »keinen anderen Zweck im Auge hatte, als die Linderung der Wohnungsnot (1871)«.[7] Gleichwohl verfolgte er auch den rein praktischen Zweck, den Reiseverkehr günstiger zu gestalten und bei den Bauaufträgen beteiligt zu werden. Entsprechende Angebote,[8] die später jedoch unberücksichtigt blieben, erhielt er von dem Vorsitzenden der Deutschen Eisenbahnbau-Gesellschaft (DEG), Oberregierungsrat a. D. Hartwich, in Berlin. Dieser nahm den Orthschen Plan auf und richtete am 2. 5. 1872 eine Eingabe an den Handelsminister, in der er die sogenannte

*Die Georgenstraße Richtung Friedrichstraße nach dem Bau der Stadtbahn*

Südwestbahn vorschlug, eine die Stadt von Ost nach West durchziehende Bahn, die über Charlottenburg, Potsdam, Halle, Erfurt, Meiningen nach Südwestdeutschland in die Schweiz führen sollte. Da das erforderliche Kapital nicht aufzubringen war, beschloß die DEG, die Berlin durchziehende Strecke bis Charlottenburg und Potsdam zu beschränken. In vielen Geschichtsdarlegungen heißt es, daß die DEG die Staatsregierung um Beteiligung an dem Unternehmen »bat«.[9] Tatsächlich lasteten bereits 1873 große Hypotheken der Seehandlung, der preußischen Staatsbank, auf den für den Stadtbahnbau von der DEG in Berlin erworbenen Grundstücken. Im Laufe der Jahre kamen, jeweils nach sorgfältiger Überprüfung, weitere Hypotheken des Staates auf den bereits getätigten oder noch zu tätigenden Grunderwerb hinzu. Am 15. 12. 1873 schloß der Staat mit der DEG und den Gesellschaften der Berlin-Potsdam-Magdeburger, der Magdeburg-Halberstädter und der Berlin-Hamburger Eisenbahn, deren Anschluß an die Stadtbahn ins Auge gefaßt wurde, einen Vertrag zur Bildung einer Aktiengesellschaft, der Berliner Stadteisenbahn-Gesellschaft. Dieser Vertrag wurde am 20. 3. 1874 Gesetz. An dem auf 48 Millionen Mark bemessenen Grundkapital der Aktiengesellschaft beteiligten sich

der Staat mit 21 Millionen Mark,
die Berlin-Potsdam-Magdeburger Eisenbahngesellschaft mit 6 Millionen Mark,
die Magdeburg-Halberstädter Eisenbahngesellschaft mit 6 Millionen Mark,
die Berlin-Hamburger Eisenbahngesellschaft mit 3 Millionen Mark,
die Deutsche Eisenbahnbau-Gesellschaft mit 12 Millionen Mark;
zusammen 48 Millionen Mark.

Zeitgenossen äußerten bereits unverhohlen, daß der Staat mit dem Bau der Stadtbahn in erster Linie militärische Zwecke, und zwar raschen Truppentransport, verfolge und den Motiven in der Gesetzesvorlage an den Landtag nur sekundärer Wert beizumessen sei, z. B. Ersparung der Anlagekosten eines neuen großen Bahnhofs bei Berlin, Rentabilität des Unternehmens, Verbesserung der schlimmen Wohnverhältnisse in der Reichshauptstadt.[10]
Da sich bei den genannten Eisenbahngesellschaften finanzielle Schwierigkeiten abzeichneten, mußten die kleineren von ihnen zu der Beteiligung am Stadtbahnbau faktisch gezwungen werden (mit Ausnahme der Berlin-Görlitzer Bahn, die finanziell dazu nicht mehr in Betracht kam).[11]
Der Berliner Stadteisenbahn-Gesellschaft stand seit ihrer Gründung 1874 eine Königliche Direktion unter der Leitung des Regierungsbaurates Ernst Dircksen (1830–1899) vor, der seinerseits dem Minister für Handel, Gewerbe und öffentliche Arbeiten unterstellt war. Er hatte bereits den Bau der Ringbahn geleitet und war im Deutsch-Französischen Krieg 1870/71 durch rasche Verlegung von Eisenbahnschienen zur Umgehung der Festung Metz aufgefallen. In den Würdigungen nach seinem Tode 1899 wird der Stadtbahnbau als sein »ureigenstes Werk« gepriesen, bei dem sein Wissen und Können, seine Gestaltungskraft am schönsten und ausgeprägtesten in Erscheinung getreten sei.[12] Er besaß eine ungewöhnliche Arbeitskraft und ein erstaunliches fachliches Wissen, was ihn dazu bewog, sich auch um die kleinsten Einzelheiten aufs eingehendste zu kümmern, wodurch er für seine Untergebenen »recht unbequem« werden konnte.[13] Diese Eigenschaft wird auch bei allem Lob in der Festrede anläßlich der Enthüllung seines Denkmals (eine ihn darstellende Bronzebüste von Ludwig Brunow am Bahnhof Friedrichstraße, die heute verschollen ist) nicht vergessen.[14] Als bezeichnend für seine Arbeitsfreude wurde angeführt, daß Dircksen in den acht Jahren, während er den Bau der Stadtbahn von 1874 bis 1882 leitete, nur dreimal um einen Urlaub von je 14 Tagen bat.[15] Denn selbst ein Behördenchef hatte damals noch keinen Anspruch auf Urlaub.
Dircksen war zunächst auf eine Zusammenarbeit mit der DEG angewiesen, vor allem wegen ihrer Vorarbeiten und wegen der Übernahme der von ihr bereits erworbenen Grundstücke für den Stadtbahnbau. Dabei kam es zu fortgesetzten Konflikten bis hin zu gerichtlichen Auseinandersetzungen.[16] Auch

nach dem 1878 geschlossenen Vergleich zwischen der DEG und der Königlichen Direktion der Berliner Stadteisenbahn-Gesellschaft hörten diese Reibereien nicht auf. Angesichts dieser Schwierigkeiten wurde August Orth an Bauaufträgen nicht beteiligt.

## Zur Linienführung

Schon bald nach Bekanntwerden der Orthschen Anregung, eine Stadtbahn von Ost nach West anzulegen, mußte im wesentlichen die heutige Linienführung durch die Innenstadt ins Auge gefaßt werden, da die geradlinige Streckenführung – von der Michaelbrücke zum Spittelmarkt, parallel zur Leipziger Straße, zwischen Tiergarten und Landwehrkanal hindurch zum südlichen Rand des Zoos – wegen der sprunghaft ansteigenden Grundstückspreise zu teuer gekommen wäre, wie Hartwichs Denkschrift vom 16. 4. 1872 zeigt.
Auch der Plan von Otto Busse, dem Direktor der Berlin-Hamburger Immobiliengesellschaft, sah bereits 1872 im Innern Berlins fast denselben Verlauf vor wie der Plan von Hartwich. Busse wollte eine ausschließlich dem Stadt- und Vorortverkehr gewidmete Personenbahn unter Umgehung des Tiergartens nach Lichterfelde und Zehlendorf zur Erschließung dieser Gegenden. (Der Plan von Hartwich sah dagegen auch Güterverkehr vor.)[17]
Vermutlich erwarb die DEG schon 1872 viele der für den Bau der Stadtbahn benötigten Grundstücke, offensichtlich mit einer Zwischenfinanzierung. Im Laufe des Jahres 1873 wurden alle diese Grundstücke in Berlin und in Charlottenburg gegenüber der Seehandlung, der preußischen Staatsbank, verpfändet: erst 33, dann 51 Grundstücke in der Berliner Innenstadt, schließlich auch noch Grundstücke in Charlottenburg, so daß insgesamt 110 Grundstücke davon betroffen waren. Auf diesen Grundstücken lastete damals eine staatliche Correalhypothek (eine Gesamthypothek im Sinne einer Gesamthaft) von 1 800 000 Mark, und eine weitere von 1 950 000 Mark wurde gestundet, wie die Akten der Seehandlung in Berlin, Geheimes Staatsarchiv Preußischer Kulturbesitz, zeigen.[18] Auch die zuletzt genannte Hypothek blieb dann fortlaufend bestehen. Für die damalige Zeit waren dies riesige Summen. In der Folgezeit wurden weitere einzelne Hypotheken des Staates auf diese Grundstücke eingetragen.
Bei ihren Grundstücksankäufen war die DEG davon ausgegangen, daß nicht nur beidseitig zur Trasse der Stadtbahn, sondern im Zuge dieser Anlage auch das Straßennetz der Innenstadt umgestaltet werden müßte (neue Durchfahrtsstraßen, Entlastungsstraßen). Die DEG war sich dabei des Risikos bewußt, daß die bereits gekauften Grundstücke an Wert verlieren würden, falls die Stadtbahn nicht gebaut werden würde, wie der Geschäftsbericht der DEG für 1873

zeigt.[19] Anderweitige Unternehmungen der DEG waren bereits gefährdet, da die Konzession des Staates zur Herausgabe von Aktien, auch bei der Anlage von Eisenbahnen, an den Kurswert dieser Aktien gebunden war. (Fielen diese im Kurs sehr stark, konnte der Staat die Konzession zurückziehen.) Auch konnte die Konzession zum Bau von Bahnanlagen zurückgezogen werden, wenn bestimmte Fristen zur Fertigstellung nicht eingehalten wurden.[20]

Stadtbahn an der Jannowitzbrücke, Blick nach Osten

Wert nach dem Stadtbahnbau erheblich steigen würde und die nach Festlegung neuer Straßenzüge mit Gewinn veräußert werden konnten, wollte die DEG ihre Verluste im Eisenbahnbau andernorts ausgleichen.

Bei der Gründung der Berliner Stadteisenbahn-Gesellschaft (Vertrag am 15. 12. 1873, Vorvertrag am 30. 9. 1873) hatte sich der Staat zur Übernahme der für den Stadtbahnbau benötigten Grundstücke der DEG verpflichtet. Bei bestimmten, vertraglich aufgeführten Objekten zahlte der Staat lediglich 90 % des von der DEG ursprünglich bezahlten Kaufpreises,[21] der offensichtlich überhöht gewesen war, bei den anderen den Buchwert,[22] d. h. den Wert, der in der Bilanz der Gesellschaft zu Buche stand. Für die zum Stadtbahnbau nur vorübergehend benötigten Grundstücke zahlte der Staat (d. h. die Seehandlung) 4½ % Zinsen Entschädigung, gemessen am jeweiligen Kaufpreis. Insgesamt verlor die DEG das Verfügungsrecht über alle ihre, d. h. auch über die nicht benötigten Grundstücke.[23] Bei Verkaufs- und Kaufange-

Mit dem Erwerb von Grundstücken, deren

*Bauplatz der Stadtbahnhaltestelle Börse, heute Marx-Engels-Platz (Neue Promenade – Zwirngraben), 1880*

boten war sie jeweils von der Zustimmung der Königlichen Direktion der Stadteisenbahn-Gesellschaft (Dircksen) und des Handelsministers (Minister für Handel, Gewerbe und öffentliche Arbeiten) abhängig, ein für sie jeweils hinderlicher Vorgang, der im Zusammenhang zu sehen ist mit der lange Zeit nicht endgültig festgelegten Trasse, vor allem wegen der jahrelang ungelösten Frage, ob der Königsgraben für den Stadtbahnbau zugeschüttet werden sollte oder nicht. Auch die Überlegungen zur Neugestaltung des Straßennetzes in der Berliner Innenstadt haben dabei eine Rolle gespielt. Diese Vorgänge endeten schließlich mit der Übernahme der meisten Grundstücke durch die Seehandlung beim Konkurs der DEG.

### Grundstücksübernahmen und Enteignungen

Bis Ende 1875 wurden in Berlin lediglich folgende Grundstücke der DEG von der Stadteisenbahn-Gesellschaft ganz oder teilweise übernommen, und zwar finanziert von der Seehandlung:[24]

Am Zwirngraben 1 und 2
Friedrichstr. 142
Friedrichstr. 141a (Zirkus Renz)
Georgenstr. 16/17a (zum Zirkus Renz gehörig)
Georgenstr. 17b
Stall- und Georgenstr. 7
Neue Friedrichstr. 21/21b
Neue Friedrichstr. 22/23
Königsstr. 33
Königskolonnaden 18, 20, 21/22, 29
Breslauer Str. 23
Andreasstr. 74

Weitere Grundstücke wurden später über-

*Stadtbahnbau am Alexanderplatz und am Königsgraben, 1881; Blick nach Westen: im Hintergrund der Rathausturm, seitlich links die Königskolonnaden*

nommen. Auch diese Vorgänge waren langwierig und bürokratisch. Die Grundstücke mußten aus ihrer Pfandverbindlichkeit entlassen werden. Nach Verrechnung der jeweiligen Hypotheken dienten die Restkaufgelder der DEG als fällige Einzahlungen auf die Stadtbahn-Aktien oder der Abtragung weiterer Hypotheken.[25] Oftmals waren auf den Grundstücken auch noch Hypotheken von privater Seite eingetragen.

Wo für den Stadtbahnbau nur Parzellen von Grundstücken benötigt wurden, wollten die »Realgläubiger« oftmals diese Parzellen nicht aus ihrer Pfandverbindlichkeit entlassen. In diesen und anderen Fällen beantragte die DEC und später in vermehrtem Umfang die Königliche Direktion der Stadteisenbahn-Gesellschaft eine gerichtliche Enteignung.[26]

Der Rentier Krüger, Mitbesitzer der Breslauer Straße 24/27, war einer der ersten, der den Prozeß verlor, als hier die Trasse 1875 definitiv feststand. Da die DEG damals nicht mehr zahlungsfähig war, hinterlegte die Seehandlung fur diese die gesamte Kaufsumme bei Gericht, obwohl nur ein Teil des Grundstücks für den Stadtbahnbau benötigt wurde, und ließ dafür eine Hypothek auf das Haus Koppenstraße 9 eintragen, das der DEG noch gehörte und später zum Stadtbahnbau vorübergehend benutzt wurde.[27]

Jedem Enteignungsprozeß ging ein Abschätzungsverfahren voraus, das beim Polizeipräsidenten beantragt werden mußte. Dieser ernannte dann einen Kommissar, der mit anderen Sachverständigen über den Zweck des Verfahrens und den Wert des Grundstücks zu befinden hatte. So ernannte er den Regierungsrat Stephan zum Kommissar für die »Abschätzung« der Charlottenburger Feldmark.[28] Hier wurde später die Quadratrute mit 10 Mark angegeben.[29] Auch Maurermeister wurden, z. B. in Berlin, mit der

Schätzung beauftragt. Die öffentliche Auslegung des Bauvorhabens durch den Polizeipräsidenten wurde erst mit dem Gesetz vom 11. 6. 1874 über die Enteignung des Grundbesitzes vorgeschrieben[30], allerdings nur für die Dauer von 14 Tagen.

Für den Wert der Berliner Grundstücke gab es zwei verschiedene Anhaltspunkte:[31]

*erstens* die erzielten Mieten: Dabei wurde die 25fache Jahresmiete errechnet, eine Summe, die den obersten Wert eines Grundstücks bedeutete. (Heute rechnet man bei Käufen/Verkäufen mit der sieben- bis zwölffachen Jahresmiete.)

*zweitens* der Gebäudesteuer-Reinertrag: Bei dieser Methode multiplizierte man die 4 % der Gebäudesteuer, die als Staatssteuer entrichtet wurden (die Gebäudesteuer war sonst eine städtische Steuer), mit 25 und erhielt damit den sogenannten Gebäudesteuer-Reinertrag, der dann zur Ermittlung des Kapitalwertes eines Grundstücks noch mit 30 multipliziert wurde. Auf diese Weise gewann man einen unteren Wert, der etwa die Hälfte der 25fachen Jahresmiete ausmachte.

Die Seehandlung hielt sich in der Regel an den unteren Wert. Selbstverständlich spielten außerdem der Erhaltungszustand und die Lage eines Objektes jeweils eine bedeutende Rolle bei den Verhandlungen. Gelegentlich wurde auch der Wunsch geäußert, das eigene Grundstück, das dem Stadtbahnbau zum Opfer fallen würde, gegen ein anderes in der Nähe einzutauschen. Denn für viele Menschen in der alten Innenstadt bestand damals noch ein Zusammenhang zwischen Wohnen und Arbeiten.

### Der betroffene Personenkreis

Über den sozialen Hintergrund der zu Enteignenden geben die Akten der Seehandlung nur wenig Auskunft; in den meisten Fällen wird lediglich der Familienname genannt. Man kann annehmen, daß viele Hausbesitzer im Erdgeschoß ihres Wohnhauses einem Gewerbe (Handel oder Handwerk) nachgingen, für das sie auch den Hofraum nutzten. Die Wohnungen in den Obergeschossen wurden vermietet, soweit sie nicht die eigene Großfamilie benutzte. Dies gilt auch für die Räume in den Hintergebäuden, die an ärmere Bevölkerungsschichten vermietet wurden, wenn sie nicht für das eigene Gewerbe (Personal- und Lagerräume, Stall) Verwendung fanden. Bei der Verpfändung der ersten 33 Grundstücke der DEG an die Seehandlung im Juli 1873 werden in den Akten zum Teil noch die Vorbesitzer mit ihren Berufen angegeben. Die größte Gruppe, auf verschiedene Straßen verteilt, bilden die Kaufleute und Händler, von denen neun namentlich aufgeführt werden, allerdings ohne Spezifizierung. Außerdem werden ein Holzhändler in der bescheidenen Georgenstraße (Nr. 19a), ein Vogelhändler an den prächtigen Kolonnaden nahe der Königsbrücke und ein »Cafétier« in der vornehmen Königsstraße (Nr. 31/32) genannt. Nur drei Handwerker werden aufgeführt: ein Schlosser (in der Breslauer Straße 24/27), ein Lohgerbermeister (in der Neuen Friedrichstraße 31) und ein »Hofmechanicus« (in der Stallstraße 7). Letzterer galt allerdings der Überlieferung nach eher als Künstler oder als Ingenieur im Zusammenhang mit der Aufführung eines Theaterstücks oder Feuerwerks.

Weiter außerhalb des alten Stadtkerns werden in der Nähe des Brandenburger Tores zwei Fabrikbesitzer genannt, und zwar in der Sommerstraße 7/9 und Dorotheenstraße 43/45. Nach Größe und Wert dieser Grundstücke zu urteilen, handelte es sich hier jeweils um Produktionsstätten (ohne nähere Angaben), bei denen die Vorderhäuser nach der überkommenen Sitte den jeweiligen Besitzern als Wohnhäuser dienten. Zu den von dem geplanten Stadtbahnbau Betroffenen zählten auch die Centralbank an der Spandauer Brücke 3/5, der Bankier Hirschberg mit dem Wohn- und Geschäftshaus an der Ecke Friedrichstraße 142 und Georgenstraße 14/15 sowie der Zirkus Renz, der sich an der Ecke Friedrichstraße 141a und Georgenstraße 16/17a befand. Ein breitgefächertes soziales Gefüge wird in der Neuen Friedrichstraße deutlich: Nur durch wenige Häuser voneinander getrennt, lebten hier ein Rittergutsbesitzer, ein Rechnungsrat bzw. seine Witwe, der bereits erwähnte Lohgerbermeister und nicht näher bezeichnete Händler, jeweils mit ihren Familien. Drei Rentiers (= Bezieher von Einkommen, für das sie nicht arbeiten) werden als Vorbesitzer von drei Grundstücken in der Breslauer und in der Markusstraße, die keine attraktiven Straßen darstellten, erwähnt. Unter Umständen waren sie altgewordene Geschäftsleute oder Handwerker, die sich zur Ruhe gesetzt hatten und nun von der Vermietung ihres Hauses und Geschäftes lebten. (Die Alters- und Invaliditätsversicherung wurde bekanntlich 1889 als letzte der Bismarckschen Sozialversicherungen eingeführt, aber erst nach dem 2. Weltkrieg konnten auch Selbständige und Angestellte mit mittleren und höheren Einkommen daran teilhaben.) Im übrigen werden noch zwei Architekten, mitunter auch als Maurermeister bezeichnet, ein Gärtner und ein Professor in den Akten von 1873 als Vorbesitzer genannt.[32] Insgesamt handelte es sich um einen sehr gemischten Personenkreis, der vom Stadtbahnbau und seinen Folgen betroffen wurde. Da die Grundstücke in vielen Fällen ihre wirtschaftliche Existenz absicherten, versuchten die betroffenen Hausbesitzer auch später immer wieder, einen möglichst hohen Preis beim Verkauf zu erzielen oder sich gegen die Enteignung zu wehren. Ihre Mieter, ebenfalls Betroffene, treten in den Akten nicht in Erscheinung.

In Charlottenburg waren es im wesentlichen Ackerbürger, aber auch Kaufleute und Kunstgärtner (größtenteils mit Wohnsitz in Berlin), deren Grundstücke für die geplante Stadtbahn von der DEG aufgekauft und 1873 an die Seehandlung verpfändet wurden.[33] Da jeweils nur Parzellen für die Streckenführung benötigt wurden, gingen schließlich auch hier die meisten Grundstücke beim Konkurs der DEG in den Besitz der Seehandlung über.[34]

In Charlottenburg stand die Trasse der Stadtbahn ebenfalls jahrelang nicht fest: Ende 1875 war noch offen, welche Privatbahnen den Anschluß in Charlottenburg wählen würden.[35] Auch hatte der Handelsminister Dr. Achenbach den Umfang der Anlage des Endbahnhofs im Westen noch nicht definitiv bestimmt. Deshalb empfahl Dircksen seinem Vorgesetzten, dem Handelsminister, vorläufig keine Grundstücke der DEG in Charlottenburg zu übernehmen, von denen einige seinerzeit überteuert eingekauft worden waren. Aufgrund eines Angebots des Aktienbauvereins »Thiergarten«, der auch Grundstücke in Charlottenburg besaß, versuchte er, den Preis gegenüber der DEG zu drücken[36] und gegen diese schließlich, d. h. Anfang 1877, mit dem Enteignungsverfahren vorzugehen.[37] Daraufhin kam es vor dem Verwaltungsgericht in Potsdam zu einer gerichtlichen Auseinandersetzung, die damit endete, daß die Berliner Stadteisenbahn-Gesellschaft die Grundstücke der DEG laut Vertrag vom

30. 9. 1873 für die fiskalische Bahn zum Buchwert übernehmen mußte. Zum Teil hatte die DEG für den Bau seinerzeit schon Dammschüttungen auf ihren Grundstücken in Charlottenburg veranlaßt.[38] Für die privaten Anschlußbahnen wurde die Enteignung der aus dem Besitz der DEG benötigten Grundstücke möglich.[39] Während der Auflösung der Berliner Stadteisenbahn-Gesellschaft wurde im Sommer 1878 zwischen der DEG und dieser Gesellschaft »in Liquidation« ein umfassender Vergleich geschlossen. Er betraf die Anerkennung der Übernahme bestimmter Flächen in Charlottenburg, die Aufteilung der entstandenen Gerichtskosten und die Pachthöhe für bestimmte Grundstücke in Berlin, die nur vorübergehend zum Bau der Stadtbahn benutzt wurden.[40]

## Auflösung der Berliner Stadteisenbahn-Gesellschaft und Konkurs der Deutschen Eisenbahnbau-Gesellschaft (DEG)

1878 mußte die Berliner Stadteisenbahn-Gesellschaft aufgelöst werden. Da die DEG von ihrem Anteil nur 20 % (2 400 000 M) in diese Aktiengesellschaft hatte einzahlen können (fehlender Restbetrag 9 600 000 M), wurde ihr Anteil (mit Aufsichtsratsbeschluß) für verfallen erklärt. Außer dem fehlenden Restbetrag war noch ein Bedarf von 9 100 000 M über den ursprünglichen Kostenvoranschlag entstanden. Da die drei anderen beteiligten Eisenbahngesellschaften diese Gelder nicht aufbringen konnten, wurde die Aktiengesellschaft aufgelöst (Vertrag vom 23. 2. 1878). Das Eigentum an dem gesamten Unternehmen ging an den Staat über. Die drei beteiligten Privatbahngesell-

*Stadtbahnbau am Bahnhof Alexanderplatz, 1882*

*Stadtbahnhaltestelle Börse (heute Marx-Engels-Platz), 1882*

schaften zahlten als unverzinslichen Beitrag zu den Baukosten der Stadtbahn 40 % des von ihnen gezeichneten Aktienkapitals, zusammen 6 000 000 M. Dafür erhielten sie das Recht, ihre Bahnen an die Stadtbahn anzuschließen, soweit dies nicht durch Konzessionierung der Anschlüsse bereits zugebilligt worden war. Mit dem Gesetz vom 26. 6. 1878 wurden für den Stadtbahnbau noch insgesamt 35 700 000 M bewilligt.[41] Mit dieser Summe und mit den ursprünglich bewilligten Mitteln von 21 Mio Mark (Gesetz vom 20. 3. 1874), mit den verfallenen Aktieneinzahlungen der DEG in Höhe von 2,4 Mio Mark und mit den Beiträgen der drei Privateisenbahngesellschaften in Höhe von 6 Mio Mark standen für den Stadtbahnbau insgesamt 65 100 000 Mark zur Verfügung. Die Gesamtkosten für die Herstellung der Stadtbahn betrugen 71 647 000 M nach der Fertigstellung des östlichen und des westlichen Anschlußbahnhofes (d. h. des Schlesischen Bahnhofs und des Bahnhofs Charlottenburg). In dieser Summe ist die Kostenbeteiligung der staatlichen und der privaten Eisenbahngesellschaften bei der Erstellung der Endbahnhöfe für ihre Anschlüsse mit enthalten. Die Entwürfe für die Stadtbahn sahen auch eine enge wechselseitige Beziehung zu der im Ausbau begriffenen Ringbahn vor. Von den vier Gleisen der Stadtbahn wurde das nördliche Gleispaar für den Stadt- und Ringbahnverkehr sowie den Vorortverkehr, das südliche für den Fernverkehr bestimmt. Bei ihrer Eröffnung am 7. 2. 1882 erstreckte sich die Stadtbahn vom östlichen Ende des Schlesischen Bahnhofs bis zum westlichen Ende des Bahnhofs Charlottenburg auf einer Strecke von 12,145 km.[42]

*Stadtbahnhaltestelle Börse, 1882*

Auch nach der Auflösung der Berliner Stadteisenbahn-Gesellschaft blieb Dircksen an der Spitze der Bauleitung (nun königliche Direktion der Berliner Stadteisenbahn genannt), und nach wie vor unterstützte die Seehandlung die DEG finanziell (durch Prolongation der Hypotheken und unter bestimmten Bedingungen Gewährung von Vorschüssen für die Zahlung der hohen Hypothekenzinsen, des Unterhalts der Mitarbeiter der DEG etc.). Selbst der Berliner Börsen-Courier,[43] nicht nur der Aufsichtsrat der DEG, sprach von »der außerordentlichsten Loyalität«, mit welcher sich die königliche Seehandlung gegenüber der DEG verhielt. Erst als die Königsgraben-Frage 1879 geklärt und die Trasse durch die Innenstadt mit Zuschüttung des Grabens (beendet Ende 1879) definitiv bestimmt worden war, verlangte der Finanzminister Anfang 1880 von der Seehandlung, die Unterstützung der DEG einzustellen,[44] was den Konkurs der Gesellschaft zur Folge hatte. Die Grundstücke der DEG in Berlin und Charlottenburg gingen bei der Zwangsversteigerung zum größten Teil in den Besitz der Seehandlung über.[45] Darunter war auch das Wohnhaus und Grundstück Sommerstraße 7/9, das bei der Diskussion um den Standort des künftigen Reichstagsgebäudes 1879 ins Gespräch gekommen war.[46] Der Wert der Grundstücke überstieg in jedem Fall die Hypothekenbelastungen. In den folgenden Jahren verkaufte die Seehandlung diesen Grundbesitz wieder mit Gewinn.

**Zusammenfassend läßt sich sagen:**

Der Gedanke zum Stadtbahnbau war zunächst von privater Seite (August Orth) ge-

*Die Stadtbahnbrücke über den Kupfergraben. Das Foto von 1882 zeigt die dichte Mischung von Wirtschafts- und Militäranlagen, wie sie auch am Königsgraben bestand. Links hinten die Artillerie-Kaserne, seitlich rechts der Speicher der Packhofanlage von Karl Friedrich Schinkel.*

kommen und wurde von einer privaten Gesellschaft (DEG) aufgenommen, zweifellos in der Absicht, Gewinne zu erzielen.
Der Staat bediente sich ihrer durch seine Vertreter, um dann seinerseits seine Interessen durchzusetzen. Hierbei war der militärische Aspekt vorrangig. Augenfällig wird dies durch einen Bericht in der Neuen Preußischen Zeitung (Kreuz-Zeitung) vom 8. 2. 1882 (S. 2), in dem zwar die Anwesenheit von Stadtkommandant und Polizeipräsident bei der Fahrt der kaiserlichen Familie auf der Stadtbahn am 6. 2. 1882, einen Tag vor ihrer Eröffnung, betont wird, die Vertreter der Stadt Berlin und Dircksen als Erbauer der Stadtbahn in diesem Bericht aber keine Erwähnung finden.

## Der Königsgraben

Der Königsgraben war der Rest der alten Festungsanlage, die unter dem Großen Kurfürsten erstellt worden war, deren Mauern aber schon unter seinen Nachfolgern im 18. Jahrhundert niedergelegt wurden. Der Graben stand in einem bestimmten Stauungsverhältnis zur Spree. Er diente — von der Stralauer Brücke im Osten bis zur Herkulesbrücke im Norden — bei einer Durchschnittsbreite von 28 m als Stichkanal; das heißt, er war für die Einfahrt von Schiffen mit Ladungen für die Holzplätze am Ufer des Königsgrabens wichtig. Von den sechs Brücken, die über den Königsgraben führten, waren drei immerhin massiv und gewölbt (die Königsbrücke, die Spandauer und die Herkulesbrücke), während damals noch die meisten Berliner Brücken aus Holz bestanden, aufklappbar für die Schiffahrt.[47] An seinem nordöstlichen Teil, dem sog. Zwirngraben zwischen der Spandauer und der Herkulesbrücke, diente die Wasserkraft des Königsgrabens auch zum Antrieb der Spinnräder in der Zwirnmühle. Zur Zeit der Stadtbahnplanung wurde diese Mühle jedoch kaum noch benutzt.

## Die Beschreibung des Ufers

An die Festungszeit erinnerten noch die vielen militärischen und halbmilitärischen

Anlagen, die von der Stralauer Brücke bis zur Königsbrücke am Alexanderplatz den Königsgraben umgaben. Diese ca. 1 km lange Strecke hatte nur einen Übergang für Soldaten. Wie die damaligen Stadtpläne[48] aufzeigen, war in der Nähe der Stralauer Brücke auf der rechten Seite des Königsgrabens das Königliche Proviant-Magazin, wenige Schritte weiter die Kaiser-Franz-Grenadier-Kaserne. Von dieser führte die nichtöffentliche Soldatenbrücke auf das gegenüberliegende Ufer zur Königlichen Militär-Bäckerei und dahinter zur Kaiser-Franz-Füsilier-Kaserne. (Direkt dahinter, weiter östlich an der Alexander- und Magazinstraße, lag das große Fourage-Magazin, das Futter-Magazin für die Pferde.)

*Auf den folgenden Seiten: das Stadtinnere vor und nach dem Stadtbahnbau; Ausschnitte aus den Stadtplänen von Sineck, 1860 (links) und Liebenow, 1888 (rechts).*
*Der Plan von Sineck zeigt die für den Neubau des Rathauses bereits leergeräumten Flächen in Alt-Berlin. Die Ausmaße des von Hermann Friedrich Waesemann 1861–1869 errichteten Baus wurden durch den Abbruch ganzer Straßenfronten mit ihren Hintergebäuden möglich. – Der Plan von Liebenow zeigt die Kaiser-Wilhelm-Straße in voller Länge.*

*Stadtbahnbau am Alexanderplatz; in der Bildmitte hinten die Königsbrücke, seitlich die Königskolonnaden (heute Kleistpark)*

Victoria-Theater
Haaksche Mkt.
Monbijou Platz
Alexander-Platz
Georgen Kirche
Landsberger
Garnison K.
St. Marien K.
Neue-Markt
Museum
Dom
Lustgarten
Königl. Schloss
Schloss-Platz
K. Marstall
Rathhaus
Nicolai K.
Molken Markt
Cadetten Haus
Gr. Klstr. K.
Parochial Kirche
Königl. Proviant Bäckerei
Kaiser Franz Fst. Caserne
Kar. Franz Grenadi Caserne
Kngl. Proviant Magazin
Stralower
Waisen Brücke
Jannowitz Brücke
Insel Brücke
Petri K.
Spittel Markt
Gertrauden K.
Wall
Grünstrasse Br.
Loge
Wasser

Hltst. Börse
Bhf. Alexanderplatz
Central Markt Halle
Alexander-Platz
Victoria-Theater
Monbijou Platz
Garnison K.
St. Marien K.
Neue-Markt
Wilhelm
Kaiser
Orient Seminar
Dom
Lustgarten
Königl. Schloss
Schloss-Platz
Schloss-Freiheit
Lange Brücke
Königs-Strasse
Post-Strasse
Rathhaus
Amts-Gericht I.
Königl. Polizei Präsidium
Lagerhaus
Gr. Klstr. K.
Parochial Kirche
Caserne
Nicolai K.
Mühlendamm
Waisen Brücke
Insel Brücke
Volks Bade-Anst.
Kölnisch Gymn.
Petri K.
Spittel Markt
Münz Geb.
Alter Dom Kirchh.
Landsberger
Elisabeth
Georgen Kirchhof Platz

Weiter auf der rechten Seite des Königsgrabens befand sich das Kadettenhaus, Neue Friedrichstraße 13, 1775–1777 von Georg Christian Unger errichtet, ein stattlicher, dreigeschossiger Bau mit einem Mittelrisalit im höfischen Stil der Zeit. Nach Friedrich Nicolai[49] war das Gebäude nicht nur »prächtig« und »bequem«, sondern die ganze Anstalt eine Sehenswürdigkeit für seine Zeitgenossen, da mittels eines »Druckwerks« an der Spree das Wasser in großen Kübeln unter das Dach gebracht und von da zum Gebrauch im ganzen Haus verteilt wurde. Im Hintergebäude befand sich eine Maschine, mit der die Speisen aus der Küche heraufgewunden und nachher auf die Tische im großen Speisesaal gesetzt wurden. Hundert Jahre später genügte diese Anstalt den Ansprüchen nicht mehr. Sie wich – nach dem Stadtbahnbau – dem Land- und Amtsgericht, dem heutigen Stadtgericht Mitte.

Schräg gegenüber, am Alexanderplatz, lag das sog. Arbeitshaus, das nach Nicolai[50] für Arme, die keine Arbeit bekommen konnten, und für »muthwillige Bettler« errichtet worden war, das aber wegen der in ihm verrichteten Zwangsarbeit als Vorstufe bzw. als Teil des Gefängnisses angesehen werden muß, da die Einweisungen in das Arbeitshaus auch zur Abbüßung von Freiheitsstrafen wegen geringfügiger Delikte erfolgten. Bis 1879 wurden hier auch Geisteskranke und obdachlose Familien aufgenommen. Dann wurde das Arbeitshaus nach Rummelsburg verlegt, in erster Linie für den gerichtlich verordneten Arbeitseinsatz, nunmehr nach verbüßter Haft, und als Hospital bzw. Siechenhaus für vorbestrafte Arme.[51] Nach dem Stadtbahnbau diente das Gelände des Arbeitshauses dem Neubau des Polizeipräsidiums, das vom Molkenmarkt zum Alexanderplatz verlegt wurde.

Zum Alexanderplatz führte die Königsbrücke von der Königsstraße, der Hauptstraße des alten Berlin, über den Königsgraben. Sie war erst 1872/73 nach Plänen von Johann Heinrich Strack neu gebaut worden anstelle der alten Königsbrücke, die 1777–1780 mit den Kolonnaden nach Entwürfen von Carl von Gontard errichtet worden war. Damals traten die Königskolonnaden mit ihren Säulenhallen an die Stelle der einplanierten Festungswälle. Sie lagen beidseitig in der Häuserflucht der Königsstraße, unmittelbar vor der Königsbrücke, mit anmutigen Geschäften in ihrem Innern (z. B. für Ziervögel, Galanteriewaren, Tabak und Zeitungen). Die neue Königsbrücke wurde für den Stadtbahnbau abgebrochen. Um den Zugang zu der längs des Stadtbahnhofes Alexanderplatz angelegten neuen Gontardstraße zu ermöglichen, wurde die Rückwand auf der Nordseite der Kolonnaden mit Durchgängen geöffnet. (Das bedeutete, daß die Läden an dieser Stelle aufgegeben werden mußten.) 1910 mußten die Kolonnaden, von den Zeitgenossen als ein »Prachtstück decorativer Architektur«[52] angesehen, dem zunehmenden Verkehr weichen. Sie fanden noch im gleichen Jahr am Kleistpark in Schöneberg eine neue Heimat.

Weiter auf der linken Seite des Königsgrabens – zwischen der Königsbrücke und der Rochbrücke – befanden sich ein Lazarett, das Mehlmagazin und die Königliche Kunstgießerei. (In der Nähe, entlang der Kleinen Alexanderstraße in nordöstlicher Richtung, erstreckte sich die Kaiser-Alexander-Grenadier-Kaserne.) Den weiteren Verlauf des Königsgrabens säumten Holz- und Lagerplätze für gewerbliche Zwecke, Gärten und Parkanlagen (z. B. an der Königs- und an der Herkulesbrücke) und verschiedene, meist ganz bescheidene Wohnhäuser. Wo das Ufer für die private Bebauung freigegeben worden war, führten mehrere Brücken (in ca. 300–500 m Abstand) über den Königsgraben: die Roch- (ehem. Kunowsky-) Brücke, die Spandauer und die Herkulesbrücke. Die alten Stadtpläne zeigen bei vielen der tief geschnittenen Grundstücke die Gärten bzw. Nutzgärten und Wirtschaftsgebäude am Ufer. Die Wohnhäuser, d. h. die Vordergebäude, lagen immer an den altbekannten Straßenzügen, innerhalb wie außerhalb der ehemaligen Festungsanlage, dicht gefolgt von ihren Hintergebäuden, die längst Wohnzwecken dienten.

## Das Fichte-Wohnhaus, Neue Promenade 10

Schöne Wohnhäuser am Königsgraben befanden sich in der Nähe der Herkulesbrücke an der Neuen Promenade und in der Kleinen Präsidentenstraße, die zum Monbijouplatz am Schloß Monbijou führte. Zweifellos der schönste dieser Wohnbauten, die dem Stadtbahnbau zum Opfer fielen, war das Eckhaus Neue Promenade 10, Kleine Präsidentenstraße 1. Hier wohnte der Philosoph Johann Gottlieb Fichte (1762–1814) in seinen letzten Lebensjahren.

Das stattliche dreigeschossige Gebäude aus den sechziger Jahren des 18. Jahrhunderts[53] hatte ein gequadertes Erdgeschoß und insgesamt 18 Pilaster zwischen den Fenstern der beiden Obergeschosse. Die Hauptfront an der Neuen Promenade war allein 10 Fenster breit. An der Ecke zur Kleinen Präsidentenstraße war das Gebäude gerundet, so daß sich dahinter ein ovaler, wenn nicht sogar ein runder, zumindest ein abgerundeter Raum in jedem Geschoß befunden haben konnte, mit einem Balkon am ersten Obergeschoß, dessen schmiedeeisernes Geländer im Rokokostil gehalten war. Die Zeichnung von E. Müller v. S. (im Besitz der Deutschen Staatsbibliothek Berlin, aus der Zeit unmittelbar vor dem Abbruch des Hauses) und alte Fotos, die dieses Haus darstellen, zeigen noch die z. T. überdachten Abwässer-Rinnsteine, wie sie vor der Einführung der Kanalisation nicht nur in den Straßen Berlins üblich waren. (Heute kann man sie noch in der Altstadt von Freiburg/Breisgau sehen.)

Das stattliche Gebäude gilt als ein Immediatbau Friedrichs II., d. h., es wurde auf seine Veranlassung und auf Staatskosten zur Verschönerung der Residenz errichtet, was angesichts der Nähe zum Schloß Monbijou glaubhaft erscheint. Die ersten Besitzer waren Kaufleute; 1835 übernahm es der Bankier Philipp Veit, in dessen Familie es verblieb, bis es im Oktober 1877 von der Erbengemeinschaft in den Besitz der Berliner Stadteisenbahn-Gesellschaft überging und auf Antrag der Königlichen Direktion der Berliner Stadteisenbahn in der Versicherung der Städtischen Feuersozietät Berlin ab 1. 10. 1879 zwecks Abbruch gelöscht wurde.[54] (Das heißt, so lange wurde es noch bewohnt.) Zu diesem Zeitpunkt war die Zuschüttung des Königsgrabens fast vollendet.

Die Herkulesbrücke gegenüber dem Fichte-Haus blieb noch bis 1890 bestehen. Sie war 1787/88 anstelle der alten Holzbrücke nach einem Entwurf von Carl Gotthard Langhans errichtet worden, u. a. geschmückt mit zwei Figurengruppen, die sich auf die Herkulessage bezogen: Herkules im Kampf mit dem Kentauren von Gottfried Schadow; Herkules im Kampf mit dem Löwen von Conrad Boy. Nach dem Stadtbahnbau setzten verschiedene, letztlich vergebliche Bemühungen ein, die Brücke als Ganzes zu retten. Die Plasti-

*Das Fichte-Wohnhaus,*
*Neue Promenade 10 / Kleine Präsidentenstr. 1*

ken fanden vorübergehend an der Herkulesbrücke am Lützowplatz eine neue Bleibe. Wegen der starken Verwitterung wurden die Figuren durch Nachbildungen von August Kranz ersetzt und die Originale 1934 in das Deutsche Museum gebracht. Im Krieg wurden die Nachbildungen mit der Brücke zerstört. Die Figurengruppe von Boy befindet sich heute in den Wallanlagen des Märkischen Museums (Köllnischer Park), die Gruppe von Schadow ist verschollen.[55]

## Die Bemühungen um die Zuschüttung des Königsgrabens und um die Straßenregulierungen

Die Forderungen von Hartwich und der Deutschen Bauzeitung:
Der Königsgraben als Schiffahrtsweg wurde von Hartwich (DEG) sowie von seinen Fachkollegen, die ihn mit ihren Veröffentlichungen, z. B. in der Deutschen Bauzeitung, unterstützten, für überflüssig gehalten. Hartwichs Pläne sahen von Anfang an die Zuschüttung des Grabens für den Stadtbahnbau vor. Deshalb hatte die DEG auch sämtliche Holzplätze an dessen Ufern erworben, um sie notfalls Anliegern als Tauschobjekte anbieten zu können. Für die Regelung der Vorflut und der Abwässer schlug Hartwich eine überwölbte Kanalanlage und eine Erweiterung der vorhandenen Abflußöffnungen vor.[56] Da der Graben selbst fiskalischer Besitz war, zu dem auch viele Ufergrundstücke, vorwiegend mit militärischen Anlagen, gehörten, und da die Stadt selbst einige Ufer-

grundstücke (etwa 300 m Länge) am Königsgraben besaß, erschien ihm die Durchführung dieser Aufgaben relativ rasch möglich.
Die Deutsche Bauzeitung unterstützte auch Hartwichs Forderung, zu beiden Seiten der Stadtbahn je eine Parallelstraße anzulegen und die Gegend mittels Querstraßen durch die Viaduktbögen der Bahn aufzuschließen, d. h. insgesamt eine Umgestaltung der Innenstadt durch die Regulierung bzw. Neuanlage aller in das Bahngebiet fallenden Straßen zu schaffen. Im einzelnen wurden von der Deutschen Bauzeitung folgende Forderungen[57] gestellt: Durchlegung der Michaelkirchstraße bis zur Markusstraße (heute: Lichtenberger Straße) und Überbrückung der Spree, Neubau der Jannowitzbrücke, Anlegung verschiedener neuer Straßen zur Entlastung der überbürdeten Königsstraße (heute: Rathausstraße), auch durch den Bau der seit langem geplanten Kaiser-Wilhelm-Straße (heute: Karl-Liebknecht-Straße); Verlegung des Packhofes von der Museumsinsel; Durchlegung der Artilleriestraße (heute: Tucholskystraße) nach den Linden, Anlage einer Uferstraße auf dem linken Spreeufer von der Weidendammer Brücke bis zum Unterbaum. Alle diese Forderungen wurden später als Folge des Stadtbahnbaus verwirklicht.
Die Eröffnung neuer Straßenzüge mit der Möglichkeit von Geschäften, Fabrikanlagen und Wohnungen (diese werden erst an dritter Stelle genannt) sollte nach der Auffassung von Hartwich und seinen Kollegen zu einem Ausgleich der Stadtteile untereinander beitragen. Bisher waren die nördlich und östlich vom Königsgraben gelegenen Stadtteile wirtschafts- und wohnungspolitisch weniger begünstigt gewesen als andere. Um die Gegend wirtschaftlich zu beleben – damit war für Hartwich immer auch eine Wertsteigerung der Umgebung verbunden –, hatte er 130 Räume für Läden, Lokale und Magazine in den Viaduktbögen der Stadtbahn von der Stralauer bis zur Spandauer Brücke geplant.[58] Auch diese wurden verwirklicht, da sie die Rentabilität der Bahn erheblich förderten.

### Die Forderungen der städtischen Vertreter

Auch die Stadtverordneten und der Magistrat von Berlin waren sich der Problematik bewußt, daß der Königsgraben und das noch größtenteils vom Mittelalter geprägte Straßennetz des alten Berlin (zwischen Königsgraben und Spree) verkehrstechnische Hindernisse boten, die sich wirtschaftspolitisch negativ auf das Stadtinnere sowie auf die Stadtteile nördlich und östlich des Königsgrabens auswirkten (auf die Spandauer Vorstadt und die Königsvorstadt, die ihre Namen nach den alten Ausfallstraßen erhalten hatten). Es war deshalb konsequent, daß die Stadtverordnetenversammlung am 5. 5. 1875 die Zuschüttung des Königsgrabens »für ein Bedürfnis« erachtete und den Magistrat beauftragte, diesbezüglich Verhandlungen mit dem Handelsministerium wegen der Richtung und der Höhenlage der Stadtbahn aufzunehmen, um die Anlage von Parallelstraßen und Querstraßen sicherzustellen.[59] Als sich die Verhandlungen des Magistrats mit den staatlichen Behörden hinzogen, stellte die Stadtverordnetenversammlung unter Zustimmung des Magistrats zeitweilig die Bedingung, die Festsetzung der Baufluchtlinien für die geplante Kaiser-Wilhelm-Straße von der Zuschüttung des Königsgrabens abhängig zu machen, wobei das zu gewinnende Terrain der Stadtgemeinde unentgeltlich übereignet werden sollte.[60]
Lange vor dem Stadtbahnprojekt war bereits die Zuschüttung des Königsgrabens und der Abbruch der Gasse An der Königsmauer in der Stadtverordnetenversammlung diskutiert worden.[61] Diese enge und verslumte Gasse war in Anlehnung an die alte Befestigung der Stadt entstanden und galt nun seit Jahren als Zufluchtsort für Verbrecher und als Stätte der Prostitution. Ihre Beseitigung sollte der Verbreiterung der Neuen Friedrichstraße (heute: Littenstraße) dienen. *Der Abbruch der Königsmauer bildete mit der geplanten Kaiser-Wilhelm-Straße* (heute: Karl-Liebknecht-Straße) *zur Entlastung der überbürdeten Königsstraße* (heute: Rathausstraße) *das Hauptziel des Magistrates* in den Verhandlungen mit den staatlichen Behörden über die Regulierung des Straßennetzes, auch im Zusammenhang mit dem geplanten Stadtbahnbau. Schon 1867 waren Verkehrszählungen in der Königsstraße durchgeführt worden,[62] die die Notwendigkeit einer Entlastungsstraße bewiesen, die erst recht nach der Reichsgründung mit dem ständig zunehmenden Verkehr in der Reichshauptstadt gegeben war. Denn die Königsstraße war die einzige, die Stadt von West nach Ost durchziehende Straße im alten Berlin (abgesehen von der Stralauer Straße im Süden, in Verbindung mit dem Molkenmarkt und dem Mühlendamm).
Obwohl sich die Stadtverordneten am 5. 5. 1875 für die Zuschüttung des Königsgrabens ausgesprochen hatten, sah die öffentliche Auslegung dieser Teilstrecke der Stadtbahn im Oktober 1875 durch den Polizeipräsidenten noch die Beibehaltung des Königsgrabens vor. Die geplante Strecke verlief parallel dazu.[63] Dircksen selbst verhielt sich in dieser Frage neutral,[64] obwohl seine Ankaufspolitik zeigt, daß auch er mit der Zuschüttung des Grabens rechnete. Eine vom Handelsminister beauftragte technische Deputation kam erst in ihrem zweiten Gutachten im Oktober 1875 zu der Feststellung, daß die Zuschüttung des Grabens unter bestimmten Bedingungen, die hauptsächlich die Erweiterung der Stauwerke an den Werderschen Mühlen betrafen, zulässig wäre.[65] Trotzdem zogen sich die Verhandlungen zwischen der Stadt und dem Staat vor allem aus finanziellen Gründen in dieser Frage hin.
Versuchte der Staat zunächst durch seine Vertreter fast die gesamten Kosten und Folgekosten der Zuschüttung des Königsgrabens auf die Stadt abzuwälzen, so erreichten die Vertreter der Stadt schließlich *in zähen Verhandlungen,* daß sich die Stadt Berlin nur mit 2/7 an den Kosten beteiligte. Den größeren Anteil der Kosten übernahm der preußische Staat im Rahmen der Finanzierung des Stadtbahnbaus.
Ursprünglich wurde verlangt, daß die Stadt hauptsächlich folgende Kosten[66] tragen sollte:

1) Erweiterung der Stauwerke an den Werderschen Mühlen (ca. 240 000 M)
2) Zuschüttung des Königsgrabens (ca. 3000 qm à 165 M = 495 000 M)
3) Entschädigung der Anlieger (hier blieb die Summe noch offen)
4) ein sog. Notauslaßkanal im Zusammenhang mit der Kanalisation (450 000 M)
5) Pflasterungskosten, wenigstens vorschußweise, in Höhe von 1½ Millionen Mark im Bereich der Stadtbahn

Deshalb war das schließlich vereinbarte Ergebnis, lediglich 2/7 der anfallenden Kosten zu tragen, für die Stadt durchaus günstig. Ohne die Kosten für die Entschädigung der Anlieger, deren Summe offen blieb (auch hierbei wurde die Stadt lediglich mit 2/7 beteiligt), konnte die Stadt mit der festen

Summe von ca. 400 000 M an Ausgaben für die Zuschüttung des Königsgrabens rechnen, wofür sie das Terrain für die nördlich der Stadtbahn anzulegende Parallelstraße (der späteren Dircksenstraße) und für die Straßenunterführungen durch die Stadtbahnanlage erhielt (ca. 147 a; damit war die Genehmigung für fünf Straßendurchbrüche in diesem Gebiet verbunden); außerdem erhielt sie den Notauslaßkanal, der nach der Entwässerung des Königsgrabens für die städtische Kanalisation benutzt wurde.[67] Auf dieser Grundlage wurde der Vertrag am 8./25. März 1879 mit den staatlichen Vertretern abgeschlossen. Die von der Stadtgemeinde aufzubringenden Mittel wurden zum Teil einer Anleihe für die Kanalisation (100 000 M) und zum größeren Teil der Anleihe »zur Herstellung besserer Brücken« entnommen.[68]
Die staatliche Genehmigung zum Abbruch der Gasse An der Königsmauer erreichte die Stadt ebenfalls 1878/79. Die Genehmigung der Baufluchtlinien für die geplante Kaiser-Wilhelm-Straße war z. T. bereits damit verbunden und folgte ab 1878, jeweils für Teilstrecken, bis 1884, nach vielfältigen Verhandlungen mit den verschiedenen Instanzen und den Betroffenen. Diese umfangreiche, das Stadtbild ebenfalls sehr verändernde Anlage wurde bis 1887 von einer Baugesellschaft mit Beteiligung der Stadt fertiggestellt.[69]

*Die Gasse An der Königsmauer*

### Schlußbemerkung

Die Auseinandersetzungen um die Durchführung der Stadtbahnanlage müssen in einem größeren politischen Zusammenhang gesehen werden. Die Vertreter der Stadt Berlin gehörten damals hauptsächlich dem linken Flügel der Nationalliberalen Partei und der Deutschen Fortschrittspartei an, deren Mitglieder der Staatsregierung unter Bismarcks Führung größtenteils kritisch gegenüberstanden. Im Rahmen ihrer Kommunalpolitik versuchten sie immer wieder, die staatliche Einflußnahme auf die Haupt- und Residenzstadt zurückzudrängen und die Selbstverwaltung auszubauen – trotz der autoritären Innenpolitik Bismarcks. Die Härte dieser Auseinandersetzungen zeigt sich auch in der zum Teil militanten Ausdrucksweise, wenn es in der Stadtverordnetenversammlung um die »Kriegskosten«[70] geht (d. h. um die Kosten für die Zuschüttung des Königsgrabens), die bei entsprechender »Agitation«[71] von dem »Gegner«[72] (d. h. von den staatlichen Vertretern) herauszuschlagen seien.
Der bekannte Arzt und Forscher Rudolf Virchow (Deutsche Fortschrittspartei), Mitglied der Stadtverordnetenversammlung und des Preußischen Abgeordnetenhauses, stellte wiederholt fest, und zwar nicht nur im Zusammenhang mit dem Stadtbahnbau, daß der Stadt vom Staat wenig Entgegenkommen gezeigt wurde. Mit dieser Auffassung, die er aufgrund seiner jahrelangen politischen Erfahrung gewonnen hatte, stand er keineswegs allein. Während des Stadtbahnbaus hatte Virchow im Abgeordnetenhaus u. a. als Referent wiederholt zur Finanzierung der Stadtbahnanlage und zur Zuschüttung des Königsgrabens im Sinne der Stadt Stellung genommen. Als Mitglied der technischen Deputation für das Medizinalwesen hatte er die Trassenführung der Stadtbahn nahe der Charité beeinflußt. (Sie wäre sonst noch näher an die Charité gelegt worden.) Schließlich setzte er sich dafür ein, daß bei dem Bau des Entwässerungskanals für den Königsgraben, der auch als Notauslaßkanal für die städtische Kanalisation gebraucht werden sollte, die städtische Verwaltung mitbeteiligt wurde, wegen ihrer größeren Erfahrung bei der Anlage der Kanalisation, als einer deren geistigen Väter er angesehen werden kann. (Der Bau des Entwässerungskanals sollte nicht unter der alleinigen Aufsicht der Stadtbahndirektion stehen.)[73] So erwies sich Virchow auch mit Bezug auf die Stadtbahnanlage als engagierter Kommunalpolitiker.
Insgesamt gesehen, war der Einfluß der Kommune auf die von staatlicher Seite durchgeführte Stadtbahnanlage sehr gering. Auch nach der Eröffnung der Stadtbahn kam es immer wieder, und zwar aus den verschiedensten Gründen, zu Konflikten zwischen der Stadt und der Regierung, bis hin zur öffentlichen Mißachtung des höchsten Repräsentanten der Stadt seitens des Herrscher-

paares und des Reichskanzlers. Kennzeichnend für die innenpolitische Situation war es, daß 1879 Max von Forckenbeck, seit 1878 (bis 1892) Oberbürgermeister von Berlin, das Präsidium im Reichstag niederlegte – nicht wegen Überlastung, stand ihm doch der tüchtige Bürgermeister Hermann Duncker (Altliberaler) zur Seite, der von 1872–1891 dieses wichtige Amt innehatte.[74] Forckenbeck war als Mitbegründer der Deutschen Fortschrittspartei, als Präsident des Preußischen Abgeordnetenhauses (von 1866–1873) und seit 1874 als Präsident des Deutschen Reichstages oftmals ein Gegenspieler Bismarcks gewesen. Im Mai 1879 legte er dieses Amt nieder, weil er sich nicht mehr als der Vertreter der neuen, nicht liberalen Mehrheit des Reichstages betrachten konnte. Da er trotz politischer Resignation Opposition als Pflicht auffaßte, blieb er bis zu seinem Tod 1892 Mitglied des Reichstages (seit 1867) und setzte, solange er lebte, seine ganze Kraft als Oberbürgermeister für Berlin ein.[75]

## Anmerkungen

1 Angaben nach Otto-Friedrich Gandert (Hrsg.), Heimatchronik Berlin, Köln 1962, S. 427; vgl. auch S. 418 ff. über die städtische Verwaltung

2 Zu diesem Themenbereich a.a.O., S. 426 ff.

3 Im folgenden wird Bezug genommen auf »Berlin und seine Eisenbahnen 1846–1896«, hrsg. im Auftrag des Königlich-Preußischen Ministers der öffentlichen Arbeiten, Berlin 1896, Bd. I, S. 129 ff.

4 Ebd., S. 57 f.

5 Ebd., S. 304 ff., auch für das folgende

6 Berliner Architekturwelt, Jg. 4, 1902, S. 112

7 Centralblatt der Bauverwaltung, Jg. 21, 1901, S. 249

8 Ulrich Krings, Deutsche Großstadt-Bahnhöfe des Historismus, Köln 1981, Bd. I, S. 241; Bd. II, S. 516 f., Anmerkg. 677 und 678

9 So in: »Berlin und seine Eisenbahnen 1846–1896«, Bd. I, S. 314. Diese Auffassung zeigt sich auch in Neuerscheinungen, z. B. in dem von Gerhard Armanski u. Wolfgang Hebold-Heitz herausgegebenen uch »Züge aus der Vergangenheit, Die Berliner S-Bahn«, Berlin 1981, S. 88 f. Die Abkürzung DEG für Deutsche Eisenbahnbau-Gesellschaft habe ich diesem Text entnommen.
Die Vorwürfe, die Gerhard Capelle in seinem Aufsatz »Männer im Kampf um die Berliner Stadtbahn« (in: Verkehrstechnische Woche, Jg. 29, 1935, Heft 48, S. 617) gegen die Grundstücksankäufe von Hartwich bzw. der DEG für den Bau der Stadtbahn erhebt und die von Hans D. Reichardt in seinem Artikel »Einhundert Jahre Berliner Stadtbahn« in: »Stadt« (neue heimat, Monatshefte für Wohnungs- und Städtebau), Jg. 29, Heft 4/82, S. 17, und von demselben Autor in der »Berliner Bahnhofs-Zeitung«, hrsg. vom Museumspädagogischen Dienst, Berlin 1981 (MD-Zeitung Nr. 4), S. 2, unter der Überschrift »Verspekuliert: Staat hilft« übernommen werden, lassen sich durch die Akten der Seehandlung im Geheimen Staatsarchiv Preußischer Kulturbesitz (= GStA, Rep. 109) in Berlin nicht belegen.
Capelle (S. 619) beruft sich auf die Sitzung des Preußischen Abgeordnetenhauses am 13. Dezember 1877, in der die Abgeordneten Dohrn und Lasker Dircksens Art der Grundstücksverhandlungen mit der DEG scharf kritisierten, nachdem er einen Prozeß gegen diese Gesellschaft verloren hatte. Ihre Kritik richtet sich *nicht* gegen Hartwich, wie Hans D. Reichardt in seinem Beitrag »Stadt«, a.a.O., annimmt. Siehe die Stenographischen Berichte über die Verhandlungen des Preußischen Abgeordnetenhauses 1877–1878, Berlin 1878, Bd. I, S. 934 ff.
Vgl. auch Anmerkung 38 und Anmerkung 41, letzte Position, die Aufschluß gibt über den Spielraum bei Grundstücksankäufen staatlicherseits.

10 Deutsche Bauzeitung, Jg. 9, 1875, S. 409 f.

11 Ebd.

12 Centralblatt der Bauverwaltung, Jg. 19, 1899, S. 230

13 Ebd.

14 Zeitschrift für Bauwesen, Jg. 53, 1903, S. 1

15 Centralblatt der Bauverwaltung, Jg. 19, 1899, S. 230

16 Geheimes Staatsarchiv Preußischer Kulturbesitz (= GStA), Rep. 109, Nr. 4049, S. 99 ff. (Geschäftsbericht der DEG für das Jahr 1878)

17 Deutsche Bauzeitung, Jg. 7, 1873, S. 22 f.

18 GStA, Rep. 109, Nr. 4045, u. a. S. 5 f., S. 94a, S. 94b u. S. 101

19 Geschäftsbericht der DEG für 1873, GStA, Rep. 109, Nr. 4045, S. 155 ff.

20 Vgl. die Geschäftsberichte der DEG für 1873 und 1875, GStA, Rep. 109, Nr. 4045, S. 155 ff., und Nr. 4046, S. 276 ff.

21 Dies traf auf folgende Grundstücke in der Innenstadt zu:
Friedrichstraße 141a (Zirkus Renz)
Georgenstraße 17a (zum Zirkus Renz)
Georgenstraße 16, 17
Neue Friedrichstraße 21, 21a u. 21b
Königsstraße 33 mit 4 Kolonnadenläden
Königsstraße 37 mit 7 Kolonnadenläden
GStA, Rep. 109, Nr. 4046, S. 285a

22 GStA, Rep. 109, Nr. 4046, S. 173 ff.: Für die in Berlin benötigten Grundstücke wird Ende 1875 ein Buchwert von 10 598 774,74 Mark insgesamt angegeben.

23 Vgl. § 3 des Vertrages vom 30. 9. 1873, GStA, Rep. 109, Nr. 4045, S. 176 f.; Geschäftsbericht der DEG für das Jahr 1875, GStA, Rep. 109, Nr. 4046, S. 276 ff., bes. S. 279a, und Nr. 4049, S. 154 ff.

24 GStA, Rep. 109, Nr. 4046, S. 173 ff.

25 Für die Grundstücke Am Zwirngraben 1 und 2, Königsstraße 33 (bei diesem sowie bei den folgenden wurde nur 90 % des ursprünglichen Kaufpreises erstattet) und Neue Friedrichstraße 21, 21a und 21b wurde der Wert insgesamt auf 1 520 425 Taler, 28 Silbergroschen, 9 Pfennige festgesetzt. Nach Verrechnung der Hypotheken auf diesen Grundstücken stand der DEG noch eine Restforderung von 580 425 Tlr., 28 Sgr., 9 Pf. zu. Von dieser Summe wurden 399 500 Taler zurückbehalten als Einzahlung auf die ersten 10 Prozent der von der DEG gezeichneten Aktien der Berliner Stadteisenbahngesellschaft (GStA, Rep. 109, Nr. 4046, S. 290 u. S. 290a).
1 Taler = 3 Mark damaliger Währung

26 GStA, Rep. 109, Nr. 4046, S. 168 ff., und Nr. 4049, S. 154 ff.

27 GStA, Rep. 109, Nr. 4046, S. 168 ff.

28 Ebd.

29 GStA, Rep. 109, Nr. 4049, S. 215 ff.
1 Rute = 3,77 m
1 Quadratrute = 14,18 m²

30 Deutsche Bauzeitung, Jg. 9, 1875, S. 399 f.

31 GStA, Rep. 109, Nr. 4049, S. 215 f.

32 GStA, Rep. 109, Nr. 4045, S. 16 ff.

33 Ebd., S. 20 ff.

34 GStA, Rep. 109, Nr. 4049, S. 296a ff.

35 GStA, Rep. 109, Nr. 4046, S. 129 ff.

36 Ebd., S. 168 ff.

37 GStA, Rep. 109, Nr. 4047, S. 140 ff.

38 Ebd., S. 236 ff.
Diesen Prozeß nahmen die Abgeordneten Dr. Dohrn und Dr. Lasker (Nationalliberale Partei) in der Sitzung des Preußischen Abgeordnetenhauses am 13. 12. 1877 zum Anlaß, nicht nur die Direktion der Berliner Stadteisenbahn-Gesellschaft scharf zu kritisieren, sondern auch den Handelsminister Dr. Achenbach zu fragen, warum die Vertreter des Staates sich nicht an den Vertrag gehalten hätten. Der Minister zeigte sich überrascht und uninformiert. (In Wirklichkeit hatte er Dircksens Vorgehen gebilligt, siehe GStA, Rep. 109, Nr. 4047, S. 244 f. u. a.) Auch der Abgeordnete Dr. Virchow (Deutsche Fortschrittspartei) stellte sich in der Debatte hinter die DEG. Diese Abgeordneten handelten aus dem gemeinsamen Bestreben heraus, sich innenpolitisch gegen Übergriffe des Staates zu wehren. In der Sitzung am 28. 1. 1878 führte Dr. Dohrn u. a. im Preußischen Abgeordnetenhaus aus, daß die Stadtbahndirektion ähnliche Grundstückspreise gezahlt hätte wie seinerzeit die DEG, unter Berücksichtigung der rückläufigen Konjunktur auf dem Grundstücksmarkt. Die DEG hatte ca. 390 a für 10 Mio Mark gekauft, die Stadtbahndirektion 370 a für 8½ Mio Mark; die Differenz würde sich angesichts der rückläufigen Konjunktur ausgleichen. Zu den Debatten siehe die Stenographischen Berichte des Preußischen Abgeordnetenhauses 1877/1878, Berlin 1878, Bd. I, S. 934 ff., Bd. II, S. 1387.

39 GStA, Rep. 109, Nr. 4047, S. 238

40 GStA, Rep. 109, Nr. 4049, S. 105 ff.

41 Laut »Berlin und seine Eisenbahnen«, Bd. I, S. 316 f., setzte sich die Summe wie folgt zusammen:

| | |
|---|---|
| Ausfall am Anlagekapital durch Ausscheiden der Privateisenbahngesellschaften | 9 000 000 M |
| Ausfall der DEG | 9 600 000 M |
| Bedarf über den ursprünglichen Kostenvoranschlag hinaus | 9 100 000 M |
| »Für über Bedarf angekaufte und noch anzukaufende, später wieder zu veräußernde Grundstücke« | 8 000 000 M |
| zusammen | 35 700 000 M |

Die letzte Position in dieser Aufstellung ist besonders aufschlußreich, zeigt sie doch den Spielraum, der auch von staatlicher Seite noch 1878 für den Stadtbahnbau und die Umgestaltung der Innenstadt nötig gehalten wurde.

42 Ebd., S. 317 f.

43 Berliner Börsen-Courier, Jg. 12, Nr. 600, 23. 12. 1879, Abendausgabe (zitiert nach dem Ausschnitt ohne Seitenangabe in: GStA, Rep. 109, Nr. 4049, S. 147)

44 GStA, Rep. 109, Nr. 4049, S. 152 f. u. S. 160 u. a.

45 Ebd., S. 290 ff. u. S. 296a ff.

46 Ebd., u. a. S. 141 f.

47 Architekten-Verein zu Berlin (Hrsg.), Berlin und seine Bauten, 2. Aufl., Berlin 1896, Bd. I, S. 111

48 Vgl. z. B. den Situationsplan der Haupt- und Residenzstadt Berlin mit nächster Umgebung von Sineck, Berlin

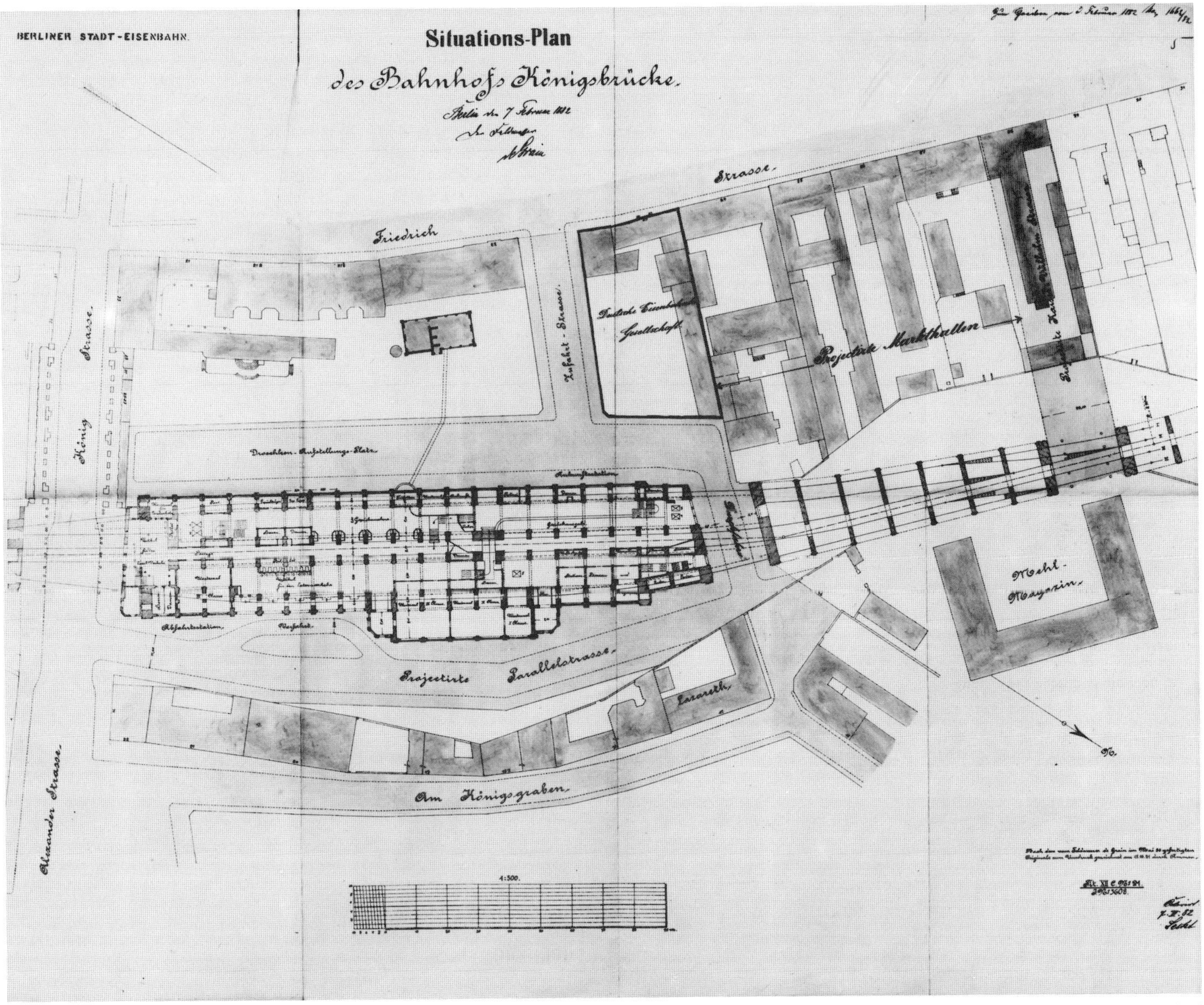


Dieser Plan von 1880 (erst 1882 anläßlich der Stadtbahneröffnung koloriert) trägt noch die Bezeichnung »Bahnhof Königsbrücke« für den Stadtbahnhof Alexanderplatz; oben rechts die projektierten Markthallen mit der projektierten Kaiser-Wilhelm Straße; oben Mitte das Grundstück Neue Friedrichstraße 20, von der Deutschen Eisenbahnbau Gesellschaft an die Seehandlung verpfändet. Die projektierte Parallelstraße ist die spätere Dircksenstraße.

1860 (Staatsbibliothek Preußischer Kulturbesitz, Kart. 13048), dazu Ausstellungskatalog »Berlin im Kartenbild« von Klaus Lindner und Lothar Zögner, Berlin 1981, Nr. 43, S. 58

49 Friedrich Nicolai, Beschreibung der königlichen Residenzstädte Berlin und Potsdam und aller daselbst befindlicher Merkwürdigkeiten, 3. Auflage, Berlin 1786, Bd. I, S. 23; Richard Borrmann, Die Bau- und Kunstdenkmäler von Berlin, Berlin 1893, S. 338 f.; Abb. des Mittelrisalites bei Hermann Ruckwardt, Berliner Bauten aus dem siebzehnten und achtzehnten Jahrhundert, Berlin 1885, Tafel 29
1878 zogen die Kadetten bereits in die neue große Anstalt nach Lichterfelde.

50 Fr. Nicolai, (Anm. 49), Bd. I, S. 29 f.

51 Bericht über die Gemeinde-Verwaltung der Stadt Berlin in den Jahren 1877 bis 1881, Berlin 1885, 2. Teil, S. 162 ff.

52 Architekten-Verein zu Berlin (Hrsg.), Berlin und seine Bauten, 2. Aufl., Bd. II, S. 140; R. Borrmann (Anm. 49), S. 388; Helmut Börsch-Supan in: Reclams Kunstführer, Deutschland, Bd. VII: Berlin, Stuttgart 1977, S. 392 f.

[53] Nach den von Albert Gut, Das Berliner Wohnhaus, Berlin 1917, aufgestellten Stil-Merkmalen gehört es in die 3. Gruppe der Rokoko-Bauten, deren Fassaden durch Wandstreifen und Pilaster gegliedert werden (S. 90) und als deren letzter Vertreter aus den sechziger Jahren des 18. Jahrhunderts heute nur noch das Magnus-Haus, Am Kupfergraben 7, gegenüber dem Pergamon-Museum, angesehen werden kann.
In den Unterlagen der Städtischen Feuersozietät Berlin (im Landesarchiv Berlin, Rep. 180, Bd. 266, Nr. 390) wird das Eckgebäude Kleine Präsidentenstraße 1, Neue Promenade 10 erst ab 1792 aufgeführt. Zu dieser Zeit waren das Vorderhaus mit dem Seitengebäude links (beide massiv) versichert. 1857 wurden das Quergebäude und die Gasleitung für das Vorderhaus in die Versicherung aufgenommen, die ebenfalls den Brunnen, die massive Müllgrube mit Bohlenbelag, den Abtritt (1835: »massiv, mit flachem Zinkdach«) und 1878 sogar die Rinnsteinbohlen umfaßte. Landesarchiv Berlin, Rep. 180, Bd. 185, S. 24
Die Dauer von Fichtes Wohnsitz konnte bisher nicht ermittelt werden. Daß der Philosoph aber zumindest nach 1810 in der Neuen Promenade 10 gewohnt hat, ist durch seinen Briefwechsel mit Carl Friedrich Zelter belegt (Hinweis von Herrn Manfred Schlösser, Akademie der Künste, Berlin).
Das Fichte-Haus ist abgebildet in: Paul Mebes (Hrsg.), Um 1800. Architektur und Handwerk im letzten Jahrhundert ihrer traditionellen Entwicklung, München 1908, Bd. I, S. 89

[54] Landesarchiv Berlin, Rep. 180, Bd. 266, Nr. 390, und Bd. 185, S. 24.
Zum Immediatbau vgl. den Hinweis in der Postkartenserie »Das alte Berlin«, Blatt 27, von F. Albert Schwartz, ca. 1905, sowie den Hinweis von Werner Berger in seinem Beitrag »Der Blick vom Dampfzug-Coupé ins Küchenfenster« in: Der Tagesspiegel, Jg. 13, Nr. 3472, 7. 2. 1957, S. 10. Ein Aktenbeleg konnte nicht gefunden werden. Wahrscheinlich wurden viele Immediatbauten lediglich aufgrund mündlicher Anweisung errichtet.

[55] R. Borrmann (Anm. 49), S. 386; H. Rückwardt (Anm. 49), Tafel 37 (die Herkules-Brücke 1885 mit dem zugeschütteten Königsgraben); Irmgard Wirth, Die Bauwerke und Kunstdenkmäler von Berlin, Bezirk Tiergarten, Berlin 1955, S. 238, Abb. Nr. 310–313
Zu den Rettungsversuchen der alten Brücke vgl. E. Dietrich. Ein anderweitiger Vorschlag für die Erhaltung der Herkulesbrücke (Berlin), Baugewerks-Zeitung, Jg. 14, 1882, S. 537–538. Die Herkules-Brücke in Berlin (Langhans, Schadow), Deutsche Bauzeitung, Jg. 16, 1882, S. 287, mit Ansicht, u. S. 442

[56] Von Hartwichs Veröffentlichungen zu diesen Problemen siehe z. B. seine »Bemerkungen über die Herstellung der Berliner Stadtbahn«, Separatdruck der National-Zeitung vom 20. 11. 1875, in : GStA, Rep. 109, Nr. 4046, S. 178 ff.

[57] Deutsche Bauzeitung, Jg. 9, 1875, S. 36 u. S. 418 ff.

[58] Vgl. z. B. Hartwich, a.a.O., in: GStA, Rep. 109, Nr. 4046, S. 178 ff. Deutsche Bauzeitung, Jg. 9, 1875, S. 418 ff.

[59] Stenographische Berichte über die öffentlichen Sitzungen der Stadtverordneten-Versammlung der Haupt- und Residenzstadt Berlin (im folgenden zitiert: Stenograph. Berichte der Stadtverordneten-Versammlung), Jg. 2, Berlin 1875, S. 261

[60] Bericht über die Gemeindeverwaltung der Stadt Berlin in den Jahren 1877 bis 1881 (im folgenden zitiert: Verwaltungsbericht der Stadt Berlin 1877–1881), Berlin 1883, 1. Teil, S. 54 f.

[61] Wie der Stadtverordnete Dr. Kürten in der Sitzung am 31. 5. 1878 sagte, bemühte er sich schon seit 20 Jahren »mit einer ganzen Menge von angesehenen Mitbürgern« bei den zuständigen Behörden, »mit der Durchbrechung der Königsmauer zu gleicher Zeit die Zuschüttung des Königsgrabens zu erreichen«. Stenograph. Berichte der Stadtverordneten-Versammlung, Jg. 5, Berlin 1878, S. 310

[62] Verwaltungsbericht der Stadt Berlin 1877–1881, Berlin 1883, 1. Teil, S. 53

[63] Deutsche Bauzeitung, Jg. 9, 1875, S. 399 f.

[64] Ebd., S. 418 ff.

[65] Zeitschrift für Bauwesen, Jg. 34, Berlin 1884, S. 8

[66] Stenograph. Berichte der Stadtverordneten-Versammlung, Jg. 5, Berlin 1878, S. 348

[67] Stenograph. Berichte der Stadtverordneten-Versammlung, Jg. 5, Berlin 1878, S. 398 f. Verwaltungsbericht der Stadt Berlin 1877–1881, Berlin 1883, 1. Teil, S. 59 f.

[68] Stenograph. Berichte der Stadtverordneten-Versammlung, Jg. 6, Berlin 1879, S. 309

[69] Verwaltungsbericht der Stadt Berlin 1877–1881, Berlin 1883, 1. Teil, S. 55 ff., und Verwaltungsbericht der Stadt Berlin 1882–1888, Berlin 1889, 1. Teil, S. 36 ff.

[70] Der Stadtverordnete Dr. Kürten in der Sitzung am 5. 5. 1875; Stenograph. Berichte der Stadtverordneten-Versammlung, Jg. 2, Berlin 1875, S. 261

[71] Ebd.

[72] Der Bürgermeister Hermann Duncker in der Sitzung am 27. 6. 1878; Stenograph. Berichte der Stadtverordneten-Versammlung, Jg. 5, Berlin 1878, S. 349

[73] Eine Zusammenfassung seiner Tätigkeit mit Bezug auf den Stadtbahnbau gab Virchow in der Sitzung der Stadtverordneten am 3. 10. 1878; Stenograph. Berichte der Stadtverordneten-Versammlung, Jg. 5, Berlin 1878, S. 399 f. Stenograph. Berichte des Preuß. Abgeordnetenhauses 1877/1878, Berlin 1878, Bd. II, S. 1383 ff.

[74] Gerhard Kutzsch, Berlins Bürgermeister 1808–1933, Die »Zweiten Männer« der Stadt, in: Der Bär von Berlin, Jahrbuch 1976 des Vereins für die Geschichte Berlins, Berlin 1977, S. 16 ff. Hermann Duncker schrieb die Berichte über die Gemeindeverwaltung der Stadt Berlin für die Jahre 1861–1889, insgesamt neun Bände.

[75] Ernst Kaeber, Die Oberbürgermeister Berlins seit der Steinschen Städteordnung, in: Jahrbuch 1952 des Vereins für die Geschichte Berlins, Berlin 1953, S. 80 ff. Neue Deutsche Biographie, Bd. 5, Berlin 1961, S. 296 ff.

*Bahnhof Friedrichstraße, Georgenstraße*

*Für Hinweise danke ich den Herren Dr. Werner Vogel, Hans Werner Klünner und Prof. Dr. Gerd Kulke.*

# Atemzüge einer Weltstadt

## Die Stadtbahn im Februar des Jahres 1882

Georg Brandes

Er ist und bleibt merkwürdig, dieser allererste Blick auf eine Weltstadt, wenn man ihr nach langer Zeit der Abwesenheit oder gar zum erstenmal im Eisenbahnwaggon entgegenfährt. Je näher man der Stadt kommt, um so stärker wird die innere Anspannung: Dort hinten, weit entfernt noch, erstreckt sich das unheimliche Tier mit seinen langen Fühlern und Fangarmen. Dumpf summt und brummt und tönt es von ihm her. Hoch glimmt und leuchtet und flammt es darüber dem Himmel entgegen. Dann ist man da; der Aufenthalt auf dem Bahnhof ist bald überstanden, und ab geht's durch endlose Straßen, vorbei an Hunderten von Wagen und Tausenden von Menschen bei derem täglichen Tun, die nicht ahnen, wie fesselnd ihr Anblick für den ist, der solch typische Szenerie zum erstenmal erlebt.

Ist es London, dem man entgegenfährt, erregt einen am stärksten die ungeheure Ausdehnung, die Tatsache, daß die Stadt so unendlich lange vor ihrem eigentlichen Zentrum beginnt, daß diese Vorstädte kein Ende nehmen. Man schaut über dies wahre Meer von Dächern hin, man fährt an Häusern vorbei, über Häuser hinweg, unter Häusern hindurch; weder die Schönheit des Anblicks noch die Architektur der einzelnen Gebäude, vielmehr die Unermeßlichkeit des Ozeans aus Stein raubt einem den Atem.

Ganz anders, kommt man in Paris an, am Gare du Nord z. B., und fährt des Abends in einer Droschke in die Stadt. Die Ankunft selbst überwältigt einen nicht, sondern eben diese Tour in der Droschke. Schnell sind die Vorortstraßen durchfahren, und dann erst fühlt man: Man ist am Ziel. Dort ist der Boulevard des Italiens, da die Oper. Strahlend von verschwenderischem Luxus, von allen Seiten beleuchtet von elektrischen Lampen steht der Prachtbau im Lichtermeer, von Bronzestatuen umgeben und zierenden Marmorgruppen. Oben vergoldet ihn das Licht, unten rattern Omnibusse und Kutschen über die Kreuzung. Und festlich gekleidete Menschen strömen die breiten, schönen Treppen hinauf und verschwinden hinter jenen Mauern aus buntem Marmor, Granit und Porphyr. Die Avenue de l'Opéra leuchtet mit ihrer Doppelreihe aus elektrischen Flammen. Von ihr zweigt die Rue du Quatre-Septembre ab mit ihrem damit konkurrierenden Doppelzug kunstvoll verstärkter Gaskandelaber, die die elektrischen Lampen mit ihrem funkelnden Glas beinahe verdunkeln. Im schnellen Vorbeifahren ahnt man die unzähligen Gestalten schöner Frauen des reinen keltischen Typs, das Antlitz blaß, doch mit Charakter, die Nase leicht gekrümmt, vollendet im Profil, die ganze Erscheinung elegant und schlank, von selbstsicherer Anmut; alles eine Linie: von den langen Handschuhen über den kleidsamen Hut bis zur Schleppe: in sich geschlossen wie wandelnde Poesie. Man entdeckt die kräftigen Gestalten der Männer, gemeine und vornehme, hemdsärmelige und Herren im Frack. Doch ein jeder weiß, was ihm steht, seine Kleidung sitzt wie angegossen, und das zeigt er ungeniert; man merkt, daß die Pariser nicht jenen kleinbürgerlichen naserümpfenden Blick zu fürchten haben, wie ihn Provinzstädte großziehen.

In Paris sind es die einzelnen Gebäude, vereinzelte Straßen mit individuellen Physiognomien, die den Besucher am stärksten beeindrucken. Man kann nicht mit der Eisenbahn durch die Stadt fahren, man sieht sie auch nicht aus der Vogelperspektive, es sei denn, man steigt eigens auf einen Kirchturm. Nur annähernd hat man einen Überblick, wenn man an den Ufern der Seine entlangspaziert.

In diesen Tagen nun wurde in Berlin eine großartige architektonische Anlage und ein gewaltiges Verkehrsmittel eingeweiht, was Berlins ganzen Charakter verändert und ihm endgültig das Gepräge einer Weltstadt verleiht. Paris besitzt so etwas nicht, und so außergewöhnlich Londons Undergroundrailway auch wirkt, wenn man zu ihr hinabgestiegen: Was die auffallenden Besonderheiten städtischer Physiognomie angeht, kann

*Spreebogen bei Belevue*

*Jannowitzbrücke*

sie sich — unsichtbar — mit diesem kolossalen Werk nicht messen.(. . .)

Mit der Stadtbahn werden zwei Absichten verfolgt: Zum einen soll zwischen den in östlicher und westlicher Richtung verlaufenden internationalen Bahnlinien eine direkte Verbindung geschaffen werden, zum anderen soll sie dem öffentlichen Verkehr dienen. Aber es ist überdeutlich und symptomatisch für die preußische Militärmonarchie: Würde die Regierung durch diese Gleisanlagen im Falle einer Truppenmobilisierung nicht volle sechs Stunden einsparen, könnten die guten Berliner noch so manches Jahrzehnt auf ihre Stadtbahn warten. Wegen ihrer schönen Augen haben sie sie jedenfalls nicht bekommen, um ihrer Bequemlichkeit frönen oder Droschkengeld sparen zu können ebensowenig. Der Nutzen für den Bürger kam — echt preußisch — erst an zweiter Stelle, Hauptsache war der militärische Vorteil.

Mittlerweile sind beide Absichten durch zwei Bahnen mit je zwei Paar Schienen erreicht, von denen das nördliche Paar dem innerstädtischen, das südliche dem Fernverkehr dient. Die Schienen liegen in der Regel acht Meter über der Straße und ruhen auf etwa 800 gemauerten Viaduktbögen, die eine Spannweite zwischen acht und 15 Metern haben; wo die Gleise über Straßen oder die Spree geführt werden, werden die Viadukte von Eisenkonstruktionen abgelöst, die manchmal ungewöhnliche Ausmaße besitzen. Von Ost nach West hat die Strecke, sofern sie auf Viaduktbögen ruht, eine Länge von 13 km.

Der östliche Ausgangspunkt der Stadtbahn ist der eben erweiterte, ansonsten gerade ein halbes Dutzend Jahre alte Schlesische Bahnhof, der schon vorher, 208 m lang und 37 m breit, einen überwältigenden Eindruck machte. Jetzt aber wirkt er noch imposanter mit seinem auf 26 Bögen ruhenden Seitentrakt. Sobald der Zug den Bahnhof verläßt, überquert er auf einer Eisenkonstruktion von 30 m Breite die Koppenstraße, dann die Andreas-, die Kraut- und Holzmarktstraße, die traurigen, schummrigen Straßen des äußeren Ostens, und hat in drei Minuten die Jannowitzbrücke erreicht, die erste Station; sie schwebt über der Spree und erlaubt einen weiten Blick über den Fluß und seine Ufer.

Nach weiteren drei Minuten hält man am Alexanderplatz, dem prächtigsten sämtlicher S-Bahn-Gebäude. Die große freischwebende Halle, die sich mit einer Höhe von 19 m über eine Breite von 30 m spannt, ist mit dem farbigen Stein der italienischen Renaissance erbaut. Sie ruht auf 18 Bögen, ihr palaisartiger Vorbau mit großem Vestibül auf sieben. Licht kommt von oben und durch riesige hochliegende Fenster mit Eisenrahmen, die in den Achsen der einzelnen Bögen liegen; das ganze Gebäude ist ebenso leicht und elegant wie mächtig.

Fünf Minuten später erreicht man den kleinen hübschen Bahnhof „Börse", von dem aus die Strecke über beide Arme der Spree und die Museumsinsel führt. Hier wird weite Aussicht über die Hauptgebäude der Stadtmitte erlaubt: die pompöse Nationalgalerie mit ihrer sinnlosen Treppe, das Neue Museum und das Schloß.

Über den Kupfergraben, wo die alljährlichen Kunstausstellungen abgehalten werden, fährt man die Georgenstraße entlang zum Hauptbahnhof »Friedrichstraße«, der, flankiert von zwei häßlichen Türmen, bis zu einer Höhe von 27 m über das Straßenpflaster sich erhebt. Seine Perronhalle überspannt volle vierzig Meter und ist nach der des neuerbauten Anhalter Bahnhofs die breiteste in Berlin; ihre Höhe wird auf der Welt von keiner einzigen übertroffen. Beleuchtet wird sie teils von oben, teils von Rundbogenfenstern an den Seiten. Das Innere des Gebäudes zeichnet sich durch eine klare, zweckmäßige Gliederung aus; keinen Augenblick ist man im Zweifel, welchem der diversen Kartenschalter man sich zuwenden muß. Die weitläufi-

gen, niedrigen Räume mit ihren Gewölben und mittelalterlichen Architekturformen erinnern an die Kreuzgänge in alten Klostern. So ist die Wirkung um so stärker, steigt man die breite Granittreppe hoch zur Bahnsteighalle: Denn ohne Stütze in schwindelnder Höhe schwingt sich der Glasbogen überm lichten Raum, in dem der Mensch so klitzeklein sich ausnimmt.
Von der Friedrichstraße aus fährt man über die Spree auf einer gewaltigen Stahlbrücke, die fünfzig Meter lang ist: die größte in Berlin und eine der größten in Deutschland. Bald danach erreicht man die kleine Station »Lehrter Bahnhof« mit ihrem neuen, prächtigen Gebäude. Von dort entfernt sich die Stadtbahn von der alten Stadtmitte und fährt den freundlichen Gegenden mit herrschaftlichen Villen und malerischen Niederungen entgegen, deren Haltestellen man die Namen Bellevue und Zoologischer Garten, Charlottenburg und Westend gab.
Daß nun dies gigantische Werk seinem wesentlichen Zwecke nach nur ein wunderbares Truppenbeförderungsmittel ist, gerät schnell in Vergessenheit, wenn man täglich Gelegenheit hat, es in Aktion zu sehen: So wird es richtig als eines der unentbehrlichsten Organe der großen Stadt empfunden. Kaum da, ist es schon eine Notwendigkeit und kann nicht mehr weggedacht werden. Setzt er sich in der Dämmerung eines Winternachmittags auf eine Bank im Tiergarten, von der er die Stadt-Bahn-Züge sieht, scheint dem Ruhenden das regelmäßig alle zehn Minuten wiederkehrende Rauschen der Waggons und die blitzenden Feuer der Lokomotive verwunderlich mächtig. Es ist, als hörte er die tiefen, kräftigen Atemzüge der Weltstadt, als sähe er jede Sekunde ihres Lebens mit Leuchtziffern an den dunklen Himmel geworfen.
Es ist wie ein unheimliches Uhrwerk, dessen Genauigkeit nie versagt. Es ist wie ein ständiges Ermahnen, die so schnell verfließende Zeit zu nutzen, deren Tempo im unaufhörlichen Vorbeisausen der Züge verkörpert wird, und es ist wie eine große Schule praktischer Pünktlichkeit. Und siehe da: Was die Stadtbahn angeht, ist preußische Vormundschaft abgeschafft. Kein Bahnbeamter ruft die Stationen aus; es ist den Passagieren überlassen, selbst darauf zu achten. Niemand öffnet die Türen und schließt sie hinter einem; man muß schon selbst sehen, daß man mitkommt oder rechtzeitig aussteigt.
Der Verkehr ist relativ gering noch – die Leute müssen erst Gewohnheit mit der neuen Bahn verbinden, und dem einfachen Arbeiter sind die Preise, so gering sie auch sind, immer noch recht hoch. Tagsüber herrscht auf den Bahnhöfen allerdings jenes bunte Treiben, wie man es immer an städtischen Verkehrsknotenpunkten vorfindet. Des Abends ist es dort wie ausgestorben. Betritt man zu später Stunde die ungeheure Halle des Alexanderplatzes, um mit dem letzten Zug heimzufahren, ist der Ort wie im Märchen feenhaft verzaubert. Taghell erleuchtet vom weißen, mit überirdischer Intensität und Milde strahlenden elektrischen Licht liegt das unermeßliche Gewölbe in stiller, einsamer Majestät da wie ein verwunschener Raum, von keines Menschen Fuß betreten.
Das elektrische Licht paßt ideell zur monumentalen Architektur der Stadtbahn. Es weist in die Zukunft wie sie. Während in Paris Vergnügungszentren wie der Place de l'Opéra elektrisch beleuchtet sind, sind es hier die S-Bahn-Stationen und die verkehrsreiche Gegend am Potsdamer Platz. Tritt man ein, wo dies Licht herrscht, ist es, als käme man nicht in einen neuen Stadtteil, sondern in eine neue Epoche, und steht man abends am Potsdamer Platz und läßt den Blick erst an den beiden Lichterreihen der Leipziger Straße hinschweifen und sieht dann in die lange Potsdamer Straße, die sich heute mit ihren gewöhnlichen – vor zwanzig Jahren noch so grellen – Gaslaternen im Vergleich zur Leipziger wie die dunkle Hauptstraße einer Handelsstadt des letzten Jahrhunderts ausmacht, da ist es dem Betrachter zumute, als trete er aus dunklen vergangenen und vergehenden Zeiten der Barbarei in ein neues Zeitalter, dessen Wesen Licht ist und die Freude über das Licht.

Berlin, den 8. Febr. 1882

*Brandes: Jernkonstruktion over en Gade*

*(aus: Georg Brandes: Berlin som tysk Rigshovedstad, Erindringer fra et femaarigt Ophold Kjøbenhavn 1885. Aus dem Dänischen von Peter Urban-Halle)*

# Der Kaiser auf Schienen

## Die Eröffnung der Berliner Stadtbahn 1882

Peter Urban Halle

Eisenbahnstaat – Gewalt des Dampfrosses ... – Die Liaison Jupiters mit der Friedensgöttin Germania (wie sieht wohl der Nachwuchs aus?) – Hauptstadt Berlin!
Doch mal weg von der staatsdienlichen Aufklärung; kulturbeflissen, wie der Mittelpunkt Preußens nun mal ist: die Stadtbahneröffnung wird mit großem Theater gefeiert – auf den Gleisen, die die Welt bedeuten. Bereits vor Beginn des eigentlichen Stücks mit dem Titel „Die Kaiserreise auf Schienen" kommt sein Held, Staatsschauspieler Wilhelm I., kostümiert mit feudalen Gewändern und parat zur Premiere in den Genuß »ganz unerwarteter Ovation«. Die Zuschauer danken ihm nämlich schon jetzt für die Ehre, dabei sein zu dürfen – und dienen zur Vertiefung des Bildes als Nebenfiguren. Wilhelm spielt in dem genannten Stück den deutschen Kaiser und preußischen König als Doppelrolle (der erfahrene Darsteller hatte noch mal im eigenen Spiegelsaal Gestik und Mimik einstudiert!); mit von der Partie: der Kronprinz.
*Sr. Maj. dem Kaiser und König ist bei der Besichtigung der Stadtbahn am Montage, wie der »Reichsbote« berichtet, eine ganz unerwartete Ovation unmittelbar vor der Abfahrt vom Schlesischen Stadtbahnhof bereitet worden. In der Nähe des genannten Bahnhofes ist als erstes öffentliches Gebäude die Andreas-Realschule zu passiren. Zahlreiche Schüler dieser Anstalt, die von der bevorstehenden Fahrt des Kaisers gehört, hatten sich schon lange vor dem Beginn des Nachmittags-Unterrichts auf dem Schulhofe versammelt und sich in Reihe und Glied mit entrollter Schulfahne aufgestellt. Beim Herannahen des Kaiserlichen Wagens begrüßten die Kinder den Monarchen mit donnerndem Hurrah, worauf die Nationalhymne angestimmt wurde. Se. Maj. der Kaiser sowie S. K. u. K. H. der Kronprinz waren sichtlich erfreut durch diesen ganz unerwarteten Empfang und dankten den Kindern in herzlichster Weise für diese patriotische Ueberraschung.* (Neue Preußische Zeitung [Kreuzzeitung], 9. 2. 1882.)
Das »donnernde Hurrah« der Realschüler aus Friedrichshain ist die Vorwegnahme des donnernden »herannahenden« Zuges. Der verwandelt sich selbst in ein jubelndes Hurra. »Hier«, ruft gleichsam die Technik, »komme ich im Bündnis mit dem Kaiser. Schluß mit den jammernden Krisenjahren – vorwärts zu einem zweiten Gründerfrühling!«

*Das Gedenkblatt zur Feier der Eröffnung der Stadtbahn, welches die Theilnehmer des Festessens im Centralhotel am 6. Februar erhielten, ist am Dienstag dem Kaiser und dem Kronprinzen in besonders vorzüglicher Ausstattung überreicht worden. Das reiche Blatt zeigt, von üppigen Arabesken umschlungen, oben das von Genien gehaltene Porträt des Erbauers der Stadtbahn, Geheime Rath Diercksen, sowie die Ansicht des großen Viaduktes in der Koppenstraße. Weiter unten folgt die Ansicht des Centralbahnhofes in der Friedrichstraße, darunter das Berliner und das preußische Wappen, sowie die imposante Ansicht der Spreebrücke bei Schloß Monbijou mit dem Blick auf die Kuppel des Königsschlosses an der Spree.* (National Zeitung, 8. 2. 1882.)

Dem unbekannten Regisseur gebührt das Lob, technisch versiert die Technik arrangiert zu haben – und »Technik heißt die Kunst, Pappendeckelherzen schlagen zu lassen«, sagte Alfred Polgar mal. Der industriellen Entwicklung angemessen und sie prompt ins Theatralische integrierend ist das zukunftweisende Bühnenbild: Eisern schlängelt es sich mitten durch die Berliner City, eine aufwendige Szene, die nur Einmaligkeit besitzen kann und davon lebt. Das Publikum weiß es – wie wir gesehen haben – zu schätzen. Das Stück geht mit Vorschußlorbeeren an den Start.

Noch stimmen die Mechaniker ihre Instrumente, doch dann erklingt in Ermangelung des hochgehenden Vorhangs der Pfiff – es setzen ein: der unbeschreibliche Lärm der schwarzen Maschine, das Zischen des weißen Dampfes, das Heulen des roten Feuers – ganz deutlich die kaiserlichen Farben; der Einfall eines gewitzten Dekorateurs und das Gebraus rauben uns den Atem!

Die Vorstellung hat begonnen, gratis für alle (die Abonnenten ärgern sich), die Stadtbahn setzt sich in Bewegung, und wir wohnen einer ungewöhnlichen Aufführung bei. Ungewöhnlich nicht, weil sie nun besonders abwechslungsreich sei, sie ist ja von Station zu Station gleich und dennoch überall neu, weil das Publikum wechselt. Das ist ein Novum, das verdient unsern ungeteilten Beifall, hier nun hat ein bereits totgeglaubter Akteur bewiesen, daß er noch nicht zum alten Eisen gehört.

Die Tage danach spielen die Zuschauer das Stück nach und schauen gleichsam hinter die Kulissen.

# Die Zierde des Eisenbahnstaats

Kein europäischer Staat und keine Großstadt der Welt steht in solcher Beziehung zu der Entwicklung der Eisenbahnen, wie dies beim deutschen Reiche und bei seiner Hauptstadt der Fall ist. Andere Länder haben durch ihr Eisenbahnnetz an wirthschaftlicher Macht, an Reichthum, an innerer Konsistenz gewonnen; die Herstellung eines deutschen Reiches war nur möglich, nachdem das wirthschaftlich und staatlich zerklüftete Land wieder durch die ehernen Bande des Verkehrs verbunden war, nachdem die Gewalt des Dampfrosses die Schranken durchbrochen hatte, in welche der deutsche partikularisirende Hang sie eingezwängt hatte. Die Macht der nationalen Idee, die Staatskunst preußischer Monarchen und Minister, die Schlagkraft unserer Armee hätte diese gewaltige Staatsveränderung niemals zu Wege bringen können, wenn nicht vorher dies Heer der Eisenbahnarbeiter und ihrer Offiziere den Boden gewonnen hätten zur Aufrichtung eines gemeinsamen Staatswesens. Nie hätte Berlin den Anspruch erheben können, die Hauptstadt dieses Reichs zu werden, wenn nicht zu seinen Gunsten die hier sich centralisirenden Eisenbahnen die Entfernungen nahezu aufgegeben hätten. Hand in Hand mit der Entwicklung des Eisenbahnwesens ist Berlin aus einer mittleren Residenzstadt zu einer Welt- und Großstadt emporgewachsen. Man hat in den letzten Kammerverhandlungen von Preußen als einem *»Eisenbahnstaat«* gesprochen – das Wort enthält eine große Wahrheit, wenn man Preußens Entwicklung und seine Machtmittel in das Auge faßt; möge es stets unsere Sorge sein, daß der Charakter des Eisenbahn- und Militärstaates, den uns die Nothwendigkeit der Geschichte auflegt, sich einordnet in eine Gestaltung, welche des Namens eines Kulturstaates würdig bleibt.

Die Stadtbahn, wenn sie, wie dies demnächst geschehen wird, den großen Durchgangszug von Nordost und Südost nach Norden, Süden und Westen bildet, ist vor Allem von großer militärischer Wirksamkeit. Der Gegensatz, in welchen mit diesem Werk Berlin gegenüber Paris tritt, ist höchst merkwürdig. Aus der Belagerung und Einnahme der französischen Hauptstadt durch die Deutschen haben die französischen Kriegsmänner die Lehre gezogen, daß Paris noch nicht stark und weit umfassend genug befestigt war. In dem letzten Jahrzehnt haben sie ihre Hauptstadt mit einem Kranze von Werken umgeben, deren Vertheidigungskraft nur durch das unerhörte Maß der Ausdehnung fraglich wird. Während Paris halb scheu und halb trotzig sich eingräbt und einmauert und vor Allem die Vertheidigung in das Auge faßt, wurden die Mittel des preußischen Staates darauf gewendet, durch die Herstellung der Stadtbahn der Offensivkraft des Reiches eine gewaltige Förderung zu geben. Es ist von militärischen Autoritäten behauptet worden, daß die Verbindung, in welche jetzt die hier zusammenlaufenden Bahnen treten, die Mobilisirung und Aufstellung unserer Heere um einen ganzen Tag beschleunigt. Vielleicht daß hierin etwas Uebertreibung liegt; aber in den Augenblicken der Krisis, wo die Stunden, ja die Minuten schwer wiegen in der Schaale der Entscheidung, ist jede Beschleunigung ein kaum berechenbarer Vortheil; wie groß diese für die Truppensendungen jetzt ist gegenüber den seitherigen Einrichtungen, liegt auf der Hand. Deutschlands Offensivkraft aber braucht Niemand zu schrecken, und wenn wir heute mehr gerüstet sind, als wir es noch gestern waren, um einen Krieg gleichzeitig von Osten und Westen aufzunehmen, so bürgt die Gesinnung des deutschen Volkes und seiner Führer dafür, daß diese vermehrte Macht nur für die Erhaltung des Friedens in die Wagschale fallen wird. Der Centralbahnhof in der Friedrichstraße ist jetzt ein gewaltiger Mittelpunkt deutscher und preußischer Macht; betrachtet man die Zickzacklinien, die von ihm ausgehen, so kann man wohl an den Donnerkeil in der Hand Jupiters erinnert werden, der nach rechts und links seine Blitze sendet. (. . .)

Die Aufmerksamkeit der Berliner Bevölkerung ist naturgemäß vor Allem darauf gerichtet, welchen Einfluß das gewaltige Bauwerk, das wir Alle haben langsam entstehen und wachsen sehen, auf die Berliner lokalen Verhältnisse ausüben wird. (. . .)

Sieht man von einer erhöhten Stelle, dem Kreuzberg oder dem Rathhausthurm, auf Berlin herab, so kann man sich des Eindrucks nicht erwehren, daß die Physiognomie von Berlin sich verändert hat. Welch' charakteristisches Städtebild zeigte das mittelalterliche, von Mauern umschlossene Berlin, wie geschlossen war noch das Bild des ummauerten Berlins gegen das der jüngsten Jahre – eines nach allen Seiten uferlos fluthenden Häusermeeres. Jetzt schon nimmt die neu emporgewachsene Stadtbahn die Rolle ein, die bei anderen Städten der Fluß spielt – eine Rolle, die unsere Spree bescheiden verschmähte oder die ihr mißgünstig versagt geblieben ist. (. . .)

Ein gewaltiges Bauwerk hat sich vor uns erhoben, seit den Mauern Babylons und dem Bau der römischen Wasserleitungen sind vielleicht nicht wieder so viel Ziegelsteine aneinandergefügt worden, wie hier geschehen. Es ist schon oft bemerkt worden, daß eine Hauptkulturarbeit in den Städten die Erhöhung des Niveaus derselben ist, auch ein großer Theil der Baugeschichte Berlins ist in diesem gerade hier besonders nahegelegten Bestreben beschlossen; die Stadtbahn hat dieses Prinzip allerdings etwas auf die Spitze getrieben, allein auch hierin zeigt sie sich als im Augenblick das letzte Wort unserer Bautechnik. Ja, man darf keinen Anstand nehmen, die Berliner Stadtbahn zugleich mit der Gotthardbahn zu nennen: beide Werke sind in demselben Jahre vollendet worden, beide haben Schwierigkeiten vorgefunden, die niemals in gleicher Weise sich gezeigt hatten, beiden ist es gelungen, dieselben glänzend zu überwinden. Die Gotthardbahn und Stadtbahn sind Werke, die mehr von großen Gesichtspunkten, von Berechnungen der Zukunft eingegeben sind als von dem augenblicklichen Nutzen, in beiden ist namentlich der politische Gedanke des neuen deutschen Reiches zum entscheidenden Ausdruck gekommen. Zu der Vollendung der Stadtbahn speziell beglückwünschen wir die Pfleger des Gedankes derselben, die Leiter des Baues, die Stadt Berlin und unser ganzes Staatswesen, dem sie zur Zierde und Förderung gereicht.

*(National-Zeitung, 7. 2. 1882, Morgenausgabe.)*

*Sonntagnachmittag auf einer Stadtbahnstation. Holzschnitt n. e. Zeichnung v. F. Wittig. 1884*

*Heute Mittag und in den Nachmittagsstunden war der Andrang zu den einzelnen Stationen der Stadtbahn gewaltig stark. Um 12½ Uhr Mittags war der Centralbahnhof so überfüllt, daß auf jeden freien Platz in einem ankommenden Zuge reichlich 50 Fahrlustige kamen. Die Scenen, die sich da abspielten, waren – obwohl Alles in gutem Humor abging – wahrhaft beängstigend. Da tönt gleichzeitig rauschende Musik in das Chaos. Die Wachtmannschaften vom 2. Garde-Regiment zogen unten die Friedrichstraße entlang. Die im Bahnhof angestaute Menge stürzt auf die Brücke zu, um den Vorübermarsch zu sehen. Es bedurfte bedeutender Anstrengungen des Bahnpersonals, sie zurückzuhalten, da die unaufhörlich kommenden und gehenden Züge leicht ein Unheil hätten anrichten können.* (National-Zeitung, 8. 2. 1882.)

Sie alle sehen das, was der Kaiser gesehen haben muß – und Irritation macht sich breit. Die neue Perspektive erlaubt nämlich auf einmal bislang verbotene Blicke . . . Die Privatheit ist aufgehoben – für die Regierung nicht nur Möglichkeit, sondern nötige Verpflichtung, um potentielle Unruheherde gleich aufspüren zu können. Der kleine Mann aber sieht sich auf die Stufe des Herrschers gehoben, und ihm schwindelt nervlich. »Quod licet Jovi non licet bovi«, rezitiert im Abteil der ängstliche Pennäler. Die Insassen erschaudern: Das Innerste wird nach außen, das Hinterste nach vorn gestülpt; Verkehrung durch Verkehr:

*Durch eine wunderliche Umgebung von Hinterhäusern arbeitet sich die Bahn zwischen Schlesischem Bahnhof und Börse durch. Man hat den Eindruck, als passirte man eine Straße, wo mit einem Male Häuser umgedreht worden sind. Unzählige Haushaltungsgeheimnisse werden plötzlich aller Welt enthüllt; das Personal der Hinterstuben hat seinen großen Tag und schaut vergnüglich dem dahinsausenden Zug nach.* (National-Zeitung, 7. 2. 1882, Abendausgabe.)

Staunend weiten sich die Augen: Der Kaiser ist mit seinem Dampfroß durch die intimsten Räume unsrer Wohnungen geritten – teils hurtig durch verklebte Küchen, teils müßig durch dämmrige Salons: *Es sah bald aus, als ob wir durch jene blaue Stube (. . .) fahren würden (. . .)* (Neue Preußische Zeitung (Kreuzzeitung), 11. 2. 1882.) Der prüde Voyeur kichert und fühlt sich eins mit dem Hof. Was er sieht, weil er es sehen will, ist unbezahlbar – und kauft sich eine Monatskarte.

Die erste weibliche Fahrkartenverkäuferin erregte Aufsehen

*Diese Damen* (gemeint ist der neue Frauenberuf der Fahrkartenverkäuferin, PUH) *bildeten genauso den Gesprächsstoff der Berliner wie die vielseitigen ›Einblicke‹, die sich bei einer Stadtbahnfahrt ergaben. Da konnte man beobachten, wie sich Herr Krause morgens rasierte oder Frau Müller die Betten auseinanderschlug, wenn nicht gar noch intimere Dinge.* (Berliner Morgenpost, 31. 1. 1942.)

Als der Passagier ob des Unter-die-Decke-Guckens die Moral bekommt, schwenkt er innerlich um – und fühlt sich als Tourist. Dessen indiskreter Blick ist ja erlaubt, weil ökonomisch schwerwiegend. Neue Stationen werden gegründet: Die Stadtbahn pioniert sich westwärts. Nun hat der Berliner Gelegenheit, die eigene Stadt aus der Distanz und neugierigen Unwissenheit eines Fremden zu betrachten. Die Stadtbahn ist, was der Kaiser vorgespielt hat, gerade nicht »losgelöst vom Raum, durch den sie hindurchgeht«*.

*. . . kein richtiger Berliner wird sich beruhigen, bis er einmal seine Stadt von der Höhe eines Stadtbahnzuges gesehen hat. Interessant ist die Umschau vom Bahnhof des Zoologischen Gartens; man hat das neue »Schulopolis« vor sich, das sich dort angesiedelt hat, den Ziegelbau der Ingenieur- und Artillerie-Schule, den Palast der technischen Hochschule, das Joachimthal'sche Gymnasium mit seinem Thurm und seinem Villenkranz, daneben steckt der Elephantenthurm fremdartig grotesk aus dem Gehölz des Zoologischen Gartens heraus. Man hilft sich selbst zu einem Sitz, der Einstieg ist bequem, das Publikum gut gestimmt, noch keine Überfüllung und mit Befriedigung zeigt ein Passagier dem anderen, was so bekannt und doch so neu jetzt an ihm vorbeifliegt: Kanal, Thiergarten, Charlottenburger Chaussee, die Terrains der Hamburger Baugesellschaft, die rauchenden Schornsteine von Moabit, auf die jetzt ein Sonnenstrahl fällt. Eine imponirende Reihe von Bildern entrollt sich von dem Bahnhof Bellevue bis hinter den Lehrter Bahnhof – wachsende Begeisterung der Einsitzenden (. . .) Am Centralbahnhof Friedrichstraße beginnt die Sache ernst zu werden, hier findet sich die Bahn mitten in Berlin (. . .)* (National-Zeitung, 7. 2. 1882, Abendausgabe.)

*– Seit drei Tagen geht die Stadtbahn und das Interesse daran ist in Berlin noch nicht veraltet; das will viel sagen in dem schnellebenden Berlin. Vielmehr ist Freude und Interesse daran immer noch im Steigen; man berechnet sich, was das städtische Leben an Bequemlichkeit und Annehmlichkeit gewinnt und das Facit ist noch größer als man gemeint hatte. Namentlich wird der Sommer in Berlin sich lebenswerther gestalten, dem Westen wird die obere Spree mit ihren lieblichen Gegenden näher gebracht, er braucht sich nicht mehr durch den Staub und Dunst der Großstadt dahin durchzukämpfen und dem Osten wird der Grunewald erschlossen, dessen Tage als Wildpark wohl gezählt sind und dessen Zukunftsbild sich als großer Stadtpark von Berlin präsentiert. Mit großer Findigkeit ist das Publikum auf das Selfgovernment eingegangen und vermißt kaum noch die fehlende Schaar »waltender Schaffner«. Die Ausnutzung der oft sehr wenig einladenden Flächen der in die Bahn stoßenden Gebäulichkeiten hat begonnen. Die von der Stadtbahntrace aus sichtbaren Hinterhäuser, selbst die in größerer Entfernung, bedecken sich mit großen Reklameschildern; unternehmende Geschäftsleute haben es speziell herausgefunden, daß das ein vortreffliches Mittel ist, sich den unaufhörlich vorüberfahrenden Passagieren in's Gedächtnis zu rufen. Selbst ein Zahnarzt befindet sich schon unter den Annoncirenden. Auch der Berliner Witz bleibt nicht zurück, wenn auch seine populärste Leistung die bekannten Schmerzensrufe provoziren konnte. Unzählige Male müssen nach Entlee-*

* Wolfgang Schivelbusch, Geschichte der Eisenbahnreise. Zur Industrialisierung von Raum und Zeit im 19. Jh., Ffm-Bln-Wien 1979, S. 47.

*rung des Zuges die Perronbeamten es über sich ergehen lassen, als Antwort auf die überall sichtbare Anweisung »Billet bereit halten«, zu hören, daß das Billet nicht breit gehalten werden kann, weil es zu schmal ist.* (National-Zeitung, 10. 2. 1882.)
*Die Berliner, die nun hoch über der Straße dahinsausen konnten, wurden nun auf einmal ›hochfahrend‹. Auf den ›Zug‹ in den Stadtbahnhöfen brauchte man überhaupt nicht zu warten — der herrschte immer dort! Und endlich wurden täglich Tausende von Menschen von der Stadtbahn ›überfahren‹ — nämlich im Prälaten oder Franziskaner in den Stadtbahnbögen, wo sie ihr Bier tranken. Es entstanden Stadtbahncouplets und Stadtbahnschlager, die Komiker in den Varietés bemächtigten sich des dankbaren Stoffs (. . .)* (Berliner Lokalanzeiger, 1. 2. 1942.
So wurde die ungewohnte Sache mit Witz verarbeitet, und alle waren's zufrieden. Dem Dramaturgen der Stadtbahneröffnung wurde als Preis eine entzückende Zeichnung Anton von Werners überreicht, die die Stadtbahn die kaiserlichen Gemächer des Berliner Schlosses durchquerend erkennen läßt. Honni soit qui mal y pense!

Fahrgäste in der 3. Klasse. Um 1885

## Der Verkehr des ersten Tages ist ein lebhafter gewesen

— Der Verkehr auf der Stadtbahn ist bekanntlich am Eröffnungstage ein äußerst lebhafter gewesen. Am 7. Februar betrug nach einer uns von kompetenter Seite zugehenden Mittheilung die Zahl der verkauften Billets 47,916 Stück, wofür 8997 Mk. 40 Pf. vereinnahmt wurden. Es wurden, wie die »Post« mittheilt, Billets verausgabt am Schlesischen Bahnhof rund 5500, Bahnhof Jannowitzbrücke 5000, Alexanderplatz 8000, Börse 7800, Friedrichstraße 12.200, Lehrter Bahnhof 2400, Bellevue 1500, Zoologischer Garten 1200, Charlottenburg 900, Westend 1200. Davon etwa 70 Proz. dritter, der Rest zweiter Klasse. Am heutigen zweiten Tage war der Verkehr in Folge des schlechten Wetters natürlich im Vergleiche zum ersten Tage schwächer, immerhin aber noch im Allgemeinen sehr rege. Dem Betriebspersonal ermöglichte er das Innehalten der Fahrzeiten, so daß heute durchaus fahrplanmäßig gefahren wurde. Nach der Ansicht der Beamten trug das heutige die Bahn benutzende Publikum bereits ein geschäftsmäßiges Gepräge, es fuhren weitaus am meisten Leute, die in der Bahn eine ihnen willkommene Verkehrserleichterung begrüßen. Die Bahnhöfe selbst haben schon angefangen ihr Alltagskleid anzulegen. Der Fahnen- und Girlandenschmuck wird entfernt. Als eine auffallende Erscheinung wurde es beobachtet, daß die Vorortzüge die abgehenden, wie die ankommenden stark besetzt waren, so daß denn auch bereits der Mittags 12 Uhr von Westend nach Köpnick angesetzte Zug gleich bis Friedrichshagen weitergeführt wird. Die Fundkammern der Bahnhöfe sind schon mit einer kleinen Kollektion angesammelter Gegenstände versehen worden. Eine ganze Anzahl Regenschirme, Handschuhe, eine Schulmappe mit Büchern u.s.w. sind in dem Gedränge am Dienstag verloren gegangen und gefunden worden. Zur besseren Orientierung des Publikums sind auch seit heute neue Tafeln mit der Bezeichnung: »Kein Ausgang« — »Ausgang dort« angebracht worden.

*(National-Zeitung vom 9. 2. 1882)*

## Der Kaiser entsteigt dem Wagen in Mantel und Helm

Die gestrige Fahrt des Kaisers auf der Stadt- und Ringbahn umfaßte, wie schon berichtet, den Südring desselben. Sämmtliche Bahnhöfe desselben waren innen und außen reich beflaggt, im Mittelperron mit Teppichen belegt und mit Treibhausgewächsen geschmückt. Inmitten des Perrons lagen auf Tafeln die Pläne und Ansichten der verschiedenen Bahnhöfe aus.

Der Zug setzte sich zunächst auf der Ringbahn über Schöneberg, Tempelhof, Rixdorf und Treptow nach dem Schlesischen Bahnhof in Bewegung, von wo aus die gründliche Besichtigung der eigentlichen Stadtbahn ihren Anfang nahm. Um 2 Uhr 12 Minuten rollte der Zug in den Centralbahnhof Friedrichstraße hinein.

Die Thore der verschiedenen Waggons öffneten sich und es entstiegen denselben eine Fülle von glänzenden Uniformen, unter ihnen Polizeipräsident v. Madai, Minister Marbach dagegen in Civil. In demselben Augenblicke war auch schon die bekannte Treppe an den kaiserlichen Salonwagen herangeschoben und der Kaiser, der bereits vom Fenster aus, stehend die Einfahrt beobachtet hatte, entstieg in Mantel und Helm dem Wagen, gefolgt von der Kaiserin, dem Kronprinzen, dem Prinzen Karl, dem Prinzen Wilhelm, dem Herzog von Koburg-Gotha und dem Prinzen Christian von Schleswig-Holstein, trat dann an den Tisch heran und nahm angesichts der Pläne die Erläuterungen des Ministers entgegen.

Nach einem Aufenthalt von 4 Minuten bestiegen die hohen Herrschaften wieder den Salonwagen, mit Hast eilte die glänzende Begleitung zu ihren Waggons und unter Hochrufen eines nach Hunderten zählenden zugelassenen Publikums und der zahlreichen noch beim Bau beschäftigten Arbeiter rollte der Zug aus dem Bahnhof heraus, indem der Kaiser, am Fenster stehend, die Hochrufe durch Grüße erwiderte.

In dieser Weise wurde die Fahrt über Bellevue, Zoologischer Garten, Charlottenburg, Wilmersdorf und Schöneberg fortgesetzt und endete kurz vor drei Uhr wiederum im Potsdamer Bahnhof. Aus des Kaisers hohe Überraschung ausdrückenden Bemerkungen wiederholten sich mehrfach die Ausdrücke der Freude über den prächtigen Ausblick von vielen Stellen der eigentlichen Stadtbahn aus, namentlich von der Packhofsbrücke, von wo aus das Schloß und Berlins Monumentalbauten gesehen werden können.

*(Vossische Zeitung vom 7. 2. 1882)*

Die Festlichkeiten zur Eröffnung der Stadtbahn fanden gestern abend mit einem Diner der Bahnbeamten und Bauthätigen im Centralhotel ihren Abschluß. Die »Herren vom Bau« versammelten sich zunächst im Wintergarten, wo eine Ausstellung von unausgeführten Projektzeichnungen und von Photographien der ausgeführten Pläne veranstaltet worden war, welche drei große Standregale und zwei lange Tische vollständig bedeckte. Die Tafel war zu zweihundert Personen im Marmorsaal und Lesezimmer gedeckt. Die Ehrenplätze hatten, in Vertretung des Ministers Marbach, welcher nicht erschienen war, Ministerialdirector Schneider und Geh. Rath. Küll vom Handelsministerium eingenommen, ihnen zur Seite die Regierungsräthe Maas und Diercksen und der Oberbaudirector Wex. Unter den Gästen bemerkte man die Vertreter sämmtlicher hervorragenden Bau- und Architektenfirmen. Außer durch übliche Toaste wurde die Tafelstimmung durch den Vortrag einer Anzahl von Liedern erhöht, welche sich durch ganz besondere Originalität des Textes auszeichneten. Bei der Tafel wurde jedem der Anwesenden ein stilvoll ausgeführtes »Gedenkblatt« an die Eröffnung der Stadtbahn überreicht.

Foto: Pragher

# Zur Entwicklung des städtischen Nahverkehrs in Berlin

Rolf Külz

Mit dem Beginn der ersten großen Industrialisierungswelle, die in Deutschland etwa in den Jahren 1820–1840 einsetzte, kam es auch in Berlin zu einem immer größeren Zustrom von Menschen, auf den diese Stadt aufgrund ihrer spezifischen Geschichte weder verkehrstechnisch noch städteplanerisch vorbereitet war. Aus der heutigen Perspektive scheint die Entwicklung Berlins zu einer industriellen Metropole durchaus vergleichbar mit der anderer europäischer Großstädte. Von ihren Ausgangsbedingungen aber als kleine Handelsstadt, später Residenz- und Garnisonsstadt, zeigt die industrielle Entwicklung Berlins teilweise Züge, die an Industrialisierungsprozesse in der sog. 3. Welt denken lassen: an die Folgen eines überstürzten industriellen Wachstums, das sich auf keine gewachsene, städtische Infrastruktur stützen kann. Deshalb läßt sich die Geschichte Berlins auch nicht unmittelbar mit der anderer europäischer Großstädte wie London, Paris, Wien oder Prag vergleichen. Erst seit der Regierungszeit Friedrich II. (1740–1786) kann Berlin als Großstadt angesehen werden, in die nach den Schlesischen Kriegen die Menschen auf der Suche nach Arbeit strömten. Dennoch nahm sich Berlin im mitteleuropäischen Vergleich noch sehr bescheiden aus zu Ende des 18. Jahrhunderts, mit seinen 144 000 Einwohnern einschließlich 33 000 Militärbevölkerung und einem Durchmesser der Bebauung von ca. 4 km. London hatte um das Jahr 1800 bereits eine Million Einwohner, Paris 600 000 (vgl. vergleichende Abbildung).

Berlin verdankte sein industrielles Wachstum zunächst dem Eisenbahnbau, der einerseits

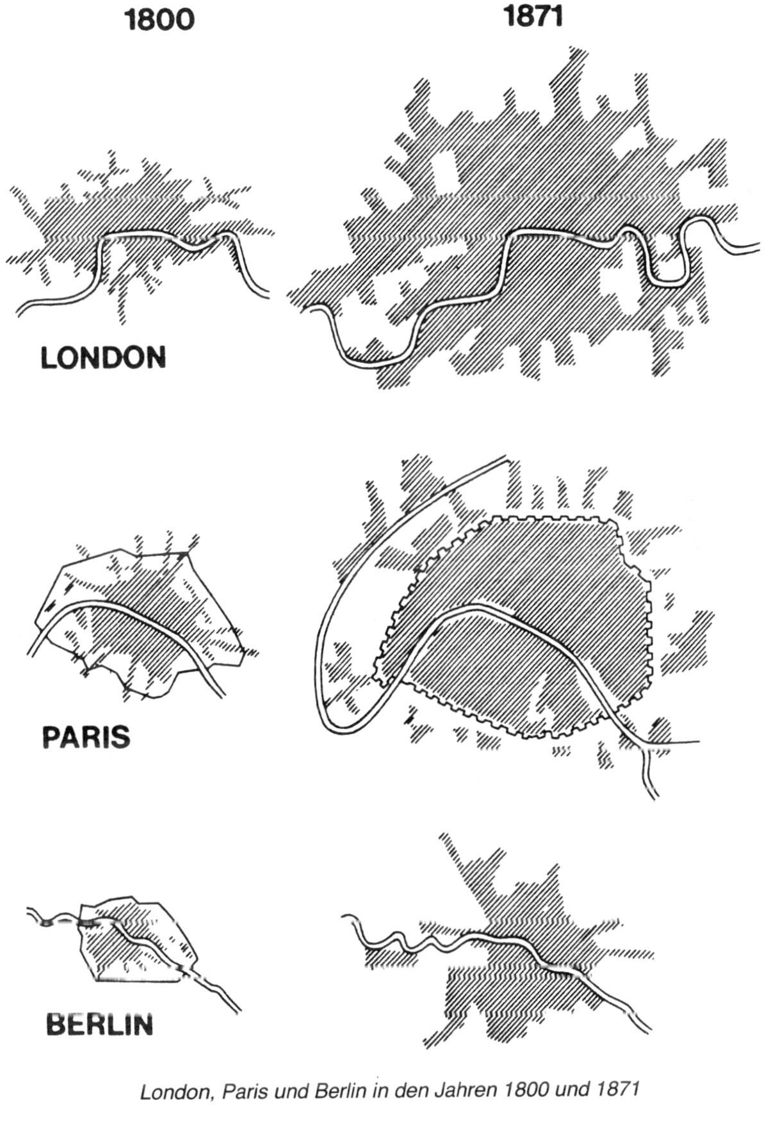


*London, Paris und Berlin in den Jahren 1800 und 1871*

Berlin neue Märkte erschloß, andererseits selber die Nachfrage nach maschinellen Produkten enorm steigerte. Am Beispiel der Firma Borsig läßt sich dies besonders deutlich aufzeigen. Hatte Borsig im Jahre 1837 als handwerklicher Manufakturbetrieb noch etwa 50 Beschäftigte, so war es im Jahre 1860 zu einem fabrikmäßigen Industrieunternehmen mit über 1700 Arbeitern und mehreren Niederlassungen geworden. Großaufträge verschiedener Eisenbahngesellschaften, zuerst über 116 000 Schrauben für den Gleisbau, ab 1841 über den Bau von Lokomotiven, hatten dieses Wachstum möglich gemacht[2].
Die rasche Bevölkerungszunahme im Verbund mit dem industriellen Wachstum ließen die ohnehin zu enge Stadt nun aus allen Nähten platzen. Da der räumlichen Ausdehnung der Industrie im Stadtgebiet Grenzen gesetzt waren, verlagerten sich die Betriebe in drei Etappen aus der Stadt in ausgesprochene Industriestandorte. War bislang zum größten Teil Arbeiten und Wohnen noch auf dem gleichen Grundstück lokalisiert, so kam es nunmehr zu einer Trennung von Arbeitsplatz und Wohnstätte. Es entstanden monofunktionale Stadtgebiete mit einer Entmischung von Wohnen und Arbeiten sowie die Herausbildung einer City mit spezifischen Nutzungen wie Verwaltung, Handel und Finanzen. Das Wohnen wurde aus der engen Innenstadt mehr und mehr verdrängt, vor allem durch enorme Steigerung der Grundstückspreise[3].
Gleichzeitig mit der Abnahme der Wohndichte in der Innenstadt wuchs Berlin in den Randgebieten und Vorstädten und über das durch Eingemeindungen erweiterte Stadtgebiet hinaus. So befanden sich beispielsweise die Industriestandorte um 1880 noch innerhalb eines Radius von 5 km, um 1900 von 10 km bis schließlich 1925 von 20 km um die Stadtmitte. »Damit hatte das Gebiet, innerhalb dessen sich ein städtischer Nahverkehr abspielen mußte, eine Ausdehnung erreicht, die fußläufig in keiner sinnvollen Zeit mehr zu bewältigen war. Die Ausfüllung dieses Bereiches mit städtischen Funktionen und ihre gegenseitigen Verbindungen war nur unter Zuhilfenahme eines leistungsfähigen Verkehrsmittels möglich.«[4]

Einen öffentlichen Personenverkehr gab es bereits seit Mitte des vorigen Jahrhunderts in Berlin. Er ging auf den Geschäfts- und Ausflugsverkehr zwischen der Residenzstadt und ihren Nachbargemeinden zurück und wurde mit regelmäßig verkehrenden Pferdefuhrwerken betrieben. Mit der Ausweitung der Stadt Anfang der sechziger Jahre entstand ein sogenannter Pferdeomnibusverkehr zur Erschließung der neuentstehenden Stadtteile. Private Unternehmer überzogen die Innenstadt in scharfer Konkurrenz zueinander mit einem immer dichter werdenden Liniennetz. Wirtschaftliche Schwächen der konkurrierenden Omnibusunternehmen und die Grenzen der technischen Leistungsfähigkeit – auch bedingt durch den schlechten Straßenzustand – führten schnell zu einer Stagnation des Omnibusverkehrs.

Ab 1865 kam als zusätzliche Konkurrenz zu den Omnibusgesellschaften die Einrichtung eines Pferdeeisenbahnverkehrs. Als schienengebundenes Verkehrsmittel konnte die Pferdeeisenbahn die technischen Grenzen des Pferdeomnibusses überwinden. Sie erreichte bei gleicher Antriebskraft und geringerer Abhängigkeit von der Fahrbahnbeschaffenheit eine erhebliche Steigerung der Transportgeschwindigkeit und Beförderungskapazität sowie eine Verlängerung der Strecken[5]. Zunächst noch für den Ausflugs- und Geschäftsverkehr bestimmt, wurde sie bald zu einem Instrument der Siedlungspolitik. Während in der Innenstadt die Konzentration von Verwaltung, Handel und Banken voranschritt, hatte sich die Industrie nach der Chausseestraße, nach Moabit, Wedding bis Siemensstadt und Tegel verlagert. Dazwischen lagen die Wohngebiete der Arbeiter, während sich die gehobenen Bürger im Süden und Westen der Stadt, in Charlottenburg, Lichterfelde und Friedenau ansiedelten. Zur Erschließung eines dieser ›besseren‹ Wohngebiete, der Villenkolonie Westend, wurde eigens eine Pferdeeisenbahnlinie geschaffen. »Hier zeigten sich aber auch die Grenzen des Pferdebahnbetriebs, der den ihm zufallenden Aufgaben aufgrund seiner begrenzten Leistungsfähigkeit nicht gerecht werden konnte. So war die Entwicklung der Kolonie Westend durch ihre vermittels der Pferdebahn relativ ungünstigen Anbindung an die Stadt Berlin lange Zeit stark gehemmt.«[6]
Für die neuen innerstädtischen Verkehrsbedürfnisse aber war die Pferdeeisenbahn zunächst das einzige Verkehrsmittel, welches den neuen Verkehrsbedürfnissen gerecht werden konnte. Sie verdrängte denn auch nach und nach den Pferdeomnibus, vor allem, nachdem ab 1875 die Stadt mit Erlaubnis des Magistrats von einem immer dichter werdenden Pferdebahnnetz durchzogen werden konnte. Der ständig wachsende Bedarf nach einem großstädtischen Nahverkehrsmittel, bedingt durch das Bevölkerungswachstum einerseits und die Ausdehnung der städtischen Bebauung auf das Umland andererseits, konnte jedoch nur noch durch einen leistungsfähigeren Verkehrsträger bewältigt werden.
Zwischen 1846, dem Gründungsjahr der ersten Pferdeomnibusgesellschaft, und 1865, dem Eröffnungsjahr der ersten Pferdeeisenbahn, war die Bevölkerung Berlins von 398 000 auf 657 690 Einwohner gestiegen. Trotz Eingemeindungen führte diese Bevölkerungsexplosion zu einer extremen baulichen Verdichtung. Bis zu 19 Menschen hausten in einer Einzimmerwohnung. Die Wohnungsnot nahm schließlich solche Ausmaße an, daß oftmals mehrere Personen als sogenannte Schlafgänger ein Bett umschichtig benutzten. Abhilfe konnte hier – nach den Vorstellungen der Behörden – nur noch durch eine Ausdehnung der städtischen Bebauung auf das weite Umland geschaffen werden. Zum Bau menschenwürdiger und vor allem für jeden erschwinglichen Wohnungen – die Mieten hatten inzwischen als Folge des Bodenmangels schwindelnde Höhen erreicht – bildeten sich denn auch Baugenossenschaften und Wohnungsbaugesellschaften. »Doch all diese Ansätze waren, von anderen Zusammenhängen einmal abgesehen, zum Scheitern verurteilt, wenn es nicht gelang, das zu nutzende Umland verkehrsmäßig zu erschließen. Daß diese Erschließung auf keinen Fall mit einem Verkehrsmittel wie der Pferdebahn zu leisten war, wurde auch damals anerkannt, wie z. B. aus einem Bericht des Berliner Magistrats an den Minister für Handel, Gewerbe und öffentliche Arbeiten von 1871 über die Neuregelung des Verkehrswesens hervorgeht. Danach schien die einzige Alternative in der Dampfeisenbahn zu liegen, was sicher dem damaligen Stand der Technik entsprach.«[7]

Zunächst wurde zwischen 1876 und 1879 der Versuch unternommen, die tierische Zugkraft als Antriebsmittel der Bahnen durch Dampfkraftantrieb zu ersetzen. Diese Versuche verliefen jedoch wenig glücklich, da der leichte Gleisbau der Pferdebahn den schweren Dampflokomotiven nicht gewachsen war. Trotz aller Schwierigkeiten entstand Mitte der achtziger Jahre ein Dampfstraßenbahnnetz in den südwestlichen Nachbargemeinden. Nachdem aber die Firma Siemens & Halske bereits 1879 eine elektrisch betriebene Straßenbahn auf der Gewerbeausstellung vorgestellt hatte, folgte ab 1895 die systematische Umstellung des Pferdebahnbetriebes auf elektrischen Straßenbahnbetrieb, welche bis 1902 zum Abschluß kam.

Inzwischen hatte sich die Dampfeisenbahn zum wichtigsten Fernverkehrsmittel in Mittel- und Westeuropa entwickelt. Seit 1838 die erste Eisenbahnstrecke von Berlin nach Potsdam eröffnet worden war, folgten in den nächsten acht Jahren vier weitere Bahnen: Die Anhalter Bahn 1841, die Berlin-Stettiner Eisenbahn 1842/43, die Berlin-Frankfurter Bahn 1842, die Hamburger Bahn 1846. Zudem waren bis 1846 die Potsdamer Bahn bis Magdeburg und die Frankfurter Bahn mit der Niederschlesisch-Märkischen Bahn vereinigt und bis Breslau weitergeführt worden. Alle diese Bahnen wurden von privaten Aktiengesellschaften betrieben und dienten als Fernbahnen, in den ersten Jahren vor allem dem Personenverkehr. Sie endeten vor den Toren der Stadt, ohne miteinander verbunden zu sein. Die Vorortbesiedlung war zu dieser Zeit nach wie vor gering, so daß ein ausreichender Verkehrsbedarf für einen Personenverkehr noch nicht vorhanden war.

Bereits 1851 baute der preußische Staat eine Schienenverbindung zwischen den vorhandenen fünf Kopfbahnhöfen. »Das Eingreifen des Staates in die Berliner Verkehrsentwicklung galt« jedoch »vorerst nicht dem öffentlichen Personentransport. Militärische Gesichtspunkte, vor allem die Forderung nach schnellem, von einer Eisenbahnlinie zur anderen lückenlos übergehenden Truppentransport, waren zunächst für den Bau einer Verbindungsbahn ausschlaggebend. Die Bahn sollte, weit außerhalb der Bebauung rings um die Stadt verlaufend, eine Verbindung aller in Berlin in Kopfbahnhöfen endenden Eisenbahnlinien herstellen. Darüber hinaus sollte sie den neuen Fabrikstandorten Gleisanschluß für den Güterverkehr bieten und später, nach weiterer baulicher Ausdehnung der Stadt, auch in den Dienst des Personenverkehrs gestellt werden.«[8] Ihre Strecke verlief vom Stettiner Bahnhof ausgehend über die Invalidenstraße am Brandenburger Tor vorbei, über den Potsdamer Platz zum Halleschen Tor und durch die spätere Gitschiner und Skalitzer Straße, zweigte auf der Höhe des später entstandenen Görlitzer Bahnhofes ab, entlang der Eisenbahnstraße und über die Spree zur Frankfurter Bahn. »Die primitive Art, wie die Bahn durchweg im Gelände bestehender Verkehrsstraßen – wenn auch zum größten Teil entlang der Stadtmauer – geführt wurde, gab später zu lebhaften Klagen über unzulässige Verkehrsbelästigungen Anlaß.«[9] Mit dem stetig wachsenden Verkehr auf Schienen und Straßen wuchsen auch die Behinderungen durch die Verbindungsbahn. Alte Häuser drohten wegen der ständigen Erschütterungen einzustürzen und der Straßenverkehr wurde so sehr gestört, daß diese erste Verbindungsbahn schließlich Ende der 60er Jahre wieder stillgelegt werden mußte.

Wenig später, im Jahr 1871, konnte jedoch der erste nord-westliche Abschnitt einer neuen Verbindungsbahn, der späteren Ringbahn, eröffnet werden. Die kreuzungsfrei geführte Strecke verlief von Moabit über Stralau nach Schöneberg an den Grenzen des damaligen Stadtweichbildes. Der zweite Teil der Strecke von Schöneberg über Charlottenburg nach Moabit ging 1877 in Betrieb. Über den stadtseitig gelegenen Güterbahnhof Moabit erhielten zahlreiche Fabrikanlagen Bahnanschlüsse. Zusätzlich waren beim Bau der Ringbahn zunächst militärische Gründe ausschlaggebend gewesen. »Der Anschluß dieser Bahn an die Potsdamer Bahn erfolgte z. B. nicht in Richtung Stadt, sondern nach Süden hin, damit die von Potsdam kommenden Militärzüge ohne Rangieren zum Tempelhofer Exerzierplatz fahren konnten. Der südliche Streckenabschnitt, der ursprünglich entlang der Hasenheide geführt werden sollte, also relativ dicht an der Stadtgrenze geplant war, wurde auf Einspruch des Militärs nach Süden, südlich des Exerzierplatzes verlegt. Ein Personenverkehr war zunächst nicht vorgesehen und wurde erst nachträglich zugelassen.«[10]

Die Fahrgastzahlen blieben in den nächsten Jahren sehr gering, auch siedlungspolitisch blieb die Ringbahn zunächst von geringer Bedeutung. Lediglich der Wanderungsbewegung der Industrie zum Stadtrand und der Bildung neuer Industriestandorte war sie förderlich. Dabei spielte der Güterverkehr eine größere Rolle als der Personenverkehr. Die Anfänge eines Berufsverkehrs entwickelten sich zunächst von den im weiteren Umland gelegenen Villenkolonien auf den Fernbahnstrecken. Die Bahngesellschaften standen der Errichtung sogenannter Lokalzüge jedoch anfangs skeptisch gegenüber. So mußte beispielsweise der Gründer der Kolonie Lichterfelde, der Hamburger Kaufmann Carstenn, der Anhalter Bahn erst kostenlos ein Grundstück für die Station und obendrein eine Einnahmegarantie von 600 Talern Jahreseinnahmen geben, damit diese zur Einrichtung einer Lokalstation bereit war. Und selbst der preußische Staat hatte Mühe, eine Eisenbahngesellschaft dazu zu bewegen, Lokalstationen einzurichten. Als die Artilleriewerkstätten von Berlin nach Spandau verlegt wurden, bedurfte es administrativen Drucks sowie einer Fahrpreissubvention, damit Arbeiter ab 1868 mit zwei örtlichen Personenzügen vom Hamburger Bahnhof nach Spandau und zurück fahren konnten. Der Vorortverkehr auf den Fernbahnstrecken hatte aber dennoch bald einen Aufschwung zu verzeichnen. Seit 1879 kam es – zum Teil nur in den Sommermonaten – mit sogenannten Grunewaldzügen zu erstem Ausflugsverkehr.

Inzwischen war auch der zweite Abschnitt im Ausbau der Eisenbahnen in Berlin vollendet. Zu den ersten fünf Fernbahnstrecken waren nach einer zwanzigjährigen Stagnationsperiode weitere Bahnlinien hinzugekommen:

- die Berlin–Görlitzer Bahn 1867
- die Ostbahn von Berlin nach Küstrin – als erste Staatsbahn – 1867
- die Berlin–Lehrter Bahn 1871
- die ältere Wannseebahn – als erste Vorortbahn – 1874
- die Militäreisenbahn 1875
- die Berlin–Dresdner Bahn 1875
- die Nordbahn, welche noch während des Baues vom Staat übernommen werden mußte, 1877/78
- und die ursprünglich als Südwestbahn geplante Wetzlarer Bahn – im Volksmund Kanonenbahn genannt – 1879.

Mit der Vollendung der Staatsbahn Berlin–Wetzlar wurde eine Periode der Verstaatlichung der Eisenbahnen (1879–1884) eingeleitet. Hierdurch entwickelte sich der preusische Staat zum größten Verkehrsunterneh-

mer, welches ihm ermöglichte, notwendige verkehrsplanerische Konzeptionen zu entwickeln und durchzusetzen.
»Da die Überwindung der sich immer weiter vergrößernden räumlichen Distanz zwischen den städtischen Funktionsbereichen schließlich nur noch mit Hilfe eines leistungsfähigen Verkehrsmittels sinnvoll möglich war, stellte die Dampfeisenbahn das einzige Verkehrsmittel dar, das ein Wachsen der Stadt über seine eigentlichen Grenzen hinaus im Sinne einer modernen Großstadt ermöglichte.«[11]
So gab es seit 1871 immer wieder Pläne für eine Stadtbahn in Berlin, ähnlich wie beispielsweise in London. Als erster trat der Architekt August Orth mit dem Projekt einer lokalen ›Locomotiveisenbahn‹ an die Öffentlichkeit. Er plante eine Eisenbahn, welche einerseits sämtliche Bahnhöfe, andererseits die neue Ringbahn mit der inneren Stadt verbinden sollte. Durch ein solches innerstädtisches Nahverkehrsmittel sollte zudem die Bodenspekulation eingedämmt werden, indem es möglich wurde, billige Wohnungen für die breite Masse der Bevölkerung auf billigem Bauland am Stadtrand zu schaffen.
Nachdem im Herbst 1875 die Planung abgeschlossen und die Finanzierung sichergestellt waren, wurde mit der Bauausführung der Stadtbahn begonnen. Wegen der hohen Grunderwerbskosten und der Verkehrsverhältnisse in der Innenstadt folgte man nicht einer gradlinigen Verbindung, sondern wählte eine Linienführung nördlich des Tiergartens[12]. Am 7. Februar 1882 konnte die Eröffnung der Stadtbahn mit neun Stationen erfolgen. Es waren dies von Osten nach Westen: Schlesischer Bahnhof, Jannowitzbrücke, Alexanderplatz, Börse, Friedrichstraße, Lehrter Bahnhof, Bellevue, Zoologischer Garten und Charlottenburg.
»Die beiden Endbahnhöfe sowie die Zwischenstationen Alexanderplatz und Friedrichstraße dienten gleichzeitig dem Fern- und Stadtverkehr. Die Entfernung der Stationen voneinander schwankt zwischen 0,69 und 2,26 km. Die Zwischenstationen für den Stadtverkehr haben einen, die, welche sowohl dem Fern- als dem Stadtverkehr dienen, zwei Mittelbahnsteige. Die Bahnsteige sind von den unteren Räumen aus durch Treppen zugänglich gemacht, die mit einer Ausnahme an den Enden der Bahnsteige sich befinden. Bei den Doppelstationen ist fast überall mit Rücksicht auf den stärkeren Verkehr und die

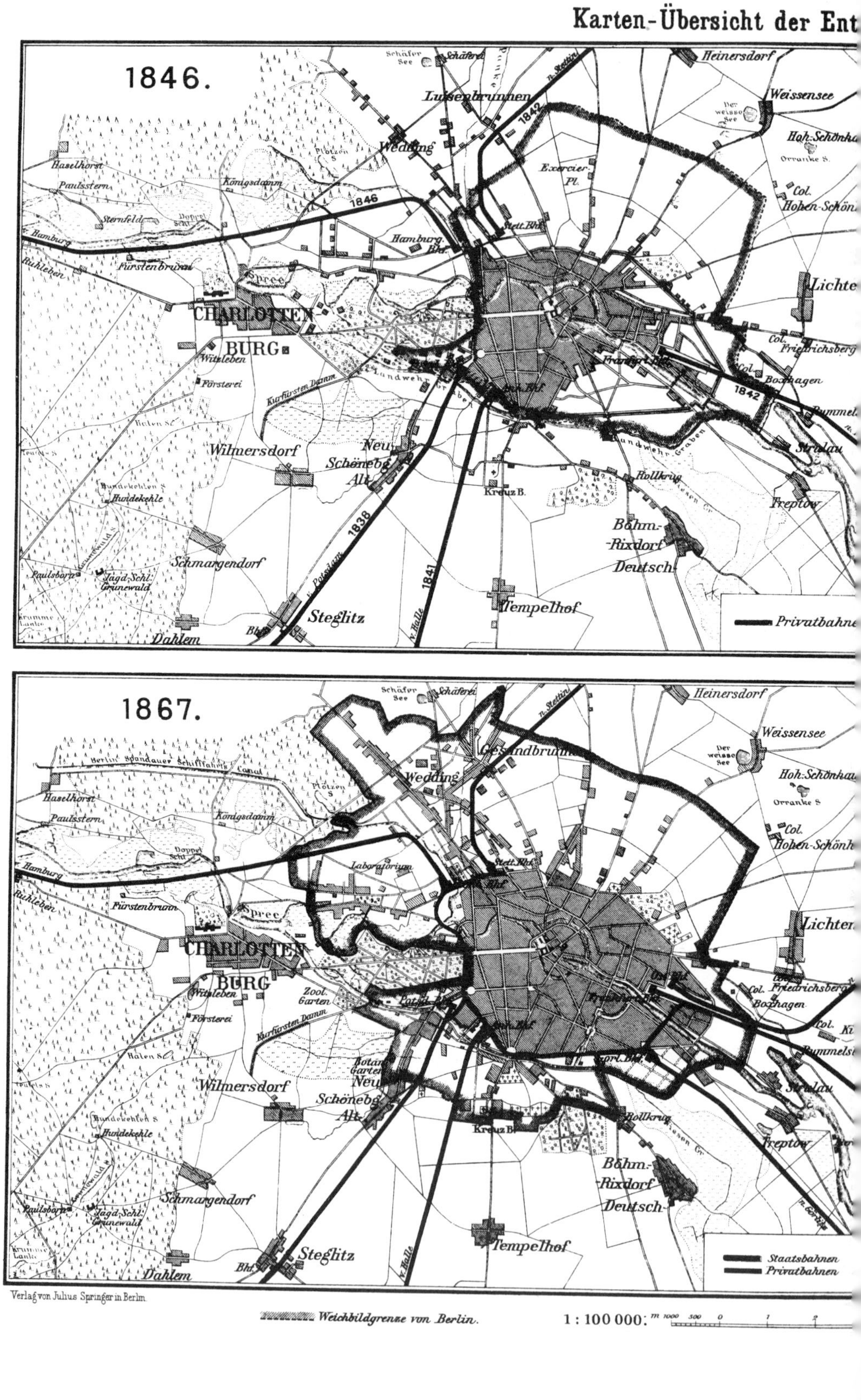

r Berliner Eisenbahnen. I. Tafel 7.

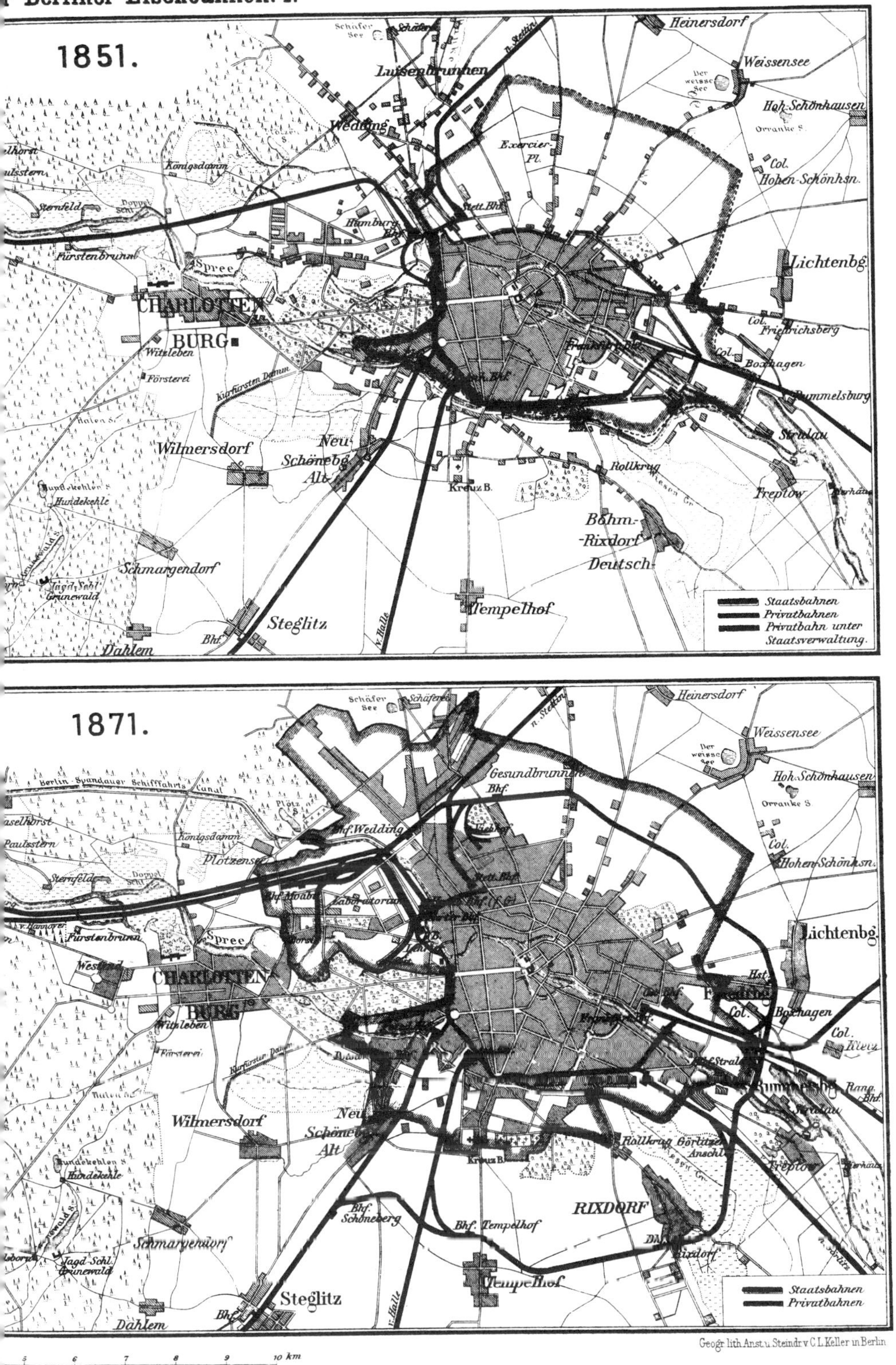


besseren Verbindungen zwischen Bahnsteigen noch eine dritte Treppe ungefähr in der Mitte angeordnet.«[13]

Die Stadtbahn wurde als Hochbahn ausgeführt, d. h. sämtliche Straßen und Verkehrswege wurden unter ihr hindurchgeführt. Der größte Teil der Strecke wurde auf Viadukte gelegt. Lediglich in den Außenbezirken, beispielsweise am Ostende, wurden die Gleise auf einer durch Futtermauern eingefaßten Erdschüttung und in der Feldmark Charlottenburg auf einer gewöhnlichen Dammschüttung verlegt. »Für die Strecke durch die innere Stadt und den Thiergarten wurden mit Rücksicht auf das bessere Aussehn und den freien Verkehr zwischen den durch die Bahn getrennten Stadttheilen von vornherein gewölbte Viadukte vorgeschrieben. Für die Wahl des Unterbaus auf den Strecken außerhalb der Stadt war lediglich die Kostenfrage maßgebend. Innerhalb der Stadt verdiente der Viadukt den Vorzug vor einer Schüttung zwischen Futtermauern, weil die unter dem Viadukt vorhandenen Räume vorteilhaft auszunutzen waren.«[14] So wurde denn die Berliner Stadtbahn zur ersten Viaduktbahn Europas, welche das Stadtbild noch immer entscheidend prägt.

Die Gesamtstrecke von 12 145 Metern Länge und 16 Metern Breite wurde von vornherein im Unterbau für vier Gleise angelegt. Sie hatte elf Bahnhöfe, 722 Viaduktbögen und überquerte 56 Straßen sowie sieben Wasserwege. Den Viadukten oder Stadtbahnbögen kam zugleich eine finanzielle Bedeutung für die Bahn zu. Die Bogenräume ließen sich vorzüglich als Lagerräume für Eisen, Steine und Baumaterial, aber auch für Speditionsgeschäfte, Pferdeställe, als Restaurations- und Geschäftsräume wie auch als Werkstätten u. a. vermieten. So entstand alsbald ein reges Leben und Treiben entlang der Stadtbahn.

Gab es noch bis zur Eröffnung der Stadtbahn eine rege Diskussion über das Für und Wider einer Eisenbahn für den örtlichen Personenverkehr, so traten bereits wenige Monate nach ihrer Inbetriebnahme die ersten Vorschläge für weitere Eisenbahnverbindungen über die Stadtbahn an die Öffentlichkeit. Dem wachsenden Bedarf entsprechend kam es in der folgenden Zeit zu neuen Haltestellen und zum Ausbau der anschließenden Strecken. So wurde beispielsweise bereits 1884 eine neue Haltestelle, Warschauer Brücke, für die östliche Vorstadt, etwa 1200

Meter östlich vom Schlesischen Bahnhof an der Schlesischen Bahn eröffnet, der weitere Haltestellen der eigentlichen Stadtbahn im Tiergarten und an der Charlottenburger Chaussee, 1885, sowie die Stadtbahnstation Savignyplatz im Jahre 1896 folgten.

Von Beginn an war die Berliner Stadtbahn auf zwei Funktionen ausgerichtet: erstens den örtlichen Personenverkehr und zweitens den Fernverkehr. Entsprechend waren denn auch die Gleisanlagen angelegt. Die beiden nördlichen Gleise waren für den innerstädtischen und den Nah-Verkehr bestimmt, während die beiden südlichen dem Fernverkehr vorbehalten waren. Für den Fernverkehr kam der Stadtbahn dabei die Funktion eines überlangen Zentralbahnhofs mit mehreren Stationen zu. Der Nahverkehr gliederte sich in drei unterschiedliche Verkehrsarten: erstens den innerstädtischen Lokalverkehr zwischen den einzelnen Stadtteilen untereinander und Charlottenburg, zweitens den Lokalverkehr zwischen Innenstadt und Vororten über die Stationen der Ringbahn und drittens den Lokalverkehr der Innenstadt zu den weiteren Vororten wie Wannsee, Potsdam, Spandau oder Köpenick, Friedrichhagen, Erkner u. a.

Um den stark angewachsenen Massenverkehr in der Stadt bewältigen zu können, mußten die schienengebundenen Nahverkehrsmittel weiter ausgebaut werden. Der Verkehr war zu einer Voraussetzung der weiteren Stadtentwicklung geworden, denn das enorme Bevölkerungswachstum – 1900 war die Zweimillionengrenze an Einwohnern in Berlin fast erreicht – sprengte das herkömmliche Stadtgebilde und führte zu einer neuen Form der Siedlungsagglomeration. Dementsprechend mußten die Anlagen der Stadt-, Ring- und Vorortgleise dem steigenden Verkehr angepaßt werden. Bis zur Jahrhundertwende entstanden so 18 neue Haltestellen an der Ringbahn und Stadtbahn. Der viergleisige Ausbau des Ringes wurde weiter betrieben, die Blockstellen verdichtet. Als Folge der zunehmenden Ausdehnung der Stadt entstand der Berufsverkehr mit der Notwendigkeit, zu bestimmten Tageszeiten große Menschenmassen schnell zu befördern. Eine erneute Randwanderung der Industrie an Standorte weit außerhalb der politischen und bislang wirtschaftlichen Grenzen Berlins machte eine kommunale Verkehrspolitik unumgänglich.

»Die Richtungen, in denen die räumliche

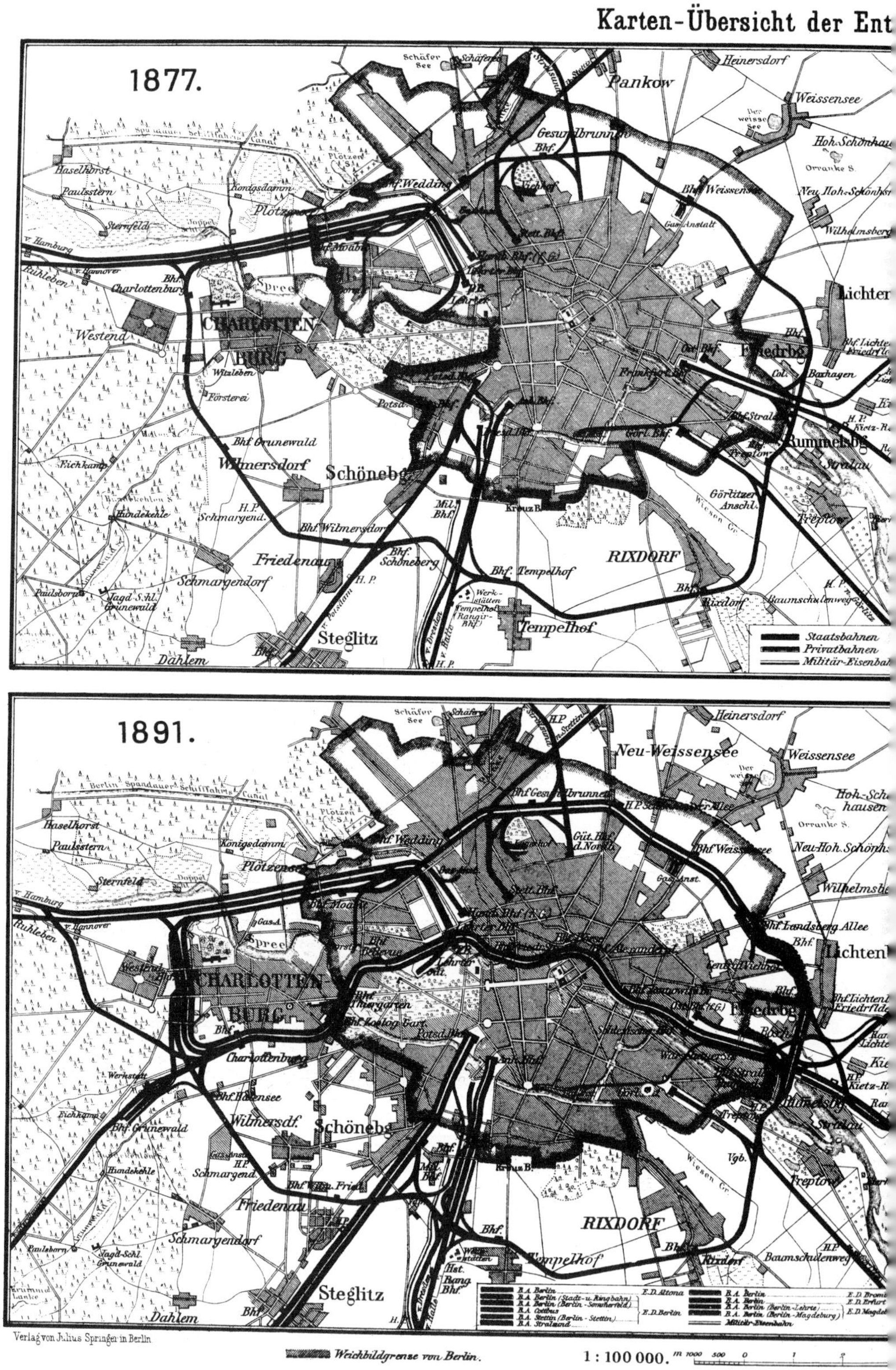

r Berliner Eisenbahnen. II. Tafel 8.

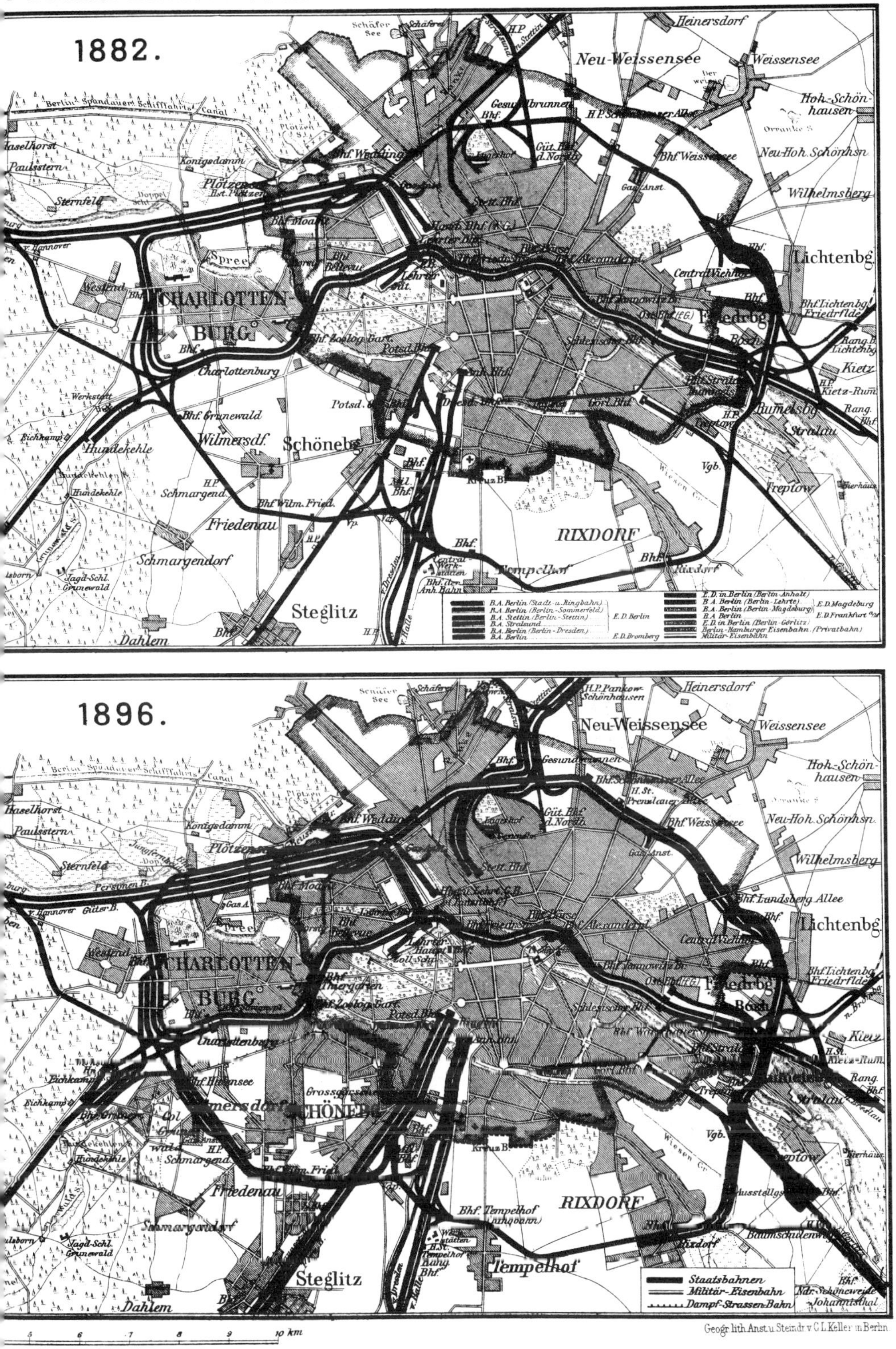


Ausdehnung erfolgte, wurden durch Verkehrslinien, insbesondere durch die Fern- und Vorortbahnen sowie durch die Wasserstraßen bestimmt. In süd-östlicher Richtung entstand seit 1890 eine Anhäufung von Industriestandorten zwischen der Frankfurter und der Görlitzer Eisenbahn an der Oberspree (AEG); in nördlicher Richtung bildeten sich entlang der Nordbahn und ihren Nebenbahnen an der Havel der Standort Tegel (Borsig) seit 1898 und der Standort Henningsdorf (AEG) seit 1910 heraus und in westlicher Richtung entlang der Hamburger und der Lehrter Bahn die spätere Siemensstadt (Siemens & Halske).

Während die geschlossene städtische Bebauung die Ringbahnperipherie mit ihrem Radius von vier bis sieben Kilometern um die Stadtmitte kaum überschritt, bildeten sich die neuen Standorte der Großindustrie zwölf bis zwanzig Kilometer von der Innenstadt entfernt. Innerhalb dieser neuen Stadtperipherie war nun endgültig die räumliche Trennung von Wohn- und Arbeitsstätten in gesonderte Bereiche der Stadt vollzogen worden.

Die Verbindung der Wohnviertel, Industriegebiete, Geschäfts- und Verwaltungsviertel wurde durch die Verkehrsmittel hergestellt. Das hatte zur Folge, daß täglich viele Menschen aus den Wohngebieten der Stadt und den Vororten einerseits zu den neuen Fabrikgebieten und andererseits in das Stadtzentrum, die City, befördert werden mußten. Diese Entwicklung spiegelte sich in der Zunahme der Fahrgastzahlen der öffentlichen Verkehrsmittel. Sie stieg von 1890 bis 1895 um 35 % von 202 Millionen auf 273 Millionen, von 1895 bis 1900 um 68 % auf 458 Millionen. Diese gewaltige Steigerungsrate für den letzten Zeitraum und deren anschließende Verringerung auf 50 % Steigerung bis 1905 und auf 30 % bis 1910 läßt vermuten, daß zwischen 1895 und 1900 der Berufsverkehr zur vorherrschenden Verkehrsart geworden war.[15]

Neben dem Ausbau der Bahnanlagen wurde zur Bewältigung des ständig wachsenden Massenverkehrs bereits nach 1894 der Zeittakt der Stadtbahnzüge verkürzt, und damit die Zahl der verkehrenden Züge erhöht. 1894 hatte man bereits einen 5-Minuten-Verkehr erreicht, 1896 den 3-Minuten-Verkehr und 1905 gar den 2½-Minuten-Takt. So passierten schon zu Ende des Jahrhunderts täglich zusammen mit den Fernzügen siebenhunderteinundzwanzig (721) Dampflokomotiven die Stadtbahn. Dennoch stieß der Dampfeisenbahnbetrieb wegen der kurzen Strecken zwischen den Stationen und der notwendigen starken Anfahrleistungen schon bald an seine technischen Leistungsgrenzen. Aber auch um der gewaltigen Lärm-, Schmutz- und Geruchsbelästigung zu begegnen, kam daher schon zur Jahrhundertwende die Idee einer Elektrifizierung der Stadt-, Ring- und Vorortbahnen auf. Seit 1900 begann denn auch ein Probebetrieb auf der Wannseebahn, welcher über zwei Jahre hinweg durchgeführt wurde. Ihm folgten 1903 Versuche der Firma AEG auf der Strecke Berlin nach Lichterfelde-Ost (bis 1924). Aus diesen Versuchen entstand schließlich ein regelmäßiger Betrieb, der bis 1928 bestehen blieb.

Der von Werner Siemens 1866 erfundene Elektromotor war schon hinreichend bei der Elektrifizierung des Straßenbahnnetzes erprobt worden. So war denn auch die 1881 in Lichterfelde eingerichtete elektrische Bahn als Versuchsbahn für eine Schnellbahn gedacht gewesen[16]. Diesem Schnellbahnsystem sollte, den Vorstellungen der preußischen Administration nach, eine Zentralfunktion für die Erschließung weiterer neuer Siedlungsräume in größerer Innenstadtentfernung zukommen. Die bisherigen Bahnen hatten an der städtebaulichen Situation nicht viel verändern können. Eine einheitliche, durchdachte Stadtentwicklungsplanung war zudem kaum vorhanden. Wohnungsnot als Folge von Bodenspekulationen und damit einhergehendes soziales Elend herrschten nach wie vor in den engen Mietskasernen. Ungehemmte spekulative Bodenentwicklung und großes Bevölkerungswachstum ergänzten sich schließlich zu einem solchen Chaos, daß endlich für das Jahr 1907 (anderen Quellen nach erst 1910) ein Wettbewerb ›Groß-Berlin‹ ausgeschrieben wurde. »Zu einer der Aufgaben des Wettbewerbs gehörte es ausdrücklich, die Grundlagen für den zu erwartenden Verkehr in dem Raum von ›Groß-Berlin‹ zu planen, wobei besonders betont wird, daß auch der Eisenbahnverkehr zu berücksichtigen sei. Es wurden Vorschläge zur Verbesserung des Verkehrs zwischen dem Stadtinnern und den Vororten selbst durch Schnellbahnen erwartet.«[17]

Das Ergebnis des Wettbewerbs waren 27 Entwürfe, welche sich mehrheitlich mit einer großstädtischen Raumordnung in Verbindung mit einem weitreichenden Verkehrsnetz befaßt hatten. So entstand denn als Folge des Wettbewerbs der Plan für ein dichtes Netz elektrischer Schnellbahnen, um so die Verkehrsnot besser steuern zu können. Am Vorbild Londons und New Yorks orientiert, wurde ein Verkehrsmittel für notwendig erachtet, welches den Verkehr von den Straßen abzog. Geeignet für solche Aufgaben waren nur als Hoch- und Untergrundbahnen ausgeführte Schnellbahnen. Die Planung sah denn auch zunächst neben drei kommunalen Linien sechs Linien der Hochbahngesellschaft (1887 als private »Gesellschaft für elektrische Hoch- und Untergrundbahn in Berlin« gegründet), eine der AEG und eine Schwebebahn der »Continentalen Gesellschaft für elektrische Unternehmungen« in Nürnberg vor. Dies stieß jedoch auf den erbitterten Widerstand der ebenfalls privaten »Großen Berliner Straßenbahn AG«, die hierdurch ihre Vorherrschaft im innerstädtischen Bereich gefährdet sah. Lediglich zwei Untergrundbahnlinien, die kommunale Nord-Süd-Bahn von Wedding durch die Friedrichstraße nach Neukölln sowie die Nord-Süd-Linie der »AEG-Schnellbahn AG« von Gesundbrunnen über den Alexanderplatz nach Neukölln wurden vor dem 1. Weltkrieg begonnen. 1913 konnte die Hochbahngesellschaft die wichtigsten Teile ihres Netzes noch in Betrieb nehmen.

Als Folge der Konkurrenz zwischen den verschiedenen privaten und kommunalen Schnellbahnprojekten waren zwei unterschiedlich dimensionierte Netze entstanden — im Kleinprofil bei der Hochbahn und im Großprofil bei der kommunalen Nord-Süd-Bahn und der AEG-Bahn. Um Planungsfehler durch private Verkehrsunternehmen in Zukunft auszuschließen, war die kommunale Verwaltung seit längerem bemüht, den gesamten kommunalen Verkehr in ihren Einfluß zu bringen. Nachdem bereits seit 1897 eine städtische Verkehrsdeputation eingerichtet worden war mit dem Ziel, die Verkehrspolitik öffentlich planbar zu machen, gelang es dieser Einrichtung ab 1917, die Kommunalisierung des Verkehrs einzuleiten. Voraussetzung dafür war vor allem der Zusammenschluß der Stadt Berlin mit den in ihrem wirtschaftlichen Einflußbereich gelegenen Nachbargemeinden im Jahr 1920. »Unter Nutzung der wirtschaftlichen Situation am Ende des Krieges, insbesondere der schlechten Ertragslage der Verkehrsgesellschaften infolge rückläufiger Fahrgastzahlen, Geldentwertung und eingeschränkter Tarifsteigerung, konnte der Zweckverband im Jahr 1919 die Erwerbsverhandlungen mit der »Großen Berliner Straßenbahn AG« erfolgreich abschließen, denen die Übernahme der restlichen Straßenbahngesellschaften folgte. Mit dem Erwerb der »Großen Berliner Straßenbahn AG« war auch deren Anteil an der »Allgemeinen Berliner Omnibus AG« an den Zweckverband Groß-Berlin übergegangen, der nun einen großen Teil des Groß-Berliner Nahverkehrs unter kommunalen Einfluß gebracht hatte.«[18]

Der Aus- und Umbau der Berliner Nahverkehrssysteme wurde durch den Ersten Weltkrieg zunächst unterbrochen. Unmittelbar nach dem Kriege nahm man die Elektrifizierung der nördlichen Vorortstrecken wieder in Angriff.

Nachhaltigen Einfluß auf die Entwicklung der Stadt hatte die 1920 erfolgte Bildung der Einheitsgemeinde Berlin, die gegen den Widerstand der bürgerlichen Parteien und der Villenvororte durchgesetzt wurde. Ziel dieser Zusammenlegung der acht selbständigen Stadt- und 59 Landgemeinden des Wirtschaftsraumes Groß-Berlin war die gleichmäßige Belastung und Versorgung der Bewohner der großen Einheitsgemeinde. Zu diesem Zwecke sollten die Versorgungsbetriebe, insbesondere die privaten Verkehrsgesellschaften, in städtisches Eigentum überführt werden. Neben der »Berliner Straßenbahn« waren bereits die Schöneberger U-Bahn, der Wilmersdorfer Teil der Wilmersdorf-Dahlemer U-Bahn sowie die Bauten der »AEG-Schnellbahn AG« in städtischem Besitz. Lediglich die Linien der Hochbahngesellschaft und die »Allgemeine Berliner Omnibus AG« befanden sich noch in privater Hand, wenn auch bereits mit kommunalen Beteiligungen. Dem Ziele, auch diese privaten Unternehmen in städtischen Besitz zu bringen, kamen die wirtschaftlichen Verhältnisse der Kriegs- und Nachkriegszeit entgegen. Die privaten Gesellschaften konnten ihre öffentlichen Aufgaben nämlich nicht mehr ohne öffentliche Subvention erfüllen. So konnte die Stadt Berlin im Jahre 1922 ein Programm zur Bildung einer Betriebsgemeinschaft aller Nahverkehrsmittel unter kommunaler Regie entwickeln.

Foto: Pragher

*S-Bahnstrecke Jannowitzbrücke-Alexanderplatz. Umbau der Stadtbahnbögen 1931*

Als am 8. August 1924 der erste elektrische Zug aus dem Berlin-Stettiner Vorortbahnhof nach Bernau auslief, war dies der Anfang für die Elektrifizierung der gesamten Berliner Stadt-, Ring- und Vorortstrecken. Bereits ein Jahr später war die Strecke nach Oranienburg und 1927 auch die Strecke nach Velten umgestellt. Die Stadtbahn, die Strecken nach Potsdam, Spandau, Kaulsdorf, Erkner und Grünau sowie die Ringbahn folgten bis 1929.

Schließlich wurde trotz der Wirtschaftskrise Anfang der dreißiger Jahre (1932–33) die Wannseebahn elektrifiziert, gleichzeitig erfolgte die Umgestaltung bzw. der Neubau mehrerer Bahnhöfe (Schöneberg, Wannsee, Feuerbachstraße, Sundgauerstraße). Die Elektrifizierung ging auch danach auf weiteren Vorortbahnen bis in die Kriegsjahre weiter.

»Mit der Elektrifizierung wurde der Zugverkehr nicht nur verdichtet, sondern auch beschleunigt. War bisher die Höchstgeschwindigkeit auf der Stadtbahn und Ringbahn 45 km/h, so konnten jetzt 55 bzw. 65 km/h gefahren werden.«[19] Es konnte zudem im 1½-Minuten-Verkehr gefahren werden, so daß beispielsweise die Fahrzeit von Charlottenburg zum Schlesischen Bahnhof von 30 Minuten auf nunmehr 21 Minuten verkürzt werden konnte. 1930 verfügte die Schnellbahn über eine Betriebslänge von 523 Kilometer. Stadt-, Ring- und Vorortbahnen firmierten inzwischen, seit 1930, unter der Bezeichnung ›S-Bahn‹. Täglich beförderte sie große Menschenmassen vom Wohnort zum Arbeitsplatz und zurück, und an Sonn- und Feiertagen auch hinaus ins ›Jrüne‹, in die Naherholungsgebiete rund um Groß-Berlin. Viele Berliner fuhren nicht nur an den Wochenenden, sondern auch nach Feierabend in ihre ›Laube‹, draußen vor der Stadt. Was noch fehlte, war lediglich eine Nord-Süd-Verbindung durch das Herz der Stadt, ein Plan, der bereits seit den achtziger Jahren des vorigen Jahrhunderts im Gespräch war.

Der Abschluß der so bezeichneten »großen« Elektrifizierung schuf die Voraussetzung für das Großprojekt einer zweiten, unterirdischen Stadtbahn, die die nördlichen und die südlichen Vorortbahnen verbinden sollte. Die abseitige Lage des Stettiner und des Anhalter Bahnhofs machten einen Anschluß an das S-Bahn-Netz dringend erforderlich. 1933 wurde, im Zuge von Arbeitsbeschaffungsmaßnahmen, auch mit dem Bau begonnen. Vorgesehen war die folgende Linienführung:

1. Verbindung der nördlichen und südlichen Vororte,
2. Verbindung des Stettiner, Potsdamer und Anhalter Bahnhofs mit dem Bahnhof Friedrichstraße und damit über die Stadtbahn nach Osten und Westen,
3. Verbindung der nördlichen und südlichen Vororte über Bahnhof Friedrichstraße und Stadtbahn mit den westlichen und östlichen Vororten,
4. Anschluß des Stadtviertels um den Anhalter Bahnhof an das Schnellbahnnetz.[20]

Die Bauarbeiten an der Nord-Süd-Bahn begannen im Februar 1934. Da die Olympiade 1936 in Berlin der weltweiten Repräsentation nationalsozialistisch-deutscher Leistungsfähigkeit dienen sollte, wurde unter größtem Zeitdruck und oftmals ohne notwendige Sicherheitsmaßnahmen an der Fertigstellung der Strecke gearbeitet. Dadurch kam es häufig zu teilweise tödlichen Unfällen. Probleme bei der Unterquerung der Spree gehörten zudem zur Tagesordnung beim Bau dieser unterirdisch durch die Innenstadt geführten Linie. Dennoch konnte pünktlich zur Olympiade der Streckenabschnitt vom Stettiner Bahnhof bis zum Bahnhof Unter den Linden in Betrieb genommen werden. Eine durchgehende Verbindung ohne Umsteigen von Bernau, Oranienburg und Velten bis zur Prachtstraße Berlins war somit geschaffen. Die gesamte Strecke war schließlich im Herbst 1939 fertiggestellt, dadurch waren die südlichen mit den nördlichen Vorortstrecken durch und in die Innenstadt endlich miteinander verbunden.

Geichzeitig mit dem Bau der Nord-Süd-Bahn war die Umgestaltung der gesamten Berliner Bahnanlagen geplant. So wurde beispielsweise der Bahnhof Zoologischer Garten (1935–1939) umgebaut. Rechtzeitig zur Olympiade erhielt er einen neuen 3. Bahnsteig für den Stadtverkehr, um zwei Fernbahnsteige zu erhalten. Zudem wurde der Bahnhof in Richtung Charlottenburg verschoben, um für den neuen Bahnsteig Zugänge von beiden Seiten der Hardenbergstraße zu schaffen. Der Bahnhof Friedrichstraße wurde zu einem Herzstück des Berliner Verkehrs mit den Stationen für die Fernbahn, S-Bahn und U-Bahn sowie in unmittelbarer Nähe mit Haltestellen von Straßenbahnen, Bussen und sogar Dampferanlegestellen. Der S-Bahnhof Potsdamer Platz – er galt damals als der verkehrsreichste Platz der Welt – erreichte besonders große Ausmaße über zwei unterirdische Geschosse, verbunden durch Rolltreppen und Tunnelsysteme.

Nationalsozialistische Architekten hatten inzwischen unter Federführung von Albert Speer mit der Planung Berlins als monumentaler »Hauptstadt der Bewegung« begonnen. Grundgedanken dieser Planung waren folgende: Als Nord-Süd-Achse mit großen Monumentalbauten sollte ein gewaltiger Hauptstraßenzug das Stadtbild neu formen. Zusammen mit der Ost-West-Achse sollte ein so entstehendes Achsenkreuz durch fünf Ringe miteinander verbunden werden und so das Verkehrsgerippe werden. Große Fernbahnhöfe an den Enden einer in nordsüdlicher Richtung verlaufenden Prachtstraße waren geplant. Eine Ausweitung Groß-Berlins durch Trabantenstädte und neue Vororte und eine Steigerung der Einwohnerzahl auf fünf Millionen waren vorgesehen. Hierzu war an die Ausräumung des inneren Stadtbezirks von allen Bahnanlagen, ausgenommen die S-Bahn-Anlagen, gedacht. Das gesamte Eisenbahnnetz sollte grundlegend umgestaltet werden.[21] Der Zweite Weltkrieg stoppte die Verwirklichung, zumindest, was den Ausbau einer faschistischen Weltmetropole anging.
Der S-Bahn-Betrieb konnte, trotz zahlreicher Bombenangriffe in den letzten Kriegsjahren, bis zum Ende des Kriegs aufrechterhalten werden. Die Anlagen der S-Bahn blieben weitgehend betriebsbereit. Zwar verdünnte sich die Zugdichte durch Ausfall von Zügen und Zerstörungen der Anlagen, aber alle Strecken wurden bis zuletzt bedient. Berlin versank in Schutt und Asche und schließlich mit ihm auch ein Teil der Bahnanlagen, vor allem Brücken und Bahnhöfe. Insbesondere die Nord-Süd-Strecke wurde in Mitleidenschaft gezogen. In den letzten Kriegstagen, am 2. Mai 1945, hatten deutsche Soldaten den S-Bahn-Tunnel unter dem Landwehrkanal gesprengt. Der Tunnel lief daraufhin auf seiner ganzen Länge voll Wasser. Weitere Tunnelschäden gab es an der Spreeunterführung am Bahnhof Friedrichstraße, wo Trümmer der Ebertbrücke die Tunneldecke zerstört hatten.
Der S-Bahn-Verkehr war bei Kriegsende zum Erliegen gekommen. 20 Prozent des Streckennetzes waren zerstört, die Stromversorgung, Signale und das Fernsprechnetz waren ausgefallen. 70 Prozent der baulichen Substanz an Brücken und Bahnhofsgebäuden waren nur mehr Ruinen. Sogleich nach dem Ende der Kämpfe gingen Eisenbahner daran, die Schäden an den Bahnanlagen so weit zu beheben, daß der Betrieb wieder aufgenommen werden konnte. So gelang es bereits wenige Wochen nach der Kapitulation, am 6. Juni 1945 den Zugverkehr wieder auf der Teilstrecke von Schöneberg nach Wannsee aufzunehmen. Auf den meisten Vorort- und Fernbahnstrecken war der Betrieb ab September wieder möglich, und ab November konnte gar die Stadtbahn wieder in voller Länge befahren werden. Der gesamte Ringbahnverkehr wurde schließlich ab Dezember wieder aufgenommen, nachdem Brückenbauwerke am Bahnhof Wedding wieder hergestellt waren. Auch auf den meisten Bahnhöfen kehrte das Leben zurück, wenn auch viele noch starke Zerstörungen aufwiesen. Nur der Potsdamer Bahnhof blieb – bis heute – geschlossen. Die längste Zeit nahm die Instandsetzung des Landwehrkanals in Anspruch. Erst zweieinhalb Jahre nach Kriegsende konnte der Nord-Süd-S-Bahntunnel wieder befahren werden.

Unmittelbar nach der Kapitulation Hitler-Deutschlands hatte die sowjetische Armee den Bahnbetrieb in dem von ihr besetzten Teil Deutschlands in eigene Regie genommen. Am 1. September 1945 wurde sodann der Betrieb an die auf Weisung der sowjetischen Besatzung gegründete »Hauptverwaltung Reichsbahn« übergeben. In den Jahren 1945–1949 mußten jedoch auf Befehl der sowjetischen Besatzungsmacht Demontagen an Gleisen und Fabrikanlagen durchgeführt werden. Weitgehend verschont hiervon blieben lediglich die Stadt- und Ringbahn sowie die Nord-Süd-S-Bahn. Strom- und Kohle-

mangel waren in der folgenden Zeit größere Störfaktoren als die Teilmontage.
Nach der Teilung Berlins in vier Besatzungssektoren im Anschluß an das Potsdamer Abkommen übernahmen die Alliierten — Sowjets, Briten, Amerikaner, Franzosen — die Verwaltung der Stadt. An der Zuständigkeit der Reichsbahn für das gesamte Bahnnetz der Stadt wurde jedoch nichts geändert. Die S-Bahn-Züge fuhren wieder auf ihren alten Strecken quer durch alle Sektoren, beispielsweise von Potsdam bis Erkner. Die Berlinblockade von 1948 bis 1949 — als Antwort auf die ›Währungsreform‹ in den drei Westsektoren von der Sowjetunion verfügt — führte zur Behinderung des S-Bahn-Verkehrs, ließen ihn jedoch nicht zusammenbrechen.
Nach dem Ende der Blockade erlebte die S-Bahn eine neue Blüte. Als die Läden wieder ihr Angebot hatten, strömte die Bevölkerung der damaligen Sowjetzone und des Sowjetsektors in den Westteil Berlins, um sich mit Waren, an denen Mangel herrschte, einzudecken und sich zu vergnügen. Umgekehrt aber fuhren auch die ›Westberliner‹ in den ›Osten‹, um hier billig einzukaufen. Um diese Kaufwanderungen einzudämmen, kam es bald zu verstärkten Kontrollen für die in die Westsektoren einreisende Bevölkerung aus dem Ostteil der Stadt Berlin. Hierdurch löste jedoch die Regierung der DDR — seit 1949 gab es nach der Gründung der Bundesrepublik Deutschland zwei Staaten auf dem Boden des ehemaligen Deutschen Reiches — einen sich verstärkenden Flüchtlingsstrom aus.

Am 13. August 1961 stoppte die DDR diesen Flüchtlingsstrom von einer Stunde zur anderen. Der Bau der Mauer quer durch Berlin leitete zugleich eine Wende für einen Teil des S-Bahn-Betriebes ein. Von einem Tag zum anderen wurde die Stadt geteilt und damit auch das S-Bahn-Netz unterbrochen. Abgesehen vom Bahnhof Friedrichstraße, wo kurz zuvor eine Gleisverbindung über die Fernbahnschienen geschaffen worden war, wurden alle Gleisverbindungen zwischen dem Ost- und Westteil des Netzes unterbrochen:

Der Nordring zwischen Gesundbrunnen und Schönhauser Allee,
der Südring zwischen Sonnenallee und Treptow,
die Strecke nach Baumschulenweg zwischen Köllnische Heide und Baumschulenweg,
die Strecke nach Bernau wurde hinter dem Bahnhof Bornholmer Straße in Richtung Pankow,
die Strecke nach Rangsdorf zwischen Lichtenrade und Mahlow unterbrochen,
die Strecke nach Stahnsdorf eingestellt,
die Strecken nach Potsdam-Stadt zwischen Wannsee und Griebnitzsee
und in Richtung Falkensee zwischen Spandau-West und Albrechtshof,
nach Velten zwischen Heiligensee und Henningsdorf
und nach Oranienburg zwischen Frohnau und Hohen-Neuendorf unterbrochen.[22]
Seit diesem Zeitpunkt gibt es zwei getrennte S-Bahn-Netze.
Der vom Westberliner Senat und den Gewerkschaften daraufhin ausgerufene S-Bahn-Boykott führte nun schnell zu einem Rückgang der Westberliner S-Bahn. Hinzu kam, daß der Senat seine Verkehrsplanung gänzlich auf den Bus- und U-Bahn-Ausbau ausgerichtet und zudem dem Autoverkehr durch eine großangelegte Straßenplanung Priorität eingeräumt hatte. Die ›autogerechte Stadt‹ war allseitiges Planungsziel. So kam es, daß teilweise auf den parallel zu S-Bahn-Strecken gebauten Autobahnen Buslinien geführt wurden. Für eine Integration der S-Bahn in eine Westberliner Verkehrskonzeption war in den Köpfen der Westberliner Stadtplaner kein Platz mehr.

Im Ostteil der Stadt hat die S-Bahn ihre Bedeutung als wichtigstes Vororts- und Nahverkehrsmittel beibehalten. Neu erschlossene Vorortsiedlungen, wie beispielsweise Marzahn, erhielten denn auch frühzeitig neben einem Streckenausbau neue Haltepunkte. Bedingt durch gewaltiges, *auch* boykottbedingtes Schrumpfen der Fahrgastzahlen in West-Berlin, reduzierte die deutsche Reichsbahn fortan den Verkehr auf den S-Bahn-Strecken in West-Berlin, da der Betrieb mit zu hohen finanziellen Verlusten verbunden war. Seit 1980 jedoch steht die Zukunft der S-Bahn überhaupt in West-Berlin in Frage.
Am 17. September 1980 kommt es nach betriebsinterner Auseinandersetzung in West-Berlin zu einem S-Bahner-Streik. Dies war für die Reichsbahndirektion Anlaß, weitere Streckenstillegungen durchzuführen. Nur die Teilstrecke Friedrichstraße — Charlottenburg mit ihrem Ausläufer nach Wannsee sowie die Nord-Süd-Bahn bleiben in Betrieb. Seither wird über die S-Bahn nach langen Jahren des Schweigens in West-Berlin wieder geredet. Die Integration der S-Bahn in das Westberliner Verkehrsnetz scheint wieder möglich zu werden. Wünschenswert wäre auf jeden Fall eine Wiederbelebung dieses einstmals so leistungsfähigen Nahverkehrsmittels.

## Anmerkungen

1 Zur Wohnungsnot und zur Einführung der Mietskasernen vgl. Werner Hegemann, Das steinerne Berlin, Berlin 1930, S. 157 ff. (3., gekürzte Ausgabe 1979, S. 110 ff.)
2 Vgl. Horst H. Siewert, Zur Entwicklung des Berliner Nahverkehrs im 19. Jahrhundert, in: Festschrift Ernst Heinrich, Hrsg. Goerd Peschken, Dieter Radicke, Tilman J. Heinisch, Berlin 1974, S. 112
3 Vgl. Horst H. Siewert, Die Bedeutung der Stadtbahn für die Berliner Stadtentwicklung im 19. Jahrhundert, Dissertation an der TU Hannover, S. 24—47
4 Horst H. Siewert, Zur Entwicklung des Berliner Nahverkehrs im 19. Jahrhundert, a. a. O., S. 117
5 Vgl. Dieter Radicke, Die Entwicklung des öffentlichen Personennahverkehrs in Berlin bis zur Gründung der BVG, in: Berlin und seine Bauten, hrsg. vom Architekten- und Ingenieur-Verein zu Berlin, Klaus Konrad Weber, Peter Güttler, Ditta Ahmadi, Teil X, Band B, Anlagen und Bauten für den Verkehr, Berlin, München, Düsseldorf 1979, S. 2
6 Horst H. Siewert, Zur Entwicklung des Berliner Nahverkehrs im 19. Jahrhundert, a. a. O., S. 121
7 Horst H. Siewert, a. a. O., S. 128
8 Dieter Radicke, a. a. O., S. 6
9 Berlin und seine Eisenbahnen 1846—1896, hrsg. im Auftrag des Königlich Preußischen Ministers der öffentlichen Arbeiten, Berlin 1896, Bd. I, S. 53
10 Horst H. Siewert, a. a. O., S. 131
11 Horst H. Siewert, a. a. O., S. 130/131
12 Vgl. Hans Bock, Entstehung und Schicksal der Eisenbahn in Berlin (1838—1961), in: Jahrbuch für Eisenbahngeschichte, Bd. 11, Karlsruhe 1979, S. 7; vgl. Beitrag von E. Schachinger in diesem Katalog
13 Berlin und seine Eisenbahnen 1846—1896, a. a. O., S. 322
14 Berlin und seine Eisenbahnen 1846—1896, a. a. O., S. 321
15 Dieter Radicke, a. a. O., S. 7
16 Vgl. hierzu Horst H. Siewert, a. a. O., S. 133
17 Horst H. Siewert, Die Bedeutung der Stadtbahn für die Berliner Stadtentwicklung im 19. Jahrhundert, a. a. O., S. 214
18 Dieter Radicke, a. a. O., S. 11
19 Hans Bock, a. a. O., S. 12
20 Hans Bock, a. a. O., S. 15
21 Vgl. hierzu Hans Bock, a. a. O., S. 16/17
22 Vgl. hierzu Peter Buchmann, Entwicklung der S-Bahn von 1945 bis 1980, in: Gerhard Armanski/Wolfgang Hebold-Heitz, Züge aus der Vergangenheit, Berlin 1981, S. 138

# Bauten und Konstruktionen

*Bahnhof Friedrichstraße 1882, von der Georgenstraße*

# Die Stammstrecke der Berliner Stadtbahn

## eine technische, urbanistische und architektonische Leistung des 19. Jahrhunderts

Ulrich Krings

Berlin besaß nie wie viele europäische Metropolen einen Haupt- oder Zentralbahnhof, sondern eine Vielzahl von Kopf- oder Fernbahnhöfen, die jeweils nur eine einzelne Hauptstrecke bedienten. Um 1875 etwa gab es acht solcher Bahnhöfe, die den historischen Stadtkern sternförmig umgaben. Es waren dies, im Osten beginnend, der Ostbahnhof, der Schlesische Bahnhof (der heute »Ostbahnhof« heißt), der Görlitzer, der Anhalter, der Potsdamer, der Lehrter, der Hamburger und der Stettiner Bahnhof. Die bei diesen Hauptstationen beginnenden und endenden Linien, die mit Ausnahme der »Königlichen Ostbahn« alle von Privatunternehmen gegründet und bis zur Verstaatlichung zwischen 1880 und 1884 in der Regel auch betrieben wurden, gingen bis in die Pionierzeit des deutschen Eisenbahnwesens zurück. Die älteste von ihnen war die Strecke Berlin-Potsdam, eröffnet im Jahre 1838.

Beim Umsteigen von einer Bahnlinie auf die andere, etwa bei einer Reise vom Osten der Monarchie in den Westen, mußten die Reisenden zunächst mit Droschken oder zu Fuß Teile des Stadtzentrums durchqueren, um zum gewünschten Anschlußzug zu gelangen. Schwierigkeiten gab es auch im Güter- und Militarverkehrswesen. Die schon im Jahre 1851 eingerichtete »Verbindungsbahn«, die dem Verlauf der damals als Zollgrenze dienenden Stadtmauer folgte, berührte die zu diesem Zeitpunkt existierenden fünf Fernbahnhöfe und trug zu einer rascheren Abwicklung des Militär- und Güterverkehrs bei. 1871 wurde dann die »Neue Verbindungsbahn« eröffnet, die Berlin von Moabit im Nordwesten bis nach Schöneberg im Südwesten in einem Dreiviertelkreis östlich umfuhr. Diese auch dem Personennahverkehr dienende Strecke schloß sich am 15. November 1877 zu einem vollständigen »Ring«, als nun auch eine westliche Spange Moabit über Charlottenburg mit Tempelhof verknüpfte. Über zusätzliche Anschlußgleise konnten jetzt auch die Fernbahnhöfe von der neuen Ringbahn aus erreicht werden.

Trotzdem blieb der Wunsch nach einer direkten, den Personen- und Güterverkehr dienenden Ost-West-Achse, die zudem möglichst zentrumsnah verlaufen sollte, bestehen. Neben der generellen Verbesserung der innerstädtischen Kommunikation durch einen neuartigen »Lokalverkehr« erhofften sich die Planer zugleich einen positiven Einfluß auf die Strukturfragen der expandierenden Hauptstadt: beispielsweise sollten im Einzugsbereich des neuen Verkehrsmittels, der »Stadtbahn«, wie sie seit den frühen 70er Jahren genannt wurde, preiswerte Grundstücke für die ständig wachsende Bevölkerung erschlossen werden.

Zu diesen Planern der Anfangszeit um 1870 gehörten der Berliner Architekt August Orth, Erbauer des »Görlitzer Bahnhofs« (1866–68), und der Eisenbahningenieur Emil Hartwich, der zuvor in Diensten der »Rheinischen Eisenbahngesellschaft« gestanden hatte. 1871 veröffentlichte Orth das Projekt einer Hochbahn, die Berlin von Ost nach West im Zuge des Spreelaufs durchqueren sollte. Hartwich verband 1872 diese noch isolierte Stadtbahntrasse mit dem Projekt einer neuen »Südwestbahn« von Berlin über Erfurt nach Frankfurt am Main, die vor allem auch strategische Bedeutung bekommen hätte. Doch schon 1873 wurde diese Projekt-Variante wieder aufgegeben. Die neu gegründete »Berliner Stadteisenbahn-Gesellschaft«, deren Aktienbesitz von der preußischen Staatsregierung einerseits und den Privatgesellschaften der Berlin-Potsdam-Magdeburger-, der Magdeburg-Halberstädter- und der Berlin-Hamburger-Eisenbahn andererseits gehalten wurde, beschränkte in der Folge ihre Planung nur noch auf die innerstädtische Stammstrecke. Diese sollte schließlich eine Länge von rund 12 km erhalten und den »Schlesischen Bahnhof« im Osten mit Charlottenburg im Westen verbinden. Als Ersatz für die Koppelung mit einer neu zu errichtenden Südwestbahn verfolgte man jetzt das Ziel eines viergleisigen Ausbaus der Trasse. Zwei Gleise sollten dem Lokal-, die zwei anderen dem Fernverkehr dienen. Besonders die nach Westen und nach Osten verkehrenden Hauptlinien sollten auf die Ferngleise überführt werden und das Zentrum in beiden Richtungen durchfahren. Dazu kam dann die direkte Verknüpfung der Stadtbahn mit dem Streckennetz, das vom »Lehrter Bahnhof« bedient wurde, durch eine Umsteigemöglichkeit im Bahnhofsbereich.

Orth und Hartwich schieden ab 1874 aus dem Planungsprozeß aus. Ihre Vorschläge zur Gestaltung der Haltestellen und Bahnhöfe blieben unberücksichtigt. Im gleichen Jahre trat an die Spitze der »Königlichen Direktion« der Eisenbahningenieur Ernst Dircksen, der zuvor schon die Verbindungsbahn maßgeblich mitgestaltet hatte. 1878 ging die Gesellschaft dann in den alleinigen Besitz des Staates über.

Die nach den Plänen Dircksens und seiner Mitarbeiter in den Jahren 1875 bis 1882 erbaute Strecke wurde konsequent in der zweiten Ebene über dem Straßennetz – eine wichtige Neuerung – geführt und weitgehend als Mauerwerksviadukt konstruiert. Die durchschnittliche Breite des vierteiligen Gleiskörpers betrug 15,5 m, die mittlere Höhe über dem Straßenniveau 6 m. Für die Segmentbögen des Viadukts hatte man fünf Normalweiten von 6, 8, 10, 12 und 15 m Breite entwickelt. Die Räume unter diesen Bögen nutzte man in der Folge vielfältig, zumeist durch Vermietung an die Stadt Berlin und an Private. Die zahlreichen Brücken über die Spree und über breitere Straßen wurden als Stahlkonstruktionen ausgeführt. Die 12 km lange Strecke erhielt durchschnittlich alle 1,1 km eine Haltestation. Im damaligen Sprachgebrauch hießen diejenigen, die nur dem »Lokalverkehr« dienten, »Haltestellen«, während solche, die zusätzlich auch für den »Fernverkehr« vorgesehen waren, als »Bahnhöfe« bezeichnet wurden. Endbahnhöfe größeren Zuschnitts, d. h. mit mehr als den vier Gleisen samt zugehörigen Bahnsteigen ausgestattet, waren der neu erbaute Bahnhof »Charlottenburg« im Westen und der eigens umgebaute und erweiterte »Schlesische Bahnhof« im Osten. Bei der Eröffnung im Jahre 1882 gab es neben den beiden genannten folgende »Bahnhöfe«: »Alexanderplatz« und »Friedrichstraße«; dazu, von Ost nach West, die »Haltestellen«: »Jannowitzbrücke«, »Börse«, »Lehrter Bahnhof«, »Bellevue« und »Zoologischer Garten«. 1884 wurde die Haltestelle »Tiergarten« und 1896 die Haltestelle »Savignyplatz« eröffnet. Gleichzeitig richtete man auch den »Zoologischen Garten« zu einem echten »Bahnhof«, d. h. für die Bedienung des Fernverkehrs, ein. Die in diesen Jahren erfolgte Aufwertung des »Westens« wird hier deutlich.

Die Einfügung der neuen Bahnstrecke in ein weitgehend dicht bebautes Stadtgebiet, ihre Anlage als Hochbahn auf Mauerwerksbögen, dieser zuvor nur in London verwirklichte neuartige Bahntyp warf eine Reihe organisatorischer, technischer, urbanistischer und architektonisch-gestalterischer Fragen auf. Schon August Orth hatte sich mit diesen Aspekten des Projekts befaßt – für einen im Eisenbahnbau erprobten Architekten etwas Selbstverständliches. Die Berliner Architekten, organisiert in der Standesvereinigung des »Architektenvereins«, forderten 1875 in ihrem Organ, der »Deutschen Bauzeitung«, die Abhaltung von Wettbewerben für die Gestal-

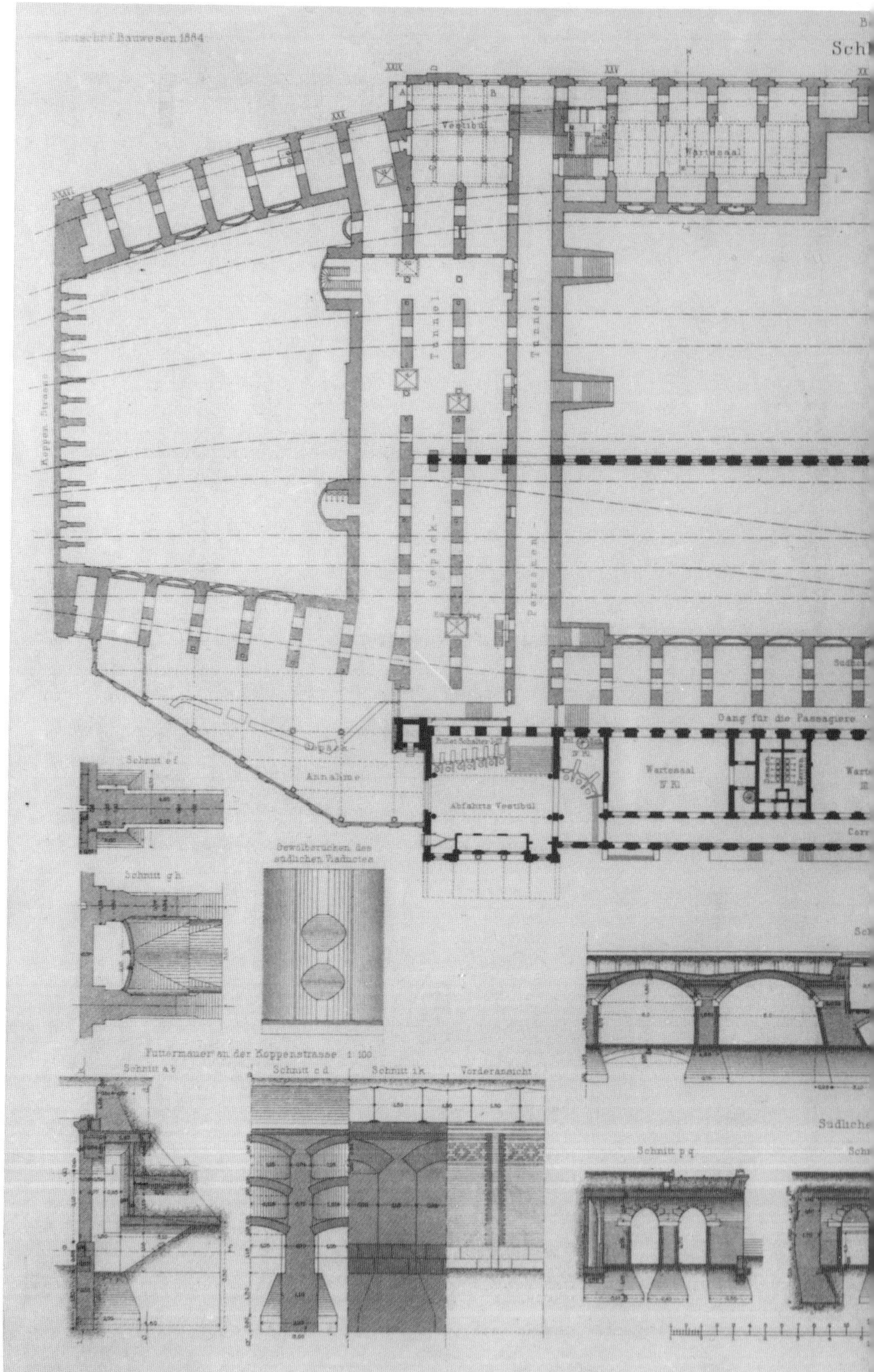

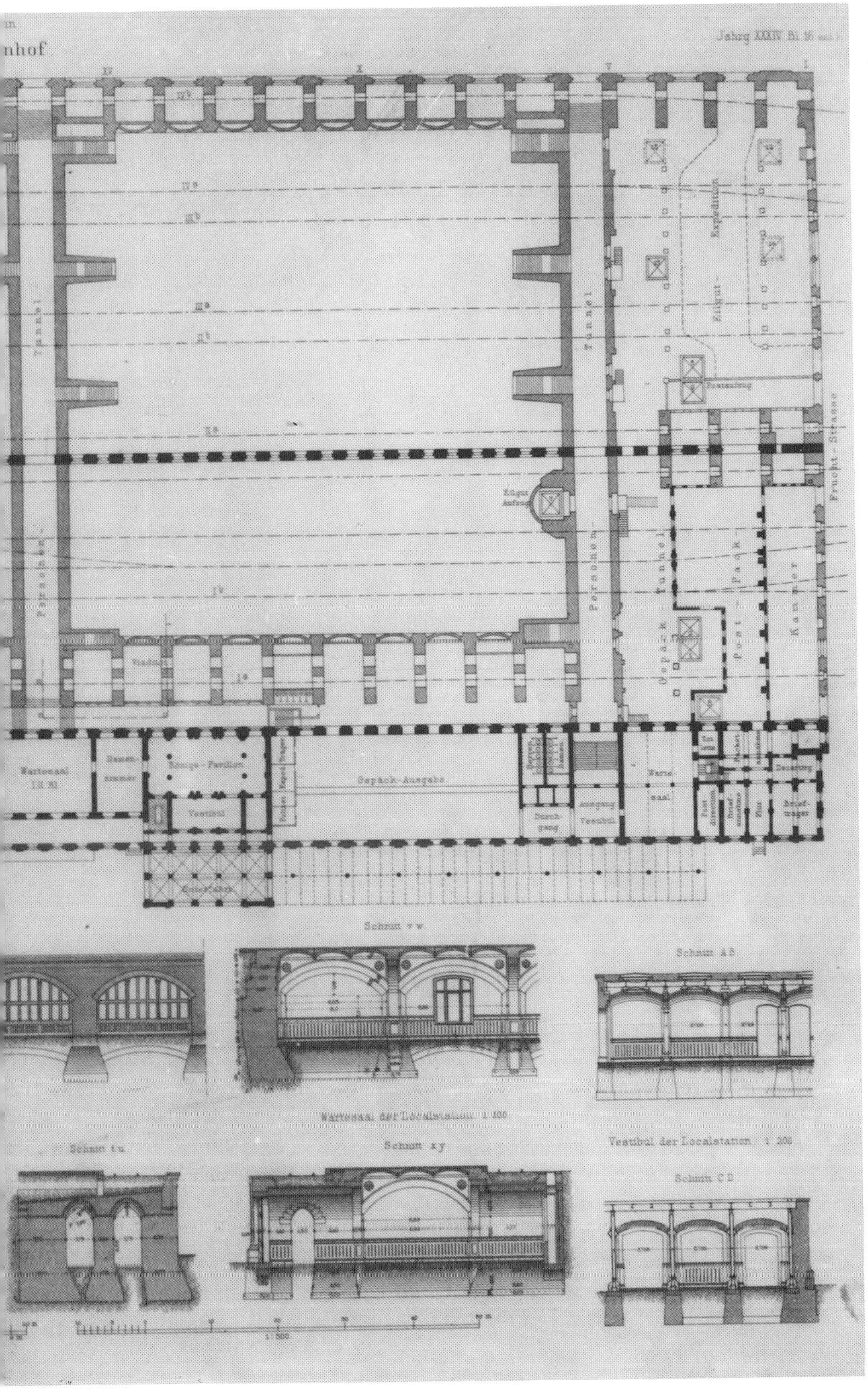


tung der Bahnstationen, die ja häufig in unmittelbarer Nähe zu wichtigen historischen Bauwerken entstehen sollten. 1877 widmete der Verein eine seiner routinemäßigen »Monatsconcurrenzen« dem Thema der Stadtbahn-Haltestellen. 1878 schließlich reagierte auch die Eisenbahn-Direktion, indem sie gemeinsam mit dem Architektenverein einen Wettbewerb für die Station »Börse« veranstaltete. Von den sechs eingereichten Arbeiten ist nur die des ersten Preisträgers, Johannes Vollmer, überliefert. Ein weiterer Teilnehmer ist wenigstens namentlich bekannt: Architekt Grunert.

Johannes Vollmer wurde daraufhin mit der Gestaltung der Stationsgebäude »Börse« und »Friedrichstraße« beauftragt. Ohne durch einen Wettbewerb ermittelt worden zu sein, erhielt der Architekt Johann Eduard Jacobsthal den Auftrag, die Gebäude »Alexanderplatz« und »Bellevue« zu entwerfen. Jacobsthal arbeitete zu diesem Zeitpunkt auch an anderen Projekten der preußischen Staatsbahnen mit: genannt seien die Bahnhöfe Metz III und Straßburg II in den 1871 annektierten »Reichslanden« Elsaß-Lothringen. Für die übrigen Bahnhofsbauten der Stadtbahn-Stammstrecke sind weitere Gestalter namentlich nicht überliefert. Die Entwürfe werden im Büro Dircksen gefertigt worden sein, in engem Kontakt mit den beiden genannten Architekten, was aus der Stil-Analyse der Bauten geschlossen werden kann.

Der in Berlin in zahlreichen Varianten, die im folgenden dargestellt werden sollen, entwickelte Stadtbahnhofstyp war, trotz seiner Londoner Vorbilder, weitgehend neuartig. Er kann als »doppelstöckige Durchgangsstation« bezeichnet werden, also als ein Typ, der nach beiden Seiten Gleisdurchfahrt-Öffnungen besaß. Die Abfertigungs- und Aufenthaltsräume waren im Sockelgeschoß, die Bahnsteige (im damaligen Sprachgebrauch »Perrons«), die Gleise und die zugehörige Überdachung waren im »Obergeschoß« untergebracht. Das traditionelle Neben- oder Hintereinander der beiden wichtigsten Bereiche eines Bahnhofs war also hier zu einem Übereinander geworden.

Im Bereich des Sockelgeschosses waren das konstruktive Grundgerüst wie auch das Aussehen aller Haltestellen und Bahnhöfe sehr ähnlich. Das Mauerwerksviadukt, die eigentliche Substruktion für die vier Gleise, verbreiterte sich und teilte sich hier jeweils in drei Arme, welche die beiden Bahnsteige zwischen sich aufnahmen. Diese wurden von sogenannten Rosten aus Eisenträgern mit dazwischen gespannten Buckelplatten getragen, die abschnittsweise auf quergerichteten Gurtbögen auflagerten. Das Sockelgeschoß konnte so Schalterhallen, Warteräume und Läden aufnehmen. Zu den Bahnsteigen vermittelten Treppenanlagen und Gepäckaufzüge.

Über den äußeren Pfeilern der Viadukte erhoben sich die eisernen Tragelemente der Bahnsteighallen, welche allerdings in Konstruktionsart, Detailbildung und dem von ihnen maßgeblich erzeugten Raumtyp erheblich voneinander abwichen. In ihrer Gesamtheit stellten die Stadtbahnhöfe, die individuell gestaltet wurden, gleichsam ein Kompendium der damals möglichen Hallenkonstruktionsmodi dar.

Der »Schlesische Bahnhof« im Osten war ursprünglich ein einschiffiger Hallenbau von 208 m Länge mit zweiseitig begleitenden Nebengebäuden für Abfertigung und Aufenthalt gewesen. 1867–69 nach Plänen von Eduard Römer in den Formen des romanisierenden Rundbogenstils errichtet, hatten fünf Gleise unter seinem flachgewölbten Tonnendach von 37 m Spannweite Platz gefunden. Durch die von Türmen flankierte Kopffassade hindurch konnten die Lokomotiven in einen Drehbühnenhof einfahren und dort wenden. Ab 1879 baute man diesen erst 12 Jahre alten Fernbahnhof zu einer Durchgangsstation um.

Der Hallenboden wurde durch Aufschüttung um 6 m angehoben, die Kopffassade abgebrochen, ebenfalls die nordöstlichen Be-

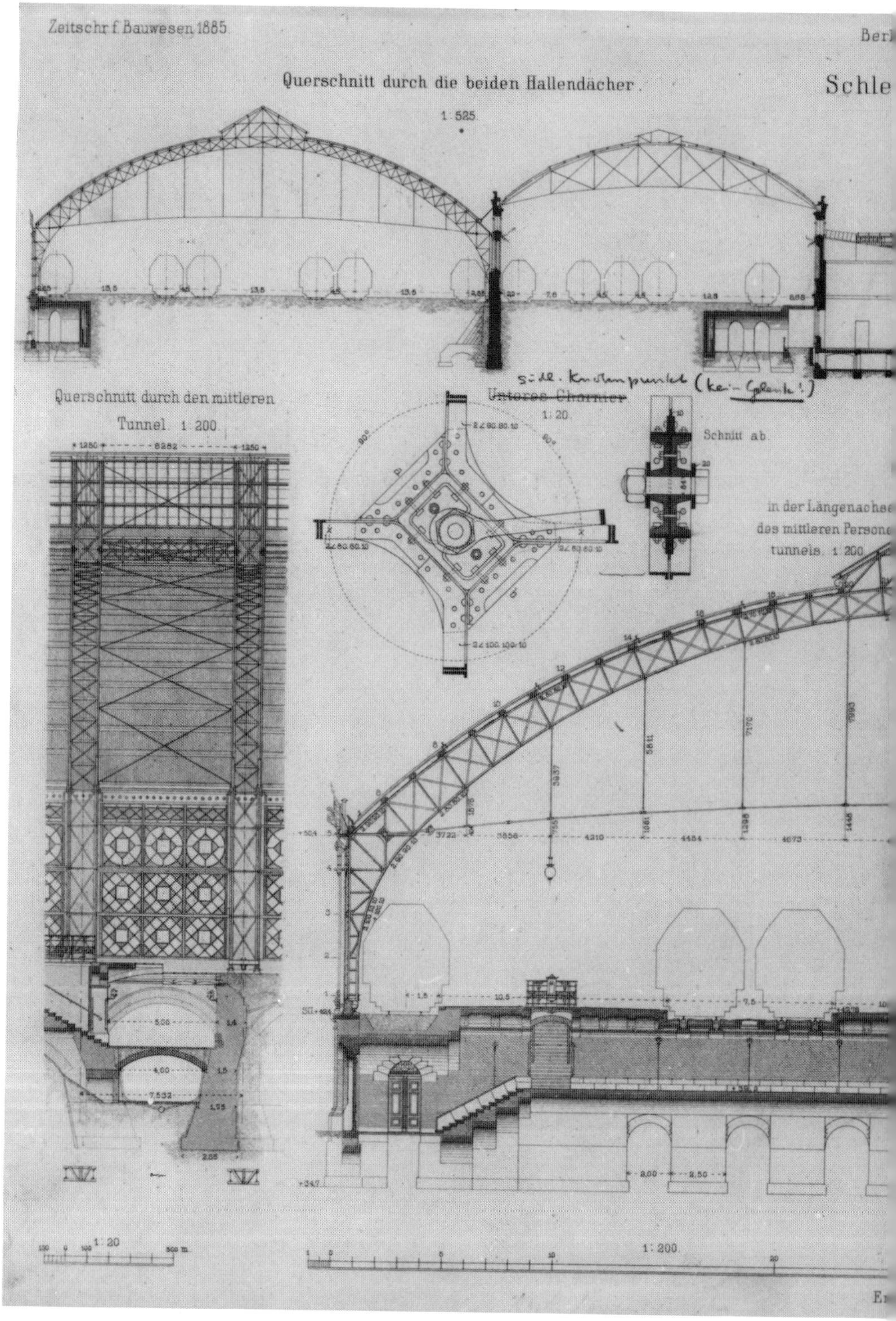

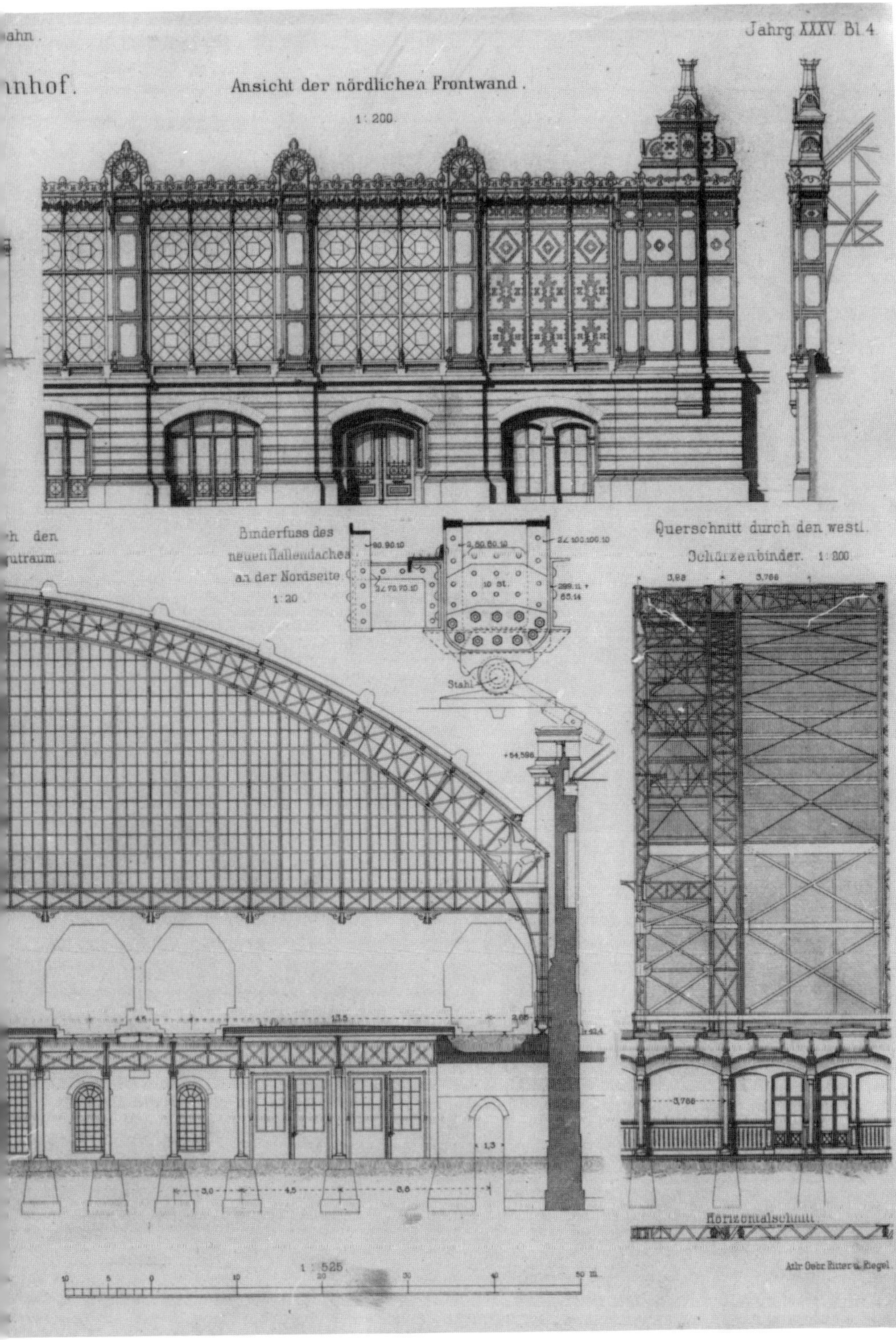


gleitbauten samt den Flankentürmchen entfernt. An ihrer Stelle entstand jetzt der Anbau der neuen Stadtbahnhalle mit einer Binderspannweite von 54,35 m über sechs Gleisen. Das Sockelgeschoß rahmten an der nordöstlichen Längsseite Viaduktbögen ein; mit Ausnahme des Bereichs der Verbindungstunnels und der neuen Warteräume füllte man den größten Teil seines Volumens mit Schüttmaterial auf. Die kastenförmigen Bogenbinder mit einer inneren Scheitelhöhe von 19 m wurden als komplizierte Viergelenkbogen-Konstruktionen zwischen der alten Hallenwand im Südwesten und dem neuen Sockelviadukt im Nordosten montiert. Große Fensterwände mit Eisenfachwerk-Sprossen gaben starkes Seitenlicht. Die Ein- und Ausfahrtseiten beider Hallen waren durch sogenannte Schürzen (verglaste Abschlußwände oberhalb der Durchfahrtzonen) geschlossen. Hierdurch wirkte das neue Doppelbauwerk trotz der unterschiedlichen Spannweiten im Stadtbild relativ einheitlich.

Ab 1920 wurden die Gitterbogenbinder beider Hallen durch Vollwandbinder ersetzt, die aber die eigentliche Raumform nicht veränderten. Nach der Beseitigung der Kriegsschäden ist das Gebäude bis heute als »Ostbahnhof« in Betrieb. Während der »Urbau« Eduard Romers heute verputzt ist, bewahrt die Stadtbahnhalle zur Madaistraße, die heutige Erich-Steinfurth-Straße, noch immer ihr farbiges Ziegelmauerwerk im Bereich des Sockels.

Die Haltestelle »Jannowitzbrücke« war ein Sonderfall: Wegen ihrer Lage unmittelbar am Ufer der Spree wurde hier eine käfigartige Stahlkonstruktion über den Viaduktbögen errichtet. So entstand ein Bahnhofstyp, der nur wenig später Vorbild für die elektrische

*Schlesischer Bahnhof: S-Bahnsteige*

*Schlesischer Bahnhof:*
*Östliche Ausfahrt*

Hochbahn im Süden des Berliner Zentrums werden sollte.

Die Bahnhöfe »Alexanderplatz« und »Friedrichstraße« waren als die beiden Hauptstationen der Stadtbahn im historischen Zentrum von besonderer Größe und mit erheblichem architektonischen Aufwand gestaltet worden. Johann Eduard Jacobsthals »Alexanderplatz« lag in unmittelbarer Nähe zu den spätbarocken »Königskolonnaden« Carl von Gontards. Diese 1777–80 in Verbindung mit der Königsbrücke über den beim Stadtbahnbau zugeschütteten gleichnamigen »Graben« errichteten Zierarchitekturen, die 1910 in den Kleistpark nach Schöneberg versetzt wurden, dürften die Architekturformen des Bahnhofsgebäudes entscheidend mitgeprägt haben. Die Kuppelbekrönungen des dem Hallenbau vorgelagerten Wartesaaltraktes haben wie einige andere Details, beispielsweise die Rahmen der Fensteröffnungen im Hallendach, deutlich »barocke« Züge.

Jacobsthals »Alexanderplatz« nahm so eine stilistische Sonderstellung ein; die übrigen Bahnhofsbauten, besonders »Friedrichstraße« und »Börse«, beide von Johannes Vollmer, aber auch beispielsweise die Station »Zoo«, zeigten die charakteristische Ziegelornamentik, bereichert durch »textil« wirkende Mosaikbänder, die die Berliner und Hannoveraner Architekturschule der Neugotik seit der Mitte des 19. Jahrhunderts entwickelt und propagiert hatte.

Jacobsthal beließ die Konstruktion seiner rundbogig geführten, kastenförmigen Gitterbinder am Außen- wie im Innenbau seiner Bahnsteighalle möglichst weitgehend sichtbar. Über dem Sockelgeschoß mit den Sandsteinpfeilern und Ziegelwandfeldern war der Ansatz der Dachkonstruktion an beiden Längsfassaden deutlich wahrzunehmen: Hier vermittelte eine Brüstungszone aus Eisenfachwerk mit gemusterten Ziegelfeldern optisch sehr wirksam zwischen Sockel und Hallendach. Oberhalb dieser Zone öffneten sich Fenstergauben, die im Innern stichkappenartig zwischen den Bogenbindern in die tonnenförmig geführte Dachfläche einschnitten.

Den Zinkverkleidungen dieser Gauben »antworteten« die Zinkrahmen und -ornamente des großen Giebelbinders zur Königstraße hin im Süden des Bahnhofs. Hier hatte der

*Die Puttenbekrönung im Vordergrund gehört zu den Königskolonaden von Gontard, die 1910 in den Kleistpark versetzt wurden.*

Architekt den größten gestalterischen Aufwand — in engstem optischen Bezug zu Gontards Kolonnaden — konzentriert. Die in der Fachliteratur der Zeit häufig gestellte Forderung nach architektonischer Darstellung der konstruktiv notwendigen Formen der Bahnhofsgebäude wurde beim »Alexanderplatz« weitgehend verwirklicht: Sockel und darüberliegende Halle waren deutlich getrennt, doch anschaulich aufeinander bezogen. Ihre Dimensionen waren ablesbar, ihre Konstruktionen erkennbar — allerdings, dem Zeitgeschmack entsprechend, ornamental »verkleidet«.

Vollmers Bahnhof »Friedrichstraße« dagegen ließ den Verlauf der hier spitzbogig geführten — sonst eine dem »Alexanderplatz« prinzipiell gleiche — Binderkonstruktion nur an den Ein- und Ausfahrtseiten offen erkennbar werden — doch auch hier schon im Bereich der Auflager durch die großen Ecktürmchen verunklärt. Im gesamten Verlauf der Längsfassaden wirkte der Bahnhof wie eine doppelgeschossige Ziegelkonstruktion, deren Dach-Auflager erst in der Traufhöhe des oberen Geschosses zu vermuten waren. Vollmer hatte mit seinen massiv gemauerten Seitenwänden die ja tatsächlich am Hallenboden auflagernden Binder hinterfangen, die sich, jeweils aus den Mauernischen heraustretend, über die vier Gleise hinweg spannten (Spannweite: 34—37 m). Die seitliche Belichtung erfolgte über jeweils drei Rundbogenfenster pro Raum- und Wandabschnitt.

*Bahnhof Alexanderplatz*

Im Dachscheitelbereich lief hier wie auch am »Alexanderplatz« ein durchgehendes, »Laterne« oder »Lichtraupe« genanntes Glasfensterband entlang.

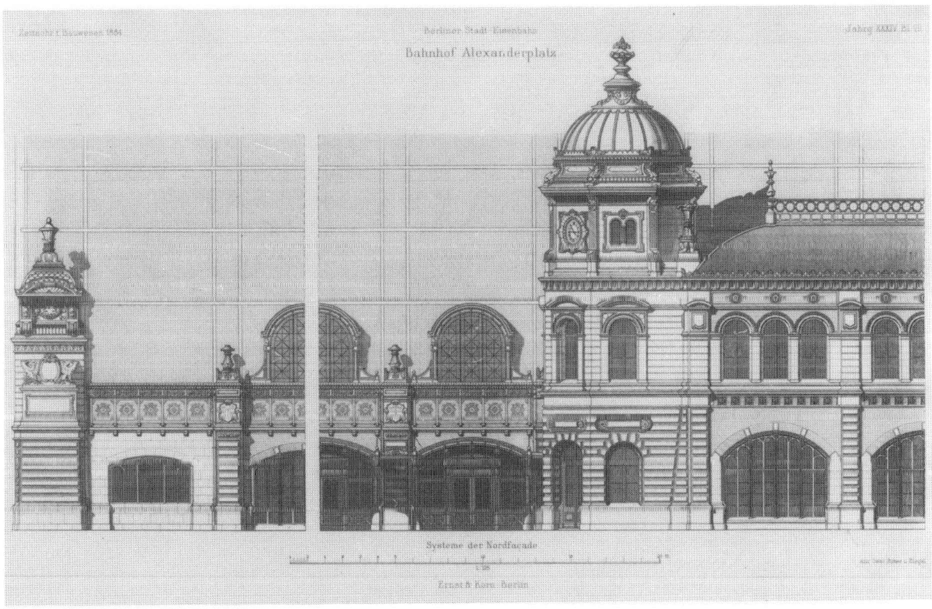


Eine besondere Raumqualität besaß die »Friedrichstraße« durch ihre Grundrißkrümmung (daher die wechselnde Raumbreite), die von der Binderfolge, den Wänden und den Dachbahnen mitvollzogen wurde.

Während dieser Bahnhof von 1913 bis 1925 vollständig umgebaut wurde — die neue zweischiffige Halle dieser Jahre mit ihren Tudorbogenbindern ist bis heute erhalten —, tauschte man am »Alexanderplatz« 1926 die Gitterbinder gegen Vollwandbinder aus, wobei die Raumform erhalten blieb. Ähnlich wie beim Umbau des erwähnten »Schlesischen Bahnhofs« wich jedoch auch hier die Grazilität der Konstruktion einer größeren Massivität — der Einfluß der Ästhetik der »Neuen Sachlichkeit« ist nicht zu übersehen.

Auch nach den Erneuerungsarbeiten der 2. Nachkriegszeit bewahrt das heutige Bahnhofsgebäude am Alexanderplatz die ursprüngliche Tonnenform seiner saalartigen Bahnsteighalle. Das Sockelgeschoß ist jedoch weitgehend neu gestaltet worden.

Einen guten Eindruck von der ursprünglichen Wirkung der kleineren »Haltestellen« kann man in Ost-Berlin in der vollständig erhaltenen Station »Börse« gewinnen, die heute »Marx-Engels-Platz« heißt. Diese seit dem Wettbewerb von 1878 zu verfolgende kleinere Schöpfung Johannes Vollmers bewahrt die Ziegel- und Mosaik-Ornamentik der Gründerzeit in ihrer originalen Farbigkeit. Konstruktionstechnisch gesehen handelt es sich hier wie bei den gleichfalls erhaltenen, doch wenig gepflegten Haltestellen »Bellevue« und »Lehrter Stadtbahnhof« in West-Berlin um ein Mischsystem. Die bogenförmig gestalteten Dachbinder sind mit ihren den Raum horizontal verspannenden Zugankern Teil eines Rahmensystems, dessen vertikale Stiele in den Nischen der Innenseiten der massiv gemauerten Längswände verlaufen. Mit diesen sind sie durch Anker, deren ornamental gestaltete Widerlager am Außenbau in Erscheinung treten, fest verbunden. Die Seitenwände haben hier also, im Gegensatz zu Vollmers »Friedrichstraße«, als tragende Wände eine statische Funktion. Belichtet werden die Bahnhöfe durch große Seitenfenster unterschiedlicher Formgebung sowie durch die Lichtraupen in der Mitte des Hallendaches.

Die Station »Lehrter Stadtbahnhof« ermöglichte durch ein Treppensystem das direkte Umsteigen auf die Züge des Streckennetzes des »Lehrter (Fern-) Bahnhofs«. Dessen nördliches Hallenende war dem Stadtbahnhof unmittelbar vorgelagert. Das Gebäude wurde 1950 für den Bahnverkehr geschlossen und 1959 wie die meisten anderen Fernbahnhöfe Berlins gesprengt.

War die 1884 eröffnete und in den 30er Jahren umgebaute Station »Tiergarten« den drei genannten Bauten in der Gestaltung nahe verwandt, so wich der Bahnhof »Zoo« in seiner ursprünglichen Fassung von ihnen insofern ab, als er zweischiffig angelegt wurde; dazu waren seine beiden Hallendächer nicht, wie in Berlin sonst üblich, bogenförmig, sondern als Satteldächer ausgebildet. Die Dreieckbinder waren hier nach dem französischen System »Polonceau« konstruiert. Seitlich lagerten sie auf den der Architektursprache Vollmers nahestehenden Wänden, in der Mitte dagegen auf einer Reihe schlanker, ornamentierter Eisenstützen auf. Das Bauwerk wurde 1935 durch einen vollständigen Neubau, der bis heute erhalten blieb, ersetzt (vgl. ausführlicher die gesonderte Darstellung des »Bahnhofs Zoo«).

Die 1886 eröffnete Haltestelle »Savignyplatz« erhielt nur einfache, aufgeständerte Bahnsteig-Schutzdächer aus Holz.

Der westliche Endbahnhof der Stammstrecke, »Charlottenburg«, war bis zur Kriegszerstörung ein schlichtes Holzfachwerkgebäude in Seitenlage zu den Gleisen und Bahnsteigen, die einfache, aufgeständerte Schutzdächer besaßen.

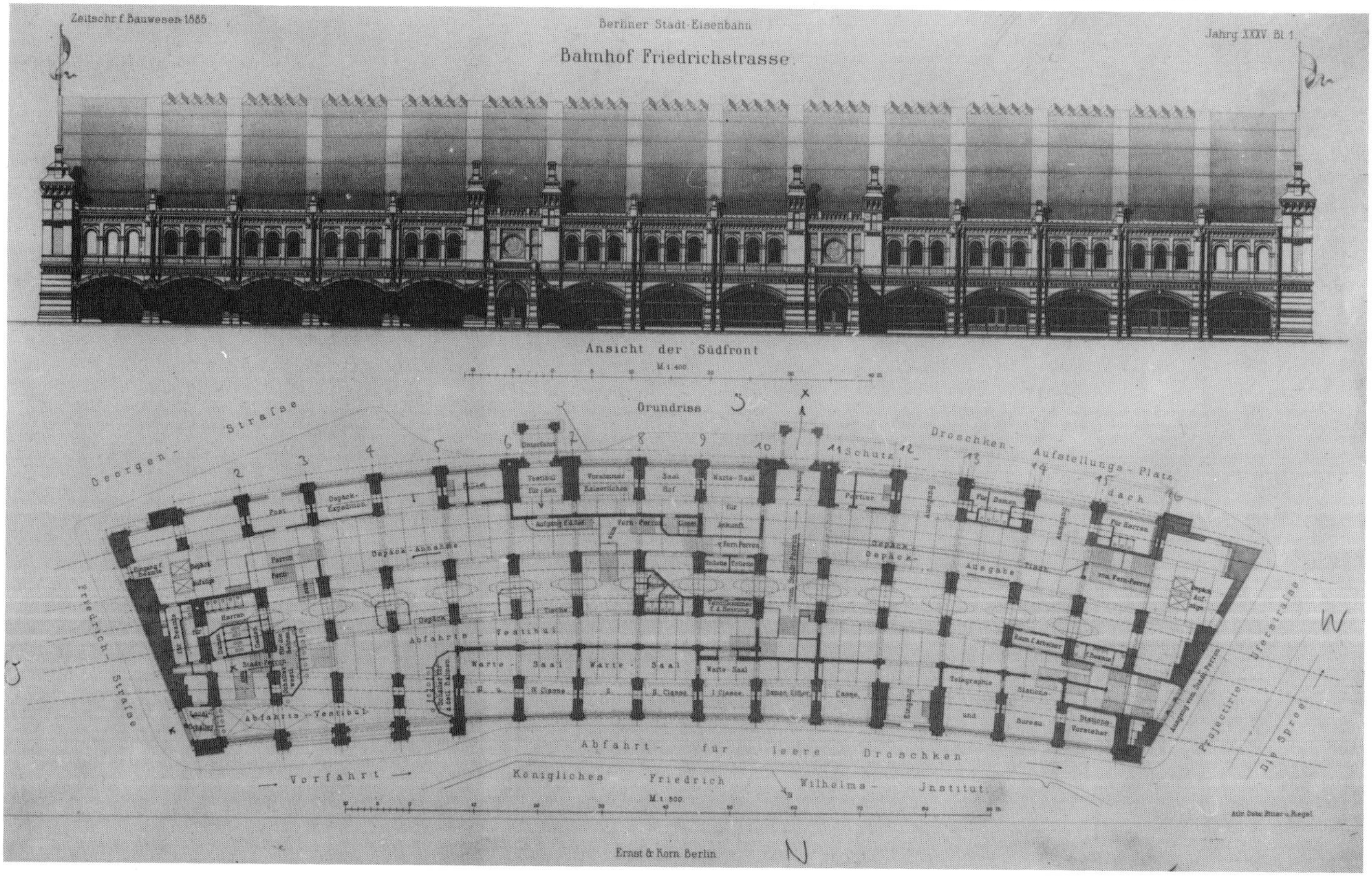

*Bahnsteighalle des Bahnhofs Alexanderplatz 1926*

*S-Bahnhof Börse (Marx-Engels-Platz)*

*Bahnsteighalle des Bahnhofs Friedrichstraße nach dem Umbau 1923/24*

Die Bahnhöfe und Haltestellen der Stadtbahn, die nach ihrer Fertigstellung 1882 mit der Ringbahn zu einem gemeinsamen Netz zusammengefaßt wurde, prägten zusammen mit dem Viaduktbau und den zahlreichen Fluß-, Kanal- und Straßenbrücken das Stadtbild Berlins entscheidend mit. Die sieben eingangs genannten großen Fernbahnhöfe, die zwischen 1866 und 1880 z. T. an der Stelle älterer Vorgängerbauten neu errichtet worden waren, erhielten so eine variantenreiche Ergänzung. Sie verloren allerdings durch die Stadtbahn keineswegs, wie zunächst angenommen, ihre Funktion: Der Berliner Eisenbahnverkehr blieb bis 1950 ein Mischsystem aus Stadt- und Fernbahnstrecken.

War es der Ruhm besonders des neuen »Stettiner« und des »Anhalter Bahnhofs«, für das architektonische Problem der angemessenen Gestaltung des Bautyps »Bahnhof« zwei in ihrer Art jeweils epochemachende Lösungen erbracht zu haben, so darf aus heutiger Sicht der Bau der Stadtbahn-Stammstrecke in seiner Gesamtheit als ebenso innovativ und weitgehend gelungen bezeichnet werden. Besonders die beiden Bahnhöfe »Alexanderplatz« und »Friedrichstraße« waren bedeutsam wegen ihrer inneren Organisation und wegen ihrer Hallenkonstruktionen, die den

*Bahnhof Friedrichstraße, 1923/24 erbaut.*

Raumtyp des »Tonnensaales« in Berlin einführten.
Dieser neue Typ sollte eine reiche Nachfolge finden: bei Stadtbahnhöfen in Dresden, Hamburg und Köln; bei Hauptbahnhöfen, bewirkt durch seine Additionsfähigkeit zu mehrschiffigen Hallenräumen, in Bremen, Dresden, Frankfurt am Main, Köln und Leipzig.
Die Zeitgenossen verglichen die »endlose Bogenreihe« des Viadukts mit einem »Römerbau«[1] oder einer »Riesenschlange«, die Berlin durchziehe. Mit diesem »Triumph der Technik« gebe »die junge Kaiserstadt allen anderen ein Vorbild«.[2] Der Architekt August Endell gab 1908 seinen Impressionen des »Schlesischen« und des Bahnhofs »Friedrichstraße« folgenden Ausdruck:
». . . glitzernd, fast spielerisch, doch überwältigend, die Halle des Schlesischen Bahnhofes, die kolossale Dachfläche von 207 x 54 Metern, gehalten von unzähligen, fadendünnen Eisenstangen, so dünn, daß man kaum ihren Zusammenhang verfolgen kann, daß sie die Augen beinahe schmerzhaft schneidend berühren. Abscheulich als architektonische Wirkung, aber unvergleichlich, wenn ein feiner Nebel die weite Halle füllt und die eisernen Stäbe wie ein endloses, glitzerndes Spinnennetz erscheinen läßt (. . .) Wundervoll der Friedrichstraßen-Bahnhof, wenn man auf dem Außenperron über der Spree steht, wo man von der ›Architektur‹ nichts sieht, sondern nur die Riesenfläche der Glasschürze vor Augen hat, und den Kontrast zu dem kleinlichen Gewirr der Häuser ringsum. Besonders schön, wenn die Dämmerung die zerrissene konfuse Umgebung durch Schatten einheitlich verschmilzt und dann die vielen kleinen Scheiben das Abendrot zu spiegeln beginnen, die ganze Fläche buntes, schimmerndes Leben wird, weithin überspannend den niedrigen dunklen, nächtigen Spalt, aus dem die breiten Körper der Lokomotiven drohend sich vorschieben. Und dann welche Steigerung, wenn man in die dunkelnde Halle hineingeht, die noch angefüllt ist mit unsicherem Tageslicht: die riesige, langsam sich biegende Form, unbestimmt in dem trüben Dunst, ein Meer von grauen, leise farbigen Tönen, von der Helle des aufsteigenden Dampfes bis zu dem schweren Dunkel der Dachhaut und dem vollen Schwarz der von Osten einfahrenden, brüllenden Lokomotiven; über ihnen aber scheint leuchtend in der trüben Fläche der Glasschürze wie ein ragender, roter, schimmernder Berg irgendein Hausgiebel, den die Abendsonne zu grellem Feuer entflammt.«[3]
In der Gesamtanlage der Stadtbahn, die rund 75 Millionen Mark gekostet hatte (fast die Hälfte entfiel auf den Grunderwerb), besaß Berlin endlich den großen »Zentralbahnhof« – zwar nicht an einem einzigen Platz, sondern, der gewachsenen Struktur seines Zentrums gemäß, auseinandergezogen und vielfältig verknüpft mit allen seinen übrigen Lebensadern.

## Anmerkungen

[1] Leipziger Illustrierte Zeitung vom 29. 4. 1882
[2] Otto Hach: Kunstgeschichtliche Wanderungen durch Berlin. 1913
[3] August Endell: Die Schönheit der großen Stadt. Stuttgart 1908, S. 57, 59

## Ausgewählte Literatur:


Die Bauwerke der Berliner Stadt-Eisenbahn. Berlin 1882
Die Berliner Stadteisenbahn. In: Zeitschrift für Bauwesen 34. Jg., 1884; 35. Jg., 1885. Als Sonderdruck Berlin 1886
Berlin und seine Bauten. Berlin 1877
Berlin und seine Bauten. Berlin 1896
Berlin und seine Eisenbahnen. Berlin 1896, Reprint 1982
Meeks, C. L. V., The Railroad Station. An Architectural History. New Haven 1956. New Haven and London 1964.
Kubinszky, M., Bahnhöfe Europas. Stuttgart 1969
Bley, P., Berliner S-Bahn. Düsseldorf 1980
Berger, M., Historische Bahnhofsbauten Sachsens, Preussens, Mecklenburgs und Thüringens. Berlin 1980
Krings, U., Deutsche Großstadt-Bahnhöfe des Historismus. Köln 1981. Dort weiterführende Literaturangaben.

# Bahnhof »Zoologischer Garten«

Ulrich Krings

Das erste Bahnhofsgebäude dieses Namens wurde im Zuge des Neubaus der Stammstrecke der Stadtbahn, die zwischen 1875 und 1882 angelegt wurde, erbaut. Seine endgültige Ausdehnung und Gestalt erreichte es im Jahre 1884, zwei Jahre nach Inbetriebnahme des Stadtbahnverkehrs (vgl. den Beitrag des Verfassers auf S. 87 ff.) Hatte man zunächst nur an eine weniger umfangreiche Ausgestaltung gedacht, da hier nur an Sonn- und Feiertagen ein erhöhtes Verkehrsaufkommen wegen des benachbarten Berliner Zoos erwartet wurde, so erwies sich die baldige Erweiterung und die Aufnahme auch des Fernverkehrs wegen der gerade in den 80er Jahren zunehmenden Bedeutung des neuerschlossenen »Westens« als unausweichlich.
Die zwischen Kurfürstenallee im Norden, der Verlängerung der heutigen Joachimsthaler (der ehemaligen Kaiser-) Straße im Osten, zwischen der Hardenbergstraße im Süden und der Jebensstraße im Westen gelegene Anlage von (einschließlich der Außenbahnsteige) rund 254 m Länge und 39,5 m Breite enthielt wie die anderen Stadtbahnhöfe im Sockelgeschoß mit seinen drei Mauerwerksviadukten und den dazwischenliegenden Kappengewölben die Abfertigungs- und Aufenthaltsräume. Der Zugang für den Fernverkehr lag an der Hardenbergstraße, wo sich auch eine »Unterfahrt« für Droschken befand, der Eingang zum Stadtbahnverkehr an der Joachimsthaler Straße gegenüber dem Eingang zum Zoo. Treppen und Gepäckaufzüge vermittelten zwischen dem Sockelgeschoß und der Ebene der vier Gleise mit den mittig liegenden Bahnsteigen im oberen Geschoß. Hier gab es keinen einheitlichen Hallenraum wie auf den Bahnhöfen »Alexanderplatz« und »Friedrichstraße«, sondern zwei Zwillingshallen in paralleler Zuordnung.
Die Spannweiten betrugen 18,4 m. Die Fernbahnhalle war 109 m, die Stadtbahnhalle 71 m lang. Die beiden leicht gekrümmten Satteldächer mit ihren Poloceaubindern — auch hierin wich der Bahnhof »Zoo« vom Raumbild der übrigen Stadtbahnhöfe mit ihren hohen Tonnendächern ab — lagerten einerseits auf den massiven Außenwänden der Hallen auf, andererseits ruhten sie auf der zwischen ihnen verlaufenden Stützenreihe aus Gußeisensäulen. Für die Belichtung sorgten neben den seitlichen Wandfenstern quergerichtete Lichtraupen in den Dachflächen. Die Außenarchitektur glich mit ihren Ziegelpfeilern und den Mosaikfeldern den Bahnhöfen der Stammstrecke, die der Architekt Johannes Vollmer entworfen hatte: den Bahnhöfen »Friedrichstraße« und »Börse«, heute »Marx-Engels-Platz«.
Die Zunahme des Verkehrs, technische Umstellungen beim »rollenden Material«, die Pläne zur Elektrifizierung der Strecke, Schäden an den Bauwerken selbst (u. a. Korrosion der Hallenkonstruktionen) führten dazu, daß

*Bahnhof Zoologischer Garten zu Beginn der Sechziger Jahre*

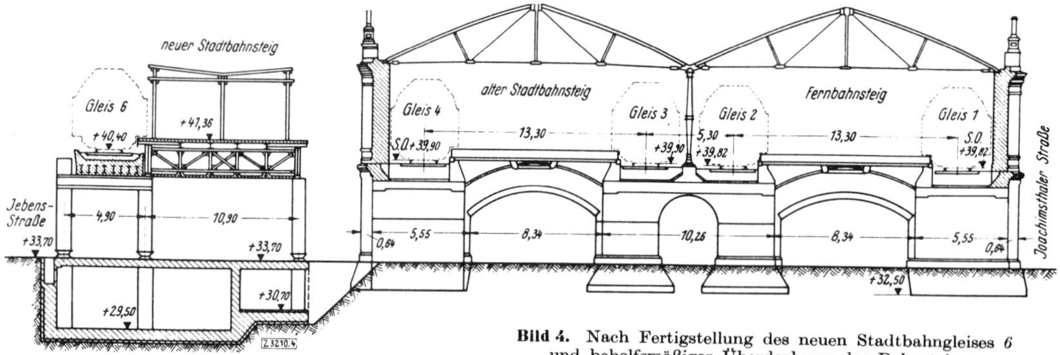


**Bild 4.** Nach Fertigstellung des neuen Stadtbahngleises *6* und behelfsmäßiger Überdachung des Bahnsteiges.

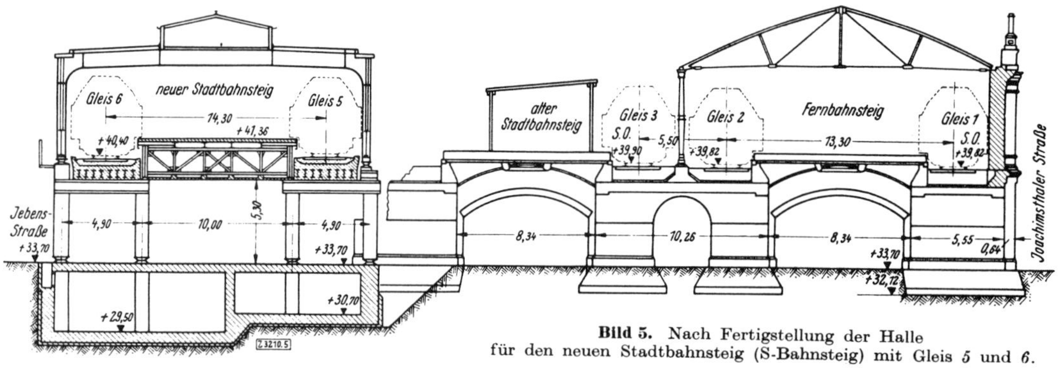


**Bild 5.** Nach Fertigstellung der Halle für den neuen Stadtbahnsteig (S-Bahnsteig) mit Gleis *5* und *6*.

Ein Teil der alten Halle über den bisherigen Stadtbahngleisen ist abgebrochen und durch eine behelfsmäßige Holzkonstruktion ersetzt. Das äußere — Richtung Westen — der beiden alten Stadtbahngleise ist nebst seinem Unterbau entfernt. Nachdem an seiner Stelle das neue Gleis *5* fertiggestellt ist, wird das zweite alte Stadtbahngleis nebst Unterbau beseitigt.

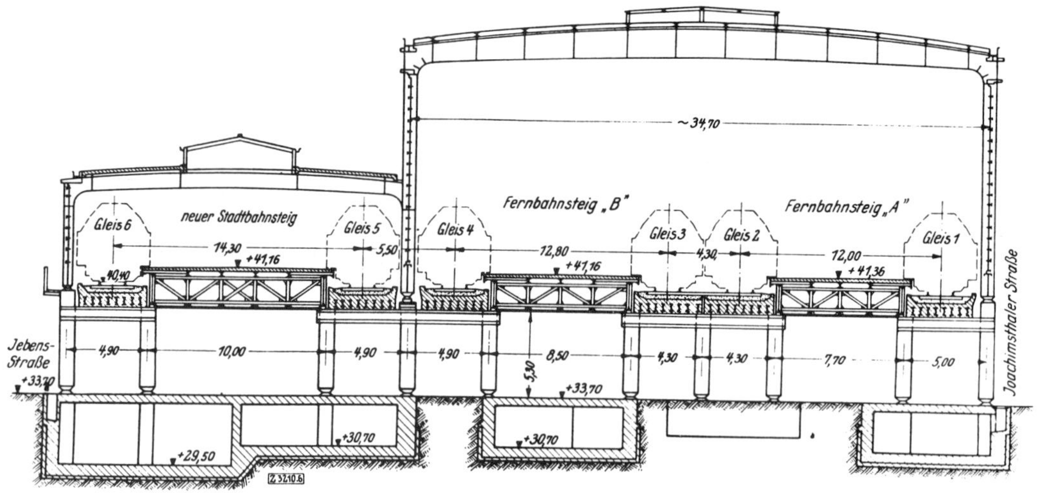


**Bild 6.** Der Bahnhof Zoologischer Garten nach dem Umbau.
Die Fernbahngleise *1* bis *4* werden von einer 14,00 m hohen Halle (von Schienenoberkante bis Unterkante Binder) überdacht.

**Bild 4** bis **6.** Die verschiedenen Bauzustände, gezeigt an Bahnhofsquerschnitten.

*Bahnhof Zoologischer Garten mit Blick auf das Ober-Verwaltungsgericht, vor 1934*

die Bahnverwaltung zu Beginn des 20. Jahrhunderts umfangreiche Um- und Neubauprojekte entwickelte, die 1913 zu ersten konkreten Maßnahmen führten. In diesem Jahr wurde mit dem weitgehenden Neubau des Bahnhofs »Friedrichstraße« begonnen, der sich infolge des Kriegsausbruchs bis 1924 hinziehen sollte.

Nach dem organisatorischen Vorbild dieses Neubaus, der bis heute im wesentlichen erhalten blieb, begann man Ende des Jahres 1934 mit dem Umbau des Bahnhofs »Zoo«, der 1937/38 abgeschlossen werden konnte. Wichtigste Neuerung war die deutliche Trennung beider Verkehrssysteme sowohl bei der Grundrißdisposition wie auch im architektonischen Erscheinungsbild des Gebäudes.
Die bis 1936, zum Beginn der Olympischen Spiele, fertiggestellte Stadtbahnhalle wurde mit ihren beiden Gleisen und dem Mittelbahnsteig weiter nach Südwesten verschoben und lag nun als Brückenkonstruktion stützenfrei über der Hardenbergstraße.
Zugänge gab es hier, und zwar an beiden Straßenseiten, sowie an der Kant- und an der Jebensstraße. Die neue Halle war rund 20 m breit und 5,9 m über Schienenoberkante hoch. Die im wesentlichen das Flächenmaß der alten Doppelhalle überspannende neue Halle für den jetzt viergleisigen Fernverkehr erhielt eine Spannweite von 34,7 m und eine innere Scheitelhöhe von 14 m.
Die bis heute erhaltenen Konstruktionen bestehen bei beiden Hallen aus Vollwandbindern mit jeweils zwei Fußgelenken; Binderabstand: 9,6 m. Die Außenflansche beider Bindersysteme sind mit sehr niedrigem Stich aufgebogen; ihrem Verlauf ist die Dachfläche angepaßt. Lichtraupen im Dachscheitel sorgen für Oberlicht, während die durchgehend verglasten Seitenwände mit ihrem Sprossenraster, denen die Schürzen an den Durchfahrtseiten angeglichen sind, die Hallen komplett als »Glashäuser« erscheinen lassen. Rein architektonische »Zutaten« sind die Gesimse an den Längsseiten der Fernbahnhalle; hier schlägt etwas vom »Klassizismus« der offiziellen Architektur des »Dritten Reichs« durch.
Die Unterkonstruktion des Bahnhofs, der Sockelbau für die Aufnahme der Abfertigungsräume und zahlreicher Ladenlokale, wurde nach sukzessivem Abriß des alten Viadukts als Stahlstützenbau neu errichtet. Die Decken ruhen hier auf Walzstahlträgern, die mit Beton ummantelt wurden. In der mittleren Querachse des Bahnhofs verläuft in der halben Konstruktionshöhe, also ca. 3,5 m hoch, ein Zwischenpodest, über das die Reisenden die Bahnsteige der beiden Systeme mit nur geringem Steigungsverlust erreichen können. Zur Joachimsthaler Straße findet dieses Podest seine Fortsetzung in der erkerartig vorkragenden »Bahnhofsterrasse« mit ihren Aufenthaltsräumen.
Mit dem Um- und Neubau des Bahnhofs »Zoo« fand die Umgestaltung der Stadtbahn-Stammstrecke ihr kriegsbedingtes vorzeitiges Ende. Die zeittypische Gestaltung von Sockelbau und Hallenkonstruktion bewahrte im Prinzip den in den 70er Jahren des 19. Jahrhunderts gefundenen spezifischen Typ des Berliner Stadtbahnhofs: Das charakteristische Übereinander von Abfertigungs- und Gleiszone mit einer beide Bereiche angemessenen und deutlich darstellenden architektonischen Gestaltung. Die neue Stahlkonstruktion der 30er Jahre hatte jetzt den allseitig verglasten Gitterbau ermöglicht. Ähnlich wie bei den Umbauten der Bahnhöfe »Alexanderplatz« und »Schlesischer Bahnhof« aus den 20er Jahren hatte man hier das neue, kompakter wirkende Vollwand-Bindersystem gewählt, das die zierlichen, grazilen Gitterbogenbinder der Vorgängerbauten aus der Gründerzeit ablöste.
Architektonischer Entwurf und künstlerische Oberleitung beim Bau des Bahnhofs »Zoo« lagen bei Architekt Hasse; für den eisenbahntechnischen Entwurf zeichnete Ingenieur Franz, für Statik und Brückenbau Ingenieur Blunck verantwortlich; alle drei waren Oberräte der Reichsbahn.

## Literatur

Die Berliner Stadteisenbahn. In: Zeitschrift für Bauwesen, 35. Jg. (1885), Sp. 503 ff.
Franz, E., Umbau des Bahnhofes Zoologischer Garten in Berlin. In: Zeitschrift des Vereins Deutscher Ingenieure, 80. Jg. (1936), S. 845–850
Bahnhof Zoologischer Garten. In: Berliner Stahlhochbauten. Berlin 1936, S. 112
Bley, P., Berliner S-Bahn. Düsseldorf 1980

*Die Normal-Uhr, ein beliebter Ort für Verabredungen und Rendezvous.*

# Die Ingenieurbauwerke der Berliner S-Bahn

Hans Michael Bock, Udo Dittfurth, Franz-Josef Hilbers

Der Bau der Berliner Ring- und Stadtbahn stellt in der Berliner Eisenbahngeschichte eine Neuerung gegenüber den bereits vorhandenen Strecken mit ihren weit über die Stadt verstreuten Kopfbahnhöfen dar. Im Gegensatz zu den privaten Fernbahnen berücksichtigte vor allem die Stadtbahn den innerstädtischen Personenverkehr. Gerade die 12,145 Kilometer lange Berliner Stadtbahn war durch die Notwendigkeit gekennzeichnet, die Trasse kreuzungsfrei von Straßen auf Kunstbauten durch die Stadt zu verlegen, wo sie weitgehend Rücksicht auf bereits Bestehendes nehmen mußte. Ihr Bau verlangte von ihren Planern und Ingenieuren Höchstleistungen an Organisation und Bauausführung. Besondere Weitsicht war vonnöten, sollte der Bau doch auch zukünftigen Anforderungen des Verkehrs der sich rasch entwickelnden neuen Hauptstadt gerecht werden. Aber auch das äußere Erscheinungsbild von Bahnhöfen, Brücken und Viadukten konnte aufgrund der Linienführung nicht vernachlässigt werden.
So ist die Stadtbahn die baulich interessanteste und, wegen ihrer Streckenführung mitten durch das Herz der Stadt, wohl auch die poulärste Strecke der Berliner S-Bahn. Die Bahnhöfe, Brücken und Viadukte der Stadtbahn sollen deshalb bei der Betrachtung der

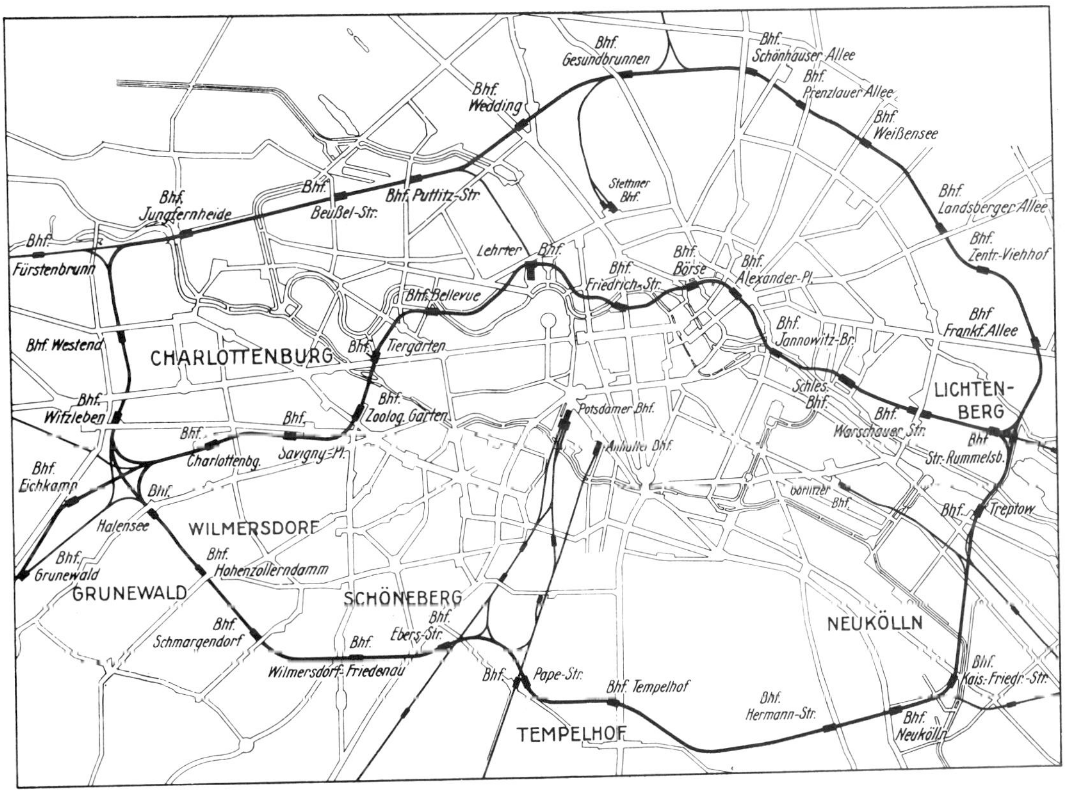


*Stadt und Ringbahn Ende des 19. Jahrhunderts*

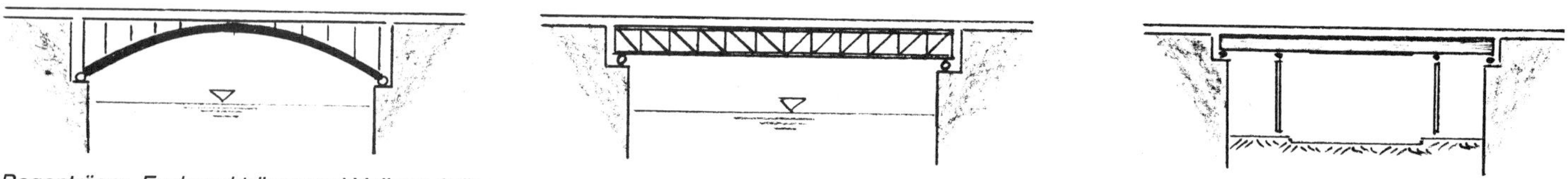

Bogenträger, Fachwerkträger und Vollwandträger

Bauten der Berliner S-Bahn als Beispiel dienen. Dabei werden die bei der Errichtung dieser Bauwerke zu berücksichtigenden Faktoren wie Belastungen, Berechnungsmethoden, Baumaterialien, Bautechniken und schließlich die Anforderungen der Umwelt vorgestellt. Die Ursachen für die Erneuerungen an der Stadtbahn, vor allem zwischen den Kriegen und die dabei angewandten Techniken lassen die Entwicklung der Ingenieur- und Bautechnik zwischen 1882 und 1945 deutlich erkennen.

**Brücken und Viadukte**
*Brückenbauten der Stadtbahn bis 1882*

An über 70 Stellen der Linienführung war es nicht möglich, Straßen, Wege und Gewässer mittels steinerner Viadukte zu überbrücken. Man mußte wegen der größeren Stützweiten auf eiserne Konstruktionen übergehen. Dem damaligen Erkenntnisstand entsprechend kamen drei Tragwerkstypen zur Anwendung: Bogenträger, Fachwerkträger und Vollwandträger. Letzterer ist in der dargestellten Art allein über vierzigmal zu finden. Es wurden nur Tragwerke gebaut, die unterhalb der Schienenführung angeordnet waren, um ein »möglichst gefälliges Aussehen« der gesamten Stadtbahnanlage zu erreichen.

Die zu überbrückenden Stützweiten, die erforderlichen Durchfahrtshöhen (mindestens 14 preußische Fuß = 4,394 Meter) und die daraus verbleibenden Konstruktionshöhen bestimmten die Auswahl des Tragwerkstyps. Die geplante Schienenhöhe lag im Mittel bei 5,3 Meter über Terrain. Damit war zwar der Tragwerkstyp prinzipiell festgelegt, es ergaben sich jedoch durch zusätzliche Anforderungen noch vielfältigere Variationen in der Ausführung, so daß letztendlich keine Brücke wie die andere gebaut wurde.

Die größten Stützweiten waren bei der damaligen Bauweise mit Bogen- und Fachwerkkonstruktionen zu erzielen. So findet man diese fast ausschließlich bei der Überquerung der Wasserläufe. Bögen wurden dort eingesetzt, wo man mit einem Bogen von Ufer zu Ufer gelangte. Durch massive Gründungspfeiler konnte dann der Bogenschub gehalten werden.

Zusätzliche Zwischenpfeiler im Bereich des zu überbrückenden Wasserlaufs waren kostspielig, bauaufwendig und hinderten zudem die Schiffahrt, so daß nur an wenigen Stellen (z. B. Humboldthafen, Spreebrücke Bellevue) Flußpfeiler angeordnet wurden. Damit verbunden war konsequenterweise ein Fachwerküberbau, da die Flußpfeiler für den Bau von Bögen wegen des horizontal wirkenden Bogenschubs zu dick hätten ausgeführt werden müssen.

Zur stützenlosen Überbrückung der Wege und Straßen waren sowohl Bögen als auch Fachwerke, bis auf geringe Ausnahmen, nicht geeignet. Dieses hauptsächlich wegen der relativ niedrigen Höhe der Schienenlage über Terrain und der polizeilich geforderten Durchfahrtshöhe für den Straßenverkehr.

Unterführung der Charlottenburger Chaussee

*Spreebrücke am Schiffbauerdamm*

Die Bögen würden im Gehwegbereich zu weit nach unten ragen, und die Fachwerke benötigten mehr als die im Mittel verbleibenden Konstruktionshöhen von ca. 1 Meter, um die volle Stützweite ohne Zwischenstützen zu überbrücken. So blieb nur der Vollwandträger als Tragsystem, aufgelagert auf den seitlichen Widerlagern und zusätzlich auf Zwischenstützen am Gehwegrand. Diese Stützen mußten mindestens 0,3 Meter Abstand von der Straßenkante einhalten, um Anprallasten durch den Straßenverkehr zu vermeiden.

## Planungs- und Ausführungskriterien für die Stadtbahnbrücken

*Belastungen für das Bauwerk*

Eine Brücke ist nach Fertigstellung den unterschiedlichsten Belastungen ausgesetzt. Neben dem immer vorhandenen Eigengewicht hat sie den über sie hinwegrollenden Zugverkehr zu tragen, der in der Regel die größten Beanspruchungen in den Konstruktionsteilen hervorruft. Außerdem können Wind, Schnee und Temperaturänderungen noch zusätzliche, nicht unwesentliche Belastungen sein.

Das gesamte Eisenbahnwesen war noch stark in der Phase dauernder Veränderungen, so daß keine allgemeinen Regeln existierten, mit welchen Lokomotiv- und Wagengewichten man zu rechnen hatte.

Mit Blick auf die Ringbahn entwickelte man daher aus den dort seit 1873 verkehrenden schwersten Lokomotiven ein Belastungsschema für die Achslasten und Achsabstände. Es handelte sich dabei um die Lokomotiven B1-n2 und C-n2 der Niederschles.-Märk. Eisenbahn. Die Skizze veranschaulicht die Normierung zu einer »Regellokomotive« für die Belastungsberechnungen der Bauwerke. Weiterhin war anzunehmen, daß 2 »Regellokomotiven« eine Wagenreihe zogen. Die zweiachsigen Wagen wurden mit 6 Meter Länge über Puffer, 3 Meter Achsabstand und 8 Tonnen Achslast angesetzt.

*Spreebrücke bei Bellevue*

Die Lasten aus den Zügen wurden als statisch wirkend aufgefaßt. Der Einfluß des dynamischen Kräftespiels zwischen den elastischen Brückenträgern und den über sie hinwegfahrenden Zügen auf die Konstruktion war in seiner Auswirkung noch nicht recht erkannt und erforscht. Dieser Einfluß führt gerade bei kleinen Stützweiten nach unserem heutigen Kenntnisstand zu Beanspruchungen in

*B1-n2-Personenzug-Tenderlokomotive*

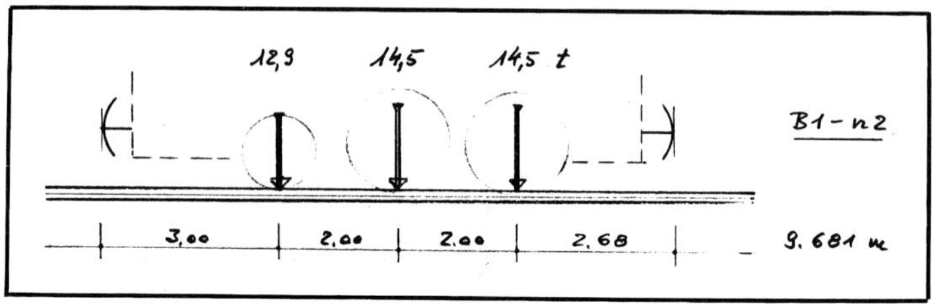

*C-n2-Güterzug-Tenderlokomotive*

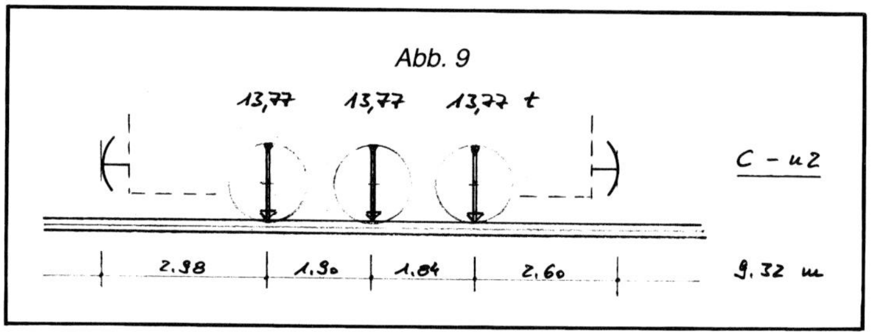


*Abb. 9*

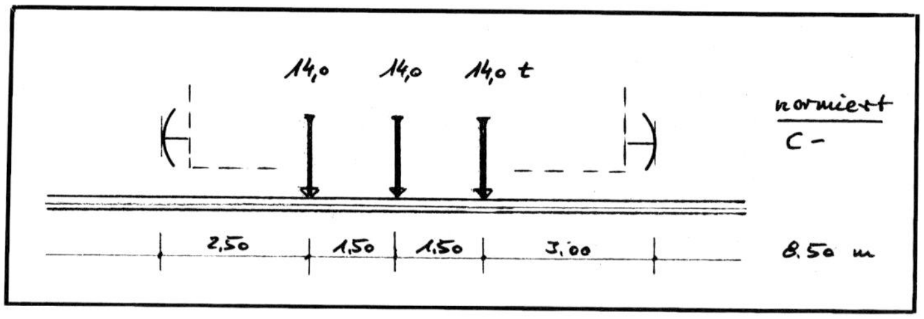


der Konstruktion, die einer Erhöhung der statischen Last von ca. 30 % gleichkommen können. Weitere, sich aus dem Fahrbetrieb ergebende Lasten, wie Bremsen, Anfahren und Fliehkräfte bei unter Gleiskurven liegenden Brücken, waren nicht zahlenmäßig erfaßt. Es wurde dem Konstrukteur überlassen, diesen Umständen durch entsprechende Ausbildung von Lagern und Verbänden innerhalb der Hauptkonstruktion Rechnung zu tragen.

### *Materialien und Baumethoden*

»Als Materialien sind in der Hauptsache Schmiedeeisen und Gußeisen zu nennen; ersteres ist zu den Trägern und Fahrbahnen, letzteres zu den Lagern, Säulen, Geländern, den der Ausschmückung dienenden Consolen, Gesimsen etc. verwendet. Ausnahmsweise wurden besonders beanspruchte Brückenteile, wie die Federn und Lagerkeile der Bogenbrücken, die Rollen bzw. Pendellager der größeren Brücken etc. aus Stahl gefertigt.«[1]

Das in den 1860er und 70er Jahren durch veränderte Herstellungsverfahren aufgekom-

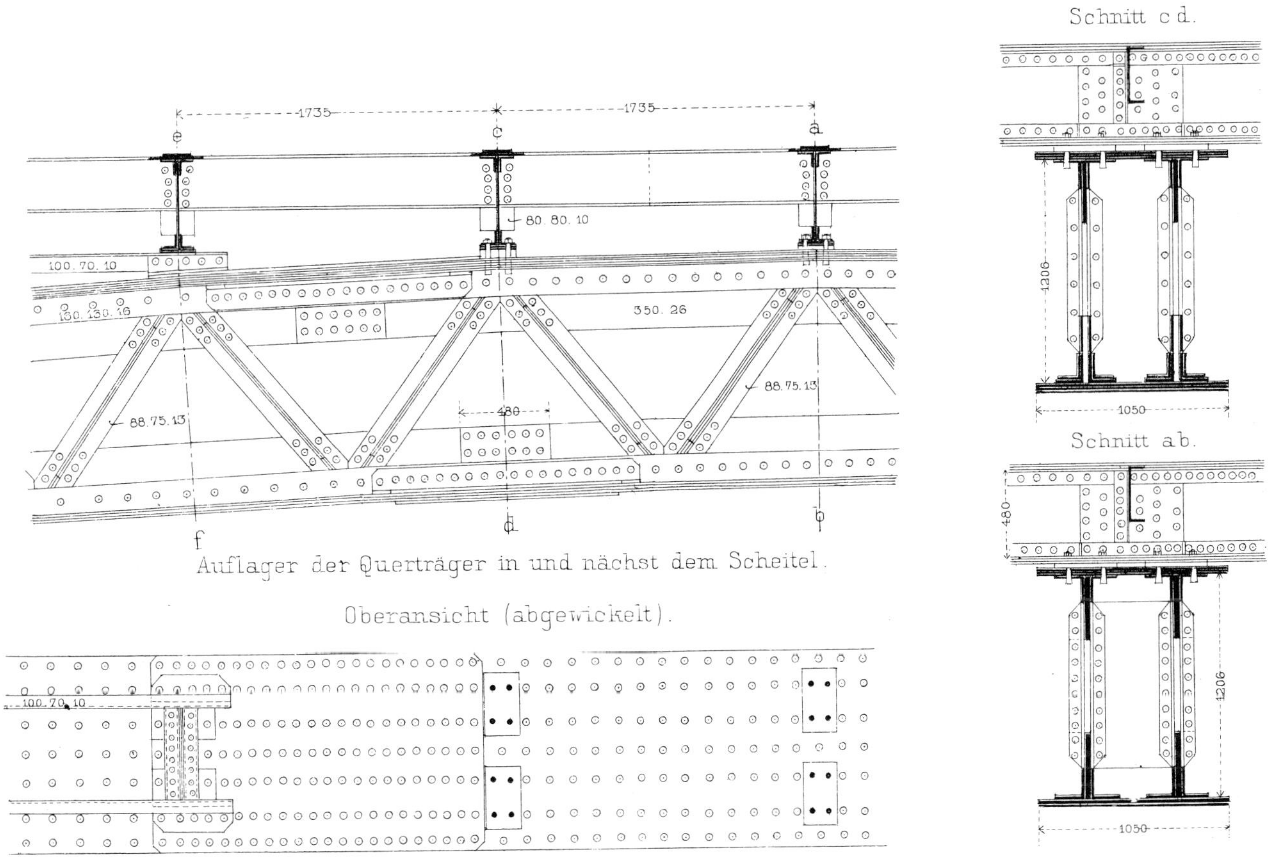


*Mittels Nieten zusammengesetzte Querschnitte*

mene Flußeisen wies gegenüber dem bis dahin verwendeten Schmiedeeisen eine höhere Härte und Festigkeit auf und ließ erwarten, daß auch höhere Belastungen möglich sein würden. Doch schon bald traten Rückschläge ein. Es zeigten sich in ein und demselben Walzstück gravierende Festigkeitsunterschiede. Weiterhin waren für die Herstellung größerer Profile weit stärkere Walzenkräfte notwendig. Man entschloß sich daher, beim Schmiedeeisen zu bleiben. Aus letzterem wurden die Winkel-, U- und T-Profile sowie Flachblecheisen gewalzt, die für den Bau der Konstruktionen erforderlich waren.

Die zulässige Beanspruchung der schmiedeeisernen Bauteile lag im Mittel bei einer Spannung von 750 kg pro qcm. Sowohl Zugals auch Druckkräfte konnten ohne Schaden aufgenommen werden. Anders beim Gußeisen, aus dem all jene Bauteile angefertigt wurden, die zusätzlich auch ästhetischen Ansprüchen genügen sollten, wie Säulen, Geländer etc. Einschränkend für die Verwendung in tragenden Teilen war die Tatsache, daß nur Druckspannungen gefahrlos aufgenommen werden konnten.
Um nun Brückenträger ausführen zu können, mußten die einzelnen Walzstücke aus Schmiedeeisen miteinander zu größeren Bauteilen verbunden werden. Dies war zu damaliger Zeit nur mittels Nieten zu bewerkstelligen. Die Kosten einer eisernen Brücke einschließlich Montage und Anstrich beliefen sich in etwa auf 300 Mark pro verarbeiteter Tonne Eisen. Zum Vergleich muß heute in der Regel mit dem 10- bis 15fachen gerechnet werden.

*Berechnungsmethoden*

Die Entwicklung des Eisenbahnwesens ist eng verbunden mit der Entwicklung der Berechnungsmethoden. Der Einsatz von Eisen als Werkstoff gab die Möglichkeiten frei, nicht mehr nur massive Stein- oder Mauertragwerke zu erstellen, sondern filigrane Tragwerke zu entwerfen. Für deren Dimensionierung fehlten aber die Erfahrungswerte, bzw. sie waren aus den Kenntnissen des Holzbaus nicht mehr ohne weiteres übertragbar. Zudem hatte man es plötzlich mit sehr großen beweglichen Lasten (Lokomotivgewichten) zu tun, die alles vorherige an Lasten übertrafen.
Die Grundprinzipien und Berechnungshypothesen der Mechanik waren bereits von verschiedenen Forschern formuliert und ent-

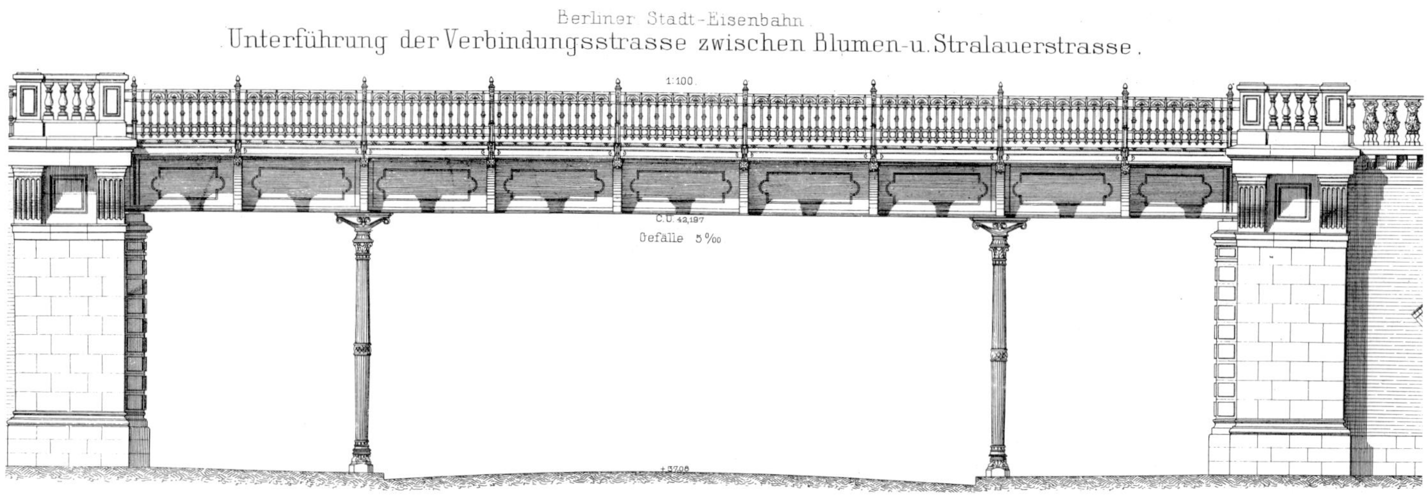


wickelt worden. Sie waren aber für den Praktiker kaum handhabbar. Lediglich für statisch bestimmte Systeme (das sind Systeme, die man allein mit Hilfe der Gleichgewichtsbedingungen errechnen kann) konnte man sich der bekannten graphischen und rechnerischen Methoden bedienen.

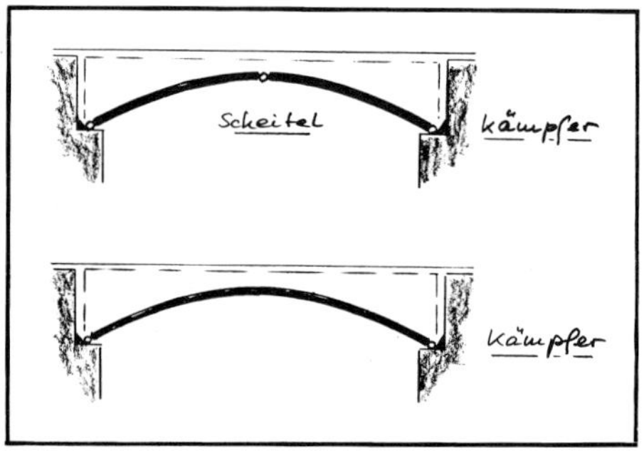


3- bzw. 2-Gelenk-Bogen

So wurden die Beanspruchungen der einzelnen Fachwerkstäbe der Brücke über den Humboldthafen und über die Spree am Park Bellevue mit graphischen Verfahren ermittelt. Bei Dreigelenkbögen (je ein Gelenk am Kämpfer und ein Gelenk im Scheitel) konnte man dieses Verfahren ebenfalls einsetzen. Mehrere Bogentragwerke besitzen allerdings kein Gelenk im Scheitel, da dieses konstruktiv aufwendig herzustellen war. Dadurch wurde das Tragwerk aber statisch unbestimmt, und es mußte die Elastizität des Bogens bei der Ermittlung der Kräfte berücksichtigt werden. Mohr[2] hatte dazu 1870 ein quasi graphisches Verfahren entwickelt. Hiernach wurden zum Beispiel die Bögen der Kupfergrabenbrücke berechnet. Für die Vollwandträgerbrücken mit zwei Stützen war es unumgänglich, auf die Berechnungsmethoden der Elastizitätstheorie zurückzugreifen. Die Aufbereitung für die einfache Anwendung des Verfahrens war zwar in den 80er Jahren von Müller-Breslau[3] veröffentlicht worden, doch noch nicht allgemein bekannt. Vorherrschend waren die geschlossenen Lösungen mit umfangreichen Integralauswertungen nach Winkler[8] und Weyrauch.[4] Erst in den nächsten Jahren und Jahrzehnten führten die Entwicklungen zu einer überschaubaren und handlichen Berechnungsmethode, mit der man sich an neue Tragwerkstypen, wie zum Beispiel Rahmenträgerbrücken, wagte.

### *Auswirkungen auf die Umwelt*

Da auf ein gefälliges Aussehen großer Wert gelegt wurde, sind die äußeren, sichtbaren Träger der Brücken aufwendiger gestaltet worden als die innenliegenden. Bei den Vollwandträgerbrücken wurden die Blechfelder entweder mit aufgesetzten Zierleisten versehen oder sogar aufwendig bemalt. Laufstegkonsolen wurden konstruktiv gestaltet und mit reich ornamentierten Geländern versehen.

Für die Gestaltung der Stützen wurde eigens ein künstlerischer Wettbewerb gestartet. Aus ihm ging die auch im heutigen Stadtbild noch vielfach zu sehende Hartungsche Stütze hervor.

Brücken über Straßen wurden entwässert, indem das auf die Brückenfläche entfalende Regenwasser, von Buckelblechen gesammelt, durch Wasserrinnen zu den seitlichen Widerlagern geführt wurde. Dort wurde es durch äußerlich nicht sichtbare Fallrohre der Kanalisation zugeleitet.

Intensiv versuchte man den zu erwartenden Lärmbelästigungen infolge der über die Brücken hinwegfahrenden Züge entgegenzuwirken. Meßverfahren waren noch unbekannt, so daß man das Problem empirisch anging.

»Zur Gewinnung eines Urtheils über die hauptsächlichsten Ursachen des beim Befahren von Brücken entstehenden Geräusches und über die Mittel, durch welche dasselbe gemildert werden könne, wurden an verschiedenen, bereits fertig gestellten Brücken der Berliner Ringbahn eingehende Beobachtungen und Versuche angestellt.

In Ermangelung geeigneter Instrumente zum Messen der Stärke des Geräusches war man lediglich darauf angewiesen, den beim Befahren verschiedener Brücken verursachten Lärm wiederholt durch das Gehör sich einzuprägen und gegen einander bezüglich der Stärke zu vergleichen.

Die Einflüsse von Wetter und Wind, die zu verschiedenen Zeiten mehr oder minder große Empfindlichkeit der Hörorgane des Beobachters, die Umgebung der beobachteten Brücke, der längere oder kürzere Zwischenraum, welcher zwischen den einzelnen Beobachtungen lag, machte das Ergebnis der letzteren allerdings unsicher, man gelangte jedoch durch wiederholte und von verschiedenen Personen ausgeführte Beobachtungen zu (umsetzbaren) Ergebnissen.«[1]

## Umbauten und Erneuerungen an den Brücken von 1882 bis heute

Schon Ende der 90er Jahre kamen die ersten Lokomotiven auf, deren Achslasten größer waren als 14 Tonnen. Auch nahm die Anzahl der Züge pro Tag immer mehr zu. Die dynamischen Einflüsse beim Überfahren der Brücken taten ihr übriges, so daß man um die Jahrhundertwende die ersten Schäden an Brücken registrierte.
Erwähnt sei als Beispiel die Kupfergrabenbrücke. Sie war als 2-Gelenk-Bogen ausgeführt worden, mit je einem Bogen pro Schiene. Das Verstärkungsproblem wurde gelöst, indem man zusätzlich unter jedes Gleis zwischen die beiden vorhandenen Bögen einen gleichgearteten Bogen unterbaute. Der neue und die nebenliegenden 2 alten Bögen wurden durch kräftige Querträger verbunden. Für die alten Bogenträger ergab sich dadurch eine Belastungsreduzierung von ca. 25 %.

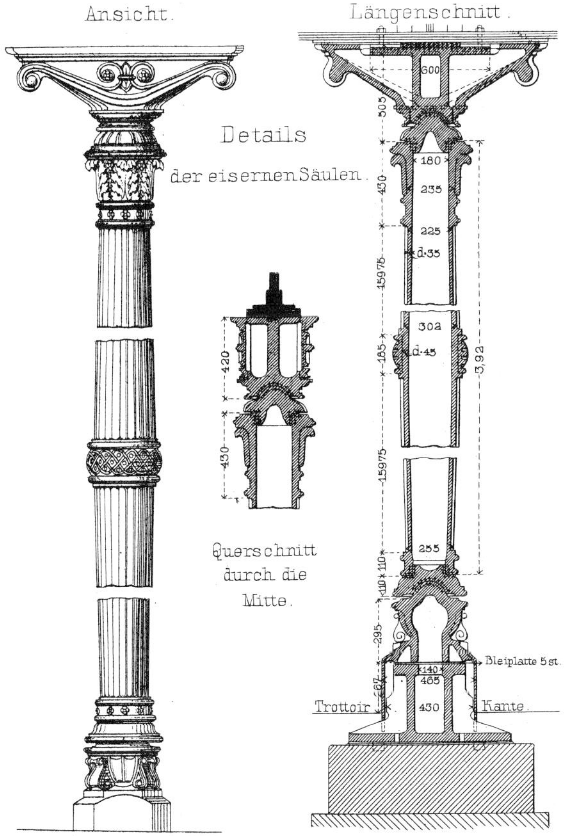


*HARTUNGsche Säule*

Im ersten Jahrzehnt dieses Jahrhunderts waren bei allen Brücken weitergehende Sanierungen, wenn nicht gar Erneuerungen zwingend geworden. Die finanzielle Lage des Staates ließ diese komplette Erneuerung aber erst in den 20er und 30er Jahren realisierbar

*Geländer (Brücke Alt-Moabit): Ansicht und Schnitt*
*Im Schnitt ist die Anordnung von Buckelblechen zu sehen*

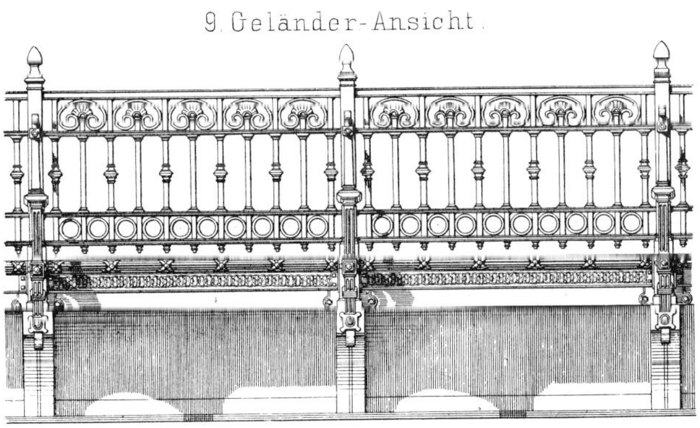


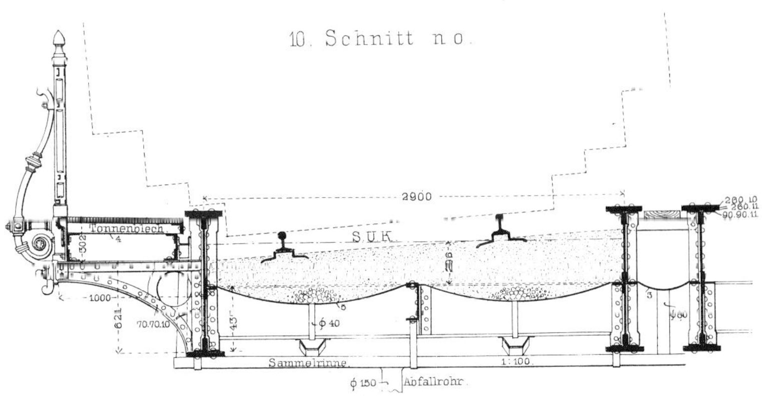

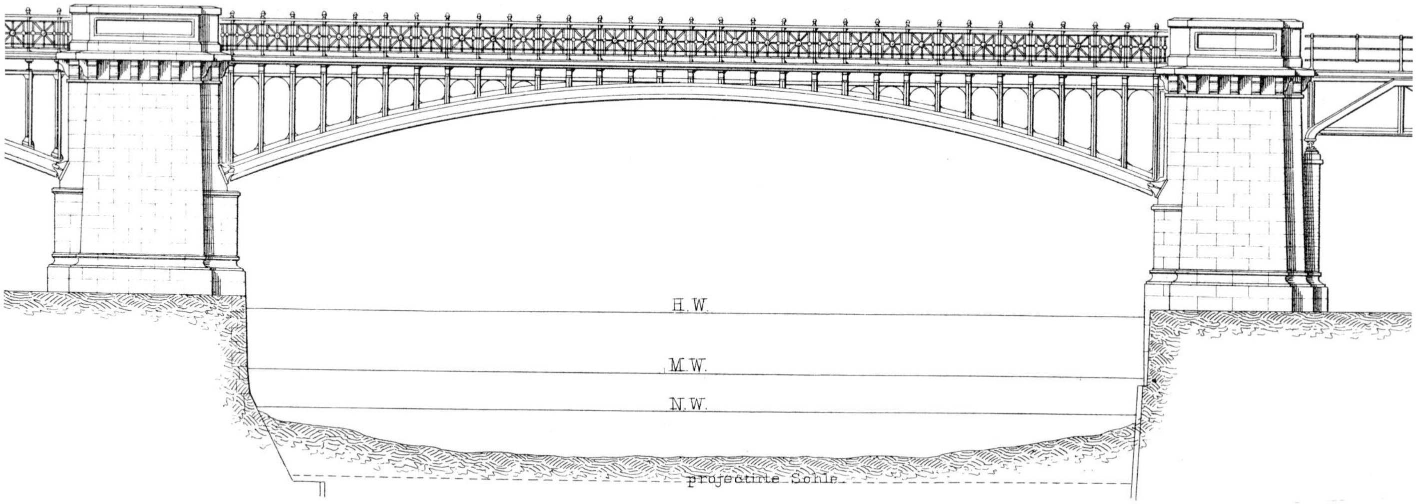


Brücke über den Kupfergraben

Kupfergrabenbrücke vor und nach dem Umbau (Schnitte und Grundriß)

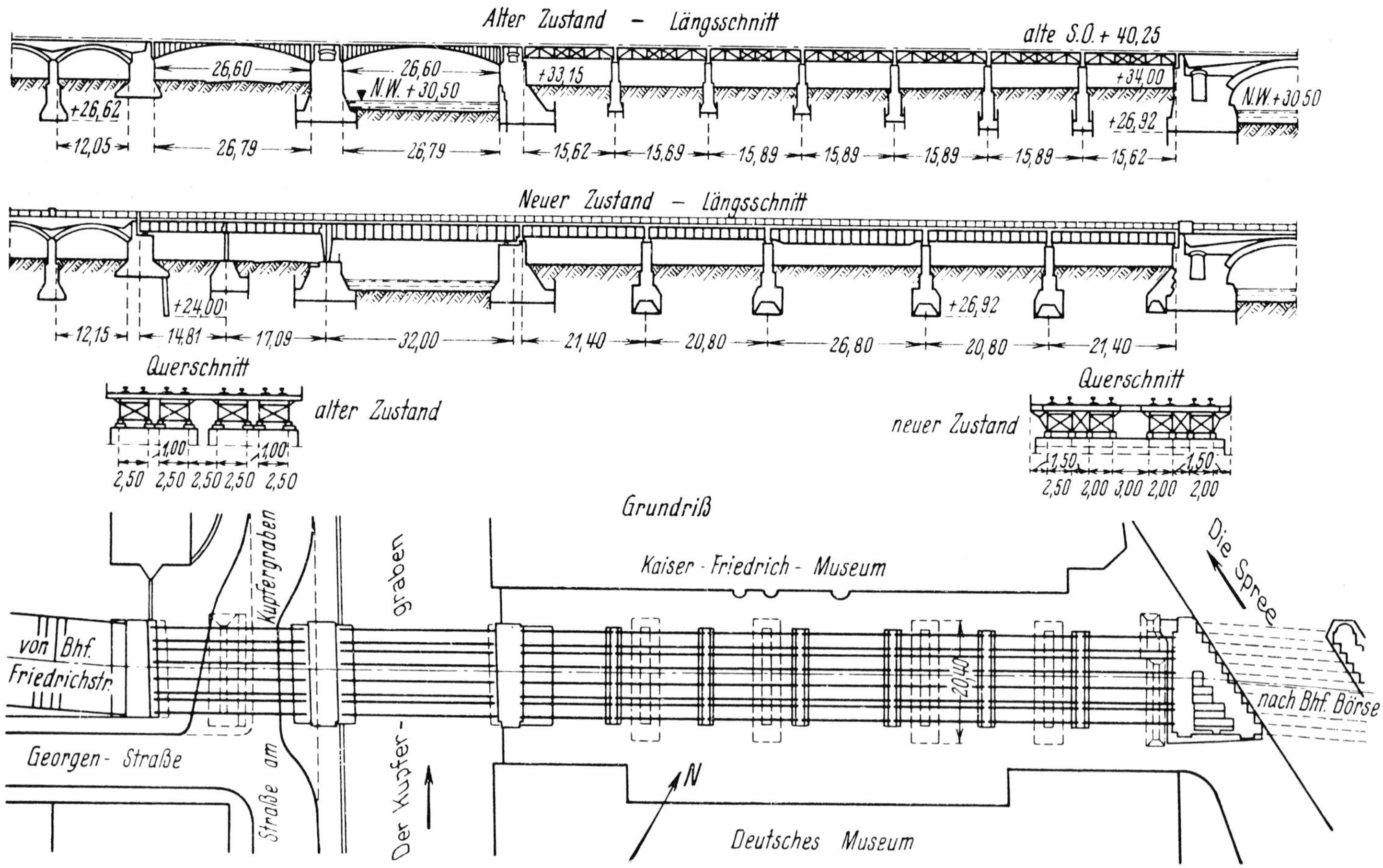

werden. Hier allerdings so umfassend, daß danach nicht eine der mittlerweile fast 50 Jahre alten Eisenbrücken erhalten blieb. Die Entwicklungen in den Baumethoden und auch in der Ästhetik von Ingenieurbauten führten weg von dem Feingliedrigen, dem filigran Ausgeschmückten zu reinen Zweckbauten. Wuchtig wirkende Vollwand- und Rahmenträger ersetzten die ehemaligen Bögen etc. Damit war die zweite, große Bauphase an der Stadtbahn gekennzeichnet. Ihr Aussehen ist uns in diesem Zustand bis heute erhalten geblieben.

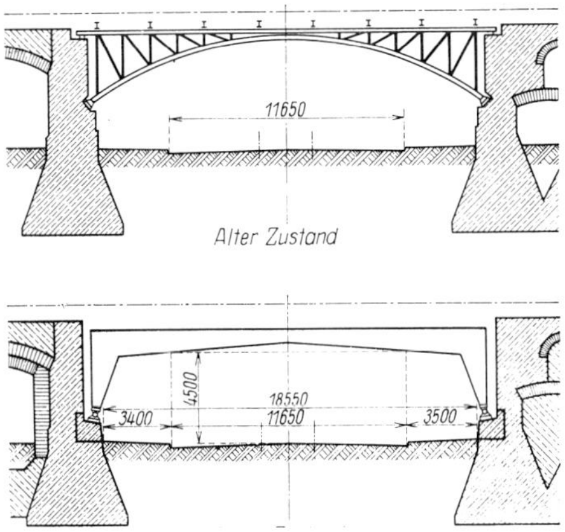

*Straßenbrücke*

### Die Viadukte der Stadtbahn

»Die Bahn ist eine Hochbahn, d. h. sämmtliche Straßen und Verkehrswege sind unter derselben hindurch geführt. Am Ostende der Bahn liegen die Geleise auf einer durch Futtermauern eingefaßten Erdschüttung, innerhalb der eigentlichen Stadt auf Viaducten, und in der Feldmark Charlottenburg auf einer gewöhnlichen Dammschüttung.
Für die Strecke durch die innere Stadt und den Thiergarten waren höheren Orts mit Rücksicht auf das bessere Aussehen und die freiere Communication zwischen den durch die Bahn getrennten Stadttheilen von vorn herein Viaducte vorgeschrieben. Für die Wahl des Unterbaues auf den Strecken außerhalb der Stadt war lediglich die Kostenfrage maßgebend. Zu bemerken ist hier, daß die vorgenannte Forderung eines massiven Viaducts sich fast durchweg mit dem Interesse der Bahn deckte, da nach einer vergleichenden Kostenberechnung der Viaduct innerhalb der Stadt einer gewöhnlichen Dammschüttung gegenüber wegen des geringeren Grunderwerbs, einer Erdschüttung zwischen Futtermauern gegenüber wegen demnächstiger Ausnutzung der unter dem Viaduct geschaffenen Räume, sich als weniger kostspielig zeigte.«[1]
Für die Lichtweite der Gewölbe kamen fünf Maße zur Anwendung (6, 8, 10, 12 und 15 Meter), wobei die drei mittleren in Abhängigkeit von der notwendigen Gründungstiefe der Pfeiler bevorzugt wurden. Insgesamt wurden fast 8 Kilometer der Stadtbahnstrecke mit über 700 gewölbten Viadukten erstellt. Die Breite der Viadukte liegt im Mittel bei 15,5 Meter. Für die Berechnung der Belastungsbeanspruchungen in den verschiedenen Bauteilen wurden die Lokomotivlasten in gleichmäßig verteilte Belastungen umgerechnet. Für die Beanspruchungen des Gewölbemauerwerks wurden 9 kg pro qcm, für das Pfeilermauerwerk 7,5 und für den Baugrund 4,5 kg pro qcm zugelassen.

*Fundamente*

Auf der ganzen Streckenführung wurden im Abstand von ca. 20 Metern Bohrproben entnommen. Nach den Ergebnissen der Bohrungen wurden Schichtenpläne gefertigt und diese den weiteren Entwurfsarbeiten zugrunde gelegt. Für die Fundierungen erbrachten diese Untersuchungen mehrere Varianten, von denen hauptsächlich zwei zur Ausführung gelangten: das direkte Mauern auf tragfähigem Sand und die Gründung mittels Betonierens zwischen Spundwänden.

*12-m-Viadukt, Schnitt und Ansicht*

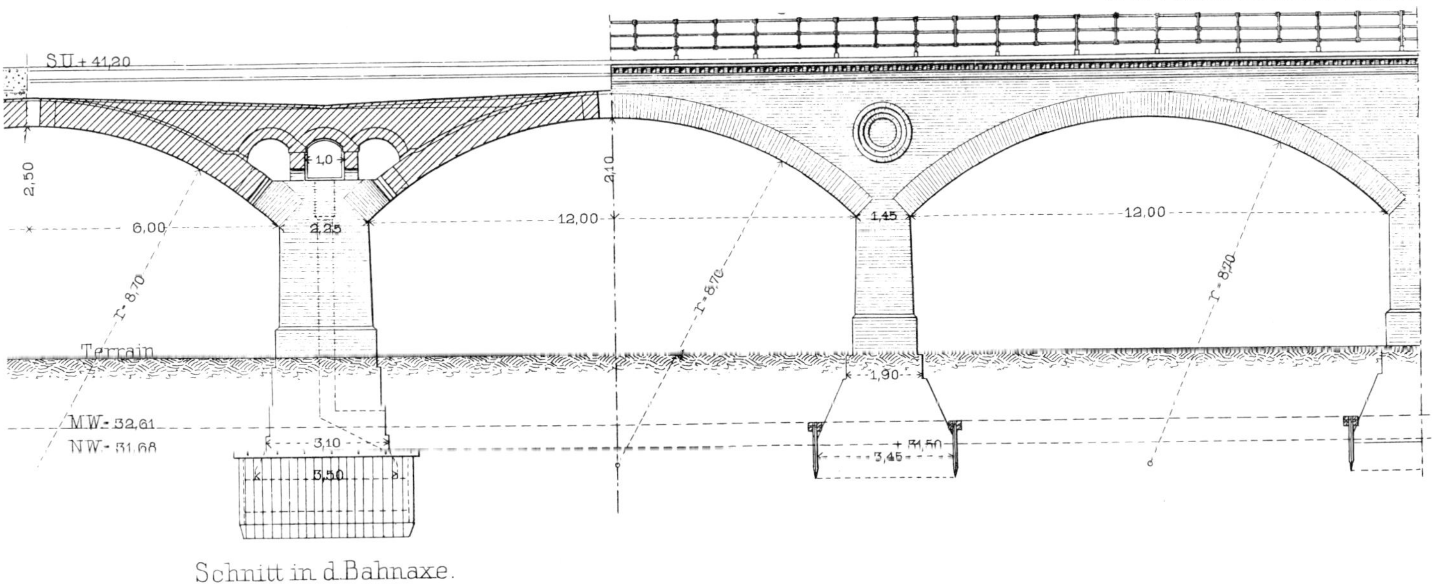

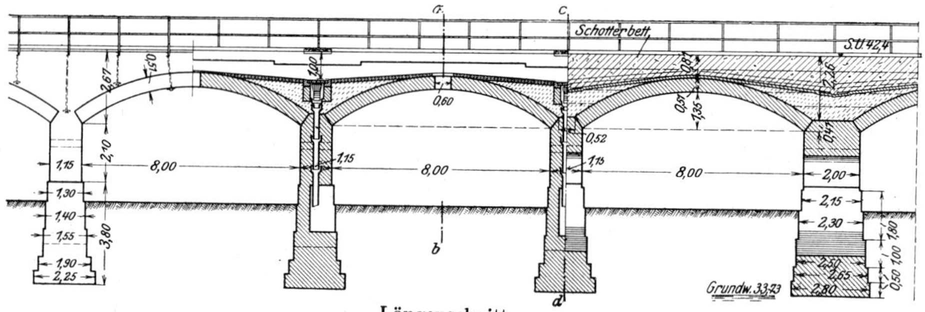


Längenschnitt.

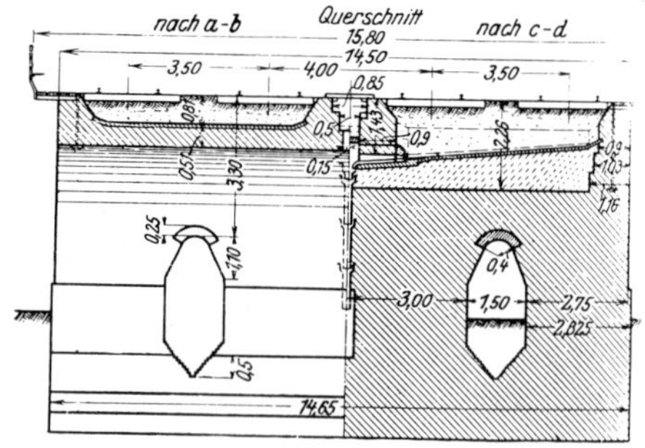


Querschnitt.

*8-m-Viadukt zwischen Andreas- und Kantstraße*

*Pfeiler*

Bei den Pfeilern waren End-, Zwischen- und Gruppenpfeiler zu unterscheiden. Letztere sind in Entfernungen von 4 bis 6 Bogenöffnungen angeordnet und dicker ausgeführt, um den Gewölbedruck beim Überfahren eines Zuges abzufangen. Die Endpfeiler sind sehr massiv, da sie zusätzlich zum einseitigen Bogenschub noch die Lasten aus der angrenzenden Brücke zu tragen haben. Da die Räume unterhalb der Viadukte einer Nutzung als Lager, Gewerbe etc. dienen sollten, wurden die Pfeiler mit ein oder zwei Öffnungen versehen.

*Gewölbe*

Die Gewölbe sind kreisförmig gekrümmt und haben fast ausnahmslos einen gleichmäßig rechteckigen Grundriß. Die Stärke eines Bogens ist konstant von Kämpfer zu Kämpfer und entsprechend den fünf genannten Lichtweiten 38, 51, 51, 64 und 77 cm. Die Pfeilhöhe eines Bogens wurde festgelegt als Bruchteil seiner Lichtweite (1/4, 1/6, 2/9, 1/4 und 2/7). Die Überschüttungshöhe im Scheitel betrug 0,8 Meter.
Bei den kleinen Lichtweiten (6 bis 8 Meter) wurden die Zwickel zwischen den Gewölben über den Pfeilern mit Concretmauerwerk ausgefüllt. Bei den größeren Lichtweiten (10 bis 15 Meter) wurden Hohlräume angeordnet, um die Pfeilerbelastungen nicht zu groß werden zu lassen.
Abgedeckt wurden die Gewölbe mit einer wasserdichten Lage Asphaltfilzmatten von 10 Millimeter Dicke. Darüber befindet sich die Kiesaufschüttung bis zur Unterkante Schiene. Anfallendes Regenwaser lief so durch den Kies bis zur Asphaltfilzmatte, von dort wegen der Wölbung zum Pfeiler. Jeder Pfeiler besaß im Inneren Wassereinlaufstutzen und Fallrohre zur Ableitung des Wassers.
Die statischen Beanspruchungen der Gewölbe, Pfeiler und Fundamente wurden mit vereinfachten Verkehrsgleichlasten auf graphischem Wege ermittelt.
Abweichend von den Viadukten ist die noch heute erhaltene steinerne Brücke über den Schiffahrtskanal im Tiergarten zu erwähnen. Sie stellt eine Sonderheit dar, da ihr Gewölbe in Form eines flachen Korbbogens aus fünf Mittelpunkten geformt ist. Die Pfeiler sind auf Beton zwischen Spundwänden fundiert und beiderseits durch Steinschüttung geschützt. Die Gewölbe- und Pfeilerstärken wurden auch hier auf graphischem Wege ermittelt.

## Sanierung der Stadtbahnbögen in den 20er Jahren

Die Lokomotiven der 80er Jahre bis zur Jahrhundertwende hatten Achsdrücke von

*Viadukttypen*

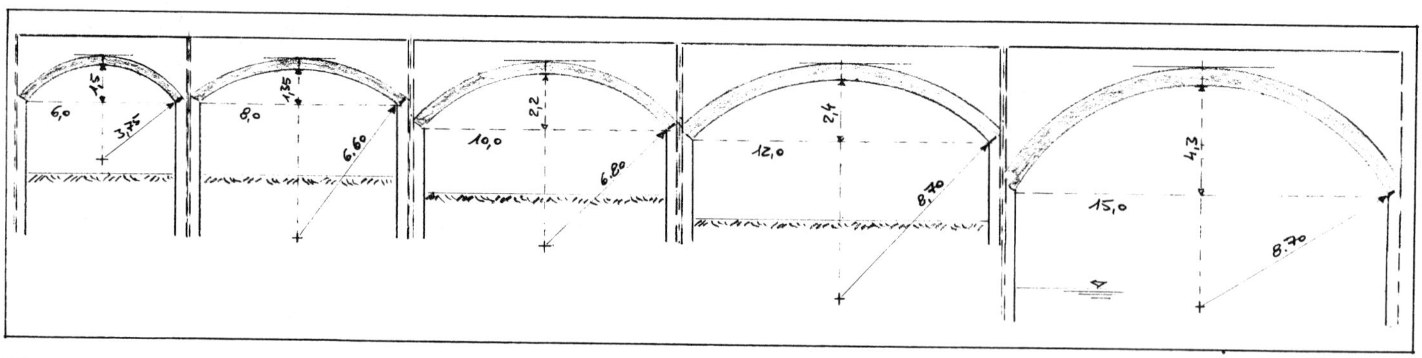

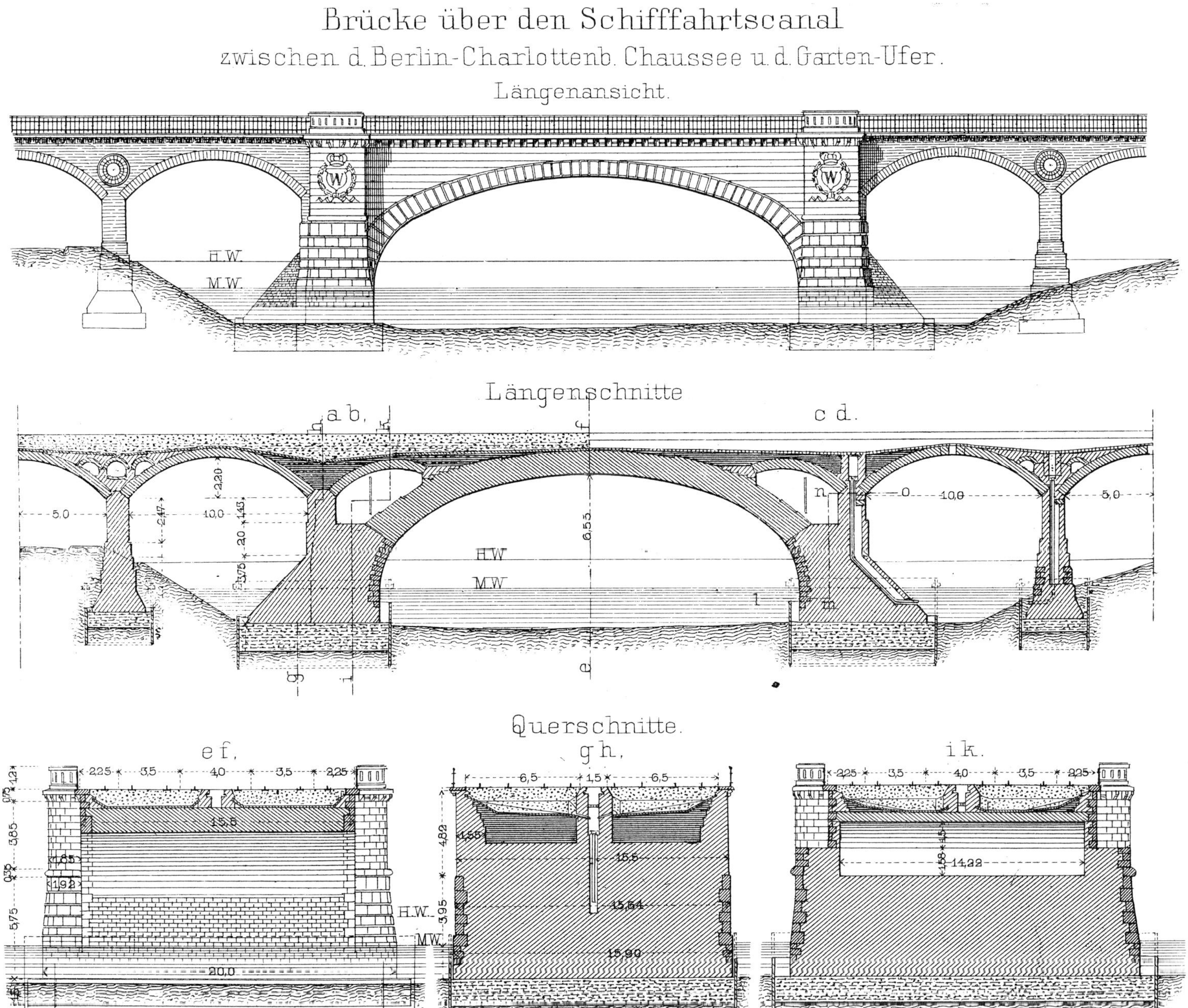


maximal 14 Tonnen. Für diese Lasten blieben die Beanspruchungen der Bauwerke in den errechneten Grenzen. Mit Einführung schwererer Lokomotiven entsprechend dem Lastenzug A von 17 Tonnen im Jahre 1903 trat eine nachteilige Erhöhung der Beanspruchungen im Mauerwerk ein. Von dieser Zeit an machten sich Beschädigungen in den Gewölben und Pfeilern bemerkbar. Außer den Gewichten der Betriebsmittel nahm aber auch die Zahl der Züge zu. Anfang der 20er Jahre waren es etwa 1000 Züge täglich auf der Stadtbahn.

Während die Fernzüge die Bahnstrecken ziemlich schlagfrei durchfuhren, waren die Erschütterungen unter den Stadtbahnzügen erheblich. Dies war vor allem begründet durch die kurzen Entfernungen zwischen den Bahnhöfen und dem damit verbundenen Wechsel zwischen Anfahren und Bremsen.

Die zulässigen Bodenpressungen unter den Fundamenten wurden überschritten. Infolge der immer schwereren und sich immer rascher folgenden Radstöße wurden die schmalen Pfeiler gleichsam wie Pfähle in den Boden gerammt. Diese Setzungen waren natürlich unter den Stadtbahngleisen stärker zu beob-

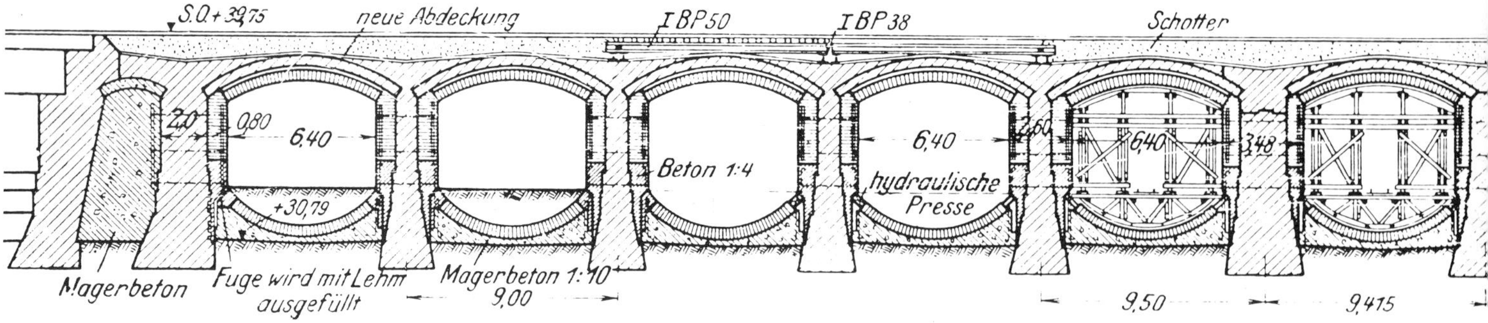


achten, so daß viele Pfeiler meist über den in der Mitte angeordneten Durchgängen rissen. In den eingespannten Gewölben entstanden dadurch starke Längs- und Querrisse. Die sich als mangelhaft herausgestellte Entwässerung des Bahnkörpers unmittelbar durch die Pfeiler hindurch trug ein übriges dazu bei, im Winter durch Frost das Mauerwerk zu zerstören.
Das Prinzip der Viaduktsanierung ist im Bild in fortschreitender zeitlicher Reihenfolge von rechts nach links zu sehen. Dargestellt sind 8 Meter Gewölbe am Bahnhof Bellevue. Das bestehende Gewölbe wurde durch Unterziehen eines zweiten, 51 cm dicken Gewölbes verstärkt. Die zwischen den beiden Gewölben entstandene Fuge wurde mit Verzahnung gemauert, so daß im Endzustand beide Gewölbe als eine Tragkonstruktion anzusehen waren. Die neuen Bögen setzten sich auf 68 cm breite Pfeilerverstärkungen ab, die sich gleichmäßig auf beiden Seiten der Pfeiler befanden. Altes und neues Pfeilermauerwerk wurde durch Eisenanker verbunden. Die neue Pfeilerummantelung stützte sich gegen das Sohlengewölbe, das in einer Dicke von 51 cm aus Klinkern hergestellt wurde. Das Sohlengewölbe erhielt eine Unterlage aus Magerbeton.
Um zu erreichen, daß die von oben kommenden, auf die Pfeiler wirkenden Lasten nicht nur weiterhin dem alten Pfeilerfundament zugeführt wurden, sondern sich möglichst gleichmäßig auf die ganze Bodenfläche der Pfeiler und der neuen Sohlengewölbe verteilten, wurde das Sohlengewölbe vor Fertigstellung unter eine künstliche Vorspannung gebracht. Hierzu wurde auf ganzer Breite des Pfeilers in einem Schlitz zwischen Sohlengewölbe und neuer Pfeilerwand durch hydraulische Pressen ein Zwängungsdruck erzeugt, der den neuen inneren »Ring« gegen das alte Mauerwerk drückte. Zwischen den Pressen wurde der Schlitz mit Beton verfüllt und nach Erhärten des Betons konnten die Pressen entfernt werden.
Mit diesem Verfahren wurden fast sämtliche Viadukte saniert, und sie sind, mit einigen Ausnahmen, bis auf den heutigen Tag unverändert geblieben.

## Bahnhöfe und Haltestellen der Stadtbahn

Auf der Stadtbahnstrecke wurden insgesamt 11 Bahnhöfe und Haltestellen gebaut. Im folgenden wird nur auf die Stationen Friedrichstraße, Zoologischer Garten und Bellevue eingegangen. An ihnen soll beispielhaft die Entwicklung des Bahnhofbaues von damals bis heute beschrieben werden. Um die Jahrhundertwende repräsentierten diese drei Bahnhöfe im wesentlichen die Bahnhofstypen an der Berliner Stadtbahnstrecke. Davon ist die Haltestelle Bellevue fast in seinem Ursprungszustand erhalten geblieben, während die beiden anderen Bahnhöfe in den zwanziger und dreißiger Jahren ein völlig neues Gesicht erhielten. Der Bahnhof Zoologischer Garten ist der bis heute letzte größere Bahnhofsbau in Berlin.

## Allgemeines zur Konzeption der Bahnhöfe

Bei allen Bahnhöfen mit Ausnahme des westlichen Endbahnhofes in Charlottenburg wurde der beengten städtebaulichen Situation und der Höhenlage des Bahnkörpers Rechnung getragen, indem man alle Funktionen des Empfangsgebäudes in den ca. 6 Meter hohen Unterbau der je nach Verkehrsbedeutung mehr oder weniger harfenförmig auseinandergezogenen Gleisanlagen verlegte. Auf kleinstem Raum lösten solche Unterbauten die Aufgaben von Empfangsgebäuden. Wegen der hohen Lasten, die sie zu tragen hatten, konnten in der damaligen Zeit derartige Unterbauten nur in Mauerwerk ausgeführt werden. Das hatte zur Folge, daß sie sehr massiv wurden und entsprechend schwer wirkten.

Allen auch für den Fernverkehr eingerichteten Bahnhöfen war gemeinsam, daß die Gleiskörper auf drei Viaduktreihen ruhten — jeweils eine schmale für die beiden äußeren und eine breitere für die beiden inneren Gleise. Die beiden Schlitze zwischen den drei Viaduktreihen wurden durch kräftige, zwischen die Pfeiler eingespannte Gurtbögen in einzelne Felder aufgeteilt. Diese Felder, die je nach Grundriß des Bahnhofs rechteckig bis trapezförmig waren, wurden mit Kugelkappen überwölbt, die sich gegen die zur Aufnahme des Druckes verstärkten Stirnen der Viadkukte und gegen die eben erwähnten Gurtbögen verspannten. Die ca. 25 Zentimeter dicken Kappen dienten schließlich den Bahnsteigen als Unterkonstruktion. Zur räumlichen Erschließung des Unterbaues wurden die Pfeiler des Mittelviaduktes in einer Breite von ca. 3,5 Metern und die der meisten seitlichen Viadukte in einer Breite von 1,0 Metern durchbrochen. Außerdem wurden zur Beleuchtung im mittleren Viadukt zwischen den beiden Gleispaaren der Stadt- und Fernbahn Oberlichter angeordnet. Dazu mußten die Gewölbe selbst durchbrochen werden. Die so entstandenen Räumlichkeiten dienten zur Aufnahme der Abfahrts- bzw. Ankunftshalle, der Wartesäle, der Schalterhalle und der Gepäckabfertigung.

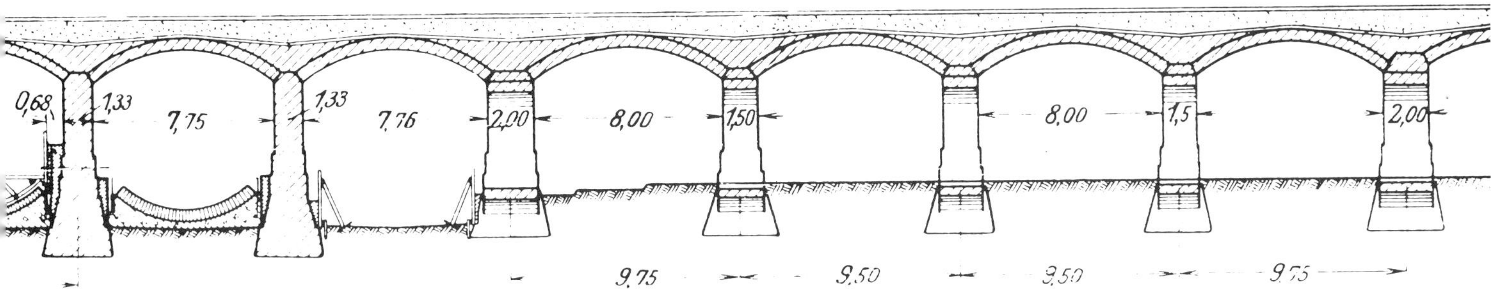

Arbeitsvorgang zu Instandsetzung der Bogen und Pfeiler

Bahnhof Friedrichstraße

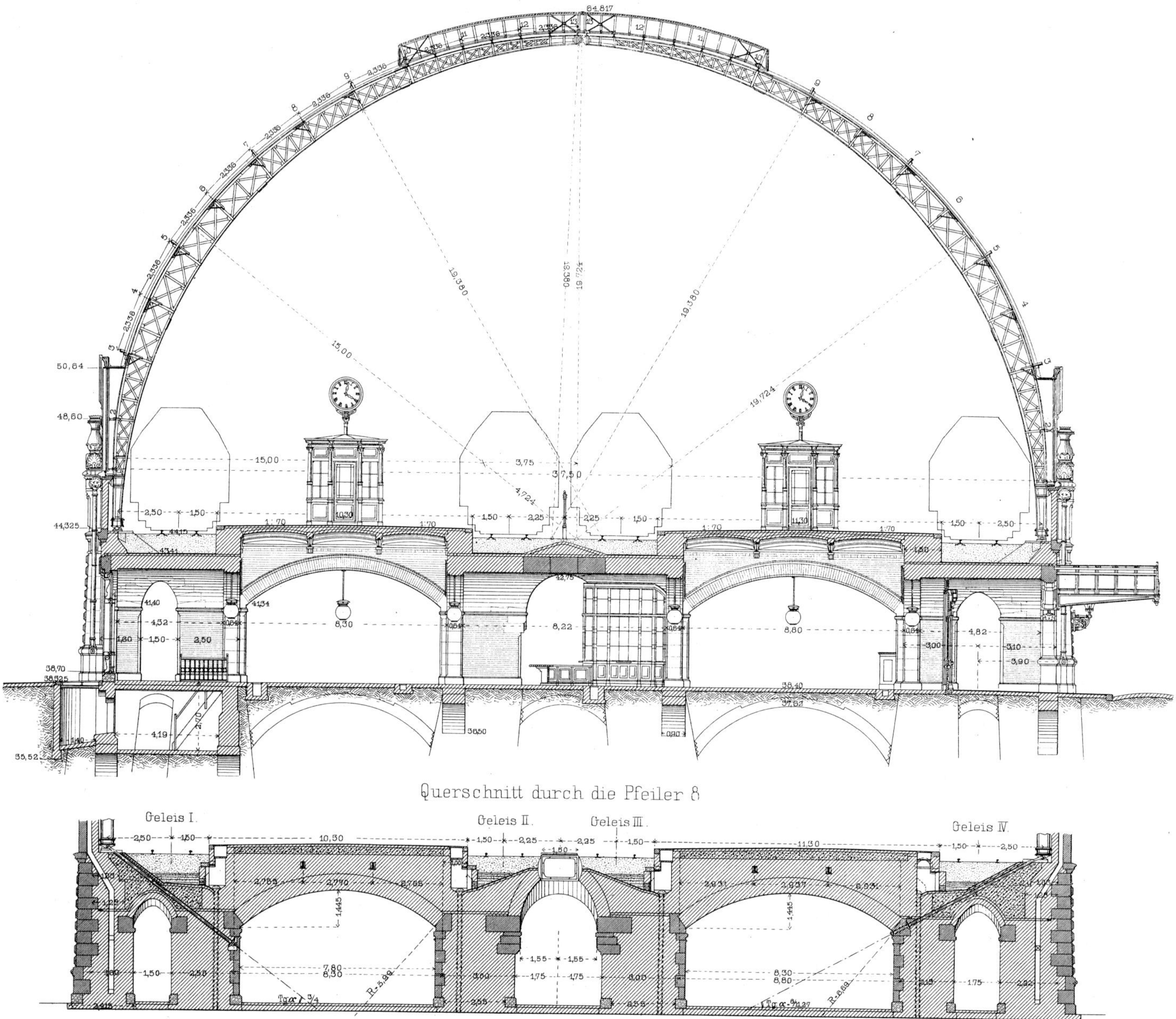


*Viaduktunterbau, Schnitte und Grundriß*

Bei den Haltestellen der Stadtbahn wurden nur die Stadtbahngleise auseinandergezogen, so daß hier die Gleiskörper auf einer eingleisigen bzw. auf einer dreigleisigen Viaduktreihe ruhten. Als Empfangsgebäude diente in diesem Fall nur ein Teil der Räume unter dem Bahnsteig und den Viadukten.
Über dem Empfangsgebäude erstreckt sich wie auf einem steinernen Sockel die stählerne Bahnsteigüberdachung. Im Bild sind die wesentlichen Typen der Bahnsteigüberdachungen einschließlich des Unterbaues im Querschnitt dargestellt, wie sie beim Bau und späteren Umbau der Stadtbahn Verwendung fanden.
Konstruktiv gesehen bestehen die Bahnhöfe der Berliner Stadtbahn also aus zwei Teilen: dem gemauerten Viaduktunterbau mit Bahnsteigen und Empfangsgebäude und der Bahnsteigüberdachung.
Bei neun der elf Stadtbahnhöfen wurden zur Überdachung der Bahnsteige Hallen errichtet. Dabei wurde entweder die gesamte Tragkonstruktion in Eisen bzw. Stahl ausgeführt

Bahnhofstypen an der Stadtbahnstrecke
a: Bhf. Friedrichstraße (1880)
b: Bhf. Zoologischer Garten (1884)
c: Hste. Savignyplatz (1896)
d: Bhf. Friedrichstraße (1923)
e: Bhf. Zoologischer Garten (1940)

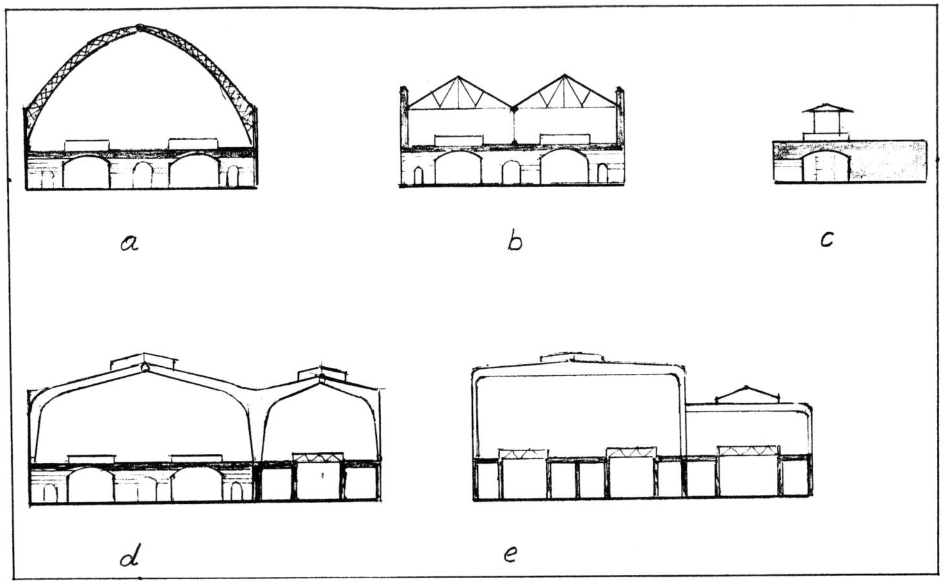


Dreigelenkbogenbinder

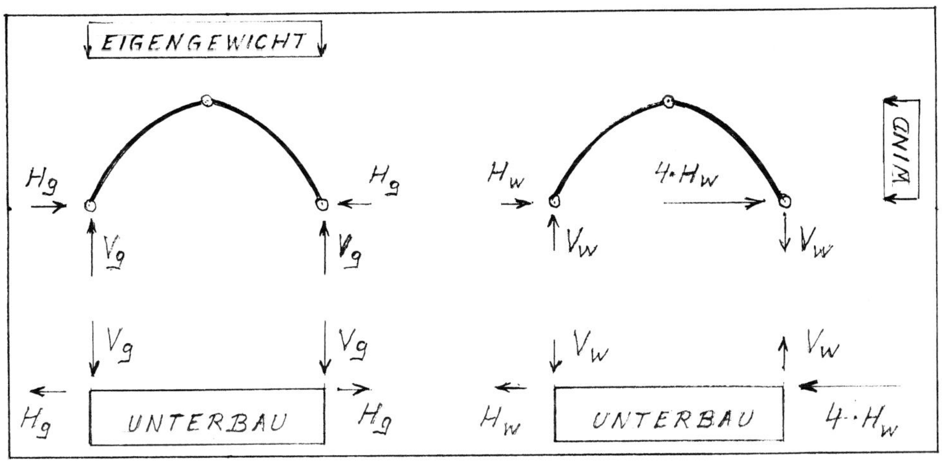


Dachbinder auf Mauerwerkswänden

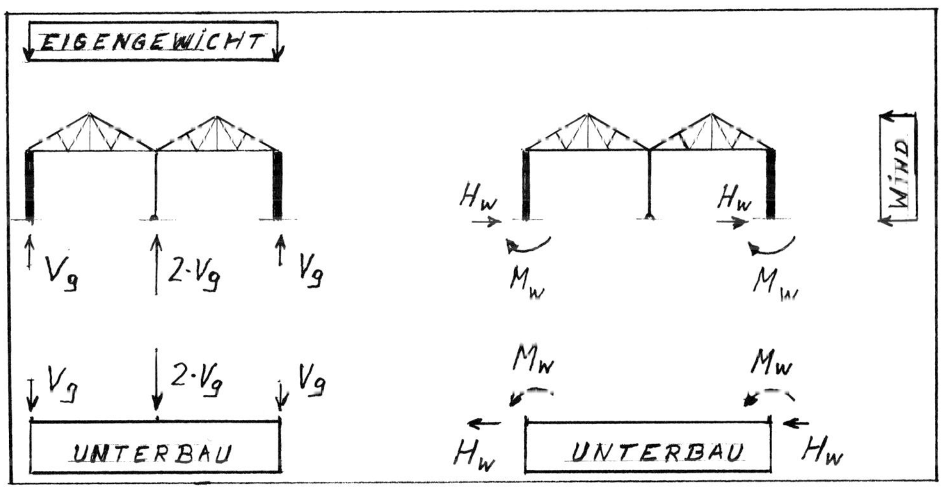


M ^ Biogomomont
H ≙ Horizontalschub
V ≙ Vertikalschub
9 ≙ aus Eigengewicht
w ≙ aus Wind

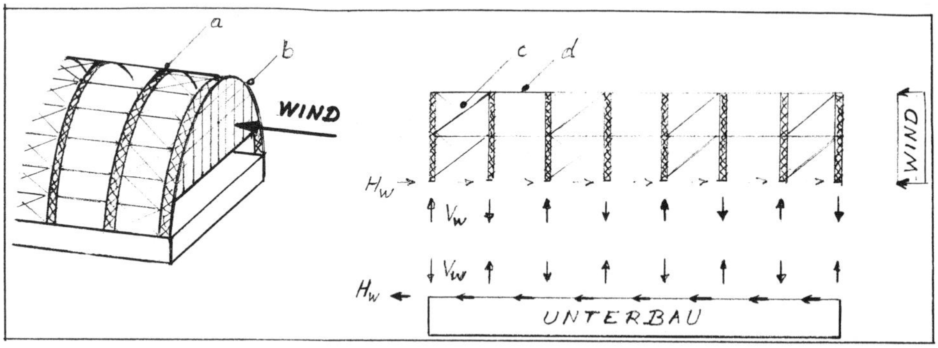

*Windabtrag bei einer Bahnhofshalle*
*a: Hallenbinder; b: Windschürze; c:Windverband; d: Pfette*

(zum Beispiel Bahnhof Friedrichstraße, Bahnhof Zoo, 1940) oder das eiserne Dachtragwerk lagerte auf den gemauerten Außenwänden der Halle (zum Beispiel Haltestelle Bellevue).
Die Bahnsteigüberdachung sollte die Reisenden vor Wind, Regen und Schnee schützen. Dementsprechend wurde die Dachkonstruktion hauptsächlich durch Wind und Schnee belastet. Diese Lasten mußten sicher in den Viaduktunterbau abgetragen werden. Außerdem mußte die Dachkonstruktion ihr eigenes Gewicht tragen können.
Die Lasten liegen in der folgenden Größenordnung:

| | |
|---|---|
| Staudruck aus Wind | |
| (≙ Windstärke 12): | 100 – 125 $kg/m^2$ |
| Schnee (60 cm hoch): | 75 $kg/m^2$ |
| Eigengewicht | |
| a) Dachdeckung: | 100 $kg/m^2$ |
| b) stählerne Tragkonstruktion: | |
| (je nach Spannweite) | 50 – 150 $kg/m^2$ |

Je nachdem, welches Tragsystem für die Bahnsteighalle gewählt worden war – hintereinander gestellte Dreigelenkbogenbinder oder Dachbinder auf massiven Außenwänden – unterschieden sich auch die Kräfte, die von der Unterkonstruktion abgefangen werden mußten, nach Art und Größe.
Besonders problematisch ist die Aufnahme der Windkräfte in Hallenlängsrichtung, wenn der Wind auf die Windschürze des ersten bzw. letzten Hallenbinders bläst. Um alle Hallenbinder gleichmäßig zum Abtragen dieser Windlasten – beim Bahnhof Friedrichstraße handelt es sich um ca. 40 Tonnen – heranzuziehen, wurden Windverbände angeordnet.

## Die Situation um 1882

### *Bahnhof Friedrichstraße*

Der Bahnhof Friedrichstraße entstand in den Jahren 1880 bis 1891 nach den Plänen von Vollmer.[1] Über einem roten Backsteinsockel ruhte eine Bahnsteighalle aus 16 im Abstand von neun Metern hintereinandergesetzten Dreigelenkbogen-Doppelbindern, die alle vier Gleise in einer Öffnung überspannten. Jedes Binderpaar bestand aus zwei Einzelbindern in Form von Gitterträgern, die durch einen Quer- und Diagonalverband zu einem Doppelbinder vereinigt wurden. Die Länge der Halle betrug 144,72 Meter, die Breite schwankte wegen des unregelmäßig in Form eines Ringstückes gekrümmten Grundrisses der Gleisanlage zwischen 34,0 und 37,2 Metern.

Da seitlich kein Empfangsgebäude vorhanden war, das zum Abtragen des Horizontalschubes aus den Bogenbindern herangezogen werden konnte, mußten die Horizontalkräfte von etwa 60 bis 70 Tonnen pro Binderpaar über kräftige Anker direkt in den Unterbau abgeleitet werden, was jedoch wegen seiner Massigkeit keine Schwierigkeit darstellte. Im

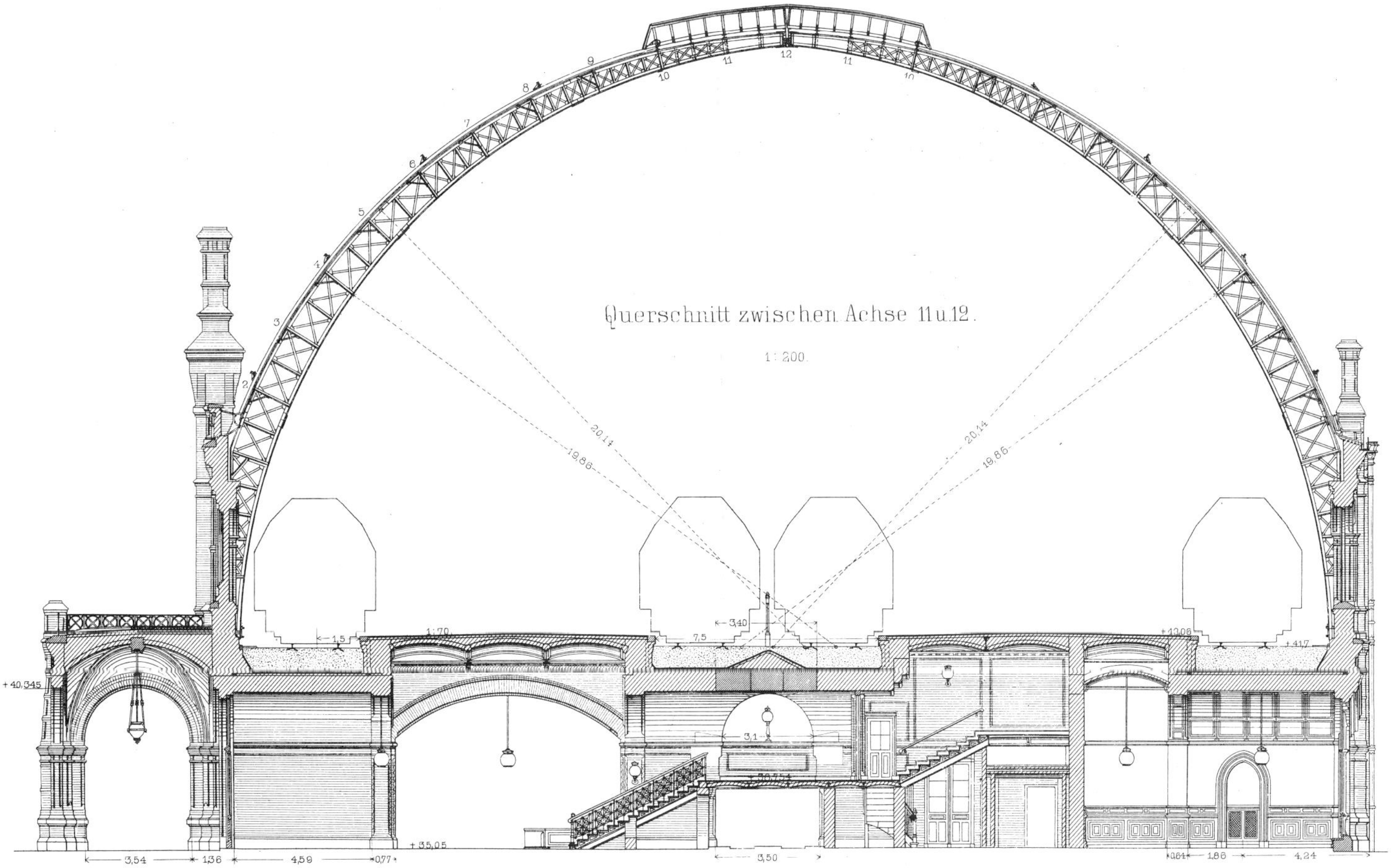


*Bahnhof Friedrichstraße, Querschnitt*

Bild »Viaduktunterbau« sind im Detail »Querschnitt durch die Pfeiler 8« solche Anker eingezeichnet.

Gedeckt wurde die Bahnsteighalle mit verzinktem Eisenwellblech bzw. in ihrem oberen Teil mit Glas. Diese Dachdeckung wurde von Pfetten getragen, die zwischen den Binderpaaren angeordnet und entsprechend ihrer Beanspruchung fischbauchartig ausgebildet waren.

Insgesamt wurden ca. 700 Tonnen Eisen für die Kontruktion der Halle verbaut, d. h. zur Überdachung von einem Quadratmeter Hallengrundfläche waren im Mittel 139 Kilogramm Eisen erforderlich.

*Bahnhof Zoo*

Die Bauformen dieses Bahnhofes weichen von denen der anderen Stadtbahnstationen nur wenig ab. Die Bahnsteige und die Gleise waren mit zwei gleichartigen Hallen überdacht, die mit den äußeren Seiten auf den Frontmauern und mit den inneren auf einer gemeinschaftlichen Säulenreihe lagerten. Im Bereich der Binder wurde die Hallenaußenwand durch eine ca. ein Meter breite Pfeilervorlage von 75 Zentimetern auf 1,5 Meter verstärkt. Im Bereich des Daches wurde jede Pfeilervorlage zur Erhöhung des Eigengewichts mit einem ca. 2,5 Meter hohen Türmchen versehen. Außerdem wurden die zu einem Binderpaar gehörenden Mauerpfeiler mit einer massiven Attika verbunden. Mit Hilfe dieser Maßnahmen wurden größere Eigenlasten erzeugt, die die in den Mauerpfeilern auftretenden Kippbewegungen aus Wind überdrücken sollten. Dadurch gelang es, die erheblichen Windlasten auf die Bahnsteighalle sicher in den Viaduktsockel einzuleiten.
Die Halle über dem Bahnsteig der Stadtbahn war 71,2 Meter lang (≙ 8 Binderpaare: 7 x 9,5 m + 2 x 2,35 m), die über dem Fernbahnsteig 109, 2 m lang (≙ 12 Binderpaare: 11 x 9,5 m + 2 x 2,35 m). Beide Hallen hatten eine Stützweite von 18,44 Metern.
Die Binder waren einfache Polonceauträger

AUSGANG
Billets bereit halten!

*Halle des Bahnhofs Friedrichstraße 1882*

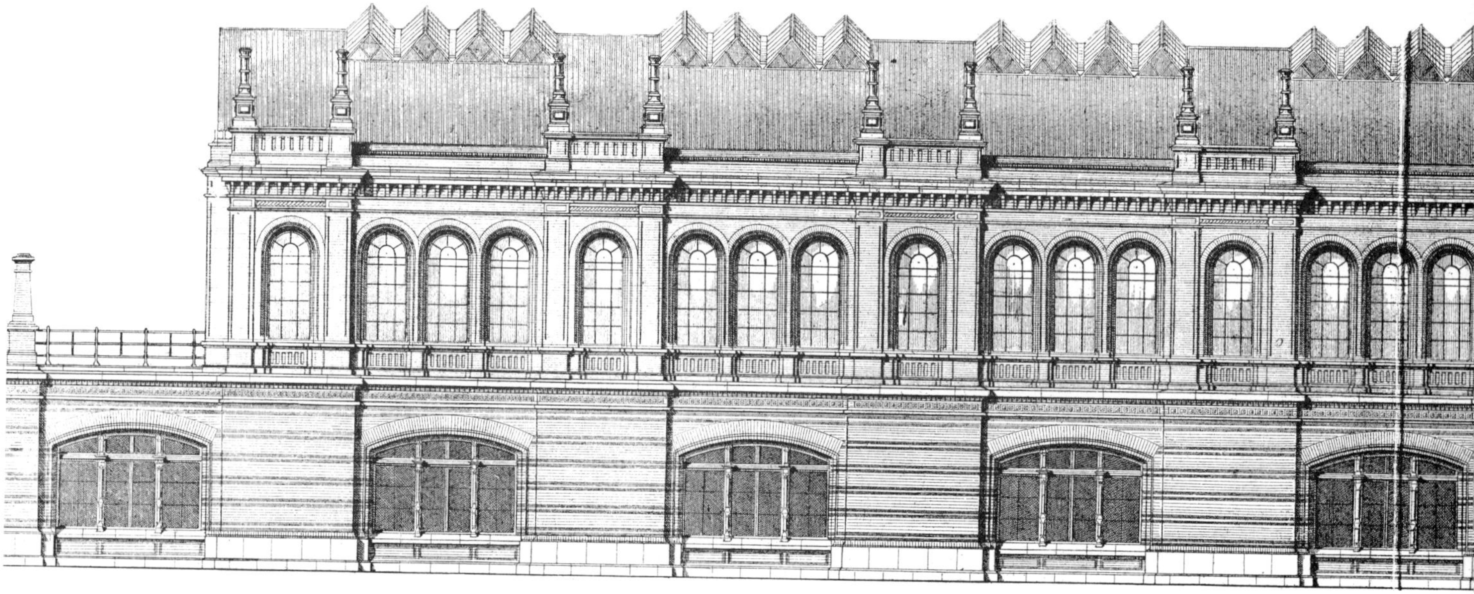

mit gekrümmten Sparren. Die Unterspannung sollte verhindern, daß der Binder aus Eigengewicht Schubkräfte auf die Außenmauern abgab.

Über jedem Viaduktpfeiler wurden jeweils zwei Binder im Abstand von ca. 3,0 Metern angeordnet, die durch einen Diagonalverband zu einem Binderpaar vereinigt wurden. Dieser Diagonalverband diente zum Abtragen der Windkräfte in Hallenlängsrichtung und setzte sich fort in der mittleren Stützenreihe. Im Längsschnitt des Bahnhofs Zoo ist dies sehr gut zu erkennen.

Die Hallen waren mit verzinktem Wellblech eingedeckt und im Scheitel mit einer Reihe sattelförmiger Oberlichter versehen. Beide Hallen hatten ein Eisengewicht von 280 Tonnen. Daraus berechnet sich ein Eisengewicht von 67 Kilogramm auf den Quadratmeter überdeckte Hallengrundfläche.

*Bahnhof Zoologischer Garten, Querschnitt*

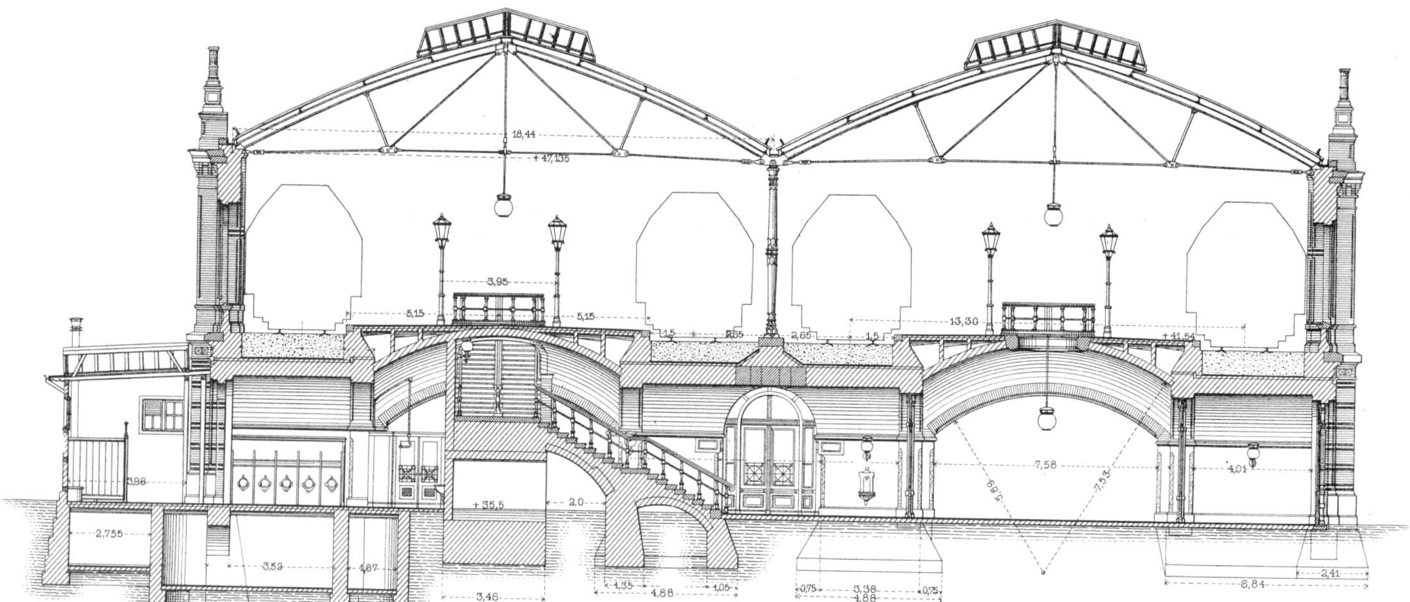

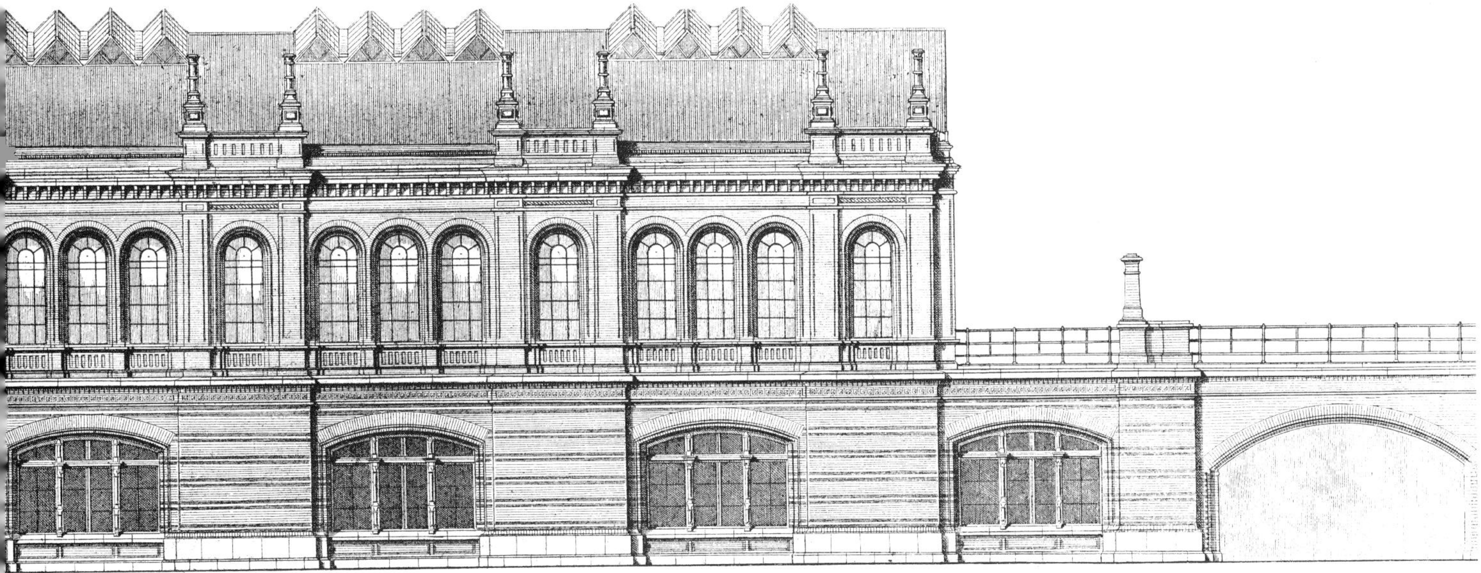

Bahnhof Zoologischer Garten 1882

*Haltestelle Bellevue*

Der Unterbau, in dem sich unter anderem das Empfangsgebäude befindet, ist ca. 170 Meter lang (in der Mittelachse gemessen). Er besteht aus zwei Teilen, einem eingleisigen und einem dreigleisigen Viadukt.
Der Bahnsteig hat eine Länge von 129 Metern, wovon 93 Meter von einer geschlossenen Halle überspannt werden. Die Hallenwände sind in Mauerwerk ausgeführt und 51 Zentimeter dick. Zur Aufnahme der Windkräfte auf die Hallenaußenwände und auf das Hallendach sind an jedem Viaduktpfeiler, deren Entfernung voneinander ca. zehn Meter beträgt, Pfeilervorlagen angeordnet. Diese Pfeilervorlagen sind 1,68 Meter breit und 1,03 Meter dick, und sie werden verstärkt durch paarweise im Abstand von 1,85 Metern angeordnete eingemauerte Stahlprofilstiele. Der von jeweils zwei Pfeilervorlagen eingeschlossene Teil der Hallenaußenwand wird durch zwei ebenfalls mit Stahlstielen verstärkte Mauerpfeiler in drei gleich breite Felder geteilt, in die größtenteils die Fenster eingelassen sind. Diese Zwischenstiele legen sich mit ihrem unteren Ende gegen die Übermauerung des Viaduktgewölbes, mit ihrem oberen Ende gegen einen waagerechten Stahlträger, der in Hallenlängsrichtung verläuft und jeweils zwei Doppelstiele miteinander verbindet. Statisch gesehen ist die Hallenaußenwand eine Stahlskelettkonstruktion, die durch Mauerwerk ausgefacht wird. Während vom Halleninneren aus die Flansche dieser in die Außenwände eingemauerten Stahlstiele zu sehen sind, erkennt man die Lage der Zwischenstiele von außen nur durch die dort angeordneten tellerförmigen Maueranker.
Die Dachbinder wurden – anders als beim Bahnhof Zoologischer Garten – als ausgesteifte Bogenbinder mit Zugband ausgeführt. Über die Dachbinder hinweg sind in Längsrichtung der Halle jeweils neun Pfetten gelegt, welche die Dacheindeckung tragen.
Zur Errichtung der Halle der Haltestelle Bellevue wurden umgerechnet auf den Quadratmeter überdeckte Hallengrundfläche ca. 96 Kilogramm Eisen aufgewendet. Im Vergleich zum Bahnhof Zoo ist dies ein erhebli-

Haltestelle Bellevue 1882

cher Mehraufwand. Dort wurden die Hallenaußenwände so massig ausgeführt, daß es nicht erforderlich war, zum Abtragen der Windlasten die Außenwände mit Stahlstielen zu verstärken.

## Veränderungen in den zwanziger und dreißiger Jahren

In den Jahren zwischen den beiden Weltkriegen mußten viele Berliner Bahnhöfe saniert bzw. umgebaut werden. Ursache waren zum einen »Altersschwäche« der Hallenüberbauten und statische Überbelastung der steinernen Viadukte, zum anderen das erheblich gestiegene Fahrgastaufkommen im Fern- und Vorortsverkehr, für das die Bahnhöfe nicht ausgelegt waren. Außerdem erforderte die in den zwanziger Jahren eingeleitete Elektrifizierung der Stadt-, Ring- und Vorortbahnen erhebliche Hoch- und Tiefbaumaßnahmen, zum Beispiel mußten alle Bahnsteige auf eine einheitliche Höhe von 0,96 Metern über SO gebracht und auf ca. 160 Meter verlängert werden.
Die schon erwähnten Schäden an den gemauerten Viadukten erstreckten sich natürlich auch auf die Unterbauten der Stadtbahnhöfe und machten dort in den zwanziger und dreißiger Jahren erhebliche Verstärkungsarbeiten erforderlich. Außerdem mußten der Schlesische Bahnhof (1925/26 Nordhalle, 1934/37 Südhalle) und der Bahnhof Alexanderplatz (1926/28) mit neuen Bahnhofshallen versehen werden. Die völlige Erneuerung der Bahnhofshallen war erforderlich geworden, da infolge der Rauchgase der Lokomotiven die Korrosion der eisernen Hallen schon so weit fortgeschritten war, daß bei starkem Sturm oder Schneefall ein Einsturz befürchtet werden mußte.
1923 wurde der Bahnhof Friedrichstraße umgebaut und erweitert, wobei ebenfalls aus den genannten Gründen die alte Halle abgerissen werden mußte.
Die Haltestellen Bellevue und Börse erhielten statt der querliegenden Dachlichtsättel eine sich fast über die gesamte Hallenlänge erstreckende Firstlaterne mit größeren Rauchschlitzen. Der Lehrter Stadtbahnhof wurde während der Erneuerung der Brücken über die Fernbahngleise des Lehrter Bahnhofs 1926/27 ebenfalls umgebaut.

1932 erhielt die Haltestelle Jannowitzbrücke im Zuge der Verkehrsumgestaltung ihrer näheren Umgebung eine neue geschweißte Bahnhofshalle. Die Haltestelle Tiergarten wurde 1936 wegen Verbreiterung der Charlottenburger Chaussee (Straße des 17. Juni) fast vollständig abgerissen und in sehr einfacher Form wieder errichtet. Ein einstieliges Bahnhofsdach ersetzte die Bahnhofshalle. In den Jahren 1934 bis 1940 wurde der Bahnhof

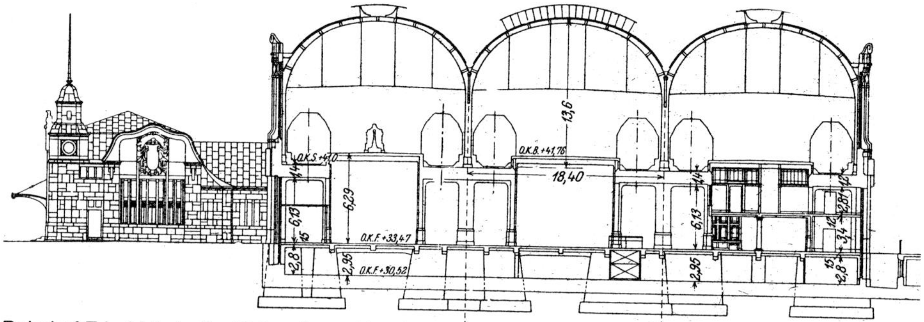


Bahnhof Friedrichstraße, Entwurf von 1912/13

Zoologischer Garten vollkommen umgestaltet. Und auch die 1896 eröffnete Haltestelle Savignyplatz mußte kleinere Baumaßnahmen über sich ergehen lassen, als die Brücke über die Bleibtreustraße erneuert wurde. Einzig der Bahnhof Charlottenburg blieb von größeren Umbauten verschont.
In Vergleich zu früher hatten einige der neu errichteten Bahnsteighallen ein völlig neues Aussehen erhalten. Das Mauerwerk war als tragendes Element im Eisenbahnhochbau zunehmend vom Stahl verdrängt worden. Die wesentlichen Ursachen, die dazu führten, dem Mauerwerk nur noch untergeordnete statische Funktionen zuzuweisen, seien hier genannt:

- Der Werkstoff Eisen war durch den Stahl ersetzt worden, der eine höhere ausnutzbare Festigkeit aufwies.
- Die Walzwerke konnten inzwischen Profile und Bleche mit fast beliebigen Querschnittsabmessungen und in gleichmäßiger Materialgüte als Massenprodukt herstellen.
- Die Schweißverbindung begann langsam die Nietverbindung zu verdrängen.
- Die Fertigung der einzelnen Stahlbauteile wurde von der Baustelle soweit wie möglich in die Werkstatt verlegt (teilweise Vorfertigung).
- Auf Initiative der Deutschen Reichsbahngesellschaft wurde u. a. die Stabilität von Stahlbauteilen untersucht sowie die Dauerfestigkeits- und Schweißeigenschaften des Baustahls erforscht.
- Die konstruierenden Bauingenieure waren inzwischen mit den neu entwickelten Berechnungsmethoden vertraut geworden, und diese neuen Verfahren hatten das Entstehen neuer Tragsysteme provoziert.

In den Berliner Bahnhofsbauten der zwanziger und dreißiger Jahre spiegelt sich diese Entwicklung wider: Der Übergang vom schmiedeeisernen Bogenfachwerk (Bahnhof Friedrichstraße) zum Stahlrahmen (Bahnhof Zoologischer Garten), vom zierlichen Stabwerk zum kräftigen Walzprofil oder Blechträger.

*Bahnhof Friedrichstraße*

Als im Jahre 1880/81 der Bahnhof Friedrichstraße errichtet wurde, hatte man nicht geahnt, welche Bedeutung dieser Bahnhof für Fern- und Stadtverkehr einmal erlangen würde. Im Gegensatz zum Bahnhof Alexanderplatz, der gleich verhältnismäßig großzügig angelegt wurde, dessen Empfangsgebäude und Gleisanlagen dem eines Fernbahnhofes entsprachen, wurde der Bahnhof Friedrichstraße mehr wie eine untergeordnete Haltestelle behandelt. Man hielt es nicht für notwendig, für die Wartesäle Wirtsräume mit warmer Küche vorzusehen. Ebenso wie die Küchen fehlten andere Notwendigkeiten und Bequemlichkeiten, und vor allem fehlte der Raum, sie nachträglich zu schaffen. An eine Erweiterung der Fahrkartenschalter, der Warteräume, der Gepäckabfertigung war nicht zu denken. Je mehr sich der Bahnhof zu einem Hauptpunkt des Stadt- und Fernverkehrs entwickelte, desto unhaltbarer wurden die Zustände.

Im Jahre 1901, als man anfing, erste Überlegungen für einen Umbau anzustellen, wurden täglich ca. 31 000 Personen abgefertigt. Im Jahre 1923, als mit dem Umbau schließlich begonnen wurde, war die Zahl auf 54 000 angestiegen.

Der erste Entwurf aus dem Jahre 1912/13 sah vor, den alten Bahnhof einschließlich der Gewölbe und Stützen zu entfernen und durch einen nach Norden um die Gleise 5 und 6 verbreiterten luftigen Unterbau zu ersetzen, der durch eine dreischiffige Halle über drei Bahnsteige mit sechs Gleisen überdacht werden sollte.

Aufgrund des Ersten Weltkrieges mußten die schon begonnenen Arbeiten eingestellt werden. Nach dem Krieg hatte sich die Finanzlage der Deutschen Reichsbahn derartig verschlechtert, daß man aus Kostengründen gezwungen war, das bestehende Bauwerk soweit als möglich weiterzuverwenden. Die Absicht, die schweren Stützpfeiler und Gewölbe durch schlanke Eisenstützen und Flachdecken zu ersetzen, mußte aufgegeben werden. Entsprechend dem ersten Entwurf sollte aber dennoch, teilweise auf dem alten Unterbau, eine dreischiffige Halle errichtet werden. Im Zuge einer statischen Nachrechnung stellte sich jedoch heraus, daß der alte Unterbau nicht imstande sein würde, die durch eine neue Stützenreihe vermehrte Last aufzunehmen. Es wurde daher ein neuer Entwurf für eine zweischiffige Bahnsteighalle aufgestellt, der vorsah, die Stützpunkte der alten Halle auf der Südfront weiterzuverwenden.

Die übrigen Stützpunkte der Bahnsteighalle wurden auf dem neu zu errichtenden Unterbau für die Gleise 5 und 6 (Stadtbahn) auf der Nordseite der alten Bahnanlage vorgesehen. Der Erweiterungsbau sollte die Empfangshalle mit Fahrkartenschalter, Handgepäckaufbewahrung und Gepäckabfertigung für den Fernverkehr aufnehmen. Sie war um ein Vielfaches größer als die alte Halle. Von hier aus führte eine breite Treppe zu den beiden Fernbahnsteigen im alten Bahnhofsteil. Das neue Bahnhofsgebäude gründete man wegen der schlechten Bodenverhältnisse auf einer 1,2 Meter dicken Eisenbetonplatte. Der Unterbau des neuen Bauwerkes bestand im wesentlichen aus einer Eisen-Rahmen-Konstruktion, die mit Mauerwerk ummantelt wurde. Bei den Decken handelte es sich um Eisenbetonplatten auf Stahlträgern. Wie schon erwähnt, wurde als Bahnsteigüberdachung eine zweischiffige Halle gewählt, und zwar wurde über die beiden Fernbahnsteige eine gemeinsame größere, über den Stadtbahnsteig eine besondere kleinere gespannt. Für beide Hallen wurde die Form eines flachen Tudorbogens gewählt, wobei das statische System so angelegt war, daß die größere Halle einen Dreigelenkbogen darstellte, an den sich die Stadtbahnhalle, gleichfalls als Dreigelenkbogen konstruiert, im nördlichen Kämpferpunkt anhängt.

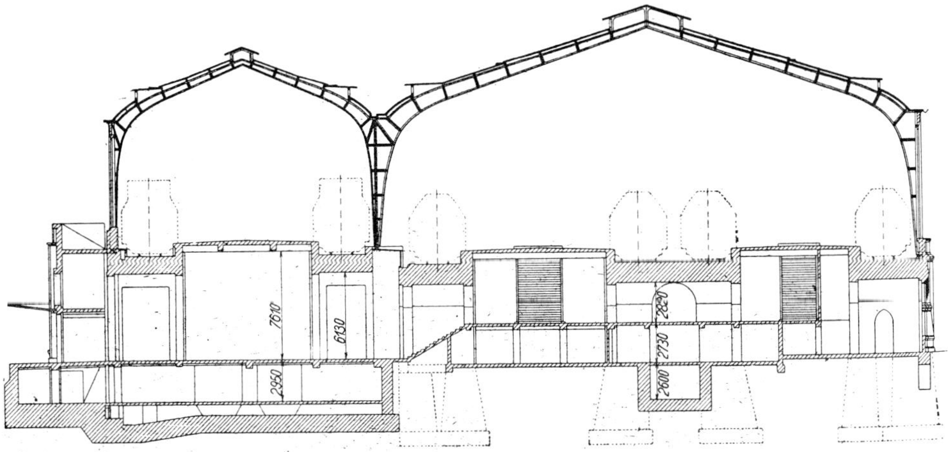

Bahnhof Friedrichstraße, ausgeführter Entwurf 1923

Die Fernbahnsteighalle ist ca. 140 Meter lang, die Halle über den Stadtbahngleisen ca. 130 Meter. Beide Hallen werden überspannt von 16 dreigelenkigen Rahmenbindern mit einer mittleren Spannweite von 31,4 bzw. 14,7 Metern.

Die Erfahrung hatte gelehrt, daß Anstrich und Reinigung der weitgespannten Bahnhofshallen mit unverhältnismäßig hohen Kosten und großen Betriebserschwernissen sowie Gefahren bei der Aufstellung der hierfür erforderlichen Gerüste verbunden waren. Deshalb wurde bei der Festlegung der Grundmaße Wert darauf gelegt, die Halle in allen ihren Teilen für derartige Arbeiten leicht zugänglich zu gestalten.

Die neuen genieteten Binder – deren konstruktive Details in der Abbildung zu sehen sind – wurden im Gegensatz zu den alten vollwandig ausgeführt. Damit waren sie sehr viel einfacher zu warten als die Gitterträger. Wie wichtig dieser Gesichtspunkt war, zeigte sich beim Abbruch der alten schweißeisernen Bahnhofshalle im Jahre 1914. Nach ca. 33jähriger Betriebsdauer waren die Bogenbinder durch Rost und Rauchgase stark angegriffen.

Die Rostbildung an den Bauteilen wurde gefördert durch die filigrane Ausführung der alten Bogenbinder, deren Unterhaltung sich als äußerst kompliziert erwies.
Die auf die Windschürzen wirkenden Windkräfte wurden über Windverbände und Längsriegel in sogenannte »Steifrahmen« geleitet, die jeweils zwischen den Rahmenstielen der Endfelder angeordnet wurden.
Um die Bahnsteighallen gut zu belichten, wurden ihre Außenwände völlig in Eisen und Glas gehalten. Der Sockel, in dem sich das Empfangsgebäude befindet, wurde durch dunklen, violett-braunen Eisenklinker verblendet, der den Vorteil hat, durch seine dunkle Farbe gegen grobe Verschmutzungen durch Rauch und Ruß unempfindlich zu sein.

*Bahnhof Zoologischer Garten*

Seit dem Jahre 1922 wurden an den Viadukten der Berliner Stadtbahn Verstärkungsarbeiten ausgeführt. Wegen des gewaltig angewachsenen Verkehrs, der zu einer statischen und dynamischen Überbelastung geführt hatte, hatten sich diese Reparaturen als notwendig erwiesen. Die Auswirkungen dieser ständigen Überbelastungen zeigten sich auch im Bereich des Bahnhofs Zoologischer Garten. Hier mußten aus diesem Grunde im Laufe der Jahre 21 Behelfskonstruktionen eingebaut werden. Dieser Zustand sollte durch die begonnenen Bauvorhaben beseitigt werden. Da gleichzeitig der alte Bahnhof Zoologischer Garten den verkehrlichen und betrieblichen Anforderungen nicht mehr genügte – die Gegend um den Kurfürstendamm war nach dem Ersten Weltkrieg immer mehr zum Zentrum des westlichen Berlins geworden –, hatte sich die Deutsche Reichsbahn entschlossen, das alte Bahnhofsgebäude vollständig abzureißen und einen neuen Bahnhof zu errichten. Es war vorgesehen, die Bahnhofsanlage in westlicher Richtung auf Kosten der Jebenstraße und der Vorgärten des Oberverwaltungsgerichts und des Landwehr-Kasinos um einen dritten Bahnsteig mit einem 5. und 6. Gleis für die Stadtbahn zu verbreitern.
Der neue Bahnsteig wurde dabei nicht genau neben die vorhandenen Bahnsteige gelegt, sondern so verschoben, daß sein Schwer-

*Bahnhof Friedrichstraße, Mittelbinder*

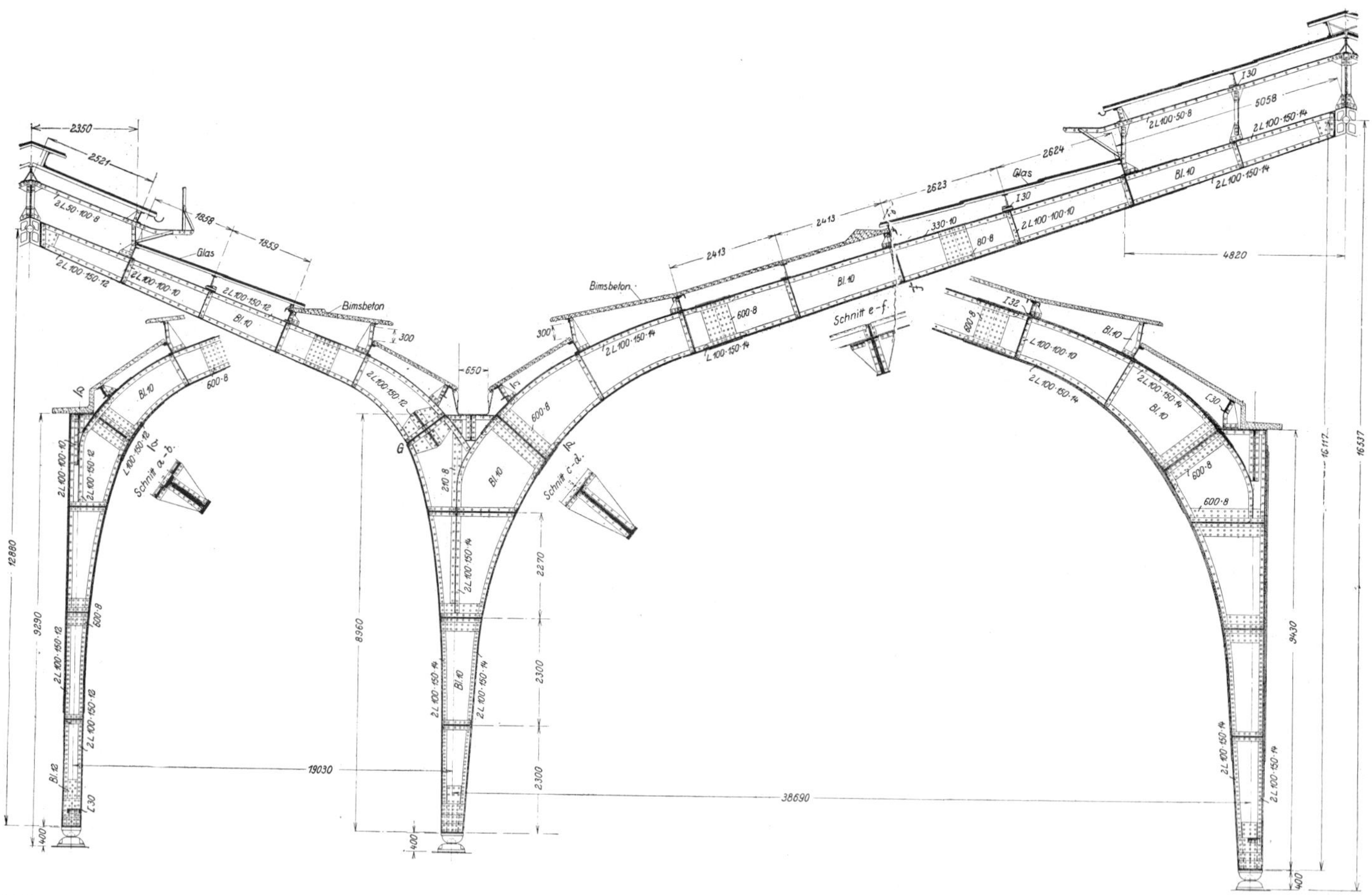

punkt mitten über der Hardenbergstraße zu liegen kam.
Zwei Schalterhallen für die Stadtbahn, eine auf der Nordseite der Hardenbergstraße im Bereich des Fernbahnhofes und eine auf der Südseite mit einem als Ladenstraße gedachten Verbindungsgang zur Kantstraße, sollten den S-Bahnhof erschließen.
Sämtliche alten backsteinernen Bögen im alten Empfangsgebäude sowie im Bauteil zwischen Kant- und Hardenbergstraße wurden entfernt und durch in Beton gehüllte Walzträgerdecken auf Stahlstützen ersetzt.
Die aufgelöste Bauweise ermöglichte eine freiere Grundrißgestaltung des Empfangsgebäudes. Die Verkehrsräume im Inneren wurden mit heller Keramik verkleidet, während das äußere Kleid, soweit die Stahlkonstruktion ummantelt werden mußte, aus großen gesandeten Muschelkalkplatten besteht.
Zwei große gegeneinander versetzte Hallen überspannen die Bahnsteige. Die Halle über den Fernbahnsteigen hat eine Höhe von 15 Metern (22,5 Meter von Straßenoberkante gemessen) und eine Spannweite von 38 Metern. Sie ist 130 Meter lang und besteht aus 15 hintereinandergeschalteten, vollständig geschweißten vollwandigen Zweigelenkrahmen, deren Gelenke jeweils an den Stützpunkten angeordnet wurden. Der durchschnittliche Binderabstand beträgt 9,6 Meter.
Im Gegensatz zum Bahnhof Friedrichstraße, wo man die auf die Windschürzen wirkenden Windkräfte mit Hilfe von Verbänden in sogenannte Steifrahmen leitete, wurden hier diese Kräfte direkt vom Schürzenbinder in die Unterkonstruktion abgetragen. Im Vergleich zu den übrigen Bindern wurden die Schürzenbinder daher mit entsprechend grö-

*Bahnhof Friedrichstraße, Bahnsteighallen nach dem Umbau*

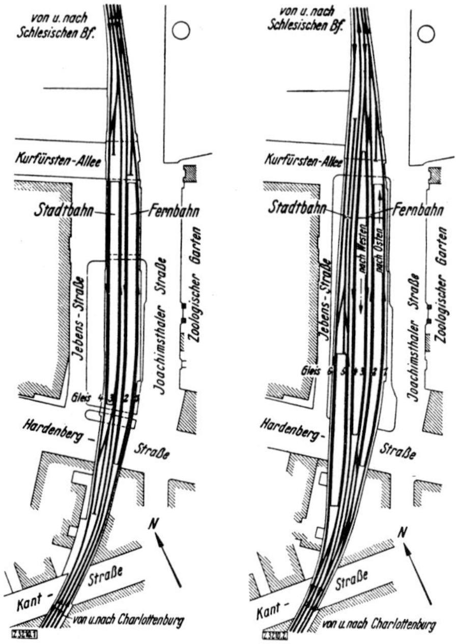


Bahnhof Zoologischer Garten
Gleisanlagen vor und nach dem Umbau

ßeren Querschnittsabmessungen als begehbare Hohlkästen ausgeführt.
Die S-Bahnhalle, über der Hardenbergstraße, ist ähnlich konzipiert. Ihre Spannweite beträgt 21 Meter, ihre Länge 169 Meter. Der Binderabstand ist ebenfalls 9,6 Meter. Im Bereich, wo S-Bahn- und Fernbahnhalle direkt nebeneinander liegen, wurden beide Rahmensysteme zu einem dreigelenkigen Rahmensystem integriert.
Da die elektrischen Züge keinen Rauch entwickelten, konnte die S-Bahnhalle um über die Hälfte niedriger werden als die Fernbahnhalle. Sie ist in ihrer Höhe bis auf den notwendigen Regellichtraum gedrückt und überbaut so die Hardenbergstraße so niedrig wie möglich.
Während die große Halle ihr Licht nur von den hohen verglasten Seitenwänden bekommt, ist in der kleinen Halle zusätzlich zu den Seitenfenstern ein Oberlicht angeordnet.

## Resümee

Am Anfang bestanden die Hallen aus eisernen kastenförmigen Gitterträgern. Die verwendeten statisch bestimmten Tragsysteme entsprachen dem damaligen Kenntnisstand der Bauingenieure.
In den zwanziger Jahren mußten die großen Bahnhofshallen erneuert werden. Die Ingenieure nutzten die Tatsache, daß die Walzwerke mittlerweile Profile und Bleche in fast beliebigen Querschnittsabmessungen und Längen produzieren konnten. Sie setzten möglichst großformatige Profile und Bleche zu vollwandigen Tragwerken zusammen. Die damit verbundenen Möglichkeiten, modernere Tragstrukturen zu verwenden, waren aber bei der Konzeption der ersten neuen Hallen noch nicht aufgegriffen worden. Die entwerfenden Architekten hatten zu dieser Zeit diese neuen Ideen noch nicht übernommen. Sie entschieden sich daher weiterhin für die konventionellen bogenähnlichen Tragwerke.
In den dreißiger Jahren begann sich im Stahlhochbau die Schweißverbindung gegenüber der Nietverbindung durchzusetzen. Dadurch war es möglich, einzelne Bauteile direkt miteinander zu verbinden, ohne daß wie beim Nieten sogenannte Bindebleche zu Hilfe genommen werden mußten. Das bedeutete eine erhebliche Material- und Arbeitsersparnis. Mittlerweile hatten sich auch die Bahnhofsarchitekten mit der Vorstellung vertraut gemacht, daß man große Hallen nicht unbedingt durch Bögen, sondern auch durch biegesteife Rahmen überspannen konnte. Diese Entwicklung spiegelt sich bei den neuen Hallen des Bahnhofs Zoologischer Garten wider. Sie bestehen aus einfach-statisch unbestimmten biegesteifen Zweigelenkrahmen, die aus großformatigen Blechen zusammengeschweißt wurden.

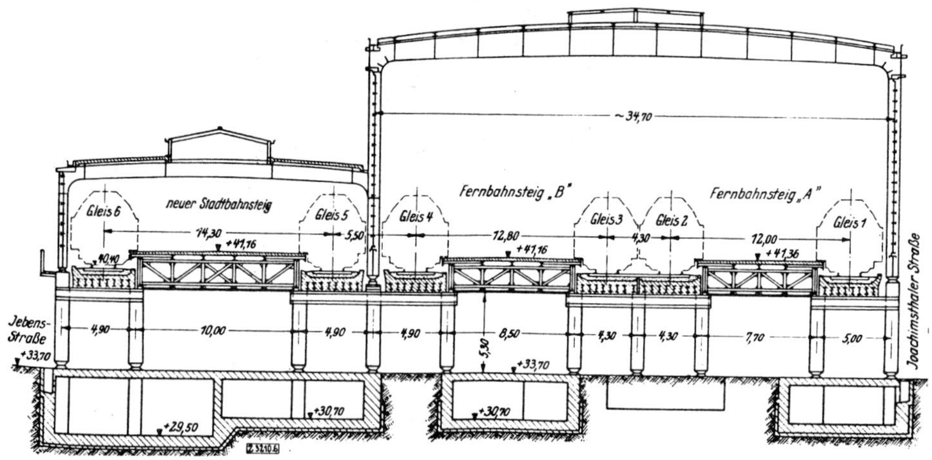


Bahnhof Zoologischer Garten, Querschnitt nach dem Umbau

## Anmerkungen

1 Die Berliner Stadteisenbahn. In: Zeitschrift für Bauwesen, Jg. 34 u. 35 (1884/85)
2 C. O. Mohr: Beitrag zur Theorie der elastischen Bogenträger. In: Zeitschrift des Architekten- und Ingenieurvereins zu Hannover, 1870
3 H. Müller-Breslau: Die neueren Methoden der Festigkeitslehre und der Statik der Baukonstruktionen. Leipzig 1886
4 J. Weyrauch: Theorie der elastischen Bogenträger. München 1879
5 Woltmann: Die neuen Bahnhofshallen auf dem Bahnhof Friedrichstraße in Berlin. In: Der Bauingenieur 6 (1925), S. 321–329
6 E. Franz: Umbau des Bahnhofs Zoologischer Garten in Berlin. In: Zeitschrift des Vereins Deutscher Ingenieure, Band 80 (1936), S. 845–850
7 Deutscher Stahlbau. Hrsg. v. Deutscher Stahlbau-Verband. Berlin 1937
8 E. Winkler: Die Lehre von der Elastizität und Festigkeit. Prag 1867

# Villenvororte und die S-Bahn

Goerd Peschken

## I. S-Bahn und Villenspekulation

Vor der S-Bahn ist der Fernverkehr auf denselben Linien, zum Teil auf denselben Gleisen gelaufen. Die S-Bahn-Strecken sind fast alle als Fernverkehrsstrecken gegründet worden. Genauer gesagt, wurden Fernverkehr und Vorortverkehr bei der Gründung der Bahnlinien nicht unterschieden. Zum Beispiel die Berlin-Potsdam-Magdeburger Bahn, die älteste Strecke von und nach Berlin, ist zuerst bis Potsdam fertiggestellt und betrieben worden und ganz ähnlich die Berlin-Hamburger Bahn von Hamburg aus zuerst bis Bergedorf. Potsdam wie Bergedorf waren aber damals schon typische Vororte. Jedenfalls war das Publikum, das die Eisenbahngründer mit diesen Anfangsstrecken gewinnen wollten, typisches Vorortpublikum. Die Potsdamer, die mit der Bahn fuhren, waren hauptsächlich Berliner aus der obersten Militär- und Beamtenhierarchie, die im Sommer in Potsdam wohnten, weil der Hof sich im Sommer in den Potsdamer Schlössern aufhielt. Diese hochgestellten Militärs und Beamten suchten mehrmals in der Woche ihre Ministerien usw. in Berlin auf, wo die Büros mit den Archiven und dem untergeordneten Personal verblieben. So fing die städtebauliche Trennung von Arbeitsplatz und Wohnung ganz von oben an. Wer einen General oder Minister aufsuchen wollte, mußte im Sommer eventuell mit der Bahn nach Potsdam fahren. Vor der Bahngründung hatte man zu dem allen die Kutsche benutzt. In Bergedorf waren allerdings die Sommerresidenzen von Senatoren und Reedern nicht so massiert, lagen vielmehr in allen Richtungen vor Hamburg. Dafür war Bergedorf aber Ausflugsziel, weil einziger Ort der Umgebung, der bei einem großen Wald lag. Ausflugsziel ist Potsdam erst später geworden. Denn die königlichen Gärten waren nicht jedermann jederzeit offen.

So war also schon die erste Bahnstrecke in Preußen von allem Anfang an auch Vorortbahn. Zwei Zugpaare täglich, eines morgens und eins am Abend, genügten, um dem vornehmen Publikum eine neue Wahl seines Lebensstiles zu eröffnen: Wer nicht aus geschäftlichen Gründen unbedingt dauernd in Berlin wohnen mußte, konnte auch im Winter in Potsdam bleiben und trotzdem mittels der Bahn am Berliner geschäftlichen und gesellschaftlichen Leben teilnehmen – mit einiger Einschränkung. Das war viel angenehmer als in der explodierenden Kapitale zu leben in Lärm, Staub und Gestank, in Unruhe und Hast, bedroht von Seuchen und neuerdings auch noch von Zusammenrottungen von Fabrikarbeitern. Und vermöge eben der Bahn konnte mancher nun daran denken, seine Gesellschaften überhaupt in seiner Villa bei Potsdam zu geben und auf eine Stadtwohnung in Berlin ganz zu verzichten.

Knapp eine Generation weiter, Anfang der 1860er Jahre, war dieses Modell gesunden, etwas zurückgezogenen Lebens bekannt und erprobt genug, daß man wagen konnte, es einer mehr mittelständischen Schicht anzubieten. Da die neuen Lebens- und Sozialverhältnisse mitsamt der industriellen Revolution zuerst in England aufgekommen waren, wurden sie zuerst in Hamburg bekannt. Ein Hamburger, A. W. Carstenn, kaufte mehrere Rittergüter zwischen Berlin und Potsdam: Lichterfelde, Giesensdorf, Wilmersdorf, um sie zu Villenvorstädten zu parzellieren. Wilmersdorf (das spätere Friedenau) lag in der Reichweite von Pferdeomnibus oder Pferdestraßenbahn und interessiert daher hier weniger, ebenso Westend, die Gründung eines anderen Hamburger Spekulanten. Lichterfelde aber war als Villenvorstadt abhängig von einem Eisenbahnanschluß. Carstenn mußte der damals noch privaten Anhalter Bahngesellschaft eine bestimmte Jahreseinnahme garantieren und den Bahnhof auf eigene Kosten bauen, um von ihr zu erlangen, daß sie Züge bei seiner Gründung halten ließ: der heutige Bahnhof Lichterfelde-Ost. Zwischen diesem und dem Dorf Alt-Lichterfelde (mit seinem heutigen Namen) liegt der Anfang von Carstenns Villenstadt Groß-Lichterfelde. Einige Jahre später, 1872, bekam Groß-Lichterfelde auch eine Station auf der Potsdamer Bahn, den Bahnhof Lichterfelde-West.

Was Carstenn da organisiert hatte, ist mit dem heutigen Städtebauer-Begriff die erste geplante Satellitenstadt in Kontinental-Europa gewesen (also abgesehen von England). Bei der Bahnstation baute Carstenn ein Einkaufszentrum, damit die Leute, ehe sie nach Berlin einkaufen fuhren, erst nachsehen konnten, was am Ort zu haben war (und was, wenn es in Lichterfelde gekauft wurde, über Geschäftsmiete und Bodenpreis indirekt auch dem Spekulanten zugute kam). Ebenso sollte das Publikum bei der Rückkehr von Berlin am Bahnhof Lichterfelde Dinge des täglichen Bedarfs mit nach Hause nehmen können wie Tabak, Zeitung, Schokolade, Rasierwasser – nicht aber Brot, Kartoffeln, Milch und Fleisch, denn das kauften ja die Dienstmädchen ein, die den ganzen Tag in Lichterfelde blieben und höchstens alle Wo-

che einmal, wenn sie frei hatten, mit der Bahn nach Berlin fuhren. Die Fleischereien lagen verstreut im Viertel.
Der Städtebau des Liberalismus ist von den Spekulanten gemacht worden. Genau während der Epoche, als die Städte Generation für Generation aufs doppelte wuchsen, war die große Zeit der privaten Spekulanten. Sie haben die Äcker parzelliert, die Straßen ausgelegt, auf und an denen jetzt West-Berlin steht. Und sie haben die Modelle entwickelt, nach denen die neuen riesigen Stadtteile gebaut wurden, die vielfach größer waren als das Areal der bisherigen Stadt. Zu dem Modell der Villenstadt gehörte der Vorortverkehr. Carstenns Lichterfelde ist vielmals nachgeahmt worden, rings um Berlin herum. Eine der letzten Villenvorstädte dieser Art war Frohnau, geplant ebenfalls von einem großen Spekulanten (dem Grafen Henckell zu Donnersmarck) um eine Vorortbahnstation als Kern herum.

## II. Zur Architektur der Bahnhöfe der feinen Vororte

Carstenn baute den ersten Bahnhof in Lichterfelde (Ost), als noch ungewiß war, ob seine Villenspekulation auch angehen würde. Daher entwarf er den Bahnhof so, daß er ihn notfalls auch als Feldscheune verwenden konnte. Dieser Bahnhofsbau ist seit etwa 1910 außer Funktion, als die Gleise hochgelegt wurden, um kreuzungsfreie Übergänge zu gewinnen. Der alte Bau hat weiter als Nebengebäude gedient. Er steht noch an der Westseite nördlich vom Bahnhofsausgang hinter den Läden, die den Vorplatz umgeben. Der alte Bahnhof ist ein kastenförmiger Bau mit flach geneigtem Pappdach. Ich habe noch den originalen Putz gesehen, mit klassizistischen Fenstergewänden und Gesimsbändern; in den 1960er Jahren ist er neu verputzt worden, und man hat dabei wie überall in der Stadt die Gesimse und Fenstergewände abgeschlagen, weil irgendwelche amtlichen Subventionen darangeknüpft waren oder auch nur, weil das damals für schön galt. Jedenfalls war dies erste Empfangsgebäude klassizistisch von Architektur und auf dem glatten Putz weißgrau angestrichen. Diese klassizistische Aufmachung teilte es mit wohl allen älteren Bahnhöfen. Auch die ersten Kopf- und Endbahnhöfe der Potsdamer und Anhalter Bahn in Berlin waren solche klassizistischen Putzbauten, wie ja auch der Hamburger Bahnhof in der Invalidenstraße, dessen Giebelfassade noch steht.

Der preußische Spätklassizismus als Stilform ist um 1820/25 von Schinkel geprägt worden. Dieser Stil ist eine Variante des Klassizismus der politischen Restauration, der soweit reicht wie diese gereicht hat, nämlich soweit wie die Armeen der Französischen Großen Revolution und Napoleons die europäische Staatenwelt umgestürzt hatten. Die Berliner Bürger haben für ihre Stadthäuser und meist auch für ihre Villen diesen Klassizismus übernommen, so auch für ihre Bahnhöfe. Sie taten das nicht nur, um sich anzupassen. Es lag auch ein Anspruch auf Gleichstellung mit König und Hof und Staatsbürokratie darin. Die Bürger konnten es dem Staat nicht allein überlassen, daß dieser sich vermöge der klassischen Formen auf die griechische Antike und damit auf die gebildete Menschlichkeit des Hellenentums berief: Dies waren bürgerliche Ideale. Daß die altgriechische Gesellschaft auf Sklaverei beruht hatte, hatte man nicht im Sinn. Die Bürger erinnerten sich vor dem Griechisch-Antiken eher der Demokratie der freien griechischen Oberschicht. Anders der Staat: Er konnte an seine Beschwörung der antiken Formen die Darstellung feudaler Legitimität zugleich mit anknüpfen. Denn diese war von jeher mit klassischen Säulen und Gesimsen, Giebeln und Marmorverkleidungen zum Ausdruck gebracht worden. Der Spätklassizismus unterschied sich von dieser hergebrachten Architektur nur darin, daß er die griechischen Formen vor den römischen bevorzugte.
Von dieser allgemeinen Interpretation des Spätklassizismus will ich selbstverständlich nicht behaupten, daß ihre Inhalte Carstenn formulierbar bewußt gewesen wären. Kunstformen sind als Formen definiert; die Inhalte, die die Leute damit verbinden, wechseln mit der Zeit. Carstenn war sicherlich kein politischer Revolutionär. Er war Geschäftsmann und als Spekulant städtebaulicher Revolutionär. Mit dem griechischen Stil seines Bahnhofes Lichterfelde-Ost hat er wahrscheinlich nur die Vorstellung verbunden, daß dieser in der Gesellschaftsschicht, an die er seine Grundstücke verkaufen wollte, als wohlanständig galt, und zweitens, daß seine Rahmungen und Gesimse zur Kastenform der Feldscheune gut passen würden und nicht teuer zu bauen wären. Eine gotische Feldscheune in einer Form, die auch als Bahnhof geeignet war, wäre wahrscheinlich teurer gekommen.

Als Carstenn diesen Bahnhof baute, war seine Villenstadt noch Projekt; der Bahnhof sollte die Villen nach sich ziehen. Die Villenstadt ging so gut auf, daß die Bahngesellschaften bald von sich aus Vorortstationen einlegten (übrigens auch, wo es noch möglich war, selbst in die Terrainspekulation einstiegen). So zogen die Villen nun die Bahnhöfe nach sich. Daher sind die weiteren Bahnhöfe wie Villen gestaltet. Ein besonders gut erhaltenes Beispiel ist der Bahnhof Lichterfelde-West. Er ist unsymmetrisch aus einem zweistöckigen Haus mit Mittelvorsprung an der Straßenseite, aus einem Turm mit Aussichtslaube darauf und aus einem eingeschossigen Hallenteil komponiert. In dem Haus waren unten Warteraum und Fahrkartenausgabe, oben die Wohnung oder mehrere Wohnungen von Stationsbeamten, im Turm die Treppe da hinauf, in der Halle wurden Gepäck und Stückgut gelagert und abgefertigt. Zu den Gleisen hin war ähnlich einer Laube ein Bahnsteigdach angebaut. Das Bahnsteigdach ist vor einigen Jahren abgebrannt, die Gepäckhalle vom Feuer schwer beschädigt. Das Ganze ist – mit Ausnahme des Bahnsteigdaches, das auf Eisensäulen gestützt war – aus gelbem Sichtmauerwerk, die flachgeneigten Dächer sind mit Schiefer und Pappe gedeckt, und die Architekturformen im einzelnen sind Rund- und Segmentbögen mit braungestrichenen Holzteilen.

Der Stil dieses Gebäudes spricht sich weniger in den schlichten Details aus, mehr in der reichen Gesamtkomposition. Asymmetrie, Aussichtsturm und Laube gehören zum Typus der italienischen Belvedere-Villa, wie sie für die romantischen Landschaftsgärten seit dem ausgehenden 18. Jahrhundert gern nachgeahmt wurde. Was Preußen betrifft, so hat erst Schinkel den Typ hier eingeführt. Er hatte ihn auf seiner ersten Italienreise 1804/05 mehrfach skizziert, aber erst 1833 hat er ein solches Gebäude neu erbaut: das sogenannte Gärtnerhaus des Kronprinzen Friedrich Wilhelm (IV.) in Sanssouci-Charlottenhof. Schon der Typus der italienischen Vorbilder schwankt zwischen kleinen Bauernhäusern, in deren Laube die Feudalherrschaften einkehren und ungezwungen ländlicher Gelage und Liebschaften pflegen mochten, und größeren Sommerresidenzen. Der Belvedere-Turm bot Überblick über den weiten Landbesitz oder symbolisierte ihn wenigstens, manchmal diente er aber als Taubenhaus. Die ganze unsymmetrische Baugruppe mit dem Turm signalisierte schon in Italien der Herrenschicht ländliche Gelassenheit, Sommerferien von den städtischen Geschäften und gesellschaftlichen Verpflichtungen. Etwas eher als das Gärtnerhaus für den Kronprinzen hatte Schinkel die Sommerresidenz von dessen Bruder Prinz Karl von Preußen in Glienicke ähnlich ausgebaut, mit Turm und unsymmetrisch; an einem der Gebäude dort findet man auch schon das flachgeneigte Dach mit dem offenen Sparrengesims. Prinz Karl ließ in Glienicke noch mehrere Nebengebäude dieses Typus bauen, zuletzt zwei Wächterhäuschen an seiner Parkgrenze, die bei der Pfaueninsel-Chaussee verlief. Diese beiden Wächterhäuschen sind auch aus gelbem Sichtmauerwerk gebaut wie der Bahnhof Lichterfelde. Sobald frostfeste Mauerziegel genügend billig hergestellt werden konnten, nahm man sie gern, weil das auf lange Sicht die Erneuerung von Anstrich und Putz sparte. Nur mußten diese sichtbaren Ziegel erst einmal auch als schön akzeptiert sein.

Dafür hat zunächst die Staatsbauverwaltung gesorgt. Der Oberlandesbaudirektor David Gilly, Lehrer Schinkels, hatte diese Bestrebungen begonnen, Schinkel sie fortgeführt. Aber erst in der Generation nach ihm, während der Regierungszeit Friedrich Wilhelms IV. wurde Sichtmauerwerk (im vorigen Jahrhundert sagte man Ziegelrohbau) bei Schlössern des Königshauses selbst angewendet, womit diese Bauweise gesellschaftlich akzeptiert war.

Immerhin hatte schon Schinkel in den Jahren 1831–34 dicht bei den Parks des Königshauses einen großen Sichtmauerwerksbau ausführen lassen, die *Glienicker Brücke.* Sie lag unmittelbar am Parkende der Sommervilla des Prinzen Karl und und war aus dem benachbarten Park der Sommervilla des Prinzen Wilhelm (des späteren Kaisers), Schloß Babelsberg, in ganzer Breite zu sehen. Die Brücke war aus gelben Ziegeln gemauert. Sie überspannte in zweimal fünf Bögen die Havel. In der Mitte war eine Aufzugsklappe für die Schiffahrt. 1907 ist sie durch die heutige Eisenbrücke ersetzt worden. Die alte Glienicker Brücke ist das formale Muster der gemauerten Viadukte der Stadtbahn, der Ringbahn usw. gewesen.

# Bahnhof Nikolassee

*Bau und Einweihung des Bahnhofsgebäudes 1902. Der Bau der Villengegend um den Bahnhof ging auf Wilhelm Conrad, den Vorsitzenden der Berlin-Magdeburger Eisenbahngesellschaft, zurück, der mit der Wannseebahn, »der Wahnsinnsbahn auf Conrädern«, wie sie auch spöttisch genannt wurde, das Wald- und Seengebiet erschließen wollte. Um 1900 baute die »Villen- und Landhaus-Baugesellschaft Heimstätten AG«, die das Land von dem Hohenzollern Prinz Friedrich Leopold gekauft hatte, den Ortsteil.*

Die Gesamtkomposition des Bahnhofs Lichterfelde-West beschwört also ländliche Muße, wobei der Turm mit seiner Fernsicht nicht weitläufige Liegenschaften meint, sondern die Ferne, die der Schienenstrang erschließt. Bei den Lichterfelder Villen, die mit einem solchen Belvedere-Turm geziert waren oder noch sind (man kann nicht ständig auf dem laufenden sein darüber, welche inzwischen schon wieder abgerissen sind), bedeutet der Turm nur noch Villa. Die Grundstücke waren keine Latifundien. Der Sinn von Kunstformen aber verliert sich, wenn man erst einmal an sie gewöhnt ist, leicht in Gedankenlosigkeit. Die Bürger in ihrer Villenstadt versuchten also etwas vom Glanz von Sanssouci oder Glienicke in ihr Leben zu ziehen, aber genauso wie ihnen vergleichbare Latifundien fehlten, fehlte ihnen auch die Muße. Es hieß fast täglich in die Stadt fahren, mit dem Vorortzug, je nachdem 1. oder 2. Klasse (niemals aber 3. oder 4. Klasse, denn darin fuhren die Dienstmädchen, Handwerker und Bauern), später mit der S-Bahn (die Hamburger S-Bahn hat heute noch zwei Klassen).
Ein anderer Bahnhof vom Typ der Belvedere-Villa war Schlachtensee; leider ist der Turm schon seit über zehn Jahren um sein Aussichtsgeschoß geköpft. Solche Stationsgebäude gibt es auch auf den Fernstrecken in ganz Norddeutschland.
Etwas größere Anlagen, kompakter, aber doch noch in lockerer Asymmetrie freundlich-ländlich komponiert, haben in Steglitz und in Charlottenburg gestanden. In Charlottenburg waren die Nebengebäude aus gelben Ziegeln, das Hauptgebäude aber aus Fachwerk. Es hatte wieder flachgeneigte Dächer und offene Sparrengesimse wie die schon beschriebenen Rohziegelbauten, und freie Ziergespärre vor den Giebeln. Solche Ziergespärre waren auch an den Ziegelgebäuden daneben und auch an denjenigen des Bahnhofs Steglitz angebracht.
Der Stil dieser etwas kompakteren und ruhiger gegliederten Gebäude mit Ziergebinden, ob nun in Fachwerk gebaut oder gemauert, beschwört eine andere ländlich-luxuriöse Vorstellung, nämlich das Schweizerhaus und die schweizerische Landschaft. Die West- und mitteleuropäischen bürgerlichen Gesellschaften haben ihren Natur- und Landschaftsgenuß erst seit der letzten Hälfte des 18. Jahrhunderts ausgebildet, und zwar vorzugsweise an der Gebirgslandschaft der Schweiz. Flachland fand man langweilig. Die abwechslungsreicheren Partien der deutschen Landschaften wurden für den Tourismus der Vornehmen ›Schweiz‹ getauft: Sächsische Schweiz, Märkische Schweiz, Holsteinische Schweiz, Fränkische Schweiz. Der Schweizerstil meint also wieder, wie die italienische Belvedere-Villa, ländliche Erholsamkeit, mit dem Unterschied, daß das Vorbild diesmal nicht aus der feudalen Welt kam, sondern aus der romantisch-bürgerlichen.

Bevor sich der Stil abgenutzt hatte, hatte man sogar urtümliche demokratische Freiheitsliebe damit assoziiert (siehe Schiller: Wilhelm Tell). Gleichwohl treten die Schweizerhäuser wieder zuerst in den Parks der kulturell ja schon verbürgerlichten Feudalschicht auf – das erste hierzulande könnte dasjenige auf der Pfaueninsel gewesen sein, das der Kronprinz Friedrich Wilhelm (IV.) um 1825 selbst entworfen hat und das Schinkel für die Ausführung hat durchzeichnen müssen.

Neben diese Charlottenburger Stationsgebäude paßte sehr gut der ebenfalls aus gelben Ziegeln gemauerte Schaft des Wasserturms mit dem eisernen Kessel obenauf. Charlottenburg selbst war gegen 1880 hier noch fast idyllisch, und solange die alten Gebäude noch standen, spürte man unter dem Pflaster des Stuttgarter Platzes noch den märkischen Sand. Unter blauem Himmel, im Glast des kontinentalen Sommers, stand das Dunkelgrün der herrlichen alten Kastanien des Platzes unvergeßlich schön gegen das satte Gelb der Backsteine der Bahnhofsgebäude. Gebäude und Bäume sind dem Durchbruch der Lewishamstraße mit der Untertunnelung des Kurfürstendamms zum Opfer gefallen, der Bahnhof Steglitz dem Kreiselhochhaus. Provinz-Baupolitik, Modernisierung um jeden Preis, und wenn es der Bankrott ist.
Der Schweizerstil ließ sich auch für ganz kleine Stationshäuschen verwenden. Im Bahnhof Friedenau stecken, stark verbaut, noch einige hübsche Bauteile der Art.
Der Hauch von ländlichem Behagen und Vornehmheit in diesen Stationen ist so anziehend, weil dahinter das Idealbild bürgerlicher Kultur steht, der Landschaftsgarten, die Welt als gepflegte und befriedete Natur. In diesem gedachten unendlichen Landschaftspark sind die Bahnhöfe und Bahnlinien scheinbar selbstverständlich eingebettet und erschließen ihn wiederum. Tatsächlich sind die Potsdamer, die Anhalter und die Hamburger Bahnlinien wie übrigens auch einige Kanäle bei Berlin vom Gartendirektor des königlichen Parks Sanssouci, Peter Josef Lenné, trassiert worden. Die Regierung wurde mit den privaten Bahntrassen dadurch befaßt, daß sie sie als Verkehrswege genehmigen mußte; außerdem benötigten die Bahngesellschaften königliche Enteignungs-Privilegien, um das Gelände der Trassen ankaufen zu können, auch wenn ein Eigentümer widerstand. So konnte der Hofgartendirektor eingeschaltet werden.
Ideale Assoziationen allein machen noch keinen Kunsteindruck. Es war die Überzeugung der Erbauer von diesen Idealen, ihr Optimismus, daß sie die Welt als schönen und nützlichen, friedlichen Garten ordnen würden, der den Gebäuden die schöne Freiheit der Gebärde, die Selbstverständlichkeit und Ruhe der Erscheinung geben könnte, die wiederum uns überzeugt.
Rein formal würden die Stationen der Ringbahnerweiterung aus den Jahren um 1890–95 fast dieselben Kriterien erfüllen wie die schon besprochenen. Auch sie sind unsymmetrisch, mit Türmen und Giebeln versehen, aus Backstein – nun meistens rotem –; der Stil ist mittelalterlich-gotisch mit hohen Dächern und gespitzten Fensterbögen, gelegentlich werden auch burgartige Zinnen aufgeboten. Neugotik gab es von jeher im Landschaftsgarten auch. Villen ähnlicher Form wie diese Bahnhöfe sind auch gebaut worden. Die Backsteingotik wurde sogar in der Vorstellung mit der großen Zeit des mittelalterlichen Stadtbürgertums, mit stadtbürgerlicher Freiheit verbunden.
Trotzdem ist der architektonische Eindruck meistens unfrei, kleinlich, verkrümmt: etwa die Station *Halensee* unweit vom Eingang des Grunewald-Villenviertels, deren ausgebrannte Hülle in den 50er Jahren beseitigt worden ist, oder die schon längst verschwundene Station Kolonnenstraße oder das noch existierende Bahnhofsgebäude Papestraße. Diese Stationen ähneln darin den Villen derselben Zeit. Man kann ihre Erscheinung wohl am besten aus der damaligen Atmosphäre erklären. Bismarck hatte durch seine Kriege 1863–1871 vor allem das deutsche Bürgertum besiegt, seine demokratischen Ansprüche entscheidend zurückgeschlagen. Die

*Bahnhof Lindenthaler Allee, 1904 erbaut von Hart & Lesser*

junge Generation hat das verinnerlicht, ist in autoritätshörige Kleinbürgerlichkeit umgeschlagen. Da konnte die Architektur wohl auch nicht ganz unverbogen bleiben.

In der nächsten Generation hob eine neue bürgerliche Schicht ihr Haupt: die Großbankiers, Großindustriellen und Monopolherren. Für ein paar Jahre kurz nach der Jahr hundertwende konnte man auf freiere und würdigere Verhältnisse wenigstens hoffen. Man kann es an den Wohnungen und Villen noch sehen und sogar auch wieder an den Bahnhöfen. Auch nachdem die Bahnen 1879–84 sämtlich verstaatlicht worden waren, wurden Stationen bei Nobelvierteln weiter im wohlverstandenen Interesse dieser Vororte und Stadtteile gestaltet. Die Architekten der Eingangsbauwerke von *Nikolassee* und Lindenthaler Allee haben sogar an den Belvedere-Typ angeknüpft. Der Bahnhof Nikolassee ist in Bürgergotik gegeben. Im ganzen macht er einen großzügigen Eindruck, vor allem durch das ruhige Dach und dadurch, daß die Eingangshalle sich so deutlich abzeichnet. Andererseits besagt der Gegensatz zwischen den flachen Bahnsteigdächern und dem steilen des Empfangsgebäu des, daß bei diesem traditionalistische Heimatlichkeit gesucht wird, die sich vom erreichten Stande der Technik abwendet (das war auch schon bei den genannten Ringbahnstationen der Fall und bleibt so bis zum ›neuen bauen‹ der 20er Jahre). All diese steilen Dächer, in welcher Form auch immer, sind gesuchte Atavismen. Ebenso zielt die Vielförmigkeit der Komposition offenbar auf Gemütlichkeit im Gegensatz zu dem industriell gleichmäßigen Stützentakt der Bahnsteigdächer; die Massigkeit des Gebäudes scheint etwas verkrampft dem vorbeiflutenden Verkehr entgegengestellt.

Der letzte Vorortbahnhof *Lindenthaler Allee* in seinem mit der Freiheit des Jugendstiles behandelten Neubarock zeigt ähnliche Tendenzen. Die Gruppe von Dachkuppel der Eingangshalle und Uhrturm spielt ein bißchen Kleinstadt-Kirche, zumal die Aussichtslaube auf dem Turm neu aufgegeben ist. Die Miethäuser rings um den Vorplatz mit ihren Läden spielen Kleinstadtmarkt.
Die deutsche mittelständische bürgerliche Gesellschaft fühlte sich von der Monopolisierung und Kartellierung der Wirtschaft zu Recht bedroht. Sie sah ihre Perspektive aber nicht im Sozialismus, sondern flüchtete sich

zumeist in reaktionäre Vorstellungen von Kleinstadt-Glück, Gemütlichkeit, geschlossener Gesellschaft. Noch hatten sich die Monopolherren nicht mit dem junkerlichen Militärstaat verbündet, noch nicht auf die politische Reaktion gesetzt (das taten sie alsbald). Noch war die Richtung zur großindustriellen Biedermannshölle mit Blockwart und Konzentrationslager nicht eingeschlagen. Der Architekt des Bahnhofes Lindenthaler Allee hat der unvermeidlichen Kleinstadtmotivik noch den Ausdruck von Selbstbewußtsein und großstädtischer Freiheit abzugewinnen vermocht. So auch die Entwerfer der anderen Zugangsgebäude der Zeit auf der Berliner S-Bahn wie Heerstraße, Botanischer Garten, Hohenzollerndamm. Das war damals schon nicht mehr selbstverständlich, wie man bei aufmerksamer Betrachtung der Villen der Zeit sehen kann. Desto höher muß man die Berliner S-Bahn-Architektur auch dieser Epoche vor dem Ersten Weltkriege schätzen.

*Bahnhof Wannsee mit Ausflugsverkehr um 1900*

# S-Bahn-Architektur

## Zu einigen S-Bahnhöfen und ihrer Entstehung

Eva-Maria Eilhardt und Marie-Theres Suermann

### Die Entstehung der Bahnhofstypen

Die Art der Trassenführung der Stadt-, Ring- und Vorortbahnen war zum einen durch geographische Gegebenheiten bedingt, zum anderen durch das immer stärker werdende Verkehrsaufkommen. Die ersten Bahnlinien waren ebenerdig angelegt worden, so daß sie niveaugleich mit den Straßen verliefen. Da die Zugfolge immer dichter wurde, war der stärker werdende Straßenverkehr, der durch Schranken geregelt wurde, sehr behindert. Daher ergab sich die Notwendigkeit, die Verkehrsschnittpunkte kreuzungsfrei auszubilden. Die Bahntrassen wurden nun auf Böschungen bzw. Viadukte mit Unterführungen verlegt oder aber in einen Geländeeinschnitt, über den Brücken führten. Diese beiden Grundtypen der Trassenführung bedingten entsprechende Bahnhofsanlagen sowie die Forderung, daß die zwischen zwei Gleispaaren angelegten Bahnsteige ohne Überquerung der Gleise zugängig sein sollten.

Für die auf Viadukte bzw. Böschungen verlaufenden S-Bahnlinien lassen sich bei den Bahnhöfen und Haltestellen zwei Bautypen unterscheiden:
1. Das Empfangsgebäude steht neben dem Bahnsteig und ist mit diesem durch einen ebenerdigen Tunnel und einen Treppenaufgang verbunden.
2. Das Empfangsgebäude ist in die Böschung bzw. den Viadukt integriert. Der Zugang zum Bahnsteig erfolgt durch einen Treppenaufgang von der unter den Gleisen befindlichen Empfangshalle. Einige dieser Bahnhöfe, vor allem die aus späterer Zeit, sind sehr einfach ausgeführt. Sie haben anstelle einer sogenannten »Empfangshalle« nur einen Durchgang, von dem aus die Treppen zu den Bahnsteigen hochführen.

Für den Typus der im Geländeeinschnitt verlaufenden S-Bahnlinien gibt es ebenfalls zwei Grundtypen von Bahnhofsanlagen:
1. Das Empfangsgebäude befindet sich seitlich an der Böschung des Einschnitts und ist mit dem Bahnsteig durch eine meist glasgedeckte Fußgängerbrücke verbunden, von der Treppenabgänge zu den Bahnsteigen führen.
2. Das Empfangsgebäude liegt zwischen den Bahnsteigen und hat seinen Zugang über eine von beiden Seiten des Geländeeinschnittes führende Brücke. Der Bahnsteig ist direkt von der Empfangshalle aus zu erreichen.
Außerdem gibt es noch die Sondertypen der unterirdischen Nord-Süd-Bahn und die Kopfbahnhöfe, die unterschiedlich konzipiert sind.

### Die Bahnsteiggebäude und das Mobiliar

Die Ausstattung der Mittelbahnsteige der Bahnhöfe war ursprünglich sehr sparsam. Die ersten Schaffnerhäuschen der Wannseebahn zum Beispiel waren ebenso wie die Wartebänke, Zugrichtungsweiser (Hampelmänner genannt) sowie die Wartehäuschen aus Holz gefertigt. Die Überdachung der Bahnsteige wurde von gußeisernen Stützen getragen, von denen mehrere Typen serienmäßig gefertigt wurden. Um die Jahrhundertwende kamen dann Dienst- und Warteräume in massiver Bauweise in Brauch. Sie bestanden aus einem Stahlfachwerk, das mit Fliesen oder glasierten Klinkern ausgefacht wurde. Sie standen, ebenso wie die ersten hölzernen, selbständig auf dem Bahnsteig, während sie ab ca. 1905 in die Mittelstützenkonstruktion der Bahnsteigüberdachung integriert wurden. Bemerkenswert ist auch das Vorhandensein von Waschbecken (»kein Trinkwasser«) sowie von Trinkbrunnen, meist auf der Mittelachse, aus deren Mitte eine kleine Wasserfontäne hochschoß und den Reisenden Erfrischung bot.

### Die Bahnsteigüberdachung

Bei der ersten als Nahverkehrssystem konzipierten Linie der S-Bahn, der Stadtbahn, wurden die Bahnsteigüberdachungen in Anlehnung an die Fernbahnhöfe als geschlossene Halle angelegt. Dies erwies sich aufgrund der aggressiven Lokomotivdämpfe als ungeeignet, da die verzinkten Wellblechabdeckungen schon in kürzester Zeit zerstört wurden und durch neue ersetzt werden mußten. Daher entschloß man sich bei den weiteren Bauvorhaben für eine seitlich offene Konstruktion, die aus einem gußeisernen Stützenpaar, auf denen ein flaches Satteldach ruhte, bestand. Dieser Typus wurde auf der Wannseebahn eingeführt und diente lange Zeit als Standardausrüstung der Bahnsteige. Um die Jahrhundertwende wurde eine Konstruktion mit nur einer mittelständigen Stahlstütze eingeführt, da die außenstehenden Stützen sich als Behinderung für die Fahrgäste beim Ein- und Aussteigen erwiesen hatten. Die Mittelstützenkonstruktion ist bis heute der Standardtypus der Bahnsteigüberdachung geblieben.

## Die Architektur der Empfangsgebäude

Die architektonische Gestaltung der Empfangsgebäude der S-Bahn zeichnet sich vor allem durch die Anpassung der Hochbauten an ihrem Umfeld aus. Infolgedessen gibt es die unterschiedlichsten Bahnhofsgebäude, die entsprechend ihrer ländlichen, gartenstädtischen, industriellen oder städtischen Umgebung deren jeweiligen Charakter tragen. Innerhalb dieser Kategorien spiegelt die Architektur durchaus auch die soziale Struktur der betreffenden Gegend wieder. Dies wird zum Beispiel an den Bahnhofsgebäuden der Gartenstadt Frohnau und des vornehmeren Villenvorortes Zehlendorf mit dem Bahnhof Zehlendorf-West, später Lindenthaler Allee, deutlich. Beide wurden von denselben Architekten Hart & Lesser gebaut. Im folgenden sollen drei Bahnhofsgebäude bzw. -anlagen vorgestellt werden, die jeweils eine verschiedene Funktion innehatten: als Massentransportmittel, als Vorortbahn für eine »Gartenstadt« und als Werkbahn.

## Der S-Bahnhof Olympiastadion

Die heutige Teilstrecke der S-Bahn Charlottenburg – Spandau mit den Bahnhöfen Heerstraße, Olympiastadion (früher Rennbahn) und dem Bahnhof Pichelsberg hatte eine wechselhafte Geschichte. Zunächst war zur alten Hamburger Strecke nur ein Abzweig gebaut worden, der einen oberen Teil des Grunewalds neu erschloß. Nach Einweihung des Bahnhofs Rennbahn, 1909, kam es am 25. 9. 1911 zur Eröffnung der als Grunewaldbahn bezeichneten Strecke zwischen Charlottenburg und Spandau, auf der nun die Vorortzüge nach Spandau verkehrten. Mit dem wachsenden Verkehr kam es dann auf diesem westlich von Charlottenburg liegenden Gelände zu Engpässen, zum einen wegen der Niveaukreuzung zwischen dem verlängerten Stadtbahngleis nach Bahnhof Grunewald und dem Ausfahrgleis nach dem Südring, zum anderen wegen der Niveaukreuzung zwischen dem Einfahrtgleis des früheren Hamburger Anschlusses und dem Gleis der Wetzlarer Bahn über Grunewald. Auch fehlte eine Überleitung der Spandauer Züge auf die Gleise der Stadtbahn. Deshalb kam es zum Umbau der Streckenführung 1926 bis 1928, wobei die Bahnhöfe Eichkamp und Ausstellung (ab 15. 1. 1932 Westkreuz) neu gebaut wurden. Die alte Hamburger Strecke wurde ganz aufgegeben und die Trasse in das Ausstellungsgelände am Funkturm einbezogen.

Ähnlich wechselhaft ist auch der Bau des Bahnhofs Rennbahn, des späteren Bahnhofs Olympiastadion. An ihm läßt sich die unterschiedliche Gestaltung eines Bahnhofs, der einen punktuellen Massenbetrieb zu bewältigen hatte, in den verschiedenen historischen Zeitabschnitten beobachten.

*»Am 23. Mai 1909 ist in Gegenwart des Kaisers, der Kaiserin und eines großen Teiles der Prinzen des Königlichen Hauses die in dem Grunewald gelegene neue Rennbahn für Flach- und Hindernisrennen des Berliner Rennvereins eröffnet worden. Am gleichen Tag fand in beschränktem Umfang die Inbetriebnahme der nach der Rennbahn führenden Bahnstrecke mit dem Bahnhof Rennbahn statt. Diese Bahn ist zunächst beschleunigt fertiggestellt worden, weil sie Vorbedingung für die Eröffnung der Rennbahn war.«*[1]

Der Berliner Rennverein »Union« hatte vom königlichen Forstfiskus, dem das gesamte Gebiet des Grunewalds gehörte, auf 40 Jahre ein riesiges Areal gepachtet und darauf Rennbahnen, Zuschauertribünen und Nebengebäude errichtet. Im Hinblick auf die für 1916 geplanten Olympischen Spiele baute hier 1912 Otto March das »Deutsche Stadion«. Die Tribünen konnten bis zu 50 000 Zuschauer aufnehmen, weitere riesige Anlagen waren geplant. Um die erwarteten Besucherströme an die Rennbahn heranzuführen, mußte ein Massenverkehrsmittel eingerichtet werden. Von diesem hing die Rentabilität der Anlage ab. Da der Verein über eine starke Interessenslobby, zum Beispiel die kaiserliche Familie, verfügte, konnte der Bau der Bahnlinie mit Nachdruck vorangebracht werden.

Als weitere Gründe für den Bau der Vorortbahn wird der Bedarf an zusätzlichen Zügen zwischen Berlin und Spandau genannt, der durch die Entwicklung und den Ausbau der Stadt Spandau entstanden war, außerdem die Erschließung dieses Teiles des Grunewalds als allgemeines Erholungsgebiet, da der Bahnhof Grunewald stark überlastet war. Zudem bestand der Plan, das Gebiet entlang der Heerstraße, die zur selben Zeit ausgebaut wurde, als Villenkolonie zu entwickeln.

*»Es bot sich nun die Gelegenheit, auf der Teilstrecke Heerstraße – Spandau den Bau der Vorortgleise alsbald auszuführen. Die Königliche Forstverwaltung plant nämlich, im Anschluß an den Bau der Heerstraße das nördlich und südlich davon gelegene wellige, landschaftlich besonders reizvolle Gelände des Grunewalds zu einer Villenkolonie zu verwerten. Die hier gelegenen Gebiete des Grunewalds sind für die Bebauung mit Landhäusern besonders geeignet, denn sie werden durch die neuerbaute großzügige Anlage der Heerstraße erschlossen und sind vom Mittelpunkt der Reichshauptstadt nur etwa zwölf Kilometer entfernt. Die Bebauung des Geländes zu beiden Seiten der Heerstraße ist aber von der Schaffung guter Verkehrsbedingungen abhängig, und daher ist für die neue Villenkolonie eine Bahn Lebensbedingung.«*[2]

Die Gründung der geplanten Villenkolonie fand nicht statt. Die Parzellierung von Grundstücken und ihre Bebauung setzte nur vereinzelt und zögernd ein, da der Bedarf an Villengrundstücken durch die Villenkolonien Westend, Zehlendorf und Frohnau gedeckt war. Vielleicht beabsichtigte man nicht, die Bebauung des Areals zu forcieren, jedoch bot die geäußerte Absicht einen Vorwand, große Teile der Finanzierung zu übernehmen und den »Union«-Verein zu entlasten. Die Kosten für die 5,9 Kilometer lange Strecke betrugen 5 030 000 Mark. Die Stadt Charlottenburg zahlte für die Haltestelle Heerstraße 250 000 Mark, der Renn-Verein 711 000 Mark, der Forstfiskus 2 459 000 Mark, den Rest übernahm die Eisenbahngesellschaft.

Der Bahnhof Rennbahn umfaßte zwei separate Bahnhofsgebäude und Gleisanlagen für den Vorort- und den Rennverkehr. Der Rennbahnhof, der nur an Renntagen geöffnet war, hatte als Kopfbahnhof fünf Bahnsteige, so daß die Besuchermassen schnell transportiert werden konnten. Der Vorortbahnhof war Durchgangsbahnhof. Den verschiedenen Funktionen der Bahnhöfe entsprechen Anlage und Formen der beiden zweigeschossigen Empfangsgebäude, die 1909 von den Reichsbahnbauräten Schwartz und Dörgé errichtet wurden.

Der Kopfbahnhof war auf Straßenniveau errichtet, von dem aus Treppenläufe und die Bahnsteige führten. Er war, »um den Charakter der Baulichkeit anzudeuten, in gefälliger Holzarchitektur ausgeführt, der der nor-

*Der alte S-Bahnhof Rennbahn*
*Empfangsgebäude für den Rennverkehr*
*Unten: Empfangsgebäude für den Vorortverkehr*

dische Stil zugrunde gelegt« war. Die breitgelagerte Empfangshalle mit den Terrassen rechts und links wirkte wesentlich repräsentativer als der Bau des Vorortbahnhofs. Die fremdartige, ungewohnte Architektur mit dem braunlasierten Holz und der buntabgesetzten Ornamentik stimmte den Benutzer auf das errregende Ereignis des Pferderennens ein.

Im Gegensatz dazu stand das Stationsgebäude für den Vorortverkehr, das sich ebenfalls auf Straßenniveau neben den Gleisen befand und heute noch befindet. Von der Eingangshalle führt eine überdachte Brücke mit Treppenlauf auf den Mittelbahnsteig. Der Villencharakter wird durch einen separat stehenden Treppenhausturm und durch das Mansardwalmdach angedeutet. Obwohl zu der Zeit die Vorortbahnhöfe eine reiche architektonische Gestaltung erfuhren, ist eine solche hier zurückgenommen zugunsten eines strengeren schlichten Stils. Der kurze gedrungene Uhrenturm und das hohe, bis unter das Dach reichende Eingangstor verleihen dem Bahnhofsgebäude Sachlichkeit und verweisen auf seine eigentliche Funktion. Im ersten Stockwerk befinden sich Wohnungen für Bedienstete. Weitere Wohnungen wurden an der Straße 18, heute Trakehnerallee, errichtet. (In den Gärten dort befinden sich noch Reste des alten Zaunes, wie er auch am Rennbahnhof stand.) Im Vergleich zu den anderen beiden Bahnhöfen der Strecke, Heerstraße und Pichelsberg (heute zerstört), wird die untergeordnete Bedeutung dieses Vorortbahnhofes deutlich.

Beide Bahnhofsgebäude wurden mit den Rennbahnbauten zu einem Ensemble zusam-

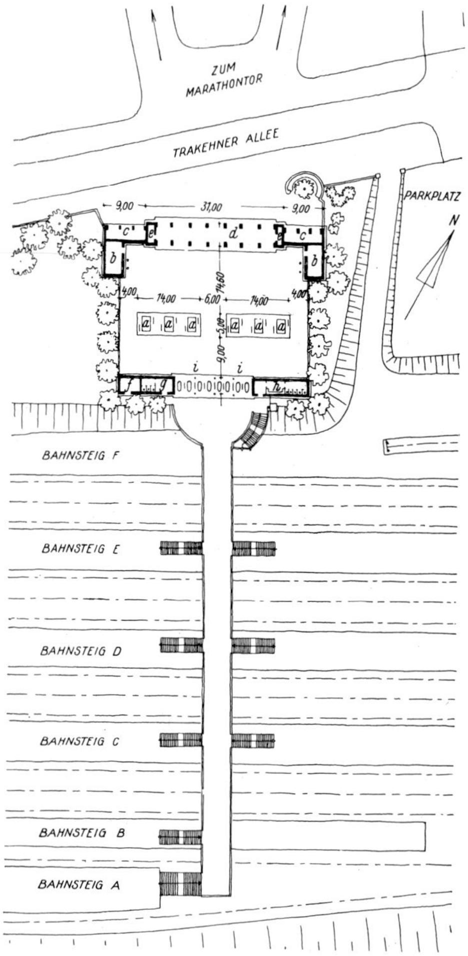


*a Kassenhäuschen, b Reserveschalter, c offene Halle, d offene Halle, e Zeitungsstand, f Dienstraum, g Aborte, h Aborte, i Sperren*

*Der östliche Ein- und Ausgang. M. 1:1500.*

*Der neue Ausgang zur Trakehner Allee*

mengefaßt, indem die kleinen Flächen zwischen dem Fachwerk des Rennbahnhofes und die großen des Vorortbahnhofes »behuefs einheitlicher Wirkung in Übereinstimmung mit der Bauweise der vom Unionklub errichteten Baulichkeiten gelblichen Spritzputz« erhielten.

Ab 1935 wurde der Bahnhof Rennbahn im Zuge der Vorbereitungen für die Olympischen Spiele und der Errichtung der olmypischen Bauten von Reichsbahnoberrat Hane umgebaut und 1936 in »Reichssportfeld« umbenannt. Ziel des Umbaus war zum einen, die Anlagen auf den zu erwartenden Massenverkehr vorzubereiten, zum anderen die Architektur ideologisch aufzubereiten und in Beziehung zu den Stadionbauten zu setzen.

*»Bei der architektonischen Gestaltung konnte selbstverständlich nicht daran gedacht werden, den Anlagen ein architektonisches Eigenleben zu geben oder sie gar besonders stark zu betonen; sie mußten sich vielmehr dem städtebaulichen Grundgedanken des Sportfeldes einordnen und waren niedrig zu halten und in ihren Hauptlinien waagrecht zu führen.«*[3]

Der Unterschied zwischen der hier geforderten Architektur und der des Rennbahnhofes mit seinem individuellen Stil ist offensichtlich. Die Zu- und Abgänge des Bahnhofes wurden verdoppelt durch Öffnung der Anlage nach Osten (Abb. 10). Die Besucher wurden von einer rechtwinklig über die Gleise verlaufenden Eisenbrücke aufgenommen, die auf einen Fahrkartenhof und zum Ausgang Trakehner Allee führte. Dieser bietet sich als breitgelagerte flachgedeckte Pfeilertorhalle dar und ist zu dem Olympischen Tor des neuerbauten Stadions bzw. dessen Vorplatz in Beziehung gestellt. Das alte Gebäude des Rennbahnhofs wurde abgerissen, das Gebäude des Vorortverkehrs aller Dekorationen beraubt: der Uhrenturm und der geschwungene Giebel am Treppenhauspavillon wurden entfernt, die Fensteröffnungen vorn geschlossen, so daß eine glatte Fassadenfläche entstand. An die linke Seite wurden Torhallen gebaut. Die Horizontale ihres Flachdachs setzt sich in dem Türdach, das nun den großen Schwung der Rundbogentür durchbricht, fort und weist nach links zu den olympischen Bauten.

Bemerkenswert ist die hier zum erstenmal durchgeführte, neuartige Anordnung der Fahrkartenausgabe und Sperren. Die Fahrkartenverkäufer sitzen nicht mehr hinter einer geschlossenen Wand, sondern Rücken an Rücken in kleinen Häuschen, die mit ihrer Längsachse in Richtung des Verkehrstroms weisen, so daß die Fahrgäste, die in einer Reihe stehen, die Billets kaufen und weiter gehen. Schranken rechts und links verhindern ein Nebeneinanderlaufen. An diesen Schaltern bzw. Häuschen werden die Karten aber nicht entwertet. Dies geschieht an einer gesonderten Sperrenanlage an der Brücke bzw. vor den Treppen. Diese Konzeption diente der Organisation der Menschenmassen und der Reglementierung des einzelnen.

*Der Vorortbahnhof Olympiastadion nach dem Umbau*

## Der S-Bahnhof Frohnau

Vor der Gründung der Villen- und Landhauskolonie Frohnau gehörte das nördlich von Berlin gelegene und unbesiedelte Waldgebiet zum Grundbesitz der Veltheims und war politisch in den Kreis Niederbarnim eingebunden. Die Nordbahn nach Oranienburg, die bereits 1877 angelegt worden war, durchquerte das Frohnauer Gebiet und teilte es in eine östliche und westliche Hälfte.

Die Berliner Terrain Centrale (BTC), die 1905 eigens für die Planung und Durchführung der Kolonie Frohnau gegründet worden war, trat als Käufer des 3000 Morgen großen Waldgeländes auf. Initiator und Gründer der BTC war Guido Graf Henckel Fürst von Donnersmark, in dessen Besitz sich auch schon die Zehlendorf-West-Terrain A.G. befand. Diese hatte wenige Jahre zuvor ein ca. 500 Morgen großes, an den Grunewald angrenzendes Waldgebiet, durch das die Strecke der neuen Wannseebahn verlief, erworben und hier 1904 den S-Bahnhof Zehlendorf-West (heute Lindenthaler Allee) errichten lassen, um in dessen Umgebung die Villenkolonie Zehlendorf-West anzulegen.

Nach zweijährigen Verhandlungen wurde am 10. 2. 1907 der Kaufabschluß zwischen von Veltheim und der BTC unterzeichnet; die Zehlendorf-West Terrain A.G. wurde zu 1/1000 als Miteigentümerin am Frohnauer Terrain eingetragen. Der Kaufpreis für den Morgen betrug 1800,— M., das heute einem Quadratmeterpreis von ungefähr 0,90 DM entspricht. Nach dem Kaufabschluß wurde sofort mit den vorbereitenden Vermessungsarbeiten des Geländes begonnen. Für Grundstücksparzellen waren Vierfünftel für Straßen, Plätze und öffentliche Gebäude Einfünftel des Gesamtgebietes vorgesehen. Die von der BTC angestrebte Einwohnerzahl sollte nach Abschluß der Bebauung, mit dem in ca. 35 Jahren gerechnet wurde, 6000 betragen.

Diesen Voraussetzungen entsprechend wurde zur Erlangung eines einheitlichen städtebaulichen Konzeptes ein Wettbewerb ausgeschrieben. Von 98 eingegangenen Arbeiten wählte das Preisgericht, das am 27. 3. 1908 tagte und dem u. a. auch Hermann Muthesius und Otto March angehörten, den Entwurf der Charlottenburger Städtebauprofessoren Joseph Brix und Felix Genzmer aus.

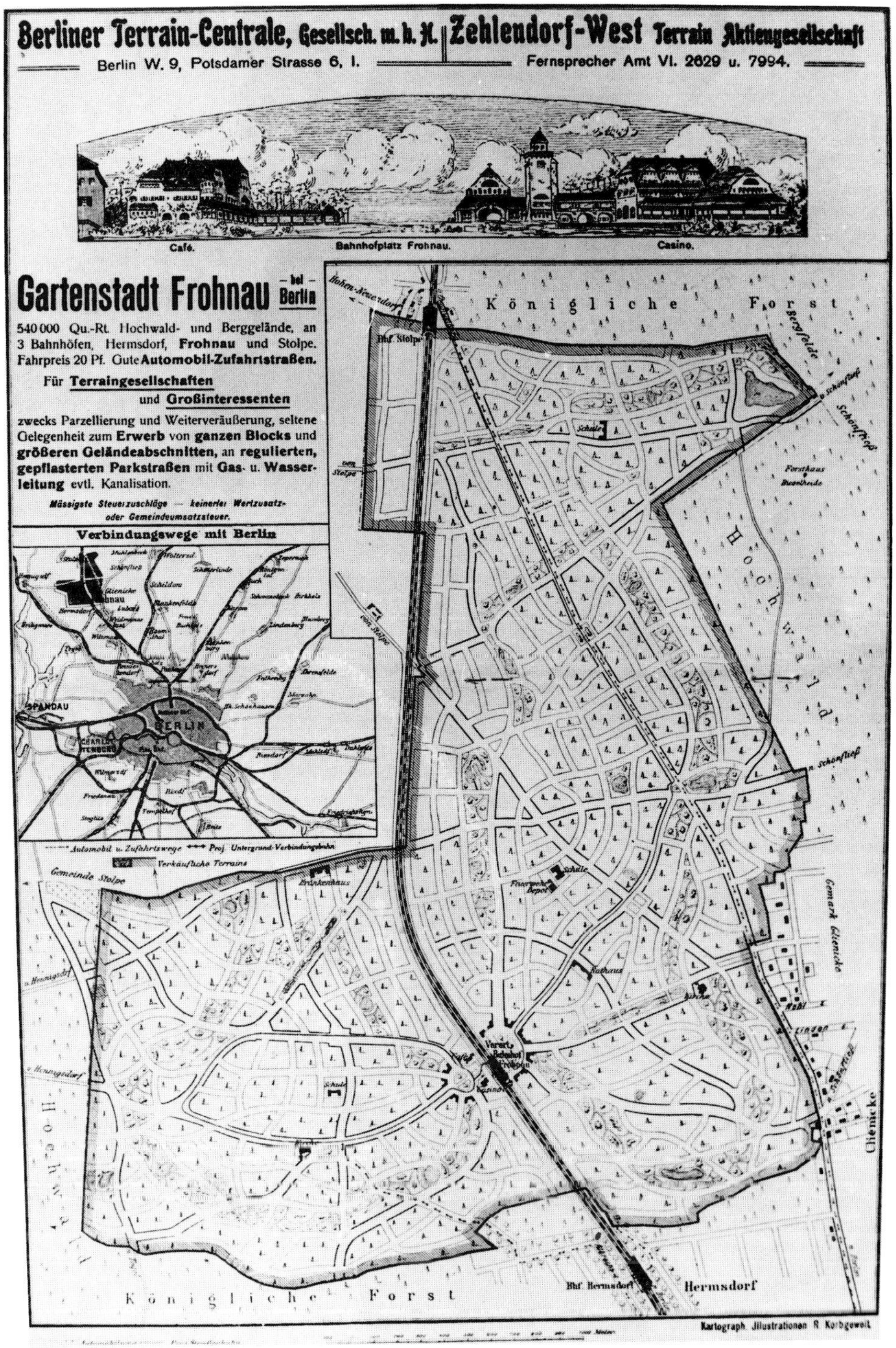

*Prospekt der Berliner Terrain-Centrale für die Gartenstadt Frohnau*

Eine besonders schwierig zu lösende Vorgabe war der Verlauf der Nordbahn, die das Wettbewerbsgebiet zerschnitt. Brix und Genzmers Entwurf, zeigt eine Lösung, die die Trennung des Gebietes in den Hintergrund treten läßt. Sie planten die Tieferle-

*S-Bahnhof Frohnau mit Casinoturm*

gung des Bahnkörpers um 2,5 Meter, so daß die Bahntrasse in einem Einschnitt verläuft. Durch diese Tieferlegung und durch die geschickte Anordnung von zwei halbrunden Plätzen zu den beiden Seiten des geplanten zentral gelegenen S-Bahnhofs, die sie mit einer breiten, über die Bahngleise führenden Brücke verbanden, erreichten sie den Eindruck einer zusammenhängenden Platzgestaltung. Von diesen beiden Plätzen, die mit der Bahnhofsanlage den ortsprägenden Mittelpunkt der Kolonie Frohnau bilden, gehen strahlenförmig breite, geschwungene Alleen aus, die in Verbindung mit kleineren Querstraßen das gesamte Gebiet erschließen. Eine Vielzahl von dekorativen Plätzen und Grüngürtel mit Entwässerungsbecken ergänzen das Straßennetz.
Anhand des prämierten Entwurfes, der nur unwesentlich auf Grund von Einsprüchen der Kommunalregierung hinsichtlich einiger zu kurvig geführter Straßen geändert wurde, führte die BTC die Erschließung und Parzellierung des Geländes aus. Da der Verkauf der Bauparzellen durch die BTC erst nach Fertigstellung der Straßen und Bahnhofsanlage beginnen konnte, wurde die Ausführung in großer Eile vorgenommen. Innerhalb kürzester Zeit wurden 40 Kilometer Straße in den Wald hinein geschlagen und zum Teil mit Wasser- und Gasleitungen versehen. Tausende von Straßenbäumen wurden gepflanzt und 56 Morgen Wald zu Platz- und Parkanlagen umgestaltet.
Größte bauliche und kostenintensivste Maßnahme war jedoch der Bau des neuen S-Bahnhofs, mit dem die Anbindung an den Berliner Vorortverkehr und damit an die Stadt und an die Arbeitsstätten gewährleistet werden sollte, eine zur Ansiedlung unabdingbare Voraussetzung. Die BTC mußte, ebenso wie die Zehlendorf-West Terrain A.G. in Zehlendorf, nicht nur die Kosten für das Bahnhofsgebäude mit allen notwendigen technischen Einrichtungen übernehmen, sondern auch ein Beamtenwohnhaus errichten, sowie die Betriebskosten des Bahnhofs für vier Jahre tragen.
Mit dem Entwurf des Bahnhofkomplexes (Empfangsgebäude, Kasino, Café- und Geschäftshaus) und der architektonischen Ausgestaltung der beiden, der Bahnhofsanlage angegliederten Plätze, wurden die Architekten Hart & Lesser, die auch schon den S-Bahnhof Zehlendorf-West geplant hatten, beauftragt. Gartendirektor Ludwig Lesser entwarf die gärtnerischen Anlagen des Cecilien- und Bahnhofplatzes (heute Ludofinger und Zeltinger Platz), die neben der Verkehrsverteilungsaufgabe auch zur Vermittlung des Höhenunterschiedes zwischen der über die Eisenbahngleise führenden Brücke und den einmündenden Straßen dienten.
Die umfangreichen Bauten des Bahnhofkomplexes, von denen das Kasino und das Geschäftshaus 1945 durch Brand stark beschädigt und die später verändert wieder aufgebaut worden sind, bilden den architektonischen Schwerpunkt Frohnaus und stellen ein einheitliches Ensemble dar. Die repräsentative Gestaltung der Gebäude und deren Lage im Zentrum der Kolonie vermitteln den Eindruck eines gewachsenen Ortskernes.

Die Bauten der Bahnhofsanlage sind mit weit heruntergezogenen Walm- und Mansarddächern, die durch verschiedenartig ausgebildete Dachgauben und Erker belebt werden, ausgestattet. Formenreiche, gesproßte Fenster — in der Erdgeschoßzone zumeist groß und mit einem Korbbogen abschließend — gliedern die mal trauf- oder giebelständig angeordneten Gebäude. Sie sind untereinander mit Torbögen und Mauern verbunden, so daß sie einen geschlossenen Gesamteindruck vermitteln. Der 30 Meter hohe Kasinoturm — das Wahrzeichen Frohnaus — erhält durch Eckquader und einen, auf weit auskragenden Konsolen ruhenden, um den Turm führenden Balkon, einen etwas fortifizierenden Charakter und beherrscht die Gesamtanlage.

Während die Gestaltung der Gebäude an den vor allem von Muthesius in Berlin eingeführten und in Frohnau vorherrschenden Typus des Landhauses erinnern, klingt die Gestaltung des Bahnhofsinneren an den Jugendstil an. Der Raumabschluß der Schalterhalle mit seinen Fensterformen und vor allem aber die Ausbildung des Interieurs, zeigen die im Jugendstil verwandten Formen.
Die Hochbauten der Bahnhofsanlage sind zum größten Teil in konventionellem Mauerwerk gefertigt. Nur der Kasinoturm im Bereich des Wasserbehälters ist wie alle architektonischen Elemente der Platzgestaltung (Pergolen, Treppen, Stützmauern), sowie die Eisenbahnbrücke aus Eisenbeton hergestellt. Die Verblendung der Gebäude war zunächst in Werkstein vorgesehen, aus Kostengründen entschied man sich, die zu dieser Zeit in Berlin nur selten vorhandene Verblendung mit Vorsatzbeton vorzunehmen, der im Aussehen dem Muschelkalkstein gleicht.

Am 1. 5. 1910 wurde der S-Bahnhof in Betrieb genommen, nur sechs Tage später, am 7. 5. 1910 erfolgte die Einweihung Frohnaus, dessen Name ebenfalls aus einem Wettbewerb hervor ging. Frohnau gehörte zunächst zum Gutsbezirk Stolpe, wurde aber auf Grund eines kaiserlichen Dekrets (1. 7. 1910) selbständiger Gutsbezirk, in dem weder Kommunalsteuern noch Wertzuwachssteuern erhoben wurden. Trotz dieser finanziellen Vorteile und den im Vergleich mit den anderen Vororten günstigen Quadratmeterpreisen bzw. Hauspreisen, die je nach Entfernung zum Bahnhof zwischen 900 und 150

Bahnhof Gartenfeld

Mark pro Quadratrute (14,18 m$^2$) betrugen, wurden in den ersten zwei Jahren nur so viel Parzellen und Häuser verkauft, wie für ein Jahr geplant worden war. Die Lage im Norden Berlins, der wie der Osten als »Fabrikgegend« nicht besonders anziehend wirkte und die mangelnde Nachfrage, denn die wohlhabenden Leute hatten sich bereits in den als fein geltenden und besonders verkehrsgünstigen (130 Züge in jeder Richtung täglich auf der Wannseebahn, in Frohnau waren es nur 31) gelegenen neuen Villenkolonien im Westen angesiedelt, zwang die BTC, mit Schlagzeilen und Prospekten zu werben. Mit dem Motto »Auf dem Land wohnen, in der Stadt arbeiten« und aufwendigen farbigen Prospekten, die den Bebauungsplan Frohnaus und die Gebäude der S-Bahn-Anlage zeigten, warb sie für die »Gartenstadt Frohnau«. Eine Gartenstadt im Sinne der 1902 nach englischem Vorbild gegründeten Deutschen Gartenstadtgesellschaft, die die Abgabe von Land in Erbbaurecht unter Eintragung des Wiederverkaufsrechts forderte, so daß jede Spekulation mit Grund und Boden ausgeschlossen werden

S-Bahnhof Siemensstadt

konnte und der Wertzuwachs der Gemeinde gesichert bleibt, ist jedoch Frohnau nie gewesen. Hinter dem Begriff »Gartenstadt« standen hier in erster Linie werbewirksame Interessen und keinerlei sozialreformerisches Gedankengut. Frohnau war, wie alle anderen Kolonien in Zehlendorf, Lichterfelde oder Westend, ein unter kommerziellen Gesichtspunkten gegründetes Wohngebiet.
Die umfangreichen Werbemaßnahmen, die die BTC vorgenommen hatte, führte zu einem Anwachsen der Ansiedlung, so daß Frohnau 1912 bereits 175 Villen und Landhäuser mit 755 Einwohnern hatte.

## Die Bahnhöfe der Siemensbahn

Ende der 20er Jahre wurde die Siemensbahn eröffnet, deren Bahnhöfe ein gutes Beispiel für die Wechselbeziehung zwischen Architektur und ihrem Umfeld und der damit verbundenen Einwirkung auf die Fahrgäste sind.
Die neuerbaute Linie verläuft vom Bahnhof Jungfernheide auf Dammaufschüttung bis zum Nordufer der Spree, von dort auf einem aus eisernen Brücken bestehenden Viadukt, in dem sich der Bahnhof Wernerwerk befindet, und gelangt nach 800 Metern wieder auf Dammaufschüttung. Hinter dem Bahnhof Siemensbahn senkt sich die Bahn allmählich auf Straßenhöhe und erreicht den Endbahnhof Gartenfeld.
Der Bau der Siemensbahn war notwendig geworden, um die Arbeitermassen, die bei Siemens-Halske bzw. Siemens-Schuckert arbeiteten und im Berliner Norden wohnten, befördern zu können. Nach dem Zusammenschluß von Siemens & Halske und Schuckert 1903 wurden die Verwaltungen aus dem Innenstadtgebiet heraus an den Nonnendamm verlagert, wo schon einige Werkgebäude standen und genügend billiges Bauland vorhanden war, so daß der erwarteten Expansion nichts im Wege stand. 1905 betrug die Zahl der dort Beschäftigten 5600, 1912/13, die kriegsvorbereitenden Maßnahmen liefen, war sie auf 24 000 gestiegen und 1928 arbeiteten 57 300 Menschen hier. Anfangs stand für die Personenbeförderung nur die Eisenbahn bis Bahnhof Fürstenbrunn, der anläßlich der Werksgründung errichtet worden war, zur Verfügung, später, mit Ausdehnung der Werke nach Norden, kam die Straßenbahn hinzu. Schon vor dem Krieg war der Verkehr kaum zu bewältigen, so daß man

S-Bahnhof Wernerwerk, heute

versuchte die Stoßzeiten zu entzerren und Beginn und Ende der Arbeitszeit staffelte. Da die Vorortstrecke der Bahn nach Spandau mit

Rücksicht auf den Fernverkehr nicht ausgebaut werden konnte, plante man Verbindungsgleise zwischen Fürstenbrunn und Jungfernheide, um Entlastungszüge einsetzen zu können. Der Plan wurde wegen des Krieges nicht durchgeführt. Nach dem Krieg verlegte man weitere Werke und die Hauptverwaltung nach Siemensstadt. Die zusätzlichen Siedlungsbauten für Werksangehörige konnten das Verkehrsproblem nicht lösen: in der Mitte der 20er Jahre fuhren in den Stoßzeiten 65 Straßenbahnzüge pro Stunde in einer Richtung. Der Bau einer eigenen Bahn wurde notwendig.

Im Herbst 1927 begann der Bau der zweigleisigen Strecke Jungfernheide – Wernerwerk – Siemensstadt – Gartenfeld, die von Anfang an elektrifiziert werden sollte. Das Ganze war ein Gemeinschaftsunternehmen der Reichsbahn und des Siemenskonzerns. Der Konzern übernahm die Kosten in Höhe von 12 Millionen Mark und erstellte in eigener Regie den Bahnkörper einschließlich aller baulichen Anlagen. Die Planung mußte mit einem von der Reichsbahn extra eingerichteten Reichsbahnaufsichtsbüro abgesprochen werden. Nach Fertigstellung wurde die Bahnstrecke der Reichsbahn für eine feste Summe, die aus dem zu erwartenden Wirtschaftsüberschuß errechnet worden war, übergeben. Carl Friedrich von Siemens, der zu dieser Zeit auch Präsident der Reichsbahn war, weihte die Siemensbahn ein und übergab sie der Öffentlichkeit.

Die Entwürfe der drei neuen Bahnhöfe Wernerwerk, Siemensstadt und Gartenfeld gehen auf den Hausarchitekten von Siemens, Hans Hertlein, zurück. Der Kopfbahnhof Gartenfeld, dessen Empfangsgebäude sich auf gleichem Niveau mit den Bahnsteigen befindet, wurde als Endbahnhof der Linie so angelegt, daß eine für die Zukunft in Aussicht gestellte Verlängerung der Linie nach Spandau ohne Schwierigkeiten hätte vorgenommen werden können. Aus diesem Grund ist die einstielige Bahnsteigüberdachung aus Holz gefertigt, da dieses Material bei einem Umbau leichter verwertbar gewesen wäre.

Der Bahnhof wurde von den Arbeitern des Metallwerks und der Kabelwerke, zum großen Teil jedoch von den Anwohnern der Gegend, z. B. Haselhorst, benutzt. Am Wochenende diente er auch dem Ausflugverkehr nach Jungfernheide und zum Tegeler See.

Das langgestreckte Bahnhofsgebäude bildet einen stumpfen Winkel und trägt damit wesentlich zur Bildung des vorgelagerten Platzes bei. Der linke zweigeschossige Flügel, das sogenannte »Empfangsgebäude«, beinhaltete Diensträume und eine Dienstwohnung, wurde also von dem ›normalen‹ Publikum nicht benutzt. Im Gegensatz dazu stand die Durchgangshalle im anderen Flügel, durch die man an den Schaltern und Sperren vorbei auf die Bahnsteige gelangte. Das Gebäude paßte sich mit seinem Walm- bzw. Satteldach gut der ländlichen Umgebung an. Die Klinkerverkleidung wurde verwendet, wie bei den anderen Bahnhöfen auch, um eine Übereinstimmung des Materials mit den anderen Bauten der Umgebung herzustellen. Auf dem äußersten rechten First der Durchgangshalle saß wie ein Dachreiter ein kleiner Uhrenturm, dessen Zifferblatt vom Vorplatz her gut sichtbar war. Im Gegensatz zu den Uhrentürmen der Vorortbahnen, die dort in die Bahnhofs-Fassade eingegliedert sind, wies dieser hier durch seine Lage auf die Gleise, die Abfahrt der Züge, und signalisiert so dem Ankommenden seine Pünktlichkeit oder Unpünktlichkeit, mit der er seinen Arbeitsplatz erreicht. Damit wird Gartenfeld auf den zweiten Blick als Werkbahn charakterisiert. Heute ist der Uhrenturm abgerissen.

Der Bahnhof Siemensstadt nahm vor allem die Leute der Siemens & Schuckert-Werke, aus dem Hauptverwaltungsgebäude, des Schaltwerks und der Dynamowerke, ungefähr 14 000 Fahrgäste, auf. Zu Zeiten des Schichtwechsels war der zum Verwaltungsgebäude und zum Schaltwerkhochhaus hin ausgerichtete Westausgang geöffnet, während der Osteingang des Empfangsgebäudes auch für die Anwohner der werkseigenen Siedlung gedacht war.

An den Dammkörper angelehnt und im Halbrund zur Straße mit kleinem Vorplatz hin ausschwingend, erinnert der Bau des Ost- und West-Eingangs an das später erbaute runde, ebenfalls mit Klinker verkleidete Empfangsgebäude des Bahnhofs Feuerbachstraße. Im Innern des Osteingangs steht eine mit orangen Kacheln ummantelte Rundstütze. An der rechten Wand sind die Fahrkartenschalter, links befindet sich ein Ausschank. Hinter den Sperrenhäuschen führen rechts und links Treppenläufe zu den Bahnsteigen hinauf. Die Klinkerverkleidung außen korrespondiert auffällig mit der des Siemensgebäudes gegenüber.

Der Bahnhof Wernerwerk war der Hauptbrennpunkt des Verkehrs in Siemensstadt. In der Nähe liegen die Werke von Siemens & Halske, auch Wernerwerk genannt, und das Blockwerk der vereinigten Signalwerke. Die Wohnbebauung dieser Gegend war gering. Der Gleiskörper verläuft hier, wie oben schon erwähnt, auf einem Viadukt aus Stahlstützen. Das Bahnhofsgebäude ist in den Viadukt zwischen vier Stahlstützen eingebaut, der Eingang erfolgt unter der Brücke von der Straße her (Abb. 4). Die Außenmauern sind verklinkert.

Die Entwicklung der Reduzierung der Empfangsgebäude von Gartenfeld über Siemensstadt setzt sich im Bahnhof Wernerwerk fort. Der Anspruch, eine eigenständige Architektur zu sein, wird aufgegeben durch die Unterordnung des Gebäudes unter die technischen Strukturen des Viaduktes und durch den Verzicht auf Ausbildung individueller architektonischer Elemente. Diese Reduzierung spiegelt gleichzeitig die der Bedürfnisse der Benutzer wieder, die damit auf ihren Arbeitsalltag eingestimmt werden.

**Anmerkungen zum S-Bahnhof Olympia-Stadion**

1 Zentralblatt der Bauverwaltung, 30. Jg. (1910), S. 537 ff.
2 Ebd., S. 539
3 Ebd., 57. Jg. (1937), S. 813

**Literatur zum S-Bahnhof Frohnau**


Mechow, Max
Frohnau – die Berliner Gartenstadt
Berlin 1977

Deutsche Bauzeitung
1911, Seite 137–141
Heft 18
Berlin 1911

Ratgeber für Grunderwerb und Grundbesitz
Herausgegeben vom Grundbesitzer-Verein Berlin-Frohnau e. V., 2. Auflage März 1930
Die Berliner Vororte
Ein Handbuch für Haus- und Grundstückskäufer, Baulustige, Wohnungssuchende, Grundstücksbesitzer, Vorortbewohner, Terraingesellschaften, Hypothekenverleiher, Architekten u.a.m.
Berlin 1908

Unveröffentlichtes Manuskript
Tomisch, Jürgen
Kunstdenkmaltopographie
Berlin-Reinickendorf

Die Bahnhöfe der Siemensbahn. In:
Siemensjahrbuch 1930.
Zur Eröffnung der Siemensbahn
1929

*Ausbaupläne im Nationalsozialismus mit einer Breitspurbahn*

*Im Zuge der gigantomanischen Umbaupläne Hitlers für Berlin sollte auch das gesamte Berliner Eisenbahnnetz neu geordnet und erweitert werden. Vom Südbahnhof, der eine Halle von 380 mal 276 Meter aufweisen sollte, war eine fünf Kilometer lange und 120 Meter breite Prachtstraße geplant.*

## Die Nord-Süd-Bahn

*Auf dem Bahnhofsvorplatz war die Aufstellung von Beutewaffen vorgesehen, danach sollte ein monumentaler Triumphbogen (Höhe 120 m, Breite 170 m) den Betrachter beeindrucken. Am Ende der Prachtstraße sollte eine riesige Versammlungshalle mit einer 74 m hohen Kuppel stehen. Der Grundbau sollte 315 m im Quadrat messen. Auf dem Vorplatz sollten sich eine Million Menschen versammeln können. Neben einer Vielzahl von U- und S-Bahn-Gleisen sollten auch Straßenbahngleise durch den Bahnhof führen.*

Neu-Planung
des Berliner
Eisenbahn-Netzes
mit einem Nord-
und einem Südbahnhof
für eine Breitspurbahn

# Der Einsturz beim Bau der Nord-Süd-Bahn

Alles, was der Mensch mit seinen Händen schafft, kann einen Unfall erleiden. Aufgrund einer Art von ausgleichender Macht werden die Unfälle um so heftiger, je perfekter die Apparate werden.

Felix Tourneux, 1884

Am 18. 8. 1935 erschien in der »Deutschen Allgemeinen Zeitung« ein Bericht über den »Nord-Süd-S-Bahnbau am Brandenburger Tor«.
In fiebriger Hast trieb man damals den Stollen der Nord-Süd-Bahn, die hier die Linden unterfahren sollte, durchs Erdreich, um ein weiteres Prestigeobjekt des NS fristgemäß abschließen zu können. In der Art »Der Führer will es, die Welt erwartet es, Deutschland weiß es«, sollte die wichtige Nord-Süd-Verbindung bis zur Eröffnung der Olympischen Spiele 1936 fertig sein.
Der Untertitel des Artikels versprach etwas mehr Unterhaltung als die üblichen angetrockneten Berichte von der Baufront: »Spuren der Eiszeit unter der Hermann-Göring-Straße gefunden.« Doch zunächst wurden nur die großen Schwierigkeiten erwähnt, die propagandistisch geeignet waren als Herausforderung »an das Können und die Erfahrung der ausführenden Techniker, Handwerker und Arbeiter« (. . .)

*Und dies um so mehr, als sich bei näherer Untersuchung herausstellte, daß das Haus Pariser Platz 1 überhaupt kein durchgehendes Fundament hat. Es steht auf Teilfundamenten, die anscheinend verschiedenen Bauzeiten angehören, weil an dieser bevorzugten Stelle unmittelbar neben dem Brandenburger Tor im Laufe der Jahrhunderte verschiedene Häuser nacheinander errichtet worden sind.*
(DAZ, 18. 8. 1935)

Und plötzlich schlich sich eine heimliche Ahnung von unbekannten Urzeiten ein, die die Spannung des Lesers unwillkürlich steigert:

*Dabei ist man an einer Stelle – etwa vor dem Goethe-Denkmal im Tiergarten – auf eine merkwürdige Bodenverschiebung gestoßen, die man nach den ersten Untersuchungsbohrungen nicht vermuten konnte. Es zeigte sich eine ziemlich starke Bodenverwerfung aus Ton und darunter ein Lager von Geschiebemergel – letzte Spuren des Diluviums aus der Eiszeit, die vier Jahrhunderttausende unter der Oberfläche geschlummert haben.*
Die Wörter »merkwürdig« und »schlummern« stehen quer in der sonst technisch beherrschten Diktion. Sie assoziieren ein Aufwecken von etwas Unheimlichen, das sich für die Störung rächen könnte.
Zwei Tage später kommt es zum Unglück. Am Rande des Tiergartens, mitten im Zentrum der Hauptstadt des auf tausend Jahre Dauer angelegten Reiches, unweit des Brandenburger Tores, in der damals so benannten Hermann-Göring-Straße, gerät dieses als besondere nationalsozialistische Leistung gefeierte Unternehmen in Gefahr:
*Auf einer Länge von über 50 Meter stürzten die Bauwände ein. Zwei Meter von den Sandwänden auf beiden Seiten stürzten auf die Holzgerüste und begruben unter ihnen die Über-Mittags-Kolonne, die dabei war, Kies wegzufahren. . . . Kurz nach Beendigung der Pause erfolgte das Unglück. Ein Krachen und Reißen war in dem Schacht zu hören, und gleich darauf stürzte alles zusammen. Ein glücklicher Zufall ist es, daß in dem Augenblick keine Straßenbahn über die Unfallstätte fuhr. Denn die Schienen der Straßenbahn fuhren über die Schachtdecke. Bei dem Einsturz wurden die Schienen auseinandergerissen, so daß sie bis zur Sohle des Schachtes herabhingen.*
*Da auf dem Bauabschnitt gerade Mittagspause herrschte, hat niemand etwas bemerkt, bis plötzlich ein ungeheures Krachen ertönte. Man konnte im ersten Augenblick keinen Ueberblick bekommen, sondern stellte lediglich fest, daß acht bis fünfzehn Mann, unter ihnen der Schachtpolier Demke, unter den Trümmern begraben sein müssen.*
*Acht Züge der Feuerwehr rückten nach der zwischen Charlottenburger Chaussee (Hindenburgplatz) und Lennéstraße, nahe dem Brandenburger Tor, gelegenen Unfallstätte aus. Ununterbrochen hallten die Signale der Geräteautos der Feuerwehr durch die Straßen der Berliner Innenstadt. Alle Wagen führten Schneidebrenner mit. Gleichzeitig wurde das Städtische Rettungsamt verständigt, das mit zahlreichen Krankenwagen am Hindenburgplatz erschien.*
*Die Unfallstätte bot ein Bild der Zerstörung. Die Absteifungen des S-Bahnschachtes, der in der Hermann-Göring-Straße in einer offenen Baugrube angelegt wird, waren wie Streichhölzer weggeknickt. Am Rande des Tiergartens sah man ein großes Trümmerfeld, das von einem Gewirr von Holz- und Eisenteilen bedeckt war. Auch der große Kran, der mitten in der Hermann-Göring-Straße stand, war umgestürzt.«*
So konnten es die Berliner in der Abendausgabe der Deutschen Allgemeinen Zeitung vom 20. August 1935 lesen. Am nächsten Morgen gab es ausführliche Berichte von den nächtlichen Rettungsarbeiten.

*Um Mitternacht sind die Rettungs- und Aufräumungsarbeiten an der Unglücksstelle noch in vollem Gange. Sie spielen sich im Lichte zahlloser Scheinwerfer und Lampen ab, die das Gelände taghell erleuchten. Die Aufräumungsarbeiten werden von den Pionieren durchgeführt. Zwei Kompagnien sind laufend an der Unglücksstelle tätig, während eine Kompagnie, die jeweils in Ruhe geht, im Garten des Propagandaministers biwakiert.*
*Die Arbeiten zur Befreiung der Verschütteten werden von der Feuerwehr durchgeführt, und zwar von Spezialmannschaften.*
*Gegen 11½ Uhr wurden, wie uns authentisch versichert wird, Klopfzeichen gehört. Man ist infolgedessen der Hoffnung, daß sich die Verschütteten noch am Leben befinden.*
*Durch die Einführung besonders konstruierter Spezialpumpen wird es, wie man hofft, gelingen, dem weiteren Ansteigen des Grundwassers Einhalt zu gebieten.*
*Erschwert werden die Rettungsarbeiten dadurch, daß die Verunglückten sich an einer Stelle der Baugrube befinden, bei der die Erdmassen durch das schwere Gewicht des umgestürzten Krans vorläufig noch festgehalten werden. (. . .)*

*Der Bau der Nordsüdbahn: Baugrube mit der wiederhergestellten Aussteifung nach dem Einsturz am 18. 8. 1935*

War der Bau der Nord-Süd-Bahn eine nationalsozialistische Großtat, so wurden auch die Rettungsarbeiten entsprechend aufgezogen. Goebbels und Frick eilten an die Unglücksstelle, der Polizeipräsident Graf Helldorf, Arbeitsfront-Reichsleiter Ley und der Reichsbahn-Generaldirektor Dorpmüller folgten. »Mit Energie«, nein, »mit äußerster Energie« ging man an die Aufräumarbeiten. Dorpmüller ordnete eine »schärfste Untersuchung« an und ließ während der Aufräumarbeiten jede einzelne Phase photographisch festhalten. Der Oberstaatsanwalt, die Kriminalpolizei wurden eingeschaltet, mehrere Kompanien der Wachtruppe Berlin des Reichsheeres wurden neben der Feuerwehr und Reichsbahnleuten zu den Aufräumarbeiten eingesetzt.
Erst 14, dann 19 Arbeiter wurden vermißt, vier Arbeiter hatte man noch am ersten Tage bergen können. Goebbels, er hatte unweit der Unglücksstelle seine Wohnung, stellte nicht nur seinen Garten, sondern auch seine »ganze Wohnung« auf »persönlichste« Anweisung zu Sanitätszwecken zur Verfügung. Ley veranlaßte, daß das Hotel Adlon, daß der Unfallstelle am nächsten lag, mit zur Verpflegung der Rettungsmannschaften herangezo-

*Unter der Erde am Potsdamer Platz*

*Nord-Süd-Bahn-Bau am Potsdamer Platz*

gen wurde. Das machte sich gut in der Presse. Aus dem Ruhrgebiet flog man eine »Spezialrettungsmannschaft von erfahrenen Ruhrbergleuten« ein. Über 500 Pioniere wurden beim »Rettungswerk« eingesetzt. Die Pioniere waren aus einer Manöverübung heraus von Küstrin aus nach Berlin abkommandiert worden.

*»Berlin, das in der Vorkriegszeit zwei Pionier-Bataillone beherbergte, die Gardepioniere in der Köpenicker Straße und das 3. Pionier-Bataillon in Spandau, hat nach dem Kriege infolge der Auswirkungen des Versailler Diktats keine Pioniere mehr in Garnison gehabt und auch zur Zeit noch ist die Reichshauptstadt ohne Pioniertruppe.«*
bemerkte die DAZ (21. 8. 1935).

Am 22. August werden auf Veranlassung von Goebbels (wieso ist dafür eigentlich der Propagandaminister zuständig?) weitere Rettungsmannschaften aus Hannover herbeigeholt. Die Aufräumarbeiten sind schwierig, der 350 Tonnen schwere Kran liegt auf den heruntergestürzten Sandmassen. In der Asphaltdecke der Straße hat sich ein neuer Riß gebildet, weiterer Sand droht nachzustürzen. Pumpen müssen das Ansteigen des Grundwasser verhindern.
Am Tage zuvor glaubte man noch Klopfzeichen gehört zu haben, doch es zeichnet sich ab, daß von den Verschütteten keiner überleben wird. Um so wichtiger wird es, den Rettungseinsatz zum Aufgebot aller Kräfte zu stilisieren: *»Die gesamten Arbeiten sind nicht anders zu kennzeichnen als mit dem Worte: Ein leuchtendes Beispiel der Arbeitskameradschaft wurde von allen Beteiligten, die hingebungsvoll seit vielen Stunden unermüdlich am Werke sind, geleistet.«* (DAZ, 22. 8. 1935.) Wovon soll abgelenkt werden? Schon ist der Führer auch in »aufrichtiger Trauer«, spendet 30 000 Mark für die »unglücklichen Familien«, schon wird das Schicksal beschworen, der höhere Wille, dem man sich zu fügen habe. *»Selten ist das ungewisse Menschenlos, das Umgebensein von Gefahr und Tod, so tragisch in Erscheinung getreten. Das Menschenschicksal vollzieht sich nach oberen Gesetzen, und trotz aller menschlicher Voraussicht und Vorsicht ereignen sich immer wieder Vorfälle, die von uns Menschen nicht zu meistern sind.«* (DAZ, 22. 8. 1935)

Die Führer des Nationalsozialismus haben sich jedenfalls, so heißt es, rastlos für alles eingesetzt: *»Die obersten Spitzen des nationalsozialistischen Staates haben die entsprechenden Befehle gegeben und überzeugen sich durch persönlichen Augenschein von der Ausführung, und einige hundert Männer bieten das äußerste an Menschenkraft auf, um die Eingeschlossenen noch zu bergen.«* (ebd.) Schließlich kommt am 25. 8. auch noch der Führer.

*Der Führer begab sich dann selbst an die Unglücksstätte und ließ sich hier von dem Leiter der technischen Arbeiten Geheimrat Schaper eingehend über den Hergang des Unglücks und den Umfang der Rettungsarbeiten sowie die getroffenen Sicherungsmaßnahmen unterrichten. Der Führer besuchte auch die Arbeiter auf der Tunnelsohle und sprach sich außerordentlich anerkennend über die Einsatz- und Opferbereitschaft der bei den Rettungsarbeiten eingesetzten Formationen aus. Der Führer ließ sich ferner von Reichsminister Dr. Goebbels die Hilfsmaßnahmen schildern, die für die Hinterbliebenen der Katastrophe getroffen worden sind, und informierte sich über das bisherige Ergebnis der Untersuchungen, die die Staatsanwaltschaft über die Ursachen der Katastrophe angestellt hat.* (Germania, 26. 8. 1935.)

Inzwischen werden nur noch Tote geborgen. Von den 23 Verschütteten haben nur die vier bereits am ersten Tag Geborgenen überlebt. Die Bergung der Toten zieht sich bis zum 31. 8. hin, sie ist wegen der vielen Trümmer, die erst herausgeschnitten werden müssen, sehr mühsam. Doch für den 30., einen Freitag, ist schon die Beisetzung geplant, wird die NS-Maschinerie dafür in Bewegung gesetzt. Am 28. 8. kann der Berliner das Programm der Feier aus der Zeitung erfahren. Es verspricht Prunk und Schwulst, keine Trauer. Der Zug und die Feier werden nicht von der Reichsbahn, sondern vom Gau Groß-Berlin der NSDAP durchgeführt. Der »Musikzug der Reichsschule des Arbeitsdienstes mit ei nem Spielmannszug« vorweg, am Schluß »eine Abteilung von etwa 100 Mann Arbeitsdienst, die mit geschultertem Spaten« antreten sollen. An allen Kirchen, an denen man vorbeikommt, werden die Glocken läuten. Bei der Trauerfeier spielt der Spielmannszug der Leibstandarte Adolf Hitler, der Arbeitsdienst soll »Nichts kann uns rauben Liebe

Der Trauermarsch. Die Toten sind in den Hohenzollernwagen aufgebahrt.

und Glauben zu diesem Land« und »Ich hatt' einen Kameraden« singen.
Am 30. 8. ist es dann soweit. Groß ist die Aufmachung, groß die Berichterstattung. Die Toten werden gerühmt, weil »jeder für sich eingespannt war in das große Werk der aufwärtsstrebenden Nation« (Germania, 31. 8. 35). In der Reichshauptstadt wehen bis *»in die entferntesten Vororte hinein die Flaggen auf Halbmast« (DAZ, 30. 8.), »hundert fleißige Hände hatten über Nacht auf der westlichen Schloßrampe sechs gewaltige Hakenkreuzbanner mit langen Trauerwimpeln an haushohen Masten befestigt, hatten riesige Manegen von Lorbeerbäumen aufgestellt, in deren Mitte sich das Rednerpult und die Plätze für die Angehörigen der Toten befinden. An der Brüstung entlang stehen Arbeitsdienstmänner als Ehrenwache. Zwischen zwei gewaltigen Pylonen sind die siebzehn toten Arbeitskameraden aufgebahrt.«* (Germania, 31. 8.)
Für »jeden der Helden und Kameraden der Arbeit« haben Hitler, Goebbels, Stabschef Lutze und Ley Kränze geschickt, viele andere NS-Größen ebenfalls. Gewaltig sind die Worte, die gefunden und reichsweit durch den Rundfunk übertragen werden. Für den katholischen Heeresoberpfarrer ist der Tod »das höchste und heldenhafteste Wagnis und dahinter steht helleuchtender, ewiger Sieg«. (Germania, 31. 8.) Dorpmüller, der Generaldirektor der Reichsbahn verspricht den »auf dem Felde der Arbeit Gefallenen«, daß *»wenn einmal durch jenen Schacht die Züge dahinbrausen werden, dann wird man noch jener Arbeiter gedenken, deren Namen mit ehernen Lettern in die Geschichte dieser Bahn eingemeißelt seien, auch wenn unsere Generation längst nicht mehr lebt«*. Und Goebbels verkündet: *»Spaten und Schaufel, die ihren Händen entrissen wurden, werden von neuen Händen aufgenommen, am Werke arbeitend, das der Führer uns allen aufgegeben hat.«* (DAZ, 30. 8. 1935.)
Der Tod der 19 Arbeiter dient einzig und allein der Propaganda von Opfertod und Schicksalgemeinschaft. Der Tod ist nur Anlaß für die Inszenierung des Systems mit all dem falschen und verlogenen Pomp, der ihm zur Verfügung steht.
*»Jeder Schlag des Schicksals kann die neue Gemeinschaft unseres Volkes, das sich in solchen Stunden am besten bewährt, nur fester schmieden!«* (DAZ, 30. 8. 1935.)
Die Bauarbeiten gingen weiter. Die Nord-Süd-Bahn sollte fahren. Jahre später wird man sie mit ihren neuen unterirdischen Bahnhöfen, vor allem mit dem am Potsdamer Platz, als »eines der gewaltigsten Ingenieurwerke der modernen Zeit« feiern. (DAZ, 19. 3. 1939.) Besonders wird auch die Unterführung der Hermann-Göring-Straße als »von der Fachwelt gerühmt« hervorgehoben. Von den Toten des 20. August 1935 spricht dann keiner mehr.

**Peter Urban-Halle**

Die Eröffnung der Nord-Süd-Bahn mit den neuen Olympia-Zügen, nördlicher Bauabschnitt. Bahnhof Unter den Linden, 27. 7. 1936. Foto: Pragher

*Die NS-Prominenz im Filmlicht bei der Eröffnung
im ersten Zug von Unter den Linden bis
zum Stettiner Bahnhof.
Die Toten sind vergessen.
Foto: Pragher*

*Neun Jahre später, 1945,*
*ist die Nord-Süd-Bahn eine*
*Strecke des Grauens.*
*Der Tunnel ist überflutet,*
*viele fanden hier den Tod.*

*Ein in den Fluten versunkener S-Bahn-Zug*

*Bilder des Grauens*

*Lokomotiven als Barrikaden*

*Der zerstörte Lehrter Bahnhof, Foto: C. Weinrother, 1949*

*Die Kriegsfolgen zeichneten die Stadt: Der Potsdamer Platz 1958, vorn mit dem Eingang zum S-Bahnhof Potsdamer Platz*

*Potsdamer Bahnhof nach der Zerstörung, 1946*

Feuerbachstraße
Die Rudelsburg bei Bad Kösen
Bahnreisen durch die DDR
Bahnreisen durch die DDR
Wochenend-Schiffsverbindung
Saßnitz Hafen-Rønne (Insel Bornholm)
Vom 24. Mai bis 7. September 1980

# Leben mit der S-Bahn

*Um 1925. Foto: Pragher*

# Im Herzen das Flügelrad

## Det liejt zurück ...

Schieben, Drängeln, Fluchen, Drücken.
»Könn Se nich ma weitarückn?«
Den jroßen Zeh schon nich mehr spüren.
»Bitte Vorsicht an den Türen!«
»Ick werd Sie jleich zur Tür rausschmeißen!«
und wieda mal zusammenreißen.

So wars wohl mal inner S-Bahn,
doch dett liejt zurück,
wenn dett wieda wäre,
na dett wär schon varrückt.

Von hinten piekst mir'n Schirm in Rücken.
»Könn Se nich ma weitarückn!«
»Tach Justav, na wat macht deine Alte?«
Wenn ick mann bloß die Nerven behalte.
»Sie, mein Mantel iss nich als Ihr Schnupftuch jedacht!«
»Justav, wat hastn jestern ambd jemacht?«

Obwohl keener mehr Platz hat, jibts anscheinend Lücken.
»Könn Se nich noch n Stück nach hinten rücken?«
»Wenn Sie sich nich bald dünne machen,
könn Sie inner Zahnklinik weitalachen!«
Aba sonst ist im Krankenhaus allet jesund.
»Justav wat machtn zuhause dein Hund?«

Schnell ne Zeitung besorjen, und det Wechseljeld zücken.
»Könn Se nich bitte ma weitarücken?«
Oma, Opa, Onkel, Tante.
»Vorsicht an der Bahnsteigkante!«
»Westkreuz!« Na, hier wärn wa schon.
»Und sonst Justav, wie gehts deinen Sohn?«

Der Herr mit der roten Neese nimmt n kräftiget Schlückchen.
»Bitte rücken Se doch bloß n kleenet Stückchen!«
In Wilmersdorf stürzt n Jroßteil raus.
»Tschüß Justav!« »Bis heut ahmbd Klaus!«
Der Herr mit der Nees riecht stark ausm Mund.
»Ach so, jrüße herzlich von mir deinen Hund!«

»Nu jehn Se ma endlich raus mein Herr!«
In Schöneberg ras ick denn ooch zum Frisör.
Die Zeitung les ick kurz zwischen die Zeilen.
Für meine Paula schnell een Strauß besorjn.
Wir ham nemlich ooch Jubileum morjen.

Noch zwee Stationen, denn bin ich zu Haus.
»Wat machtn der? Ick will rein und nich raus!«
Dis Fraulein nem mir schwarmt uff eenmal von Birken.
Ach so, det Haarwässerchen bejinnt langsam zu wirken.
Der Kolleje dahinter iss mir ooch bekannt,
den kenn ick von irjennt een Arbeitsamt.

Im Takt vonne Jleise mir entjejentanzen,
vermute, der will mir inn Bahndamm rinnstanzen.
Mein Hühnerooge jault auf, ick will selbiges tun.
»Heh Kolleje, du zerdrückst mir des Ooge vom Huhn!«
»Nu iss aba jut! Bitte een anderen Ton!«
»Du stehst uff meen Fuß!« »Na, dett haste davon!«

Die Uffsicht schreit & die Türen schließen.
Am Damm sieht man eenen die Blumen jießen.
Wat die Kolonie schon an Züjen jesehn hat?
Die S-Bahn jehört halt zur Jeschichte der Stadt.
Na frühmorjens fahr ick wieder zur Arbeet raus,
aba jetze bin ick erstma zuhaus.

So wars wohl mal inner S-Bahn,
doch dett liejt zuruck.
Wenn dett wieda so wäre,
dett wär wirklich varrückt!

**Text: Achim Langhans**
**Musik: Alexander Reuter/Rainer Balcerowiak**

## Kalkwerk West

Heut is Verkehrs- & Straßenplanung een beliebtet Arjument
fürn Haufen Durchjedrehte, sogar im Parlament,
die S-Bahn wieder uffzumöbeln is deren Jrundidee.
Ick frare Sie: »Wat soll denn det? Wozu jibts die BVG?«
Ick bin nu nich so blöde und zahl den Stacheldraht.
Indem ick S-Bahn boykottiere, stütz ick unsern Staat.
Die BVG zieht mir auf Dauer zwar die Hosen aus.
Jedoch bevor ick Schrottbahn fahre, leg ick noch was drauf!
Wenn eener zu mir Kalkwerk sagt,
denn hab ick schon kapiert,
der wird dafür vom Kreml mit Rubel finanziert.

Wir ham ja schon die Autobahn nem die S-Bahn installiert.
Im Winter isse nich so jut, weil allet übafriert.
Trotz Schneckentempo, Auffahrunfall, Stau & Smog & Pest
isse immer noch Erzeugnis unsrer Firma Marke West.
Fürn Bau von U- & Autobahn werd ick mir engaschiern.
Ooch wenn wir wie bein Kreisl een paar Tausender verliern.
Noch heute strahlt der Kreisel als Symbol vom freien Markt,
und diesen weiter auszubaun, dafür mach ich mir stark.
Wenn eener zu mir . . .

An meenen Standpunkt, den ick hab, denkt keener mehr zurück.
Mir scheint, heut wolln se alle ne andre Politik
mit Salzverbot, Verkehrsverbund & Fußjängervakehr,
am Schluß wohl ooch noch Nulltarif & andre Dinga mehr!
Zwee Tage nachm Mauerbau ham wir die S-Bahn kontrolliert
& hier & da ooch mal nem Falschen die Neese restauriert.
»Dem Osten keenen Pfennig!« det stand damals für uns fest.
Und die mit warme Ohren kriegen von Doktor een Attest.
Wenn eener zu mir . . .

**Text: Achim Langhans**
**Musik Rainer Balcerowiak**

*In den dreißiger Jahren. Foto: Pragher*

## Hundert Jahre sind auch ein Jahrhundert

Ein Herr auf Besuch rief neulich: »Betrug!«
Doch der Bahnhof blieb zu & nichts ging mehr.
Ich wies ihn auf die nette Fassade hin
mit den Jugendstilschnörkeln am Eingang.
Er meinte: »Soll ich das als Museum verstehn?«
und das klang soon bißchen wie'n Abgesang
auf 'ne nützliche Sache, die fehlt.
Der Versuch zu erklären, warum hier nichts mehr geht,
wegen Streik & Gesetzen der Wirtschaft,
war mir fast schon zu blöd.
Und so kam ich auf'n Stück Geschichte zurück.
»Die Berliner Stadt- und Ringbahn wurd jrade hundert Jahr,
doch seit die Stadt jespalten ist, verkommt sie wunderbar,
in einem Teil der Großstadt,
während man im ander'n kaum Platz zum Stehn hat.
Einerseits wird se zum Industriefossil
mit Kräutern zwischen den Jleisen,
andererseits ist sie mächtig mobil,
aber die Stadt kann man nicht mehr umkreisen . . .«
»Ist ja alles ganz nett, was Sie da erzählen,
hundert Jahre sind auch ein Jahrhundert.
Ach da vorne ist ja'n Taxistand.
Für die Erläuterung nochmals vielen Dank!
Hallo, Taxi! Bis demnächst! Auf wiedersehn.
Nichts für ungut, so is' nun mal im Leben!«
Die Tür schlägt zu, ich bleib kopfschüttelnd stehn
vorm vergitterten Eingang der S-Bahn,
vorm vergitterten Eingang der S-Bahn.

**Text:**
**Achim Langhans**
**Musik:**
**Rainer Balcerowiak**

# Immer billig, immer pünktlich fast bis zum letzten Tag

## Ingeborg Drewitz

Bewundert. Großzügig angelegt. Ist es das, was mir einfällt, was doch nachzulesen, nachzuweisen ist am Bauplan, an den Erfolgen, Zahlen der täglich Beförderten, großartige Großstadt Berlin? Wann? Mir fällt anderes ein. 1923 in Berlin geboren. Die S-Bahn (Stadt- und Ringbahn) war mein »Tor zur Welt«, war meine Schicksalsstrecke, mein Lern- und Studienplatz, mein Kriegsende-Erlebnis, mein Weg in die Mark Brandenburg. Unvergeßlich der Geruch der Holzbänke, gediegene Zimmermannsarbeit, helles Holz, lackiert. (Zweiter Klasse bin ich nur wenige Male als Jungverliebte mit 15 gefahren.) Unvergeßlich. Eine Liebeserklärung also? Ich muß es wohl behutsamer anfangen.

Ich bin ja noch mit der Dampfbahn gefahren, nach Ober-/Niederschöneweide hinaus, als die Eltern dort eine Wohnung gefunden hatten. Die Mutter mit uns Kindern, die Oma dabei. Und Koffer und Taschen mit Wäsche, Kleidung, Essenstöpfen. Als Vater arbeitslos wurde, bald nach dem Umzug, kam Oma immer mit ihrer abgewetzten alten Ledertasche, mit der sie schon zur Arminiusmarkthalle gegangen war, ich am Lederhenkel fest gehalten; und in der Tasche der Kochtopf, Suppe und Fleisch (die altmodische Sorge, daß wir Kinder Fleisch brauchten, wenigstens sonntags, um zu gedeihen).
Doch ich will von der S-Bahn erzählen, dem zugigen Bahnhof Niederschöneweide, die Stelle auf dem Bahnsteig, auf der mir mein Vater die Stromschiene zeigte, die Elektrizität erklärte. Die S-Bahn war ja elektrifiziert worden. Statt der schwarzen Personenwagen hinter der Lokomotive waren es jetzt gelbrote und blaurote S-Bahnwagen. In der Schule wußte ich Bescheid. Elektrizität ist . . . Ich seh' uns aber auch warten, frieren. Auf dem Bahnsteig froren wir immer. Besuch in Moabit bei den Großeltern. Und ich seh' die Spreewälder-Ammen mit ihren prächtigen Hauben. An der Ober-Spree in den Villen wohnten reiche Familien, die sich eine Amme leisten konnten.

S-Bahn. Die Fahrt in die Stadt hinein. Die Gleisfelder, die schwarzen Hinterfronten der Häuser, die winzigen Höfe mit der Wäsche aus dem Fenster, dem abgeplatzten Putz, den »Fleißigen Lieschen« in den Fenstern, die den Sommer über blühten, im Winter die gelbbraunen Lampen. Und immer wehte das Gras auf der Böschung, grün, graugelb, braun, Gras und Stauden, die kümmerlichen Pflanzen der Stadt. Und ich seh' den Bahnhof Bellevue, verglast, fremder Name, von Oberschöneweide aus war's bequemer, dort auszusteigen und über die Lessingbrücke nach Moabit zu gehen, als über den Nordring zu fahren, wozu wir hätten umsteigen müssen. Industrielandschaft, keine Landschaft. Heimat.
Und ich sah den Bahnhof Wilmersdorf-Friedenau (dorthin zogen die Eltern später um), den Mann mit dem buschigen Bart im Schalterhäuschen den Krieg hindurch und Tag für Tag, nichts weiß ich von ihm, nur die Hände, Daumen und Zeigefinger in Lederhülle, der Knipser, die hellbraunen Augen, das Augenzwinkern, wenn ein junger Soldat neben mir war, als wüßte er – er wußte nichts, ich auch nicht, nur daß die Uniform des Freundes hieß, der Urlaub ist zu Ende. Im Urlaub trug ja jeder Zivil. Den Krieg hindurch fast täglich die Herde der Fahrgäste bei Schnee und Sturm und Regenböen und Sommerwetter, bei Alarm und in den letzten, endlos langen letzten Kriegswochen, als die Güterzüge mit den Kindern und den alten Männern vom Volkssturm neben den S-Bahngleisen entlang fuhren, auf jede Lokomotive gepinselt »Erst siegen, dann reisen«, und täglich reisten Tausende und Tausende nach Westen, in den erhofften Frieden. Das fahle, flache Februar-Märzlicht 1945 und der Mann noch immer im Schalterhäuschen, auch wenn die Gleisfelder, die Züge getroffen wurden, Güterbahnhof, Innsbrucker Platz, nachts das Pfeifen der Lokomotiven, das Dampfablassen, das Rollen der Züge und die Brände. Und dann auf den Böschungen des Südrings die Jungen, bäuchlings, zusammengekrümmt, die Stiefel schon gestohlen. Da war der Hitlerkrieg zu Ende, da waren alle Brücken gesprengt und wurden hastig mit Bohlen abgestützt, um die Züge mit Beutegut zu tragen. Da fuhr die S-Bahn nicht mehr für uns.

Da taperten wir im Sommer '45 von Bohle zu Bohle über zerstörte und wieder notdürftig hergestellte Brücken, um nach Wedding zu kommen, weil eine Tante gestorben war und begraben werden sollte. Da trafen wir die Frauen und Schwestern der gefallenen Vettern, jede mit irgend einem gestohlenen Buschen (Hortensien, Vogelbeerbaum) in der Hand. Da standen wir auf den Stationen außerhalb des Rings und hofften, auf dem Zugdach oder auf den Puffern mitzukommen, um vielleicht in der ausgebeuteten Mark Kartoffeln zu hamstern. Da roch der Sommer nach Flieder und Holunder und Brand und nassen Ruinen.

*Fähre in der Innenstadt im Zuge der gesprengten Möckernbrücke, die lange die einzige Verbindung über den Landwehrkanal zum Anhalter Bahnhof war.*

Und dann später, die Strecken waren wieder intakt, die Flüchtlinge in der S-Bahn, die Tasche mit dem Nötigsten irgendwo im Gepäcknetz. Die Angst. Das Aus-dem-Fenster-Starren über die Ruinenlandschaft West-Berlins hinweg. Um irgendwo anzukommen. Bahnhof Zoo. Die Händler. Zigarettenwährung und eins zu eins, die Miserabilität einer noch nicht zerschnittenen, aber geteilten Stadt. Die Stationen in der Mark für uns in West-Berlin versperrt. Stadt ohne Landschaft. Der Zoo-Bunker. Wie lange stand der? Lebensraum für so viel Elend? Heimat.

S-Bahn. Bis zum August '61 das Abenteuer der Fluchten über die S-Bahn ab in den Westen. Und wir hier? Was konnten wir tun? Dann der Boykott ab 13. August '61. Willy Brandt als Regierender Bürgermeister hatte dazu aufgerufen. Wer dennoch S-Bahn fuhr, mußte mit dem Hohn seiner Nachbarn rechnen. Wir fuhren mit der S-Bahn, weil sie pünktlich und billig war, weil die Abteile noch immer so rochen wie vor wie vielen Jahren, nur keine Zweiter-Klasse-Abteile mehr (das ging uns nichts an). Die Abteile waren nicht mehr überfüllt, fast immer gab es Sitzplätze.

Aber muß ich nicht auch erzählen, wie Vater (nach '61 konnte er nicht mehr »rüber«, dort, wo er in Oberschöneweide ab 1949 wieder Arbeit hatte) mit der S-Bahn fuhr, die Kilometer aufschrieb, die er gefahren war. (Mutter war lange tot.) Muß ich nicht erzählen, was die S-Bahn für uns in Berlin Geborene gewesen ist? Transportmittel zur Arbeit, immer billig, pünktlich bis fast zum letzten Tag des Zweiten Weltkrieges, Schnellbeförderung bis zu den Endstationen in der Mark, Wiesen, Äcker, Rubinien- und Lindenalleen, Sandwege, die Gräben voller Iris im Juni, Fohlen auf den Weiden. Aber auch Stahnsdorf, Großgräberplatz und Kasernenstadt, auch Potsdam, Bernau, Spandau, Erkner. (Da lebten wir noch mit der Umgebung, aus der wir stammten. Fahrräder waren immer mitzunehmen, wenn einer sich Fahrrad leisten konnte. Im Abteil für Traglasten, das die alten Vierteklasseabteile ersetzte, saßen schwere Frauen und Männer (die Märker sind breithüftig), hatten Kinderwagen, Traglasten, Kisten, Koffer, Obstkörbe bei sich, Erdbeeren, Kirschen und von August an Äpfel).

*Nissenhütten am S-Bahnhof Hohenzollerndamm, als Ersatz für zerstörte Wohnhäuser*

*Ankündigung des Fährbetriebs über den Landwehrkanal*

Nicht vergessen aber auch die prallvollen Züge während der Olympiade '36. Ihr fuhrt mit der Lehrerin hin, mußtet Bodengymnastik auf dem Maifeld vorführen, das weiße Turnzeug hatte den arbeitslosen Vater, der's ja bezahlen mußte, geärgert.

Und die S-Bahn heute, die stillgelegten Strecken, der gestörte Service. Alles nachweisbar, warum. Und doch so beklemmend. Ideologie statt Politik. Das hat die Stadt Berlin nicht verdient. Aber sie lebt damit. Noch der Geruch von Holz und Schweiß und Dreck, das verschmutzte Linoleum. Noch die schwarzen Hintern der Häuser, die engen Höfe. Noch.
Was mag der Fahrkartenknipser mit dem buschigen Bart und den hellbraunen Augen, den ich die Kriegsjahre hindurch täglich gesehen habe, denken, wenn er noch lebt?

Das gehörte doch zu Berlin, das war jeder Morgen, jeder Abend: der zugige Bahnsteig, die verglaste Treppe, die Schalter, die blankgewetzten runden Tischchen und draußen grau, Regen, Schnee, wie selten Sonne. Trauer? Nein. Die Brosche: Stadt- und Ringbahn ist ja noch in die Karten eingezeichnet. Wenigstens das. Und es sind noch und noch und noch Erinnerungen aufzureihen.
Bewundert. Großzügig angelegt. Daran habe ich nie gedacht. Ich habe mit der S-Bahn gelebt.

*S-Bahn-Milieu* *Bhf. Westkreuz*

# Mord in der S-Bahn

## Symptom einer Zeit

*»Martina Lübke kuschelt sich wohlig in die gepolsterte Ecke eines Abteils zweiter Klasse. Eben war sie nach einem überlangen Arbeitstag noch gerade in die S-Bahn kurz vor der Abfahrt eingestiegen und hatte auch noch einen anderen Reisenden hilfsbereit hereingewinkt, als sich schon die Türen schlossen und der Zug in Bewegung setzte. Jetzt hatte sie kein Auge mehr für das, was um sie herum war. Die ungewisse Beleuchtung des Abteils verführte zu Träumereien. Die nächste Station, Hirschgarten, dann fuhr der Zug wieder an. Er erreichte die volle Fahrt, da — da erhebt sich der Mann gegenüber von Martina Lübke, macht einen Schritt auf sie zu, und ehe sie begreift, was da vor sich gehen soll, fühlt sie einen dumpfen, harten Schlag auf den Kopf.*
*Trotzdem gelingt es ihr, aufzuspringen und sich zur Wehr zu setzen. Instinktiv sucht sie zu dem geräumigeren Teil des Wagens zu gelangen, der zu den Türen führt. Bei dem Handgemenge erhält sie nochmals Schläge auf den Kopf und zuletzt in den Rücken. Der Unbekannte ist neben ihr geblieben und in jähem Entsetzen bemerkt sie, daß er vor ihr die Abteiltür aufreißt, und dann, dann hat er sie mit hartem Griff gepackt. Sie läßt sich zu Boden fallen und umklammert die Füße des Unholds. Aber mit kräftigen Tritten macht er sich frei und stößt sie aus dem Zug hinaus. Gellend schreit sie auf . . .«*[1]

So kann es gewesen sein. So stellt es jedenfalls Axel Arlt in seinem dokumentarischen Roman »Der Tod fuhr im Zug« als den Beginn jener Serie von S-Bahn-Morden dar, die 1940/41 auf der Strecke Rummelsburg—Erkner sich ereigneten und die die Berliner beunruhigten und erregten — und die zumindest im Nachhinein doch offenbar eine gewisse Faszination ausstrahlte, so daß sie im Roman verarbeitet wurde und später auch noch ein Spielfilm und ein Dokumentarspiel darüber entstanden. Fünf Morde und mehrere Mordversuche an alleinfahrenden Frauen nachts oder in den frühen Morgenstunden sind es, immer wird auf die Frauen zunächst eingeschlagen, sind Sittlichkeitsdelikte im Spiel, werden sie aus dem Zug geworfen. Die Spur des Täters verliert sich in der Dunkelheit.
Doch schauen wir noch einmal genauer zurück, blättern wir in alten Berliner Tageszeitungen aus jener Zeit, versuchen wir uns ein Bild zu machen und sehen darin nicht nur eine grausige Horror-Story.
Berlin geht auf den zweiten Kriegswinter zu. Die Front ist zwar fern, die deutschen Truppen stehen überall in Europa, und über England tobt der Luftkrieg — aber der Krieg ist auch immer nah: im Berliner Lokal-Anzeiger häufen sich die Todesanzeigen mit dem Eisernen Kreuz. Erste Bombardements der Engländer auf deutsche Städte lassen auch den zu Hause Gebliebenen die Schrecken des Krieges sehr gegenständlich werden. Im September gibt es in Berlin erste Einschläge[2]. Der Alltag verändert sich auch in den Mitteilungen im Lokalteil der Zeitungen. Sammelstellen für Kastanien wurden eingerichtet, heißt es dort, Freischeine für bedürftige Holzsammler werden ausgegeben. Lebensmittelkarten sind auf keinen Fall an Dritte weiterzureichen. Das Abhören von Feindsendern wird als Rundfunkverbrechen streng bestraft, auch das Nichteinhalten der Verdunkelungsvorschriften.

Berlin ist als Eisenbahnknotenpunkt Durchgang für zahllose Kriegstransporte, aber auch für die mehr oder weniger geheimen Transporte in die KZ's. Die Bahn ist überlastet. Den Waggonbau, so ist im Wirtschaftsteil der Zeitungen zu lesen, hat das große Beschaffungsprogramm der Reichsbahn wieder rentabel gemacht[3].

Die S-Bahn reduziert ab September 1940 ihre Zugfolge auf den elektrisch betriebenen Strecken, gerade in den Nachtstunden zwischen 23.30 Uhr und Betriebsschluß wird sie auf einen Abstand zwischen 20 und 40 Minuten ausgedehnt[4]. Zu diesem Zeitpunkt geschieht der erste Mordversuch auf der S-Bahn, doch die Polizei schenkt ihm noch keine besondere Beachtung[5]. Verbrechen sind an der Tagesordnung, im Großen wie im Kleinen. Das ist alles nichts Besonderes, und nur von den kleinen ist, der Zensur wegen, in der Zeitung zu lesen.
Da wird in ein Bahnhofsgebäude in Nauen eingebrochen und in Lichtenberg in einer Wohnlaube die 20jährige Ehefrau Gerda Ditter bestialisch erstochen. Zwei kleine Kinder, anderthalb Jahre und zwei Monate alt, liegen »unversehrt«, wie die Zeitungen schreiben, im Nebenraum[6]. Später wird sich herausstellen, daß dieser Mord auch vom S-Bahn-Mörder begangen wurde[7]. Die junge Frau war aus der großen Stadt mit ihren kleinen Kindern hierher in die Schrebergartenkolonie gekommen, hatte sich aufs Überleben dieser wahnsinnigen Zeit eingerichtet wie manche andere auch. Ihr Mann wird in den in der Presse nachgedruckten Polizeiberichten nicht erwähnt, wahrscheinlich ist er schon gefallen, um die Frau kümmert sich, so heißt es, die NSV.

Die Serie der S-Bahn-Morde geht am 4. 11. 1940 mit jenem Mordversuch an der eingangs erwähnten Martina Lübke weiter, die in Wirklichkeit wohl anders hieß und anders als in Arlts Roman Fahrkartenverkäuferin bei der Reichsbahn war. Was Arlt in seiner Darstellung des Geschehens später als »ungewisse Beleuchtung« bezeichnet, müssen wir uns so vorstellen: Am Tag des Überfalls war eine neue, verschärfte Verdunkelungsvorschrift in Kraft getreten. Danach mußte vom Sonnenuntergang (an diesem Tag 17.23 Uhr) bis Sonnenaufgang (8.05 Uhr) überall dort, wo das Licht nicht gänzlich abgeschaltet werden konnte, das Licht blau eingefärbt werden, namentlich »in den Straßenbahnen, Omnibussen, Kraftwagen und Eisenbahnwagen«; ebenso durften auch alle »Kennzeichen, Zielrichtungs- und Nummernschilder der Stadt-, Vorort- und Hochbahnen« nur düsteres Blau zeigen[8]. Es muß eine unheimliche, bedrohliche Atmosphäre gewesen sein, die sich hier ausbreitete, voller Dunkelheit und Angst, immer den Krieg im Rücken, dessen Folgen man im Tod der eigenen

...en worden ...
z. B. nachgewiesen, daß
Fahrzeugs ein Mehrverbrau... Pfg. ve-
schuldet werden kann. Bei falscher Handhabung des Start-

## Ueberfall im S-Bahnzug

**Eine Frau niedergeschlagen und aus dem Zug gestoßen**

Die Berliner Kriminalpolizei ist mit der Aufklärung eines schweren Verbrechens beschäftigt, das sich in der Nacht zum Dienstag am Bahnhof Hirschgarten abgespielt hat. Eine 29 Jahre alte Fahrkartenverkäuferin der Reichsbahn wurde dort von einem bisher noch nicht ermittelten Mann überfallen und aus dem fahrenden S-Bahnzug gestoßen. Sie erlitt Rücken- und Brustprellungen und mußte nach dem Köpenicker Krankenhaus gebracht werden.

Die Ermittlungen haben ergeben, daß die Ueberfallene, die auf dem Bahnhof Friedrichshagen beschäftigt ist, am Montagabend nach Dienstschluß um 23.45 Uhr einen Zug zur Heimfahrt bestiegen hatte. Mit ihr zusammen war auch der Täter in das Abteil zweiter Klasse, in dem sich sonst kein Fahrgast befand, eingestiegen. Als der Zug gerade den Bahnhof Hirschgarten verließ, öffnete der Unbekannte die Abteiltür, blickte zunächst nach dem Bahnsteig zurück und stürzte sich dann auf die Fahrkartenverkäuferin. Er warf sie zu Boden, und als die Ueberfallene sich heftig zur Wehr setzte, schleifte er sie zur Tür und stieß sie kurz hinter dem Bahnhof hinaus. Auf die Hilferufe der Frau eilte ein Bahnbeamter herbei und brachte die Verletzte, die hilflos zwischen den Gleisen lag, zum Bahnhof zurück, von wo sie dann von der Feuerschutzpolizei nach dem Köpenicker Krankenhaus gebracht wurde. Später wurden die Handtasche mit Bargeld und verschiedene Gebrauchsgegenstände der Ueberfallenen auf dem Bahnkörper aufgefunden, so daß eine Raubabsicht bei dem Täter nicht vorgelegen haben kann.

Bei dem Täter handelt es sich um einen Mann von etwa 28 Jahren, der etwa 1,65 Meter groß und von schmächtiger Figur war. **Bekleidet war er mit einer Post- oder Eisenbahnuniform.** Sachdienliche Mitteilungen, die auf Wunsch streng vertraulich behandelt werden, nimmt die Kriminalinspektion E I 5 im Polizeipräsidium, Zimmer 715, entgegen. Anruf 51 00 23, Hausapparat 515.

## Eine Fundgrube für die Sippenforschung

**Eine Lade ... ar**

aus dem Dokumentarspiel ›Verdunkelung‹

Aus »Verdunkelung«

Angehörigen, in den Fremdarbeitern, den Entbehrungen und Belastungen täglich stärker zu spüren bekam.

Die S-Bahn-Morde häufen sich. Nach dem 4. 11. geschehen die nächsten am 3. 12., am 22. 12., am 29. 12. und am 4. 1. 1941. So stellt es Arlt in seinem dokumentarischen Roman dar und für diese Daten lassen sich immer auch Entsprechungen in der Presse finden. Doch wenn man ausführlicher in den Zeitungen blättert, aus den kleinen Tagesmeldungen den Alltag herauszulesen versucht, wird das Bild von jenen Tagen noch bedrohlicher. Die S-Bahn-Morde, so sehr sie Einzeltaten eines Triebkranken sind, sind zugleich auch besonderer Ausdruck für die bedrückende Stimmung, die damals viele ergriffen haben muß. Es kommt zu zahlreichen Unfällen auf den und mit den abgedunkelten Berliner Verkehrsmitteln. Besonders die Straßenbahnen werden viel genannt, so daß es schließlich sogar zu vielfach abgedruckten Warnungen kommt[9]. Aber auch die S-Bahnen sind häufiger Unfallort, und oft wird es auch kein Unfall gewesen sein. Ein Menschenleben galt in jener Zeit nicht viel.

Fast jeden Tag wird in diesem Dezember 1940 ein Todesfall auf der S-Bahn gemeldet. Am 4. 12. glitt die 31jährige Gerda May auf dem S Bahnhof Bellevue aus und stürzte auf die Schienen, einen Tag später wird die Leiche des 41jährigen Schneiders Willi Bake aus der Puttkamerstraße zwischen dem Lehrter Bahnhof und dem Bahnhof Friedrichstraße gefunden. In diese Reihe paßt auch die Meldung aus der Abendausgabe des Berliner Lokal-Anzeigers vom 5. 12.:

*»In der Nacht zum Mittwoch sind im Osten Berlins zwei Frauen auf rätselhafte Weise zu Tode gekommen. Zwischen Karlshorst und Rummelsburg fand man auf den Bahngleisen*

*Aus »Verdunkelung«, Dokumentarspiel des ZDF*

*die Leiche der 26jährigen Krankenschwester Elfriede Franke aus der Pfalzburger Straße Nr. 35 in Wilmersdorf. Ein Mädchen, das, wie bereits berichtet, neben dem Eisenbahngleis an der Prinz-Heinrich-Straße in Karlshorst mit schweren Kopfverletzungen aufgefunden wurde, ist später im Krankenhaus gestorben. Das Mädchen konnte als eine 19jährige Irmgard Frese identifiziert werden.«*[10]

Was diese Meldung von den Unfallberichten unterscheidet, ist allein der versteckte Hinweis auf das Rätselhafte, doch auf die drohenden Gefahren wiesen auch andere Berichte hin. Da wurde die Verdunkelung zu Überfällen in S-Bahn-Bahnhöfen, -Eingängen und -Tunnels genutzt und ein Reichsangestellter war erwischt worden, weil er in den Zügen Reisegepäck gestohlen und dann verkauft hatte. »Sein Verbrechen wog besonders schwer, weil er nicht nur die kriegsbedingte Überfüllung der Züge und die Verdunkelung der Bahnsteige zu seinen Diebereien ausgenutzt, sondern, um den Reisenden besonders vertrauenswürdig zu erscheinen, auch die Achselstücke eines Betriebsassistenten unberechtigt getragen und in einem Falle sogar einen Soldaten bestohlen hatte.«[11]

Am 7. 12. massieren sich die Todesmeldungen. Der Berliner Lokalanzeiger listet die Schrecken nur noch lapidar auf:

*»Fünf Personen tot aufgefunden. Ungeklärte Unfälle auf S-Bahnhöfen. Auf Berliner S-Bahnhöfen kam es zu mehreren tödlichen Verkehrsunfällen, ohne daß es bisher möglich war, die Vorgänge im einzelnen jedesmal genauer festzustellen. Am Bahnhof Innsbrucker Platz fand man den 60jährigen Fregattenkapitän a. D. Wolfram von Knorr aus Wilmersdorf, Kaiserstraße 8, tot auf. Er ist vermutlich beim Aussteigen verunglückt. – Auf dem Bahnhof Jannowitzbrücke wurde der 46jährige Fred Zielke aus Johannisthal, Ostmarkstraße 32, von einem Zug tödlich überfahren. – Auf Bahnhof Wilhelmshagen verunglückte der 37jährige Arno Schwartz aus Rahnsdorf, Straße 584, der beim Aussteigen aus dem noch fahrenden Zug unter den letzten Wagen geraten war. – Auf dem Bahnhof Tiergarten wurde unter den Rädern eines Zuges die Leiche des 37jährigen Erich Wolf aus der Hussitenstraße 7 geborgen. – Auf Bahnhof Lichtenrade fand man die Leiche des 52jährigen Rudolf Kirchner aus Lichtenrade, Hilbertstraße 9, tot auf. Er ist wahrscheinlich beim vorzeitigen Aussteigen aus dem Zuge verunglückt.«*[12]

Und so geht es weiter. Am 11. 12. wird auf dem Bahnhof Jannowitzbrücke der 32jährige Karl Briese von einem Zug überfahren, am 13. 12. der 71jährige Oberpostschaffner a. D. Karl Laasch auf dem Bahnhof Friedrichstraße, am 17. 12. der 45jährige Schiffskoch Johannes Dahl aus Kiel. Häufig heißt es, »wie D. auf die Schienen geraten ist, konnte noch nicht geklärt werden.«

Am 18. 12. läuft der »in Berlin beschäftigte 39jährige Protektoratsangehörige Emanuel Muzik« auf den Gleisen vor einen Zug, am 22. 12. ist es ein ostpreußischer Arbeiter, am 23. 12. ein 53jähriger aus Bresdorf. Am 25. 12. kommen in Gesundbrunnen und Halensee zwei Männer durch Aufspringen zu Tode. Am 27. 12. laufen ein polnischer

Arbeiter, am 28. 12. ein 61jähriger Mann am Bahnhof Wedding und ein 18jähriger »Protektoratsangehöriger« am Bahnhof Tempelhof »in selbstmörderischer Absicht«, wie es heißt, vor die fahrende S-Bahn. Am gleichen Tag liegt noch ein Toter im Zug aus Bernau.

Als dann am 30. 12. zu lesen ist, daß zwischen Bahnhof Karlshorst und dem Betriebsbahnhof Rummelsburg die 46jährige Ehefrau Gertrud Siewert aus Köpenick schwer verletzt neben den S-Bahn-Gleisen gefunden wird, hat es den Anschein, als ob das in die Kette der sich mysteriös häufenden Unfälle gehört. Doch andererseits läßt auch die Bitte der Polizei um Hinweise, das dann später erfolgende Aussetzen von Belohnungen und die verstärkte Fahndungstätigkeit auch den Eindruck entstehen, als ob viele dieser Unfälle keine waren. Die Polizei steht unter Erfolgszwang. Sie muß, gerade jetzt in den Kriegszeiten, den Anschein von Sicherheit unter allen Umständen wieder herstellen.
Natürlich hat es in diesen Zeiten des Krieges und der Verdunkelung auch auf anderen Verkehrsmitteln, vor allem den Bussen, Straßenbahnen und Autos, aber auch den U-Bahnen zahlreiche Unfälle gegeben und nichts trifft weniger als die später in den 60er Jahren gezielt ausgestreute Parole von der Gefährlichkeit und Bedrohlichkeit in der S-Bahn. In diesen S-Bahn-Mördern während der Kriegsjahre im nationalsozialistischen Deutschland steht gerade etwas für diese damalige Zeit Bezeichnendes, läßt sie zum Symptom werden.
Die Verbrechen um die Strecke Rummelsburg-Erkner werden eingekreist. Durch Vergleich der Tatzeiten und sonstiger Umstände vermutet die Polizei, daß der Täter ein Reichsbahnangestellter sein muß und die Tat immer im Zusammenhang mit dem Schichtende im nahen Reichsbahnbetriebswerk Rummelsburg steht. Doch die Bahn mit ihren weitverzweigten Anlagen, ihrer ständigen Bewegung und Veränderung erschwert es, den Täter zu fassen. Auch die Einbeziehung von Reichsbahnangestellten führt nicht nur zum Erfolg, verhindert ihn sogar eher noch, weil der Täter dadurch immer auch vorgewarnt wird. Schließlich wird ausgestreut, die Fahndung sei abgebrochen, da wird in einer Laubenkolonie unweit des Betriebsbahnhofs, man schreibt inzwischen den 3. Juli 1941, wieder eine Frau mit zertrümmerter Schädeldecke tot aufgefunden. Es ist der letzte Mord in dieser Serie, denn ein ins Betriebswerk eingeschleuster Polizeibeamter hat inzwischen von einem Eisenbahner erfahren, der häufig über den Zaun des Betriebswerkes steigt. Schließlich wird der Mann festgenommen, nach Arlt hatte er im Weichendienst zu tun, war Streckengeher, Laternenaufhänger, und in seiner Kleidung werden Blutspuren festgestellt. Mitte Juli 1941 gesteht er schließlich eine Reihe der ihm vorgeworfenen 28 Sittlichkeitsdelikte und Belästigungen, schließlich auch die Morde in der S-Bahn. »Ohne Verzug« wird er nach Abschluß der Ermittlungen, wie Arlt schreibt, von einem Sondergericht zu Tode verurteilt und hingerichtet[13].

Noch heute heißt es unter Eisenbahnern, daß der Täter nicht nur ein Eisenbahner, sondern auch Parteimitglied und SS-Mann gewesen sein soll. Doch davon schrieben die Zeitungen nicht. Inzwischen gab es auch anderes zu melden: Seit dem 22. Juni führte Hitler Krieg gegen die Sowjetunion.

**Knut Hickethier**

## Anmerkungen

[1] Axel Arlt: Der Tod fuhr im Zug. Berlin 1944, S. 36 f.
[2] Berliner Lokal-Anzeiger (BLA), 25. 9. 1940
[3] BLA, 4. 11. 1940
[4] BLA, 21. 9. 1940
[5] Vgl. A. Arlt (Anm. 1), S. 9 ff.
[6] BLA, 5. 10. 1940
[7] Vgl. A. Arlt (Anm. 1), S. 21 ff.
[8] BLA, 4. 11. 1940
[9] z. B. in der Deutschen Allgemeinen Zeitung v. 7. 1. 1941: »Achtet auf Straßenbahnen. Volksgenosse! Zahlreiche Unfälle ereignen sich bei Dunkelheit durch Unachtsamkeit beim Herannahen der Straßenbahnen. Bedenke, daß Straßenbahnen vorn nur mit einer, dazu noch abgedunkelten Lampe versehen sind und daß der Straßenbahnführer es darum während der Dunkelheit besonders schwer hat. Er kann Dich also erst sehr spät wahrnehmen, Du aber kannst die herannahende Straßenbahn bei einiger Aufmerksamkeit schon aus größerer Entfernung erkennen. Auf- und Abspringen während der Fahrt bedeutet bei Verdunkelung Selbstmord.«
[10] BLA, 5. 12. 1940, Abendausgabe
[11] BLA, 4. 1. 1941
[12] BLA, 7. 12. 1940
[13] A. Arlt (Anm. 1), S. 219

*Johannes Hendrichs Dokumentarspiel »Verdunkelung« (Regie: Peter Schulze-Rohr) wurde am 31. 5. 1976 im ZDF ausgestrahlt. Rudolf Brand spielte den S-Bahn-Mörder.*

*Berliner Stadtbahn 1905*
*Auf dem Stadtbahnhof Alexanderplatz kamen*
*die Landleute aus Potsdam und Werder*
*mit ihren großen Tragekörben voll Obst und Gemüse,*
*um ihre Waren in der Zentralmarkthalle zum Kauf anzubieten.*

# Bei uns an der Plumpe

## Das Lebensmilieu Bahnhof Gesundbrunnen

Lothar Binger, Susann Hellemann, Petra Hellemann

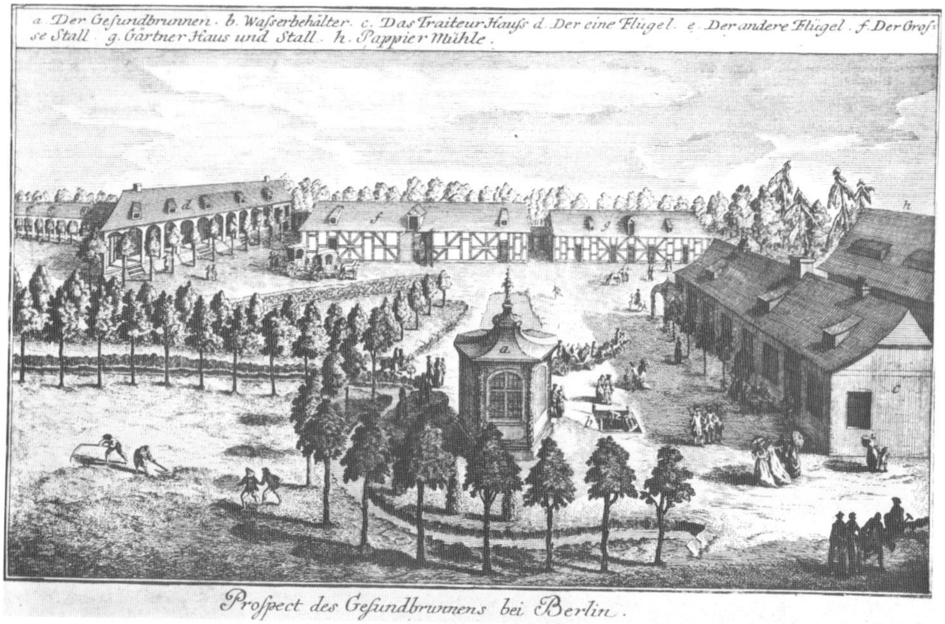


*Badstraße am Bahnhof Gesundbrunnen mit Pferdebahn, um 1890*

## Das Lebensmilieu

... das sind die Läden, Restaurants, Cafés, Kneipen, Kioske in und an der S-Bahn, die Wohnungen mit S-Bahn-Blick, die Arbeitsstätten in den Stadtbahnbögen. Nicht wegzudenken sind die zahlreichen Schrebergärten von zum Teil beträchtlichem Miniaturformat, die sich an den Böschungen der Bahn ducken. Ihre Nutzer sind bezirklich in der Vereinigung »Eisenbahn und Landwirtschaft« organisiert und entfalten in Untergruppen zusammengefaßt ein beachtliches kulturelles Leben. Nicht nur regelmäßige Vereinsabende gehören zu ihren Aktivitäten, sondern auch Dampferfahrten, Kinderfeste, zu denen die Gärten geschmückt werden oder Erntefeste und Herbstausgangsfeiern.
Nirgends ist dieses Milieu auch heute noch anschaulicher gegenwärtig als am und im S-Bahnhof Gesundbrunnen. Er war wie kein anderer S-Bahnhof bis zum Mauerbau Drehscheibe zwischen Ost und West und hatte schon während der Schwarzmarktzeit eine zentrale Bedeutung in Berlin. Er war Umsteigebahnhof zwischen S- und U-Bahn, hatte vor 1945 eine Fernbahnstation zur Ostseeküste, war Einkaufsbahnhof mit einer Ladenstraße in einem die Gleise unterquerenden Tunnel und lag inmitten einer pulsierenden Gegend der Begegnung zwischen Ost und West. Die Ostberliner kauften ringsum ein, trafen Verwandte und Freunde und besuchten die zahlreichen Kinos der Badstraße, die Spielhallen und Kneipen.
Dieses Leben am Gesundbrunnen, der von den Anwohnern kurz »Plumpe« genannt wird, hat eine lange Geschichte. Sie reicht zurück bis zu den Tagen Friedrichs des Großen, der sich schon mit dem Quell an der heutigen Badstraße unweit des Pankeufers erfrischt hatte. Einige Jahre später begründete der findige Hofapotheker Behm an der eisenhaltigen Quelle einen Bade-, Kur- und Ausflugsort, der schließlich Friedrichs-Gesundbrunnen und nach einem Besuch der preußischen Königin 1799 Luisenbad genannt wurde. Notwendige Kanalisationsarbeiten, die der stinkenden Panke galten, brachten die Quelle 1879 zum Versiegen. Unbeeindruckt davon blieben die 40 Vergnügungsstätten, Tanzböden, Wirtschaften und Schankgärten, die jene Gegend zum größten Amüsierviertel des Berliner Nordens hatten werden lassen.

Die »Plumpe« veränderte ihr Gesicht durch Industrieansiedlung (AEG) und Mietskasernenbau. Dem ging die Verkehrsanbindung durch den östlichen Teil der Ringbahn voraus, die 1871 fertiggestellt wurde und zunächst nur dem Güterverkehr diente.
Ein Jahr später wurden die Bahnhöfe Wedding und Gesundbrunnen errichtet und der Personenverkehr aufgenommen. 1873 führte nun auch eine Pferdebahn zum Gesundbrunnen und 1895 fuhr eine elektrische Straßenbahn von der Badstraße nach Pankow. 1920 gab mit der Gründung Groß-Berlins der traditionell sozialdemokratische Stadtteil Gesundbrunnen seine Selbständigkeit auf und wurde dem Wedding angegliedert, in dem die Kommunisten bis zum Beginn der NS-Zeit die Mehrheit hatten.
Trotz dieser kämpferischen Vergangenheit konnte im Sanierungsgebiet Brunnenstraße südlich vom Bahnhof Gesundbrunnen im letzten Jahrzehnt die größte Berliner Kahlschlagsanierung ohne Widerspruch der Bevölkerung durchgesetzt werden. In keinem anderen Sanierungsgebiet gelang es, die Interessen der Bewohner so gründlich zu mißachten wie hier.

Wer sich am S-Bahnhof Gesundbrunnen umsieht, dessen Blick fällt auf die „Millionenbrücke“, die seit 1905 im weiten Bogen die Gleisanlagen überspannt und ihren Namen wegen der hohen Baukosten erhielt. Unübersehbar ist auch die Humboldthöhe im gleichnamigen Hain, der als Erholungspark bereits 1876 angelegt wurde und dessen Anhöhe als begrünter Trümmerberg bis 1952 auf die stattliche Höhe von 86 Metern anwuchs.
Zwischen Mönkeberger- und Grüntalerstraße erstreckt sich entlang der S-Bahngleise das große Gelände der Kolonie Sandkrug, die um die Jahrhundertwende gegründet wurde.

*Millionenbrücke*

*Abbildung unten: Kolonie Sandkrug am Bhf Bornholmer Straße*

*Kinder-Spielplatz an der S-Bahn 1950*
*Foto: Friedrich Seidenstücker*

**Kindheitserinnerungen**

»Früher war das ja nicht die S-Bahn, sondern da war ja noch'ne Dampflokomotive. Ick kann mich entsinnen, wie ich vielleicht acht oder zehn Jahre war, da war da hinten so ein Holzzaun mit'nem Balken drauf, da haben wir oben drauf gesessen und aufgepaßt, wenn die Dampfzüge vorbeikamen. Die fuhren zum Stettiner Bahnhof, das war ein sogenannter Kopfbahnhof, von da konnten se nach Schlesien fahren und nach sonstwohin. Wir saßen also da oben drauf, und wenn der Zug vorbei fuhr, dann haben wir immer gesagt: ›Berliner, Stettiner, was machen die Hühner?‹ Also das ist noch so haften geblieben.«
*(75jähriger Schrebergärtner aus der Kolonie Sandkrug)*

»Mein Mann ist da manchmal durch so nen Tunnel geklettert als Junge, von die Lauben aus, und hat dann das S-Bahn-Gelände da bereichert. Da haben sie denn gespielt mit ihrem Pfeil und Bogen. Es war eine schöne Zeit, wo man machen konnte, was man wollte.«
*(61jährige Trödlerin von der »Plumpe«)*

**Bahnhof Gesundbrunnen als »Heiratsvermittler«**

»Ich hab 'ne Annonce aufgegeben auf der Morgenpost, und es hat auch gar nich lang gedauert, da kriegte ich lauter Zusendungen mit Photographien und Lebensläufen und all so'm Kram, und eene hab ich mir so nachts rausgepiekt, und das ist meine jetzige Frau. Die wohnte hier auf der Kolonie Sandkrug. Da ham wa uns auf dem Bahnhof Gesundbrunnen ein Stelldichein gemacht, und wie wir uns das erste Mal gesehn, ich war gleich Feuer und Flamme und die ooch, sie hatte bis dahin noch keen Freund gehabt, und da is die dann gleich den zweiten Tag, wie wa uns auf dem Bahnhof Gesundbrunnen kennengelernt, gleich zu mir in die Wohnung gekommen, hat mein Haushalt geführt und is so lange da geblieben. Das ging ungefähr so'n Viertel Jahr. Und dann ham wa uns das überlegt, und da ham wa gesagt: ›Woll'n wa heiraten?‹ Und dann ham wa geheiratet.«
*(82jähriger Schrebergärtner aus der Kolonie Sandkrug)*

Familien vor ihrer Laube in der Kolonie Sandkrug 1908 Frau R. als 3jährige wackelt am Zaun

Rentnerehepaar R. wohnt heute noch in der Laube der Eltern

*S-Bahnkiosk in den 30er Jahren*

**Das Leben am Bahnhof Gesundbrunnen 1920 bis 1945**

»Man konnte nirgends billiger leben als dort in dieser Gegend, denn die Preise wurden ja sozusagen von der armen Bevölkerung, von mehreren hunderttausend Menschen diktiert. Es war ja die Zeit der Inflation. Nach Möglichkeit habe ich dort in unmittelbarer Nähe vom Bahnhof Gesundbrunnen eingekauft. Da gab's so Kaffeestuben, nicht auf dem Bahnsteig, außerhalb auf den Straßen. Das waren Bretterbruchbuden, in der Mitte stand ein eiserner Ofen, und man konnte einen Topp Kaffee kriegen, so eine massive dickwandige Tasse von der ZEG – der Zentral-Einkaufs-Gesellschaft. Da kostete die Tasse 5 oder 10 Pfennig voll Kaffee. Milch konnten Sie nehmen, soviel Sie wollten, Zucker auch. Also man saß da im Warmen und trank den Topp.

Wir gingen damals unter anderem auf die Höfe singen. Um den Gesundbrunnen, Ackerstraße, um den Stettiner Bahnhof, den Admiralsplatz rum. Da gab's die Haller-Revuen: ›Drunter und Drüber‹, ›An und Aus‹, ›Schön und Schick‹, so hießen die. Die haben wir dann gesungen, auf den Höfen. Und dann wurden manchmal Stullen runtergeschmissen oder ein halber Napfkuchen vom Geburtstag her, oder so was, 1921, ich war damals 19 Jahre alt. Und wir hatten dann die Stullen und den Nappkuchen ausgepackt und zu dem Kaffee gefressen. Das war eine üppige Zeit, sag ich Ihnen . . . Je ärmer die Gegend, desto mehr brachte sie. Ein Jahr lang haben wir das gemacht, bis wir von der Polizei aufgegriffen wurden wegen Bettelns, denn das war verboten.«
*(81jähriger ehemaliger Musiker)*

»Wenn Sie hier aus der Bahnhofshalle rauskamen, dann war da gleich das Kino ›Lichtburg‹, und dann sind wir den Broadway runtergegangen, also die Badstraße, da kamen wir denn zu ›Ballschmieder‹. Das war ein Etablissement mit Gärten, Karussell usw., und ein paar Schritte weiter war das Humboldttheater. Gegenüber war Ball, das neue ›Alhambra‹. Und dann kam der Clou, das Bad ›Kristallpalast‹. Da war die ›Kinoorgel‹, da saß man mit 2000 Mann, da ging mit einem Mal die Kinoorgel hoch, da wurde dann ein Schlager der Zeit entsprechend gespielt, und wenn man dann rauskam, ging man über die Badstraße nach ›Marienbad‹. Das war sozusagen die Vorstation, Koloniestraße war dann ne kleine Flohkiste. Da bin ich als kleiner Junge hineingegangen und habe die ganzen Filme gesehen. Also das Resümee von dieser ganzen Sache waren mindestens sieben oder acht Kintöppe. Und das war hier ein blühendes Leben, und jeder konnte machen, was er wollte.«
*(65jähriger Gast im Bahnhofscafé Gesundbrunnen)*

»Die ›Lichtburg‹ am Gesundbrunnen, das war für uns immer ein netter Treffpunkt. Das war ein runder Bau, ein Rondell, da war unten Kino drin, Café drin, alles drin, und da gingen wir Jugendlichen immer hinein. Das war einfach herrlich für uns sonntags. Dann war der Humboldthain, den haben wir auch Maß genommen, da haben wir uns dann als Rowdys benommen, Räuber und Gendarm gespielt und uns versteckt, später kam dann der Bunker dahin, das war ja auch nicht gerade das Schönste, aber der hat uns dann das Leben gerettet. In den vierziger Jahren muß der eingerichtet sein, der ist ja auch heute noch für Lebensmittelbevorratung, für Eventualitäten, wo man draus gelernt hat. Da sind die Schmalzbüchsen drinne, da sind auch die Butterpakete drin, die wir jetzt nicht kriegen. Wir Berliner, wir sind ja eben helle.«
*(61jährige Trödlerin von der »Plumpe«)*

*Auf den gesprengten Bunker am Humboldthain wird mit Trümmerschutt der Mont Klamott aufgeschüttet.*

*Freizeitmusiker vor »Villa Meckeritis« in den 20er Jahren*

*Koloniefest 1932*

## Kolonie Sandkrug

»Zu einer ganz bestimmten Zeit in jedem Jahr, da wurde Erntefest gefeiert; da wurde getanzt, alle Laubenpieper hatten ihre ganze bucklige Verwandtschaft eingeladen, und da drüben, die Straße (Mönkeberger Straße), die war knüppeldicke voll, da waren Kapellen gewesen, da wurde Tanzmusik gemacht bis spät in die Nacht rein und abends dann, da wurde Feuerwerk gemacht. Nen Zaun, das gab's früher nich. Der Nachbar, wenn der mal weggegangen ist, der hat mir den Schlüssel gegeben. Der wußte bei meiner Wohnung Bescheid und ich bei dem seiner Wohnung. Und wenn da Geburtstage warn, da ham wa einfach die ganzen Gäste zu uns rüber oder zu dem rüber, und da ham wa gefeiert. Heut kennt ener den andern nich mehr.«
*(82jähriger Schrebergärtner aus der Kolonie Sandkrug)*

»So wie es heute ist, Freizeit und Erholung usw., da war da gar nicht dran zu denken früher, das wurde eben tatsächlich landwirtschaftlich genutzt, aber dieses Vereinsleben war ausgeprägt, also von Nachbar zu Nachbar, der hatte die größten Kohlrabi und der hatte die dicksten Mohrrüben und die größten Kürbisse. Und diese Verbindung, die war eigentlich viel besser und schöner, harmonischer als es heute hier ist, wo eben jeder seine Freizeit hier verbringt, mächtig viel lang liegt und Radio und Fernsehen, das gab's ja alles nicht. Früher war der Kontakt, das Vereinsleben viel größer, es wurde also alle Jahre ein Kinderfest und ein Stiftungsfest gemacht. Wenn dieses Kinderfest war, dann kamen von einer Brauerei zwei Reiter mit Pferden, und die Kinder marschierten hinterher, und der Leiterwagen wurde ausgeputzt mit den Erträgen des Gartens, und die zogen hier rum mit Musik, und Onkel Pelle war natürlich auch dabei.«
*(75jähriger Schrebergärtner aus der Kolonie Sandkrug)*

*Kolonistentraum: Weinanbau an der S-Bahn (hier am S-Bahnhof Pichelsberg)*

*Bilder aus der Kolonie Sandkrug:*

*o. l.: Familie vor ihrer Laube, etwa 1911*

*o. r.: Koloniefest, um 1935*

*Erntedankfest in der Kolonie ca. 1920*

*Das Ende der AEG in der Brunnenstraße, August 1982*

**Unglück am Bahnhof Gesundbrunnen am 24. 6. 1922**

»Ich arbeitete 1922 bei der AEG in der Voltastraße/Brunnenstraße, diesem heute noch sehr imposanten mächtigen Gebäude. Damals waren da 30 000 bis 32 000 Mann beschäftigt. Ich fuhr dahin als sogenannter Prüffeldmonteur. Es drehte sich um das Ausprobieren von neuen Motoren, die in das Prüffeld kamen, unter Belastung fuhren und bei denen 32 Messungen durchgeführt werden mußten, was eine ziemlich verantwortungsvolle Aufgabe war. Man mußte aufpassen, daß die nicht durchbrennen oder explodieren, was es übrigens oft gegeben hat.
Wir kriegten die Nachricht von der Ermordnung Rathenaus, und es gab eine helle Aufregung. Man befand sich ja am Rande einer Revolution. Wir alle, wir jungen Burschen – ich war 21 Jahre alt – wir kriegten Gewehre, geladene Gewehre, von der Militärverwaltung in Berlin und rannten dann in Gruppen zum Bahnhof Gesundbrunnen, dem Bahnhof, der also damals verkehrstechnisch dem riesigen AEG-Konzern am nächsten lag. Wir sollten alle Richtung Unter den Linden/ Friedrichstraße fahren. Und da gab es ein sehr tragisches Ereignis.
Die Züge waren damals völlig überlastet, und man fuhr viel auf Trittbrettern, hielt sich draußen fest, was heute nicht mehr möglich ist. Damals gab's noch die alte Kutschenform der Eisenbahnwagen, wo also Eingang neben Eingang war und Messinggriffe zum Festhalten, soweit sie wegen des Messings nicht gestohlen waren. Und mit einem dieser Züge fuhren wir dann Richtung Zentrum/Stadt, auf den Trittbrettern stehend, wie Trauben förmlich. Und da bot sich uns ein grausiger Anblick.
Kurz vorher, es mußte zehn Minuten vorher gewesen sein, war einer dieser völlig überlasteten Züge mit einem Gegenzug, der einfahren wollte und bei dem die Türen ebenfalls auf diese Weise besetzt waren und offen standen, aneinandergeraten. Ich weiß es genau, es waren 32 Arbeiter, die auf diesen Trittbrettern gestanden hatten, die waren runtergefegt, runtergerissen worden, als die Züge aneinander vorbei gingen, und die lagen, noch zum Teil lebend, hinter dem Bahnhof Gesundbrunnen, hingelegt auf die Böschung. Es war ein entsetzlicher Anblick, ich hatte so eine Anzahl von Toten noch nicht gesehen. Und das war das erste, was ich von dieser Demonstration gegen den Tod von Walter Rathenau sah . . ., und es stand in allen Zeitungen.«
*(81jähriger ehemaliger Musiker)*

*Abteil 2. Klasse, 1938*
*Foto: Pragher*

**Mit der S-Bahn unterwegs: Zur Arbeit und in die Freizeit**

»Der Ring hat gekostet 20 Pfennige, und wenn man zweiter Klasse fuhr, det war gepolstert, 30 Pfennig. Da konnte man um den Ring fahren, man konnte die Uhr stellen, pünktlich genau! Das waren die damaligen Zeiten. Und sauber! Die Abteile sauber und geleckt. Piko! Es war ein lebendiges Erlebnis!« *(70jähriger Gast im Bahnhofscafé Gesundbrunnen)*

»Die Arbeiterzüge waren jeden Morgen vollgepfropft bis oben hin. Hier vom Gesundbrunnen fing's schon an. Die Züge, wenn sie nach Putlitzstr. kamen, da waren sie schon knüppeldicke voll, da mußte man manchmal 'n Zug vorbeifahren lassen, bis der nächste kam, sonst kam man nich mit. Die kamen ziemlich häufig, aber nur, wenn der Arbeitsbeginn war und genauso gut, wenn die Arbeit zu Ende war.«
*(82jähriger Schrebergärtner aus der Kolonie Sandkrug)*

»Ich bin lange Zeit mit der Bahn gefahren, als ich anfing zu lernen – ich habe bei Siemens gelernt – da mußte ich hier zum Bahnhof Gesundbrunnen gehen und bin dann mit der Dampfbahn gefahren in Richtung Siemensstadt, also da gab's ja die Siemensstadt noch abseits, da fuhr man mit der Dampfbahn bis Jungfernheide. Die Jungfernheide, diesen Bahnhof gab es schon und da mußte man von dort irgendwie laufen oder mit der Straßenbahn fahren. Das war 1922. Später baute Siemens vom Bahnhof Jungfernheide einen Stichbahnhof bis Gartenfeld, und weil es keine bessere Verbindung gab, bin ich immer mit der S-Bahn gefahren.«
*(75jähriger Schrebergärtner aus der Kolonie Sandkrug)*

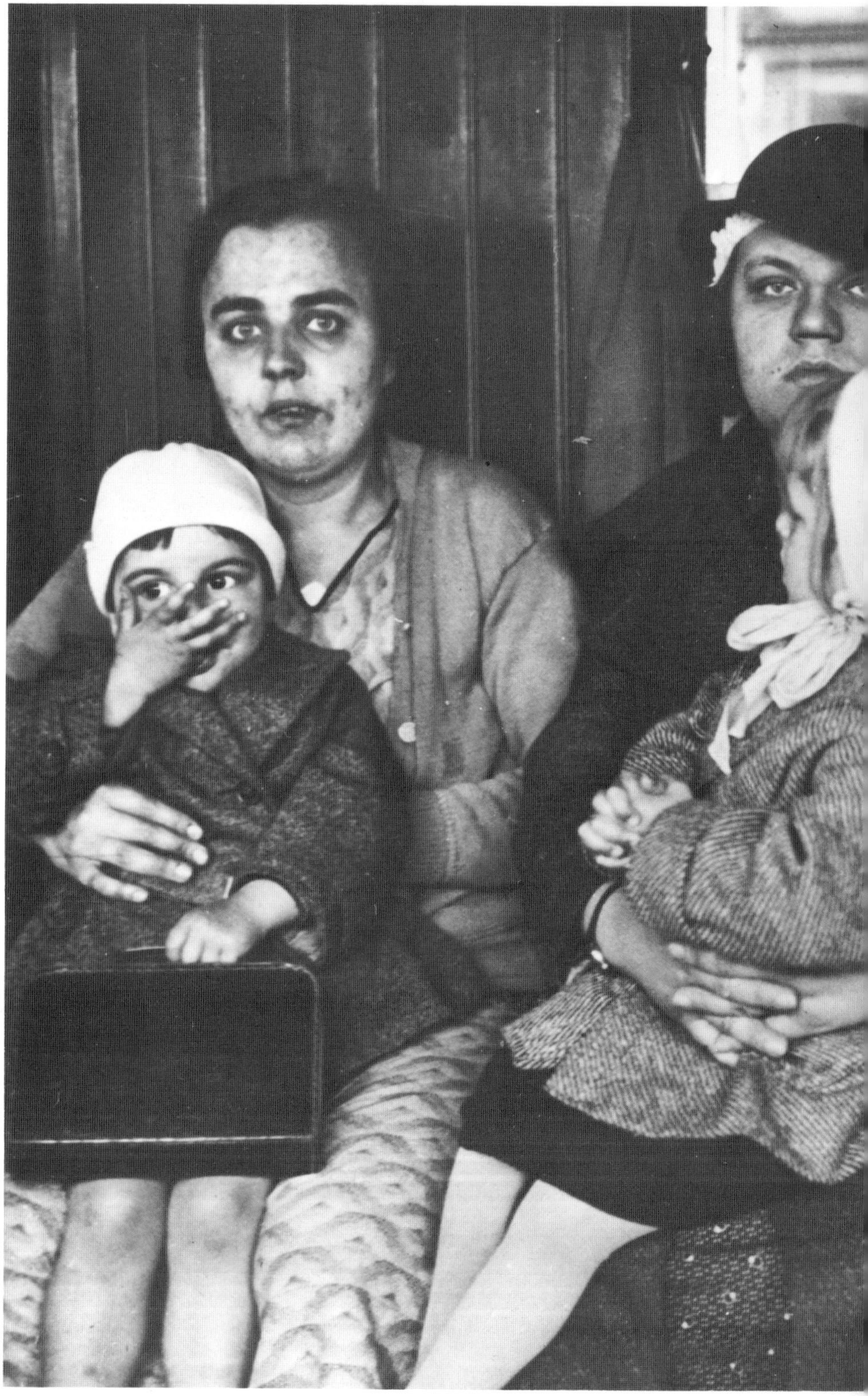

»Früher gabs so n Trödelladen an der Havelstraße in Charlottenburg, da hieß es ›Monatsgarderobe von den oberen Zehntausend‹, und meine Eltern, die sind immer von der Schönhauserstraße dahin gefahren mit mir und haben mich eingekleidet. Und denn lief ick immer schön. Konnte ick Tanzstunde und alles besuchen, weil ich ja schick aussah. Wußte ja keine,r wo es her kam. Und da hat auch die S-Bahn ihre Spielchen mitgemacht. Wir konnten überall hinfahren, wo wir wollten, es war keine Beschränkung. Wenn ich zur Tanzstunde mußte, dann bin ich mit der S-Bahn bis Pankow-Schönhausen, da war so ein Schloß, da war Tanzstunde drin.
Wenn wir damals als junge Leute vom Haus Vaterland tanzen kamen, dann fuhren wir mit der S-Bahn nach Hause. Geld für Taxe hatten wir ja keins. Wir kamen dann vom Potsdamer Platz, Haus Vaterland war ein sehr schöner Treffpunkt, Kristallsaal und der Palmensaal, Mensch, war det herrlich, und mit der S-Bahn konnten wir dann die ganze Nacht fahren.«
*(61jährige Trödlerin von der »Plumpe«)*

*Im Abteil für Mutter und Kind*
*Foto von Friedrich Seidenstücker*

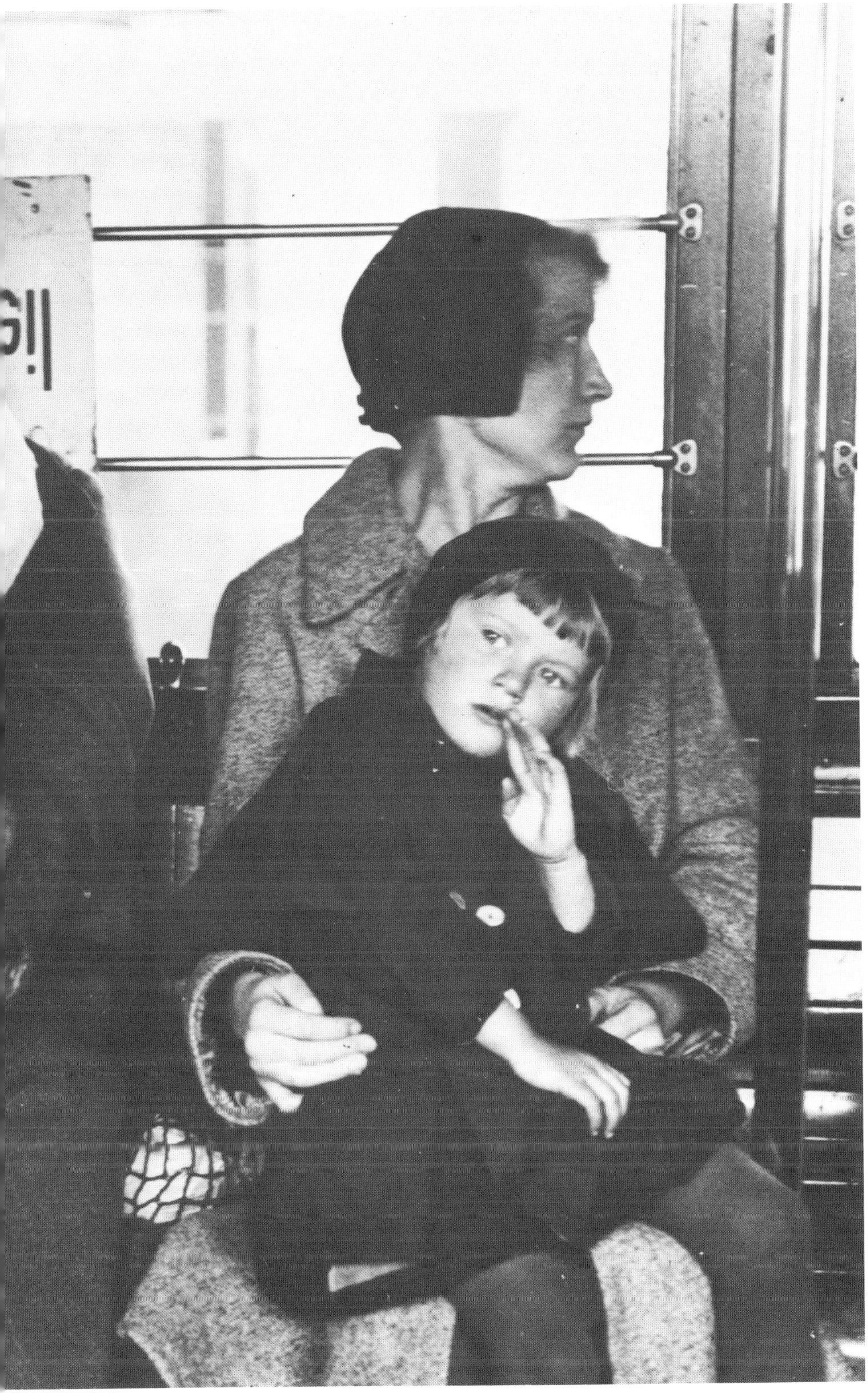

»Ich war bereits am Theater, und zwar am Theater am Nollendorfplatz, Direktion Hermann Haller. Ich war abends Gerüst- oder Kleindarsteller, wie man das nannte. Ich weiß, daß wir, meine Freunde und ich, mit den Mädchen vom Ballett, für die wir uns sehr interessierten, noch aus waren und bis fünf Uhr früh noch unterwegs z. T. noch mit dem Smoking angezogen, der ja vom Theater geliefert wurde für die jeweilige Operette. Das war nicht unser eigener Smoking, aber wir trugen ihn auch privat. Dann gingen wir nach Hause in unsere Wohnung, Nähe Savignyplatz, und wie wir am Bahnhof Zoo dann unter der Unterführung durchgingen, dann sagten wir: ›In einer halben Stunde treffen wir uns wieder, mit unserem Arbeiterdreß, mit unserer emaillierten Blechkanne mit Kaffee drin.‹ Also reine George Grosz Figuren. Wir trafen uns dann wieder, stiegen völlig übermüdet in den Zug, mußten noch einmal umsteigen und kamen dann an, Bahnhof Gesundbrunnen, mußten noch das Stück laufen, fünf oder sechs Minuten, bis zur Voltastraße, wo einer der Eingänge des riesigen AEG-Komplexes war.«
*(81jähriger ehemaliger Sänger.)*

»Nach dem Kriege oder auch wie noch die Mauer hier entstand und unser U-Bahnnetz nun erweitert war, da hab ick die S-Bahn immer dann benutzt, wenn sie für mich ganz günstig war, d. h. nicht zur Arbeit, aber ick mußte da noch zum Bahnhof Priesterweg, weil ick da Verwandte hatte, die da auf m Friedhof lagen, da habe ich natürlich die S-Bahn benutzt.«
*(75jähriger Schrebergärtner aus der Kolonie Sandkrug)*

*Umsteigeverkehr von der Straßenbahn zur S-Bahn am Bahnhof Gesundbrunnen in den 40er Jahren*

»Man war ja im Handumdrehen in Ausflugsorten. Konntest doch noch überall hinfahren, bist du die Bernauer Strecke gefahren, nach Karow, da warst du im schönsten Wald, Wasser und See. Wir sind meistens nach dem Norden gefahren, nach Oranienburg, nach Bernau. Wir vom Gesundbrunnen sind immer im Norden gewesen: Frohnau, Birkenwerder.«
*(65jährige Besucherin im Bahnhofscafé Gesundbrunnen)*

**Das Leben am Bahnhof Gesundbrunnen nach 1945**

»45 war alles aus. Wir mußten Geld verdienen, und da war hier am Bahnhof sone Einsatzstelle, von der Firma Dalli. Wir haben Kohlen ausladen müssen. 15-Tonner, 20- und 25-Tonner. 80 Pf haben wir pro Tonne bekommen. Zu essen nischt und im Akkord gearbeitet. Jeder mußte seine Schippe mitbringen, geliefert haben wir keine bekommen. Nischt zu essen, trocken Brot, Nachtschicht gemacht. In Heinersdorf haben wir Lok bekohlt, 12 Stunden lang. Die Züge, die vom Russen kamen, die haben wir ausladen müssen, Kohlen stapeln, hier im Bahnhof Gesundbrunnen. Es war ein riesengroßer Betriebsbahnhof, mit Schlosserei, mit großen Lokschuppen. Das ist ja alles abgerissen.«
*(77jährige Besucherin im Bahnhofscafé Gesundbrunnen)*

»Also am 25. 6. 48, da war der Währungsschnitt, und innerhalb von drei Jahren bekam dieser Punkt hier, Gesundbrunnen, schon ein klein wenig anderes Bild. Es fing dann allmählich an zu pulsieren, hier in der Sackgasse und der Badstraße, was die Metropole war, da waren Buden und so weiter und so fort. Da kamen ja viele vom Osten her nach Gesundbrunnen, auch von überall. Da pulsierte das!«
*(70jähriger Gast aus dem Bahnhofscafé Gesundbrunnen)*

»Die Kinos, die spielten fünf Vorstellungen am Tag, hier waren Riesen-Kinos, auf der Ecke das ›Corso‹, das war alles bombenvoll. Mittags um elf, da kamen die ersten Arbeitslosen an, zum halben Preis für 50 Pfennig, und dann ging das bis nachts um elf durch, zum Teil war es noch mit Bühnenshow und so, Herr Harald Juhnke stammt aus dieser Gegend, daher sein guter Berliner Dialekt. Die Leute hatten noch kein Fernsehen und gingen aufgrund ihrer schlechten Wohnverhältnisse hier auch abends mehr aus. Die Kneipen waren alle voll, viele hatten Familienrestaurants, da gingen sie dann mit Hosenträger und Filzpantoffeln rein, das spielte keine Rolle.«
*(Pächter des Bahnhofscafés Gesundbrunnen)*

*Buden in der Badstraße 1954*

*Behmstraße/Ecke Badstraße, im Hintergrund: Das Corso-Kino in der Heidebrinker Straße*

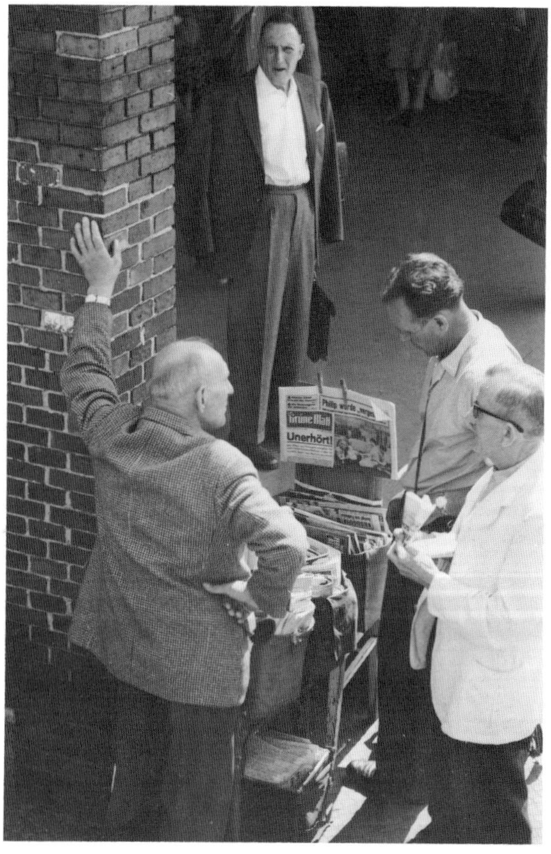


*Zeitungshändler am Bahnhof Gesundbrunnen*

**Der Gesundbrunnen als Einkaufsquelle für Ostberliner bis zum 13. August 1961**

»Aus dem Osten sind die Leute rüber gekommen, haben z. T. hier gearbeitet, bei Siemens, AEG, Osram, und haben das Geld umgetauscht, eins zu fünf, die haben die HO-Preise lächelnd bezahlen können, da drüben, hatten nur geringe Mieten und Grundnahrungsmittelpreise. Die waren natürlich gut dran und haben als erste geweint, als die Mauer gezogen wurde; genau wie die Arbeitgeber, für die waren es ja billige Arbeitskräfte, die haben hier z. T. weit unter den normalen Löhnen bezahlt bekommen. Aber es war eben, weil es hier vieles schon gab, was es drüben nicht gab. Nach der Blockade waren die Warenlager, die Kaufhäuser plötzlich alle wieder voll, da sind die von drüben natürlich scharenweise hier rüber gekommen. Bis zum Bau der Mauer war das hier der Hauptwarenumschlagplatz für alle Leute, die aus dem Osten kamen und hier eingekauft haben. Hier in meinem Betrieb waren mal zehn Leute beschäftigt. Da hatte ein Mann nur zu tun, den Kaffee auszuschenken. Der kam ja gar nicht mit. Da waren vier Mann hinter dem Kuchenbuffet. Ich habe jede Woche einen Lkw voll Konfitüren und Schokolade verkauft. Das war der nächste Bahnhof hier und die nächste Einkaufsmöglichkeit. Wenn Sie raus kamen aus dem S-Bahnhof, da standen lauter Buden rum, die nun alles mögliche verkauften: Strümpfe, Schokolade . ., alles Artikel, die es drüben nicht gab. Mit dem Bau der Mauer brach das abrupt ab.«

*(Pächter des Bahnhofscafés Gesundbrunnen)*

»Ich habe auch erlebt, wie wir über die Brücke gingen mit geschmuggelten Sachen. Die sogenannten Sachsen, die nach Berlin kamen, die haben uns das Leben erschwert, wir wollten was schmuggeln über die S-Bahn, und die S-Bahn hat uns ja die Möglichkeit gegeben zu schmuggeln in unseren Einkaufstaschen. Und wenn wir dann vom Westen kamen und haben unser gutes Ostgeld hier verknackt, dann hatten wir Butter drin, dann hatten wir Apfelsinen drin, dann hatten wir diese Dinge, die wir da drüben nicht bekamen. Und dann standen die Herrschaften in der S-Bahn und haben uns alles abgenommen. Das waren die sogenannten Neu-Berli-

ner damals, wo wir Berliner sagen, die Sachsenscheiße, Entschuldigung, das ist ein Ausdruck, der kommt von Herzen. Das sagen wir Berliner heute noch im Unterbewußtsein, die haben uns den Anfang gemacht, wie eine gewisse Diktatur, was wir auch mit ertragen mußten. Die gingen alle gerne hier drüben einkaufen, an der Bernauer. Man nahm das bißchen Wochenlohn, das man hatte und brachte das eben hier rüber. Wir haben nicht weiter gedacht, wir haben nur gedacht: ›Endlich wollen wir auch leben.‹ Die da drüben, die haben ja schon alles. Denen da drüben geht es ja gut. Das Wirtschaftswunder hatte ja schon angefangen. Und wie das dann anfing mit den Taschen durchgrabbeln auf der Bornholmerbrücke, na, das war manchmal bitter. Dann verpfiff der eine den anderen. Mancher nannte das dann politisch, ein anderer sagte kriminell. Wenn er einen nicht mochte, dann schickte er jemand hinterher, ob es diesseits oder jenseits war.«
*(61jährige Trödlerin von der »Plumpe«)*

*Die Badstraße vor . . .*

*und nach dem Mauerbau*

*S-Bahngleise und die Mauer hinter der Kolonie Sandkrug*

**Flucht am Gesundbrunnen**

»1956 sind wir hier rüber gegangen, mit sieben Kindern über die S-Bahn. Da stand in der Zeitung: ›Eine Familie mit sieben Kindern hat sich auf den Weg gemacht; die haben es geschafft.‹ Wir wollten uns mit den Problemen da drüben nicht abgeben, weil wir so viele Kinder hatten. Da sind wir hier rüber gemacht. Ich hab das ganze Erbe drüben gelassen und hab gesagt: ›Scheiß was aufs Erbe. Meine Kinder, wenn die groß sind, sind mein Erbe, mein Mann ist mein Erbe, der hat auch zehn gesunde Finger.‹ Wir haben es eben geschafft. Wir haben uns wieder hier ansässig gemacht. Es war ja nur ein Sprung. Unten durch an der S-Bahn.«
*(61jährige Trödlerin von der »Plumpe«)*

**Schmuggel in der S-Bahn**

»Ich hab die S-Bahn für Zigarettenschmuggel gebraucht. Ich hab die Stange für 6,50 DM bekommen und hab sie verkauft für 15,– DM hier im Westen. Na ja, und dann bin ich eines Tages nach 16 Monaten geschnappt worden. Bin hier in der Kneipe verhaftet worden. Ich hab die S-Bahn gebraucht. Ich hab alle Linien benutzt. Gesundbrunnen war für mich der Umsteigebahnhof. Ich hab gut verdient, mehr wie als Gärtner. Deshalb hab ich das gemacht, hier. Ein Jahr Gefängnis auf drei Jahre Bewährung, ja, das war gerechtfertigt. Das waren genau 846 000 Stangen Zigaretten, die sie mir nachgewiesen haben. Ja, ich war auf die S-Bahn angewiesen.

Wir hatten drei Koffer, mit ca. 180 Stangen Zigaretten, und zwar in der S-Bahn von Friedrichstraße bis Gesundbrunnen transportiert. Ich bin nach Schulzendorf in Richtung Heiligensee gefahren, mit dem Koffer am Gürtel hier, hab ihn auf die rechte Seite hinausgehängt, an der Tür, weil rechts kein Bahnhof kommt, nur in Richtung Anhalter ist rechts ein Bahnhof und nachher links. Ja, wo ich da ankomme, ich schaue, mach die Tür auf, da hängt bloß mein Gürtel noch hier, Koffer war weg, he? Da ist mir der Koffer von Bilka am Zoo, da kauf ich immer Koffer für 40,– DM, da passen immer 60–70 Stangen Zigaretten hinein, der ist ausgeplatzt. Wir sind zurückgefahren und haben gesehen, auf 100 m – von der Unterführung am Humboldthain bis Friedrichstraße – waren die Zigaretten verteilt! Im Tunnel, ja? Da konnten wir die Zigaretten nicht mehr holen. Das war mein Erlebnis, was ich erlebt hab; war 900,– DM Verlust, aber trotzdem.«
*(50jähriger Gast im Bahnhofsrestaurant in Gesundbrunnen)*

**Angst und Promille in der S-Bahn**

»Die alten Leute, die haben jetzt natürlich auch ein bißchen Angst. Wissen Sie, wenn Sie alleine in so einem Riesenzug sitzen und da steigt eine so 'ne dunkle Figur ein, da wissen Sie auch nicht, was in dem da nun vorgeht. Kommt der nun ran und will ihre Handtasche oder die Brieftasche besichtigen, oder ist das ein harmloser Reisender?«
*(Pächter des Bahnhofscafés in Gesundbrunnen)*

»Ich bin jetzt 45 Jahre in der Gastronomie tätig. Ich hab in meinem ganzen Leben noch nicht so viel Betrunkene gesehen wie hier. Jeden Tag. Da können Sie drauf warten. Dann klingt die Sirene, dann drückt der Fahrleiter unten auf den Alarmknopf, dann muß die Bahnpolizei runter, und dann helfen sie dem Kameraden bis vor die Tür, und dann lassen sie ihn nach vorne fallen, dann ist namlich die Westpolizei zuständig. Ja, das ist alles sehr kompliziert hier, weil so viel Zuständigkeiten hier sind. Hier sind genügend Volksgenossen, die nach Bahnhof Friedrichstraße in den Intershop fahren, die sich die billige Flasche Adlershofer Körn holen, sich da vollschütten bis zum Stehkragen. Ja und dann kommt die Vopo, guckt: ›Hilflose Person!‹, guckt Richtung Westen, und da werden die dann als Muster ohne Wert reingepackt, kommt der Zug hier an, die steigen nicht aus, die Bahnpolizei läuft den Zug lang, sehen: ›Ach, da sitzt wieder einer.‹ Die holen dann den Jungen raus und liefern ihn ab hier draußen. Dann werden die Jungs verladefertig gemacht, zur Ausnüchterung. Sind auch Frauen dabei.«
*(Pächter des Bahnhofscafés in Gesundbrunnen)*

*Fasching im Café im Bahnhof Gesundbrunnen 1981*

**Das Leben im Bahnhof Gesundbrunnen heute**

»Heute kommen nur noch die Rentner hier rüber. Ich habe zum Teil hier vormittags sehr viel Ostrentner drin, weil das der erste Grenzbahnhof ist, wenn sie hier rüberkommen. Hier steigen sie aus, hier kaufen sie ein und fahren dann wieder zurück, und dann kommen sie hier rein und füllen ihre komischen Zollerklärungen aus, die sie ja da drüben vorweisen müssen. Im Stehen läßt sich das schlecht schreiben, und wenn's dann draußen kalt ist, noch viel weniger mit klammen Fingern. Dann kommen sie hier rein, zählen ihre drei letzten Groschen für einen Kaffee und ein Stück Kuchen.

*Das Café im Bhf Gesundbrunnen seit Anfang 1982 geschlossen*

Jetzt, nach dem letzten Streik und der Streckenstillegung, die für die Geschäftswelt z. T. ganz verheerende Folgen hatte, denn unten mußten alle Kioske schließen, der Blumenladen mußte schließen. Ich kann meinen Laden nur aufrechterhalten, weil ich viel ältere Leute habe, die hier rein kommen. Sie sehen, es ist alles noch ein bißchen nostalgisch hier eingerichtet, und da kommen hier vornehmlich ältere Leute rein. Sonntags sehen Sie hier ungefähr sieben- bis achttausend Jahre sitzen. Und dann hab ich auch dementsprechende Musikbänder, wo die sagen: ›Guck mal, danach haben wir fruher noch in Behrends Ballhaus getanzt. Kannste dich entsinnen?‹ Und so was interessiert die Leute natürlich. Da fühlen die Leute sich in ihre Jugend zurückversetzt und fühlen sich dabei wohl. Hier werden sie nicht gestört, hier sind sie unter ihresgleichen.

## S-Bahnhof Gesundbrunnen

Die Gleise wachsen ja schon langsam zu, nicht? Ich würd mich gar nich wundern, wenn die Grünen hier eines Tages erscheinen und sich auf so eine Birke raufsetzen und sagen: ›Die S-Bahn darf nicht mehr gebaut werden, hier ist grün.‹
Denn wenn mir im Sommer jemand zu verstehen gibt, daß die Sahne sauer ist, dann sage ich nur: ›Meine Kuh Berta steht auf Gleis 4, die hat wohl zu lange den Euter in die Sonne gehalten. Ich muß mal hingehen und sie wenden.‹ «
*(Pächter des Bahnhofscafés in Gesundbrunnen)*

# Geschichten aus den Stadtbahnbögen

Lothar Binger

### Die Reitschule: Beermanns Tattersall des Westens

Mancher Passant hält in der Grolmanstraße vor der S-Bahn-Brücke nachdenklich an, wenn er über einem Torbogen neben der Gaststätte »Diener« die alte Inschrift »Reitschule« entdeckt. Der eine oder andere geht auch erwartungsvoll durch den Bogen auf den Hof, der auf der einen Seite durch die S-Bahn-Bögen begrenzt wird. Statt der vermuteten Pferde findet er aber nur reparaturbedürftige PS-Vehikel einer Autowerkstatt vor, die in einigen Bögen untergebracht ist. Einmal neugierig geworden, fragt er sich dann, was wohl die Aufschrift »Tattersall des Westens« zu bedeuten habe, die an verschiedenen Stellen des denkmalgeschützten Hauses mehr oder weniger verblichen zu lesen ist. War das vielleicht der Name der Reitschule? Ja und nein! Der Begriff »Tattersall« bedeutet soviel wie Reitschule und geht auf einen Engländer dieses Namens zurück, der in London 1777 eine Reitschule mit Pferdevermietung einrichtete. Seither entstanden zahlreiche »Tattersalls« in verschiedenen Großstädten von Paris bis Berlin. Diese Bezeichnung war bis 1945 ein durchaus vertrauter Begriff.

Der »Tattersall des Westens« wurde in der Grolmanstraße von einem Herrn Beermann 1893 als eines der später bedeutendsten Reitinstitute Deutschlands gegründet. 1944 wurde die Reithalle durch Bomben zerstört, während noch bis zur Ankunft der russischen Soldaten am 1. Mai 1945 die Pferdeställe in den S-Bahn-Bögen benutzbar blieben. Die Eroberer führten die Tiere als Beutegut weg

*Familie Seligmann 1921*

oder schlachteten sie an Ort und Stelle. Dabei sollen auch zwei Pferdebesitzer erschossen worden sein, die sich von ihren Tieren nicht trennen wollten.

Als die Pferde noch im Straßenverkehr dominierten, »gab es kaum eine größere S-Bahn-Unterführung, in der nicht eine Pferdehandlung mit ihren Stallungen angesiedelt war«.[1] Auch in der Fasanenstraße 14 gegenüber der großen Synagoge war ein »Tattersall« untergebracht. Zugleich gab es in diesen Bögen eine Schlosserei und eine Beschlagschmiede, die das Schuhwerk der Pferde herrichtete. Zur Geschichte des »Tattersall des Westens« konnten wir Herrn *Seligmann* (Jg. 1908) befragen, der sich als jüdischer Emigrant 1982 nach 44 Jahren zum erstenmal wieder in Berlin aufhielt. Er schickte uns aus New York ein Foto, das seine Familie 1921 anläßlich eines Kostümfestes in der Reitbahn zeigt.

»Meine Eltern hatten Pferde hier, Privatpferde im ›Tattersall des Westens‹. Während der Zeit, als ich zur Schule ging, bin ich von dort natürlich gleich zum Reiten gegangen. Das war 1920–27. Von hier aus am Wochentage ist man nach dem Tiergarten geritten durch die Hardenbergstraße und am Zoo vorbei. Das einzige, was nicht befestigt war, war der Kurfürstendamm, war ein Reitweg in der Mitte, der ganze Kurfürstendamm bis Halensee rauf. Am Sonntag ist man da geritten nach Schildhorn oder Paulsborn. Wo jetzt diese Autos repariert werden, da waren alles Pferdeställe. In einem Bogen standen mindestens zehn bis zwölf Pferde. Auf der anderen Seite gab es in einem Gebäude einen großen Ring mit Tribünen für die Zuschauer. Die Reitbahn war im ersten Stock, und man gelangte über eine Rampe hinauf. Es wurden Quadrillen geritten und Wettbewerbe.

Bei jeder Quadrille war Musik; ohne Musik

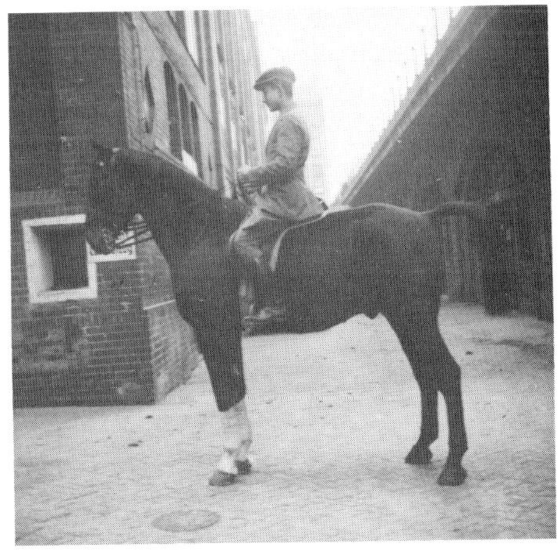

gab's das nicht. Die Musiker haben irgendwo da oben gesessen. Es wurde zum Galopp andere Musik gespielt als zum Trab. Da wird quer geritten, dann wird im Kreis geritten, dann treffen sie sich wieder. Das ist wie ein Ballett. Wenn man Galopp geritten ist, haben sie einen Walzer gespielt ... Disko gab's noch nicht.«

»Ich hatte noch einen Onkel, der hatte auch zwei Pferde. Meine Eltern hatten die Pferde wahrscheinlich 1917 oder 18 gekauft. Im Winter wurde immer drin geritten. Die Leute waren richtig angezogen mit Reitdreß, mit Plastron und richtigem Jackett, Hüten, die dazu gehörten, Sporen, Reitpeitsche, vollkommen ausgerüstet. Da war ein Herr da, der für die ganze Garderobe verantwortlich war. Man hat sich hier umgezogen, man ist nicht im Reitanzug nach Hause gegangen.

Später hatten wir die Pferde aufgegeben, mein Vater wurde krank, und ich war weggegangen, ungefähr 1927/28. Die Burschen, die Stallknechte, haben die Pferde saubergemacht. Der Stallmeister hat das Reiten beigebracht. Man hat eine Verabredung gemacht mit dem Stallmeister, ist dann ein, zwei Stunden geritten im Tiergarten. Wenn es nach Schildhorn ging, das war ein Tagesausflug. Da ist man morgens hingeritten, hat dort glänzend gegessen und ist dann wieder zurückgeritten. Der Stallmeister ist eigentlich immer dabeigewesen. Viele Leute brauchten auch etwas Hilfe, wenn irgendetwas passiert, fallen ja mal Leute runter vom Pferd. Es wurde auch gesprungen, nicht in Schildhorn, aber im Tiergarten. Viele mußten erstmal lernen, ist ja nicht jeder als Reiter geboren. Die Anfänger sind wohl gar nicht mitgekom-

*Kostümierter Ausritt Ende 30er Jahre*

men, die sind in der Reitbahn geblieben. Reiten ist mein Hobby, ich mach's heute auch noch, aber nicht oft . . .«

Auch »Comedian-Harmonists«-Begründer *Bob Biberti*, der seit vierzig Jahren Gast der »Tattersall«-Kneipe »Diener« ist, erinnert sich an die Reitschule:

»Es war ein besonders hochgestochenes Publikum, was sich damals Pferde, den Unterhalt, die Pflege leisten konnte und die Zeit hatte, sich diesen Pferden zu widmen. Die haben gewohnt insbesondere am Kurfürstendamm in den sogenannten Bauten, die — wie man damals sagte — im Prachtstil errichtet worden sind, wovon es heute noch einige Häuser gibt, besonders das Haus Kurfürstendamm/Ecke Uhlandstraße. Ich habe oft gesehen, wenn das Publikum, das dort seine Pferde hielt, diese rausholte und dann auf dem Kurfürstendamm Richtung Zoologischer Garten ritt — ein Anblick, der heute märchenhafte Erinnerungen in mir hervorruft. Das war schon sehr komisch, Reiter auf dem Kurfürstendamm. Der Mittelstreifen war harter Sand. Später fuhr dann rechts und links die Straßenbahn, die berühmte Linie 76.«

Das Bild der »Tattersall«-Kneipe hat Biberti schließlich mitgeprägt:

»Franz Diener war früher eine Kutscherkneipe, in der Kraftfahrer, auch damals Droschkenkutscher saßen. Es ist das Merkwürdige, daß dieses Lokal zu einem Stammlokal für Künstler wurde durch mich. Unser alter Stammtisch wurde aufgelöst durch den Tod der Wirtin, und wir saßen — es ist jetzt siebenundzwanzig Jahre her — alle heimatlos da. Das Lokal liegt sehr gut, mittendrin im Getriebe, und es war keinesfalls ein Künstlerlokal. Künstler wollen nach dem Theater unter sich sein und wollen möglichst anonym leben. Das war tatsächlich hier in dem Lokal der Fall, was später Franz Diener übernommen hat. Dieses Restaurant hieß auch ›Zum Tattersall‹. Das ist auf einem Foto zu sehen, das ich im Jahre 1932 aufgenommen habe und das hier im Lokal hängt.«

## Die Schlosserei Wolter

Die Schlosserei in den S-Bahn-Bögen der Fasanenstraße 14 — mit dem »Tattersall Hormess« und der Beschlagschmiede auf einem Hof — war dort schon vor dem Ersten Weltkrieg ansässig. Herr Erich Wolter trat dort 1914 als Lehrling ein, arbeitete als Geselle und übernahm in den dreißiger Jahren den kleinen Betrieb als Meister. Als Herr Wolter im Zweiten Weltkrieg zum Militär eingezogen wurde, mußte der Betrieb dichtmachen. Als der Schlossermeister 1947 aus französischer Kriegsgefangenschaft zurückkehrte, staunte er nicht schlecht, daß seine »Hausfrau« nicht nur den Betrieb seit 1945 wieder in Gang gebracht, sondern im gleich an den Hof angrenzenden Haus auch eine Wohnung mit S-Bahn-Blick besorgt hatte. Die alte Wohnung in der Pestalozzistraße war durch Bomben vernichtet worden.

Die heute 86jährige Frau *Wolter*, deren Mann vor einigen Jahren verstarb, berichtet noch heute voller Stolz über ihre Leistung:

»Gleich wie der Krieg zu Ende war, hab ich alleine die Werkstatt wieder aufgemacht. Die Kunden haben mir alle das Haus eingerannt. Viel Hausreparaturen, Schweißarbeit. Sämtliche Türen waren doch kaputt. Es gab gar nicht soviel Schlösser, wie man brauchte. Da hab ich Rohlinge bei Adorf am Savignyplatz gekauft und am Schraubstock gestanden und die Bärte sauber gemacht, daß die vorgearbeitet waren. Ich hatte drei Jungens in der Werkstatt, die konnten aber schon was. Ein Schullehrer kam auch und wollte Schlosser werden (sie lacht). Dann kam ein Geselle, den

*Lehrling Erich Wolter 1917 im Stadtbahnbogen (zweiter von rechts)*

*Ehepaar Wolter 1967*

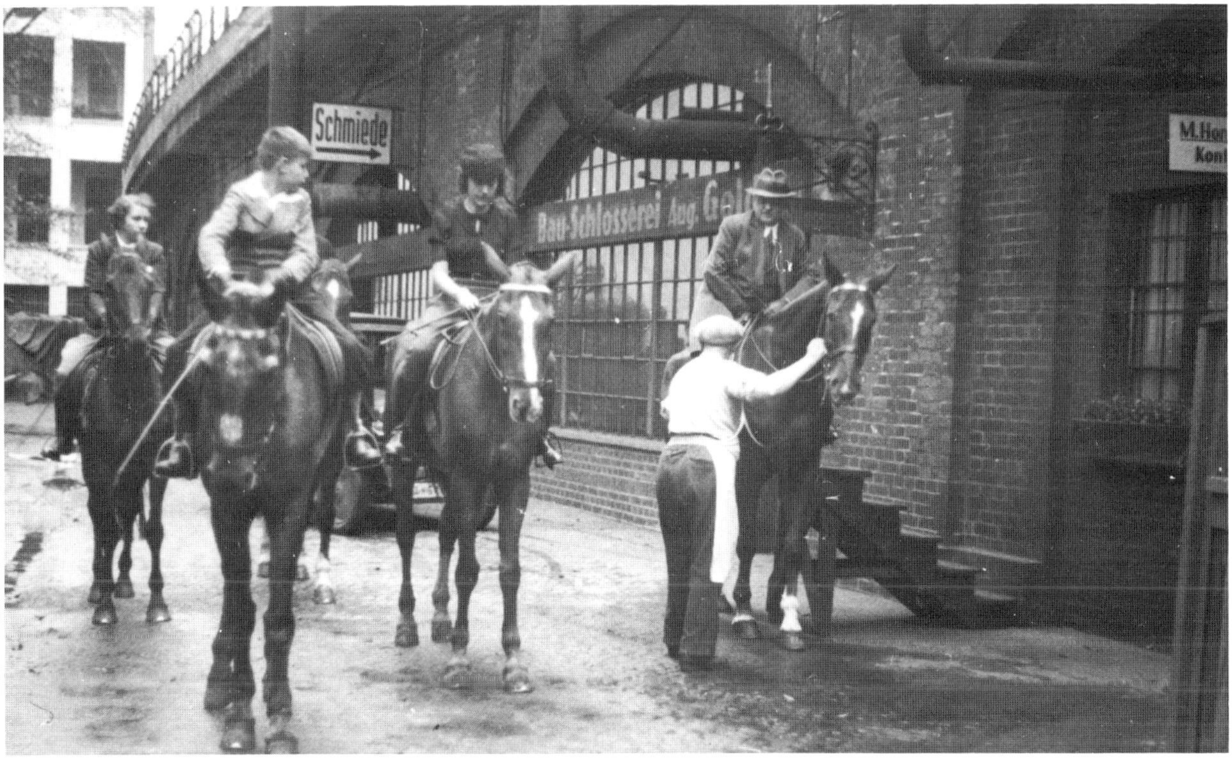


*Ausritt 1936*

*Trödel 1982*

hab ich behalten, der war tüchtig. Den ganzen Tag war ich unten, früh um sieben bis nachmittags um fünf. Wenn Feierabend war, bin ich zum Garten gefahren. Wie mein Mann nach Hause kam, hat ich die Wohnung, hatte die Werkstatt. Na ja, der war ja ganz stolz. Den Garten hatte ich auch erhalten, wieder aufgebaut, das Haus war ja auch kaputt.«
Die Schlosserfamilie Wolter arbeitete und wohnte nicht nur unter und an der S-Bahn, sondern hatte auch im Grunewald einen Schrebergarten unmittelbar an der S-Bahn gepachtet. Der Blick über die Gleise zur Avus gestattete ihnen, die berühmten Avus-Rennen mit Verwandten und Bekannten von ihrer Parzelle aus zu verfolgen. Die unmittelbare Nähe zur Eisenbahn brachte ein Erlebnis mit sich, an das sich Frau Wolter besonders deutlich erinnert:
»Wir hatten in der Laube geschlafen. Da war mein Mann noch gar nicht da. Er war noch in Gefangenschaft. Da hält eine Lokomotive Sch . . . Sch . . . Sch . . . Sch, und das hörte nicht auf. Ich hatte meinen Patenjungen da, und da hab ich gesagt: ›Du, wir sind jetzt beide wach, jetzt gehen wir mal raus – gucken, was das eigentlich ist.‹ Da sind wir rausgegangen. Da stand die Lokomotive genau vor unserem Häuschen. Und da sagte der Lokomotiver: ›Gehen Se mal schlafen, ich fahr gleich weiter.‹ Ich sage: ›Na, wissen Se, Sie haben uns wach gemacht, da haben wir Angst gekriegt.‹ «
Das Ehepaar Wolter setzte sich 1968 zur Ruhe und machte die Schlosserei dicht. Seit Ende der 60er Jahre sind alle S-Bahn-Bögen der Fasanenstraße 14 an eine Trödelhandlung vermietet, und nur ein zufällig über dem ehemaligen Tattersall-Kontor aufgehängter Pferdekopf erinnert noch an frühere Nutzungen.

Blick über die S-Bahngleise auf Avus-Rennen 1937

Bombenschäden im Garten 1943

**Arno-Leuchten**

Schräg gegenüber vom ehemaligen »Tattersall des Westens« ist in den S-Bahn-Bögen das Beleuchtungsgeschäft »Arno-Leuchten« ansässig, das gewiß zu den ältesten noch unter der Stadtbahn existierenden Niederlassungen zählt. Der Gründer Arno Krumpelt zog mit seinem Geschäft, dessen Lampen abends weit über den Savignyplatz leuchten, bereits 1928 in die zwei Stadtbahnbögen 590 und 591 ein.

Zunächst brachte der kurze Wirtschaftsboom nach der Inflation bis zum Beginn der Weltwirtschaftskrise 1929 auch dem Lampenladen geschäftlichen Erfolg. Aber die nachfolgende Depression wirkte sich bis 1932 so verheerend aus, daß alle Angestellten nach und nach entlassen werden mußten. Schließlich bat der Inhaber die Reichsbahnverwaltung um Nachsicht, falls er die Miete nicht immer pünktlich bezahlen würde:

»Die allgemeine katastrophal schlechte Wirtschaftslage macht auch vor meinem Geschäft nicht Halt und zwingt mich zur äußersten Einschränkung aller Ausgaben. Ich mache alle Anstrengungen, um meine Existenz zu erhalten. Mein Umsatz ist von durchschnittlich monatlich M 6000,– auf M 2000,– zurückgegangen ... Ich knüpfe weiter die ergebene Bitte daran, falls ich während der toten Saison im Sommer teilweise in Rückstand kommen sollte, etwas Nachsicht üben zu wollen ...« (25. 5. 32) In dieser Situation trat 1932 die jetzige Inhaberin, Frau *Hella Fuhrmann*, die spätere Ehefrau des Gründers, in das Geschäft ein und ist ihm seit nunmehr 50 Jahren im Auf und Ab der wirtschaftlichen und politischen Entwicklungen verbunden.

»Mein späterer Mann holte mich aus Ostpreußen von meinen Verwandten und schrieb einen ganz erbärmlichen Brief, in dem er sagte: ›Wenn ich den Sommer überstehe, im Winter könnte es besser werden ... Wenn ich einen Menschen hätte an meiner Seite, dann würde mir das sehr helfen ...‹ Und ich als Neunzehnjährige kam dann und hatte keine Ahnung von Lampen und sagte: ›Hier bin ich, was ich mit meiner schwachen Kraft tun kann, will ich gerne tun.‹ Ich war Putzfrau, einpacken, kassieren, alles in einer Person. Damals waren zwei Bögen, immer

*»Arno Beleuchtungskörper«, Berlin-Charlottenburg 1929, aus: »Das Schaufenster«*

Der Inhaber der Firma hat die Beobachtung gemacht, daß häufig wechselnde Spezialdekorationen die Werbewirksamkeit eines Schaufensters wesentlich erhöhen und er hat schon bei der Anlage des Schaufensters diesem besonderen Verwendungszweck Rechnung getragen. Die Schaufenster sind nach dem Verkaufsraum zu offen gehalten. Das Publikum erblickt also nicht nur die Spezialdekoration, nicht nur eine eng begrenzte Warenkategorie, sondern auch die übrigen im Geschäft vorhandenen Beleuchtungskörper.

*Frau Fuhrmann als »schöne Berlinerin« während der 30er Jahre*

war die Diskrepanz, es gab keinen Lagerraum, keinen Keller und Boden. In solch einer Branche gibt es immer Kram, was ausgepackt liegen muß. Das war das Schlimmste, daß man keinen Raum hatte als Lager. Als ich anfing, nannte ich das ›Lampenfieber‹ im wahrsten Sinne des Wortes; denn ich habe ja weder eine Lehre noch eine Ausbildung gehabt. 1933 gingen wir erstmal in einen Vergleich mit 40 Prozent. Sonst hätten wir ganz zumachen müssen.

Als die Nazis rankamen, standen hier an der Tür zwei SA-Leute und sagten: ›Sie heißen gar nicht Krumpelt, Sie heißen Aron.‹ Der Schauspieler Siegfried Aron war Jude, und da haben die sich gesagt: ›Das muß auch ein Jude sein‹. Mancher sagte: ›Der hat ein gutes Geschäft; wenn ich auf das Geschäft scharf bin, dann sag ich: Das ist ein Jude, hier wird besetzt. Hier kommen Sie nicht rein, kommen Sie mal mit zur Wache.‹ Da mußten wir uns also ausweisen, mein Mann und ich, daß wir arisch sind.

Dann haben wir uns innerhalb von fünf Jahren dermaßen hochgerappelt, daß wir eine Fabrik kaufen konnten und noch ein zweites Geschäft dazu. Erstmal Schulden bezahlen, so habe ich angefangen mit meinem ersten Mann. Dann ein bißchen bessere Ware kaufen können, dann sich einen Angestellten leisten können. 1938 waren hier schon wieder acht Verkäufer. 1943 starb mein erster Mann an Lungentuberkulose und Blutkrebs. Unser Geschäft am Kurfürstendamm wurde als Luxusgeschäft geschlossen. Wir hatten dort nur die schönsten Lampen, die es überhaupt gab, alle von kleinen Handwerksmeistern, Ein-Zwei-Mann-Betrieben, die nur wenig, aber kostbare Ware machen konnten – in der Ritterstraße, am Halleschen Tor. Im November 1943 wurde die ganze Ritterstraße ausgebombt. Da ist auch unsere Fabrik Hoffmann & Co. ausgebombt worden und nie wieder erstanden.

Im Krieg wurde uns verordnet, daß keine Bronze, kein Messing, nur noch Zinkguß und Eisen sowie Holz verarbeitet wurden. Und wir kriegten Zuteilungen. Aber da mein erster Mann tot war, kriegten wir eine geringe Zuteilung. Erstmal zweigte sich der Verbandsvorstand soviel ab und richtete sein Lager im Harz ein. Uns blieb so wenig Zuteilung übrig, daß wir unser altes Lager, das sehr wertvoll war, in dem Kriegsverkauf reinnehmen mußten gegen Fliegerschadenschein.

Es wurde uns gesagt, daß wir für einen Fliegerschadenschein Ware kriegen. Die Scheine sammelten sich und niemals ist darauf Ware ausgeliefert worden. Wir verkauften unser gutes, altes Lager und kriegten dafür Papierscheine, die niemals beliefert wurden.

Im Krieg kam sogar der Geldbriefträger, wenn Fliegeralarm war und er hier in der Nähe war. Dann sagte er: ›Ah, kann ich nicht unter ihren Unterstand?‹ Wir hatten den Unterstand durch die beiden Stadtbahnbögen und oben vier Meter die härtesten Klinker und ungefähr zweieinhalb Meter starke Mauern. Dann hatten wir Eisenschiebetüren, die wir in unserer eigenen Fabrik gefertigt hatten. Die liefen auf Schienen und klinkten sich ein, so daß wir dann zu zwölf Personen

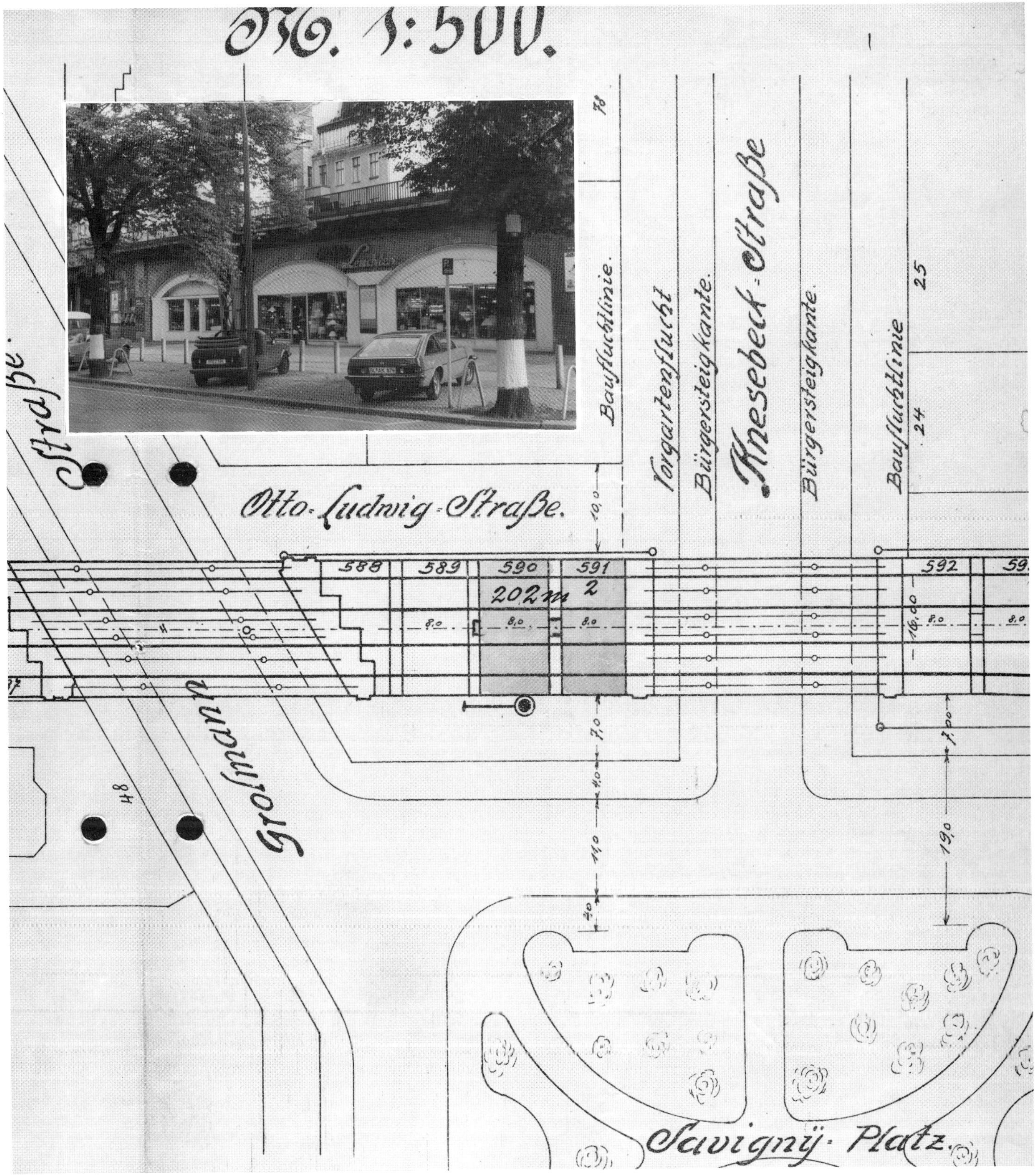

M. 1:500.
Leuchten
Straße
Otto-Ludwig-Straße.
Grolmann
Baufluchtlinie.
Vorgartenflucht
Bürgersteigkante.
Knesebeck-Straße
Bürgersteigkante.
Baufluchtlinie
78
25
24
48
588
589
590
591
592
202 m 2
Savigny-Platz.

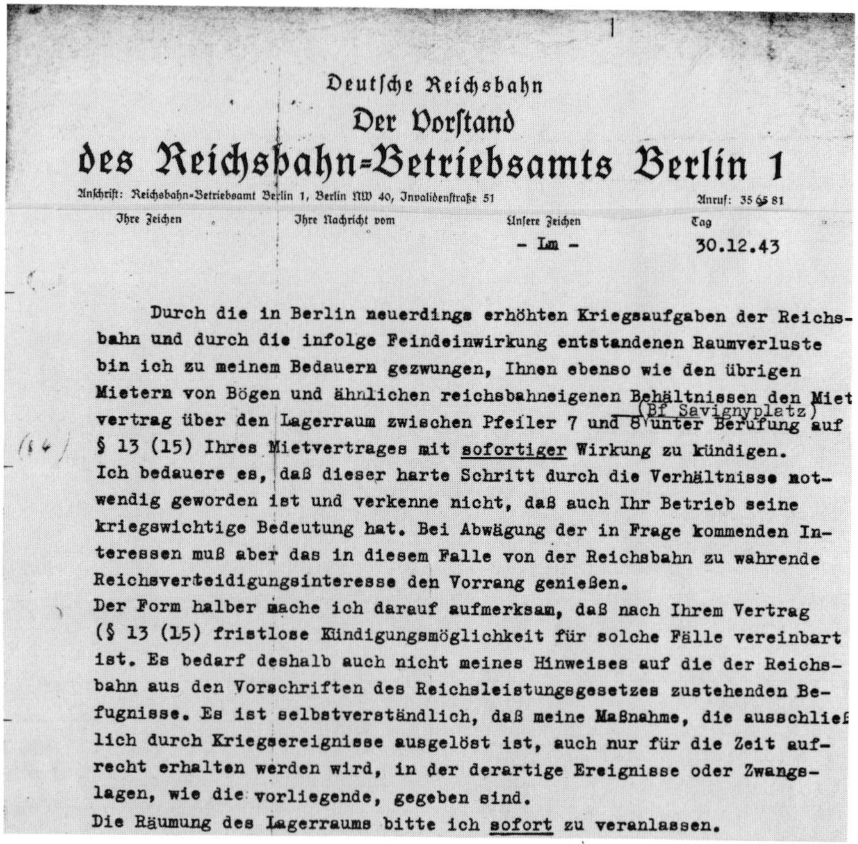
Deutsche Reichsbahn
Der Vorstand
des Reichsbahn-Betriebsamts Berlin 1

Anschrift: Reichsbahn-Betriebsamt Berlin 1, Berlin NW 40, Invalidenstraße 51 Anruf: 35 65 81

Ihre Zeichen Ihre Nachricht vom Unsere Zeichen Tag
- Lm - 30.12.43

Durch die in Berlin neuerdings erhöhten Kriegsaufgaben der Reichsbahn und durch die infolge Feindeinwirkung entstandenen Raumverluste bin ich zu meinem Bedauern gezwungen, Ihnen ebenso wie den übrigen Mietern von Bögen und ähnlichen reichsbahneigenen Behältnissen den Mietvertrag über den Lagerraum zwischen Pfeiler 7 und 8 (Bf Savignyplatz) unter Berufung auf § 13 (15) Ihres Mietvertrages mit sofortiger Wirkung zu kündigen.
Ich bedauere es, daß dieser harte Schritt durch die Verhältnisse notwendig geworden ist und verkenne nicht, daß auch Ihr Betrieb seine kriegswichtige Bedeutung hat. Bei Abwägung der in Frage kommenden Interessen muß aber das in diesem Falle von der Reichsbahn zu wahrende Reichsverteidigungsinteresse den Vorrang genießen.
Der Form halber mache ich darauf aufmerksam, daß nach Ihrem Vertrag (§ 13 (15) fristlose Kündigungsmöglichkeit für solche Fälle vereinbart ist. Es bedarf deshalb auch nicht meines Hinweises auf die der Reichsbahn aus den Vorschriften des Reichsleistungsgesetzes zustehenden Befugnisse. Es ist selbstverständlich, daß meine Maßnahme, die ausschließlich durch Kriegsereignisse ausgelöst ist, auch nur für die Zeit aufrecht erhalten werden wird, in der derartige Ereignisse oder Zwangslagen, wie die vorliegende, gegeben sind.
Die Räumung des Lagerraums bitte ich sofort zu veranlassen.

im Durchgang dieser Bögen saßen und den Fliegeralarm dort abwarteten. Da flogen die ganzen Scheiben raus. Sie sind ungefähr zehnmal alle rausgeflogen. Keine Lampe hing mehr oben, wir wateten durch Lampen hier. Nachts stand man da, wie macht man diese großen Löcher wieder zu. Bretter hatte man ja nicht immer parat. Da war's oft so, daß ich hier gesessen habe hinter diesen großen, offenen Löchern, wo die Ware da war mit dem Verdunkelungsstoff, der angenagelt war und aufpaßte, daß keiner was stiehlt. Wenn Fliegeralarm war, saßen wir immer hier unten, weil das der sicherste Platz war. Wir wohnten hier um die Ecke in der Grolmanstraße gegenüber vom »Tattersall«. Bei Glasbruch wurde oft mit Brettern vernagelt. Das sind ja ziemliche Flächen, und dann gab es auch kein Glas. Nach dem Krieg nahmen wir dickes Spiegelglas und kratzten hinten die Verspiegelung runter und setzten das in den Holzrahmen ein, damit man wenigstens ein bißchen gucken konnte, was dahinter war. Wir haben auch selber gemauert, aus den Ruinen in Wassereimern Steine geholt, Steine aufgeschichtet und mit Mörtel gemauert. Im Büro haben wir nur einen kleinen Fensterflügel innen eingemauert, das war ja Büro. Das habe ich selber gemauert mit einem Angestellten. Das ist eine ganz schöne Fläche.«
Anfang 1944 waren bereits große Teile Berlins zerstört. Nur die S-Bahn-Bögen hielten den Bombardements stand. Sie wurden daher von der Reichsbahndirektion weitgehend entmietet, um in ihnen kriegswichtige Einrichtungen unterzubringen. Auch Frau Fuhrmann erhielt 1944 die fristlose Kündigung. Sie nahm diese Entscheidung aber nicht hin und argumentierte, daß ihr Geschäft ein kriegswichtiger Betrieb sei. Immerhin hatte die bereits zerstörte Fabrik in Kreuzberg Beleuchtungseinrichtungen für U-Boote hergestellt. Frau Fuhrmann hatte Erfolg, das Geschäft blieb im S-Bahn-Bogen.
»Ich heiratete ein zweites Mal, einen jungen Mann, 1945, der außer seinem Abitur und dem Arbeitsdienst und in dem Krieg ja nichts gelernt hatte. Da mußte ich die Starke sein, denn ich war schon 13 Jahre in der Branche und habe hart kämpfen müssen. Wenn man sich nicht durchsetzen konnte, dann ging man unter und noch als Frau. Denn wir leben in einer Männerwelt, und die Gesetze werden von Männern gemacht. Wenn schon eine Frau kam und wenn sie gut aussah – und ich sah mal sehr gut aus – dann sagte man: ›Die kann doch gar nichts können, die sieht doch so aus wie eine Schauspielerin.‹ Ja, das nahm man mir nicht ab, das mußte ich beweisen. Nichts ist für eine Ehe schlimmer, als wenn die Frau so tüchtig ist, daß sie den Mann ernähren kann. Dann erlahmen beim Mann die Kräfte, weil er sich sagt: ›Die hol ich ja nie ein, und ich bin ja eigentlich Lehrling bei meiner Frau.‹ «
Am 1. Mai 1945 besetzten russische Soldaten die S-Bahn-Bögen am Savignyplatz. Die ganze Grolmanstraße brannte. »Da lagen tote Hunde, tote Pferde auf den Straßen, und die Leute waren so verhungert, daß sie sich von Pferden Stücke abschnitten, mit blutigen Händen nach Hause trugen und nach zwei Tagen lag nur noch das Gerippe eines Pferdes da, an dem nur noch der Kopf und die Hufe dran waren. Auf dem Savignyplatz lagen wie ein Scheiterhaufen tote deutsche Soldaten hoch aufgeschichtet, steif schon. Als Stalin später hier langfuhr, waren die Stadtbahnbögen besetzt, und alles wurde geplündert. Da durften wir nicht mal ran. Die standen bewaffnet da und wohnten hier drin.« Erst im Juni 1945 beruhigte sich die Situation, und Frau Fuhrmann konnte, obgleich als Frau nie vor Übergriffen sicher, gegen Bezahlung mit einem russischen Amphibienfahrzeug aus Brandenburg dorthin ausgelagerte Möbel und Warenbestände nach Berlin holen. »Litze war ja mit Gold aufzuwiegen. Außerdem gab es auch keine Fassungen oder Glühlampen. Das holte ich alles rein, damit hier irgendwo wieder was losging.«
Erst nach 1945 wurde das Lampengeschäft um zwei benachbarte Bögen erweitert, in denen ein Fischgeschäft und das Papierlager einer Druckerei waren. Auch in der Nachkriegszeit war der Savignyplatz eine gute Geschäftsgegend. Die Leute fuhren mit der U-Bahn bis zum Kurfürstendamm, gingen die Grolmanstraße hinunter an »Arno-Leuchten« vorbei zur S-Bahn. Der Passantenstrom ließ jedoch nach dem Mauerbau 1961 erheblich nach und erlahmte schließlich ganz.

# Ins Grüne

## Die Endstationen der S-Bahn

Lothar Binger, Petra Hellemann,
Susann Hellemann, Ingeborg Ullrich

Die folgenden Beiträge wollen einen Eindruck von einigen Orten der Umgebung Berlins vermitteln, die den Berlinern als Endstationen des S-Bahnverkehrs den Sprung in die etwas entlegeneren grünen Lungen der Millionenstadt ermöglichten. Sie sind jedoch heute vor allem für die Ostberliner attraktiv. Diese Orte werden hier mit alten Postkarten/Fotos aus Privatalben und neuen Aufnahmen nahegebracht. Wenn man die alten Bilddokumente vor Augen hat, kann leicht der Eindruck entstehen, als ob man sich in diesen Orten und in deren Umgebung immerzu nur vergnügt hat, als ob in Werder das ganze Jahr über Baumblüte war, nur Wein getrunken oder in Strausberg fortwährend auf den Seen gerudert wurde.
Diese schiefe Optik entsteht dadurch, daß in den privaten Fotoalben fast ausschließlich die angenehmen Seiten des Lebens und große Augenblicke festgehalten wurden wie Kindtaufe, Hochzeit, Geburtstag, Weihnachten, Konfirmation, erster Schulgang und die vielen, vielen Ausflüge und Reisen. Ihren Arbeitsplatz, den Weg dorthin oder ihren beschwerlichen Alltag hielten nur wenige Menschen für abbildenswert. Auch die Ansichtskarten zeigen nur die schönsten Seiten der Orte, sind sie doch dafür bestimmt, Besucher zu werben und dem Absender das Gefühl zu geben, er habe mit diesem Ausflugsziel eine vorzügliche Wahl getroffen und einen guten Geschmack bewiesen. Ansichtskarten werden von einer Reise, einem Ausflug geschickt, aus jener gehobenen Ausnahmesituation heraus, die man gern auch auf einem Foto zur eigenen Erinnerung festhält.
Die Eisenbahnen wurden jedoch nicht gebaut, um den Freizeitinteressen der Bevölkerung zu dienen, sondern aus wirtschaftlichen und militärischen Gründen. Sie sollten einen umfangreicheren Güterverkehr gewährleisten, größere Lasten transportieren und am Beispiel der Berliner Stadt-, Ring- und Vorortbahnen die Arbeitskräfte rasch zu den Fabriken bringen. Die großen Industrien siedelten sich daher an diesen Verkehrsadern an, seien es nun Eisenbahnen oder Wasserwege. Das zeigt die Industrieentwicklung sowohl an der Oberspree als auch im Nordwesten im Raum Tegel/Spandau. Nachdem Berlin nach der Jahrhundertwende zur größten europäischen Industriestadt geworden war und die Arbeiter in den Mietskasernen auf engstem Raum zusammengedrängt leben mußten, stellte sich auch das Problem, wo sich diese Millionen Menschen am günstigsten in der knapp bemessenen arbeitsfreien Zeit erholen könnten.

Erst in der neuen Republik nach dem Zusammenbruch des Kaiserreiches und nach der Gründung Groß-Berlins 1920 wurden entsprechende Schritte unternommen, um den arbeitenden Massen mehr Erholungsmöglichkeiten sowohl im innerstädtischen Bereich als auch in der Umgebung Berlins zu bieten. Spielplätze, Sportanlagen und Freibäder entstanden. Durch den seit 1918 gesetzlich geregelten Achtstundentag war nun auch an mehr Freizeit zu denken, obgleich die Arbeiter durch die wirtschaftliche Not und die erzwungene Konkurrenz der Arbeitskräfte von diesem neuen Recht oft keinen Gebrauch machen konnten. 1929 erhielten fast alle Tarifverträge Urlaubsklauseln, aber der Urlaub wurde häufig nicht in Anspruch genommen, sondern abgegolten. Nicht nur fehlte die oft nur gering bemessene Urlaubszeit, sondern auch das Geld. Das Reisen war bis in die dreißiger Jahre fast ausschließlich dem Bildungs- und Besitzbürgertum und der Mittelschicht vorbehalten. Selbst die schon um die Jahrhundertwende entstandene Wanderbewegung der Jugendlichen betraf die Arbeiterschicht nur in dem Maße, wie sie Sonntagsfahrten unternehmen konnte. Der Wochenendausflug hatte schließlich für die überwiegende Mehrheit der Bevölkerung noch in den zwanziger und dreißiger Jahren die Urlaubsreise zu ersetzen. Insofern hatten und haben die Ring- und Vorortbahnen als Transportmittel in die Naherholungsgebiete rund um Berlin für Wochenendausflüge erhebliche Bedeutung.

## Bernau zum Beispiel

In einem DDR-Reiseführer über die »Umgebung von Berlin« heißt es zu Bernau: *»Die Stadt mit ihren 16 400 Einwohnern ist ein guter Ausgangspunkt für lohnende Wanderungen ... Seit der Jahrhundertwende ist diese reizvolle Landschaft für den Tourismus erschlossen. Bernau wurde und wird wegen seiner historischen Bauten gern besucht ... Im Zuge einer großzügigen Rekonstruktion werden Altbauten saniert und moderne Wohnblöcke errichtet, wobei die historische Stadtbefestigungsanlage als Kulturdenkmal erhalten bleibt.«*[1] Mit dieser schmeichelhaften Formulierung wird eine Kahlschlagsanierung vertuscht, der fast der gesamte mittelalterliche Stadtkern zum Opfer fällt. Bernau wird künftig wohl die einzige »moderne« Wohnblocksiedlung sein, die von einer mittelalterlichen Stadtbefestigung mit Mauern und Türmen umgeben ist. Dabei ist Bernau

eines der ältesten und geschichtlich denkwürdigsten Städtchen der Mark Brandenburg:
*»Im Jahre 1402 belagerten die Pommern und Quitzows die stark befestigte Stadt vergeblich; 1406 legte ein Brand fast die ganze Stadt mit dem Rathause in Asche. Die fanatischen Hussitenhorden, welche unter Koskas Leitung 1432 Frankfurt berannt, Lebus, Fürstenwalde, Müncheberg, Straussberg, Altlandsberg ausgeplündert hatten, wurden hier durch die tapfere Bürgerschaft, welcher der Kurprinz, spätere Kurfürst Friedrich II. (Eisenzahn), mit 6000 Brandenburgern zu Hilfe eilte, auf dem Roten Felde nach blutigem Kampfe zurückgeschlagen. Die Siegesbeute, u. a. die hölzerne vergoldete Bratenschüssel Koskas, der hier seinen Tod fand, ist seit der mit grosser Pracht begangenen 450jährigen Gedenkfeier am 15. Mai 1882 im Turm des Königsthores untergebracht.«*[2] Das Hussitenfest wurde bis in die dreißiger Jahre jährlich gefeiert. In der Kaiserzeit wurde gar eine Freilichtbühne gebaut und dort ein Historiendrama, »Die Hussiten vor Bernau«, aufgeführt. Die Spielzeit reichte von Mai bis Juli, zweimal wöchentlich.
Die Freilichtbühne vor den Toren der Stadt bot über 3000 Zuschauern Platz. Besonders in Berlin warb man für diese Touristenattraktion und ließ exklusiv über Wertheim und seine Filialen die Eintrittskarten vertreiben. Wie zu allen Zeiten drückte sich auch um die Jahrhundertwende die Sehnsucht nach der »Guten alten Zeit« – in diesem Fall nach der Beschaulichkeit des Biedermeier – aus, nach Ruhe vor der »modernen« Unrast. So empfiehlt sich auch der Ort der Freilichtbühne mit rückwärtsgewandter Melancholie:
*»Hierher, bis zu den Anlagen, in denen kein Wagenverkehr geduldet wird, dringt nichts von dem fieberhaften Pulsschlag modernen Verkehrslebens, als etwa dann und wann aus der Ferne ein gedämpft erklingender Pfiff der Eisenbahn. Sonst herrscht der Friede, und unter einem der großen Wallbäume lagernd, kann man der Phantasie ungestört den Flug in verrauschte Jahrhunderte gestatten.«*[3] Und über den alten Stadtkern heißt es:
Wenn der Reisende *»Sinn für Poesie kleinstädtischen Lebens und ein künstlerisch empfindliches Auge besitzt, werden ihm die stillen Winkel und die alten Häuser auffallen, denen die Zeit ein besonderes Gesicht gegeben hat und bei deren Anblick er die Neuzeit vergißt.«*[4]

Die Festspiele dienten wie viele andernorts im Kaiserreich der Heroisierung der altdeutschen Vergangenheit. Im NS-Staat wurden diese Traditionen wieder aufgenommen, mit völkischen Ideen verschmolzen und sollten die »Wehrhaftigkeit« deutscher Vergangenheit aufleben lassen.
Bernau war auch seines Bieres wegen berühmt. Im Mittelalter wurde fast in jedem Haus gebraut. 1570 gab es 146 bürgerliche Brauhäuser.
*»In Berlin schenkte man Bernauer Bier in 47 Gaststätten aus, und im Rathaus selbst befand sich der ›Bernauische Bierkeller‹.«*[5]
Um die Güte des Bieres zu überprüfen, wurden alljährlich im Ratskeller Bierproben vorgenommen:
*»Das neu gebraute Bier wurde auf die Holzschemel, auf denen die Ratsherren Platz nahmen, gegossen, die Prüfer setzten sich mit ihren ledernen Hosen darauf und begannen einzuheizen. Wenn sie sich nach einiger Zeit erhoben, und die Schemel an ihren Hosenböden festklebten, waren alle hocherfreut und riefen jubelnd aus: ›Das Bier klebt, das Bier ist gut!‹.«*[6]
Allerdings verdrängten die Großbrauereien auch das Bernauer Bier, so daß 1909 das letzte Bernauer Brauhaus seine Pforten schloß.
Nicht zu vergessen, daß in Bernau die Panke entspringt.
Sie fließt weiter über Zepernick, Buch, Pankow durch den Wedding – am ehemaligen Gesundbrunnen vorbei – und mündet neben dem Theater am Schiffbauerdamm in die Spree. Die Panke ist also ein ausgesprochener S-Bahn-Fluß, der am S-Bahnhof Bernau entspringt, dem Lauf der Bahnstrecke folgt und am S-Bahnhof Friedrichstraße endet.

*Hussitenfest 1937*

Die Panke bei Pankow

**Wanderungen von Bernau aus**

Eindrucksvolle Wanderungen führen von Bernau aus in den Norden durch die Bernauer Heide zum Wandlitzer See und zum Liepnitzsee. Der DDR-Reiseführer empfiehlt:
*»Vom S-Bhf. Bernau aus folgen wir der Landstraße nach Wandlitz, einer alten Handelsstraße, durch die Bernauer Heide mit pilz- und beerenreichem Mischwald und mehreren Gaststätten an der Straße.«*[7]

Der nur ein Kilometer entfernte Liepnitzsee mit seinen die Ufer säumenden Buchenwaldungen wurde früher die »Perle der Mark« genannt. So schwärmt der offizielle Führer der Stadt Bernau 1911 von diesem See:
*»Selbst an den heißesten Sommertagen ist hier eine wohltuende Kühle unter den dichtbelaubten Buchen. Unvergleichlich schön ist hier eine Kahnfahrt. Auf der einen Uferseite leise plätschernde Wellen, auf der anderen herrliche Anhöhen. Hier eine Bucht rings von Wald umschlossen, dort ein schräg über den See hinwegragender Baum, mit dessen Zweigen die Wellen ihr neckisches Spiel treiben.«*[8]

Reizvoll ist auch der Ort Lanke mit dem Hellsee:
*»Uralte Eichen stehen am Hellsee entlang. Aus dem Walddunkel lenkt der Weg zur Hellmühle hinüber, und von diesem Idyll führt eine wenig bekannte Schlucht nach Biesenthal . . .«*[9]

**Lothar Binger**

## Früh mit der S-Bahn nach Bernau und dann weiter

Nach Bernau muß man vom Ostkreuz aus (ein unentwegtes Geschiebe und Gedränge) nicht mehr umsteigen. Von Schönhauser Allee biegt der Ring, der ehemalige, wie man wohl sagen muß, nach Norden ab, führt ein Stück weit zwischen den hochgezogenen, weiß getünchten Mauern und den Drahtzäunen hindurch, und gelegentlich sieht man zwischen den übergroßen Sichtblenden den weiten, glatt geharkten Sandstreifen. Schnell taucht die S-Bahn wieder in lebendige Stadt ein, schüttelt das Bild jener besonderen deutschen Architektur von sich wieder ab, das trotzdem noch in der Erinnerung bleibt.
Dann geht es weiter nach Pankow hinaus und von dort auf der glatten Strecke nach Bernau. Die Stadt löst sich auf. Felder. Kleine Waldstücke. Abstellplätze mit Holzzäunen. Landstraßen. Die Bahnhofsgebäude sind die der alten Zeit. Röntgental ist ein preußischer Zweckbau, der für uns heute, anders als die Zweckbauten unserer Tage, voller Anmut ist.

In Bernau stößt die S-Bahn ihre Fahrgäste aus. Durch das Bahnhofsgebäude, das wie ein kleinstädtischer Zentralbahnhof wirkt. Oder gleich den Fußweg vom Bahnsteig, seitlich am Bahnhofsgebäude vorbei, die hochgezogene Trasse der S-Bahn hinunter zum großen Bahnhofsvorplatz. Hinweisschilder markieren die Busverbindungen, die von hier aus die Umgebung erschließen. Wandlitz, Biesenthal, Ladeburg, Lobetal, auch nach Werneuchen geht's. Ein großer überdachter Fahrradständer voller Räder. Die aus der Umgebung sind reingefahren nach Berlin, die Berliner kommen heraus. Die Fahrscheine für den Bus sind an einem Kiosk zu kaufen, das Aluminiumgeld ist durch einen kleinen Schlitz zu schieben. Die »Poesie kleinstädtischen Lebens«, die frühere Reiseführer an Bernau so rühmten, ist karger geworden. Spruchtafeln versichern die unzerbrüchliche Freundschaft mit dem ruhmreichen Sowjetvolk oder versprechen, je nach Saison, zusätzliche Leistungen zum Parteitag. Sie stören nicht; wie ihre zerblätternde Farbe sind die Appelle, zersetzt von der Muße, die sich über den Platz in der Sonne ausbreitet. Die Schaufenster der HO am Bahnhofsvorplatz zeigen mit jenem eigentümlichen Charme, der nur den Schaufenstern in der DDR zu eigen ist, eine Sorte Konservendosen, mal sind auch einige Pflaumenhorden davor zum Verkauf ausgestellt.

Wenn die S-Bahn ihre Fahrgäste entlassen hat und diese in der Umgebung oder in den Bussen auf dem Vorplatz versickert sind, kehrt jene eigentümliche Stille zurück, die diesen Platz beherrscht. Auch die zwei, drei Wartenden, die immer noch unentwegt an dem schon seit einiger Zeit leeren Taxihalteplatz stehen, warten still. Eine Gruppe von Reisenden auf den Bänken an den Bushaltestellen will nach Biesenthal, der Bus kommt etwas später. Auch sie unterhalten sich nur leise. Ein Fahrradfahrer, in der Ferne ein vorbeifahrender Lkw. Dann wieder Stille.
An den Wochenenden muß der S-Bahn-Reisende schon früh aufstehen, will er zum Tagesausflug in diese Gegend. Wenn er nämlich den einzigen Bus nach Rüdnitz kurz nach neun nicht mehr erwischt, muß er laufen oder

Am Liepnitzsee 1934

sich um das einzige Taxi drängeln. Zum Fußmarsch entschlossen, führt ihn der Weg vom Bahnhofsvorplatz zur Straße Nr. 2, die, von Berlin kommend, als die Verlängerung der Clemens-Gottwald-Straße durch Malchow und Schwanebeck führt, Bernau durchquert und den Reisenden bis nach Biesenthal und weiter nach Eberswalde bringen kann (wer war denn von uns schon einmal am Schiffshebewerk in Niederfinow?).
Einmal auf der Straße, kann der Reisende, wenn er keinen allzu großen Anhang oder zuviel Gepäck hat, mitgenommen werden von einem kleinen grauen, aber freundlichen Trabbi, wie hier etwas liebevoll die Trabants genannt werden oder von einem der neuen Wartburgs. Oft sind die Wagen jedoch bis unters Dach voll: Die Familie fährt wie anno dazumal mit Kind und Kegel ins Jrüne, zum Picknick. Man nimmt alles mit, was man braucht, die wenigen Restaurants und vor allem die Warterei meidend. Vielleicht fahren sie auch alle in eine Datscha, in den kleinen eigenen Garten. Das hat hier eine noch lebendige Tradition. Etwas, woran sich die Westberliner nur noch wehmütig erinnern.
Zu Fuß ist es schon ein Stück bis Rüdnitz, vorbei an selbstgemalten Hinweisschildern: Blumen zu verkaufen oder Kartoffeln oder Äpfel, die man sich zu kaufen dann für den Rückweg vornimmt. Links von Rüdnitz nach Lobetal, über den alten Dorfanger mit seinen Häusern, wie sie schon seit der Jahrhundertwende dort stehen. Mit blumendichten Gärten davor, auch die Akelei, die Blume der preußischen Gutshöfe, wächst hier noch. Lobetal, ein ehemaliger Ableger der Bethelschen Anstalten, diesen heute noch verbunden, ist ein Ort für Kranke und Schwache. Aber es ist keine der festungsartig geschlossenen Anstalten, alles liegt offen, friedlich, ein paar Männer stehen an einer Straßenecke. Von der einstmals blühenden Landwirtschaft ist heute wenig zu sehen. Pflege wird heute stärker betont als Selbstversorgung. Vorbei an sanften Hügeln mit Obstbaumreihen, eintauchen in die dichten Wälder der Bernauer Heide. Da, eine von Jungen gebaute aufwendige Baumhütte zwischen den Blättern. »Grenzpunkt Null«, eine selbstgeschriebene Tafel.
Ursprünglich ist auch heute noch diese Gegend bis zum Plötzensee und zum Hellsee mit seinen kleinen dunklen Morasten, trockenen Kiefernhügeln, Mischwaldpartien. Pilze gibt es, doch hier suchen viele schon im Morgengrauen, und der S-Bahn-Reisende, den es hierher führt, kennt nicht die verschwiegenen Pilzplätze. Wiesen dann, dazwischen und immer wieder ein See. Lange schon habe ich nicht mehr so tief im Wasser noch den Boden sehen können. In den Wäldern traf man früher manchmal unverhofft auf eine Gruppe russischer Soldaten, die hier mit ihrem Armee-Lkw eine Pause machten, campierten. Sie kommen aus der Kaserne bei Bernau, eine der vielen rund um Berlin, die früher einmal preußische Soldaten beherbergten. Vor Jahren traf man öfter auch auf Papierreste oder rostende Büchsen mit russischer Aufschrift mitten im Wald, das ist heute weniger geworden, wie auch die lagernden Soldaten nur noch selten zu treffen sind. Vielleicht campieren sie anderswo. Gelegentlich knattert irgend ein Schwarm Mopeds auf, flackert lachender Lärm. Sonst ist es still. Nur Zwitschern, das Knarren in den Kiefern. Ein Fisch, der nach einer Fliege schnappt.

Sicher, der Wald, die Bäume, die Seen, die Stille, sie sind nicht unberührt von der Gegenwart und ihren Verhältnissen; aber man kann sich hier ihnen leichter entziehen, den Blick über weite Kiefernwälder und tiefeinschneidende Sandwege schweifen lassen, sich in Wiesen und Heiden verlieren. Und erst hier merkt man, was an Natur eigentlich noch zu Berlin gehört; spürt den märkischen Boden, auf dem Berlin hochgemauert wurde, spürt jene Schwermut, die mit zu Preußen, mit zu Berlin gehört.
Abends die Rückfahrt mit der S-Bahn in die Stadt. Die lange Strecke über Zepernick, Buch, Blankenburg wieder in die langsam sich nach innen versteinernde Stadt. Dazu gehört die Müdigkeit, die sich ausbreitet mit dem Rütteln und dem gleichmäßigen Fahren. Das Atmen der S-Bahn beim Halt auf den Bahnhöfen ist wie ein Gähnen. Die Lichter gehen an. Die S-Bahn ist voll. Fahrräder, Körbe mit Äpfeln, dort einer mit zwei festen Säcken. Berlin kehrt heim.

**Knut Hickethier**

## Strausberg

*»Komm mit, komm mit! Die Sonne lacht!*
*Der Himmel blaut! Der Blumen Pracht,*
*Das Wiesengrün, der Seen Blau,*
*Der Vogelsang in Wald und Au,*
*Der Orgelklang im Schöpfungsdom,*
*Sie rufen laut: O komm, o komm!«*[10]

Seit 1947 erreicht man mit der S-Bahn in nur 40 Minuten von Berlin-Mitte aus den Ort Strausberg, der für so manchen Erholungssuchenden Ausgangspunkt für ausgedehnte Wanderungen oder Spazierfahrten in die östliche Mark Brandenburg ist.
Der Endbahnhof der ehemaligen Vorortbahn liegt 5 km vom Ortskern Strausberg entfernt. Um in den Ort zu gelangen, nahmen die Ausflügler vor der Elektrifizierung der Strecke und ihrem weiteren Ausbau bis Strausberg Nord entweder die Straßenbahn oder den Omnibus. Vor noch längerer Zeit brachten Pferdekutschen die Reisenden in das Städtchen, das sich von einem »verfluchten Drecknest«, wie es der Alte Fritz noch betitelte, ab Mitte des 19. Jahrhunderts zu einer »großzügig geleiteten Sommerfrische«[11] der Berliner entwickelte. Heute weist nur noch ein kleiner Restbestand der alten Stadtmauer und der stellenweise erhaltene dörfliche Charakter auf die über 700jährige Geschichte eines der ältesten Orte der Mark hin, der ursprünglich eine wendische Fischersiedlung war und in dem im Mittelalter das Schuh- und Tuchmacherhandwerk blühte.
Zu den kilometerlangen Promenadenwegen rund um den Straussee, der sich am Fuß der hügeligen Stadt erstreckt, luden märkische Wanderbücher die Spaziergänger noch 1940 ein. Heute allerdings schließt kein Weg aus der Stadt direkt an die einst so begehrte Uferpromenade an.

*»Der schöne Straussee ist größer als man ihn in Erinnerung hat, aber in der Stadt selbst leider nur an zwei, drei schmalen Stellen zugänglich ... Wer den See und seine Ufer genießen will, ist auf die Seepromenade ganz im Süden der Stadt angewiesen. Oder er muß mit der an elektrischer Oberleitung hängenden Fähre auf das Westufer übersetzen. Hier kann man stundenlang durch das weite Strausberger Wald- und Seengebiet promenieren.«*[12]

Westlich und nördlich von Strausberg erstreckt sich ein Teil der Barnimer Hochfläche, der »Blumenthal«, der mit seinem reichen Bestand an Eichen, Buchen und Tannen seit langem ein beliebtes Wandergebiet ist. *»Wegen des Mangels an Gasthäusern und der strapazierenden Touren ist die Versorgung mit Mundvorrat und frühes Aufbrechen unerläßlich«, empfiehlt ein Wanderführer schon 1896.*[13] Heute ist der Blumenthal teilweise mit Naturlehrpfaden wegbar gemacht, aber auch Abenteurer sollen auf ihre Kosten kommen, wenn sie entlang der Seen in den eiszeitlichen Wasserrinnen pirschen und Waschbärfährten ihren Weg kreuzen.
In südlicher Richtung schließen sich an das Strausberger Annatal der Herren- und der Stienitzsee an. Mit Dampfern geht es weiter nach Kalkberge, dem heutigen Ortsteil von

Baustoff-kombinat Rüdersdorf

»Unsere Radtour in Woltersdorf am Peetz-See«

Rüdersdorf. Noch Anfang dieses Jahrhunderts wirbt ein Prospekt: *»Wie kein zweiter Ort in der Mark vereinigt Kalkberge alle landschaftlichen Vorzüge in sich: Berge, Wasser, Wald und liebliche Auen.«*[14]

Vor mehr als 700 Jahren entdeckten Mönche des Zisterzienserordens große Muschelkalkvorkommen in dieser Gegend. Der Kalkabbau, sowohl übertage als auch untertage betrieben, formt seit Jahrhunderten die Rüdersdorfer Landschaft. Noch bis in die 40er Jahre konnte der Tourismus mit dem nur langsam ansteigenden Kalkabbau vereinbart werden. Bergwerksführungen, die im Sommer stattfindenden dreitägigen Bergmannsfeste und stillgelegte Gruben, die sich mit Grundwasser gefüllt hatten und klare Badeseen wurden, übten eine besondere Attraktion auf Ausflügler und Sommerfrischler aus. Seit der Erweiterung des Baustoffkombinats Rüdersdorf, dem Aufbau des Zementwerkes im benachbarten Hennickendorf und der Ausbreitung der ziegelherstellenden Industrie und des Glühphosphat-Werkes in naher Umgebung bleiben die erholungssuchenden Großstädter fern. Die kurze S-Bahnstrecke, die ehemals nicht nur für den Kalktransport, sondern auch für Ausflügler von der Strausberger Linie abgezweigt wurde, wird heute lediglich zum Güterverkehr genutzt. Lastkähne, mit dem Rohstoff und dem bereits verarbeiteten Kalk beladen, ziehen durch die Seenkette vom Stienitzsee über den Gluckauf-See, den Kalk- und Flakensee an Woltersdorf vorbei, wo sich seit mehr als 100 Jahren viele Schiffersfamilien angesiedelt haben, bis zum Ort Erkner, in dem sich endlich der Transportweg in Richtung Spree von der anschließenden Seenkette, die bis in die Buckower Schweiz führt, trennt.

»Auf dem Erkenow«, einer Poststelle auf dem Weg zwischen Köpenick und Fürstenwalde, siedelte Friedrich der Große Mitte des 19. Jahrhunderts drei Pfälzer Familien zum Urbarmachen des Landes an. Sie errichteten dort das Straßendorf Erkner, das erst mit dem Bau der Eisenbahnlinie Berlin — Erkner — Fürstenwalde an Bedeutung gewann. *»Nur wenige kleine Häuser erinnern noch an das alte Dorf. Seine wald- und wasserreiche Umgebung ist ein beliebtes Ausflugsziel der Berliner.«*[15]

Obwohl sich inzwischen auch hier Ausläufer der kalkverarbeitenden Industrie angesiedelt haben, ist Erkner nach wie vor ein begehrter Ausgangsort für Wassersportler. Die Löcknitz, die aus dem Zusammenfluß mehrerer Wassergräben in sumpfigen Wiesen in der Buckower Schweiz entsteht, mündet in Erkner in den Flakensee. Ungezählte Wassersportler fahren die Löcknitz aufwärts, durch die Fangschleuse zum Werlsee, auf dessen Insel Lindwall eine Herberge ist und an dessen Ufer sich die Kolonie Grünheide erstreckt. Diese ist mit ihren Lauben, Campingplätzen und Unterkünften eine ständige Einrichtung für Urlauber und Wassersportler. Die Löcknitz weiter aufwärts gelangt man über den Peetz- zum Möllensee.

*»Sonntags ist das Flüßchen dicht mit Ruder- und Paddelbooten belebt. Aber die Fahrt ist nicht ungefährlich. Auf ihrem gesamten Lauf macht die Löcknitz so viele Windungen, daß die Ruderer die Wasserfläche oft nicht überblicken können. Lastkähne und Motorboote fahren darum nur langsam und tuten häufig, um sich den anderen Fahrzeugen bemerkbar zu machen.«*[16]

Über die vielen Windungen der Löcknitz, die sich zwar bis zum Kageler Seengebiet fortsetzt, aber für Wassersportler aus Berlin bis dahin nicht mehr zu durchfahren ist, besteht folgende Sage:

*»Die Löcknitz . . . sei eine Furche, die der Teufel und dessen Großmutter mit einer großen Pflugschar gezogen haben. Des Teufels Absicht sei gewesen, die Großmutter ziehen zu lehren. Diese aber, weil zu alt und schwach, vermochte nur langsam durch vieles Hin- und Herspringen den Pflug vorwärts zu bringen, und daher rühren die zahllosen Windungen der Löcknitz.«*[17]

**Petra Hellemann**

## Königs Wusterhausen

Im Juli 1982 ist es heiß in Königs Wusterhausen. Am Nottekanal ist ein Gartenrestaurant. Um Limonade oder Bier zu bekommen, muß man sich ein leeres Glas organisieren, d. h. am Tisch warten, bis ein anderer Gast ausgetrunken hat.
Es ist voll in Königs Wusterhausen. Reisegruppen, Familien, Schüler, die Stadt ist ein Ausflugsziel für DDR-Bürger, die wenigen aus dem westlichen Ausland trifft man im Buchladen wieder. 25,— Mark sind viel, man kann das Geld nur schwer an einem Tag ausgeben.
Königs Wusterhausen ist bekannt wegen seines Jagdschlosses. In den Reiseführern von früher ist es die Hauptattraktion, doch das kann nun nicht mehr der Grund sein, warum die Touristen in der Stadt sind. Als Kurt Pomplum das Jagdschloß besichtigen wollte, wurde ihm von der Pförtnerin gesagt »Es jibt nischt zu besichtigen. Allet, wat zu sehen ist, det' seh'n Se ooch von hier«[18]. Im Schloß ist heute der »Rat des Kreises« untergebracht. (Er wurde 1952 aus den Teilen der ehemaligen Kreise Teltow, Beeskow-Storkow, Fürstenwalde und Lübben gebildet.)
Ein märkischer Wanderführer von 1909 beschreibt die Stadt und die Schloßgeschichte so:
*»Königs-Wusterhausen ist ein kleiner Marktflecken (. . . 4300 Einw.) mit Kirche, Amtsgericht, Post . . . höh. Töchterschule, Krankenhaus, Blindenheim und mehreren Fabriken, sowie einem königlichen Jagdschloß mit Oberförsterei. Der Ort hieß . . . bis zum 18. Jahrhundert Wendisch-Wusterhausen . . . Seinen jetzigen Namen verdankt er dem Könige Friedrich Wilhelm I., der . . . die alte Burg zum Jagdschlosse ausbauen ließ.«*[19]
Die alte Burg Wustrow lag auf einer von der Notte umflossenen Insel. Nach der Eroberung durch die Deutschen, im Anfang des 13. Jahrhunderts, wurde Haus Wustrow Wendisch-Wusterhausen genannt. König Friedrich I. erwarb die Besitzung und schenkte sie 1683 seinem Sohn Friedrich Wilhelm I. Unter den folgenden Königen trat Königs Wusterhausen zurück. Doch zum Beispiel hielt Kaiser Wilhelm II. fast alljährlich eine Jagd dort ab.
Ein Reiseführer von 1896 beschreibt die Innenausstattung des Schlosses:
*»Betritt man den Vorhof, so kommt man . . . zum niedern Eingang in das epheuumrankte Schloß. . . . Die Vorhalle zeigt einen mächtigen ausgestopften Bären. . . . Im Schlafzim-*

*mer sehen wir ein kostbares geblümtes Waschservice, nach dessen Muster auch die Stofftapeten des Zimmers gewebt sind. ... Im Kabinett ... steht das große steinerne, trogartige Waschbecken ..., in welchem sich der sehr reinliche Fürst wohl zwanzigmal täglich die Hände wusch. ... Rechts ist der Saal des Tabakkollegium (Tabakskollegium war ein zwangloser Herrenabend des Friedrich Wilhelm I. bei Bier und Pfeife) mit dem Tisch, an welchem der schwerzürnende König und Vater das Todesurteil über Katte und das Verbannungsdekret für den Kronprinzen niederschrieb.«*[20]

Die Touristen, die man heute in der Stadt Königs Wusterhausen trifft, sind aber sicherlich wegen der neuen Mühle, der Schleuse (4 km) gekommen.

Der Reiseführer von 1896 schreibt darüber: *»Die Schleuse ... hat ihre eigene Geschichte: Der jagdfrohe König (Friedrich Wilhelm I.) liebte es, auf seinen Ausflügen sich öfters bei einfachen Leuten zu Gaste zu laden. ... So lernte er hier einst ein ihm neues Gericht, Rührei mit Speck, kennen, sprach ihm herzhaft zu und forderte den Müller auf, sich eine Gnade zu erbitten. Dieser, der unter den unkontrollierbaren Wasserverhältnissen zu leiden hatte, bat den König um eine Schleuse. Da demselben diese Bitte für eine Portion Rührei doch zu hoch erschien, bewilligte er die Schleuse zwar, legte aber ... dem Müller die Verpflichtung auf, für alle Zeiten zwei Jagdhunde der königlichen Meute in Kost und Pflege zu nehmen. Jetzt (also 1896) ist die Verpflichtung ... abgelöst.«*[21]

Wie früher kann man heute viele Ausflüge in die nähere und weitere Umgebung von Königs Wusterhausen machen, per Schiff, zu Fuß, oder mit der Bahn. An der Görlitzer Bahnstrecke liegen zahlreiche Wälder und Seen. Dies Gebiet nennt man »Berliner Schweiz«. Man kann auf den von der Dahme umflossenen Seen rudern und paddeln; viele Berliner haben hier ihren Kleingarten.

Heute gibt es in der Umgebung Betriebserholungseinrichtungen, es gibt Zeltplätze, Bungalows und Wohnwagen, man verbringt das Wochenende oder auch den Urlaub hier. Familien machen eine Tagestour zum Krüpelsee, Kegelklubs eine Schiffsreise und Jugendliche rudern auf der Dahme.

Am 22. Dezember 1920 machte Königs Wusterhausen Schlagzeilen in ganz Europa, sogar auf der ganzen Welt.

Es wurde das Versuchsprogramm das erste deutsche Rundfunkkonzert ausgestrahlt. Der Erfolg war überwältigend. Eine Musiklaiengruppe sang Weihnachtslieder, es wurde Richard Wagner gespielt. Der Chef des Senders, Erich Schwarzkopf, spielte Geige. Amateurfunker, nur sie konnten die Sendung hören, dankten mit folgendem Funkspruch: »Ihr heutiges Telephoniekonzert war ausgezeichnet, beglückwünschen ihren Erfolg«.

Diese Sendungen gab es auch noch, als ab 1923 die »Deutsche Stunde« ihr an ein allgemeines Publikum gerichtetes Programm ausstrahlte.
Anfang 1926, als auf der Langwelle die neue »Deutsche Welle« ihr Programm begann, wurde die Sendung eingestellt.
Ein neuer Reiseführer beschreibt Königs Wusterhausen sachlich:

*»Durch die günstige Verkehrslage an der Autobahn Berlin – Dresden bzw. an der F 179 und F 246 erreichen nicht nur Motorisierte schnell dieses Ausflugsgebiet, sondern auch mit S-Bahn und Autobus kann man bequem hierher gelangen. ... Die Frischeier und Broiler aus dem Kombinat Industrielle Mast (KIM) Königs Wusterhausen werden weithin geschätzt. Täglich werden hier etwa 450 000 Frischeier und etwa 27 t Geflügelfleisch produziert.«*[22]
Die Stadt hat 12 500 Einwohner, heute sendet von dort der Sender »Stimme der DDR«.
Grünau, einige S-Bahnstationen vor Königs Wusterhausen gelegen, war und ist für viele schon Endstation.
Grünau, gegründet 1749 von Friedrich dem Großen, hatte durch den 1876 gegründeten Ruderverein eine glanzvolle Entwicklung. Während der Olympischen Spiele 1936 erhielt die Regattestrecke in Grünau Weltruf, von sieben Goldmedaillen bekamen die deutschen Ruderer fünf.
Von Grünau kann man Dampferfahrten nach Köpenick und Schmöckwitz, nach Zeuthen und Neue Mühle machen. 1909 kostete eine Rückfahrtkarte mit dem Dampfer von Grünau nach Schmöckwitz 50 Pf. Wenn man bedenkt, daß das Durchschnittseinkommen eines gelernten Arbeiters 1910 im Jahr 1500 RM betrug, kann man sich ja ausrechnen, daß diese Ausflugsgelegenheit selten, wenn nicht sogar gar nicht in Betracht kam.

**Ingeborg Ullrich**

## Werder

»Wir fahren zur Baumblüte nach Werder!" Das war jahrzehntelang für viele Berliner in jedem Frühjahr ein selbstverständlicher vergnüglicher Ausflug. Die Baumblüte in Werder war für jeden ein Begriff – nur hat Werder als Ausflugsort für die Westberliner gänzlich seine Bedeutung verloren. Sie schafften sich ihre eigene Baumblüte in Britz. Dabei war Britz bis Ende der dreißiger Jahre bekannt für seine Rosenblüte, und im Juni jeden Jahres als schönster Ort in Groß-Berlin gepriesen. Was in Werder die Obstblüte, war für Britz die Rosenblüte.[23]
Schon ein Berliner Ausflugsführer aus dem Jahr 1896 schreibt über Werder, wie groß das Interesse unserer Vorfahren an diesem idyllischen, auf einer Havelinsel gelegenen Ort

und seiner blütenreichen Umgebung im Frühling war. Zusätzlich erteilte er den zahlreichen Ausflüglern, die die damalige Vorortbahn benutzten, einen wohlgemeinten Rat:
*»Der gewaltige Andrang der hierher zur Zeit der Baumblüte flutenden Menschenmassen macht es vorteilhafter, diesen Ausflug auf einen Wochentag zu verschieben, um trotz der vielen Extrazüge nicht zu unbequem zu fahren. Andernfalls ist es ratsam, sehr früh vor Abend an die Rückkehr zu denken, da die Züge im Nu überfüllt sind.«*[24]
Wie man vom Bahnhof Werder zu den Obstgärten entlang des hügeligen Havelufers, zu den Ausflugsgaststätten »Bismarckhöhe«, in der heute ein sogenanntes Jugendobjekt einquartiert ist, »Friedrichshöhe«, »Gerlachshöhe«, »Rauenstein← und »Wachtelburg«, zu den Sehenswürdigkeiten der Gegend und zur Inselstadt selbst gelangte, beschreibt der Führer weiter:
*»Vom Bahnhof in Werder (Endstation des Vorortverkehrs der Stammbahn, ab Potsdam Bahnhof für 0,80/1,20 M. in 53 Min., Dampfer ab Potsdam, Lange Brücke für 60 Pf., hin und zurück 80 Pf.) besteigen wir, die lange staubige Eisenbahnstr. nicht zu durchwandern, einen Omnibus (25 Pf.) Auch der Bau einer Pferdebahn ist in Angriff genommen. Einen überaus lieblichen Anblick gewähren die r. sich hinziehenden ehemaligen 2000 Morgen haltenden Weinberge mit den blühenden Bäumen. 10 Min. vom Bahnhof erblicken wir r. den Aussichtsturm der Gerlachshöhe (77 m). . . . L. führt die Brücke zur Inselstadt. . . . Von der Potsdamer Str. steigen wir den 1. Seitenweg r. durch Gartenanlagen zum Wachtelberge, mit guter Verpflegung, hinauf; von dem Grottenturme desselben (10 Pf.) eröffnet sich ein wundervolles, weit umfassendes Panorama.«*[25]
Wer nicht erst lange in der Gegend herumwandern wollte, sondern nach den Reisestrapazen das erfrischende Naß suchte, der strebte gleich ins Restaurant, z. B. in die »Bismarckhöhe«. Von ihr hatte man ebenfalls einen weiten Blick über Havel und Land – bei guter Sicht sogar bis zum Kaiser-Wilhelm-Turm im Grunewald – und konnte zusätzlich den Durst mit dem guten Werderschen Bier und Obstwein stillen. So teilte eine Ansichtskarte von der »Bismarckhöhe« aus dem Jahr 1911 mit:
*»Liebe Eltern! Bin soeben glücklich angelangt und sitze geradewegs gemütlich beim Mittagessen. Hier oben ist eine herrliche Aussicht und die Flasche Wein mundet mir vortrefflich! Ich bin schon vollständig betr...... . Also bis auf Wiedersehen, seid gegrüßt von Eurem Sohn Otto«.*
Immer wieder wurde beschrieben, wie sehr das Werdersche Baumblütenfest und insbesondere sein Obstwein die Ausflügler an sich zog und mit sich riß:
*»Aber wenn der erste Blütenschnee sich auf die Kronen der Obstbäume senkt . . . dann wimmelt es auf den Straßen, den unvermeidlichen Rummelplätzen, den ständigen und improvisierten Weingärten von Leuten, die den Blütenzauber bewundern und dem Werderschen Obstwein ihre Huldigung darbringen. Der hat seine Tücken. Erst haben ihn die Berliner; dann hat er die Berliner. Und er gibt sie nicht frei, wirbelt mit ihnen durch den Tanzsaal und läßt die Herzen der tanzfreudigen Jugend höher schlagen, bis jubelnde Tollheit durch Saal und Garten braust.«*[26]

Von Berlinern erzählt:
*»Wir sind von Bahnhof Zoo bis Potsdam mit der S-Bahn gefahren, und da sind wir bis Werder in den Dampfzug, Personenzug umgestiegen. Das war ja unser Ausflugsort. Da gab's diese Straußwirtschaften, die hatten draußen einen Tisch aufgestellt, mit dreißig, vierzig Weinen. Erdbeerwein, Pflaumenwein und Stachelbeerwein im Caprinetz. Die Flasche 95 Pfennige und dann das Netz übergeschnallt und einen anständigen zur Brust genommen. Und wenn wir auf die »Bismarckhöhe« wollten, da waren wir schon so besoffen, da kamen wir gar nicht mehr rauf.«*
oder von »Klabund« gedichtet:
*»Tante Klara ist schon um ein Uhr mittags besinnungslos betrunken. Ihr Satinkleid ist geplatzt. Sie sitzt im märkischen Sand und schluchzt. Der Johannisbeerwein hat's in sich. Alles jubelt und juchzt. Und schwankt wie auf der Havel die weißen Dschunken.«*[27]
Wem der Wein zu sehr in den Kopf gestiegen war und wer sich den Rückweg zur Bahn nicht mehr zutraute, für den war auch gesorgt. Augenzeugen wollen in den dreißiger Jahren eine Rutschbahn gesehen haben, welche von den Ausschankhöhen herabführte, die Trunkene in Wagen plumpsen ließ, welche sie geradewegs zum Bahnhof beförderten. Werder hatte seine Attraktionen.

Nach der Überlieferung soll Werder dadurch entstanden sein, daß die Bewohner eines zerstörten Wendendorfes auf der Havelinsel, dem alten Teil der Stadt, eine Fischerkolonie gründeten.
Ende des 17. Jahrhunderts wurden von Friedrich Wilhelm I. holländische Kolonisten angesiedelt, die sich bald mit großem Erfolg der Pflege der Obstkulturen widmeten. In sogenannten »Schuten« brachten hauptsächlich die Holländerinnen ihr Obst in »Tienen« oder Holzfässern verpackt auf dem Wasserweg bis 1853 nach Berlin. Später besorgten dies mit Stein-, Beeren- und Kernobst vollbeladene »Obstzillen« oder Dampfschiffe, die Eisenbahn oder Frauen mit Kiepen, die ihre Ernte selbst Tag für Tag in die Stadt trugen. »Werdersche Kirschen« gab es lange in allen Obstgeschäften, an den Obstwagen oder auf den Märkten Berlins zu kaufen. Ein namhafter Teil des gewaltigen Berliner Obstbedarfs wurde von Werder gedeckt. Seit 1713 hatte die Ausdehnung Werders und die Bebauung nach Westen begonnen. Der ursprüngliche Haupterwerbszweig, Fischerei, wurde im 18. Jahrhundert vom Weinanbau, den einst Zisterziensermönche des Klosters Lehnin eingeführt hatten, und ab 1850 vom Obstanbau abgelöst.
Älteste Urkunde der Vergangenheit Werders ist fraglos die »Heiliggeistkirche«, von Lehniner Mönchen errichtet, deren Grundmauern vor 1200 datiert werden. Auf ihnen erbaute A. Stüler, ein Nachfolger Schinkels, 1857 einen Bau in »ausgeprägtester märkischer Neugotik«[28] mit drei Türmen, deren drei Spitzen noch heute alles überragen.
Aber auch die Umgebung Werders hatte und hat noch ihre Reize. Wenn die »Burgen«, die Höhenrestaurants übervölkert waren, dann *»locken die weniger stark begangenen, geologisch und botanisch interessanten Erde-Berge am Glindowsee, die ›Glindower Alpen‹, deren Hügellandschaft eine märkische Merkwürdigkeit darstellt. Vom Dorf Glindow ... klettert (man) einen schmalen Pfad hinan und steht überrascht vor einem ›Gebirge‹, mit dessen Romantik die umliegenden Havelhügel nicht zu vergleichen sind. Diese Formationen stammen aus Urzeiten, vor Jahrtausenden sind sie vom Lauf der Havel aus Granit gesprengt worden.«*[29] Man gewann dort grauschwarzen Tonmergel, den Glindower Bänder-Ton, der in Werderschen Ziegeleien verarbeitet wurde.

*Baumblütenfest im Restaurant Friedrichshöhe 1982*

Ist man des Wanderns noch nicht müde, so gelangt man von den Erde-Bergen nach Petzow, entlang des Schwielower Seeufers über Baumgartenbrück nach Caputh oder quer durch den Wildpark zurück bis Bahnhof Wildpark, wo einen die S-Bahn für den Heimweg in Empfang nimmt.
Bis heute hat sich an Werder wenig verändert; die hier beschriebenen Spuren der Vergangenheit sind noch sichtbar. Die Obstanbauflächen sind dagegen ausgedehnt und die Erträge gesteigert worden. So stammen ein Großteil der in der DDR geernteten Äpfel, Tomaten und Erdbeeren aus dem werderschen Gebiet.[30] Auch heute feiert Werder nach wie vor sein Baumblütenfest, und die Obstweinproben und ausgelassenen Tänze zeugen davon, daß die Baumblüte immer noch ein symbolisches Fest für die Berliner im anderen Teil der Stadt ist, daß sie Berlin den Frühling bringt.

**Susann Hellemann**

## Anmerkungen

1 Ausflugsatlas Umgebung von Berlin. Berlin/Leipzig o. J. (1981), S. 105.
2 Aloys Hennes: 200 Ausflüge in die Umgegend von Berlin. Reisehandbuch, hrsg. v. d. Redaktion der Union-Führer. Berlin 1896, S. 177.
3 Hussiten Spiele Bernau bei Berlin. Bernau 1911, S. 7.
4 Ebd., S. 6
5 Richard Lemke: Liebe kleine Panke. Berlin 1955, S. 19.
6 Ebd., S. 19.
7 Ausflugsatlas (Anm. 1), S. 106.
8 Bernau bei Berlin in Wort und Bild. Ein Führer durch Bernau und Umgebung. Hrsg. v. d. Stadtverwaltung Bernau. Bernau 1911, S. 91f.
9 Ebd., S. 92.
10 A. Hennes (Anm. 2), S. V.
11 Franz Lederer: Berlin und Umgebung. Berlin o. J., S. 210.
12 Kurt Pomplun: Berlinisch' Kraut und märkische Rüben. In: Berliner Reminiszenzen. Berlin 1976, S. 78.
13 A. Hennes (Anm. 2), S. 168.
14 Werbeprospekt des Hotels »Glück-auf«, Wo fahren wir hin?. Kalkberge-Rüdersdorf o. J.
15 Willy Jäger: Brandenburg – Unsere märkische Heimat. Berlin 1955, S. 85.
16 Ebd.
17 Ebd., S. 86.
18 K. Pomplun (Anm. 15), S. 80.
19 Gustav Albrecht: Straubes Märkisches Wanderbuch – Ausflüge in die Mark Brandenburg. Berlin 1909, S. 114.
20 A. Hennes (Anm. 2), S. 132.
21 Ebd., S. 134.
22 Ausflugsatlas (Anm. 1), S. 156.
23 F. Lederer (Anm. 11), S. 147.
24 A. Hennes (Anm. 2), S. 86.
25 Ebd., S. 86f.
26 F. Lederer (Anm. 11), S. 207.
27 K. Pomplun (Anm. 12), S. 64
28 Reichshandbuch der deutschen Fremdenverkehrsorte. Berlin 1940, S. 419.
29 Berliner Morgenpost (Hrsg.): 1000 Wege um Berlin. 2. Teil. Wanderführer. Berlin o. J., S. 13.
30 Reiseführer Deutsche Demokratische Republik. VEB Tourist Verlag. Berlin/Leipzig 1981, S. 137.

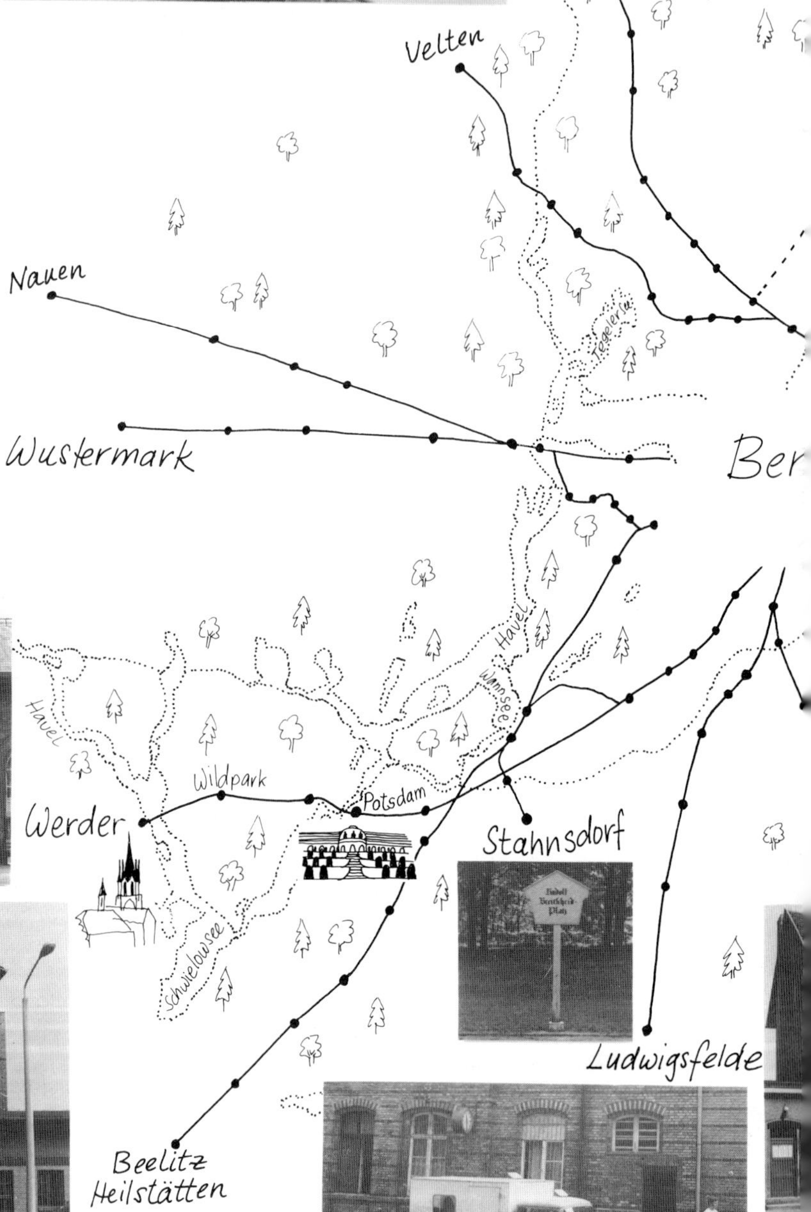
Oranienburg
Havel
Velten
Tegeler See
Nauen
Wustermark
Ber
Havel
Wannsee
Havel
Wildpark
Potsdam
Werder
Stahnsdorf
Schwielowsee
Ludwigsfelde
Beelitz
Heilstätten

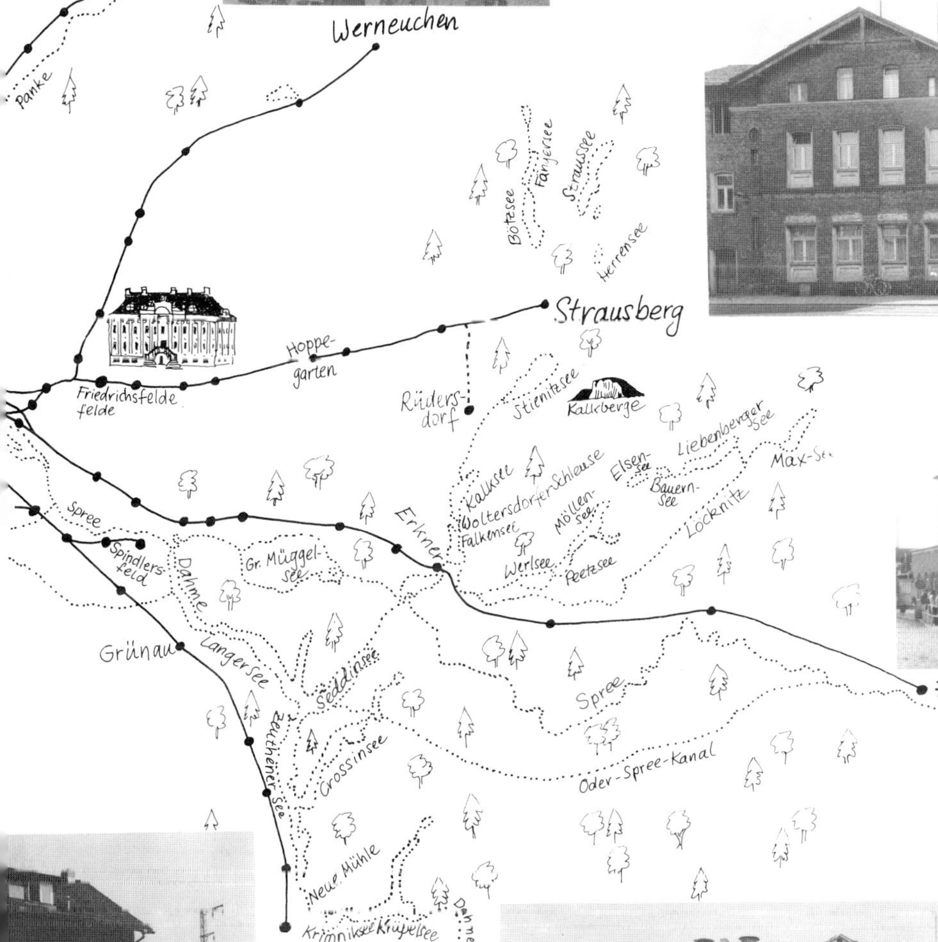


Zeichnung: Karin Simoneit

*Fahrt nach Bahnhof Friedrichstraße*

# Lisa Lorenz und Michaela Preuß
# Bilder aus der Tonbildschau

Nur die Namen unterscheiden die Stationen, deren Gleichartigkeit
die Leute einfärbt, daß sie sich auf einmal kaum noch unterscheiden lassen.
Und weil sie das wissen, halten sie während der Fahrt
die Blicke hinter Zeitungen verborgen, oder senken sie auf den Boden,
der sich ständig fortbewegt. Man weiß, wie man selber ausschaut,
wie man selber geworden ist, und man erspart sich,
in den lebenden Spiegel gegenüber zu glotzen,
der bloß während der Fahrt einer ist.
*Günter Kunert*

Wie das brodelt und wogte.
War vor dem hie und da erst nur ein Knäuel
von Wagen und Straßenbahnen gewesen,
so war es jetzt nur noch eine einzige
ununterbrochene schreiende, vierfache Kette von Gefährten,
die sich Rad vor Rad und Rad neben Rad die Königsallee hinab schob.
*Georg Hermann*

*Berlin-West 1982*
*Wir können es uns*
*ja leisten ein gutes*
*Verkehrssystem von*
*100jähriger Geschichte*
*einfach beiseite zu schieben.*

*40 Bahnhöfe außer Betrieb*
*4 Strecken stillgelegt*
*alle 20 Minuten ein Zug*
*15 000 Fahrgäste pro Tag*
*Nach dem Streik 1980 336*
*Entlassungen.*

Berlin-Ost 1982
*Die S-Bahn wurde in das Verkehrssystem integriert, modernisiert, und ausgebaut.*

Alexanderplatz
*Alle 2 Minuten ein Zug*
*Berufsverkehr alle 90 Sekunden ein Zug*
*600 000 Fahrgäste pro Tag*
*180 Millionen Fahrgäste pro Jahr.*

# Wo die Gleise enden
## Ingeborg Ullrich

*Köllnische Heide*

Frohnau

Wannsee

Lichterfelde West

Sonnenallee

Düppel

Wannsee

Lichtenrade

Wir helfen der Hausfrau

# Stadtwahrnehmung & Kunst

*Ringbahnzug*
*über den Landwehrkanal*
*am Potsdamer Bahnhof 1927*

*Gert Neuhaus, Bhf. Schlachtensee, 1981, Öl/Lwd.*

*Gert Neuhaus, S-Bahnhof Eichkamp, 1982, Öl/Lwd.*

*Matthias Koeppel, Laubenpieperfest, Öl/Lwd.*

*Abb. oben links: Evelyn Kuwertz, Bhf. Schöneberg, – Tauben I, 1979, Eitempera/Lwd.*

*Abb. oben rechts: Evelyn Kuwertz, Auf dem Bahnhof Westkreuz, 1980, Eitempera/Lwd.*

*Abb. unten: Evelyn Kuwertz, S-Bahnhof Friedrichstraße, 1980, Eitempera auf Karton*

*Friedrich Lindlar, Triptychon – links: Schotter und Schiene I, Mitte: Schotter und Schiene II, rechts: Brücke, 1976, Öl/Lwd.*

*Helmut Otto,*
*Männerfreiheit –*
*S-Bahn Yorckstraße 1980,*
*Aquarell*

*Helmut Otto,*
*Am Gleisdreieck,*
*1981, Aquarell*

Clemens Fahnemann, S-Bahnhof Papestraße, 1981

Clemens Fahnemann, Geschlossener S-Bahnhof, 1981

Clemens Fahnemann, Lehrter S-Bahnhof, 1981

Katalog mit weiteren Arbeiten zu beziehen über:
Galerie Gärtner, 1000 Berlin 12, Uhlandstr. 20–25

Clemens Fahnemann, Lagerhaus, 1981

Clemens Fahnemann, Verlassener S-Bahnhof, 1981

Clemens Fahnemann, Zur Vorortbahn

*Hans Joachim Schreiber, Stadtbahnbrücke mit Reichstag 1981, Öl/Lwd.*

*Abb. links unten: Walter Kohlhoff, Gelände am S-Bahnhof Ostkreuz, 1950, Aquarell*

*Abb. rechts unten: Walter Kohlhoff, S-Bahn-Gelände zwischen Bhf. Sonnenallee und Treptower Park, 1955, Eitempera/Hf.*

*Hans Stein, S-Bahnhof Witzleben, 1964, Öl/Lwd.*

*Abb. links:*
*Hans Joachim Schreiber, S-Bahn-Gelände mit Birke, 1978, Pastell*

*Abb. rechts:*
*Peter Schunter, Monumentenbrücke in Schöneberg, 1976, Öl/Lwd. Im Hintergrund: Olav Münzberg*

*Fritz Schweitzer, Erinnerung an den Bahnhof Zehlendorf-Beerenstraße (heute Lindenthaler Allee), 1982, Öl/Lwd.*

*Helmut Verch, S-Bahnhof Schmargenhof, 1982, Öl/Lwd.*

*Erwin Gaigall, Frost-Architektur im Tiergarten, 1979, Öl/Lwd.*

*Claus Haase, S-Bahnhof Bellevue, Warteraum, 1981/82, Öl/Lwd.*

*Alexander Gontscharoff, Berliner Bahnhöfe VI., 1958, Aquarell*

*Gerhard Köhne, Wasserkran am Bahnhof Witzleben, 1980, Öl auf Karton*

*Klaus Hohlfeld, Güterbahnhof Marienfelde, 1978, Mischtechnik*

*Juli 1981*

## Ingeborg Ullrich

*November 1981*

*Foto: Idelberger*

## S-Bahn Biotop

*am Südgelände 1981/82*

Frühling

Sommer

*Spätsommer*

Winter

Herbst

und
dann wieder . . .

# *Hans W. Mende*

*Zwischen den S-Bahnhöfen Putzlitzstraße und Wedding*

Südgelände

Sachsendamm

S-Bahnhof
Westkreuz

Aufgang
S-Bahnhof

*Fasanenstraße*

*An der Mauer*
*Böse-Brücke*

*S-Bahnhof Bellevue*

*Übergang S-Bahnhof Gesundbrunnen*

Jens Schumann

# Die literarische Stadtbahn

Knut Hickethier

**»Der rußige Atem der Großstadt«**

Wilhelmine Buchholz, Julius Stindes Berliner Kleinbürgerin aus der Landsberger Straße nicht weit vom Alexanderplatz, fragt 1884 zu Beginn ihrer mehrbändigen literarischen Schilderungen aus der Kaiser-Metropole:

*»Karl, die Literatur hat doch so ihre Haken, denn was in aller Welt soll ich aus der Hauptstadt darstellen? Die Stadtbahn? Die neue Mauer vom botanischen Garten? Das elektrische Licht in der Leipziger Straße? Das ist zwar alles ziemlich neu und aktuell, wie sie immer sagen, aber was weiß ich von den Dingen?«*[1]

Die selbstbewußte und mundfertige Frau Wilhelmine mit dem Hang nach oben, mit der Julius Stinde ironisch die Berliner Verhältnisse Ende des vorigen Jahrhunderts darstellt, spielt auf die neuen technischen Errungenschaften der Hauptstadt an, zu denen auch der 1882 fertiggestellte Bau der Stadtbahn quer durch die Innenstadt gehört und der den Berlinern von Fortschritt und neuer Zeit kündete.

Die Stadtbahn verändert die Bewegungsmöglichkeiten in der Stadt, ermöglichte eine ganz andere Stadtwahrnehmung, von den hochgemauerten Viadukten ganz neue Seherfahrungen. Nicht immer wurde dies jedoch in der literarischen Gestaltung Berlins für wichtig erachtet. Je nach Standpunkt und wohl auch den eigenen Fahrgewohnheiten der Literaten gewinnt sie in den Stadtschilderungen unterschiedliche Bedeutung. Aber selbst dort, wo sie überhaupt nicht erwähnt wird, ist dies Indiz, wirft es ein Licht auf den Alltagszusammenhang, in dem die Stadteisenbahn, die spätere S-Bahn, steht.

In Wilhelminens Frage steckt der Zweifel, ob die neue Stadtbahn überhaupt ein literaturwürdiges Thema ist. Ihr Blick auf die »besseren Kreise«, zu denen sie sich selbst zählt, ohne wirklich dazu zu gehören, verbietet ihr eigentlich, sich um ein solches Fortbewegungsmittel zu kümmern. Standesgemäß ist es wohl nicht. Sicher, für einen Pfingstausflug »könnte es doch wohl nichts Reizvolleres geben – käme billiger als alles andere, sei belehrend und interessant« – doch die ihr sozial gleichgestellten Nachbarn machen die soziale Klassifikation deutlich, zeigen, daß Stadtbahnfahren der Reputation bürgerlicher Kreise eher abträglich ist: *»Die fahren Equipage und wir nur Stadtbahn Dritter«*, empört sich Frau Wilhelmine, weniger über den Dünkel der Nachbarn als darüber, einmal nicht standesgemäß gehandelt zu haben.[2]

Frau Wilhelmines Standpunkt ist auch der vieler zeitgenössischer Schriftsteller, denen es wichtig ist, vom Glanz und vom gesellschaftlichen Leben der Hauptstadt zu berichten. Zur Welt der Salons, Ateliers und Direktionszimmer in den vielen unterhaltenden Berlin-Romanen dieser Zeit, zur Welt der Kommerzienräte, Generalswitwen, Künstlerfürsten und des Besitzbürgertums paßt nicht das regelmäßige Fahren in der Stadtbahn. Hier muß es die eigene Equipage sein, eine Droschke notfalls, später das eigene Auto. Eisenbahn fährt man in diesen Kreisen exklusiv erster Klasse und dann gleich nach Rom oder Paris oder doch zumindest an die Nord- und Ostsee. In Berlin, von langer Fahrt angekommen, bietet der reisende Graf der alleinstehenden Gesellschafterin, die zufällig mit ihm im Coupé reiste, selbstverständlich am »Bahnhof der Friedrichstraße« die ihn dort schon erwartende eigene Equipage an.[3] Die Welt der kleinen Leute ist für die allermeisten bürgerlichen Autoren der Zeit noch nicht literaturfähig, und gerade den Verfassern der preußischen Trivialliteratur, von Friedrich Spielhagen bis Paul Lindau, die die Faszination der Reichshauptstadt literarisch verwerteten, kommt die Stadtbahn nicht in den Blick.

Doch ist es nicht nur das Wertgefüge unterschiedlicher sozialer Zugehörigkeit, die die Perspektive bestimmt. Daß die Stadteisenbahn den Autoren nicht sofort Ausdruck städtischen Lebens wird, liegt auch an ihrer eigentümlichen Zwischenstellung. Sie ist zwar Teil des Stadtensembles, aber sie verbindet über die Ring- und Vorortbahnen auch die weit draußen vor Berlin liegenden Orte und Siedlungen mit der Stadt, ist Bin-

Foto:
Jens Schumann

deglied zwischen den Kopfbahnhöfen der aus dem gesamten Reich ankommenden Fernbahnen. Schon vom Äußeren her unterscheidet sie sich nicht oder doch nur unwesentlich von diesen. Sie ist als dampfbetriebene Bahn, wie es der Schriftsteller Georg Hermann einmal formulierte, *»der rußige Atem der Großstadt«*,[4] ganz anders als die gleich elektrisch betriebene Hoch- und Untergrundbahn, deren Antriebsweise, aber auch deren Konzentration im Stadtbereich, stärker zum Synonym für Großstadtverkehr in der Literatur wurde.
Allenfalls als ein Mosaikstein in der großstädtischen Panorama-Ansicht taucht deshalb die Stadtbahn in vielen Unterhaltungsromanen des Kaiserreiches auf, als Hintergrundsdetail jener literarischen Ansichtskartenbeschreibung, mit der zu Beginn eines Buches oder eines Kapitels eine Handlung situiert wird. Rudolf Herzog beginnt beispielsweise seinen Roman »Der Herzog von Gleichen« mit einer Totalen vom Potsdamer Platz, in deren Verkehrsbeschreibung auch die Eisenbahn in der Stadt erwähnt wird.

*»Auf dem Fahrdamm Wagen an Wagen, immer einer dem anderen dicht auf der Radspur: eine Kette von elektrischen Straßenbahnen, Pferdebahnen, Droschken, Privatfuhrwerken. Alles übergossen von dem intensiven Licht der mächtigen Bogenlampen, die den rasch hereingebrochenen Oktoberabend künstlich wieder zum Tag stempelten und den Mienen der Passanten einen nervösen, pikanten Reiz geben. An der Ecke beim Café Josty staute sich zuerst der Strom für kurze Augenblicke. Ein Teil bog zum Ring- und Wannseebahnhof ab, einige der Mädchen traten aus der Reihe heraus, blickten gespannt über den Platz, um in freudiger Erregung einem wartenden Freunde entgegen zu treten ...«*[5]

Für Georg Hermann, der vor allem durch seine Romane aus dem biedermeierlichen Berlin, »Jettchen Gebert« und »Henriette Jacoby«, bekannt wurde, ist der großstädtische Verkehr ein Gewebe, dessen Schuß die Stadteisenbahn darstellt.

*»Wie das brodelte und wogte. War vor dem hie und da erst nur ein Knäuel von Wagen und Straßenbahnen gewesen, so war es jetzt nur noch eine einzige ununterbrochen schreiende, vierfache Kette von Gefährten, die sich Rad vor Rad und Rad neben Rad die Königstraße hinabschob. Und – wie ein Schuß durch diese Webekette – zog hinten der breite Viadukt der Brücke, über den unaufhörlich die Züge stampften.«*[6]

Die Unübersichtlichkeit des Großstadtverkehrs steht für die Undurchdringbarkeit des großstädtischen Lebens. In der Wahrnehmung von Großstadt manifestiert sich eine neue Weltsicht. Alles geht durcheinander, die festgefügten, überkommenen Lebensweisen, die tradierten Moralvorstellungen werden in Frage gestellt. Die neue Zeit der Großstadt gilt den einen als Befreiung, den anderen als Zeit des sittlichen Verfalls. Die neue Öffentlichkeit der Großstadt entzieht sich, und dafür ist gerade der Verkehr deutlichster Ausdruck, der klar gegliederten, hierarchischen Übersichtlichkeit, wie sie die Feudalordnung kannte; sie ist vielfältiges Miteinander und Gegeneinander, ist scheinbar chaotisch, ungeordnet, ist nicht nur von ihrer Struktur, sondern auch in der Substanz her bürgerlich. Tempo, Dynamik, Bewegung, Veränderung werden zum Kennzeichen von Großstadt, zum Synonym für das Neue, wo das Alte noch das Beständige ist, das Bewahrenwollen des als unveränderlich Behaupteten. Nicht zufällig entstehen in dieser Zeit die Straßenverkehrsordnungen auch aus dem Bedürfnis, diese ungeheure städtische Lebendigkeit zu domestizieren, polizeilich handhabbar zu machen. Mobilität in der Stadt ist nicht mehr nur ein Privileg weniger Begüterter, die Vielzahl nun aufkommender öffentlicher Verkehrsmittel, zu denen auch die Stadt-, Ring- und Vorortbahnen gehören, vergrößert für viele, wenn auch nicht für alle, die Beweglichkeit in der Stadt, ihrem Lebensbereich.

## Fontanes Retusche am Stadtbild

Im Festhalten an bestimmten, überkommenen Verkehrsmitteln, in der Verweigerung der neuen, schnellen Stadteisenbahn innerhalb der literarischen Gestaltung der Stadt steckt aber auch anderes. Gerade weil hier die Wahrnehmung von Stadt so verändert wird, wird auch die überkommene Sicht der Verhältnisse in Frage gestellt und werden andere Erzählweisen benötigt. Das breite, auf das Arrangement der Dekors und Details wertlegende Darstellen des Milieus und der in ihm sich bewegenden Figuren läßt sich eher mit dem gemächlichen Fahren in der Kutsche, mit ihrem gelegentlichen Verweilen in Einklang bringen als mit der schnellen Eisenbahnfahrt, bei der die Eindrücke im Vordergrund sich verwischen und der fokussierende Blick sich allenfalls sekundenlang an einer fernen Begebenheit festmachen kann. Das Fahren in der Eisenbahn erlaubt kein Verweilen am Detail, nur innerhalb des Coupés herrscht Muße, aber auch sie ist durchdrungen vom Rhythmus der schnellen Fahrt.

Theodor Fontane beispielsweise, sensibler Beobachter der Umbrüche und Veränderungen im wilhelminischen Bürgertum, der gerade auf die Wahl und Beschreibung seiner Handlungsorte großen Wert legte, gibt der Eisenbahn insgesamt wenig Raum in seinen Romanen. Sicher fährt in seiner Erzählung »Stine« die Hauptfigur zum Begräbnis ihres Waldemar nach Klein-Haldern, doch ist die Eisenbahn, die sie dann in die Zukunft nach Berlin zurückbringt, bedrohlich, es sind näherkommende *»große Feueraugen«*, und Stine erlebt die Fahrt im Fieber geschüttelt.[7] Doch das bleibt ein Einzelfall, und Fontane selbst bevorzugte bei seinen Fahrten auch die Kutsche, konnte er doch so sich vom Kutscher Geschichten und Begebenheiten aus der gerade durchfahrenen Gegend oder vom angestrebten Ziel erzählen lassen.
Zum bewußten literarischen Einsetzen der Eisenbahn gehört eben auch, sie dort, wo sie das literarische Konzept stört, zu negieren. Gerade die Stadteisenbahn scheint das Bild von Gesellschaft, das Fontane innerhalb seiner Stadtlandschaften zeichnet, zu stören und auf eine veränderte Zeit zu verweisen, die er so nicht behandeln will. In dem 1895 erschienenen Roman »Die Poggenpuhls« ist eine solche Aussparung festzustellen. Die verwit-

Foto: Jens Schumann

wete Majorin Poggenpuhl, aus dem Pommerschen kommend, zieht mit ihren drei Töchtern, die beiden Söhne sind beim Militär, in einen *»noch ziemlich mauerfeuchten Neubau der Großgörschenstraße«* in Schöneberg. Sie mietet sich in dieser Straße mit dem für die preußische Militärgeschichte bedeutsamen Namen nicht nur aus Traditionsbewußtsein ein, sondern auch wegen der »wundervollen Aussicht«, *»die von den Vorderfenstern aus auf die Grabdenkmäler und Erbbegräbnisse des Matthäi-Kirchhofs, von den Hinterfenstern aus auf einige zur Kulmstraße gehörigen Rückfronten ging«.*[8]
So übereinstimmend diese Beschreibung auf den ersten Blick mit der realen Gegend ist, Fontane retuschiert hier die Aussicht, um sie für die Poggenpuhls erst zu jener wundervollen, weil preußische Beständigkeit signalisierenden, zu machen. Denn der Blick auf den Matthäi-Friedhof von der Großgörschenstraße aus geht zunächst über die Gleisanlagen der Wannseebahn, stößt zuerst auf den Bahnhof Großgörschenstraße. Kein Eisenbahndampf, kein Ruß der Vorortzüge, die hier zum Potsdamer Wannseebahnhof, also in die Innenstadt, hinein fahren, kein Lärm des Bahnhofsbetriebs trübt die Poggenpuhlsche Aussicht auf die Erbbegräbnisse. Die Welt der preußischen Militärwitwe und ihrer Kinder bleibt so zumindest von der neuen Zeit verschont.

## Im Tumult der neuen Zeit

Der Bau der Stadtbahn quer durch die Innenstadt in den Jahren 1879 bis 1882 rückte die Stadteisenbahn deutlicher in das Gefüge des im Stadtzentrum konzentrierten Verkehrs ein. Für viele, nicht nur für Wilhelmine Buchholz, stehen ihre gemauerten Viadukte für eine anbrechende neue, für die moderne Zeit. Max Kretzer beschreibt dies in seinem wohl wichtigsten Roman »Meister Timpe«.

Foto: Schumann

Die festgefügte Welt des Handwerkermeisters Timpe zerbricht im Zeichen der Industrialisierung. Die Konkurrenz der Fabriken, des Kapitals ist deutlich negativ gezeichnet, sie macht ihn arbeits- und brotlos. Von seinem kleinen Haus aus sieht er aber auch in wachsender Bewunderung das Positive der neuen Zeit heraufwachsen: Die Stadtbahn, deren Bau er zusieht, ist ein *»Communicationsmittel«*, das der Allgemeinheit zugutekommt und nicht nur den individuellen Bereicherungswünschen dient.

*»Bis zum Frankfurter Bahnhof war die Gasse freigelegt worden, die dem Verkehr Spreeathens einen neuen Weg eröffnen sollte. Eine eigenartige Perspektive bot sich dem Auge dar. Es war gerade, als hätte eine Riesenfaust vom Himmel sich herniedergesenkt und mit gewaltigem Hammerstreich eine Bresche durch die Häuser geschlagen, gleichgültig darüber, ob das eine stehen bleibe oder die Hälfte des anderen falle.*
*Dort blickte man in einen Hof hinein, dem bis vor kurzem noch Luft und Licht fehlte, und der nun die Geheimnisse der Hinterhäuser verriet; und daneben in einem kleinen Garten, der bisher wie ein seltener Schatz inmitten der grauen Mauern nur zur Freude seines Besitzers gedient hatte und nun gleich einer weithin sichtbaren Oase das Auge entzückte. Aber nur noch kurze Zeit, und der Dampf des Eisenrosses wälzte sich über ihn fort und raubte den herrlichen Rosen den Duft . . .*

*Und zwischen freigelegten Ställen und Scheunen, Trocken- und Holzplätzen, zwei Seitengebäude ohne Vorderhaus, die Reste von durchschnittenem Mauerwerk; und dort, wo der Trümmerweg eine Kurve machte, die offene Straße wieder mit ihren vier- und fünfstöckigen Mietskasernen, in deren Fenstern die Sonne sich blendend widerspiegelte. Vom dunklen Grund dieser Gasse hoben sich leuchtend die hellen, kalkbestäubten Jacken eines Heeres von Maurern ab. Wie sich das bückte, hinauf und hinabstieg, Stein an Stein fügte, um das Fundament der breiten Pfeiler zu gestalten. Die roten Steine leuchteten, die Hammerschläge klangen hell herüber, und ein Fuhrmann trieb fluchend die Pferde vor einem schwer mit Sand beladenen Wagen an. Auch zu Füßen Timpes, wenige Schritte von seinem Haus, erhoben sich bereits die ersten Viadukte. Einer ihrer Pfeiler berührte die hintere Giebelwand so dicht, daß der Meister vermeinte, ihn mit der Hand fassen zu können. Fast gleichmäßig von Tag zu Tag, als wüchsen sie Fuß um Fuß aus der Erde, erhoben die Pfeiler sich auf der ganzen Linie, bis sie anfingen, allmählich in die Rundung des Bogens überzugehen. Und je weiter die Steinmassen sich rechts und links ausdehnten, um zu einem riesigen Ringe zu werden, je beengter fühlte sich der Meister schwebend über dem Dach seines Häuschens, je mehr überkam ihn das Gefühl einer gewaltsamen Erdrückung – gleich einem Menschen, der nach und nach in immer kleinere Räume geführt wird, bis er sich im letzten befindet, in dem er nicht mehr zu atmen vermag. Immer winziger und ruinenhafter erschien ihm sein Häuschen, angesichts des ersten kühnen Bogen, der sich von Pfeiler zu Pfeiler spannte.«*[9]

Leitmotivisch setzt sich der Stadtbahnbau im Roman fort; parallel zum Niedergang des Handwerksmeisters Timpe wird der in die Stadt hineinragende Bau der Stadtbahn immer gewaltiger und mächtiger.

*»Die Maurer waren längst verschwunden. Über die Straße hinweg spannte sich, auf mächtigen Trägern ruhend, eine gewaltige eiserne Brücke. Auf der ganzen Linie sah man bereits die Eisenbahnarbeiter in emsiger Tätigkeit, die Schwellen und Schienen zu legen; während die Schlosser damit beschäftigt waren, zu beiden Seiten des breiten Fahrdamms die Sicherheitsgitter zu errichten. An zehn Stellen zu gleicher Zeit erschallte der helle Klang des Eisens, ertönten die Schläge der schweren Hämmer und gaben ihr Echo wieder.*

*Die ganze Gegend hatte ein anderes Aussehen bekommen. Jetzt erst konnte man den Bau in seiner wirklichen Größe ermessen. Im Sonnenlicht glitzerten die Schienen, zogen sie sich in kühnen Krümmungen die ganze Linie entlang, bis sie in weiter Ferne gleich der ins Unendliche verlängerten Spitze eines Pfeiles zusammentrafen. Von den Fenstern aus verfolgten neugierige Blicke die Bewegungen der Arbeiter, und auf der Straße blieben die Passanten stehen und reckten sich die Hälse aus, um das rotfarbene Ungeheuer zu begaffen.«*[10]

Schließlich – Timpe hat inzwischen, von der Zwangsversteigerung bedroht, sein Haus selbst in Brand gesteckt – fährt oben auf den Stadtbahnbögen der erste neue Stadtbahnzug, und die emphatische Fahrtbeschreibung Kretzers erinnert an ähnliche Aufbruchsallegorien der Sozialdemokratie aus dieser Zeit: Sie ist eine Fahrt in eine bessere Zukunft, über die sich glückverheißend die Sonne strahlend Bahn bricht.[11]

*»Plötzlich ertönte ein tausendfaches Hurrarufen. Die Menge wandte die Köpfe und blickte in die Höhe. Ein dumpfes Ächzen und Stoßen wurde wahrnehmbar, heller Qualm wälzte sich über die Straße, und unter dem Zittern der Erde brauste die Stadtbahn heran, die ihren Siegeszug durch das Steinmeer von Berlin hielt. Die Lokomotive war bekränzt. Aus den Coupéfenstern blickten Beamte des Ministeriums, Leute von der Eisenbahnverwaltung und die geladenen Ehrengäste. Die Herren nickten freundlich hinunter und schwenkten Taschentücher. Unter dem brausenden Jubel der Menge dampfte der Zug vorüber.*

*Die dunkle Wolkenmasse zerteilte sich wie durch Zauberhand, die Mittagssonne brach sich Bahn und sandte ihre erwärmenden Strahlen herunter auf Menschen und Paläste, die alte und die neue Welt. Aus der Entfernung drangen noch immer die Hurrarufe der Menge herüber, wie das leise Grollen eines davonziehenden Gewitters ...«*[12]

Literarische Stadtbeschreibungen sind ja immer mehr als pure topografische Wiedergaben, in ihnen drückt sich immer auch ein Lebensgefühl aus. Die Großstadt und noch dazu die Hauptstadt Berlin gilt vielen gegenüber der ländlichen Enge, den provinziellen Begrenzungen als Versprechung von mehr Freiheit, mehr Erleben. Und die Eisenbahn, die in die Städte fährt, verkörpert zugleich die neue Mobilität, das ganz andere Verfügen über Raum und Zeit. Den jungen naturalistischen Autoren – der schon ältere Kretzer ist ihnen Vorbild – wird der Verkehr, das pulsierende Großstadtleben zu einem fast rauschhaften Erlebnis. Julius Hart, einer der Programmatiker des Naturalismus, beschreibt die Fahrt als ekstatisches Erlebnis:

*Hindonnernd rollt der Zug, es saust die Luft!*
*Ein Anderer rast dumpfprasselnd rasch vorüber, –*
*Fabriken rauchgeschwärzt, und aus dem grauen Duft*
*schlägt düstrer Feuerbrand vom Fluß herüber.*
*Engbrüst'ge Häuser, Fenster schmal und klein,*
*bald braust es dumpf durch hallende Brückenbogen,*
*bald blinkt herauf bleifarbner Wasserschein,*
*und unter Kähnen mühn sich schwer die Wogen.*

*Vorbei, vorüber! Und ein greller Pfiff!*
*Weiß fliegt der Dampf, . . . ein Knirschen an den Schienen!*
*Die Bremse stöhnt laut unter starkem Griff . . .*
*Langsamer nun! . . . Es glänzt in allen Mienen.*
*Glashallen über uns und lautes Menschenwirrn, . . .*
*Halt! Und »Berlin!« Hinaus aus engen Wagen!*
*»Berlin!« »Berlin!« Nun hoch die junge Stirn,*
*ins wilde Leben laß dich mächtig tragen.*[13]

Die Geschwindigkeit des Eisenbahnfahrens, die kurzen Eindrücke aus dem Abteilfenster prägen den Rhythmus des Gedichts, der sich über das hier Zitierte hinaus in die Wahrnehmung der Stadt fortsetzt. Die Stadtbahn ist hier Teil der aus der Stadt und in sie hineingehenden Fernzüge, ist Zwischenglied, das sich nicht sonderlich von diesen abhebt. Die Stadt als der Ort, gemauertes Gefüge, die Bahn, das, was die Orte verbindet, Bewegung bringt zwischen dem Festgefügten.
Die Ankunft am Bahnhof ist die Nahtstelle zwischen sich Fortbewegen, Reisen und Dasein, sie ist zugleich endgültige Trennung vom Alten, aus dem man kommt, und die Hinwendung zum Neuen. Als literarischer Topos wird die Ankunft häufig verwendet, von Ernst Dronkes »Berlin« (1846) bis zu den vielen Berlin-Romanen der Gegenwart, und steht damit für den Beginn literarischer Schilderungen: Wie ein Neuangekommener wird der Leser über die Eisenbahn in die Stadt hineingeführt. Mit ihm erschließt sich die Stadt als faszinierend Neues dem Leser vom Bahnhofsvorplatz aus.
Die Vorortbahnen nehmen dieses Hinein in die Stadt auf, verbinden damit das umgebende Land mit der Stadt und ermöglichen damit auch neue Lebensweisen. Doch gleichzeitig gibt es auch, so ist festzuhalten, andere Wahrnehmungsbeobachtungen: Die Ringbahn fährt nicht in die Stadt hinein, sondern um sie herum, verbindet Außenbezirke, Fernbahnhöfe untereinander. Mit der Ringbahn kann man rings um die Stadt fahren, ohne daß es eine Ankunft geben muß. Das Kreisen des Ringbahnverkehrs verkörpert eher das Unentwegte des großstädtischen Verkehrs selbst, seine Rastlosigkeit; der später in den Schemata idealisierte Kreis steht für die innerstädtische Zirkulation.

## Die Angst des Friseurgehilfen Kubinke und die Sehnsucht der großen Fahrt

Die Ankunft ist für viele, die seit den siebziger Jahren des vorigen Jahrhunderts in die expandierende Großstadt Berlin ziehen, nicht nur Versprechen, sondern auch Bedrohung. Dem aus der preußischen Kleinstadt nach Berlin kommenden Friseurgehilfen Kubinke in Georg Hermanns gleichnamigem Roman ist die Bahn mit ihren verwirrenden Bahnhofs- und Gleisanlagen Teil dieser bedrohlich wirkenden Stadt, die ihm immer fremd bleiben wird. *»Die Angst vor diesem Ungeheuer Berlin, die hat mich nicht eine Minute verlassen«*, sagt Kubinke, und die breiten Schluchten zwischen den Häuserblöcken, in denen die Bahnen fahren, prägen sein Bild von dieser Stadt. Die Bahn aber bleibt ihm immer auch ein Versprechen, ihn hier wieder herauszubringen. Den verhaßten

Musterungsbefehl in der Tasche, steht er auf einer Brücke über den Bahnanlagen in der Nähe des Tempelhofer Feldes, General-Pape-Straße: Die Züge sind eine Verheißung einer glücklichen Ferne.

*»Aber da war er auch schon auf der schwarzen Brücke mit ihren vielen Spalten, durch die der Rauch der Züge, die unter ihr hinfuhren, in vielen kleinen Wölkchen drang. Und das weite Feld lag mit den runden Kronen der paar Pappeln da, und drüben vom Kreuzberg her kamen auf einem schmalen Wegstreifen die Leute herüber, eine lange, gleitende Kette, und auf dem Feld selbst stand die Reihe der Schreitenden – einzeln und zu zweien und dreien – in seltsam großen, scharfen, dunklen Silhouetten gegen die silbergraue, durchsichtige Luft.*
*Einen Augenblick sah Emil Kubinke noch zurück über den weiten, weiten Plan der Schienen. Da unten in der Tiefe zogen sie sich mit breiten Furchen bis in das riesige, graue, verdämmernde Häusermeer hinein, aus dessen gekräuselten Wellen die zahllosen Kirchtürme wie Mastbäume hervorragten, und in dem ganz drüben, wie eine goldene Boje, die schwere, goldene Kuppel des Reichstags schwamm. Oh, diese Summe von wunderbaren Dingen und Formen da unten, von komplizierten Bauten! Diese langen Herden von Güterwagen! Diese Lokomotivställe, die alle ihre Schienen auf einen Punkt schickten, und aus denen die müden Renner mit glänzenden Augen glotzten! Oh, die langen Wellblechschuppen, wie graue Schlangen; diese Bahnhofshallen, die da fern, platt und breit lagen, gleich Riesenschildkröten; und gar diese breiten Eingänge in das Häusermeer, das die Züge ordentlich in sich einzutrinken schien! Seltsame Türme, mit einem Rätselwort bezeichnet, blockierten diese Rachen; seltsames Geäst von Signalstangen streckte vor ihnen seine langen, schwarzen Arme gen Himmel.*

*Züge kamen und gingen; unablässig verband und trennte sich das vom Körper der Großstadt, und Emil Kubinke sah neidisch, wie sich jetzt so ein Zug herausschob, solch schöner D-Zug mit langen Wagengliedern, eine einzige Kette, ein Tausendfuß mit einem Krebskopf. Elegante Menschen von stoischer Reiseruhe strichen noch an den Fenstern im Gang vorüber, und langsam schob sich der Zug vor, ganz langsam, als hätte er viel Zeit übrig. Aber sowie er sich aus dem Wagenmeer*

*herausgewunden hatte, da schien auch schon die Lokomotive den Kopf in den Nacken zu legen, wieherte grell und freudig auf wie ein Renner, dem man die Zügel locker gelassen hat – und stürmte dann vor . . . didumdada, didumdada, didumdada, immer schneller, immer weiter, bis nur noch hinten ein Rauchfähnchen wehte.«*[14]

## Die Flucht vor dem Alltag der Stadt, die Fahrt ins Grüne

Die Vorortbahnen führen aus der Stadt hinaus ins Grüne, aufs Land. Für die Wochenendausflüge der Berliner ist die Bahn ein bequemes Transportmittel. In den Kleinbürger-Romanen wird die Attraktion genutzt. Nicht nur bei Wilhelmine Buchholz spielt die Bahn als entscheidender Ort für junge Liebe eine Rolle. Im Abteil kommt man sich näher – oder erhält eine Abfuhr. In Erdmann Graesers vielgelesener Geschichte von Ferdinand Koblank, dem reichgewordenen Kohlenhändler am Nollendorfplatz, kommt der Vater zwar nicht zum Fahren – denn in der damals sogenannten Potsdamer Vorstadt »dachte man nicht ans Verreisen. Man wohnte ja noch immer im Grünen, war in wenigen Minuten draußen auf dem Wiesengelände Schönebergs«.[15] Doch Sohn Theo wandert gern mit seiner »Mieze« »die aufsteigende Chaussee hinauf nach der Station Schmargendorf, um nach Bahnhof Friedrichstraße zu fahren«.[16] Theo Koblank hat aber Pech mit seinen Amouren auf der Bahn, und auch die Fahrt mit Wanda, der zweiten Freundin, in den Grunewald bringt nicht das Erhoffte. Die Rückfahrt findet beide in tiefster Verstimmung, auch wenn die Enge der überfüllten Wannseebahn nur wenig Distanz erlaubt.

*»Theo biß vor Ärger die Zähne zusammen, daß dieser Tag jämmerlich verpfuscht war. Der langgezogene Pfiff einer Lokomotive – da war die Station, nun kamen sie wieder in den Trubel. Beim Billettschalter blieb sie unschlüssig stehen, er drängte sich vor, kaufte Fahrkarten und stieg die steinerne Treppe zum Bahnhof hinauf, merkte, daß sie hinter ihm kam. Es war höchste Zeit, gab kein Besinnen mehr, hinein ins erste beste Abteil. Gerade noch zwei leere Plätze, aber so, daß sie sich gegenübersaßen. Die Leute starrten beide an, warteten auf ein Zeichen der Zu-*

*sammengehörigkeit, aber Wanda blickte an ihm und er an ihr vorüber — eine Höllenqual.*
*Schließlich tat sie, als ob sie schliefe — er ärgerte sich über diese Verstellung, aber dann merkte er, daß sie die Augen wirklich geschlossen hatte. (. . .)*
*Bei der nächsten Haltestelle schreckte Wanda auf und blieb nun wachsam und ängstlich. Der junge Mann neben ihr hatte sie immerfort schon angesehen, jetzt versuchte er eine Unterhaltung mit ihr — aber dieser Versuch mißglückte, sie drehte den Kopf nach der anderen Seite. In Friedenau wurde mit einem Schlag das ganze Abteil leer — sie waren zu ihrer Verwunderung und Verlegenheit allein. Jeder rückte sofort nach der entgegengesetzten Seite der Bank, blickte in den verdämmernden Abend hinaus. Und plötzlich entdeckte Theo, daß sich ihr Gesicht in seiner Fensterscheibe spiegelte, aha — sie beobachtete ihn wohl auf die gleiche Weise.*
*›Endstation — alles aussteigen!‹ Sie konnte gar nicht schnell genug hinauskommen, aber er hatte die Fahrkarten, am Ausgang mußte sie doch wieder auf ihn warten.«*[17]

Auch Arno Holz beginnt sein Gedicht über den Himmelfahrtstag im »Phantasus« mit der Aufzählung der ins Grüne fahrenden Bahnen und das Gedränge in den Zügen gehört wie nachher an den Badebuchten und in den Ausflugslokalen wohl mit zum Vergnügen.[18]
Doch was bei Holz noch den Schein sonntäglicher Idylle hat, bekommt in den zwanziger Jahren in zunehmender Weise die Funktion dringender Entlastung, den Charakter von Flucht vor der großstädtischen Enge, dem Elend in diesen Mauern. Es sind jetzt auch nicht mehr die begüterten Kleinbürger, die beschrieben werden, sondern die seit Jahren Arbeitslosen, die es aus den grauen Hinterhöfen hinauszieht, und die, die für wenige Pfennige hart arbeiten müssen, um gerade das Notwendigste zu haben. Die Bahn ermöglicht es, und wenn es nur für wenige Stunden ist, einmal aus den elenden Verhältnissen herauszukommen. In Günter Birkenfelds »Dritter Hof links« ist das Insgrünefahren sehnsüchtige Hoffnung.[19]
Für die Literaten bleiben die Stadt-, Ring- und Vorortbahnen in erster Linie ein proletarisches Verkehrsmittel. Bezeichnend ist eine Randbemerkung in Gabriele Tergits Roman »Käsebier erobert Berlin«, einem Roman, der sonst nur im Milieu des Kulturbetriebs spielt: *»Ringbahnhof, Scharen von Arbeitern, die lautlos heimkehrten in der Dämmerung, die blaue Kanne in der Hand.«*[20] Die Distanz ist spürbar, mit dieser Welt will die Autorin nichts zu tun haben. Auch in Alfred Döblins »Berlin Alexanderplatz« ist die Bahn nur Hintergrundsdetail, etwa in der Beschreibung des Schlacht- und Viehhofs[21] oder des Alexanderplatzes, in der der Umbau des Bahnhofs das Verkehrschaos und damit das Bild von Undurchsichtigkeit, Verwirrung, Brutalität nur noch steigert.[22]
Im eher melancholischen Roman »Fabian« von Erich Kästner spielt die Hoch- und Untergrundbahn eine stärkere Rolle als die S-Bahn, und in Hans Falladas »Kleiner Mann — was nun?« wird die wöchentliche Fahrt des Arbeitslosen Pinneberg von der Laube weit draußen in die Innenstadt mit der Bahn nur beiläufig erwähnt.[23]
Doch merkwürdigerweise bleibt die S-Bahn nicht nur bei den bürgerlichen Autoren, für die hier nur die wohl bekanntesten Berlin-Darstellungen dieser Zeit genannt wurden, ausgespart, auch in der Literatur proletarischer Schriftsteller ist die S-Bahn kaum ein Thema. Auch wenn zahlreiche Arbeiter sie für ihren täglichen Weg zwischen Mietskaserne und Fabrik brauchen, Klassenkampf ist hier offenbar schlecht darstellbar. Im dokumentarischen Roman »Barrikaden am Wedding« von Klaus Neukrantz ist die S-Bahn ein Kommunikationsmittel zur Verbreitung sonst unterdrückter Nachrichten: »Wie ein Lauffeuer ging die Nachricht von der Erschießung des Klempners durch den ganzen Wedding. In die Geschäfte, in die Stadtbahnzüge, in denen es erschrockene Menschen in andere Stadtteile trugen.«[24] Und in Jan Petersens »Unsere Straße« bietet die S-Bahn-Fahrt der zur Frühschicht fahrenden Arbeiter bis zum Bahnhof Wernerwerk den KPD-Mitgliedern eine Gelegenheit, zum Widerstand gegen Hitlers Machtübernahme aufzurufen.

*»Der Bahnhof ist voller Menschen. Ununterbrochen laufen jetzt die elektrischen Züge ein. Die Frühschicht der Siemenswerke fährt zur Arbeit. Tausende. Am ersten Morgen nach der Kanzlerernennung Hitlers. Das Abteil riecht nach Schweiß und kaltem Rauch. Mit verschlafenen Gesichtern sitzen die Menschen auf den Bänken. Einige lassen die Köpfe hängen. Sie schlafen hier weiter, nützen die Bahnfahrt aus. Wir drücken jedem ein Flugblatt in die Hand. Ich bin benommen. Es ist alles so anders, als ich es erwartet habe. Niemand diskutiert, keine Erregung ist zu spüren. Sie nehmen uns die Flugblätter stumm ab. Einige lesen darin, die meisten stecken sie gleich in die Tasche.«*[25]

Als der Zug hält und auf den großen Emailleschildern »Wernerwerk« zu lesen ist, weiß der Erzähler, daß die Agitation vergeblich ist. Die S-Bahn als Ort des politischen Gesprächs, wie ihn Bertolt Brecht und Slatan Dudow 1931/32 in ihrem Film »Kuhle Wampe« noch beispielhaft vorgeführt hatten,[26] hat ausgespielt. Petersen schreibt sein Buch bereits in der Emigration.
Doch auch Brecht/Dudow waren schon Ausnahmen. Vielleicht war auch die S-Bahn so sehr Teil des Arbeiteralltags, daß sie als alltägliches Instrument nicht mehr wahrgenommen wurde und erst im Zusammenhang mit der Fahrt aus diesem Alltag heraus wieder literarische Beachtung fand. Deutlich führt dies der ebenfalls später geschriebene Arbeitslosenroman »Berlin 1932« von Heinz Rein vor, einem Autor, der vor allem durch seine Schilderung der letzten Kriegstage 1945, »Finale Berlin«, bekannt geworden ist. Bei Rein ist die Fahrt in den Grunewald am Schluß seines Romans eine Fahrt aus dem Elend und der Erniedrigung in eine neue Zukunft. Und während die beiden Liebenden im Abteil um sich herum nichts mehr wahrnehmen, nimmt der Erzähler die Gelegenheit, dem Leser einen panoramatischen Blick von der fahrenden Stadtbahn aus zu liefern: fast schon als Abschied von diesem Berlin, das so bald nicht mehr bestehen wird.

Foto: Jens Schumann

*Beermann, »Jeder einmal in Berlin, jeder einmal im Resi«, dann der dunkle Schacht der schwarzen Brandmauern, erhellt nur von offenen Höfen und riesigen Reklame-Plakaten, Deutsche Beamten-Versicherung, Versicherungsbestand über zwei Millionen, J. Gruban-Souchay älteste Weinkellerei, die Lichtung des Savigny-Platzes, wieder dunkler Schacht, Berliner Morgenpost höchste Auflage aller deutschen Tageszeitungen, Sind's die Augen, geh zu Ruhnke, Wilmersdorfer Straße mit dem Kubus von C & A., das langgestreckte Viereck des Stuttgarter Platzes mit Straßenbahnen, Autobussen, Taxis, der Bahnhof Charlottenburg, zahllose Gleise, Kreuzungen, Weichen, Stellwerke, riesige Stapel von Schwellen, Platten, Schienen, eine Stopfkolonne, fahrbare Kräne, der Zug versinkt vom Bahndamm in den Einschnitt, Laubenkolonien mit dürftigen Bretterbuden, Bahnhof Ausstellung, oben die Ringbahn, Rolltreppen herauf und hinunter, Abstellbahnhof, Werkstätten, lange Wagenhallen auf der linken, die Avus auf der rechten Seite, S-Bahn und Auto veranstalten eine Wettfahrt, lange Zeit bleibt sie unentschieden, dann siegt das Auto. Bahnhof Grunewald.«*[27]

*»Dann stehen sie auf dem Stadtbahnsteig des Lehrter Bahnhofes mit seinem umfassenden Rundblick, der in einen nordöstlichen, einen nordwestlichen und einen südlichen Sektor zerfällt. Der südliche Halbkreis verläuft von der alles überragenden Siegessäule über die golden schimmernde Kuppel des Reichstages zum Friedrich-Karl-Ufer, überspringt hier den Spreebogen und endet im Humboldthafen mit seinen Verladekränen und Laufbrücken, den vertäuten Kähnen und den ihn überspannenden viergleisigen Stadtbahnbogen. Nach Norden zu verläuft die dunkle, düstere Schlucht des Lehrter Fernbahnhofes mit seinen zahlreichen Gleisen, Stellwerksbrücken, Laderampen, Lagerhäusern, nach Westen zu begrenzt vom Zellengefängnis, einem roten Ziegelbau mit neckischen Wehrtürmen und Schießscharten, im Osten begrenzt von den grünen Wipfeln des Invalidenparks mit der aus ihn aufragenden Invalidensäule.*
*Die S-Bahn-Züge sausen heran, fahren noch in der Halle mit enormem Tempo und halten doch genau an der vorgeschriebenen Stelle. Gelbes Schild: Halensee-Südring, grünes Schild: Spandau-West, endlich weißes Schild: Potsdam.*
*Martin und Regine steigen ein, sie sitzen sich an Fensterplätzen gegenüber. Sie sehen nur sich, draußen gleitet die Stadt in ihrer Vielfalt vorüber. Lagerplätze und Güterschuppen, der Bahnhof Bellevue, links mit der grünen Oase des Schloßparks, rechts mit der in ein steinernes Ufer gezwängten Spree, mit dem eleganten Schwunge der Brücke im Zuge der Flensburger Straße, der Bahnhof Tiergarten, wo sich die Spree endgültig abwendet und die Charlottenburger Chaussee gekreuzt wird, spiegelnder Asphalt mit langen Reihen von Autos, ost-westliche Schlagader der Stadt, rechts kurzer Einblick in den Tiergarten mit müßigen Reitern und Scharen von Kinderwagen, dann links der Zoologische Garten mit dem Elephantentor, rechts der Sportplatz mit übenden Handballspielern, der Bahnhof Zoologischer Garten mit dem Fernbahnsteig, gerade vom D-Zuge Hildesheim – Hannover – Hamm – Dortmund – Düsseldorf – Köln verlassen. Winken, Taschentücherschwenken, die wimmelnde Hardenbergstraße, Capitol, Wilhelmshallen, Tattersall*

Was Rein hier absichtsvoll noch einmal als Bild einer dann untergehenden Welt am Ende seines 1935 geschriebenen, aber erst 1946 veröffentlichten Romans entstehen läßt, ist gleichwohl typisch für die Stadtschilderungen in dieser Epoche. Die Großstadt Berlin läßt sich, so hat es den Anschein, erst beschreiben, wenn man zu ihr Distanz gewinnt, und so dient die Fahrt hinaus aus der Stadt häufig zur Reflexion über sie. Das schnelle Vorbeiziehen der Stadt an den Abteilfenstern regt zum Nachdenken an, und es ist nicht nur

*Foto: Jens Schumann*

ein literarisches Mittel, daß in vielen Darstellungen die Personen bei der Fahrt hinaus ins Grüne über die Stadt nachdenken.
Paul Gurk, von dem erzählt wird, daß er häufig mit der S-Bahn fuhr, um beim Fahren ungestört schreiben zu können, nimmt die Sehnsucht des Buchtrödlers Eckenpenn nach »Waldesgrün« und dessen Fahrt mit der Vorortbahn in seinem Berlin-Roman zum Anlaß, die Stadt metaphorisch zu überhöhen. Eckenpenn wollte *»einen ersten Versuch machen, dem Ungeheuer Stadt zu entrinnen«*, doch die Lokomotiven erschienen ihm in ihrer Bewegung *»ruckartig wie ein verschlafener Tiger, den die Gier des Hungers sich erheben macht«*.
*»Im Wagen eingekeilt, schloß er die Augen und gab sich Mühe, das Gedröhn der heftigen Stimmen, das gekniffene Lautenschwirren und das Durcheinandergesinge nicht zu hören. Das hier war ja auch noch die große Stadt! Der Zug war nur einer der Fangarme dieses Kraken, den er in das reiche Land hineinstreckte! — Aber einmal würde er aussteigen können und der Stadt entrinnen. Er würde aus dem Verein von Zugluft und grauenhaft stinkenden Rauchschwaden gehen — in zwei Stunden! So drückte er sich an die harte Wand, wurde von Rucksäcken gestoßen, geriet in die Gefahrenzone von Spatenhieben und grellfarbigen Lautenbändern und versuchte, den stoßenden Rhythmus des Zuges zu hören, den Gesang der Schienen, den kurzen, stöhnenden Ruck der Schwellenverbände, wenn die mahlende Eisenlast sich eine furchtbare Sekunde über sie preßte.«*[28]

**Stadtmetaphern, Stadtvisionen**

Die Stadt als Ungeheuer, als Kraken, die Bahnen als dessen Fangarme, solche Metaphern, in denen sich ein Lebensgefühl versteckt, tauchen immer wieder auf. Von »schwarzen Polypenarmen« und »Eisenschnen« ist die Rede oder von einer »ungeheuerlichen Spinne«, die die »Radien ihres Netzes ausstreckt«.[29] Die Technik erscheint als bedrohlich, angsteinflößend, besitzergreifend. Der Buchtrödler kehrt jedoch mit dem letzten Zug in die Stadt zurück, das *»Lied der stadtgierigen Schienen und der Ruf der fliehenden Landschaft kamen an sein Ohr«*. Später, am Ende seines Lebens, wird ihm die Fahrt mit der Stadtbahn zur Fahrt der Erinnerung durch sein Leben. Das Vorbeihuschen der Bilder auf der Stadtbahn entspricht der schnellen Folge von Assoziationen an Ereignissen der eigenen Lebensgeschichte.

*»Es war ein unaufhörliches, lautloses Vorbeihuschen von winzigen, viereckigen Lichtflecken. Aber hinter den glasigen Häuten dieser Lichtquadrate waren Bilder, mehr: Geschehnisse! Und nun erkannte der alte Mann, daß es Küchenfenster waren, oder die Augen halbdunkler, nach den Höfen gelegener Stuben, oder hineingebrochene Lidspalten von Treppenaufgängen.*
*Alte, erlöschende Frauen saßen unbeweglich hinter den Scheiben, die Gesichter angepreßt, um den letzten farbigen Schein des Lebens außen noch mühsam aufzufangen. Sie glichen, rotbraun, verrunzelt, den abfallenden Geranienblüten an den Stöcken am Fenster. Kinder mit starrenden Augen hockten hinter den Scheiben und winkten dem donnernden*

*Feuerwagen nach. Garnrollen, die Bausteine ihrer Märchenschlösser, fielen vom Fensterbrett. Wäsche hing zum Trocknen da, Hemden, Strümpfe, darunter eine Emaillewanne zum Unschädlichmachen der Tropfen. Eine junge Frau kämmte sich. Mühsam bog sie sich vor einem Spiegelscherben, um den Glanz des blonden Haares aufzufangen.*
*Der Giftatem von Schimpfworten sprang an den Fensterscheiben vorüber und machte sie blind. Sehnsucht blühte an ihnen wie ein Rad im Feld. Kranke starben hinter den Gläsern. Kinder schrieen ihre erste Erkenntnis der Welt . . . Nun ward die Bahn des Mannes Eckenpenn langsamer. Der Wind, der seinen Lauf verantwortete, schien müde zu werden und ausruhen zu wollen. (. . .) Noch immer schwang der Bogen der Stadtbahn. Aber seine Kurve wurde flacher, gereckter. Eine Zangenhand mußte ihn gepackt haben. Nun lief die Spur gerade.«*[30]

Die Bilder des vorüberziehenden Lebens und Sterbens an den Stadtbahnfenstern haben auch Walter Mehring zu seinem Gedicht »Wenn wir Stadtbahn fahren« angeregt, von dem hier nur ein Teil zitiert werden soll:

*»Wenn wir Stadtbahn fahren,*
*Sehn den Häusern wir ins Herz,*
*Beieinander hundert Jahre,*
*Kinder werden Weib und Mann*
*Und gehn gräberwärts*
*Und gehn gräberwärts!*
*Wir sehen ihre Bilder an Tapeten*
*Vergilbt ins Glas,*
*Wir sehen Menschen fremd ins Zimmer treten,*
*Und keiner weiß vom andern was!*
*Wenn zur Ruh die Glocken –*
*Und*
*Wenn wir Stadtbahn, Stadtbahn fahren,*
*Und zur Ruh die Glocken läuten,*
*Keiner weiß, was sie bedeuten,*
*Einer lacht, wenn hundert weinen,*
*Und ein Tag sind tausend Jahre,*
*Alle tausend Jahr die eine*
*Stille Nacht, heilige Nacht!*

*Wenn wir Stadtbahn fahren,*
*An den Fenstern überall*
*Tauchen immer sonderbare*
*Fratzen auf und sehn uns an*
*Wie auf dem Maskenball*
*Wie auf dem Maskenball!*

*Und keuchen müde über dunkle Treppen*
*Mit Glücksgut, das*
*Aus allen Winkeln sie zusammenschleppen,*
*Und keiner weiß vom andern was?*
*Und weiden sich am billigen Schund*
*Wenn zur Ruh die Glocken –*
*Und*
*Wenn wir Stadtbahn, Stadtbahn fahren,*
*Und zur Ruh die Glocken läuten . . .*[31]

## »Der Tod fuhr im Zug«

Die literarischen Stadtschilderungen, in denen die S-Bahn eine Rolle spielt, brechen 1933 ab. Trotz aller Tristesse, die auch in den Gedichten über Stadtbahnhöfe von Johannes R. Becher über Max Herrmann-Neisse bis zu Klabund und Mehring steckt, sind sie doch auch ein Bekenntnis zur Stadt als Lebensform. Den Nationalsozialisten ist die Großstadt und zumal Berlin im Inneren fremd, ist ihnen zu undurchsichtig, zu wenig ausrichtbar auf Führer-Hierarchie und klar durchsetzbare Befehlsstruktur, mit zu vielen Möglichkeiten des Versteckens und des Widerstands versehen. Dem »Asphaltliteratentum« galt der Kampf der Faschisten, und ihrem an der Tradition konservativer Heimatliteratur ausgerichtetem Konzept der Blut-und-Bodenliteratur war die Großstadt zutiefst verhaßt.

Trotzdem werden auch weiterhin Berlin-Romane geschrieben (so z. B. von Paul Fechter), aber von der Stadt ist in ihnen wenig zu spüren, sie ist zum bloßen Dekor für Geschichten herabgesunken, die auch anderswo spielen können. Einen besonderen Akzent gewinnt die Stadt nur noch in den deutschen Kriminalromanen, die nach der Ausschaltung der amerikanischen und englischen Konkurrenz auf dem Buchmarkt an Bedeutung gewinnen. Zwar gibt es auch eine Traditionslinie von Krimis, die in der Eisenbahn spielen, von Temme, Gerstäcker und anderen Autoren des 19. Jahrhunderts bis zu den Krimis der Zwanziger Jahre, doch der Kriminalroman, der 1944 die S-Bahn in den Mittelpunkt rückt, steht außerhalb dieser Tradition. Er versteht sich als eine eher dokumentarische Schilderung, »den Akten der Kriminalpolizei nacherzählt«, über die Serie der S-Bahn-Morde in den Berliner Kriegsjahren 1940/41. Axel Alts Roman »Der Tod im Zug« will, so heißt es im Vorwort, *»in einer Zeit, in der Mensch und Staat das Äußerste leisten, um das Leben der Volksgemeinschaft auf Jahrhunderte hinaus zu sichern«*, *»den Sinn wecken für den Kampf*

*gegen den Verbrecher«*. Am Schluß zieht der Autor das Resümee, daß »ein ehernes Gesetz« walten muß, vor allem *»im Treiben der großen Städte, deren Bewohner oft den natürlichsten Gefühlen und Instinkten entfremdet worden sind«*. Sein Appell fordert auf zum »augenblicklichen gemeinsamen Angriff (gegen) jedes asoziale Subjekt«.[32] Die S-Bahn also als Propagandavehikel 1944.

Der Roman schildert die polizeiliche Aufklärung der in der Zeit vom 21. 9. 1940 bis zum 3. 7. 1941 ausgeübten fünf Morde und Mordversuche an alleinfahrenden Frauen in den Zweiteklassewagen der S-Bahn auf der Strecke zwischen Rummelsburg und Erkner und eine Reihe weiterer Verbrechen in einer Laubenkolonie in der Nähe des S-Bahnhofes Karlshorst. Die Frauen wurden nachts oder in den frühen Morgenstunden überfallen und aus dem fahrenden Zug geworfen. Der Täter, ein Eisenbahner, der sich in der S-Bahn gut auskannte, nutzte alle Informationen und Betriebskenntnisse, um sich der Verfolgung zu entziehen. Die Weiträumigkeit des S-Bahn-Netzes und die Schnelligkeit der Bahn erschwerten die Ermittlungsarbeit. Der Tatort veränderte sich dauernd, es ist nicht der so beliebte Fall einer Tat im geschlossenen Raum wie in Agatha Christies »Mord im

Orientexpreß«. Flüchtigkeit, Offenheit ist hier das Prinzip. Das wird in einer Beschreibung einer Verfolgungsjagd deutlich.

*»In diesem Augenblick sah ein Kriminalbeamter, der auf dem Bahnsteig die eingehenden Züge beobachtete, einen Mann eiligst aussteigen, konnte aber nicht sofort zur Stelle sein, weil die Abteile nicht immer an der gleichen Stelle halten wie die des vorhergehenden Zuges. Inzwischen war der Kriminalangestellte Mahnke hinter dem Fliehenden her geeilt. Dieser lief in den gegenüber haltenden S-Bahn-Zug, vermutlich in der Absicht, auf der Gegenseite über die Reichsbahngeleise zu entwischen. Doch die Türen schlossen sich, und schon fuhr der Zug an und an den verblüfften und erzürnten Verfolgern vorbei.*
*Jetzt hieß es, rasch handeln! Der Kriminalassistent eilte zum Stationsvorsteher und benachrichtigte in aller Geschwindigkeit den Bahnhof Karlshorst. Vor allem sollte man dort auch die Rückseite des Abteils, also vom Bahnsteig abgewandt, besetzt halten, da der Mann sicherlich diesen Ausweg wählen würde.*
*In Karlshorst jedoch konnte man in den zwei Minuten, die nach dem Gespräch noch höchstens zur Verfügung standen, nicht genügend Kräfte mobil machen, um alle vier Zweiteklassewagen von beiden Seiten in Empfang zu nehmen. Unglücklicherweise hatte man sich infolge eines Hörfehlers den vorne laufenden Wagen vorgenommen statt den letzten. Als der Irrtum bemerkt wurde, war es zu spät. Hinsichtlich der Kleidung konnte nichts festgestellt werden, da der Geflohene keinen Mantel trug und auch keine Kopfbedeckung.«*[33]

Durchgängig wird auch ein düsteres Bild von der S-Bahn gezeichnet, mit einer »ungewissen Beleuchtung«, voller Dunkelheit, Unkontrollierbarkeit, ein »metallisches Klinken« läßt die S-Bahn überdies unheimlich werden. Die S-Bahn im Dschungel der Großstadt. Fast symptomatisch, daß sich in dieser Zeit des Faschismus die S-Bahn literarisch nur mit dem Verbrechen verbinden läßt.

## Mutproben

Zum Ort ganz anderer Erlebnisse wird die S-Bahn den sich Erinnernden nach 1945, die sich nach Zerstörung und Teilung auf die gute, alte Zeit zurückbesinnen. Gegen die Flut der Bücher über das »goldene« Berlin der zwanziger Jahre steht Franz Joachim Behnischs Roman »Rummelmusik«, mit dem er 1966 eine Kindheit im Eisenbahner-Milieu in Berlin-Schöneberg, zwischen der Yorckstraße und der Großgörschenstraße beschreibt. Die Welt der Poggenpuhls Fontanes, die unweit von hier wohnten, ist längst vergangen. Ein Eisenbahner-Wohnhaus aus roten Ziegeln, dunkelgrau verqualmt, an der Zossener Strecke, Katzenköpfe davor auf der Straße, Löwenzahn dazwischen, ein eisener Übergang mit je einer hohen, steilen Treppe über der Strecke ist die Heimat. Hier wird eine vom Nationalsozialismus überschattete Kindheit beschrieben, und das Spiel der Jungen mit der Modelleisenbahn, aus der Beobachtung der Strecke vom Fenster aus erwachsen, ist Flucht vor der unerträglich gewordenen Realität. Als die Hitlerjungen aus der Gotenstraße einen aus diesem Haus verfolgen und in Charlottenburg blutig zusammengeschlagen haben, fahren sie in den Grunewald:

*»Auch die Goten fuhren mit der Stadtbahn, aber nicht heim, sie stiegen in Westkreuz um und fuhren weiter in den Grunewald in einem um diese Zeit leeren Abteil für Reisende mit Traglasten. Hinter Halensee banden sie mit Schnur die Türgriffe zusammen, obwohl sowieso niemand mehr zusteigen konnte, denn bis Grunewald kam keine Station mehr, aber sie kannten die Strecke noch nicht. Sie hoben zum Zeitvertreib mit einem Hausschlüssel die Bodenklappe hoch, sie befindet sich in jedem Abteil, aber in dem für Reisende mit Traglasten kommt man besonders gut 'ran. Sie ist linoleumbezogen wie der übrige Wagenboden auch, von Messing umrahmt und mit einem Schlüsselring versehen. Wird sie entfernt, so heult einem während der Fahrt bei Nacht aus der Finsternis unter dem Wagen eines der Räder entgegen, zeigt seinen breiten, blankgefahrenen stählernen Spurkranz auf dem Umfang des Radkörpers, man sieht die imponierenden Umdrehungen. Die Stadtbahn war wegen ihrer hohen Anfangsgeschwindigkeit berühmt und fuhr auf langen Strecken wie dieser jetzt durchschnittlich neunzig.*
*Die Goten zogen ihre Blut-und-Ehre-Messer und fingen an, sie an dem Rad zu schleifen. Sie hatten Langeweile. Funken sprühten von Stahl an Stahl in das Abteil, sie waren heller als all die Signale und abgeblendeten Lichter an den Schienensträngen, auf Normaluhren, in Landhäusern und Villen zwischen Eichkamp und Grunewald, heller als die Watte auf einzelnen weihnachtlich geschmückten Tannen, Blautannen und Fichten in Gärten. Dann wurde der Zug abgebremst, die Messer, die Bodenklappe kamen an Ort, die Strippe wurde von den Türgrippen losgebunden, der Zug hielt. Sie stiegen aus, kühle Luft vom Wald her wehte ihnen auf dem zugigen Bahnhof entgegen, sie ließen die Wagentür hinter sich offen, kümmerten sich nicht darum, die schloß ja beim Anfahren von selbst.«*

**»Laut und leise, die Zeit geht fort«**

Den aus dem Krieg zurückgekehrten, inzwischen erwachsenen Eisenbahnerjungen zieht es dann später wieder zum alten Ziegelbau, und er pachtet ein 150 Meter langes Stück der ehemaligen Zossener Strecke von der Reichsbahnverwaltung, die, weil sie Schienen und Schwellen anderweitig brauchte, die Strecke demontierte. Zwischen Goldlack, Flieder und Kapuzinerkresse stellt er mit einem Freund Bahnhofsschilder auf, lampenschwarz auf Bleiweiß, mit Emaillefarbe:

*»Anhalter Bahnhof, Yorckstraße, Papestraße, Priesterweg, Mariendorf, Lichtenrade, Mahlow, Dahlewitz, Rangsdorf, Dabendorf, Zossen. Dann richteten sie zwei Bahnhöfe ein: am Nordende der Strecke den Stadtbahnhof. Zwei leere, einander mit geringem Abstand gegenübergestellte Blechtonnen markierten den Durchgang an der Sperre. Auf dem Abfahrtschild, das an einer Bohnenstange horstete, stand: Zossen, sechs Uhr fünfundzwanzig. Etwa alle Stunde war früher der Zug gefahren. Max las es in einem alten Kursbuch, das noch seinem Vater gehört hatte.«*[35]

Schließlich findet Max auch noch eine alte Lokomotive und nach vielen Gängen in die Reichsbahnverwaltung erhält er sie:

*» ›Wir widmen all unsere Kraft dem friedlichen Aufbau eines neuen Deutschland.‹ – ›Genau das‹, sagte Max Frick. ›Meine Bahn soll nämlich der Wiedervereinigung unseres Vaterlands in Frieden und Freiheit dienen. Sie bringt brüderliche Kampfesgrüße allen friedliebenden Bewohnern westlicher Sektoren zwischen Bahnhof Yorckstraße und Lichtenrade.‹*

*Das leuchtete dem Sachbearbeiter in dem Büro nicht ganz ein, aber er konnte Max nicht loswerden. Endlich sagte er zu ihm: ›Also gut, unter einer Bedingung. Wir beliefern Sie mit den einschlägigen Losungen, die Sie am Vor-*

*derteil oder an den Flanken der Maschine befestigen.‹ – ›Richtig‹, sagte Max. ›Für den Sieg, ganz gleich, auf welcher Strecke. Räder müssen rollen für den Sieg.‹ – ›Des Sozialismus‹, ergänzte der Beamte.«*[36]
Die »Neuzossener Privatbahn«, die auf den 150 Metern schließlich auch fährt, hat für Max die gleiche Bedeutung, wie es um die Jahrhundertwende die Kreuzung der Verkehrswege am Gleisdreieck war. Seine Bahn, so sieht er es, leistet ebenso Wichtiges: *»Zwei einander gegenüberliegende, ideologisch entfremdete Bahnhöfe müßte er rigoros verbinden. Das hätte soviel Beachtung verdient wie der Bau zweier übereinander liegender Bahnhöfe vor einem Vierteljahrhundert.«*[37]
In dieser versponnenen Geschichte der Wiederherstellung des Vergangenen, der privaten Überwindung der Teilung durch die Bahn wird ein Grundmotiv der nach dem Zweiten Weltkrieg verstärkten literarischen Beachtung deutlich, die die S-Bahn findet. Sie, die das Geteilte noch bis 1961 verbindet und auch danach noch an einer Stelle die Mauer durchfährt, wird in besonderer Weise symbolträchtig für die Nachkriegssituation und damit literarisch zur Metapher.

**»Ring über Ostkreuz«**

Selbst in den Wiederaufbau-Romanen, die scheinbar nur die Alltagswirklichkeit im Nachkriegs-Berlin widerspiegeln, wird der S-Bahn eine – wenn auch latente – symbolische Funktion beigemessen. Erich Wildbergers Roman »Ring über Ostkreuz«, der einzige Roman, der den S-Bahn-Bezug auch im Titel deutlich macht, veranschaulicht dies. Der Bauleiter Kurt Seifert fährt jeden Morgen mit dem Zug 7.04 Uhr vom Bahnhof Putlitzstraße den Ring über Ostkreuz bis zum Bahnhof Neukölln. Es fahren immer die gleichen Leute mit, jeder steigt ins gleiche Abteil, er trifft dieselben Fahrgäste, man kennt sich, aber man grüßt sich nicht. Kurt verliebt sich in eine »kleine Mollige«, sie wird seine »S-Bahn-Bekanntschaft«, die er auch am Ende des Romans heiraten wird.
Kurt Seifert ist als Bauleiter bei einer Baufirma der verkörperte Wiederaufbauwillen, eine ehrliche Westberliner Haut, und seine Fahrt auf dem Ring über Ostkreuz von West-Berlin nach West-Berlin ist auch eine Anspielung auf die Verbindung West-Berlins durch die DDR mit der Bundesrepublik. Ihm geht es immer auch darum, diesen Zusammenhang nie in Frage stellen zu lassen und trotz aller Schwierigkeiten Baumaterialien aus dem Westen in die geteilte Stadt schaffen zu lassen. So wie später Behnisch in »Rummelmusik« eine sehnsüchtige, private Utopie nach der Wiederherstellung eines einigen Berlins mit Hilfe der Bahn entfaltet, so ist hier die Ringbahnfahrt Symbol des Zusammenhalts.
Doch Wildbergers Roman wird vor allem durch sein detailgenaues Bild des Berlin von 1952 interessant. Die Konflikte um die Laubengrundstücke der Westberliner in der DDR, die Kontrollen der Vopos an den Grenzen nach Ost-Berlin, die Resignation vieler Westberliner und vor allem die Schilderung der Fahrten auf der Ringbahn tragen dazu bei. Es ist der Alltag eines funktionierenden Verkehrsmittels, der gezeigt wird, dessen Veränderungen sich allerdings bereits andeuten:

*»Der Zug rattert. Keiner redet mehr. Der Zug hält Schönhauser Allee. Früher Berlin NO. Heute Ostsektor. Die neu Einsteigenden bringen gute Laune mit. – ›Stieke jetzt‹,*

Foto: Hickethier

*Foto: Jens Schumann*

*schreit einer, als der Zug wieder angeruckt hat, ›daß mir hier keena 'ne amerikanische Zigarette raucht . . ., ihr wißt doch, wo ihr euch befindet . . .?‹ — ›Na, bei euch wer'n doch die meisten vakooft‹, bekommt er zur Antwort.*
*›Der will bloß eena ha-m‹, meint der Kollege und kramt in seinen Taschen, aber Kurt Seifert hat dem Spaßvogel aus dem Osten schon seine Packung hingehalten. ›Ooch noch Jold-Dollar? Det is ja direkt Valeitung zum Landesverrat!‹ Der Beschenkte grinst und zwinkert dankend mit den Augen, während er sich die Westzigarette anzündet. Kurt Seifert spürt ein angenehmes Kribbeln in der Nase. Das ist nun Berlin.«*[38]

Unter den Zeitromanen der frühen fünziger Jahre nehmen die Berlin-Romane eine besondere Rolle ein, lassen sich doch hier die politischen Gegensätze vielfältig in individuelle Schicksale umgießen. Es entsteht das Genre der Ost-West-Geschichte und die S-Bahn nimmt hier als Vehikel einen besonderen Platz ein. Uwe Johnson formuliert sehr viel später die auch damals schon vorhandene Auffassung, daß *»die S-Bahn das Ihrige tun (muß), um uns an die Lage der Stadt zu erinnern«*[39]. Als ein unverzichtbares Requisit etabliert sie sich in der Literatur, wenngleich auch die literarische Verarbeitung von Stadtbahnerfahrungen ganz unterschiedlich ist.

Es ist nicht mehr die Möglichkeit des Durchfahrens der großen Stadt, der panoramatische Blick vom erhöhten, sich selbst bewegenden Standort über die Stadt, in die Fenster der Häuser, in die Nischen des Lebens, nicht die durch die Eisenbahn veränderte Stadtwahrnehmung allgemein. Sie ist, wie die S-Bahn insgesamt, inzwischen längst Teil des Alltag geworden und wäre auch literarisch wohl nicht der besonderen Beschreibung wert, wenn sie nicht mit einer neuen, eben symbolischen Bedeutung zusammengehen würde, die der S-Bahn als Verbindendes in der geteilten Stadt zukommt.

Alltag ist ja nicht als Alltag selbst interessant, sondern nur als etwas Bezeichnendes für Menschen, für Situationen, für Verhältnisse. Und indem er herausgehoben und literarisch gestaltet wird, ist er auch schon kein Alltag mehr. So auch die S-Bahn: Noch ist sie Alltag wie bisher für Hunderttausende, aber sie ist zugleich auch mehr, steht für anderes, was allgemeiner und zugleich tiefgreifender in den individuellen Schicksalen sich verankert: die deutsche Teilung und der Wunsch nach ihrer Aufhebung.

Die S-Bahn wird zum literarischen Motiv, weil sie beides vergegenständlicht, weil sich beides in ihr als literarischem Ort ansprechen läßt. Die konkreten Erfahrungen des Fahrens mit der S-Bahn, das Erlebnis ihrer Bewegungen, ihres Atmens beim Anfahren und Bremsen, ihrer Gerüche, der Glätte ihrer Holzbänke und die braunverspritzten Fenster werden nun wichtig, um die S-Bahn als Symbol anzureichern. Die Fahrt mit der S-Bahn, die Fahrt von Ost nach West und von West nach Ost wird zugleich auch als Erlebnis einer Grenzerfahrung verstanden, einer Erfahrung, die bei vielen einzelnen existentielle Entscheidungen berührt.

**Die Fahrt nach West-Berlin**

Uwe Johnson, der sich in mehreren Essays ausführlich mit der S-Bahn auseinandergesetzt hat[40], beschreibt in »Das dritte Buch über Achim« den Abstecher des Jugendlichen Achim nach West-Berlin, während er mit seiner FDJ-Gruppe beim Weltjugendtreffen in Ost-Berlin ist. Es ist eine verbotene Fahrt.

*»Ein Junge in weißer Windjacke und kurzen Hosen lehnte im Türeingang des fahrenden Zuges der Berliner Tiefbahn und verglich oft unruhig blickend den seitlich im Wagen angenagelten Schemaplan der Streckenführung mit der augenscheinlichen Ansicht der Stationen, die aussteigende oder neue Fahrgäste ihm in der Doppeltür aufrissen und die wieder verschwanden im hart einrastenden Zusammenprall der beiden Flügel; er wartete auf den dickeren Strich, der im Plan das Verkehrsmittel politisierte. Sein Gesicht war noch nicht zurechtgewachsen, es schien unschlüssig und mitunter gierig auf etwas, das im jähen Abwenden des Blicks verborgen blieb. Er strich sich oft über die Haare, denn früher war ein Scheitel, wo er inzwischen den dichten Blondschopf modisch und gewaltsam nach hinten gekämmt hatte, der stand auf wie bucklig und wurde schnell gestreckt und kam doch wieder bucklig. Der letzte rot umrandete Punkt vor dem gestrichelten Grenzwurm verwandelte sich in langes Kachelgehäuse mit kleinen Buden, unterirdisches Licht sprang in den einfahrenden Zug und in dem die verstärkt sprechende Stimme des Beamten, der die Teilnehmer des staatlichen Jugendfestes zum Aussteigen ansprach, gelassener aufblickend den Namen der Station bekannt machte, wieder im Stehen über sein Mikrofon gebeugt vor dem Weiterfahren warnte mit dem Blick wie bekümmert gegen den grauzementierten Boden. Der Junge in der Windjacke beobachtete, wie der Bahnsteig die blauen Hemden aus dem Waggon sog, aber es gelang ihm, sich nicht zu rühren. Der Ruck des Anfahrens riß ihn mit in den Tunnel und schüttelte die Steife aus seinem Dastehen.«*[41]

In der Beschreibung der Fahrt nach West-Berlin werden spezifische Ängste und innere Konflikte thematisiert, die Republikflucht erfolgt in erster Linie mit der S-Bahn. Die Angst des Fliehenden hat ihren Höhepunkt im letzten Bahnhof des Ostsektors, häufig ist es der Bahnhof Friedrichstraße. Die später dann im Westen erfahrene Fremdheit hat selten einen so deutlich ausgeprägten Ort wie diese Angst. Wolf Dietrich Schnurre schildert die Angst der Fliehenden am Bahnhof Friedrichstraße in seinem 1963 erschienen Roman »Der Funke im Reisig«:

*»Sie ging die paar Stufen hinauf und durch die leere Halle zum Schalter. ›Einmal zwanzig bitte.‹ Ihr war, sie hätte durch eine Röhre gesprochen, und sie wunderte sich, daß ihr die Schalterbeamtin die Karte anstandslos gab, merkte die ihr denn nicht an, daß sie rüberwollte, republikflüchtig war, wie es hieß?*
*Doch; man merkte ihr etwas an; auf dem Bahnsteig musterte einer der Transportpolizisten sie, und die Daumen hinter dem Koppelschloß, kam er mit wiegenden Schritten heran. Der verdammte Koffer; dabei waren bloß zwei Kleider, etwas Wäsche, das Waschzeug und die einarmige Sofapuppe darin. Aber es schien dem Mann um etwas anderes zu gehen, denn er lächelte. Nicht lange allerdings, dann fiel ihr wohl Licht ins Gesicht, und der Polizist hörte auf zu lächeln und schlenderte lautlos pfeifend an ihr vorbei. Else lehnte sich an einen Kinoschaukasten und schloß einen Moment lang die Augen. Dann kam der Zug; und da war sie jetzt: die Stimme; die Lautsprecherstimme aus ihren Träumen. ›Friedrichstraße‹, sagte sie; ›letzter Bahnhof im Demokratischen Sektor‹.*
*Amen, sagte Else. Steif, die Fäuste um den Koffergriff gekrampft, daß die Knöchel weiß wurden, setzte sie sich auf einen Fensterplatz. Nicht denken, gleichgültig ausseh'n, noch kannste rausgeholt werden. Nein, nun nicht mehr; die Türen schlossen sich, der Zug fuhr an; niemand im Abteil beachtete sie.«*[42]

Deutlich wird bei Schnurre die westliche Perspektive, aus der er den Grenzübertritt heraus beschreibt, zugleich aber auch die Tendenz zur Kolportage, die in dieser Angstbeschreibung steckt. Sehr viel nüchterner und verhaltener spricht Christa Wolf diese Angst in ihrem, im gleichen Jahr in Halle erschienenen Roman »Der geteilte Himmel« an. Auch hier fällt mit dem Lösen der Fahrkarte eine Entscheidung.

*»Sie trat an den Fahrkartenschalter. Zum erstenmal mußte sie preisgeben, was sie tun wollte. ›Zoologischer Garten‹, sagte sie. Gleichmütig wurde ihr eine kleine gelbe Pappkarte zugeschoben. ›Zwanzig‹, sagte die Frau hinter der Glasscheibe. ›Und wenn man – zurückkommen will?‹ fragte Rita zaghaft. ›Also vierzig‹, sagte die Frau, nahm die Karte zurück und schob eine andere durch das Fensterchen. Darin also unterschied diese Stadt sich von allen Städten der Welt: Für vierzig Pfennig hielt sie zwei verschiedene Leben in der Hand.«*[43]

Doch Christa Wolfs Heldin kehrt um, ihre Liebe zu ihrem Freund, dem sie nachreiste, ist tot, das »mehr Glas und Zellophan in den Geschäftsstraßen« West-Berlins beeindruckt sie nicht. Sie weiß, daß sie sich entscheiden muß und sie entscheidet sich für die DDR, in der sie sich zu Hause fühlt, wo sie ihren Platz hat[44].
Die West-Fahrt hat immer wieder die Autoren beschäftigt, verbinden sich doch mit ihr – gerade auch nach dem Bau der Mauer – eine ganze Reihe verborgen gehaltener Wünsche. Ihre, wenn auch meist insgeheime Bedeutung für die DDR-Bürger macht für die DDR-Literatur ihre auch ideologische Bearbeitung notwendig. Jochen Hausers 1982 in der DDR erschienener Unterhaltungsroman »Familie Rechlin« mag als wohl jüngstes Beispiel für viele andere stehen.
Die in Ost-Berlin lebende Mutter hat von der Tocher im Westen ein Telegramm bekommen, sie sei sehr schwer krank, worauf die Mutter eine befristete Reiseerlaubnis bekommt. Die Krankheit ist, wie sich dann herausstellt, erfunden, um die Mutter einmal in den Westen zu bekommen. Die Mutter fährt vom Bahnhof Friedrichstraße mit der S-Bahn nach Spandau West, und wieder geht es um die Angst, doch es ist die Angst der anderen, sie wird als falsch dargestellt. Der Heldin ist das alles sehr suspekt, auch sie fährt später zurück.

*»Der Zug ruckte an, holperte aus dem Bahnhof, fuhr noch einige Sekunden durch den Ostteil der Stadt. Leichter Nieselregen fiel auf das Grenzgebiet, den kurzgeschorenen Rasen, die Wege, auf denen Autos mit Soldaten standen. Die Brücke über der Spree – das war die Grenze. Zwei alte Leute im Abteil begannen wie auf Kommando zu schreien. Ihre Stimmen waren schrill, unangenehm. Der Mann zerrte ein Goldkettchen aus seinem linken Schuh, die alte Frau lachte scheppernd. Ingelore Rechlin drehte ihr Gesicht von den beiden Alten weg. Die ersten Stationen hinter Friedrichstraße waren öde, Lehrter Bahnhof, Savignyplatz, Tiergarten. Garagen neben den Gleisen, fleckennarbige Hinterfassaden alter Häuser, weite unbebaute Flächen. eine tote Landschaft inmitten einer Großstadt. Kurz vor Bahnhof Zoo erst begann die Stadt zu leben.«*[45]

## Züge in die Vergangenheit

Nach dem Bau der Mauer veränderte sich in der Literatur auch die S-Bahn als ein literarisches Motiv. Die Gegenwart der S-Bahn ist in Ost-Berlin eine ganz andere als in West-Berlin. Hier hat der Boykott die Reisenden erfolgreich der S-Bahn abspenstig gemacht und in der Folgezeit wird ihre Existenz im Bewußtsein der meisten Berliner verdrängt. In der Literatur bekommt sie eine ganz andere Funktion. Im Kontext einer intensiven Beschäftigung mit der nationalsozialistischen Vergangenheit, die in der Bundesrepublik in der Folge des Eichmann- und dann des Frankfurter Ausschwitz-Prozesses einsetzt, gewinnt die rekonstruierende Spurensuche an Bedeutung. Und in ihr ist es die autobiografische Erinnerung einzelner Autoren, in der die S-Bahn zum Mittel wird, sich der eigenen Kindheit anzunähern. Horst Krüger beispielsweise fährt 1966 mit der S-Bahn in seine eigene Berliner Kindheit.
*»Es ist schön und strahlend, dieses neue Berlin, aber erst wenn ich in der S-Bahn sitze, die jetzt ziemlich leer und DDR-schäbig durch den Westen rollt, fühle ich mich eigentlich zu Hause. Das ist mein Berlin, das*

Foto: Jens Schumann

*dröhnende, singende Trauma meiner Kindheit, mein stehengebliebenes eisernes Spielzeug, das immer noch mit seinem hellen, hastigen Ton zu sagen scheint: Du bist da, du bist wirklich da, so war es immer, so wird es bleiben. Berlin ist eine gelbpolierte Holzbank, hart und blank, ein regenverwaschenes, schmutziges Fenster, ein Abteil, in dem es unsäglich nach Reichsbahn riecht. Das ist ein Gemisch aus stehengebliebenem Rauch, Eisen und vielen Arbeiterkörpern, die aus Spandau kommen, Margarinestullen im Leib, mit Vierzehn einmal zur Konfirmation gewesen, dann täglich die Morgenpost gelesen. Berlin ist das alles und ist ein Groschenautomat auf dem zugigen Bahnsteig, aus dem man Pfefferminztabletten ziehen kann: weiß und grün, in steifes Silberpapier gewickelt. Es ist das Zuschlagen der elektrischen Türen und der Ruf am Bahnhof Westkreuz: ›Bitte zurückbleiben!‹ Niemanden schreckt das mehr, niemand muß hier mehr zurückbleiben, aber der Ruf ist noch da und der Mann mit der Kelle und dann das plötzliche Anrucken. Berlin ist eine schäbige gelbe Fahrkarte für fünfzig Pfennig.«*[46]

Immer wieder ist die S-Bahn das Mittel, aus der Gegenwart in die Vergangenheit abzutauchen, weil gegenüber allem anderen, das auf ein neues, Fortschritt und Modernität signalisierende Äußere setzt, die S-Bahn viel von der Vergangenheit verkörpert. Sehr viel stärker übersetzt Alfred Andersch diese Vergangenheitssuche in eine fiktionale Handlung, rückt sie von der eigenen Biografie weg. Hier ist es der Journalist Georg Efraim, der auf der Suche nach der zerstörten Vergangenheit seiner Kindheit in Berlin ankommt und dem die S-Bahn ebenso wie für Horst Krüger

Mittel zur Fahrt zurück ist. Auch ihm ist die S-Bahn das von Kindheit her Vertraute und dieses Vergangene hat offensichtlich sehr viel mit dem Bild von der DDR zu tun.

*»Ich habe nicht gewußt, daß man das andere Land schon auf den Bahnsteigen der S-Bahn in West-Berlin betritt. Der Geruch von Armseligkeit und Desinfektion, nach feinem grauen Staub und Puritanismus.«*[47]

Vergangenheitsbewältigung ist immer auch Klärung der Gegenwart und das unterscheidet sie von den vielen nostalgischen Berliner Familiensagas, in denen es – mit Ausnahmen – letztlich doch nur um die Verklärung eines vergangenen Glanzes geht und zu dem die S-Bahn in den allermeisten Fällen dann auch nicht benötigt wird.
Immer mehr löst sich die Alltäglichkeit des S-Bahn-Fahrens auf, verschwindet die S-Bahn aus dem Alltag der Westberliner und der Alltag aus der in West-Berlin zur Inselbahn heruntergekommenen S-Bahn. Und wo auch Berlin nicht mehr zentraler Eisenbahnknotenpunkt für ganz Europa und für Deutschland ist, wo die Mitte zum Abseits degradiert wurde, wird auch die S-Bahn zum Relikt des Vergangenen.
Längst ist die Wahrnehmung aus der Bewegung, aus dem Fahren heraus nichts mehr, was sich auf faszinierend neue Weise mit der Eisenbahn verbindet. Das Auto und danach noch das Flugzeug haben hier ganz andere Erfahrungen ermöglicht. »Über den Wolken« singt der Schlager der siebziger Jahre von den Sehnsüchten und Träumen. Doch unmerklich sind wir auch vom vielen In-die-Ferne-sehen, vom vielen Fernsehen ermüdet, wenden uns wieder den langsameren Fortbewegungsmitteln zu, denen in unserer unmittelbaren Umgebung, die das genaue Hinsehen gestatten. Und zu denen gehört inzwischen in unserer beschleunigten Welt die immer noch schnelle S-Bahn. In der S-Bahn sind wir ganz in der Stadt und ihrer Geschichte, sind wir ganz bei uns. Und die S-Bahn, diese Berliner S-Bahn, ist inzwischen in ihrer Besonderheit zu etwas für diese Stadt Typischem geworden, etwas, was diese Stadt markiert und was durch die Besonderheit dieser Stadt selbst markiert ist. Wieder und wieder ist es der Ost-West-Gegensatz, der uns nicht losläßt, der auch die Berlin beschreibenden Autoren prägt.

### Geisterbahnfantasien und das Ohr von Paul Getty junior

Berlinbeschreibung und S-Bahn-Beschreibung verdichten sich in der Besonderheit des Bahnhofs Friedrichstraße. Wieder kommen die Autoren auf diesen Grenzübergang, dieses Labyrinth von Bahnhof, zurück, der zwischen den beiden Teilen der Stadt Verbindung ist und sie zugleich auch unterbricht. Als ein *»Bahnhof, der das Reisen eher verhinderte«* beschreibt ihn Joachim Seyppel in seinem Berlin-Roman »Die Mauer oder Das Café am Hackeschen Markt«, als seine Helden auf dem Stadtbahnsteig des Bahnhofs Friedrichstraße stehen, nämlich auf

*»jenem, der durch eine hohe Eisenmauer von dem anderen getrennt ist: Auf jenem fahren die Züge in Richtung Westkreuz ab, auf dem anderen in Richtung Ostkreuz. In beiden Richtungen, wie dies einmal üblich war, fahren keine mehr. For East is East and West is West, and never the Train shall meet.*
*Dieser paradoxe Bahnsteig liegt zwar politisch und geographisch drüben, für die Praxis des innerstädtischen Westverkehrs aber hüben.«*[48]

Zur Fahrt nach Ostberlin gehört aber jetzt immer auch der Eindruck einer gewissen Fremdheit, dieser *»Geruch von Armseligkeit und Desinfektion«*, wie Andersch es sagte, jene die Erinnerung lösende Glätte der Holzbänke und das Atmen der S-Bahn beim Anfahren und Halten: Es ist die jetzt bald selbst nostalgisch verklärte Erinnerung an Vergangenes. Die S-Bahn-Fahrt als Fahrt einer Geisterbahn beschreibt schon 1966 Geno Hartlaub:

*»Kein Fahrgast stieg zu, niemand verließ den Zug, um die Treppe zur Sperre hinunterzusteigen. Es war so still, daß ich das Wasser von dem mit tauendem Schnee bedeckten Schutzdach tropfen hörte. Hoffentlich, dachte ich, kommt kein Kontrolleur, ich besitze keine Fahrkarte, ich kann nicht aussteigen, dort unten ist die Sperre, es würde Umstände und Scherereien geben. Der Tonfall, in dem die Schaffnerin gesagt hatte ›Bezahlen können Sie später‹, kam mir ins Gedächtnis zurück, niemand würde mir diese unwahrscheinliche Auskunft glauben. Ich war allein. Nur für mich wurde der Betrieb mit den Signalen, Schienensträngen und Weichen, mit den Stationsvorstehern und Schaffnerinnen aufrechterhalten. Oder bewegte sich der Zug nur zum Schein, glitten vor seinen Fenstern die Häuser und Straßen, Bäume und Anlagen des unbekannten Stadtteils vorüber, als seien sie auf Kulissenwände aufgemalt, während die Räder des Wagens stillstanden, war das Ganze ein Trick, ein Täuschungsmanöver? Hockte ich da in der Geisterbahn eines Jahrmarktes und fuhr durch Miniaturtunnel immer im Kreis herum, während aus dem Dunkeln überraschend Spukgestalten aufblitzten?«*[49]

Wo die Bahnsteige leer sind, macht sich der Blick an der Zugabfertigerin fest, sie, die nicht mehr ausruft, sondern über das Mikrofon, eher versteckt als offen, den Triebwagenführern das Abfahrtszeichen per Funk gibt. So, als wollte sie die Stille und Leere der Bahnhöfe selbst nicht stören. In Wolfgang Hermann Körners »Katt im Glück« von 1973 wird die S-Bahn zum Projektionsort für die eigenen Irritationen an der als kalt empfundenen Umwelt.

*»Auf einem leeren Bahnsteigdamm wartete ich auf den Zug in Richtung Zoo. Ich stellte mich an die betonierte Kante und schob meine*

Foto: Jens Schumann

*Schuhe langsam darüber hinaus, bis ich nur noch auf den Absätzen balancierte. Ich starrte auf den Holzschutz über der elektrischen Gleitschiene, bis ich das Gefühl hatte, daß meine Augen sich drehten und in mich hineinschauten.«*[50]

Die Leere der S-Bahn wird unerträglich, der Held fühlt sich schließlich vom Zugführer des eingefahrenen Zuges genötigt einzusteigen, das Warten des S-Bahn-Zuges, die Leere überall lassen ihn einen starken Sog verspüren.

*»Vorn beugte sich der Zugführer aus dem Fenster. Obwohl er genaue Fahrtzeiten einzuhalten hatte, verriet mir seine Haltung, daß er entschlossen war, so lange zu warten, bis jemand außer Atem auf den Bahnsteig eilte, um den Zug noch zu erreichen. Die Front des wartenden Zuges, der leere, im Schatten seines Daches liegende kleingepflasterte Bahnsteig, die Helligkeit der Stadt draußen, die wiedereingetretene Stille und der herausfordernde Blick des Zugführers wurden so unerträglich, daß ich, ohne meine Bewegungen wahrzunehmen, auf eine Tür zuging und den Zug bestieg. Aus den Augenwinkeln bemerkte ich das freudige Handzeichen des Zugführers; hinter mir hörte ich die Inspektorin rufen: ›Wollten Sie nicht in die andere Richtung?‹ «*[51]

Die Leere einer Bahn, die ursprünglich Herzstück eines großstadtischen Verkehrs gewesen war und jetzt ungenutzt fährt, provoziert Wahnvorstellungen. Das Paradox, das sich in dieser Leere ausdrückt, kann nur so bewältigt werden, wie es Hartlaub und Körner in ihren

Personen vorführen. Es ist eine gestörte Stadtwahrnehmung.
In Peter Schneiders „Mauerspringer" verbindet sich dieser Stadtbahn-Eindruck wieder mit dem Bild des Bahnhofs Friedrichstraße. Die Fahrt ist unwirklich, fremd, aber doch auch Teil von etwas Eigenem, etwas, was zu uns gehört. Uwe Johnsons Satz *»Die S-Bahn gehört zu unseren Intimitäten«*[52], den er 1970 schrieb, führt Peter Schneider weiter aus: Das Eigene ist uns fremd geworden.

Fotos: Hickethier

*»Nichts außer dem hohen saugenden Geräusch, an dem ich die S-Bahn unter allen Zügen der Welt erkennen werde, kündigt die Einfahrt eines Zuges an. Niemand steigt aus. Ich muß die beiden Griffe der automatischen Tür wie einen Expander auseinanderstemmen, um sie zu öffnen.*
*Alte schweigsame Leute, die meisten mit Kunstledertaschen oder Plastiktüten auf dem Schoß, sitzen verstreut auf den Holzbänken. Eine junge Frau in der Uniform der Reichsbahnbeamten erscheint vor dem Fenster und bewegt die Lippen vor einem Sprechfunkgerät; lange, frisch gewaschene Haare quellen unter ihrer Mütze hervor. Nur kurz, während der Zug den Bahnhof verläßt, treten die Häuserwände zurück und geben die Sicht frei auf das verwilderte Bahngelände. Büsche wuchern zwischen den Schwellen, greifen nach der Kupplung eines abgestellten Waggons. Dann kommen die Häuser wieder bis auf Reichweite heran, die Fenster sind blind vom Staub, und die Vorhänge dahinter wirken wie Sichtblenden, nur dazu da, den Blick nach draußen zu verstellen. Je näher die Grenze kommt, desto ähnlicher scheinen die Fahrgäste ihren Bekannten und Verwandten im anderen Teil der Stadt zu werden. Diese Hutfedern und topfartigen Hüte, dieser Mantelschnitt, diese unnachgiebigen Schuhe sind mir an der Ostgruppe im Flughafen Schönefeld aufgefallen, mehr noch die Farben: das Blaßgrau, Olivgrau, Weingrau, Taubengrau.*
*Kaum ist der Zug im S-Bahnhof Friedrichstraße zum Stillstand gekommen, bildet sich am Intershop-Kiosk sofort eine Schlange, die nach Schnaps und Zigaretten ansteht. Bevor ich den Treppenschacht erreiche, sehe ich einen Mitreisenden mit einer Plastiktüte im Waggon des Gegenzuges Platz nehmen. Mehrmals vergleicht der Grenzbeamte das Foto in meinem Paß mit der lebenden Person und sieht mir dabei unbegreiflich lange ins Gesicht, aber nicht in die Augen, sondern auf einen Punkt seitlich der Nasenwurzel, Dann verlangt er, mein Ohr zu sehen, nicht das rechte, sondern das linke. Während ich die Haare über dem Ohr hochhalte, stelle ich mir Paul Getty junior vor, wie er das abgeschnittene Ohr aus der Jackentasche zieht und dem Beamten im Briefumschlag überreicht.*
*Während ich das Bahnhofsgebäude verlasse, tritt eine andere Zeitrechnung in Kraft.«*[53]

**»Fahrkarte aus gelber Pappe. Mit einem Loch darin.«**

Diese Geisterbahnbilder, die zugleich die Realität beschreiben, könnten hier als Ende stehen, denn die literarische Stadtbahn ist in der Gegenwart angekommen. Aber das ist nur ein Teil von ihr. »Drüben« fährt sie ganz anders, lebensvoll, funktionstüchtig, ohne gespenstische Visionen. So ist sie in der anderen deutschen Literatur auch sehr viel mehr und sehr viel häufiger Teil eines Gegenwarts-Alltags. Zwei Beispiele sollen auch für unsere, die Westberliner Zukunft dieses Bild einer stark im Alltag der einzelnen verwurzelten S-Bahn in der Erinnerung halten. In Klaus Schlesingers „Alte Filme" fährt Kotte, der technische Zeichner, täglich, fünfmal die Woche, sechs Uhr sechzehn, vom Bahnhof Alexanderplatz nach Schöneweide. Seine Tage sind ausgefüllt. Die S-Bahn-Fahrt ist selbstverständlich, so wie sie bei Erich Wildberger 1952 selbstverständlich war, und erst als sie es nicht mehr wird und Kotte genauer hinsieht, beginnt er aus diesem Alltag auszubrechen.

*»Kotte hatte keinen Sitzplatz bekommen und stand eingezwängt im Gang. Ostkreuz leerte sich der Zug zur Hälfte, Kotte ließ sich schnell auf eine Bank fallen, bevor der Schwarm der Hinzusteigenden in die Abteile einfiel. Als der Zug anfuhr, standen die Leute gedrängter als zuvor. Kotte sah in ihre Gesichter, in denen Müdigkeit hing und Verschlossenheit. Die Sitzenden starrten in die Zeitung. Kotte fiel auf, daß fast alle die Zeitung von der Rückseite her zu lesen begannen. Schöneweide stiegen die meisten aus. Kotte wurde aus der Tür geschoben, den Bahnsteig entlang, die Treppe hinunter, durch die Halle, die renoviert worden war, aber nichts von ihrer Trostlosigkeit verloren hatte.«*[54]

In ganz ähnlicher Weise steht bei Irmtraut Morgner, einer der großen deutschen Erzählerinnen aus der DDR, die S-Bahn für den Alltag. Nachdem sie schon in der »Hochzeit in Konstantinopel« eine Fahrt im Pendelzug (wegen Bauarbeiten) auf der Ringbahn zwischen Zentralviehhof und Ostkreuz und die Aufdringlichkeit eines Mitreisenden beschrieben hatte (das Loch in der gelben Fahrkartenmappe ist mehrdeutig)[55], macht sie im »Leben und Abenteuer der Trobadora Beatriz« die Triebwagenführerin Laura zu einer der Hauptfiguren. Die S-Bahn ist etwas Selbstverständliches. Und obwohl sich Laura unter dem Einfluß der Trobadora von der Kaderleitung der Berliner S-Bahn für ein Jahr beurlauben läßt, ist ihr das Triebwagenfahren Teil ihres eigenen Ichs, ihrer Selbstbehauptung. Laura hat sich angewöhnt, beim Fahren zu stehen.

*»Linke Hand auf dem Fahrschalterknopf, rechte am Führerbremsventil, vor mir das Schienenband, das der Zug in sich hineinfrißt, mit sechzig, mit achtzig Stundenkilometern, Brücken, steile Bahndämme, braun vom Rost des Bremsstaubes, Bahnhöfe, auch verrostet, Häuser, Signalaugen grün gelb rot, Kais, Silos, den Schienenstoß fühlt man unter den Füßen und die Geschwindigkeit des Zuges und wie er besetzt ist. Die überfüllten Berufsverkehrszüge fahren sich schwer und fressen viel Strom. Man kann einen Zug nur deutlich fühlen, wenn man steht (...)*
*Im Traum kommt bei mir neuerdings immer SV2: Fahrt frei, Halt erwarten. Ich zieh den Klinkhebel des Führerbremsventils langsam zu mir heran, die Gewalt des Zuges bäumt sich unter meinen Füßen, mit Achtungsdonner fahr ich in den Zug ein. Immer Ostkreuz. Keine Angst: alle fahrenden Leute meiner Familie sind seßhaft.«*[56]

Die literarische S-Bahn ist nicht nur das Dekorationsdetail einer Hintergrund bildenden Stadtlandschaft. Die Spielfrau der Trobadora Beatriz, die Triebwagenführerin Laura, der technische Zeichner Kotte und Katt im Glück, Efraim, Max der Eisenbahner und Kurt Seifert, der Bauführer, ihnen allen ist die S-Bahn unauflöslicher Teil eines Lebensgefühls, ihrer Welt, in der sie leben. Sie alle machen einen Ausschnitt von Stadterfahrung und Stadtwahrnehmung sichtbar, und auch wenn nicht alle, die je in dieser literarischen S-Bahn mitfuhren, bei dieser Fahrt auftraten oder auch nur erwähnt wurden, in der Summe ihrer Ausschnitte erkennen wir unsere eigenen Erfahrungen und Wahrnehmungen als Reisende in der S-Bahn wieder.

*»Wir erkennen das Geräusch ohne Nachdenken, die klirrende Durchfahrt, nachts das atmende Bremsen und Anfahren, singende Beschleunigung. Die grünen Transparente an den Brücken und Bahnhöfen, das weiße S: Stadtbahn: es gehört uns, wir wissen, wo wir sind.«*[57]

## Anmerkungen

[1] Julius Stinde: Familie Buchholz. Aus dem Leben der Hauptstadt. Berlin 1884, S. 172
[2] Ebd., Bd. 2: Frau Wilhelmine. Berlin 1886, S. 123 ff.
[3] Friedrich Spielhagen: Die Stumme des Himmels. Leipzig o. J., S. 549 ff.
[4] Georg Hermann: Kubinke. Frankfurt/M. 1974, S. 216
[5] Rudolf Herzog: Der Graf von Gleichen. Ein Gegenwartsroman. Stuttgart/Berlin 1922, S. 3 f.
[6] Georg Hermann: Doktor Herzfeld. Roman. 1. Teil: Die Nacht. (1912) Stuttgart/Berlin/Leipzig 1922, S. 261
[7] Theodor Fontane: Stine. In: Sämtliche Werke. München 1959
[8] Theodor Fontane: Die Poggenpuhls. Roman. In: Sämtliche Werke. München 1959, S. 287
[9] Max Kretzer: Meister Timpe. Sozialer Roman. Leipzig 1888, 8. Auflage, S. 186 f.
[10] Ebd., S. 257 f.
[11] Vgl. Knut Hickethier: Karikatur, Allegorie und Bilderfolge. Zur Bildpublizistik im Dienste der Arbeiterbewegung. In: Peter von Rüden (Hrsg.): Beiträge zur Kulturgeschichte der deutschen Arbeiterbewegung (1848–1918). Frankfurt/M. 1979
[12] M. Kretzer (Anm. 9), S. 345 f.
[13] Julius Hart: Triumph des Lebens. Gedichte. Florenz/Leipzig 1898, S. 4 f.
[14] Georg Hermann (Anm. 4), S. 209 f.
[15] Erdmann Graeser: Die Koblanks. Roman. Berlin o. J., S. 190 f.
[16] Erdmann Graeser: Koblanks Kinder. Roman. Berlin o. J., S. 21 f.
[17] Ebd., S. 76 f.
[18] Vgl. Arno Holz: Berliner Himmelsfahrttag. In: Rolf Italiaander/Willy Haas (Hrsg.): Berliner Cocktail. Hamburg/Wien 1957, S. 203 f.
[19] Günter Birkenfeld: Dritter Hof links. Berlin 1929, S. 154 ff., 224 ff.
[20] Gabriele Tergit: Käsebier erobert den Kurfürstendamm. Roman (1931). Frankfurt/M. 1978, S. 93
[21] Alfred Döblin: Berlin Alexanderplatz. Roman (1929). München 1965, S. 117 f.
[22] Ebd., S. 271, 405
[23] Erich Kästner: Fabian. Roman (1932). Frankfurt/M/Berlin 1961, S. 126 f.; Hans Fallada: Kleiner Mann – was nun? Roman (1932). Reinbek 1950, S. 292 ff.
[24] Klaus Neukrantz: Barrikaden am Wedding. Roman (1931). Berlin 1970, S. 67
[25] Jan Petersen: Unsere Straße. Roman (1947). Berlin 1982, S. 47 f.
[26] Vgl. Reinhold Happel: Kuhle Wampe oder Wem gehört die Welt? Eine exemplarische Analyse. In: Helmut Korte (Hrsg.) Film und Realität in der Weimarer Republik. München 1978, S. 282
[27] Heinz Rein: Berlin 1932. Roman aus der Zeit der großen Arbeitslosigkeit. Berlin 1946, S. 237
[28] Paul Gurk: Berlin. Berlin 1934, S. 161 f.
[29] Walther Rathenau. Zit. n. Karl Nase (Hrsg.): Siebenhundert Jahre berlinischen Lebens im Spiegel des Gedichts. Berlin (1926), S. 255
[30] P. Gurk (Anm. 28), S. 325 f., 330
[31] Walter Mehring: Wenn wir Stadtbahn fahren ... In: Hugo Stummel (Hrsg.): Im Zeichen des Bären. Hamburg 1964, S. 373 f.
[32] Axel Alt: Der Tod fuhr im Zug. Berlin 1944, S. 5 ff. und S. 220
[33] Ebd., S. 157 f.
[34] Franz Joachim Behnisch: Rummelmusik. Ein Berliner Roman. München 1966, S. 225 f.
[35] Ebd., S. 270
[36] Ebd., S. 272 f.
[37] Ebd., S. 277 f.
[38] Erich Wildberger: Ring über Ostkreuz. Roman. Hamburg 1953, S. 8 f.
[39] Uwe Johnson: Nachtrag zur S-Bahn (1970). In: Berliner Sachen. Aufsätze. Frankfurt/M. 1975, S. 42
[40] Uwe Johnson: Die Berliner Stadtbahn (1961); Boykott der Berliner Stadtbahn (1964); Das soll Berlin sein (1964); Nachtrag zur S-Bahn (1970), alle in: Berliner Sachen (Anm. 39)
[41] Uwe Johnson: Das dritte Buch über Achim. Roman (1961). Frankfurt/M. 1979, S. 204 f.
[42] Wolf Dietrich Schnurre: Funke im Reisig. Roman (1963). Zit. n. Manfred Hammer u. a. (Hrsg.): Das Mauerbuch. Berlin 1981, S. 56 f.
[43] Christa Wolf: Der geteilte Himmel. Roman (1963). München 1979, S. 240 f.
[44] Vgl. Knut Hickethier: Bekenntnis, Kritik und Identifikation. Prosa der DDR zu Beginn der 60er Jahre. In: Georg Bollenbeck u. a.: Deutsche Literaturgeschichte – zwanzigstes Jahrhundert. Düsseldorf 1981
[45] Jochen Hauser. Familie Rechlin. Ein Roman aus Berlin. Rostock 1982, S. 246
[46] Horst Krüger: Das zerbrochene Haus. Eine Jugend in Deutschland. (1966) Frankfurt/M. 1980, S. 9
[47] Alfred Andersch: Efraim. Roman. Zürich 1967, S. 36
[48] Joachim Seyppel: Die Mauer oder Das Café am Hackeschen Markt. Roman. Wiesbaden/München 1981, S. 246
[49] Geno Hartlaub: Geisterbahn. Ein Berliner Phantasiestück. In: Schnittpunkte. Red. Rudolf de le Roi/Dieter Hildebrandt. Berlin 1966, S. 68 f.
[50] Wolfgang Hermann Körner: Katt im Glück. Roman. Darmstadt/Neuwied 1973, S. 64
[51] Ebd., S. 66
[52] Uwe Johnson (Anm. 39), S. 43
[53] Peter Schneider: Der Mauerspringer. Erzählung. Darmstadt/Neuwied 1982, S. 38
[54] Klaus Schlesinger: Alte Filme. Eine Berliner Geschichte. Frankfurt/M. 1979, S. 38
[55] Irmtraut Morgner: Hochzeit in Konstantinopel. Roman (1968). Darmstadt/Neuwied 1979, S. 55 ff.
[56] Irmtraut Morgner: Leben und Abenteuer der Trobadora Beatriz nach Zeugnissen ihrer Spielfrau Laura. Roman (1974). Darmstadt/Neuwied 1977, S. 324 f.
[57] Uwe Johnson (Anm. 39), S. 43

# Alltag und Folie für einen Traum

## Die Berliner Stadtbahn in Bildern von Menzel bis Heldt

Uta Lehnert/Olav Münzberg

Eine kurze Betrachtung der Berliner Stadt-, Ring- und Vorortbahnen in der bildenden Kunst kann nicht beginnen, ohne einen Blick auf das Ölbild »Berlin-Potsdamer-Eisenbahn« von 1847 von Adolph Menzel (1815–1905), das den Ursprung neuzeitlicher Berliner Stadtgeschichte festhält. Die 1838 eröffnete Bahnlinie führte noch, wie auf dem Bild, durch fast völlig unbebautes Gelände. Im Hintergrund ist das Panorama von Berlin zu sehen. Heute befindet sich an dem Ort, den Menzel darstellte, das Gebiet zwischen S-Bahnhof Großgörschen- und der Kolonnenstraße. Die Eröffnung der Stadtbahn wurde von Hermann Lüders (1836–1908) in einigen Zeichnungen für die »Illustrirte Zeitung« festgehalten; Walter Busch (1858 – Todesjahr unbekannt) illustrierte später den regen Ausflugsverkehr »Auf der Stadtbahn am Sonntagnachmittag«.[1] In der Folgezeit war die Stadtbahn bis auf einige verkehrsmäßige Brennpunkte und architektonische Hervorhebungen – z. B. der Bahnhöfe Alexanderplatz und Friedrichstraße als Knotenpunkte des Verkehrs oder der Jannowitzbrücke als Brennpunkt des damaligen Berliner Ausflugsverkehrs – für viele kein bildwerter Gegenstand.

Weder Max Liebermann (1847–1935), der Berliner war, noch Lovis Corinth (1859–1925) und Max Slevogt (1868–1932) haben sich mit der Stadtbahn auseinandergesetzt. Diese drei Hauptvertreter des deutschen Impressionismus fühlten sich mehr der Natur- und Menschendarstellung verbunden. Ihr Bruch mit der Vergangenheit aufgrund der entstehenden internationalen Industriegesellschaft ist nicht so sehr an den Gegenständen als vielmehr an ihrer neuen Formensprache ablesbar.

*Adolph Menzel. Die Berlin-Potsdamer Eisenbahn. Öl. 1847. Der an der Blockstelle 4 die Bahn überquerende Weg ist die heutige Großgörschenstraße. Hier befand sich um die Jahrhundertwende eine Haltestelle für den kgl. Hof. Von dort aus gelangte man zum Exerzierplatz auf dem heutigen Flughafen Tempelhof (nach einem Hinweis von Kurt Pierson).*

### Industrielle Dynamik und Trostlosigkeit

Zu den wenigen Künstlern, die sich mit der Stadtbahn auseinandergesetzt haben, gehört Hans Baluschek (1870–1935)[2]. Als Sohn eines Eisenbahners fühlte er sich der ›Welt der Eisenbahn‹ in besonderer Weise verbunden. Auf dem Bild »Nächtlicher Kohletransport auf der alten Verbindungsbahn«[3] von 1896 stellt er den Vorläufer der Stadtbahn dar. Auf den Bildern »Berliner Landschaft (Am Bahnhof)« um 1900 und »Reisende« von 1923 wird die Atmosphäre der Stadtbahnhöfe als Trostlosigkeit wiedergegeben. Hier werden nicht so sehr die »Leistungen« der modernen Technik gefeiert oder die »imposante« Architektur im Bild festgehalten, sondern die Stadtbahn wird entweder als Selbstverständlich gewordener Bestandteil der Großstadtlandschaft genommen oder als Ausdruck erfahrener psychischer Belastung gezeigt. Den Schwerpunkt bildet das Verhältnis der Technik zum Menschen, der gegenüber den Viadukten der Bahn häufig verschwindend klein erscheint. Baluschek verlagert den Schwerpunkt der Betrachtung, er zeigt Menschen in ihrem Alltag, abgespannt von einem harten Arbeitstag. Auf dem regennassen Bahnsteig in dem Bild »Reisende« warten in der Abenddämmerung ärmlich gekleidete Menschen auf den Zug. Die beiden Frauen sehen abgearbeitet und müde aus. Eine sitzt vornübergebeugt auf ihrem armseligen Gepäck, die andere – mit ausgemergelten Gesichtszügen – steht gebeugt, mit starrem Blick auf den Bahnsteig. Langeweile auf den Gesichtern der Kinder. Der Stadtbahnzug im Hintergrund – als selbständiges Verkehrsmittel durch einen Zaun von den Gleisen des Fernverkehrs symbolisch getrennt – wirkt trotz seiner Beleuchtung nicht belebend. Die trübe Atmosphäre entspricht einer resignativen Lebensstimmung.

Weitaus belebter erscheint Baluscheks »Berliner Stadtbahnhof« von 1913, bei dem es sich wahrscheinlich um den im 2. Weltkrieg stillgelegten S-Bahnhof Kolonnenstraße handelt. Von oben blickt man auf die lange dunkle Bahnsteigüberdachung und die Wagendächer eines eben eingefahrenen Zuges. Der Bahnsteig ist hell erleuchtet. Zwischen Bahnsteigdach und Zug befindet sich nur ein schmaler Spalt, so daß die aussteigenden Passagiere erst

Hans Baluschek: Reisende. Aquarell 1923

Hans Baluschek: Stadtbahn. Mischtechnik 1928

im Vordergrund sichtbar werden. Den Rest der Bildfläche füllen Bahnanlagen aus, der Mensch ordnet sich der Macht von Dingen und Funktionen unter. Das Kaufhaus mit dem redenden Namen »Cosmos« verweist auf die Zunahme der »Waren aus aller Welt« hin, zu deren Herbeischaffung und Verteilung das Transportmittel Eisenbahn notwendig geworden ist.

Auf dem Nachtbild »Stadtbahn« von 1928 sind die Stadtbahnbögen in der Dunkelheit kaum zu erkennen. Schemenhaft nähert sich von links ein Zug, und mitten auf dem Viadukt läuft ein Eisenbahner, den man nur an seiner hellen Handlaterne erkennt. Der Blick wird durch ein erleuchtetes Mansardenfenster angezogen. Die Geborgenheit des Dachzimmers ist dem nächtlichen Bahnbetrieb gegenübergestellt.

Baluschek hat noch eine Vielzahl weiterer Bilder von der Eisenbahn in Berlin gemalt. Als Maler dieses Symbols des Industriezeitalters fand er jedoch erst spät Anerkennung. Erwähnenswert ist noch eine Radierung des Bahnhofs Alexanderplatz von Wilhelm Giese (1883–1945), die die Hektik und das Gedränge von Tieren, Fahrzeugen und Menschen zeigt, und das Ölbild desselben Bahnhofs von Hans Hartig (1873 – Todestag unbekannt) um 1910, auf dem die riesige Halle an einen Sakralbau erinnert.[4]

## Bestandteil der Stadtlandschaft

Die Stadtbahnbilder von Julius Jacob (1842–1929) sind in Zusammenarbeit mit dem Architekturmaler Wilhelm Herwarth (1853–1916) als Auftragsarbeiten des Ministeriums für das Verkehrswesen entstanden. Als gebürtiger Berliner hat er sich in dem Aquarell-Zyklus »Alt-Berlin« mit der Stadt- und Architekturgeschichte seiner Heimatstadt befaßt. In ihm registrierte er die Veränderungen des Stadtbildes in den achtziger Jahren, wie sie auch auf dem Bild »Stadtbahnanlage an der Jannowitzbrücke« (zwischen 1872 und 1882) zum Ausdruck kommen.

Die Komposition des Bildes wird von drei Verkehrsebenen bestimmt: von der über die ganze Bildfläche verlaufenden Führung des Stadtbahnviaduktes, von der über die Brücke und unter der Bahn hindurchführenden Straße und von der Spree, die unter der Jannowitzbrücke durchfließt.

Im Vordergrund sehen wir den kunstvoll gemauerten Viadukt. Die sich wegen der starken Kurvenüberhöhung in gefährlich aussehender Schräglage befindenden Züge suggerieren Schnelligkeit. Der Dampf der Lokomotiven kann als Symbol des Fortschritts gesehen werden – als »Atem« dieser vom Tempo besessenen Stadt Berlin. Da kümmert es auch wenig, wenn die Stadtbahntrasse nach Westen hin wie eine Schneise brutal in die Stadtlandschaft geschlagen wor-

*Wilhelm Giese: Der Alexanderplatz in Berlin. Radierung o. J.*

*Julius Jacob/Wilhelm Herwarth: Stadtbahnanlage an der Jannowitzbrücke, zwischen 1872 und 1882. Wasserfarben*

*Paul Paeschke: Blick auf die Jannowitzbrücke. Öl. o. J.*

*Julius Jacob: Der Humboldthafen in Berlin. Öl. 1897*

den ist und der Viadukt auf der rechten Bildseite den Blick auf die dahinter liegenden Wohnhäuser größtenteils versperrt. Durch die besondere Art der Heraushebung des neuen Verkehrsmittels wird eine positive Sichtweise der Bahn nahegelegt, was auch den Vorstellungen des Ministeriums entsprochen haben wird. Während das Bild auf den ersten Blick freundlich und hell erscheint, treten auf den zweiten Blick hin Bedenken auf durch das Hervortreten von Brandwänden als Fassaden, den Schmutz sowie das zerstörerische Potential einer Schneisen schlagenden, bedenkenlosen Industrialisierung und der dadurch erforderlichen Vernichtung des alten Berlin durch neue Verkehrswege. Der Zustand der Stadt ist realistisch und zugleich mit Skepsis wiedergegeben.[5]

Dem panoramaartigen Bild von Jacob und Herwarth stehen zwei andere Darstellungen gegenüber: die »Jannowitzbrücke« von Paul Paeschke (1875–1943), die die Brücke und den Bahnhof nach dem Umbau Ende der zwanziger Jahre zeigt, und eine Radierung von Karl Hubbuch (1891–1979). Während Paeschke die Betonung auf den Ausflugsverkehr auf der Spree an der Jannowitzbrücke legt und den Betrachter mit seiner optimistischen Farbigkeit in Urlaubsstimmung versetzt, hält Hubbuch im verschachtelten Ineinander die neue Bedeutung der Stadtbahn im städtischen Leben fest.

Ein 1897 entstandenes Stadtbild von Jacob »Der Humboldthafen mit Alexanderufer und Lehrter Bahnhof«[6] zeigt die Stadtbahn auf ganz andere Weise. Die stählerne Fachwerkkonstruktion der Brückenträger durchschneidet zwar das Bild in der Mitte, steht aber nicht im Mittelpunkt der Darstellung. Jacobs Thema ist hier der Hafen und seine vielgestaltige Umgebung. Die Stadtbahn erscheint als integraler Bestandteil des Stadtbildes. Ihre Darstellung zeigt hier impressionistische Einflüsse.

Eine affirmative Auffassung der Stadtbahn vertritt Friedrich Kallmorgen (1856–1924) in seinem Bild »Hardenbergstraße mit Kaiser-Wilhelm-Gedächtniskirche« (um 1910). Die Stadtbahn wird hier durch die integrale Farbgebung von Brücke und Zug harmonisierend in den Stadtkörper einbezogen, obwohl die Bahnbrücke den gesamten Bildraum zerschneidet. Kutsche, elektrische Straßenbahn und Stadtbahn stehen als gleichberechtigte Verkehrsmittel nebeneinander. Dem Maler war es wichtiger, den Promenadencharakter der Hardenbergstraße festzuhalten und den Blick auf die gleichsam im Fluchtpunkt des Bildes stehende Kirche zu führen, die damals als ›nationales Heiligtum‹ angesehen wurde, als den Schnitt hervorzuheben, den die Stadtbahn real darstellte. Dieses Gemälde, das heute einen Flur im Charlottenburger Rathaus schmückt, ist der letzten Schaffensperiode Kallmorgens zuzurechnen, die von impressionistischen Einflüssen bestimmt war und während der hauptsächlich Städtebilder entstanden sind.[7]

Zu den Brennpunkten des Verkehrs in der Stadt zählte schon damals der Bahnhof Zoo. Paul Paeschke hat in einem Pastell die alte Fernbahnhalle des Bahnhofs und den Bahnhofsvorplatz mit der Hardenbergstraße von Süden her gemalt. Durch die Farbgebung – die Platzanlage ist in tiefem Blau gehalten – wird der Eindruck erweckt, der Bahnhof läge am Wasser. Menschenströme überqueren die Hardenbergstraße. Die Anonymität wird durch tupfenförmige Darstellung der Menschen betont. Der Rauch der Lokomotiven bedeutet zwar Schmutz, er wird aber noch nicht als etwas Bedrohliches aufgefaßt. Ausflugsstimmung ist auf zwei Radierungen von Paeschke »Reitweg am S-Bahn-Gelände zwischen den Bahnhöfen Zoo und Tiergarten« und Hubbuch »Im Tiergarten – Sonntagsreiter in Berlin« eingefangen. Von den Arbeiterbezirken im Osten in den »vornehmen« Westen fährt die Stadtbahn durch Berlin und ermöglicht den Fahrgästen die unterschiedlichsten Aussichten. Die »traditionsbewußten« Sonntagsreiter im Tiergarten lassen sich bei ihrem sportlichen Vergnügen von dem noch traditionslosen Fortbewegungsmittel der Unter- und Mittelschicht scheinbar nicht stören.[8] Eine kolorierte Radierung von Kurt Pallmann (1866 – Todesjahr unbekannt) gibt vermutlich den baulichen Zustand des

*Karl Hubbuch: Jannowitzbrücke Berlin. Kaltnadelradierung. 1922*

*Heinrich Zille: Am Bahnhof Alexanderplatz. 1909*

»Bahnhof Zoo« Mitte der dreißiger Jahre wieder und versetzt den Betrachter in eine winterliche Stimmung. Man blickt durch Schneeflocken hindurch auf den Eingang zwischen den Viaduktbögen. Es ist ein ruhiger Wintertag, die gewohnte Verkehrshektik fehlt.

Der bis heute populäre Heinrich Zille (1858–1929) hat sich offenbar nur in zwei Zeichnungen mit der Stadtbahn befaßt.[9] Die Zeichnung »Stadt- und Ringbahn«, ohne Jahr, zeigt einen Zeitung lesenden Mann im Abteil und einen Schaffner mit Handlaterne. Die Bildunterschrift erhellt den Sachverhalt: »Sie fahren schon zum vierten Mal um Berlin, wo woll'n Sie denn hin?« »Jarnich! Ick lese Zeitung, det Petroleum is' mir zu teier!« [10] Hier darf gelacht werden – auf Kosten der Armen. Zu der Zeichnung »Am Bahnhof Alexanderplatz« von 1909 meint H. Ludwig: »Die ganze Düsterkeit und Melancholie der Gegend um den alten Alexanderplatz enthält diese Kreidezeichnung und zeigt, daß auch eine skizzierte Stadtlandschaft voller sozialer Anklage sein kann.«[11]

## Folie für Lichteffekte

In dem Bild »Berlin-Friedrichstraße« von Lesser Ury (1861–1931) erinnert die Behandlung des Lichts an den französischen Impressionismus. In der mächtigen Dampfwolke des über die Brücke fahrenden Zuges scheint das Licht gefangen zu sein, und der Dampf verstärkt wiederum die Wirkung des Lichtes. Nach unten hin setzt sich die Helligkeit im Federhut und Pelzkragen einer jungen Frau fort, die auf den Betrachter zuläuft. Ihr ruhiger, gedankenverlorener Gesichtsausdruck und ihre elegante Kleidung bilden einen Kontrast zu dem hektischen Treiben auf der Friedrichstraße. Die Faszination des Lichtes lenkt den Blick auf ganz andere Aspekte der Bahn. Sie verführt zum Spiel mit Effekten und läßt – wenigstens nachts – das schmutzige Verkehrsmittel »schön« erscheinen. In einem anderen Bild, »Nachtimpression«, thematisiert Ury auch die unmerkliche Verdrängung sich überlebender Verkehrsmittel. Der Dampf einer Lokomotive hüllt, vom höher gelegenen Bahnkörper sich nach unten ausbreitend, eine Pferdedroschke ein und macht sie fast unsichtbar. So ist symbolhaft die Vertreibung des alten Verkehrsmittels durch Maschinen dargestellt.

In »Gleisanlagen im Norden Berlins«, einem Nachtbild von Franz Skarbina (1849–1910) um 1895[12], flimmern in der Ferne die Lichter der Großstadt. Skarbina ist von ihnen und dem Industrialisierungsprozeß fasziniert. Das wird am Feuerschein einer Dampfwolke deutlich, die vermutlich von einer Lokomotive hochsteigt, die gerade unter der Brücke hindurchfährt. Am rechten Rand der Bahnanlagen ist ein dampfgetriebener Stadtbahnzug zu sehen. Im Kontrast zu der dekonturierten Sphäre der Stadt und den Gleisanlagen stehen zwei Personen, ihrer Kleidung und Haltung nach der Arbeiterklasse zugehörig. Dadurch, daß beide von der gedeckt-dunklen Farbigkeit des ganzen Bildes mit erfaßt sind, wird der Kontrast wieder ein Stück zurückgenommen. Die Vereinzelung dieser beiden, ihr Ausgeliefertsein an das übermächtige großstädtische Leben – hier des Eisenbahnverkehrs – drücken sich besonders in der gebeugten Haltung und niedergedrückten Erscheinung des Paares aus. Die Frau schaut mißtrauisch auf den Maler/Betrachter und bezieht ihn dadurch in das Bild mit ein. Der Mann dagegen – dem damaligen Rollenverständnis entsprechend als der Frau vorausgehend dargestellt – sieht starr nach vorn und scheint nicht daran interessiert zu sein, was um ihn herum vorgeht. Die dargestellte Tristesse rückt Skarbina näher an Baluschek als an Ury.[13]

## Neue Wahrnehmung – psychische Zerreißprobe

Ludwig Kirchner (1880–1938) und Ludwig Meidner (1884–1966) beunruhigte und faszinierte zugleich das Leben in der Großstadt. Kirchner, seit 1911 in Berlin, malte das häßliche Gesicht der Stadt: Eisenbahnüberführungen, Stadtbahnbrücken und nackte Brandmauern an Gleisanlagen. Durch Dramatisierung von Farben und Formen legte er psychische Konflikte bloß, die das Leben in der Großstadt erzeugt. Durch Entwirklichung des real Wahrgenommenen versuchte er, das Motiv, so wie er es empfand, auszudrücken. Kirchner versuchte auf diese Weise, für die Großstadt im Subjekt einen bildnerischen Ausdruck zu finden. In der Zeit von 1913–1915 entstanden mehrere Stadtbahnbilder. Kirchner hatte ein Atelier in der Steglitzer Körnerstraße bezogen, wo er den Blick aus dem Fenster auf die Feuerbach- und Friedenauer Brücke festgehalten hat, z. B. in: »Straßenbahn und Eisenbahn« 1913, »Eisenbahnüberführung« 1913 oder 1914, »Blick aus dem Fenster« 1914, »Wannseebahn durch das Atelierfenster gesehen« 1914 und »Häuser, Brücke und Eisenbahngleise«, 1915–1916. Der Blick auf die Feuerbachbrücke findet sich auch in einem Holzschnitt.

In seiner »Anleitung zum Malen von Großstadtbildern« forderte Ludwig Meidner die Künstler im Jahre 1913 auf, endlich »die Großstadt« zu malen, »die wir unendlich lieben.« »Eine Straße besteht nicht« – so seine Abgrenzung zum Impressionismus – »aus Tonwerten, sondern ist ein Bombardement von zischenden Fensterreihen, sausenden Lichtkegeln zwischen Fuhrwerken aller Art und tausend hüpfenden Kugeln, Menschenfetzen, Reklameschildern und dröhnenden gestaltlosen Farbmassen.[14] Mit dieser Sprache des Futurismus thematisierte er nicht nur Gegenstands- und Wahrnehmungsänderungen, sondern nahm auch unbewußt die Greuel des 1. Weltkrieges vorweg, der ein Jahr später begann und dem Futurismus in Deutschland ein schnelles Ende setzte. Ein Beispiel für Meidners Auffassung der Stadt ist der futuristisch gezeichnete »Wannsee-Bahnhof« von 1913. Bewegung ist ihm das wichtigste. Trotz der vielen geraden Linien steht in dem Bild nichts gerade. Von allen Seiten stürzen Häuserwände, Laternenmasten und Lichtbündel. Das Großstadtleben ist schwindelerregend, die Nerven der Bewohner werden Zerreißproben ausgesetzt. Die Ruhe der Dinge und Subjekte ist endgültig vorbei. Meidners Zeichnung entspricht der Nervosität und Zerrissenheit des Großstädters.

*Ludwig Meidner: Wannseebahnhof. 1913*

## Fortgeschrittener Verstädterungsprozeß – neue Sachlichkeit

Zu einer ruhigeren, die neuen Phänomene der Industriegesellschaft mit dem Blick eher stillstellenden und lediglich beobachtenden Auffassung kommen Gustav Wunderwald (1882–1945) und Bernhard Klein (1888–1967), die zugleich als Vertreter der »Neuen Sachlichkeit« gelten. Wunderwald, der 1900 nach Berlin kam und als Bühnenbildmaler begann, um sich dann ganz der Malerei zu widmen, malte 1927 »Brücke über Garten- und Ackerstraße«, »Spandau-Nauener Straße«, »Berlin-Schöneberg« und »Eisenbahnunterführung in Spandau« und 1928 »S-Bahnhof Spandau«.[15] Zwei Bilder möchten wir hervorheben. Gegenüber der »Brücke über Garten- und Ackerstraße« erscheinen die sechsgeschossigen Wohnhäuser klein. Das helle Wohnhaus rechts neben dem schwarzen Koloß scheint sich wegzubiegen, weil es mit diesem Ungetüm aus Stahl nichts gemeinsam haben will. Die Stadtbahnbrücke wird hier in ihrer drückenden Monumentalität zum Machtsymbol der Industriegesellschaft. Die Menschen auf der Straße hingegen scheinen die Existenz der Brücke gar nicht wahrzunehmen. Diese Darstellung ruft heute Assoziationen an den rücksichtslosen Stadtautobahnbau mitten durch Wohnbezirke wach.

Bei »S-Bahnhof in Spandau« handelt es sich für Wunderwald um ein selteneres Motiv. Der Maler hat sich auf den Bahnsteig gestellt und blickt über das Gleis hinweg zu dem Bahnhofsgebäude, das in dieser Form heute nicht mehr existiert. Wir sehen die Bahnsteiguhr, den Abfertigungs»beamten« mit Kelle und Leitungsmaste mit Drähten. Der Zug ist gerade ausgefahren, es ist wieder ruhig auf dem Bahnsteig; und wir lassen, während wir warten, unsere Phantasie etwas spielen: so ist mit einem Mal das kastenförmige längliche Bahnhofsgebäude mit den beiden dichten Fensterreihen in Verkleinerung auf den Bahnkörper versetzt und befindet sich selbst in Fahrt. Diese Wunderwaldsche Transformation gelingt uns natürlich nur für Sekundenbruchteile. Wir schauen wieder auf das Bild und entdecken rechts ein kleines Gebäude, daneben einen großen Baum. Links neben dem Kubus des Bahnhofsgebäudes erkennt man Mietshäuser. So assoziiert man auf der rechten Seite des Bahnhofs Gärten oder einen Park und auf der linken die Stadt Spandau. Der Bahnhof steht als Mittler zwischen beiden Lebensbereichen »Wohnen/Arbeit« und »Erholung/Freizeit«.

*Gustav Wunderwald: S-Bahnhof Spandau. Öl, 1928*

Bei Bernhard Klein finden wir auch die Beschäftigung mit der Stadtbahn, z. B. in dem Aquarell »Stadtbahnhof« von 1926.[16] Dargestellt ist ein viaduktförmiger Bahndamm mit einem Dampfzug am Bahnsteig. Auffallend sind die Schlichtheit der Darstellungsweise und die Übersichtlichkeit des Bildaufbaus. Durch Reduzierung der wahrgenommenen Objekte auf das Wesentliche sind die Formen stark vereinfacht. Die Bahnhofsgegend erhält etwas Karges und Trostloses. Sie ist nicht ohne weiteres lokalisierbar und soll es auch nicht sein. Der Stadtbahnhof hat sein individuelles Profil verloren. Auch Max Beckmann (1884 – 1950), der 1904 nach Berlin kam, hat die Stadtbahn dargestellt, und zwar nicht – wie man erwarten könnte – im Zyklus »Berliner Reise« von 1922, sondern noch vor dem 1. Weltkrieg. Beckmann wohnte damals in Hermsdorf und hat z. B. den »Stettiner Vorortbahnhof« 1913 als Innenansicht, die »Millionenbrücke« und den »Blick auf den Bahnhof Gesundbrunnen« 1914 gemalt bzw. gezeichnet.[17] Diese Bilder sind jedoch nicht charakteristisch für Beckmanns späteres sozialkritisches Werk. Die Orte werden nur skizzenhaft angedeutet.

**Massentransportmittel zur Arbeitsstätte**

Die Maler Georg Grosz (1893 – 1959), Oskar Nerlinger (1893 – 1969) und Otto Nagel (1894 – 1967) verbindet ein kritischer Realismus. In einer Mappe (20 lose Blätter) von Grosz, die 1917 erschien, findet man die Zeichnung »Die Fabriken« von 1915/16, auf der eine Stadtlandschaft mit Fabriken, Gasbehälter und mehreren Gleisen zu sehen ist.[18] Auch auf einer Federzeichnung des Zyklus »Im Schatten« ist in einem Stadtausschnitt ein gemauerter Brückenbogen mit Signal zu sehen. Die Bahn erscheint bei Grosz als ein Element unter vielen im Zusammenspiel von Häusern, Straßen, Brücken, Fabriken und Menschen. Es ist Grosz daher auch nicht wichtig, einen bestimmten Bahnhof darzustellen. Ihm kommt es hier vielmehr darauf an, die Unruhe, das Tumultartige und Aufreibende des Großstadtlebens bloßzulegen.
Mit gleicher Intention wie Grosz arbeiteten Oskar Nerlinger und Otto Nagel, beide Wegbereiter des »Sozialistischen Realismus«. Nerlinger, der von der abstrakten, konstruktivistischen Kunst herkam – er war Leiter der Künstlergruppe »Die Abstrakten« –, löste sich von der abstrakten Form und fand, wie er 1959 rückblickend schreibt, »zu einem Realismus, der es ermöglichte, die Zustände in der Weimarer Republik kritisch wiederzugeben«.[19] Aus dem Jahr 1930 gibt es einige noch vom Konstruktivismus geprägte Bilder in Spritztechnik, auf denen die in ihrem Kernbereich seit 1930 kürzelhaft S-Bahn genannte Stadtbahn erscheint. Mit einfachen, geometrischen Formen sind hier »Die Straßen der Arbeit«, »Die Stadtbahn von Berlin« und »Der Weltferne« dargestellt. Thema ist hier: der Alltag des Arbeiters. Wie Fließbänder wirken die Brücken, Bahnen, Straßen und Wasserwege, auf denen Menschen sowie Güter zu den Arbeitsstätten transportiert werden.
Auf den ersten beiden Bildern erinnert eine große Uhr daran, daß der Tag vom Rhyth-

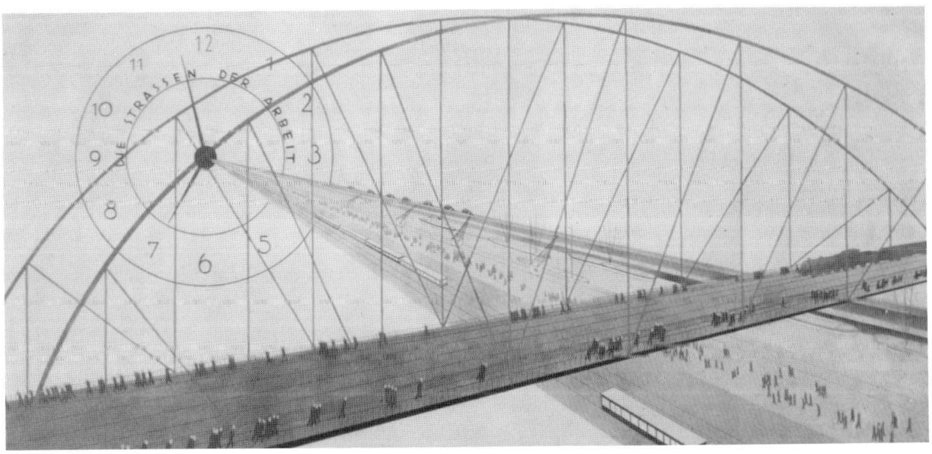


*Oskar Nerlingen: Straßen der Arbeit. Spritztechnik. 1930*

mus der Maschinen bestimmt wird, dem sich die Arbeiter zu unterwerfen haben. Die S-Bahn als Massentransportmittel ist in erster Linie dazu da, den verplanten, gehetzten Menschen pünktlich zur Arbeit zu bringen. Diese Menschen auf den »Straßen der Arbeit« haben kein Gesicht und sind ihrer Persönlichkeit beraubt oder haben keine Bedingungen, um sie zu entwickeln. Sie sind als Strichfiguren dargestellt und beliebig auswechselbar: ein Arbeiterheer, das im kapitalistischen Produktionsprozeß verschlissen wird. Nerlinger interpretiert hier die S-Bahn als lebensnotwendigen Bestandteil der Arbeitswelt und der kapitalistischen Ausbeutung. Indem er seine Bildinhalte aus dem Alltag der Arbeiter holt, hofft er, ein wirksames künstlerisches Mittel in der Hand zu haben, um Not, Elend und Korruption anzuprangern.

Weniger eindeutig sind die S-Bahn-Bilder Otto Nagels gemalt. Z. B. der »Blick auf den Bahnhof Gesundbrunnen« 1937, wo die Bahnsteige im Vordergrund zwar menschenleer sind und verlassen wirken, aber über die Brücke rechts die Menschen dicht gedrängt wie auf einem Fließband in den Bahnhof hineinströmen. Ein anderes Bild »Am Bahnhof Gesundbrunnen« 1937 zeigt den Blick auf die Straßenbrücke mit der Brunnenstraße hinüber zu den kaum identifizierbaren Bahnhofsgebäuden. Hier ist die trübe Stimmung eines Regentages eingefangen, es sind wenige Passanten auf der Straße, die sich nur morgens und abends nach Feierabend bevölkert, wenn die arbeitenden Menschen unterwegs sind. Nagel hat hier »die Zeit dazwischen« festgehalten, zu der man im Arbeiterbezirk Wedding kaum Stadtbummler oder Einkaufsverkehr antreffen wird, wie z. B. auf den Straßen des Berliner Westens, am Kurfürstendamm oder Tauentzien.

## Folie für einen Traum

Völlig anders als die Künstler des kritischen Realismus verarbeitete Werner Heldt (1904 – 1955) das Thema »Großstadt Berlin«. Seine Berlinbilder sind gedichtete Kompositionen[20]. Die Stadt Berlin wird in ihre Ursprungsnatur, auf die sie gesetzt ist, in eine Meeres- und Endmoränenlandschaft ein Stück rückübertragen. Auf einer Zeichnung hat Heldt Häuser an Bahngleisen und einen einfachen Waggon dargestellt. Aus dem Bildtitel »Traum. Der Waggon« 1934 ist zu entnehmen, daß es Heldt nicht auf die realistische Darstellung der Eisenbahn ankam, sondern um die Verarbeitung eines Traumes, dessen Bedrohlichkeit selbst aus der einfachen Kohlezeichnung spricht. Es ist nicht verwunderlich, daß man bei Heldt vergeblich nach Darstellung der S-Bahn sucht, wenn man weiß, was er darstellen wollte:«

*»Ich habe in meinen Bildern immer den Sieg der Natur über das Menschenwerk dargestellt. Unter dem Asphaltpflaster Berlins ist überall der Sand unserer Mark. Und das war früher einmal Meeresboden. Aber auch Menschenwerk gehört zur Natur. Häuser entstehen an Ufern, welken, vermodern. Menschen bevölkern die Städte wie Termiten. Kinder spielen gerne mit Wasser und mit Sand; sie ahnen vielleicht noch, woraus eine Stadt gemacht wurde.«*[21]

Heldt hat Berlin ans Meer verlegt. Heldt sucht den Rückbezug zur Natur, zu den Ursprüngen des Lebens und verschließt sich der durch Wirtschaft und Industrie diktierten Realität, an der er litt und an der er zerbrochen ist.

## Anmerkungen:

1 Hermann Lüders in »Illustrirte Zeitung« v. 25. 2. 1882, Walter Busch in der »Deutschen Illustrirten Zeitung« v. 20. 9. 1884

2 Vgl. Friedrich Wendel: Hans Baluschek. Eine Monographie. Berlin 1924; K. H. Bröhan (Hg.), Kunst der Jahrhundertwende und der zwanziger Jahre. Bd. I ›Berliner Secessionisten‹, Berlin 1973; R. Widerra: Hans Baluschek – Leben und Werk, Berlin 1974

3 Abbildung in Kurt Pierson: Dampfzüge auf Berlins Stadt- und Ringbahn, Stuttgart 1969

4 Vgl. ferner zur Rolle des Bahnhofs Friedrichstraße einen zeitgenössischen Bericht in der Ztschr. ›Buch für alle‹, 1883, Heft 10

5 Ein kleineres Bild der Jannowitzbrücke Jacobs von 1885 stellt u. E. die heute nicht mehr existierende benachbarte Waisenbrücke dar, worauf die einfache Brückenkonstruktion schließen läßt. Die Stadtbahn ist hier fast identisch mit den schräg liegenden Zügen auf dem großen Bild Jannowitzbrücke, aber die Atmosphäre ist weniger geschäftig. Die Passanten interessieren sich mehr für die längst der Brücke festgemachten Ruderboote als für die Stadtbahn, die mittlerweile schon seit drei Jahren über ihre Köpfe ›donnert‹: Man hat sich an das neue Verkehrsmittel und den damit verbundenen Lärm und Schmutz gewöhnt.

6 Wir bedauern, daß sich dieses Bild der Nationalgalerie Berlin als Leihgabe in den USA befindet, weil es in der Gegenüberstellung mit dem früheren Bild Jacobs deutlich die unterschiedliche Auffassung desselben Bildgegenstandes bzw. Motivbereichs bei ein und demselben Maler zum Ausdruck gebracht hätte.

7 Vgl. zu Kallmorgen verklärend S. Osborn in: Thieme/Becker: Künstlerlexikon. Leipzig 1926, 19. Bd. S. 477

8 Über den reaktionären General Wrangel, der im November 1848 die bürgerliche Revolution in Berlin niederschlug, schreibt K. Pomplun in seinem Buch ›Kutte kennt sich aus‹ – »Hier (im Steglitzer Wrangelschlößchen, d. V.) hat der volkstümliche Feldmarschall Wrangel von 1853 an im Sommer gewohnt . . . Zuletzt kam er nur besuchsweise nach Steglitz, weil ihn das damals übliche Pfeifen der Lokomotiven auf der gegen seinen Willen eröffneten Bahnstation zu sehr störte.« S. 85

9 Vgl. u. a. H. Zille: Mein Lebenslauf, in Berliner Geschichten und Bilder. Dresden 1924; W. Ranke: Vom Milljöh ins Milieu. Heinrich Zilles Aufstieg in der Berliner Gesellschaft, Hannover 1979; R. Altner in Jahrbuch des Märkischen Museums V. Berlin 1979, S. 115 – 128; K. Tucholsky Mit 5 PS. Auswahl 1924 – 25. Berlin 1977, S. 449

10 Vgl. A. Ostwalds Vorwort zu Zilles ›Kinder der Straße‹. Berlin 1909: . . . daß der »Kerl«, der einem auf der Ausstellung von 1901 noch »die ganze Lebensfreude verdarb«, es jetzt immerhin möglich machte, daß wir in den »Kindern der Straße« »über die ernsten Erscheinungen des modernen Lebens der deutschen Zentralstadt lachen, herzhaft lachen können«.

11 H. Ludwig: Erlebnis Berlin. Berlin 1961, S. 141

12 »Die illuminaristische Darstellung, die an Skarbinas Pariser Einflüsse nach 1886 und an mehrere datierte Arbeiten aus den 90er Jahren erinnert, das Thema des Arbeiterpaares und die Malweise legen eine Entstehung um 1895 nahe.« R. Bothe in ›Berlinische Notizen – Festgabe für Irmgard Wirth. Berlin-Museum 1981. S. 138

13 »Die auf der Rückseite des Bildes von fremder Hand eingetragene Lokalisierung der ›Bahnüberführung‹ (Aus dem Norden Berlins) ›dürfte zutreffend sein. Möglicherweise handelt es sich um die Beusselbrücke mit Blick auf Charlottenburg in Richtung Spandau. Die schwarz aufragende Silhouette zwischen den beiden Fabrikschornsteinen bezeichnete dann die Gasanstalt an der Gaußstraße. In der durchscheinenden Vorzeichnung ist deutlich der blockhafte Umriß eines Gasbehälters zu erkennen. Auch die rechts der Anlagen fahrende Stadtbahn stimmt mit der realen Situation überein.« R. Bothe, a. a. O., S. 138

14 Vgl. Th. Grochowiak: Ludwig Meidner, Recklinghausen 1966, S. 78 – 80

15 Vgl. Berlinische Galerie; Gustav Wunderwald. Berlin 1982, Kat.; Informationszentrum Berlin (Hrsg.): Gustav Wunderwald 1882 – 1945, Jahreskalender 1982, darin Texte von Hildegard Reinhard und Eberhard Roters

16 Vgl. Florian Karsch (Hrsg.): Bernhard Klein – Das künstlerische Gesamtwerk, Berlin 1979, Galerie Nierendorf

17 Zu den ersten beiden Bildern vgl. E. Holzinger/P. Beckmann: Max Beckmann – Die Druckgraphik, Karlsruhe 1962, Abb. Nr. 38 u. 47; zum dritten Bild B. u. E. Göpel: Max Beckmann, Katalog der Gemälde, Bern 1976, Bd. I, S. 126/27, Abb. Nr. 183

18 vgl. A. Dückers: George Grosz – Das druckgraphische Gesamtwerk, Frankfurt 1979, Abb. S. 55

19 O. Nerlinger: Die Zeitgemäßen – eine Künstlergruppe, in: Bildende Kunst, Berlin 1959, Heft 1

20 Nach W. Haftmann spiegeln Heldts Bilder seine Erlebnisse »in den leeren, hallenden Straßen der verstorbenen Weltstadt Berlin« wider. Ders.: Malerei im 20. Jahrhundert, München 1962, S. 537

21 Akademie d. Künste Berlin: Werner Heldt – Œuvre-Katalog 1920 – 1954, Berlin 1968, S. 32

# S-Bahnfahrten mit Berliner Künstlern

## Die S-Bahn in der zeitgenössischen bildenden Kunst

Uta Lehnert/Olav Münzberg

### S-Bahn-Wahrnehmung

*»Jeder zweite Berliner wohnt an der S-Bahn«*, sagte einmal der Schauspieler Leonhard Stekel zu einem zeitgenössischen Maler, der in einem Hochhaus im Hansa-Viertel direkt an der S-Bahn wohnt und das Scheppern der in den S-Bahnhof Bellevue hinein- und herausfahrenden Züge aus Gewöhnung nicht mehr vernahm. Es war ihm zur »zweiten Natur« geworden.
*»Jeder zweite Berliner wohnt an der S-Bahn.«* Das ist in einem weiteren Sinne die Wahrheit der Bewohner dieser Stadt. Die Stadt ist von S-Bahn-Linien zerschnitten, und, ob sie nun fährt oder nicht, sie ist da. Sie existiert auch für den, der einen großen Bogen um sie macht und nichts mit ihr zu tun haben will, ebenso für den, der eine Brücke passiert, weil sie darunter liegt und mit ihren braunen, rostigen Anlagen heraufstarrt. Auch der Autofahrer stößt auf sie, wenn er unter diesen schwarzen, dicht gestaffelten Eisenträgern hindurchfährt, die dick und schwer die Straßen überspannen. Besonders ist sie für den da, der im S-Bahnhof Zoologischen Garten in den Zug steigt, um im S-Bahnhof Friedrichstraße die Sperren zu passieren. Und selbst für den existiert sie, der mit dem Flugzeug die Stadt verlassen will. Er blickt aus der Luft auf ihren Streckenverlauf. Um die S-Bahn kommt keiner herum.
Die S-Bahn hat gegenüber der U-Bahn einen Vorteil: Wir sehen etwas außerhalb des Fensters. Sie trägt den Blick in die Hinterhöfe, Straßenzüge und Siedlungen, Wälder und in die Landschaft hinaus, auch wenn er in manchen Vierteln an hoch sich aufrichtenden Brandwänden abprallt. Im U-Bahn-Tunnel dagegen gibt es immer nur das Dunkel und im Abteil das künstliche Licht. Die S-Bahn quietscht und schaukelt auf einem Viadukt, die U-Bahn koffert sich durch Tunnels und durch dauernde künstlich erleuchtete Nacht. Das Licht des Tages machte die S-Bahn attraktiv, ebenso ihre Fähigkeit zu schnellem Transport: hinein in die Vororte und hinaus aus der Stadt. Und selbst die politischen Folgen des Nationalsozialismus: die Teilung Deutschlands und der Stadt, die Teilung der S-Bahn, ihr Boykott nach dem Bau der Mauer und die andauernde offene oder verborgene Verachtung tilgten nicht die Erinnerung an diese ihre Fähigkeit. Bei vielen zeitgenössischen Künstlern hinterließ die S-Bahn lebensgeschichtlich tiefe Spuren. Die meisten Bilder zeitgenössischer Grafiker und Maler sind Erinnerungsbilder.
Häufig ist es lediglich autobiographischer Zugriff, dem nichts entgehen soll, von in Berlin lebenden Künstlern, oder es sind die Wünsche von Neuankömmlingen, die große, ihnen fremde, in die Länge gezogene Stadt erst einmal kennenzulernen. Selbst wenn mit der S-Bahn nicht mehr gefahren wird, gemalt wird sie. Die S-Bahn, früher selbst Ort des Tumultes, erscheint ihnen fern dem Tumult des alltäglichen Lebens, als Ort von Abgelebtheit und Ruhe. Für die einen sind es Ruinen und Expeditionsfelder, in denen sie herumkraxeln und sich mit Stativ oder Zeichenblock wie ein Vogel einnisten können, auch wenn die Bahnpolizei mit ihren Schäferhunden sie manchmal aufspürt und vertreibt. Für andere ist die S-Bahn Teil ihres „Kiezes“, Teil einer Alltagswahrnehmung, die bildhaft zu verarbeiten ist, wie die Straßenkreuzung nebenan oder der Blick aus dem eigenen Fenster. Andere begreifen sich als Stadtchronisten oder schlüpfen vorübergehend in diese Rolle. Für sie ist die Stadt der Rohstoff, den sie mit Akribie zu Bildern verarbeiten. Sie konservieren durch ein Bild das, was zerstört wurde oder von Zerstörung bedroht ist. Manche sind keine berufsmäßigen Grafiker oder Maler. Sie sind als »Naive« aus dem öffentlichen Kulturbetrieb ausgegrenzt.[1] Sie sind kunstsoziologisch aber am interessantesten, weil sie für die Stadt und deren historisches Gedächtnis Erstaunliches an Bildproduktion leisten.
Einige von ihnen sowie einige Künstler, auf die wir zum Teil mehr oder weniger zufällig stießen, können hier vorgestellt werden. Andere nicht. Es gibt viele mehr in der Stadt. Auf die wir nicht gestoßen sind oder von denen wir zu spät gehört haben, mögen uns das nachsehen. Insbesondere sind wir auf dem einen Auge blind. Die Berliner S-Bahn im Ostteil der Stadt hat auch für uns nur Stadtkarten –, aber keine andere, lebendigere Existenz.
Machen wir mit den Künstlern drei Reisen auf dem Westberliner Netz, ohne festen Fahrplan, kreuz und quer mit der S-Bahn durch die letzten vier Jahrzehnte. Unsere einzige Orientierung ist die Zeit.

### Erste Fahrt: S-Bahnhof Bellevue – Westkreuz – Westend – Schöneberg – Zehlendorf – Wannsee.

### Berlin, eine Baustelle – Die S-Bahn als Teil der Stadtarchitektur

In der aquarellierten Federzeichnung »S-Bahn-Bögen im Hansaviertel« aus dem Jahre 1957 von *Heinz Ludwig* befinden wir

Heinz Ludwig: S-Bahn-Bögen im Hansaviertel. Aquarell 1957

uns mit dem Künstler selbst früh am Morgen oder am frühen Abend – der gelb verzogene Himmel und die gelben Lampen und die von innen erleuchtete S-Bahn lassen dieses offen – auf der Hansabrücke in Berlin-Tiergarten und blicken über den S-Bahn-Viadukt hinweg in das erst einige Jahre vorher errichtete Hansaviertel. Vor den S-Bahn-Bögen wird gebaut – ein Plakat links am Rand »Interbau Berlin 57« unterstreicht das. Ein großer giraffenartiger Baukran verweist auf noch nicht abgeschlossene Bautätigkeit im Hansaviertel. Zentrales Element der Komposition ist, daß die S-Bahn-Bögen und die darüberfahrende Bahn das Bild in einen dunklen Teil vorne und einen hellen hinten trennen. Hinter der S-Bahn, im neu entstehenden Hansaviertel, ist alles hell und licht. Das Bild wird so einerseits zum Zeichen des – im Hansaviertel zugleich internationalen – vehementen Neuaufbaus und der positiven Besetzung des »modernen« Beton- und Hochhausbaus, aber auch zum Ausdruck einer sozialpsychologischen Lage, die mit Hilfe von Neubauten möglichst schnell Abstand zur belastenden Vergangenheit gewinnen will.
Die S-Bahn-Brücke, die kurz vor dem Lehrter Stadt-Bahnhof die Spree überquert, haben *Ruth Gerber* 1961 aus großer Entfernung in einer Kohlezeichnung, und später, 1978 und 1982 *Gerhard Hauptmann* jeweils in einer Temperamalerei festgehalten.
In der Zwischenzeit sind wir über Bahnhof Zoo zum Bahnhof Westkreuz gefahren und steigen dort um. *Alexander Gontscharoff* hat 1958 in einem Aquarall und schwarzer Tusche dieses Umsteigen dargestellt. Die Menschen reduzieren sich auf der hell erleuchteten breiten Treppe und auf den Bahnsteigen – wie bei hastiger Wahrnehmung oder in großer Eile – zu bloßen Strichen. Nach unserem Umstieg auf die Ringbahn fahren

Joachim Gutsche. Schnellstraße/Baustelle Witzleben II. 1961. Kohlezeichnung

Hans Stein. S-Bahnhof Witzleben. Kohlezeichnung. 1971

wir am Funkturm vorbei. *Heinz Diekmann* hat uns hier aus luftiger Höhe vom Funkturmgelände her in einem Holzschnitt einen Panoramablick auf West-Berlin hinterlassen. Die S-Bahn als Stadtanlage ist erst auf den zweiten Blick im Vordergrund als gleichsam unsichtbare Stadtmauer oder als Umfassungsband mit dem Bahnhof Westkreuz rechter Hand zu erkennen. Das Kongreß-Zentrum ist noch nicht gebaut, auch keine Stadtautobahn, statt dessen sind viele Pappeln zu sehen.

Auf dem S-Bahnhof »Witzleben«, auf dem wir jetzt, 1961, ankommen, stoßen wir direkt neben der S-Bahn auf eine große Baustelle: auf den Bau der Schnellstraße, die den Norden mit der Avus im Südwesten und mit den Bezirken im Süden verbinden soll. *Joachim Gutsche* hat diesen Neubau in zwei Kohlestiftzeichnungen »Schnellstraße-Baustelle Witzleben I und II«, 1961, dargestellt. In der einen blicken wir von der Brücke am Kaiserdamm links auf den S-Bahnhof Witzleben und rechts auf die Autobahnbaustelle, ebenso auf den Dresselsteg und im Hintergrund die Ostpreußenbrücke. Auffällig sind im Vordergrund das dekorative Brückengelände und ein ebenso dekorativer Brückenaufbau, die mit den einfachen Formen der übrigen Verkehrsbauten in Kontrast stehen.

Drei Jahre später, 1964, beginnt dann *Hans Stein* (geb. 1935), nachdem er 1960 das Bild »S-Bahnhof« (S-Bahnhof Marx-Engels-Platz – ehemals S-Bahnhof Börse) gemalt hatte, sich über ein Jahrzehnt hinweg immer wieder mit dem Gelände des inzwischen gebauten Schnellstraßendreiecks, dem S-Bahnhof Witzleben und dem von 1973–1979 errichteten ICC auseinanderzusetzen.[2)] Auf das Ölbild »S-Bahnhof Witzleben«, 1964, folgen 1967 wiederum ein Ölbild »S-Bahnhof Witzleben und Schnellstraße« und 1968 eine Kohlezeichnung und 1970 ein Ölbild mit dem gleichen Titel und 1976 eine, 1977 zwei Kohlezeichnungen mit den Titeln »S-Bahnhof Witzleben«, »S-Bahnhof, Witzlebenbrücke, Kongreß-Zentrum« und »Witzlebenbahnhof und Gleisanlagen«.[3)]

Die S-Bahn erscheint bei Hans Stein in den zügig geführten, zum Teil gehetzten Linien als von anderen Transportsystemen überholt, in eine sie abhängende Dynamik eingepackt.

Oskar Huth: S-Bahnhof Halensee. Öl. 1936

**Erinnerungen – Stadtarchäologie**

Für *Gerhard Köhne* stehen in seinen beiden, in bunten Farben gehaltenen Bildern »Bahnsteig Witzleben« und »Wasserkran am Bahnhof Witzleben« aus dem Jahre 1980 »Gedanken an vergangene Zeiten«, als er noch regelmäßig mit der S-Bahn von Spandau nach Berlin fuhr, im Mittelpunkt.[4)]

Wir kehren um, um in Richtung Süden zu fahren. Auf dem Bahnhof »Halensee« blicken wir auf die einfache, schmucklose Halenseebrücke, die am Ende des Kurfürstendamms zum Rathenauplatz führt. Wir erinnern uns an ein altes Blatt von *Gerda Rotermund* (geb. 1902), das die alte Halenseebrücke in Winterstimmung zeigt, die im Zuge des S-Bahn-Baus als Eisenkonstruktion mit vier Halbbögen errichtet und durch den Zweiten Weltkrieg zerstört wurde. Es gibt noch Bewohner, die sich daran erinnern, als Jugendliche in einem Anfall von Mutprobe zur Verblüffung der Passanten mit Schwung die Halbbögen auf der einen Seite hinauf und auf der anderen wieder hinuntergelaufen zu sein.[5)] In dem Nachtbild »S-Bahnhof Halensee«, 1936, von *Oskar Huth* (geb. 1918) ist die alte Halenseebrücke vom Bahnsteig aus zu sehen. Mit Eberhard Franke (geb. 1936) stehen wir in unseren eigenartigen Zeitsprüngen und Zeitfahrten 1972 oben am schmucklosen Nachkriegsbrückengeländer und blicken über das weitläufige Schienengelände in Richtung Funkturm oder verfolgen in seiner Grafik den Rechtsbogen der S-Bahn-Linien zum Bahnhof Zoo. *Hans Joachim Schreiber* (geb. 1937) hat 1979, vom Dach eines Güterabfertigungsgebäudes aus[6], in seinem Pastell »S-Bahn-Gelände Halensee« in der Ferne noch das ICC eingetragen.

Auf unserer nächsten Station, dem S-Bahnhof »Hohenzollerndamm«, hat auch *Peter Ackermann* (geb. 1934) 1973 Halt gemacht. Ackermann ist ein Stadtarchäologe. Quer durch die Zeiten sucht er überall in europäischer Architektur nach Verkörperungen von Synthesen oder erzeugt sie, indem er Traditionsstücke in sie einträgt. Alles, was er berührt, taucht er in eine historische Zeit oder trägt es in vermutete historisch-geologische Schichten zurück. 1973 nahm er die nur von diesem Blickwinkel aus existierende architektonische Verbindung des S-Bahnhofs aus dem Jahre 1910 und des aus dem Nationalsozialismus stammenden Komplexes des Versicherungsgebäudes wahr, eine abstoßende Synthese, die heute noch, hinter dem Versicherungskomplex, durch eine hochaufschießende Container-Architektur mit Jet-Set-Ästhetik um ein neues Element vermehrt wurde.

Auf unserer Weiterfahrt zum S-Bahnhof »Schmargendorf« unterfahren wir die Schnellstraße, die sich hier ihrerseits verzweigt und betonschwer über den Gleisen lastet. *Hans Trenkler* hat 1961 in dem Blatt »Schnellstraße bei Schmargendorf« dies festgehalten. Der Charakter einer Industrielandschaft, in der Dinge mehr Platz einnehmen und ansprechen als Menschen, wird im Hintergrund durch mehrere hochaufragende Kühltürme noch betont, die jeden Blick auf den Himmel und die Natur verstellen. Die S-Bahn erscheint als Teil dieses Gesamtzusammenhangs. Mit unserer nächsten Station, dem S-Bahnhof »Schmargendorf« an der Mecklenburgischen Straße machen uns *Hanna Fertig* (geb. 1934) in einer akribischen

Radierung, *Hans Stein* (geb. 1935) und *Helmut Verch* (geb. 1923) mit einem Blick auf die Schienen in nördlicher Richtung bekannt. Verch fängt darüber hinaus von der S-Bahn zu erzählen an:

*»Der S-Bahnhof Schmargendorf war ›unser‹ S-Bahnhof, seit wir 1934 nach Wilmersdorf zogen. Von hier aus fuhren wir zum ›Botanischen Garten‹ oder zum Wannsee. Oder in die City. Da brauchte man nicht umzusteigen; zwischen Halensee und Charlottenburg legte sich der Zug in eine sanfte Kurve, und man war auf der Stadtbahn. Ziel: Friedrichstraße und von da aus in die Museen, ins Theater der Jugend, zu den Ausstellungen im Kronprinzenpalais. Das ging viel schneller als mit der U-Bahn oder Straßenbahn, und man brauchte nie zu warten. Wenn man von der Bahnhofsbrücke aus einen Zug einfahren sah, kam garantiert hinten am S-Bahnhof Hohenzollerndamm schon der nächste in Sicht.*
*Nach '45 gab es ein trauriges Wiedersehen. Demolierte Wagen mit Pappen statt der Fenster, in die manchmal eine kleine Luke geschnitten war, um wenigstens etwas Licht hereinzulassen. Demolierte Bahnanlagen und Signale, zerstörte Brücken ließen die Bahn oft nur im Schritt fahren und zwangen zu manchem lästigen Halt. Böse Zungen behaupteten damals, das käme daher, daß auch im Führerstand der Züge keine Verglasung, sondern Pappen angebracht wären. Die Züge kamen selten und waren ständig überfüllt. Hamsterer mit Rucksäcken, Witwen mit Tauschbarem auf dem Weg zum Bahnhof Zoo — der Hardenbergplatz wimmelte von Schwarzhändlern —, Kleingärtner mit der Ernte, aber auch regelrechte Kleinumzüge konnte man beobachten.*
*Es hatte mich nach Pankow verschlagen, und ich benutzte nun meist den Bahnhof Wollankstraße, dessen Zugang im Westen liegt, wo es einen regen Verkehr von Ost nach West und umgekehrt gab. Mit der Währungsreform hatte sich die Situation geändert, alles strömte von Pankow aus in die Wechselstuben, um Kaffee und Schoko zu kaufen. Die Kontrolleure kamen in die Züge, um sich ihre Opfer herauszupicken. Die stolzen Erfolge standen dann am nächsten Tag im Blättchen.*

*Nicht im Blättchen erschien im Osten der pfiffige Bursche, der seine Nähmaschine, die er nach dem Westen mitnehmen wollte, einfach ins Gepäckabteil trug und dort anke-*

Hanna Fertig. S-Bahnhof Schmargendorf. Aquatinta. 1982

*tete. Er setzte sich in ein anderes Abteil, und die Kontrolleure fanden wohl die Nähmaschine, aber keinen Besitzer, und da sie keine Zange besaßen, um die Kette durchzubeißen, waren sie machtlos.*
*Vom S-Bahnhof Schönhauser Allee fuhren die Anwohner zu Weihnachten in die »HO Gesundbrunnen«. Da standen dann die Leute dicht gedrängt schon auf der Straße und quetschten sich in 10-Minuten-Schüben die Treppen auf den Bahnsteig hinunter und in die Züge, die schon überfüllt dort ankamen. Mit dem Mauerbau war damit Schluß. Man konnte in den Tagen vorher noch auf dem S-Bahnhof Friedrichstraße beobachten, wie ganze Scharen von Flüchtlingen von den Fernzügen her auf den S-Bahnsteig drängelten, mit Sack und Pack, Koffern und Kartons, um den rettenden Lehrter Stadtbahnhof zu erreichen. Mancher wurde dort noch von den ›Greifern‹ mitgenommen, kurz vor dem Ziel. Mein Bild vom S-Bahnhof Schmargendorf zeigt die letzte traurige Epoche, die Stillegung. Man sieht eingeworfene Fensterscheiben und eine kleine Arbeitslok, die von den Arbeitern benutzt wird, die ab zu die Anlagen kontrollieren.«*[7]
Auch Hans Stein hat diesen Bahnhof 1982 in einer Kohlezeichnung »Fensterblick — S-Bahnhof Schmargendorf« vom gleichen Standort wie Verch dargestellt. Im Unterschied zu dem Bild Verchs führt hier aber der Blick in freier Komposition aus einem Atelierfenster.

**Gespenstischer Ort — Visionen des Verfalls.**

Auf dem Bahnhof Schöneberg, den Friedrich Götz Knothe 1982 in zwei Bleistiftzeichnungen darstellte, wechseln wir in die Wannseebahn, um bis zum S-Bahnhof Zehlendorf zu fahren. Nur zwei Leute steigen mit uns um, wie in dem Bild »S-Bahnhof Schöneberg«, 1979, von *Evelyn Kuwertz* (geb. 1945), die sich die S-Bahn speziell zum Thema ihrer Arbeiten gemacht hat.[8)]

Evelyn Kuwertz. S-Bahnhof Schöneberg — nach Wannsee. Eitempera. 1979

Walter Koschwitz. Das Ende der S-Bahn. Radierung. 1982

Gert Neuhaus. S-Bahn im Diplomatenviertel. Zeichnung. 1982

Die Türen der Wagen stehen noch offen. Man hat nicht den Eindruck, daß sie sich überhaupt noch einmal schließen. Die Atmosphäre ist – unterstützt vom Blick durch die fabrikhallenähnliche, überdachte leere Bahnsteighalle und von einem Mann mit Hut und Tasche rechts, der dem Betrachter den Rücken zukehrt – öd und leer. In dem Bild »S-Bahn Schöneberg – Tauben I«, 1979, wird dieser Eindruck noch ins Gespenstische gesteigert. Ein S-Bahn-Zug steht wiederum mit offenen Türen in der Station. Aber keine Menschen nähern sich den Wagen oder treten aus ihnen heraus. Lediglich Tauben befinden sich als einzige Lebewesen an der Treppe. Einzelne fliegen auf, und es ist möglich, daß sie in eines der Abteile fliegen. Die S-Bahn erscheint als potentieller Nistplatz.
Blicken wir aber mit der Malerin von der Ringbahn nach unten auf den S-Bahnsteig der Wannseebahn, ein Blick, den sie 1979 in dem Bild »S-Bahnhof Schöneberg – nach Wannsee« festgehalten hat, so sehen wir in einem langen Sonnenstreifen und auch vorn im Schatten einige Leute stehen und auf den Zug warten. Die Szenerie ist gegenüber der Leere auf der Ringbahn verwandelt. Der Sonnenstrahl liegt wie ein Hoffnungsstreifen auf dem Bahnsteig, vielleicht mit der Sehnsucht verbunden: hinaus an den Wannsee, und noch weiter: hinaus aus der Stadt.
Wir fahren weiter. Peter Ackermann hat 1977 den nördlichen Teil der Drakestraße von der S-Bahn-Brücke aus, einen Blick des Fahrgastes aus dem Fenster, dargestellt.
Auf dem S-Bahnhof »Lichterfelde West« haben wir, als wir den Bahnhof verlassen und noch einmal zurückblicken, mit *Walter Koschwitz* (geb. 1937) in Verbindung mit seiner Radierung »Das Ende der S-Bahn« von 1982 eine Vision. Die Schienen links und rechts vom Bahnhof sind verschwunden. Dieser selbst ist zerfallen. Das Dach ist schon weg. Auf den Mauerresten des aus Klinkerstein erstellten Gebäudes und Turmes wächst Gras. Vor der Ruine stehen, z. T. selber schon im märkischen Sand verschwindend, abgestellte Autowracks, dicke altreiche überdimensionierte Limousinen. Auf einer abblätternden Großreklame kommt aus den Lippen einer mit Sonnenbrille mystifizierten Frau die Zigarette wie ein schwenkbares Panzerrohr heraus. Eine kleine Eiche vor dem Bahnhof ist oben schon abgestorben und trägt nur noch unten einige Blätter. Davor lagern zwischen weggeworfenen Schnapsflaschen zwei gerahmte Bilder mit dem Motiv einer entgegenkommenden S-Bahn, abgeworfene zerfallende Erinnerung an eine andere, einmal lebendig gewesene Zeit.
Ebenfalls Anlaß für eine Verfallsvision wird die S-Bahn für *Gert Neuhaus* in der Zeichnung »S-Bahn im Diplomatenviertel« und »S-Bahn in den Dünen« von 1982. Schienen und die S-Bahn enden auf dem Dach eines leerstehenden Hauses. Beide werden zu Metaphern der Erinnerung an den 2. Weltkrieg.
Der S-Bahnhof »Lichterfelde West« und die folgende Station »Sundgauer Straße« sind viele Jahre früher, 1964, für den Maler *Hermann Waldenburg* (geb. 1940) zeichnerisches Übungsgelände gewesen. 1961 war er von Stuttgart nach Berlin gezogen und hat 1962 mit der S-Bahn erst einmal Berlin erkundet.

**Alltägliche Stadterfahrung, Idylle, magisches Mischwesen und Museumsstück**

Wir kommen zum Bahnhof Zehlendorf. Dieser gehört, wie der Bahnhof Tiergarten oder Zoo, zu jenem Typus von Bahnhöfen, die über einer Brücke liegen oder sich in sie hineinziehen. Hat Ruth Helm diesen Bahnhof 1961 in einer für die damalige Zeit typischen Weise in einzelne Wahrnehmungselemente aufgelöst, so verarbeitet Herbert Dittmann dasselbe Motiv 1982 in einer pastosen Art. Den nächsten Bahnhof »Lindenthaler Allee« am Mexikoplatz haben *Peter Ackermann* 1968, *W. Ziezold* 1976, *Sonja Hartmann* und *Fritz Schweitzer* 1982 zum Motiv genommen. Hartmann hat den im blumig-geschwungenen Jugendstil erbauten Bahnhof, der in seinem pagodenartigen Aufbau asiatische Züge in die Villengegend hineinträgt, von der Frontseite idyllisch als Frühlingsbild gemalt[9], demgegenüber Ziezold – zugleich realistischer – als ein Winterbild. Als Stadtchronist, der auch den übernächsten Bahnhof »Nikolassee« malte, weiß er zu berichten:

Ruth Helm. S-Bahnhof Zehlendorf. Holzschnitt. 1961

Wolfgang Ziezold. S-Bahnhof Nikolassee. Öl. 1976

*»Auf einen allgemeinen Nenner gebracht: Im Westen von Berlin saß das große Geld, im Norden das kleine, im Osten die Armut, im Süden ebenfalls kleines Geld. Das ist gültig von 1880 bis 1930. Auf dem Bahnhof Nikolassee konnten z. Z., als er gebaut wurde, nur Leute mit der runden Million siedeln. Der Bahnhof am Mexikoplatz nun ist ein Beweis, wie elegant man bauen konnte, wenn man nur wollte. Er ist zwar ein Stilmischmasch, nichts Reines, aber aufwendig. Man hat dort nicht anders gewagt als so zu bauen, am Bahnhof Nikolassee – etwa in gotelnder Architektur. Das Gegenstück sind Zweckbauten, wie etwa der Bahnhof ›Köllnische Heide‹ in Neukölln, der in einer armen Gegend gebaut wurde.«*[10]

Fritz Schweitzer (geb. 1935) hingegen präsentiert in »Erinnerung an den S-Bahnhof Zehlendorf-Beerenstraße« die S-Bahn als Museumsstück. Er erinnert nicht nur an einen ehemaligen Turm auf dem Bahngelände, sondern führt dem Betrachter auf einem Tisch eine Laterna Magica – im Hintergrund ist eine Projektionsfläche mit dem Bahnhof zu sehen – und S-Bahn-Symbole, wie u. a. Kelle, Trillerpfeife, Bahnermütze auf Ständer, als Museumsstücke vor. In einem zweiten Bild »100 Jahre S-Bahn« fordert er zur Wiederbelebung der S-Bahn auf.

P. Ackermann wiederum hat in einer Radierung den Bahnhof von der Westseite aus dargestellt und dessen Turtelhaftigkeit mit seinem historischen Zugriff, ohne an der architektonischen Vorlage allzuviel zu verändern, in ein magisches Mischwesen verwandelt; in ein teils tierisch-polypenhaftes – die vergitterten Türen und Fenster erscheinen wie Saugnäpfe, teils grausam faschistoides – die Architektur erscheint als verhüllter Kopf mit Gasmaske, Erinnerung an den 1968 erst 23 Jahre zurückliegenden Nationalsozialismus mit seinen zerstörerischen Auswirkungen.

Peter Ackermann. S-Bahnhof Lindenthaler Allee. Radierung. 1968

*Peter Ackermann. S-Bahnhof Wannsee. Radierung. 1974*

*Gert Neuhaus. Zugang zum S-Bahnhof Grunewald. Öl. 1982*

Am S-Bahnhof »Wannsee«, unserer Endstation, trinken oder – wie es in der preußischen Amtssprache hieß, die selbst bis in das Alltagsverhalten hineinreichte und noch in unseren Ohren nachklingt – »genehmigen« wir uns erst einmal einen Kaffee. Sinnierend stellen wir fest: der S-Bahnhof »Wannsee« ist wirklich Endstation, auch für Peter Ackermann, der in einer Radierung »S-Bahnhof Wannsee« 1974 von seinem Blickwinkel aus den Bahnhof in freier Komposition hinter einer Berliner Sanddüne zur Hälfte verschwinden läßt, weniger aus Erschöpfung wie wir, als vielmehr aus einem endzeitlichen Bewußtsein.

**Zweite Fahrt: S-Bahnhof Heerstraße – Grunewald – Schlachtensee – Westkreuz – Zoologischer Garten – Friedrichstraße**

Diese Strecke, ab Westkreuz eine klassische Ausflugsstrecke zum Strandbad Wannsee, wurde für zwei Maler lebensgeschichtlich zu einer zentralen Strecke: für *Gert Neuhaus* von 1952 an zum langjährigen Schulweg vom S-Bahnhof Schlachtensee und – in umgekehrter Richtung – für *Friedrich Lindlar* 1941 als Student der Medizin zum Weg an den Studienort von Wannsee über Westkreuz zum Krankenhaus Charité östlich des S-Bahnhofes Lehrter Stadtbahnhof. Gert Neuhaus (geb. 1938) schreibt:

*»Lange bevor wir Jungen selbst zu S-Bahn-Kennern wurden, brachen unsere Mütter mit Gleichgesinnten und rüstigen Heimkehrern einige Male wöchentlich zum Hamstern auf; natürlich per S-Bahn. Das mußte so gegen 4 Uhr morgens geschehen, damit man irgendwo den Dampfer nach Ketzin bekam. Ketzin war der absolute Tip. Da konnte man mit großer Gewißheit auf Erfolg Glühbirnen, Spitzendeckchen, Schmuck und echte Teppiche gegen Eier und Fallobst tauschen und einigermaßen sicher sein, daß das teure Gut einem auf der abendlichen Rückfahrt nicht von offiziellen Kontrolleuren wieder abgenommen wurde.*

*Meine Schulfahrt begann täglich um 7.30 Uhr am Bahnhof Heerstraße – hier soll Adolf Hitler irgendwann einmal Mussolini anläßlich eines Staatsbesuches abgeholt haben. Über den verträumt dumpfen Charakter dieses eher nutzlos anmutenden Bahnhofs sollte man sonst eigentlich schweigen. Der in meiner täglichen Reise anschließende Bahnhof war Eichkamp. Ein doppelseitiger Bahnsteig oder eine Rampe von großer Ödnis. Von dort aus fährt man talwärts nach Westkreuz. Westkreuz verursachte höhere Herztätigkeit. Würde man wieder wie gestern den Absprung hinkriegen? Schon vor der Einfahrt in den kühlen und dunklen Bahnhof wurden die Türen gewaltsam geöffnet, dann rechte Hand am linken Außengriff – blanker Messing, wohlgeformt. Aufsetzen des rechten Fußes auf dem Mosaikpflaster des Bahnsteiges und dann mußte man einige Meter – von der Fliehkraft getrieben – neben dem Zug herrennen. Man durfte dabei möglichst keine Leute anrempeln und mußte kurz vor der breiten, grauen Betontreppe, die rüber zur Wannseebahn führte, abbremsen.*

*Die Treppe war peinlich genau von Unrat befreit. Das Reinigungspersonal wirkte auf mich immer ungeheuer eindrucksvoll wegen seiner altpreußischen Uniformierung. Es gab für mich S-Bahn-Generale – mit mindestens 4 Sternen aus nahezu purem Gold . . . und Oberste, die mit hochdekorierten Gleiswärtern aufbrachen, um die »Strecke« abzuschreiten. Fahrkarten-Kontrolleure waren allesamt in den oberen Rängen angesiedelt.*

*Von weitem sahen wir schon in einem ausladenden Bogen langsam und etwas schlingernd die Wannseebahn auf den Bahnhof zurollen. Einfahrt. Ermahnung zur Eile beim Einsteigen. (Wenn die gewußt hätten, wieviel Zeit die S-Bahn später noch hatte . . .) Die Rückfahrt war dann meist heiterer. Im Sommer sind die Bahnhöfe schattig und kühl. Im Winter vermißten wir in den Wartezeiten die Glut in den Öfen der Warteräume. Die auf den Bahnhöfen aufgeschichteten Briketts jedenfalls reichten nur für die Beheizung des Bahnvorsteherraumes: »Zutritt verboten.«*

*Als Maler, Graphiker, Kunst- und Antiquitätenhändler habe ich die S-Bahn nie vergessen, sei es, daß sie mir nur durch ihr eigentümliches Rattern und Aussehen nie ganz aus dem Sinn kam . . . Ich mochte und mag sie, auch wenn ich sie nicht mehr nutzte oder nutze. Im Gegensatz zur U-Bahn ist sie mir – trotz langer Trennung – eine Vertraute.«*[11]

Neuhaus hat 1982 alle Stationen seines Schulweges gemalt: die S-Bahnhöfe Heerstraße, Eichkamp – letzteren in einer Gesamtansicht, in der er die typische Korrosion der Bahngleise und das alles überziehende Rostbraun herausarbeitet – Westkreuz, Grunewald, Nikolassee und Schlachtensee. Letzteren hat er als Erinnerungsbild gemalt. Vom Ende des Bahnsteiges blicken wir über eine mit rotweißen Warnbalken umstellte, mit Betonwänden eingefaßte Vertiefung rechts auf den überdachten Teil des Bahnsteiges und links auf eine eben eingefahrene S-Bahn. Das Bild durchzieht eine besondere Grautönung, die vom Himmel über die Träger der Überdachung bis in den Vordergrund reicht. Sie wird dort aber von einem Roséton überstrichen. Die Baustelle im Vordergrund existiert in Wirklichkeit nicht. Das könnte den Wunsch des Malers nach Erneuerung ausdrücken. Andererseits befanden sich dort früher die Bunker, die vom Nationalsozialismus auf Stadtbahnhöfen angelegt wurden. Neuhaus berichtet:

*»Auf allen Stationen, die ich auf meinem Schulweg von Heerstraße bis Schlachtensee passierte, gab es von den Nazis gebaute Bunker. Eingelassen in den Bahnsteigkorpus, dienten sie in den Jahren nach 1945 als Kohlenkeller. Der Vorrat wurde allerdings lediglich zur Beheizung der Bahnhofsvorsteherräume genutzt. Die Beheizung der Warteräume wurde dagegen völlig vernachlässigt. Die Fahrgäste waren im Winter blau vor Kälte und glücklich, wenn ein zumeist ebenfalls unbeheizter Zug – oft mit Verspätung – einlief.«*[12]

Für F. Lindlar (geb. 1925) ist die Beschäftigung mit der S-Bahn Ausdruck der Tatsache, *»daß man in Berlin noch, im Unterschied zum Gelände der Bundesbahn in Westdeutschland, seit Kriegsende nicht geänderte Realität wahrnehmen kann.«*[13] Diese verarbeitet er seit 1969. Gegenüber früheren Darstellungen von Bahnhofsgebäuden geht Lindlar seit 1976 i. b. in dem Triptychon »Schotter und Schiene« zu Großaufnahmen von Details über, wobei nicht beabsichtigt ist, aus einem Teil das Ganze zu erklären. Die Essenz ist vielmehr eine existenzielle: die Produktion der S-Bahn als eine Art Todes- und Suizidlandschaft.

Auf dem S-Bahnhof »Grunewald« haben außer Lindlar auch noch Elsa Hertzer 1917 in einer Kohlezeichnung und der Stadtchronist Ziezold, letzterer 1975 und 1981, Station gemacht. Ziezold: *»Bismarck hat den Grunewald zum Wohngebiet der angenehmen Bürger des Westens ausgerufen, und der S-Bahnhof Grunewald wurde so das Tor zu den kapitalistischen Gärten.«*[14]

*Evelyn Kuwertz. Umsteigen im S-Bahnhof Westkreuz. Eitempera. 1981/82*

## Labyrinth, Kneipenstätte und Tatort

Der S-Bahnhof Westkreuz, auf dem wir vorübergehend aussteigen, ist für *Evelyn Kuwertz* von 1979 bis 1982 wiederholt zum Motiv geworden. Die Zeit aber ist längst vorbei, in der um 1955 der ›Aktivistenzug‹, ohne anzuhalten, gespenstisch durch den Bahnhof fuhr, an den sich Neuhaus erinnert:

*»Der Aktivistenzug war ein 6-Wagen-Zug, der gelegentlich durch Westkreuz fuhr. Während der Durchfahrt, die kurz vorher, ohne Einzelheiten, angekündigt wurde, hielt der Bahnhofsvorsteher die Kelle hoch. Für jedermann wurde sichtbar, daß dies ein Zug war, der in Westkreuz nicht halten sollte. Trotzdem versuchten die Menschen, aufzuspringen und mitzukommen. Die Türen standen aber unter Druck. Der Zug muß irgendwo ›im Osten‹ gestartet sein, um, ohne im Westen zu halten, jenseits der Grenze zu enden.«*[15]

Gespenstisch aber ist auch die Zeit, in der Kuwertz das Innere des S-Bahnhofs malt. Es verkehren kaum noch Züge. Das Innere ist beinahe menschenleer. Und in dieser Situation treten die Architekur, insbesondere die Treppenkonstruktionen und Aufgänge, in ihrer Verschachtelung und Labyrinthhaftigkeit, Offenheit und Nutzlosigkeit besonders hervor. Bei dem Blick vom unteren Bahnsteig durch Treppengeländer zu dem oberen geht es Kuwertz um keine Authentizität der Perspektive und der Zusammensetzung der Elemente. Im Unterschied zum Foto, das von einem festen Standort aufgenommen wird, integriert sie partiell das Wandern am Objekt in den Bildgegenstand. Beim Foto, sagt sie,[16] werde das Subjekt vom Objekt festgelegt und nicht das Subjekt bestimme das Objekt. Um ein Bestimmen durch das Subjekt sei es ihr aber zu tun. Dadurch formt sie unmerklich die architektonische Struktur ein wenig um und erzielt eine spezifische Spannung. Werden dann noch einzelne Personen in diese Eisen- und Bahnsteigkonstruktionen hineingestellt, steigere das die schon vorher vorhandene, auch durch ihre zumeist blaugrauen Farben verstärkte melancholische Stimmung. Wenn Kuwertz in den letzten 4 Jahren die S-Bahn zum zentralen Thema ihrer Bilder macht, so rückt sie etwas im Berliner Alltag und in der kulturellen Öffentlichkeit dieser Stadt Verdrängtes wieder in den Blick.

Wir fahren zum S-Bahnhof »Charlottenburg« mit seinen breiten Bahnsteigen. Mit *Norbert Behrends* »Bahnhof in den Wolken« von 1975 versetzen wir uns in einen der

*Norbert Behrend. Bahnhof in den Wolken. Radierung. 1975*

allerersten Frühzüge. Es ist 5 Uhr morgens, hell, aber keine Sonne. Der Blick geht vom Bahnsteig aus auf den Ausgang. Vor der Treppe liegt ein Schild: »Ausgang geschlossen«. Rechts steht die S-Bahn. Der Himmel reicht bis unter den Horizont an die Scheiben der Treppenüberdachung und spiegelt sich auf den Pfützen des Bahnsteigs wider. Tauben fliegen durch den Bahnhof wie Nachtgespenster.

*Hans Block* (geb. 1915) hat diesen Bahnhof nach dem Krieg ohne Dach gesehen. Diese Erinnerung hat er 1960 in dem Nachtbild »Bahnsteigende« festgehalten. Vier rotfarbene Träger stehen funktionslos am Ende des Bahnsteigs in Schwarzblau getränkter, nur vom Schein einer elektrischen Lampe erhellten Nacht. Drei Jahre vorher, 1957, hat Peter Berndt in einem frühen Bild dieselbe Situation dargestellt.

Zu einem dichten Knotenpunkt künstlerischer Aktivitäten wurde der S-Bahnhof »Savignyplatz«, der sich über der Bleibtreustraße hinwegzieht und sowohl zum Savignyplatz als auch zur Schlüterstraße einen Ausgang hat. *Per Gernhardt* (geb. 1941) und *Hermann Waldenburg* haben 1962 den S-Bahnhof Savignyplatz, Eingang Schlüterstraße, festgehalten. *Otto Eglau* (geb. 1917) malte 1964 seinen Blick vom Atelierfenster aus, der wie die S-Bahn den zweigleisigen Viadukt entlang durch die Häuserschluchten führt und diese erst zu solchen markiert. Rote und schwarzweiße Signale und andere Zeichen betonen den Vordergrund. Die Benutzung von Schwarzweißfarben an einzelnen Häuserwänden – analog den Signalen – betont den Zeichencharakter der Stadt. Der S-Bahn-Viadukt scheint hier eher als romantische Schneise denn als sozialer historischer Einschnitt. Eine andere Erfahrungswelt thematisiert *Hortense von Heppe* (geb 1941), die ebenfalls am S-Bahnhof Savignyplatz wohnt. Ihr Blick fällt in mehreren Bildern auf die kleine, enge, lebhafte Passage entlang der S-Bahn zwischen Bleibtreustraße und Savignyplatz, in der sich nicht nur der sehr dunkle Eingang zum Bahnsteig befindet, sondern auch mehrere Kneipen. Auch Ziezold hat hier Motive gefunden.

Wir fahren zu einem Zentrum von Lebensaktivitäten und einem der unruhigsten und sozial beunruhigtsten Plätze der Stadt, den S-Bahnhof Zoologischer Garten, dem lange

*Hortense von Heppe. S-Bahnhof Savignyplatz. Öl. 1975*

Jahre einzigen Fernbahnhof der Stadt. Einen solchen Standort für den Tatort Zoo hat sich *Peter Schunter* in seinem Ölbild »Blick auf den Bahnhof Zoo« ausgesucht. Vom Dach des Hotels Kempinski in der Fasanenstraße aus, einem von Passanten kaum beachteten Beobachtungsposten, geht der Blick auf den Linksbogen, den der Viadukt vor der Einfahrt in den zweiteiligen Bahnhof macht. Einen anderen ebenso potentiell detektivischen Ort wählte H. Waldenburg in den sechziger Jahren in einer Zeichnung »Bahnhof Zoo«, auf den er aus den Fenstern der ehemaligen Galerie 2000, der heutigen Berlinischen Galerie, schaut, ohne etwas Besonderes zu erblicken. Aber nicht alle Künstler erfassen dieses Gelände als möglichen Tatort. *Arwed Dietrich* 1974 und *Monika Cornell* 1982 nehmen dem Gelände alle Schrecken, alle Unruhe und Hast.

*Wolfgang Ziezold. An der Staatlichen Porzellanmanufaktur Wegely-/Bachstraße. Öl. 1974*

## Ort der Erinnerung, offenes Museum, Allegorie und politischer Ort

Wir fahren zum S-Bahnhof Tiergarten. Ziezold hat ihn 1974 gemalt. *Hartmut Berlinicke* (geb. 1942) haben dagegen die S-Bahn-Bögen angezogen. Zu seinem Ölbild »Manches fuhr darüber hin« von 1980, das eineinhalb zugemauerte S-Bahn-Bögen in verrottendem Zustand zeigt, sagt Berlinicke: *»Bitte, halten Sie die Einfahrt des Kleingewerbetreibenden, A. Dill, frei! Die Architektur der S-Bahn-Bögen weist auf den fluktuierenden Handel und seine Veränderung hin. Sie weist Spuren von Baumaßnahmen auf, und ihr desolater Zustand läßt auf den Zustand des Kleingewerbes schließen. Das schattenwerfende Gelände der außerhalb des Bildes befindlichen Gleisanlage signalisiert den Überbau: Die Fahrt geht weiter, der Rubel rollt, die Räder müssen rollen. Ein Stück zufälliger Geschichte, versteckt im fortschrittlichen System des einst modernen Verkehrsnetzes, welches in Berlin an fast jeder Station eine Anknüpfung an die Geschichte der Macht der Faschisten ermöglicht. Man sorgt für Einfahrt, Fassade und Geschäft, während darüberhin die Transporte geplant auf den Abgrund zuliefen.«*[17]
Der folgende S-Bahnhof »Bellevue«, der noch aus dem Jahre 1881 stammt und heute als Depot für die Einnahmen aus dem S-Bahn-Betrieb benutzt wird, gehört zum Kiez des Malers *Gerhard Hauptmann* (geb. 1928). 1975 hat er in dem Ölbild »S-Bahn Bellevue« die unmittelbar vor seiner Wohnung gelegene S-Bahn-Überführung über die Bartningallee dargestellt. Die Brücke mit dem S-Bahnsteig und der einstieligen Bahnsteigüberdachung, der erweiterte Teil des alten Bahnhofs, sind zu sehen. Ausgespart ist die Altberliner Kneipe, die sich unmittelbar unter der Unterführung auf der Westseite befand und in die sich erhitzte Akteure und Besucher von Veranstaltungen der Akademie der Künste in den 60er und 70er Jahren zur

*Gerhard Hauptmann. S-Bahnbogen 426 zwischen Bellevue und Tiergarten. Tempera. 1982*

*Clemens Fahnemann. Lehrter Stadtbahnhof. Radierung. 1981*

*Norbert Behrend. Lehrter Stadtbahnhof. Radierung. 1972*

Abkühlung bei einem Schultheiß-Bier zurückzogen.[18] Das Dunkel der Wand geht – ohne jede Abstufung und räumliche Distanz – in das Dunkelbraun der Brandmauer des hinter der Überführung gelegenen Hauses über, so erscheinen frühere Transporttechnik und damaliger Wohnungsbau verbunden. Aus dem gleichen Jahre stammt das Bild »S-Bahn-Bögen Bellevue«, das der Darstellung des Kontrastes zwischen dem spezifischen Rot des S-Bahn-Körpers, dem Braun der Brandmauern und den hellen Tönen von Hinterhofwänden sowie runden und linearen Formen gilt.

Für den Maler und Graphiker *Claus Haase* (geb. 1930) ist das Bild »Warteraum – S-Bahnhof Bellevue« aus dem Jahre 1982, das das Innere des Bahnhofs in seiner Hallenkonstruktion zeigt, ein Erinnerungsbild. Er schreibt:

*»Damals, im Jahre 1951, besuchte ich West-Berlin. Am S-Bahnhof Bellevue viel Betrieb. In kurzer Folge kamen S-Bahn-Züge, voll von Menschen, hell erleuchtet. Die Bahnhofshalle hatte noch Kriegsschäden. Dach und Fenster waren fast ohne Glas. Aber auf dem Bahnsteig Kioske. Unten, in der Eingangshalle waren Läden. Heute, 1982, erscheint der Bahnhof leer und finster, verlassen. Er hat nur noch eine geringe Funktion. Ab und zu kommt langsam noch ein S-Bahnzug. Aber das alte Berliner Tempo fehlt. Die große Halle liegt menschenleer, viel zu groß, da, sie rostet so vor sich hin. Man hat Zeit, die Konstruktion zu betrachten. Alles schlicht und zweckmäßig. Jetzt erst empfindet man die schönen Verhältnisse, die man früher nicht beachtete. Ich denke an die neuen, aufdringlichen U-Bahnhöfe, mit viel zu großen, unförmigen Lampen und schlechter Beschriftung. Eine dunkle Treppe führt zum Ausgang des alten Bahnhofes. Unten in der Eingangshalle alles still und tot. Geschäfte gibt es schon lange nicht mehr. Verschlossen die Fahrkartenschalter. Die Fenster dunkel, schmutzig und blind. Unheimliche Stille liegt über dem Gebäude.«*[19]

Auf dem S-Bahnhof »Lehrter Stadtbahnhof«, der letzten Station in West-Berlin, steigen wir mit *Claus Fahnemann* aus, der 1981 in zwei Farbradierungen die Innenarchitektur festgehalten hat. Steht in der einen das geschlossene Erfrischungshäuschen im Zentrum, so in der anderen der Blick durch eine Seite der Hallenkonstruktion über Schiene und menschenleeren Bahnsteig hinweg. Ein giftiger Grünton an der Eisendecke dominiert. Sonnenlicht tritt, nur von den Fenstern an Seitenwänden und von einem schmalen Streifen in der Decke gefiltert, herein. Fahnemann erlebt die S-Bahnhöfe als »offene Museen«:

*»Die S-Bahnhöfe sind durch die politische Situation in Berlin durch den Zweiten Weltkrieg bis heute in ihrer ursprünglichen Situation fast ohne Bruch konserviert. Sie sind kaum ›modernisiert‹, in ihren Farben und Formen ein Teil erlebbarer Kulturgeschichte Berlins, offene Museen, die überall die Spuren der Zeit, der Verwitterung und des Zerfalls tragen. Der Lehrter Stadtbahnhof bekommt zur Mittagszeit, mit seinen hochaufragenden schmalen Seitenfenstern, seiner Größe und dem sanft einfallenden Licht fast sakralen Charakter.«*[20]

Dem Grafiker *Norbert Behrend* (geb. 1939) wird der Lehrter Stadtbahnhof 9 Jahre früher, 1972, zur Folie einer existentialistischen Allegorie. Der Bahnhof ist ›Käfig‹, wie Behrendt selber sagt.[21] Der Blick geht in Untersicht von den letzten Treppenstufen aus, auf den Bahnsteig und die bogenförmige Dachkonstruktion. Ein ärmlich gekleideter Mann mit Schlapphut hat gerade den Bahnsteig betreten. Die Uhr links ist ohne Zeiger. Dies soll Zeitlosigkeit dokumentieren. 5 Vögel – oder derselbe Vogel in mehreren Flugphasen – die individuelle oder kollektive Psyche, der einzelne oder das kollektiv eingeschlossene Berlin als fliegende Taube.

Verlassen wir den Bahnhof und steigen mit *Hans-Joachim Schreiber* auf das Dach des Sozialgerichtes in der Invalidenstraße. Von dort aus hat er 1981 in dem Ölbild »Stadtbahnbrücke mit Reichstag« den Blick über die Spree und auf den Reichstag gemalt. Der Reichstag erscheint punktartig als dunkler, schwerer Block, vor dem die S-Bahn als farbiger Wurm vorbeizieht.
Als Apokalypse dagegen hat 1979 Erwin Gaigall in dem Ölbild »Frost-(Architektur im Tiergarten)« dieses Gebiet einschließlich der S-Bahn gemalt. Wie durch eine Friedhofsatmosphäre mit gigantischen Grabstellen fährt ein knallig rotgelber S-Bahn-Zug. Die Bahn erscheint als letztes Leben im ›Frost‹ von Berlin.

Nach diesem Alptraum fahren wir zum S-Bahnhof »Friedrichstraße«. Evelyn Kuwertz hat diesen Bahnhof, und zwar den Teil, der Westberlinern und Bundesdeutschen als Übergang offen ist, gemalt. Einige Fahrgäste warten auf dem Bahnsteig. Trotz seiner geringen Größe steht der Volkspolizist auf der Galerie am anderen Ende des Bahnsteigs im Zentrum. Er ist – bei aller äußeren Dominanz und Vordergründigkeit der Architektur des Bahnhofs – dennoch insgeheim der alles andere bestimmende Mittelpunkt. Wir kehren um.

*Peter Berndt. Fahrgäste. Bleistiftzeichnungen. 1956 und 1957*

**Fahrgäste**

Wir sind zwar bisher S-Bahn gefahren, haben Bahnhöfe, Brücken, Bahnsteige und Streckenabschnitte mit den Augen der Künstler studiert, aber die Fahrgäste haben wir bisher kaum beachtet. Für *Peter Berndt* (geb. 1937) wurden sie während der ersten Jahre seines Studiums 1956 und 1957 zum eigentlichen Thema. Berndt erinnert sich:
*»In den ersten zwei Jahren meines Studiums an der HfbK hatte ich ein Zimmer in Spandau (1956/57). Ich bin deshalb täglich mit der 5-DM-Monatskarte von Spandau-West nach Bahnhof Zoo und zurück mit der S-Bahn gefahren. Auf diesen Fahrten sind in DIN-A 5-Büchern (Schreibarbeit vorschützend oder durch Zeitung getarnt) die Zeichnungen von S-Bahn-Reisenden entstanden. Die S-Bahn war meist unkommunikativ (trotz sich gegenüberstehender Bänke). Handtaschen, Beutel usw. werden vorm Bauch festgehalten, der Blick geht ins Leere oder nach draußen, aber auch dann nicht, um etwas zu sehen, sondern eher dösend. Es gibt auch Zeitungsleser und Schläfer, aber kaum Unterhaltung. Auffällig beim Wiederbetrachten heute, daß Mitte der 50er fast alle Kopfbedeckung trugen – seltsame Hüte, Mützen, Tücher, und die Mode war eigentlich keine. In der S-Bahn fuhr noch die Nachkriegszeit mit. Auf der Straße hatten die Ford-Taunus-Autos die Weltkugel im Kühlergrill.«*[22]
Die Skizzen erfassen die Menschen im Augenblick eines kurzzeitigen Ruhezustandes zwischen vorangegangener, abgebrochener

Peter Berndt. Fahrgäste. Bleistift. 1956

und in Kürze wieder aufgenommener Handlung.

Auch *Geert Tuckermann* (geb. 1915) hat in Pinsel- und Kreidezeichnungen immer wieder Figuren in der S-Bahn dargestellt: einzeln oder sich gegenübersitzend, vom Rütteln oder aus Erschöpfung Eingeschlafene oder ein einzelnes Liebespaar. In einem Ölbild »Bahnhof Zoo« hat er keine Fahrgäste, sondern Obdachlose festgehalten, die in Ecken und Nischen, an die gelben Kacheln der Bahnhofswand gelehnt, Schutz und mit einer Flasche Wein die nächsten Stunden zu überbrücken suchen. Tuckermann schreibt über seine S-Bahn-Erfahrungen:

*»26 Jahre Berufsverkehr verbanden mich mit dem ›Bahnhof Zehlendorf‹. An vielen späten Abenden stand ich an den Gleisen. Oft war es sehr still, dann hörte man nur das Gurren der Tauben, welche im Gebälk der Bahnofsüberdachung ihr Asyl gefunden hatten. Pünktlich polterten Militär- und Postzüge, mit etwas Sehnsucht beladen, westwärts. Das rote Schlußlicht des letzten Wagens entschwand in leichter Rechtskurve und in der Dunkelheit. Aber ein anderes Rot belebte die Szene. Die Aufsicht erschien mit rotem Käppi auf dem Bahnsteig. So kam also die Muse fahrplanmäßig wie der Zug, der mich nach Hause brachte. Die Anregung für mein letztes Eisenbahnbild war gegeben. Warten wir, bis sich der ›Halbkreis‹ des Stadtrings wieder schließt.«*[23]

Evelyn Kuwertz hat 1981 in dem Bild »In der S-Bahn zwischen Westkreuz und Savignyplatz« eine schlafende Frau gemalt, die von einer anderen (die Malerin selbst?) beobachtet wird. Ist es Ermüdung durch Arbeit? Allgemeine Erschöpfung oder Lebensüberdruß?

*Gerd Jedermann,* der seit über 60 Jahren in Berlin wohnt, hat noch das *»Türenklappen der nicht modernisierten und nicht elektrifizierten Stadtbahn im Ohr«.*[24] Er hat in mehreren Bildern Gastarbeiter während der Fahrt mit der S-Bahn 1981 dargestellt. Daß vorrangig sie die S-Bahn heute benutzen, wird ihm zum Ausdruck wachsender Entwirklichung dieses Mediums. Er schreibt:

*»Angefangen hat ihre Verkümmerung mit dem Boykott von 61, von dem sie sich nie wieder ganz erholen konnte. Ich hatte das Gefühl, daß sie nicht nur äußerlich schäbig wurde, sondern daß sich viele Fahrgäste nicht mehr wohl fühlten. Mitfahrende wurden mißtrauisch gemustert, das Bild der Benutzer änderte sich in den letzten Jahren. Jetzt wurde das Bild bestimmt von unseren ›Gästen‹, den Ausländern verschiedenster Herkunft, aber gerade durch sie verstärkte sich für mich der Eindruck der Isoliertheit, äußerlich ablesbar von dem Vor-sich-Hinstarren, der Vermeidung von unbefangenen Blickkontakten. Etwas davon wollte ich in meinen Bildern dokumentieren. Die toten Gleise, die verrotteten Bahnhöfe sind für mich schmerzende Wundstellen im westlichen Stadtbild.«*[25]

## Dritte Fahrt: S-Bahnhof Schöneberg – Köllnische Heide – Marienfelde – Yorckstraße – Gesundbrunnen – Frohnau

Machen wir eine dritte und letzte S-Bahn-Reise, diesmal in den Südosten und von da aus in den Norden der Stadt.

### Mondäner Ort und Industrielandschaft

1976 hat *Heinz Joch* (geb. 1926) in seinem Bild »S-Bahnhof Schöneberg« mit Tusche die Szenerie dieses Bahnhofs aus Sehnsucht verwandelt. Er stellt in Anlehnung an die Formensprache Kirchners den Bahnsteig in freier Komposition mit schlanken, hochgewachsenen Figuren und Figurengruppen voll. Dadurch wird der Eindruck des Mondänen und Großstädtischen hervorgerufen.

Gerd Jedermann. Fahrgäste II. Öl. 1981

Auf dem S-Bahnhof »Papestraße« begegnen wir mehreren Künstlern. Mit Fahnemann, der Farbradierung »S-Bahnhof Papestraße«, stehen wir 1981 auf dem Bahnsteig des gleichnamigen Bahnhofs der Nord-Süd-Strecke. Die S-Bahn erscheint als ein mit äußerer Natur sich verschmelzender und schon von ihr sanft aufgezehrter kontemplativer Ort. Hier stoßen wir auch auf den Grafiker *Eberhard Franke* (geb. 1936), der in einer Kaltna-

Heinz Joch. S-Bahnhof Schöneberg. Tusche. 1976

*Eberhard Franke. S-Bahnhof Papestraße. Radierung. 1982*

delradierung mit dichten, oft netzartigen Schraffuren, fast an der gleichen Stelle wie Fahnemann stehend, den Vorortbahnsteig mit Blick nach Norden darstellt, so daß die S-Bahn-Überführung der Ringbahn im Hintergrund in den Blick kommt.

Auch *Kurt Mühlenhaupt* (geb. 1921), den ehemaligen Trödler und Maler aus Kreuzberg, treffen wir an, hier aber auf dem Sachsendamm mit Tempelhof im Rücken und dem Blick nach Schöneberg, mit dem Aquarell »S-Bahn-Brücken vor dem Bahnhof Papestraße« 1982. Der Blick geht auf die dort befindliche Straßenunterführung. Im Vordergrund steht in einem Mini-Rondell ein einzelner Baum. Von rechts kommt ein ›Mühlenhaupt-Auto‹ ›August-Strebel-Schrauben‹ ins Bild. Der Kreisverkehr existiert dort nicht. Mühlenhaupt hat das Rondell mit dem Baum ins Bild hineinkomponiert, da die Stadtlandschaft dort extrem häßlich ist. *J. Steiner-Sendling*, der im KZ umgekommen ist, hat in einem Ölbild diese S-Bahn-Brücke ebenfalls dargestellt.

Über die Bahnhöfe Tempelhof, Hermannstraße und Neukölln fahren wir nach »Köllnische Heide«. Hier am S-Bahnhof Köllnische Heide, den auch W. Ziezold gemalt hat, und dem nahe gelegenen S-Bahnhof Sonnenallee beginnt das bildnerische Einzugsgebiet des Autodidakten und Berlinmalers *Walter Kohlhoff* (1906–1981), das sich – heute über die Berliner Mauer hinweg – bis zu den S-Bahnhöfen Treptower Park und Ostkreuz und in das Gelände des S-Bahnhofs Lichtenberg erstreckt.[26] 1939 hat er in dem Bild »Rote Bahnbrücke« die Überführung, die am hinteren Ausgang des S-Bahnhofs Ostkreuz zur Straße in Richtung Stralau führte, in einem schweren, lastenden Rot dargestellt. Es ist das einzige Ölbild, das er über den Krieg rettete. Von der Lokalität her gehören die 1961 und in leichter Abwandlung 1977 gemalten Bilder »Gelände am S-Bahnhof Ostkreuz I und II« mit dem Bild »Rote Bahnbrücke« zusammen. Häufig hat er als Motiv das Gelände entlang des ›Wiesenweges‹ zwischen S-Bahnhof Ostkreuz und S-Bahnhof Lichtenberg wiederholt. 1955 malt er dann auch das Bild »S-Bahn-Gelände zwischen S-Bahnhof Sonnenallee und Treptower Park«. Im Vordergrund steht links eine grüne Bank am Abhang des Neuköllner Schiffahrtkanals. Im Hintergrund ragen die Häuser mit typischen Berliner Brandwänden empor, verkoppelt mit einer S-Bahn-Brücke. Durch die leichte Untersicht, die die Gegenstände des Hintergrundes hebt und die menschenleere Bank, die in dieser Industrielandschaft vereinzelt dasteht und den Eindruck erweckt, daß da niemals jemand Platz nehmen wird, erweckt das Bild, abgesehen von den schweren Farben, den Begriff einer Industriegesellschaft, die inmitten von Trostlosigkeit mit grünen Bänken zu Lebensgenuß einlädt, diesen aber zugleich verwehrt.

Wir fahren zurück. Auf dem Bahnhof Papestraße steigen wir um. Von hier aus machen wir noch zwei Abstecher, einen über die S-Bahnhöfe Priesterweg und Mariendorf nach Marienfelde.

## Die wilde Akazie

*Klaus Hohlfeld* (geb. 1934) hat den S-Bahnhof »Marienfelde«, in dessen Nähe er wohnt, 1977 in zwei Zeichnungen und 1978 in zwei Ölbildern dargestellt. In der Zeichnung »S-Bahn und Güterbahnhof Marienfelde« führt der Blick vom Bahnhofsgelände im Süden nach Norden in Richtung Mariendorf. Ganz links ist Natur zu sehen, buschartige Akazien. Rechts im Vordergrund sind abgestellte

Tankwagen und Gleisanlagen und im Hintergrund Industrieanlagen wie Gasometer, Gasbehälter und Fabriken zu sehen. Von demselben Standort aus, aber den S-Bahnhof im Rücken – und mit dem Blick in den Süden, an den Schienen entlang, ist das Ölbild »S-Bahnhof Marienfelde« gemalt. Im Zentrum stehen vorn die Gleisanlagen, im Hintergrund Industrieanlagen. Es ist ein Spätsommertag, erkennbar am trockenen Gras. Licht liegt auf den Tankwagen. Der Natur ist gleichsam eine Lücke gelassen. Hohlfeld hat diese Spannung zwischen Naturerfahrung und Erfahrung der Industriegesellschaft gereizt, in dem doppelten Sinne des Wortes: angezogen und Schmerz erzeugt. Als unmittelbar Betroffener sagt er:
*»Wo früher Felder waren, sind heute Industrieanlagen. Vor 45 Jahren hat man mit Plakaten geworben: ›Siedeln Sie in der Gartenstadt Marienfelde‹. Dieser Charakter ist heute durch die Industrieanlagen und die Zersiedelung der Grundstücke verlorengegangen.«*[27]
Wenn Hohlfeld vom Bahnhof Marienfelde als Güter- und Verschiebebahnhof spricht, dann schießen ihm immer wieder Bilder vom Verschiebebahnhof Auschwitz und anderen KZs durch den Kopf, und er sagt: *»Der S-Bahnhof Marienfelde sieht so ähnlich aus. Verschiebebahnhöfe von heute heißt auch Verschiebebahnhof von Menschen.«* Das Trauma des NS durchzieht eine Generation und bestimmt ihre Wahrnehmung. Die S-Bahn wird zum Auslöser für belastende Vergangenheit. Mattheus Florakis, ein Grieche, hat 1982 in einer Radierung den nahe gelegenen Bahnhof Südende dargestellt.

Klaus Hohlfeld. S-Bahn und Güterbahnhof Marienfelde. Zeichnung. 1977

## Das S-Bahn-Dreieck Papestraße, Schöneberg und Großgörschen-/Yorckstraße

In dem S-Bahn-Dreieck »Papestraße«, »Schöneberg«, »Großgörschenstraße« und »Yorckstraße« haben sich viele Künstler zu verschiedenen Zeiten mit Zeichenstiften und Pinseln aufgehalten. 1964 hat *Joachim Kadel* in dem Bild »Schöneberg Bahngelände« mit schweren, dunklen Farben den ruinösen Charakter, den der Nationalsozialismus für diese Stadt bedeutete, sichtbar gemacht. Im Vordergrund ist eine breite Schiene zu sehen. Dahinter recken sich um das Halbrund eines kleinen Platzes überdimensional in dunklen Brauntönen und in Schwarz zwei alte Häuser und eine Kirche. Die Tendenz zur Monumentalisierung und der expressive Zug des breitstreifigen Farbauftrages erzeugen bei aller Auflösung der Gegenstandswelt eine krampfartige Starre zwischen Stehen und Fallen. Die Schiene erhält durch die nicht architektonisch gebundene Führung etwas Achterbahnartiges und unterstützt das allgemeine Schlingern, das den Betrachter, der zwischen diesen Häusern sich bewegen soll, erfassen muß, wenn er sich der Suggestion dieses Stadtgeschehens überläßt. Kadel hat keine Menschen dargestellt. Daher erscheint der Ausschnitt wie ein Stück Totenstadt. Es müßten die Berliner als Zyklopen dort leben, um von diesem Verfall nicht verschlungen zu werden.
Die »Julius-Leber-Brücke« in der Kolonnenstraße wurde mehrfach zum Standort für Künstler. So führt uns das Bild »Schöneberger Stadtlandschaft« von 1964 von *Ulrich Härter* in einer Frühlingsstimmung den Blick in südliche Richtung zurück in Richtung S-Bahnhof Schöneberg. Die Härte der Zeit und die Verwundung der Vergangenheit weichen in dem farbigen Bild einer allgemeinen Aufbruchstimmung, so sehr werden die Farben des Frühlings auf die Fassaden der Häuser übertragen.
In nördlicher Richtung blickt im gleichen Jahr *Matthias Koeppel* (geb. 1937) in dem Bild »Blick von der Julius-Leber-Brücke (Schöneberg)« quer über die grabenartige Vertiefung des S-Bahn-Geländes auf die gleichförmigen Brandmauern, die sich hinter der gegenüberliegenden Böschung emporrecken. Im Vordergrund rechts ist die Kante des grasüberwucherten Bahnsteiges, des während des Zweiten Weltkrieges stillgelegten und heute zerstörten ehemaligen S-Bahnhofs »Kolonnenstraße« zu sehen, den Baluschek 1913 gemalt hat. Das Bild gehört zu den ersten realistischen Bildern Koeppels.[28]
*Peter Ackermann* hat dieselbe gleichförmige Reihe von Brandmauern 1974 nur von der nördlicher gelegenen Langenscheidt-Brücke aus festgehalten.[29] Der S-Bahn-Graben ist von der Natur überwuchert. Gleise sind verschwunden. Eine schwarze Gewitterfront zieht rechts ab. Das hinterherziehende Licht läßt die Brandmauern weiß hervortreten. Sie sind für keine neuen Reklameschlachten mehr beschriftbar, so sehr ist das Gelände bereits von der Natur betreten und vom Menschen leergemacht.
Mit diesen Fassaden beginnt auch das Gelände, das der Grafiker *Michael Otto* (geb. 1938) zum Gegenstand seiner Streifzüge durch die Stadt machte und das ihn zu dem S-Bahnhof führte. Das Blatt »Entlang der S-Bahn« von 1971 gehört zu seinen ersten Radierungen, die sich mit Berliner Stadtlandschaften beschäftigen.[30] Die Radierung faßt

Peter Ackermann. Von der Langenscheidtbrücke. Radierung. 1974

Links: Michael Otto. Entlang der S-Bahn. Auf der Brücke Kolonnenstraße. Radierung. 1971

Matthias Koeppel. Blick von der Julius-Leber-Brücke (Schöneberg). Öl 1964

in ihren Schwarzweißkonturen den Realismus der Häuser und Verhältnisse und das Marode neben den S-Bahn-Gleisen zum Teil schärfer als Ölbilder. Die Häuser sind wie aus der Perspektive des Fahrgastes gesehen. Aber kehren wir für einen Augenblick noch einmal zur »Julius-Leber-Brücke« zurück. Hans Joch hat 1976 in einer Tuschzeichnung wie auch Hans-Joachim Schreiber (geb. 1940) die Julius-Leber-Brücke dargestellt. Wie nur wenige Künstler hat Schreiber den Blick unmittelbar von den S-Bahn-Gleisen aus gewählt, auf denen gerade ein S-Bahn-Zug die Brücke unterfährt.

*Peter Ackermann. S-Bahn-Landschaft. Radierung. 1974*

**Eisenkonstruktion zur Verbarrikadierung des Himmels**

Am S-Bahnhof »Großgörschenstraße« sind wir mit E. Franke 1981 und K. Mühlenhaupt 1982 in einem Gebiet, das *Adolph Menzel* in seinem berühmten Bild »Die Berlin-Potsdamer Eisenbahn« 1847 gemalt hat. Diese unberührte, nur von dem eingleisigen Fahrdamm und dem Dampfzug erstmals aufgescheuchte Natur ist heute längst verschwunden. Mit Mühlenhaupt stehen wir auf dem Bahnsteig des »Berliner S-Bahnhof Großgörschenstraße in Schöneberg«. Der Zug ist eingefahren. Ein Mann verliert sich auf dem Bahnsteig. Mit der Kaltnadelradierung Frankes von 1982, in dessen Kiez wir uns hier bewegen, stehen wir auf dem Dach der

*Hans Joachim Schreiber. Julius-Leber-Brücke in Berlin-Schöneberg II. Öl. 1976*

evangelischen Kirche der Silas-Gemeinde am »Crellemarkt« und blicken auf das für den Wochenmarkt abgesperrte Teilstück der hier besonders breiten Crellestraße zwischen S-Bahnhof Großgörschenstraße und der Langenscheidtbrücke. Vor dem S-Bahnhof Großgörschenstraße gehen wir durch die Fußgängerunterführung und kommen mit Franke und dessen Kaltnadelradierung »U-Bahnhof Yorckstraße« von 1974 zu einem Kinderspielplatz. Links in dem Blatt hat er den Damm der S-Bahn und das Hinweiszeichen zum S-Bahnhof Großgörschenstraße eingetragen.

Wir stehen unter den Yorckbrücken in der Yorckstraße, dieser widersinnigen Eisenkonstruktion zur Verbarrikadierung des Himmels, einmal mit Michael Otto am westlichen Ende auf der dem S-Bahnhof »Großgörschenstraße« gegenüberliegenden Straßenseite, ein anderes Mal mit *Helmut Otto* (geb. 1937) weiter östlich in Richtung Kreuzberg beim Betrachten der großen Reklametafeln auf den roten Ziegelsteinwänden. M. Otto hat 1976 von dem Blatt »Bude hinter Unterführung mit Figuren« durch die gußeisernen Säulen der Unterführung gesehen. Die Säulen verleihen mit ihren Senkrechten dem Blatt einen strengen Rhythmus. Der Standort ist der Blick des Kriminalisten oder des Agenten, der aus der Deckung heraus die Bewegungen der sechs Figuren an der Bude aufmerksam beobachtet.

## Reklameträger

Helmut Otto wiederum hat in drei Aquarellen »Männerfreiheit« 1980, »Yorckstraße« und »Am Gleisdreieck« 1981 die S-Bahn thematisiert. Die Gegend um die Yorckstraße — u. a. die Station ›Leydicke‹, bis heute bekannte Kiezkneipe in der Manstein-Ecke Goebenstraße — ist ihm seit 1959, als er an der HfbK in der Grunewaldstraße Kunsterziehung studierte, vertraut. Beweggrund, sich 1980 auf dieses Gebiet zu beziehen, war nicht Nostalgie, sondern die Erfahrung der S-Bahn als einer historischen Bruchlinie, die sich durch die Stadt hinzieht, gleichgültig, wo man sich gerade aufhält. Es motivierte ihn, der *»Zwischenzustand zwischen Realität und Nichtrealität, die Offenheit der Frage: Wiederaufrichtung oder Verfall. Das sind Sachen, die mich aufregen. An der S-Bahn ist interessant, daß sie durch große Reklamewände einerseits Anpassung und Aktualität erfährt, gleichzeitig aber auf immer deutlicher werdende Unbenutzbarkeit zurückfällt«.*[31]

Daher hat H. Otto das Verhältnis von Reklame und S-Bahn-Körper in den Mittelpunkt der Bilder gerückt. H. Otto sagt: *»Die S-Bahn ist zum Reklameträger verkommen.«* Auch Behrend hat in einem Blatt »S-Bahnhof Wernerwerk« am Siemensdamm 1974 Großreklametafeln in die Radierung mit eingetragen.

## Kunstlicht und Tageslicht

Ein eigenartiger Reiz geht von dem Ölbild »Yorckstraße« 1976 von *Joseph Haburaj* (geb. 1947) aus. Das Bild ist ein typisches modernes Stadtbild. Die Faszination vom Untergang des Tageslichtes und Aufgang des elektrischen Lichtes in Kombination mit dem natürlichen Nachtlicht definiert das Bild. An dieser Lichtproduktion haben nun die Verkehrsmittel ihren besonderen Anteil. Sie erhalten, sei es nun S-Bahn, Eisenbahn oder Bus, durch ihre Länge im Unterschied zum Licht in Fenstern von Häusern den Charakter von Lichtstößen und die Form einer Art Lichterprozession. Die Orangetöne der Lichtträger, grell gegen das Blauschwarze von Bäumen und Häusern gesetzt, und die

Norbert Behrend. S-Bahnhof Wernerwerk. Radierung. 1974

Eberhard Franke. Crellemarkt mit Wannseebahn. Radierung. 1971

Michael Otto: Bude hinter Unterführung mit Figuren. S-Bahnhof Großgörschenstraße. Radierung. 1977

roten Lichterbommeln an den Kirchentürmen geben dem Bild zusätzlich noch etwas Jahrmarkthaftes. Die S-Bahn erscheint in dieser Licht- und Leuchtproduktion als ein integraler Bestandteil.

Wir machen, bevor wir weiterfahren, über die Bautzener Straße noch einen kurzen Spaziergang in den Süden zurück zur Monumentenbrücke an der Monumentenstraße. Der Anblick von der Brücke in nördlicher Richtung auf die hier sich breit verzweigenden S-Bahn- und Güterbahngleise und linkerhand auf den S-Bahnhof Yorckstraße hat Künstler wie *Peter Schunter*, *Hans-Joachim Schreiber* und *Frank Suplie* zur Produktionen angeregt. Der Einschnitt nordwärts, den die S-Bahn hier bildet, weitet sich zu einer breiten Wanne aus. Während Schunter in zwei Bildern — »S-Bahn-Gelände an der Monumentenbrücke in Schöneberg« 1979/82, das gleiche Motiv, nur zu verschiedenen Jahreszeiten — das Lager- und Schuppengelände betont und das Schienengelände zurücktreten läßt, abstrahiert Suplie in dem Bild »Von der Monumentenbrücke nach Norden« von 1979 von dieser Seite der Realität. Während Schunter die dort zurückgebliebenen Arbeitsstätten und damit die soziale Seite hervorhebt — gleichsam als »Landschaften vor dem Wiederaufbau«,[32] läßt diese Seite Suplie unberührt. In weichen Grün- und Brauntönen betont er die gleich danebenliegende wuchernde Natur, ohne diese wiederum besonders hervortreten zu lassen. Die S-Bahn, die unmittelbar zwischen dem Schuppengelände und dem neuen breiten Naturgürtel hindurchfährt, fehlt auf beiden Bildern. Sie erscheint wie ein Verschwundener, weggeblieben.

Mit einer Radierung Fahnemanns von 1979 stehen wir auf dem schlichten S-Bahnhof »Yorckstraße«, um über Anhalter Bahnhof und Friedrichstraße nach dem Wedding und weiter nach Frohnau zu fahren. Die blaugrauen Eisensäulen stehen zu dem Rot der am Bahnsteig haltenden S-Bahn, dem Hellbraun des Bahnsteigbodens, dem dunkleren Braun des Bahnsteigdaches und dem Blau des wolkenlosen Himmels in einem eigenartigen Kontrast. Bis auf den Himmel ist alles von einem teerenen Schwarz angefressen.

Auf dem S-Bahnhof »Gesundbrunnen« angekommen, sehen wir vom Bahnsteig in Fahrtrichtung die in einiger Entfernung liegende ›Swinemünder Brücke‹, auch ›Millionenbrücke‹ genannt, die über das breite S-Bahn-Gelände hinwegführt. Diese Brücke haben viele Künstler wegen ihrer bizarren Eisenkonstruktion und aus historischen Motiven festgehalten. So z. B. *W. Kohlhoff*, *Luise Hartmann* 1962 und *Roland Neumann* 1980.

Bevor wir von Gesundbrunnen aus weiter in den Norden fahren, machen wir einen Abstecher über die S-Bahnhöfe Putlitzstraße und Wedding zum Bahnhof »Jungfernheide«. *Carl Timner*, *Peter Ackermann*, *Eberhard Franke* und *Norbert Behrend* haben hier Motive gefunden. In Peter Schunters Bild »Tunneleck-S-Bahnen unter der Rudolf Wissellbrücke« erscheint die S-Bahn aufgrund der Monumentalität der Autobahnbrücke selbst als Teil der Natur und der Laubenpieperlandschaft.

**Laubenpieperfest und S-Bahn-Partys**

Hinter dem S-Bahnhof »Gesundbrunnen« berührt die S-Bahn nicht nur für kurze Zeit die von Bernau kommende Bahnlinie, sondern fährt nach Überführung der Helmut-Just-Straße über mehrere Stationen an der Mauer entlang, z. T. bildet sie bis hinter den Bahnhof »Wollankstraße« die Grenze. *Matthias Koeppel* hat hier bei Wochenendspaziergängen Skizzen aus der Hand gemacht. Daraus sind 1978 die bekannten Ölbilder das »Laubenpieperfest« und »An der Nordbahn« entstanden.

In ersterem sind in der Abenddämmerung tanzende Berliner in einem Laubengelände zu sehen. Dieses befindet sich hinter dem Übergang Bornholmer Straße zwischen dem Bahndamm, der hier die Grenze bildet, und den Brandmauern der Grüntaler Straße. Koeppel, Mitbegründer der ›Schule der neuen Prächtigkeit‹ von 1973 neben Bluth, Grützke und Ziegler, trägt in den Figuren durch Exaltiertheit der Tanzhaltung die Art von Ungewißheit ein, die zwischen Ironie, Realität und Karikatur steht. Obwohl aus einem verschwiegenen Winkel hinter einem Laubenpieperzaun gemalt, hat der Maler diesen zwischen sich und den Tanzenden weggerissen. Dadurch wird er – und potentiell jeder Betrachter – selber ein Teil der Tanzenden, und doch hält er zugleich an der Distanz zu ihnen fest. Das S-Bahn-Gelände, das gerade im Übergang zur Nacht elektrische Licht in den Lauben und die Gesichtslosigkeit des an einer Stange befestigten Lautsprechers rufen zusätzlich etwas von einer Endzeitstimmung hervor, von der die als standardisiert und sexualisiert dargestellten Figuren einerseits berührt, andererseits doch nicht erfaßt werden.

Hinter dem S-Bahnhof »Wollankstraße« rückt Koeppel die Ecke Nordbahn/Wilhelm-Kuhr-Straße in den Blick. Zwei Drittel des Bildes sind Himmel, ein Drittel bildet das Handfeste und Greifbare. Es ist die Rand- und Grenzsituation, die ihn hier zur Darstellung reizt. Die S-Bahn-Brücke rechts bildet selbst die Mauer – ein Stück von ihr ist in der Unterführung zu sehen. Die große Straße, die hier endet und doch drüben weitergeht, hat keinen Betrieb mehr. In guter Hoffnung ist auf die Stützwand des S-Bahn-Dammes ›SPD‹ geschrieben. Der Apfelbaum, der links vor dem Gebäude steht, scheint Idylle zu stiften. Aber die Stimmung ist trügerisch. Rotweiße Warnbalken einer Baustelle in der Mitte des Bildes verdoppeln noch den Eindruck: Hier geht es nicht weiter.

Der Maler Koeppel weiß uns darüber hinaus von S-Bahn-Partys Mitte der fünfziger Jahre zu berichten:

*»Ich kann mich erinnern, daß ich Mitte der 50er Jahre als Student mehrere S-Bahn-Partys gefeiert habe. Zu einer solchen Party kam es immer dann, wenn für ein geselliges Beisammensein kein Raum vorhanden war. Um 21 Uhr wurde die Stätte unserer künstlerischen Studien, die HfbK, geschlossen. Wir gingen dann zum Bahnhof Zoo, dort gab es einen kleinen Schnapsladen, der bis spät in die Nacht offen hatte, wo wir uns je nach Vermögenslage eine bis zwei Flaschen billigsten Korn kauften. Eine kürzere S-Bahn-Party war etwa eine Reise mit der Stadtbahn nach Erkner und zurück. Wir fuhren aber auch manchmal bis Westkreuz, um dort in die*

*Eberhard Franke. Stätten der Arbeit. Blick über das S-Bahngelände nach dem Wedding. Radierung. 1973/74*

*Ringbahn umzusteigen, wo man nur aufzupassen hatte, daß man gegen ½ 1 Uhr nachts nicht zu weit von der eigenen Wohnung entfernt war. Es kam aber auch vor, daß wir völlig planlos in irgendeine S-Bahn einstiegen, ohne uns darum zu kümmern, wohin sie fuhr, schließlich konnte es ja über die Peripherie von Berlin nicht hinausgehen. Meistens waren wir so etwa sieben bis zehn Leute, die eine solche Fahrgemeinschaft bildeten. Dabei wurde viel über Kunst diskutiert, wobei die Flasche ständig kreiste. Da wir weder ein Kofferradio noch sonst eine Musikquelle hatten, kamen wir auf Spiele, die den Dadaisten (die wir damals noch nicht kannten) alle Ehre gemacht hätten. Ich erinnere mich, daß wir Reklamesprüche, die wir zufällig sahen, auswendig lernten und im Kanon aufsagten, was sich anhörte, wie das Gemurmel einer Gemeinde von betenden Mönchen.«*[33]

### Von der Pankebrücke bis Frohnau

*Fritz Schulz-Röstel* hat 1956 in einem Bild »Pankebrücke an der Kuhnemannstraße in Pankow« die S-Bahn im Zusammenhang mit der Panke gemalt, die nördlich der Wilhelm-Kuhr-Straße das Flüßchen überfährt. Das Bild verbindet optische – und akustische Erfahrung. Eine Mutter mit Kind blickt von der Straße aus durch einen S-Bahn-Brückenbogen auf den Lauf der Panke und hört dabei das Rattern des S-Bahn-Zuges auf der Brücke. Von dem Bild gehen Ruhe und Stille aus, andererseits assoziiert jedermann, mit welchem Getöse ein S-Bahn-Zug über eine solche Brücke fährt. Das Bild ist auch in der Komposition durch eine Spannung definiert: das Kreuz und Quer von Straße, Flüßchen und Brückenzug.

Auch P. Schunter war hier nördlich des Bahnhofs Wollankstraße in den Jahren 1976–78 unterwegs und hat ein Bild mit dem Titel »Vorgelände zur S-Bahn – Verlängerung Koloniestraße zwischen den S-Bahnhöfen Wollankstraße und Schönholz« gemalt. Auf den S-Bahnhof »Wollankstraße« selbst hat sich *Christian Rothmann* (geb. 1954) in einem Aquarell 1980 bezogen. Gegenstand seiner Darstellung ist aber kein Panoramablick, sondern das Detail eines S-Bahn-Bogens, in dem die butzenscheibenartigen Fenster teilweise zerbrochen sind und an dem in der oberen Führung in braunen Lettern auf gelblichem Klinkerstein ›Bahnhof Wollankstraße‹ angebracht ist. Es ist das Mißverhältnis zwischen Titel und dem Betitelten, von Visitenkarte und realem Besuch.

Auf dem S-Bahnhof »Wilhelmsruh«, zu dem wir in der Zwischenzeit gefahren sind, treffen wir wieder den Stadtchronisten W. Ziezold, der den Bahnhof 1975 dargestellt hat: *»Die Fassade ist reizvoll. Es ist märkischer Backsteinbau und Pseudogotik. Pseudogotik in Berlin besteht aus kleinen Pyramiden und kleinen Dachabdeckungen mit glasierten Kacheln, die einen besonderen Reiz bilden. Vom S-Bahnhof Wilhelmsruh aus fuhr für die Berliner für einen ›Sechser‹ die ›Heidekrautbahn‹. Ziel war die Schorfheide in der Gegend des Werbellinsees, um Blaubeeren zu sammeln.«*[34]

Wir fahren über S-Bhf Wittenau, den Eva Bödolinghaus 1982 darstellte, Nordbahn, Waidmannslust und Hermsdorf. Hier kommt uns ein S-Bahn-Zug von Frohnau entgegen. Mit *Vlady Roeder* (geb. 1940) und ihrem Bild »Die Berliner S-Bahn« stehen wir 1982 auf der Brücke an der Kreuzritter- und Burgfrauenstraße und blicken über die S-Bahn-Gleise auf einen aus dem Bahnhof Frohnau in den Süden startenden S-Bahn-Zug. Roeder schreibt – und mit ihr kommen wir ans Ende unserer Künstlerreise in der S-Bahn:

*»Wenn ich auf der Brücke stehe und die Züge vom Frohnauer Bahnhof kommend betrachte, dann ist das wie ein Symbol der Erinnerung von der Fahrt ins Grüne. Es ist eine Strecke, die noch befahren wird. Jedoch entsteht der Eindruck, daß die Natur sich zurückholen will, was beim Bau der Trasse genommen wurde. Und der Bahnhof ist leer. Niemand trinkt mehr Faßbrause. Aber das Rattern und Heulen der Bahn ist geblieben. Und die Farben, wie das alte Gesicht eines Verwandten oder Bekannten aus früheren Tagen.«*[35]

### Anmerkungen

An dieser Stelle sei den vielen Künstlern für ihre Mitarbeit gedankt; ebenso Frau Kohlhoff, der Witwe des Malers W. Kohlhoff, und Frau A. Weström. Der Dank gilt ferner Herrn Dr. Bothe und Frau S. Gramlich vom Berlin Museum, Frau Dr. Prinz und Herrn Dr. Roters von der Berlinischen Galerie, Prof. Bröhan, Frau I. Theunert und A. Köchel sowie Herrn F. Neugebauer von der Bildergalerie beim Senator für Gesundheit, Soziales und Familie, Herrn Lambart vom Kunstamt Tiergarten, Herrn Erbe vom Kunstamt Charlottenburg, Frau K. Kaiser vom Kunstamt Schöneberg, Frau Caroline Müller von der Ladengalerie, Herrn Dr. Rothe von der Galerie am Savignyplatz, Herrn H. Hartmann von der Galerie Lietzow, Frau P. Spoerle und Herrn R. Märtens von der Galerie Taube, Herrn Dr. Schwenger vom Verband Berliner Bildender Künstler (BBK), Frau E. Schachinger, Herrn P. Bley und M. Nungesser. Für Anregungen zur Verarbeitung des umfangreichen historischen Stoffes danken wir besonders Frau Gabriele Gutzmann

1 vgl. Olav Münzberg: Kann man die Malerei von Ivan Rabuzin, Malina Dabrowska, Mirko Virius und Willi Mühlenhaupt ›naiv‹ nennen? Einige Betrachtungen zum kunstwissenschaftlichen Begriff ›naive Malerei‹ oder ›Kunst der Naiven‹ anläßlich der Ausstellung von Willi Mühlenhaupt im März und April 1980 in der ›Ladengalerie‹ in Berlin 1980 (Kat.)
2 Die Schreibweise Internationales Congress Centrum (ICC Berlin) statt Internationales Kongreß Zentrum gehört zu den Verlegenheitslösungen, zu denen die Geschichte des NS in der Nachkriegszeit geführt hat. Die Abkürzung IKZ hätte hellhörig und Erinnerungs- und Wahrnehmungsschichten freigemacht
3 Gespräch mit dem Verf. vom 30. 7. 1982
4 Brief an die Verf. vom 4. 8. 1982
5 Gespräch mit Frau H. Weström vom 30. 7. 1982
6 Gespräch mit den Verf. vom 18. 3. 1982
7 Brief vom 27. 7. 1982
8 Gespräch mit den Verf. vom 16. 3. 1982
9 Der Idylle fehlt nur, daß in den kleinen Türmchen Kerzen steckten und nachts brennen.
10 Gespräch mit den Verf. vom 31. 8. 1982
11 Brief an die Verf. vom 15. 7. 1982
12 Gespräch mit den Verf. vom 18. 6. 1982
13 Gespräch mit den Verf. vom 15. 4. 1982
14 siehe Anm. 10
15 siehe Anm. 12
16 Gespräch mit E. Kuwertz vom 4. 6. 1982
17 Brief an die Verf. vom 5. 8. 1982
18 Heute ist ein jugoslawisches Restaurant darin. Der alte Eingang unter der Überführung ist verriegelt. Er ist jetzt in der Flensburger Straße.
19 Brief an die Verf.
20 Gespräch mit C. Fahnemann vom 2. 3. 1982 und Brief vom 12. 3. 1982
21 Gespräch mit N. Behrend vom 12. 8. 1982
22 Brief vom 1. 8. 1982 an die Verf.
23 Brief vom 21. 4. 1982 an die Verf.
24 Brief vom 21. 4. 1982 an die Verf.
25 Ebd.
26 Gespräch mit Frau Kohlhoff vom 3. 8. 1982
27 Gespräch mit K. Hohlfeld vom 9. 8. 1982
28 Gespräch mit M. Koeppel vom 17. 8. 1982
29 Titel dieser Radierung, die Nr. 313 in: Peter Ackermann, Band II, Werkverzeichnis der Radierungen 1970–1979, Darmstadt 1980, S. 63; hier »Von der Monumentenbrücke –« ist insoweit fehlerhaft.
30 Brief vom 3. 8. 1982 an die Verf.
31 Gespräch mit H. Otto vom 12. 6. 1982
32 Gespräch mit P. Schunter vom 13. 3. 1982
33 Brief vom 24. 8. 1982 an die Verf.
34 siehe Anm. 10
35 Brief vom 27. 7. 1982 an die Verf.

Gartenfeld
B
EMB

Jungfernheide
B 1

F.A. SEILER DESSAU

# Technik & Betrieb

Bau des Kreuzungsbahnhofs Schöneberg
(der Ring- und Wannseebahn) vorn das
heutige Gasag-Gelände. April 1931.
Foto: Willy Pragher

# Bahnanlagen, Fahrzeuge, Signale

## Die Technik der S-Bahn

Detlef Wittgen, Reiner Krznar

**Die Dampf-Zeit**

Als im Jahre 1838 die erste Berliner Eisenbahnlinie nach Potsdam eröffnet wurde, setzte eine stürmische Entwicklung ein, die praktisch 100 Jahre andauern sollte. 1851 endeten bereits vier privat betriebene Eisenbahnlinien mit Kopfbahnhöfen in der Stadt und wurden in diesem Jahr auch durch eine staatliche Verbindungsbahn miteinander verbunden. Diese erste preußische Staatsbahn verband eingleisig den Stettiner, Hamburger, Potsdamer und Anhalter Bahnhof und beförderte nur Güter und Militärs. Später kamen der Frankfurter (Schlesischer) und der Görlitzer Bahnhof hinzu. Die Verbindungsbahn fuhr mitten auf der Straße und erwies sich als in keiner Hinsicht ausreichend. Deshalb beschloß man, eine neue Verbindungsbahn außerhalb der damaligen Stadtgrenzen zu bauen, die auch den Verkehr von Personenzügen bewältigen konnte.

Der erste Abschnitt dieser »Ringbahn« ist im Juli 1871 fertiggestellt. Er führt von Moabit über Gesundbrunnen, Weißensee, Stralau, Rummelsburg, Rixdorf (Neukölln), Tempelhof nach Schöneberg. Der Güterverkehr, den jetzt die neue Ringbahn übernommen hat, ist bis auf ein kurzes Teilstück (Gitschiner Straße – Görlitzer Bahnhof) auf der alten Verbindungsbahn 1871 eingestellt. Ab Januar 1872 wird auch der Personenverkehr mit zunächst zwei Zügen täglich aufgenommen. Im November 1877 konnte der Vollring durch die Weiterführung von Moabit über Charlottenburg (heute Westend) – Grunewald (heute Halensee) und Wilmersdorf nach Schöneberg geschlossen werden.

Der erstmals 1871 aufgetauchte Wunsch nach Errichtung einer »Centralbahn« quer durch die gesamte Innenstadt wurde 1882 erfüllt. Auf 731 gemauerten Wölbbögen konnte die ca. zwölf Kilometer lange Stadtbahn viergleisig von Charlottenburg über Zoologischer Garten, Bellevue, Lehrter Bahnhof, Friedrichstraße, Börse, Alexanderplatz, Jannowitzbrücke zum Schlesischen Bahnhof gefahren werden. Sämtliche Straßen, mit denen sich die Stadtbahn kreuzte, sind überbrückt worden. Mit einigen ergänzenden Vorortstrecken (z. B. Lichterfelde) zeigt sich 1882 bereits die Berliner Stadt-, Ring- und Vorortbahn, die im wesentlichen bis heute so erhalten ist.

Alle Züge, die auf diesen Strecken verkehrten, wurden von Dampflokomotiven bedient. Es waren die berühmten Baureihen pr T 12 (später Baureihe 74) und pr T 14 (später Baureihe 93), Stadtbahntenderlokomotiven, die hauptsächlich zum Einsatz kamen.

Anfänglich genügten sie den Anforderungen, die an sie gestellt wurden. Später, als die Einwohnerzahl Berlins durch die Industriealisierung immer mehr wuchs und die Fahrgastzahlen ständig stiegen (1882 11 Mio Rei-

*Typische Stadtbahn-Tenderlokomotive der Baureihe pr T 12 (später BR 74) mit Ringbahnzug*

sende, 1912 201 Mio Reisende), waren die Dampflokomotiven und auch die Abteilwagen überfordert. Ein Beispiel soll dies verdeutlichen. Um eine größere Anzahl Fahrgäste zu befördern, wäre es nötig gewesen, die Zugfolge pro Stunde zu erhöhen. Die Grenze aber war bei den dampflokbespannten Zügen schon erreicht.
Auf der Stadtbahn verkehrten pro Stunde 24, manchmal in Ausnahmefällen 26 Züge in jede Richtung. Diese an sich schon hohe Zugdichte wurde durch den zusätzlichen Einbau von Blockstellen nach und nach ermöglicht. Eine weitere Verkürzung der Blockabschnitte war nun nicht mehr durchführbar. Nach einer Elektrifizierung hätte bei Einführung der selbsttätigen Streckenblockung eine größere Zugfolge pro Stunde und Richtung erreicht werden können. Auch war der Wendebetrieb bei elektrischen Triebwagen wesentlich einfacher und kürzer, was eine weitere Steigerung der Zugfolge mit sich brachte. Wesentlich mehr Fahrgäste konnten also in der gleichen Zeit befördert werden.
Ein Zeitgenosse (Artur Fürst in seinem 1924 erschienenen Buch »Weltbild der Technik«)[1] empfand es damals so:

*»Es wurde schon . . . gesagt, daß der Berliner, wenn er heute auf der Stadtbahn fährt, nicht mehr die Empfindung hat, eine Schnellbahn zu benutzen. Langsam und keuchend nur ziehen die Lokomotiven die Züge an, in trödeliger Fahrt geht es von Bahnhof zu Bahnhof. Jeder aufmerksame Beobachter sieht deutlich, daß der Lokomotivpark der Stadtbahn veraltet ist.«*

### Elektrische Versuchsbetriebe

Bereits um 1891 sind die ersten Vorschläge zur Elektrifizierung der Berliner Stadt-, Ring- und Vorortbahn durch die Firmen Siemens und Union-Elektrizitäts-Gesellschaft unterbreitet worden. Siemens hatte 1879 auf der Gewerbeausstellung in Berlin das erste elektrische Schienenfahrzeug vorgestellt (das Original steht heute im Deutschen Museum in München, eine originalgetreue Nachbildung kann im Verkehrsmuseum in der Trebbiner Straße besichtigt werden). Schon zwei Jahre später fuhr in Lichterfelde die erste elektrische Straßenbahn. Auch für eine elektrische Stadtbahn gab es eigentlich nur überzeugende Argumente. Dampflokomotiven erzeugen wesentlich mehr Dreck (Ruß) und Lärm. Bei den hohen Zugfolgen in der Innenstadt spielte dies eine wichtige Rolle. Außerdem war mit elektrischen Zügen eine durch die höhere Anfahrbeschleunigung und die kürzeren Bremswege bedingte größere Zugfolge möglich (siehe oben). Das anfängliche Problem der Elektro-Energieübertragung über weite Strecken war inzwischen auch gelöst. Trotz all dieser Vorteile gab es anfangs zuerst erheblichen Widerstand gegen eine Elektrifizierung. Erst nachdem man sah, daß die Pariser Metro, die 1900 zur Weltausstellung ihren Betrieb aufnahm, komplikationslos ihre Aufgaben erfüllte, befaßte man sich näher und intensiver mit dem elektrischen Betrieb.
Um die Skeptiker der Elektrifizierung zu überzeugen und Erfahrungen zu sammeln, entschloß man sich, auf der Wannseebahn zwischen dem Bahnhof Zehlendorf und dem Berliner Wannseebahnhof einen Versuchsbetrieb nach Pariser Vorbild mit Gleichstrom durchzuführen.

*Die Versuchszüge für den Betrieb zwischen dem Berliner Wannseebhf und dem Bhf Zehlendorf im Jahre 1900–1902 waren umgebaute Abteilwagen.*

Am 1. August 1900 begann auf der ca. zwölf Kilometer langen Strecke der Probebetrieb mit einem aus zehn Wagen bestehenden Zug, der zwischen den Dampfzügen fuhr. Im ersten und letzten Wagen waren je drei Gleichstrom-Reihenschlußmotoren mit einer Stundenleistung von je 73,5 kW eingebaut. Da eine »Zugsteuerung« mit Schützen, die es ermöglichte, eine beliebige Anzahl von Motoren von einem bestimmten Ort aus zu steuern, damals in Deutschland noch unbekannt war, verbanden die Ingenieure beide Triebwagen mit einem Starkstromkabel. Dadurch war es möglich, alle Motoren von der Zugspitze aus mittels eines Straßenbahn-Fahrschalters zu steuern. Der erste Wagen zog, der letzte schob.
Die Gleichspannung entnahm der Zug einer seitlich angebrachten dritten Schiene, der Stromschiene, über einen Stromabnehmer. Sie betrug 650 V und kam aus dem Kraftwerk der Straßenbahn in Groß-Lichterfelde.
Die umgebauten dreiachsigen Abteilwagen bewährten sich aber nicht. Im Juli 1902 wurde der Versuchsbetrieb eingestellt. Vor allem die Steuereinrichtungen hatten sich als nicht ausreichend erwiesen. Unter anderem, weil sie noch zu stark den Straßenbahnsteuerungen ähnelten, diese aber nicht für einen so harten Betrieb konzipiert waren. Nach einer Schlußbilanz ließen sich noch keine wesentlichen Vorteile gegenüber der Dampftraktion erkennen, dennoch gingen die Experimente weiter.
Auf Initiative der UEG, der Union-Elektrizitäts-Gesellschaft, die später in die AEG überging, wurde auf Verantwortung dieser Firma die Strecke Groß-Lichterfelde-Ost–Potsdamer Vorortbahnhof im Jahre 1903 elektrifiziert. Die Gleichspannung von 550 V lieferte ebenfalls die UEG. Die 9,2 Kilometer lange Strecke war zweigleisig ausgebaut und mit seitlich angebrachten Stromschienen, die von oben bestrichen werden mußten, versehen.
Der erste Zug verkehrte am 4. Juni 1903. Am 15. Juli 1903 konnte erstmals ein vollelektrischer Betrieb im 10-Minuten-Abstand aufgenommen werden. Die Triebwagen waren vierachsige umgebaute Abteilwagen, die ein Laufdrehgestell mit zwei Laufachsen und ein Triebdrehgestell, auf dem die beiden Reihenschlußmotoren saßen, hatten. Jeder Motor verfügte über eine Stundenleistung über 80 kW. Gebremst wurde der Zug mit einer Klotzbremse. Es war eine selbsttätige Einkammer-Druckluftbremse Bauart Westinghouse.
Bei diesen Versuchen erprobte man erstmals in Deutschland eine in Amerika entwickelte Zugsteuerung. Mit dieser Steuerung können alle Fahrmotoren aus dem führenden Triebwagen mittels eines Fahrschalters, der elektromagnetische Schütze ab- und zuschaltet, gesteuert werden. Geheizt wurde allerdings noch nicht elektrisch. In einigen Triebwagen stand ein Heizkessel, der, mit Koks gefeuert, eine Dampfheizung betrieb.
Insgesamt sind 32 Triebwagen und 24 Bei-

*Versuchszug auf der Strecke Groß-Lichterfelde Ost – Potsdamer Vorortbahnhof von 1903 bis 1929 in Betrieb. Es war der erste rein elektrische Regelbetrieb in Berlin.*

wagen angeschafft worden. Die Fahrzeuge erreichten eine Höchstgeschwindigkeit von 50 km/h und erwiesen sich als sehr zuverlässig und solide. Fast 26 Jahre, nämlich bis zum 2. Juli 1929, verrichteten sie ihren Dienst ohne große Komplikationen. Erst während der großen Elektrifizierung stellte die Berliner Eisenbahnverwaltung das System auf 800-V-Gleichspannung um, und die uns heute vertrauten Fahrzeuge kamen zum Einsatz.
In den Jahren 1903 und 1904 fanden auf der ca. vier Kilometer langen Strecke Niederschöneweide – Spindlersfelde bei Berlin auch Versuche mit Wechselstromtriebwagen statt. Die Triebwagen hatten einen Dachstromabnehmer und entnahmen einer Kettenfahrleitung Einphasenwechselspannung von 6300 V mit einer Frequenz von 25 Hertz.

Fast gleichzeitig liefen Versuche mit 3-Phasen-Wechselspannung von 10 000 V und einer Frequenz von 16⅔ Hertz auf der ungefähr 13 Kilometer langen Militärbahnstrecke Marienfelde – Zossen. Diese Versuche betrieb die Studiengesellschaft für elektrische Schnellbahnen (StES). Dabei erreichte ein Triebwagen der AEG die, für damalige Verhältnisse, beachtliche Geschwindigkeit von über 210 km/h.
Die bei diesen Versuchen gewonnenen Erkenntnisse im Oberleitungsbetrieb hatten jedoch für die Elektrifizierung der Berliner Stadt-, Ring- und Vorortbahn keine besondere Bedeutung. Sie konnten später bei der Errichtung der Hamburger S-Bahn und bei der Fernbahn-Elektrifizierung verwertet werden.

All diese Versuche konnten noch nicht dazu beitragen, eine zügige Elektrifizierung der Berliner Stadt-, Ring- und Vorortbahn in Angriff zu nehmen. Auf der einen Seite kämpfte die Kohle- und Lokomotivindustrie gegen diese Pläne (aus verständlichen Gründen), andererseits nahmen auch die zuständigen preußischen Behörden eine unentschiedene Haltung ein. Geldmangel mag ein übriges erklären. Erst als Siemens und Halske 1907 neue Pläne für die Elektrifizierung veröffentlichten, stellte die Eisenbahndirektion Berlin 1909 ein eigenes Konzept vor, das anfänglich Oberleitungsbetrieb mit 10 kV/16⅔ Hz und Doppeltriebwagen, später, aus Sparsamkeitsgründen, den Einsatz von soge-

*AEG-Drehstrom-Triebwagen, der 1903 bei einer Versuchsfahrt über 210 km/h fuhr.*

nannten Triebgestellen unter Verwendung des alten Wagenparks vorsah. Ein 1911 im preußischen Landtag eingebrachtes Gesetz zur Elektrifizierung konnte im April 1913, nachdem erhebliche Teile gestrichen worden waren, verabschiedet werden. Mit der Verabschiedung dieses Gesetzes wurden »zur Vorbereitung eines elektrischen Betriebes auf den Berliner Stadt-, Ring- und Vorortbahnen unter vorläufiger Beschränkung auf die von den Stadt- und Ringbahnzügen befahrenen Strecken«[2] 25 Mio Mark bewilligt.
Obwohl die Gegner der Elektrifizierung sinnige und unsinnige Argumente in die Diskussion einbrachten (Der Tierschutzverein behauptete, daß der Strom der Vogelwelt schaden würde. Vertreter der Lokomotivindustrie verbreiteten die These, Vögel und Luftschiffe müßten nach einer Elektrifizierung Berlin im Umkreis von 30 Kilometern meiden, da das Gebiet dann für sie zu gefährlich sei.) und einige Kampagnen für die Beibehaltung des Dampfbetriebes führten, setzte sich letztendlich die Elektroindustrie durch. Weder ein Angebot der Lokomotivindustrie, eine moderne Heißdampflokomotive, die die beachtliche Anfahrbeschleunigung von 0,32 $m/sek^2$ erreichen sollte, kostenlos zur Verfügung zu stellen, noch die Niederschrift von Karl Kresse, »Das Vaterland ist in Gefahr«, aus dem Jahre 1912, die sich eindeutig gegen eine Umstellung von Dampf- auf Elektrobetrieb aussprach, konnten die »Niederlage« der Gegner der elektrischen Traktion, verhindern.
Auch bei den Behörden sah man nun keine andere Möglichkeit mehr, die inzwischen stark angestiegenen Fahrgastzahlen zu bewältigen. Neue Versuche sollten die Wahl der Fahrzeuge und der Stromart erleichtern.
Auf der im Jahre 1911 fertiggestellten, mit 15 kV/16⅔ Hz elektrifizierten Strecke Dessau – Bitterfeld begannen im Sommer 1914 Versuchsfahrten mit den sogenannten Triebgestellen. Die Triebgestelle mit der Bezeichnung EB 1-3 hatten zwei Achsen, die über eine Blindwelle und Kuppelstangen von einem ca. 460 kW leistenden 1-Phasen-Wechselstrommotor angetrieben wurden. Auf den Triebgestellen waren außerdem noch Steuerungseinrichtungen und ein Transformator untergebracht.
Der Zug bestand aus zwölf Abteilwagen, wovon der erste und der letzte jeweils mit einem Führerstand versehen waren, und zwei Triebgestellen. Die Spannung ist über einen Scherenstromabnehmer von der Oberleitung abgenommen worden. Nach Ausbruch des Ersten Weltkrieges mußten diese Versuche abgebrochen werden.

*Mit diesem 1914 erprobten Triebgestell sollte ursprünglich die S-Bahn betrieben werden.*

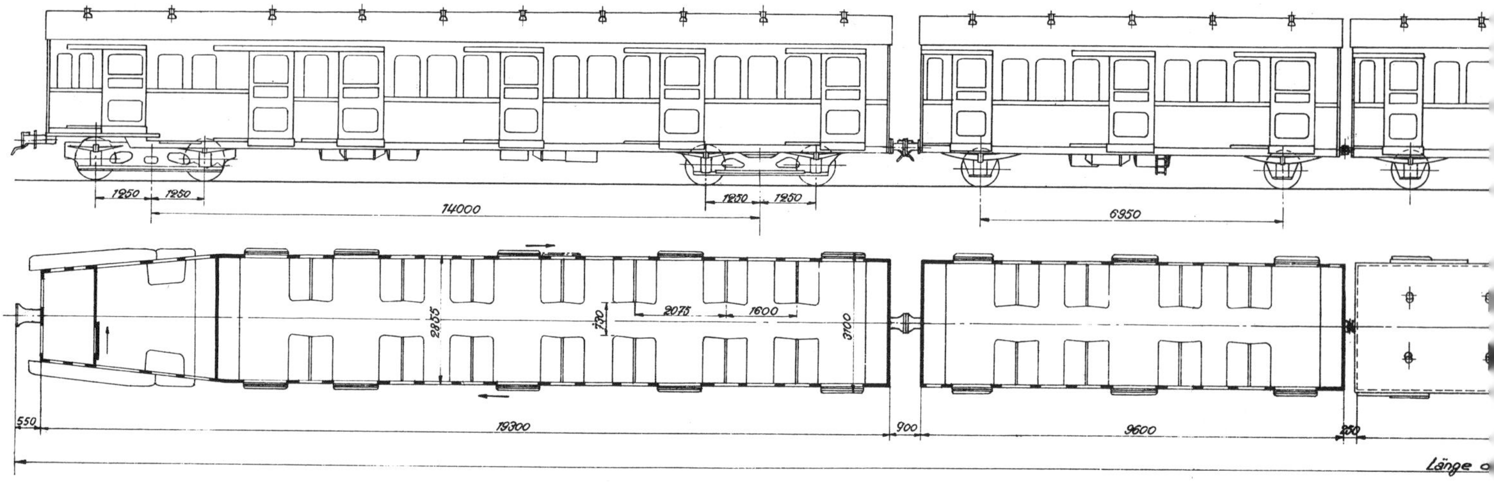


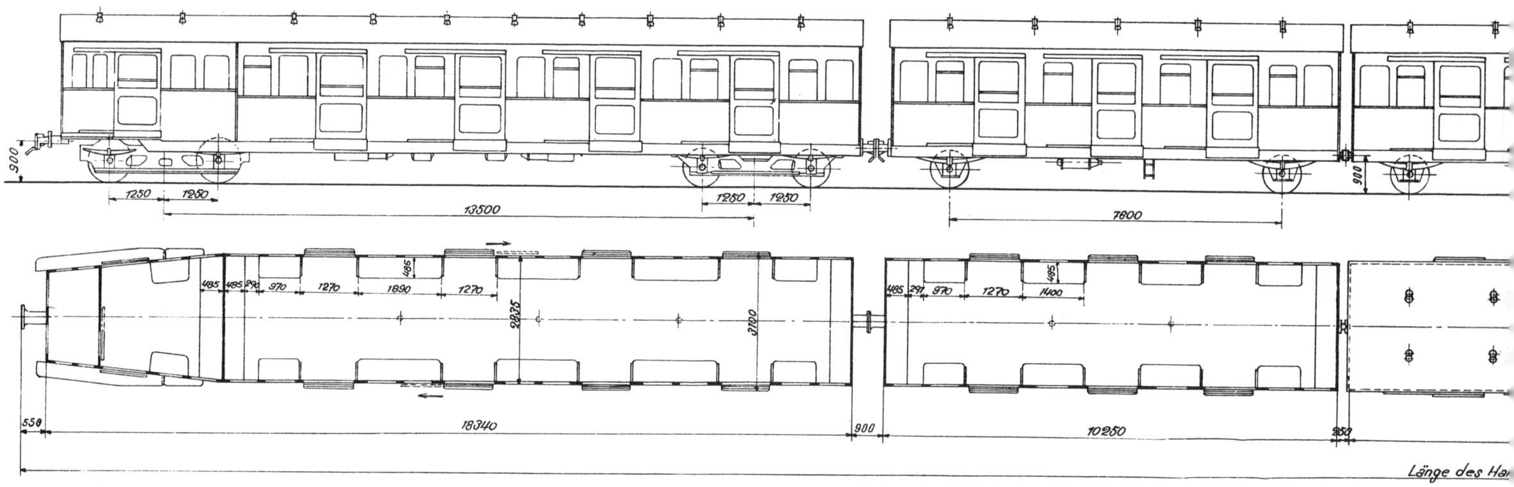


Seitenansicht und Grundriß des Versuchszugs mit »Jacobs-Drehgestellen«.

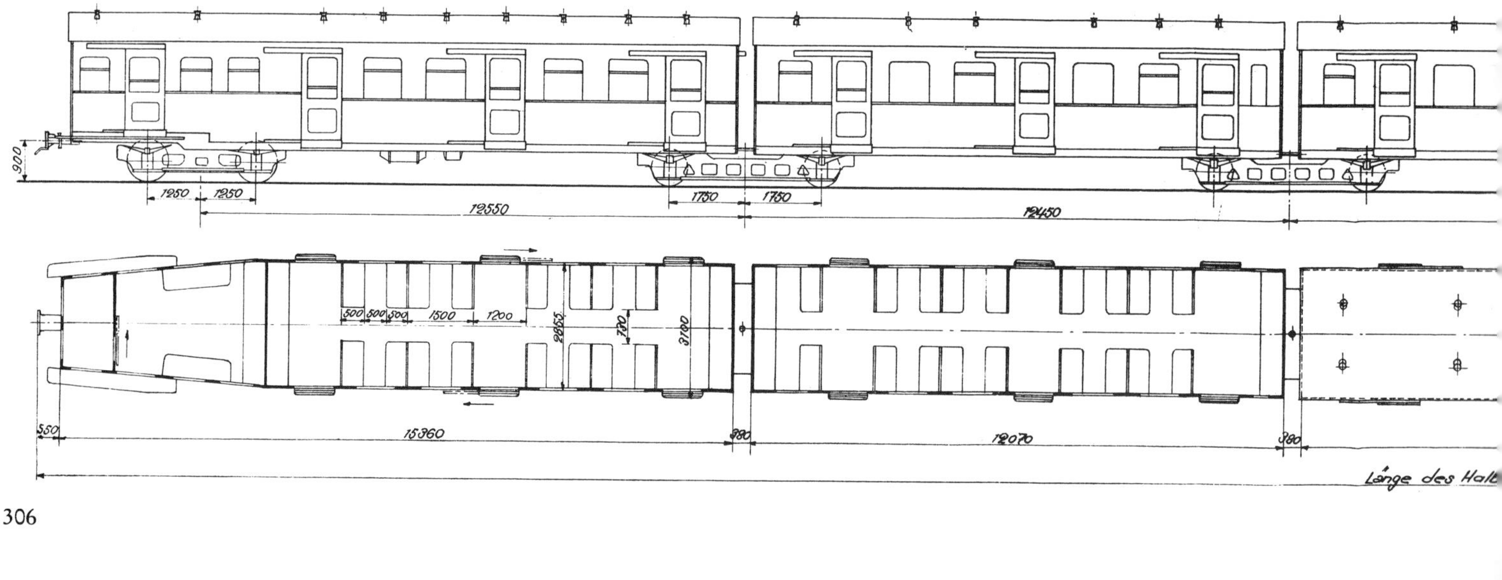

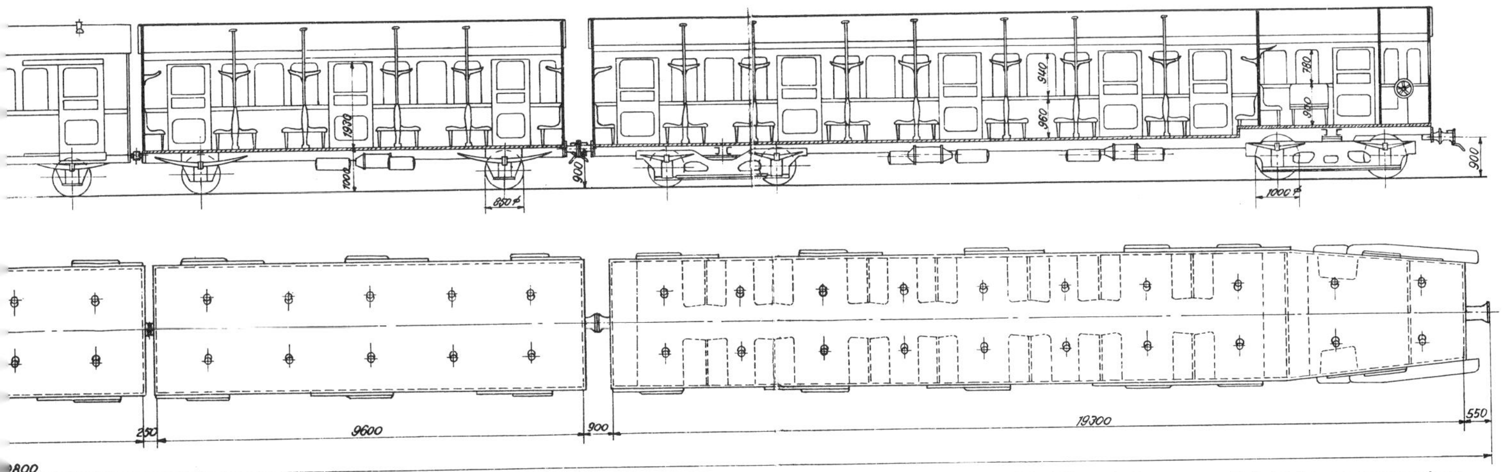


Seitenansicht und Grundriß des Versuchszugs »A«. Die Sitze sind quer zur Fahrtrichtung angeordnet.

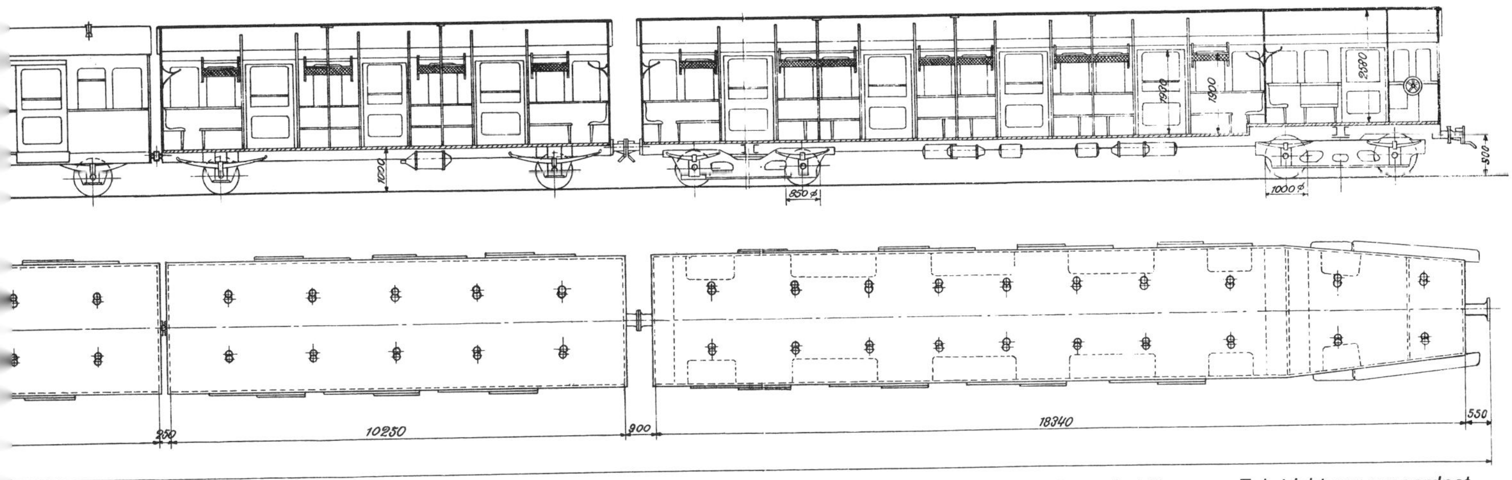


Seitenansicht und Grundriß des Versuchszugs »E«. Die Sitze sind längs zur Fahrtrichtung angeordnet.

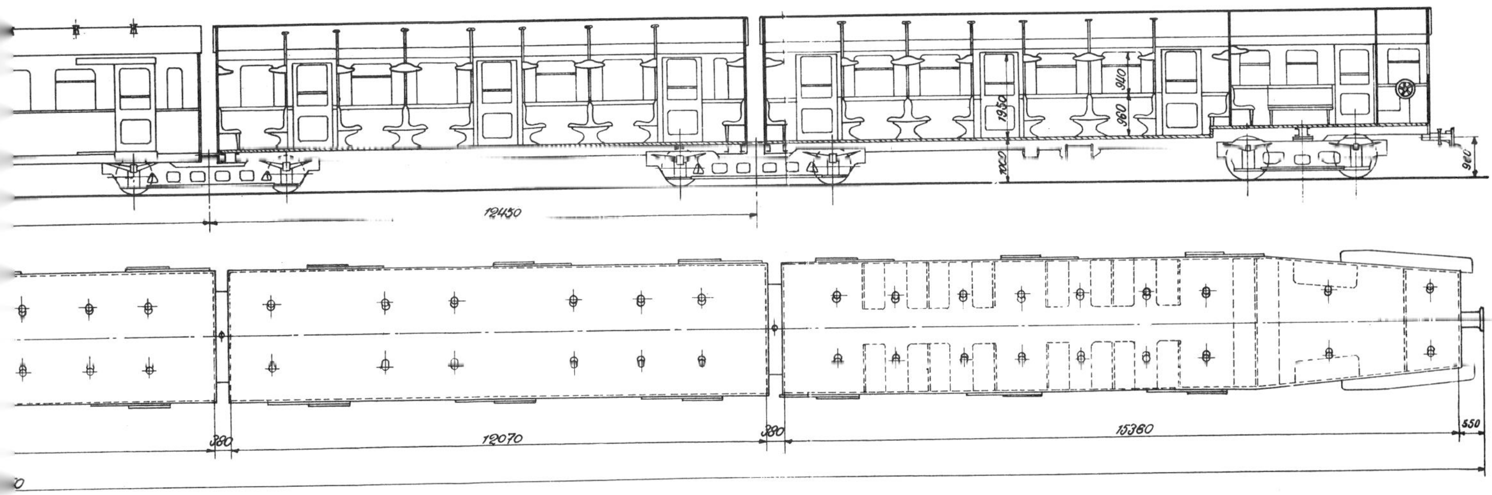

## Der Beginn der Elektrifizierung

Das Ende des Krieges brachte große Veränderungen in Deutschland. Die neue Weimarer Verfassung verlangte, daß das Eisenbahnwesen in die Hände des Reiches zu legen sei. Durch einen Staatsvertrag geregelt, sind am 1. April 1920 alle Ländereisenbahnen in der Deutschen Reichsbahngesellschaft (DRG) vereinigt worden.
Bereits im Dezember 1919 erging die Anordnung, die Planung für die Elektrifizierung der Berliner Vorortstrecken vom Stettiner Bahnhof nach Bernau und Hermsdorf aufzunehmen. Anfänglich entschied man sich für Oberleitungsbetrieb mit 15-kV-Einphasenwechselspannung und 16⅔-Hz-Frequenz. Es sollten die alten Abteilwagen und die bereits vor dem Krieg kurz erprobten Triebgestelle zum Einsatz kommen.
Obwohl im Februar 1920 erstmals elf Mio Reichsmark zur Verfügung gestellt worden sind, flossen die Geldmittel spärlich. Die Bestimmungen des Versailler Vertrages und die Abfindungen für die Ländereisenbahnen kosteten viel Geld. Außerdem brachte die Inflation im Jahre 1923 einen erneuten Rückschlag in der Finanzierung.
Nachdem bereits die ersten Fahrleitungsmasten aufgestellt waren, verwarf die maßgebliche Behörde 1921 die bisherige Planung. Aufgrund neuer Berechnungen entschied man sich endgültig für den Betrieb mit 800-V-Gleichspannung und einer dritten, seitlich angeordneten Stromschiene. Mehrere Gründe waren dafür ausschlaggebend. Von den Gleichstrombetrieben der Strecke Groß-Lichterfelde-Ost – Potsdamer Vorortbahnhof und der Hoch- und Untergrundbahn konnte fast nur Positives berichtet werden. Außerdem hatte sich die Technik des Umformens von Wechsel- in Gleichspannung wesentlich verbessert. Leistungsfähige Gleichrichter waren entwickelt worden, die einen Verzicht auf die teuren Umformermaschinen, die bisher verwendet wurden, möglich machten.
Den Nachteil, daß man bei Verwendung von Gleichspannung, bedingt durch den Spannungsabfall, eine größere Anzahl von Unterwerken errichten mußte, glichen die robusten, gut zu steuernden und problemlos zu wartenden Gleichstrommotoren aus. Da der Betrieb eine Spannung von 800 V benötigte, entfielen auch die strengen Sicherheitsmaßnahmen, die nach den Bestimmungen des Verbandes Deutscher Elektrotechniker (VDE) bei Hochspannungsanlagen, also erst ab 1000 V, eingehalten werden mußten. Hinzu kam, daß keine eigenen Bahnkraftwerke errichtet werden brauchten, da sich die Spannung, die aus dem öffentlichen Netz bezogen werden konnte, problemlos für die Bedürfnisse der Eisenbahn umwandeln ließ. Entscheidend aber dürfte gewesen sein, daß der Bau der Streckenanlagen verhältnismäßig einfach und billig gewesen ist. Weil das Fahrzeuggewicht der Gleichstromtriebwagen spürbar leichter war als das von Wechselstromtriebwagen, was auch auf die Motoren zurückzuführen ist, waren am Oberbau (Gleise, Schotter etc.) keine großen Veränderungen erforderlich. Die vorhandenen Gleise mußten nur mit einer Stromschiene versehen werden, welches sich besonders nachher in den engen Kurven der Stadtbahn als günstig erwies. Es bedurfte bei dieser Lösung allerdings einer Erhöhung der Bahnsteige von 76 auf 96 Zentimeter. Dafür mußte extra eine Sondergenehmigung erteilt werden, da nach der Eisenbahnbau- und Betriebsordnung aus dem Jahre 1904 eine Bahnsteighöhe von 76 Zentimetern zulässig war.

## Die neuen Versuchszüge

Weil neue elektrische Fahrzeuge beschafft werden mußten, konnte man den inzwischen über 40 Jahre alten und in den Kriegsjahren schlecht unterhaltenen Wagenpark der Berliner Stadt-, Ring- und Vorortbahn ausmustern. 1922 wurden zunächst sechs, aus je zehn Wagen bestehende Versuchszüge in Auftrag gegeben: die Versuchszüge der Bauart A bis F.
Die Fahrzeuge der Versuchsreihen A bis F, die zunächst als Prototypen verkehrten, sollten erst einmal Klarheit über die zweckmäßigste Ausrüstung und die am besten geeignete Ausstattung und Form der zukünftigen Serienfahrzeuge bringen. In Zusammenarbeit mit der Industrie entstanden so die sechs Versuchszüge mit unterschiedlichem Sitzplatzangebot, unterschiedlicher Raumaufteilung und unterschiedlicher Türanordnung.
Ein Zug, der Versuchszug F, hatte Jacobs Drehgestelle, bei denen die Enden zweier Wagen auf einem Drehgestell liegen. Die anderen fünf hatten in jedem der fünfteiligen Halbzüge zwei vierachsige Trieb- und drei zweiachsige Beiwagen, die untereinander kurzgekuppelt waren. Zwei Halbzüge bildeten einen kompletten Versuchszug.
Weil die Spannungsart noch nicht feststand, lieferte man die Prototypen teilweise ohne elektrische Ausrüstung. Sie mußten deshalb, von Dampflokomotiven gezogen, den Versuchsbetrieb absolvieren. Bei diesen Einsätzen gewann man Erkenntnisse über Profilfreiheit, Platzeinteilung, Türanordnung, Verhalten in Kurven und beim Anfahren, Laufruhe usw., die ausgewertet, später zur Entscheidungshilfe bei der Großserienbeschaffung dienten.
Alle Züge hatten Schiebetüren in verschiedener Anordnung, die im Gegensatz zu den Drehtüren der alten Abteilwagen ein wesentlich schnelleres Ein- und Aussteigen ermöglichten. Im Versuchszug E waren die Sitzplätze wie bei der U-Bahn längs, in den anderen Zügen quer zur Fahrtrichtung angeordnet. Die Sitze befanden sich in Großraumabteilen.
Nach Abschluß der Versuchsbetriebe entschied sich die Deutsche Reichsbahngesellschaft zunächst für den Bau von 17 Triebwagen Typ Bernau (Bauart 1924), mit denen die Eisenbahn am 8. August 1924 auf der inzwischen mit Stromschiene versehenen Vorortstrecke Stettiner Bahnhof – Bernau den elektrischen Betrieb aufnahm. Der 8. August 1924 ist also der eigentliche Geburtstag der elektrischen Berliner S-Bahn.

## Die Baureihen Bernau und Oranienburg

Die Baureihe Bernau, die den Spitznamen »Konfanti« (dieser merkwürdige Name ist zwar in »Fachkreisen« bekannt, aber niemand vermag die Bedeutung oder den Ursprung zu erklären) hat, später in ET 169/278 umbenannt, bestand als kleinste Zugeinheit aus zwei vierachsigen Trieb- und drei zweiachsigen Beiwagen.
Beide Triebwagen hatten jeweils eine selbsttätige Wilson-Kupplung, Trieb- und Beiwagen waren mit Scharfenberg-Kupplungen alter Bauart, Bei- und Beiwagen durch kurze Bolzenkupplungen verbunden.
Zwei Halbzüge (10 Wagen) konnten zu einem Vollzug zusammengestellt werden. Jeder Triebwagen besaß zwei Fahrmotoren mit einer Stundenleistung von je 140 kW. So standen bei einem kompletten Vollzug im-

merhin 1120 kW Stundenleistung bei ca. 40 km/h zur Verfügung. Die maximale Geschwindigkeit betrug 70 km/h. Die Steuerung der Züge erfolgte auf elektro-pneumatischem Weg durch eine Vielfachsteuerung vom Führerstand des führenden Triebwagens, durch Betätigen eines Fahrschalterknopfes und Drehen einer Kurbel. Bei dieser Steuerung konnte der Triebfahrzeugführer noch seine »Fahrkunst« beweisen. Nach Einleitung des Steuerungsvorganges werden die Fahrmotoren über Anfahrwiderstände und Feldschwächung zunächst in Reihe, dann parallel geschaltet. Ein von einem elektropneumatischem Klinkwerk gesteuertes Nockenschaltwerk übernahm diese Aufgabe. Ein Fortschaltrelais überwachte die zulässige Stromaufnahme der Motoren. Die Bremse war eine Kunze-Knorr-Zweikammerbremse, die Türen waren handbetätigte Schiebetüren, die Sitze quer zur Fahrtrichtung angebracht. Schon bald erwies sich jedoch die kleinste Einheit »Halbzug« mit fünf Wagen als zu groß. Auch konnten Anfahrbeschleunigung und Laufruhe der Trieb- und Beiwagen nicht befriedigen. Pro Triebwagen wurden ja nur zwei Achsen angetrieben. So baute man schon ein Jahr später den Typ Oranienburg (1925), später umbenannt in 168/278, der die Grundbauart für alle später hergestellten Züge werden sollte. Er bestand als kleinste Einheit (Viertelzug) aus einem vierachsigen Trieb- und einem vierachsigem Steuerwagen. Der Triebwagen hatte jetzt vier Motoren mit einer Stundenleistung von insgesamt 380 kW bei 375 V Spannung, so daß jede Triebachse angetrieben wurde. Dadurch konnte die Höchstgeschwindigkeit auf 80 km/h gesteigert werden. Die Steuerung erfolgte durch Niederdrücken eines Fahrschalterknopfes ohne Kurbelbetätigung. Im Gegensatz zum Bernauer bekamen die 50 gebauten Viertelzüge des Types Oranienburg, der übrigens den Spitznamen »Bulle« hat, eine Scharfenberg-Kupplung, was die schnellere Zusammenstellung von Halb-, Dreiviertel- und Vollzügen ermöglichte.

Die Einführung der Scharfenberg-Kupplung war eine wesentliche Neuerung. Diese »Mittelpufferkupplung« ermöglichte ein schnelles »Schwächen« und »Verstärken« der Züge. Je nach Betriebsbedarf konnten also rasch Viertelzüge an- oder abgehängt werden. Auch erhöhte sich die Sicherheit für die Rangierleiter deutlich, sind doch viele Unfälle beim

*Zug der BR »Bernau«, die 1924 den eigentlichen elektrischen S-Bahn-Betrieb eröffnete. Das Fahrzeug besitzt noch die anfänglich verwendete Wilson-Kupplung.*

*Triebwagen der 1925 gebauten BR »Oranienburg«. Bis in die 60er Jahre verkehrten die Züge unter dem Spitznamen »Bulle«.*

Rangieren auf die normalen Hülsenpuffer und die Schraubenkupplung zurückzuführen.

Einen schnelleren Fahrgastwechsel ermöglichten die auf jeder Seite eines Wagens eingebauten vier Doppelschiebetüren, die in Großraumabteile führten. Anfangs mußten sie von Hand geschlossen werden, später baute man eine elektro-pneumatische Türschließeinrichtung ein. Die Ursprungsausführung zeigte die einzelnen Wagenklassen noch mit unterschiedlichen Außenlackierungen. Diese wurden jedoch später durch den typisch rot-gelben Anstrich der Berliner S-Bahn ersetzt.

Fuhren die 17 Züge des Typs Bernau auf der Strecke Bernau – Stettiner Vorortbahnhof, so verkehrten die 50 Züge des Typs Oranien-

*Eines der drei noch vorhandenen Steuerviertel der Baureihe 275 (165) »Stadtbahnwagen«. Die ursprünglich vorhandene zweite Signallampe fehlt. Alle anderen, der in einer Stückzahl von 1276 gebauten, Trieb-, Steuer- und Beiwagen wurden inzwischen umgebaut.*

*Firmenprospekt einer der sechs Waggonfirmen, die am Bau der Stadtbahnwagen beteiligt waren.*

*Deutlich ist die windschnittige Kopfform des ehemaligen »Bankierzuges« der BR 125 (heute 276) im Vergleich mit der BR 275 (nach dem Umbau für den Einmannbetrieb) zu erkennen. Der damalige »Schnelläufer« hat noch die Originallampen der Ursprungsausführung.*

burg auf der am 4. Oktober 1925 eingeweihten Strecke nach Oranienburg und auf der seit dem 16. März 1927 in Betrieb genommenen Strecke nach Velten. Die gewonnenen Erfahrungen des Betriebes auf diesen insgesamt 70,5 km elektrifizierten Gleisen bildeten die Grundlage für die nun folgende große Elektrifizierung der Berliner Stadt-, Ring- und Vorortbahnen.

## Die große Elektrifizierung

Bereits im Juni 1924 ist auf einer Tagung des Verwaltungsrates der Deutschen Reichsbahngesellschaft die große »Stadtbahnelektrisierung« beschlossen worden. Dieser Beschluß war ein Resultat der ständig sinkenden Fahrgastzahlen. Betrug im Jahr 1924 die Zahl der Fahrgäste noch 478 Mio, so sank sie bis zum Jahre 1926 auf 370,6 Mio. Um ein weiteres Absinken zu verhindern, mußte schnellstmöglich die Attraktivität der Stadt-, Ring- und Vorortbahn erhöht werden. Die guten Ergebnisse mit den elektrischen Triebfahrzeugen auf den drei Nordstrecken, die zu erwartende Dreck- und Lärmverminderung und die bei elektrischen Betrieb mögliche Steigerung der Zugfolge waren zweifellos wesentliche Verbesserungen, die dies bewirken konnten.
Die in den Jahren 1927 und 1928 von insgesamt sechs Waggonfabriken gebauten Trieb-, Steuer- und Beiwagen der Bauart »Stadtbahn« (Baureihe 165/275) sind mit einer Stückzahl von 1276 (638 Triebwagen, 465 Steuerwagen, 173 Beiwagen) auch heute noch die am meisten gebauten Triebfahrzeuge der Welt.
Zuerst stellte man nur Trieb- und Steuerwagen als kleinste Einheit (Viertelzug) her, später, als sich herausstellte, daß der Viertelzug im täglichen Betrieb nicht ausreichte, baute man Trieb- und Beiwagen. Fast alle Steuerwagen sind nach und nach in Beiwagen umgebaut worden.
Die Installation der elektrischen Ausrüstung erfolgte im inzwischen errichteten Reichsbahnausbesserungswerk (Raw) Schöneweide. Das Gewicht der Triebwagen war gegenüber dem der Bauart Oranienburg um ca. 17 %, das des Steuerwagens um ca. 20 % durch die Verwendung neuer Stahlsorten reduziert worden. Dadurch konnte die Leistung der vierpoligen selbstlüftenden Gleich-

strom-Reihenschlußmotoren 375 V/267 A bei 800 U pro Minute auf 90 kW Stundenleistung gesenkt werden. Die vier Motoren eines Triebwagens sind zu je zwei Motorgruppen, deren Motoren permanent in Reihe geschaltet sind, in zwei Drehgestellen zusammengefaßt. Jeder Motor treibt eine Achse an. Das Anlassen dieser Motoren erfolgt durch eine elektro-pneumatische Schaltwalzensteuerung, die von der Bauart Oranienburg übernommen worden ist. Durch diese Steuerung kann über einen Fahrschalter, an dem vier Fahrstufen eingestellt werden können (Rangieren vorwärts/rückwärts, 0,3 $m/s^2$ und 0,5 $m/s^2$ Anfahrbeschleunigung), der gesamte Steuervorgang über ein Klinkwerk und ein Fortschaltrelais, von der Geschicklichkeit des Triebfahrzeugführers unabhängig, eingeleitet werden. Die Züge erreichten eine maximale Geschwindigkeit von 80 km/h. Als Bremse wurde eine Ein-Kammer-Druckluftbremse Bauart Kunze-Knorr verwendet, die als Klotzbremse wirksam war. Die zum Bremsen benötigte Druckluft stellte ein Luftverdichter mit einer Leistung von ca. 1000 l/min zur Verfügung.
Trieb- und Steuerwagen (Beiwagen) hatten eine Länge von je ca. 17 Metern und waren mit einer Kurzkupplung miteinander verbunden. An den Enden hatten sie Scharfenbergkupplungen. Tür- und Sitzplatzanordnungen wurden weitgehend von den Vorgängern übernommen. Die 2. Klasse hatte Polster-, die dritte Holzbänke. Da ein Viertelzug über 112 Sitzplätze und 190 Stehplätze verfügte, konnte ein Vollzug 1208 Fahrgäste befördern (als Vergleich Dampfzug ca. 1000).
Durch die Erhöhung der Bahnsteige von 730 auf 960 mm Überschienenoberkante (SO) war ein schnelles Ein- und Aussteigen aus den vier Doppelschiebetüren pro Wagen ohne Zwischenstufe möglich. Die Reisebequemlichkeit erhöhte sich also gegenüber den Dampfzügen mit ihren Abteilwagen spürbar.
In der nun folgenden Zeit wurde die Elektrifizierung mit Riesenschritten vorangetrieben. Bis zum 31. Dezember 1943 waren insgesamt 294,85 km Gleise mit einer Stromschiene versehen. Auch der Nord-Süd-Bahntunnel mit 5,7 km Länge gehörte dazu. Dieser kurvenreiche Tunnel, der trotz erheblicher Schwierigkeiten beim Bau nach fünf Jahren und acht Monaten Bauzeit fertiggestellt worden war, ist die letzte Neubaustrecke vor dem Krieg gewesen. Das erste Teilstück, aus dem Norden kommend bis zum Bahnhof Unter den Linden, konnte schon zu den Olympischen Spielen 1936 befahren werden. Am 15. April 1939 fuhren die Züge bis zum Bahnhof Potsdamer Platz und am 15. Mai, von Mahlow im Süden kommend, zum Anhalter Bahnhof. Das letzte Teilstück von Großgörschenstraße über Anhalter Bahnhof bis Potsdamer Platz wurde am 9. Oktober 1939, also schon nach Beginn des Zweiten Weltkrieges, dem Verkehr übergeben. Dadurch war eine durchgehende Verbindung von Nord nach Süd geschaffen worden.
Mit 789 Mio Fahrgästen erreichte die Berliner S-Bahn im Jahre 1943 einen absoluten Fahrgastrekord. In dieser riesigen Zahl spiegeln sich all die Auswirkungen des Krieges wider. Da es kaum noch Benzin für den privaten Verbrauch gab, fuhren nur noch wenige Autos. Jeden Tag mußten enorme Menschenmassen zu den Rüstungsbetrieben gebracht werden. Fahrradverkehr fand aufgrund Ersatzteilmangels kaum noch statt. Sogar der BVG wurde das Benzin rationiert. Also fuhren die Menschen mit der S-Bahn. Bis 1943 funktionierte sie ja reibungslos. Um diese vielen Menschen zu befördern, mußten immer wieder neue Fahrzeuge angeschafft werden. Diese Neubauten unterschieden sich teilweise von den »Stadtbahnwagen«.
In den Jahren 1932/33 beschaffte die Reichsbahn 51 Viertelzüge (Trieb- und Beiwagen) der Bauart 1932 (Wannseebahnwagen), die später in ET/EB 165.8 bzw. 275.9 umbenannt worden sind. Sie unterschieden sich von den Stadtbahnwagen im wesentlichen durch eine rein elektrische Steuerung (Schaltmotor anstatt Klinkwerk) und dadurch, daß die Wagenkästen versenkt genietet waren.

## Bankierzüge und Olympiazüge

Zehn sogenannte »Bankierzüge« (eingesetzt auf der Strecke Potsdamer Fernbahnhof/Wannsee), später kamen noch acht dazu, mit einer Höchstgeschwindigkeit von 120 km/h bzw. 110 km/h und besonders windschnittig gestalteten Wagenkästen waren die schnellsten S-Bahnzüge, die jemals auf den Strecken in Berlin fuhren.
Diese Züge hatten besonders komfortabel ausgestattete Fahrgasträume. Dicke Polstersitze und eine gediegene Innenausstattung in der 1. Wagenklasse sprachen ein besonderes Publikum an. Die reichen Leute der Villenviertel in Wannsee und Zehlendorf, höhere Angestellte, hohe Beamte und Bankiers fuhren bereits seit 1903 auf dieser Strecke in die Stadt. In nur ca. elf Minuten und mit einmaligem Halt in Zehlendorf-Mitte verkehrten diese elektrischen Triebwagen von Wannsee zum Potsdamer Fernbahnhof. Sie wurden in den Jahren 1934 bis 1938 in Dienst gestellt.

*Die charakteristische Kopfform eines »Olympiazuges« der BR 276. Alle vier Signallampen (Spitze/Schluß/Notspitze/Notschluß) sind hier in einem Lampenkörper untergebracht.*

Die Wagenkästen und Drehgestelle sind erstmals nicht genietet, sondern vollständig geschweißt. Auf der linken Seite des Triebwagens befand sich eine Führerraumtür, die man nach dem Krieg ausgebaut hat. Die Bankierzüge erhielten später die Bezeichnung ET/EB 125 bzw. 276. Nach dem Ausbau der stärkeren Fahrmotoren (statt wie bisher 360 kW Stundenleistung pro Triebwagen, standen hier insgesamt 550 kW zur Verfügung) und der für diese Geschwindigkeit ausgelegten Bremsanlage (lastabhängige Bremse) erreichten auch diese »Schnelläufer« nur noch eine Höchstgeschwindigkeit von 80 km/h.
Weitere Neubeschaffungen erfolgten zu den Olympischen Spielen 1936 in Berlin. 34 Vier-

*Die 1938/40 gebauten Fahrzeuge der BR 167 (277) hatten vollautomatische Scharfenberg-Kupplung (Klavier).*

telzüge (ET/EB 166/276) der Bauart 1936, »Olympiazüge«, vervollständigten die Anzahl der in dieser Zeit neu gebauten Züge. Sie erreichten 80 km/h Höchstgeschwindigkeit und unterschieden sich von den Bankierzügen durch die Fahrmotoren. Außerdem hatten sie wie diese eine rein elektrische Steuerung. Mittels eines Schaltmotors, der das Klinkwerk ersetzte, und eines Stromwächters, der das Fortschaltrelais ersetzte, wurden die Motoren angelassen.
Für den Betrieb der bevorstehenden Fertigstellung des Nord-Süd-Bahntunnels bestellte die Reichsbahn 1937 80 Viertelzüge der Bauart 1937/40, später umbenannt in ET/EB 167 bzw. 277. Diese hatten im Gegensatz zu den Olympiazügen eine vollautomatische Scharfenberg-Kupplung mit aufgesetzter Kupplung (Klavier) für die Steuerleitungen. Ansonsten aber gab es wenig Abweichungen. Ständig steigende Fahrgastzahlen erforderten die weitere Bestellung von 212 Trieb- und

*Ein »Peenemünder« steht vor dem letzten Wasserkran auf dem Ring.*

Beiwagen dieser Bauart. Infolge des Krieges konnten jedoch nicht alle Fahrzeuge ausgeliefert werden.
Nach dem Krieg gelangten neun Viertelzüge von der Werkbahn Zinnowitz/Peenemünde nach Berlin. 17 ursprünglich mit Dachstromabnehmer versehene und für 1100 V Gleichspannung ausgelegte Züge verrichteten während des Krieges den Werkverkehr in der Heeresversuchsanstalt auf der Ostsee-Insel Usedom. Die neun nach Berlin gebrachten »Peenemünder« wurden umgebaut, als ET/ES 166/276 bzw. ET/EB 167 bezeichnet und auf den Strecken der Berliner S-Bahn eingesetzt.

## Neuentwicklungen nach dem Krieg

Nach Beendigung des 2. Weltkrieges gab es für den Fuhrpark der Berliner S-Bahn nur zwei Neuentwicklungen. Bedingt durch die politischen Veränderungen in Deutschland, insbesondere in Berlin, beschränkte sich deren Einsatz im heutigen Ost-Berlin. Allerdings ist noch keines dieser Fahrzeuge in den Serienbetrieb gegangen. Es handelt sich dabei um die 1959 vorgestellte Baureihe 170 und die 1980 gezeigte Baureihe 270. Zwei Halbzüge der Baureihe 170 mit je vier Triebwagen und Jacobs-Drehgestellen liefen im Probebetrieb. Die Triebfahrzeuge bewährten sich aber nicht. Konstruktionsmängel, falsche Motoren und Überlänge der Züge waren einige Gründe dafür. Beide Einheiten sind in den 70er Jahren verschrottet worden.
Die bisher letzte Neuentwicklung eines Fahrzeuges konnte 1980 auf der Leipziger Frühjahrsmesse besichtigt werden. Die Triebfahrzeuge mit modernem Styling und moderner Halbleitertechnik, Leichtbauweise und geringem Unterhaltungsaufwand werden noch heute in Ost-Berlin im Versuchsbetrieb erprobt. Die kleinste Einheit besteht wieder aus Trieb- und Beiwagen (Viertelzug). Über eine spätere Serienfertigung ist noch nichts bekannt.

## Modernisierung der alten Baureihen

Nach wie vor wird der gesamte Betrieb in Ost-Berlin und auch der verbliebene Rumpfbetrieb in West-Berlin mit Fahrzeugen, die vor dem Krieg entwickelt und gebaut worden sind, durchgeführt. Jedoch sind fast alle Züge rekonstruiert, modernisiert und umgebaut worden.
Durch Neuverkabelung der elektrischen Anlagen, Einbau von Leuchtstofflampen, Umbau des Führerstandes und vielen kleinen Detailverbesserungen sind die meisten Züge grundlegend neu gestaltet worden. Nach Einführung des Ein-Mann-Betriebes (EMB) hat eine Sicherheitsfahrschaltung (Sifa) den Schaffner ersetzt. Die Sifa hat die Aufgabe, die Dienstfähigkeit und Aufmerksamkeit des Triebfahrzeugführers zu überwachen. Bei Dienstunfähigkeit des Triebwagenführers bewirkt die zeitabhängige Sifa nach einer gewissen Zeit, daß eine Zwangsbremsung eingeleitet wird und der Zug zum Stehen kommt. Während der Fahrt hat der Triebwagenführer eine Wachsamkeitstaste zu bedienen, loszulassen – also zu quittieren – und wieder zu betätigen. Unterläßt er dies, leuchtet nach einer bestimmten Zeit eine Lampe auf (optisches Signal). Wird nun noch nicht quittiert, ertönt eine Glocke (akustisches Signal) und kurz darauf kommt es zur Einleitung der Zwangsbremsung. Die Betätigung der Wachsamkeitstaste ist per Fuß oder mit der Hand möglich. Erst durch die Sifa konnte auf den zweiten Mann, den Schaffner, verzichtet werden. Die meisten Schaffnerarbeiten aber muß der Triebfahrzeugführer zusätzlich erledigen. Allerdings werden seit der Umstellung auf EMB alle Züge über Funk abgefertigt.
Trotz der im wesentlichen reibungslos verlaufenden Abwicklung des Verkehrs mit den teilweise über 50 Jahre alten Triebfahrzeugen ist ihr Betrieb doch sehr unwirtschaftlich. Die Wagen sind zu schwer (ET 38 t, EB 27 t), die Technik ist total veraltet und der Wartungsaufwand enorm. Hoher Energieverbrauch und eine relativ hohe Störanfälligkeit lassen einen wirtschaftlichen Einsatz nicht zu. Auch erweist sich die Ersatzteilbeschaffung mit zunehmendem Alter der Fahrzeuge als immer schwieriger. So muß schon mal ein Viertelzug als »Ersatzteillager« abgestellt werden.
Bedenkt man die überragende Rolle, die die S-Bahn auch heute noch im Ostteil der Stadt spielt, ist der Einsatz der modernen, wartungsarmen und energiesparenden Züge dort sicherlich bald zu erwarten. Auch das Konzept des Berliner Senats über eine Integration der S-Bahn im Westteil der Stadt in den

*Ein ehemaliger »Berliner« nach dem Krieg im Dienst der Deutschen Bundesbahn auf der Isartalbahn.*

öffentlichen Personennahverkehr sieht ja die Neubeschaffung von Triebfahrzeugen vor. So werden sich sicherlich schon bald zu den vielen verschiedenen Baureihen wieder einmal neue gesellen. *(Detlev Wittgen)*

## Die Signalverbindungen

Zur Zeit des Dampfbetriebes auf den Berliner Stadt-Ring und Vorortbahnen gab es keine besonderen Signale. Jeder Blockabschnitt war durch Flügelsignale gesichert, die Abschnitte waren z. T. recht kurz, die Zugfolge konnte bis auf 2,5 Minuten Abstand erfolgen. Es war ein Leistungsbeweis, der höchste Konzentration der Beschäftigten erforderte.

*Die in zwei Exemplaren gebauten Züge der BR 270 sollen einmal die vielen alten Baureihen ersetzen. Das Foto zeigt einen Triebwagen im Probebetrieb.*

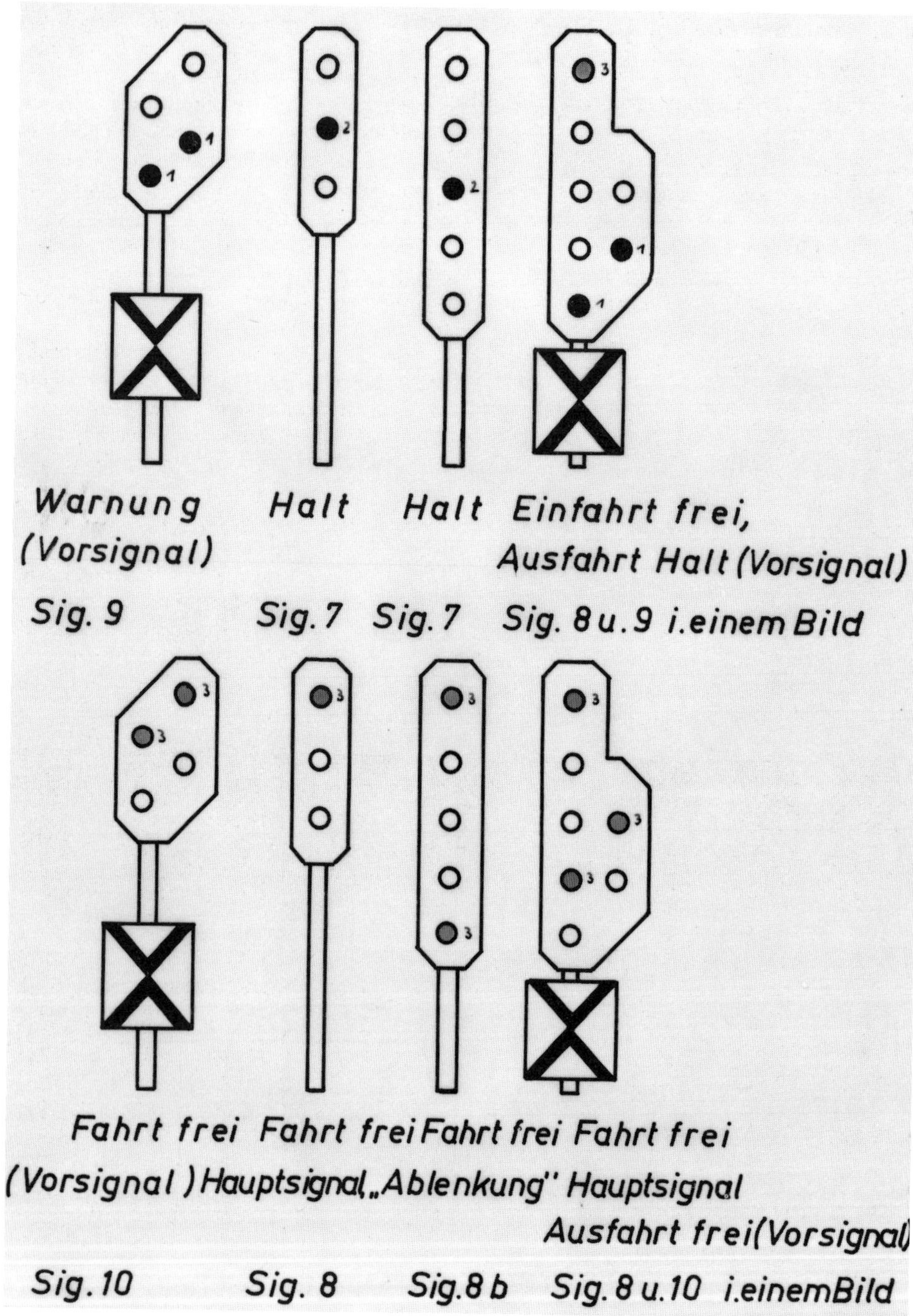


Laternen: 1 = Gelb; 2 = Rot; 3 = Grün.

Signal 8: »Fahrt frei für das durchgehende Gleis«. »Ablenkung« (Wegsignal) – bis 1935 zeigten zwei oder drei Flügel (Laternen grün) die Abweichung in ein anderes Gleis an (Wegsignal). Ab 1935 eine festgesetzte Geschwindigkeit bei Hp 2 und Hp 3 (40 km/h).

Jedes Signal mußte für *jeden Zug in Fahrt- bzw. in Haltstellung gebracht werden.* Etwa 1920 begann die Entwicklung für einen automatischen Streckenblock, der auf der Berliner U-Bahn und der späteren elektrischen Berliner S-Bahn nötig wurde.
Auf der Strecke Potsdamer Vorortbahnhof – Lichterfelde-Ost wurde der erste automatische Streckenblock der Deutschen Reichsbahn Gesellschaft im Jahre 1927 erprobt und auf der Stadtbahn zwischen dem Schlesischem Bahnhof und Berlin Charlottenburg eingeführt.
Die Signale der Versuchsstrecke Pov – Lio (Potsdamer Vorortbahnhof – Lichterfelde-Ost) waren somit die ersten Lichtsignale mit automatischem Streckenblock der Deutschen Reichsbahn-Gesellschaft. Da man auf Bewährtes zurückgreifen mußte, wurden diese Lichtsignale mit den »Nachtzeichen« der Signale 7, 8, 9 und 10 der damaligen »Eisenbahn-Signalordnung« ausgerüstet. Die Lichtsignale zeigten nach hinten kein weißes Licht.
Es waren schon »halbe« Signalverbindungen, denn die Einfahrsignale waren mit dem Ausfahrvorsignal auf einem Signalschirm zu einem Signalbild vereinigt. Die Haupt- und Vorsignale standen noch an verschiedenen Standorten, immer rechts vom Gleis. Die selbsttätigen Signale, die mit 1000 Volt Wechselstrom betrieben wurden, baute man in den dreißiger Jahren wieder ab, ähnliche Signalbilder tauchten bei der Berliner S-Bahn als HL/VL bzw. HL 100/VL 100 später auf. Hersteller der Signale Orenstein und Koppel. Die Signale waren durch schwarze Buchstaben auf weißem Grund gekennzeichnet.

### Die selbsttätige Zugsicherung auf den Berliner Stadt-, Ring- und Vorortbahnen

Die zwischen Berlin-Charlottenburg und dem Schlesischen Bahnhof im Jahre 1928 eingeführten elektrischen Signale wichen schon in der Form von denen des Probebetriebs Pov – Lio ab. Die Signale standen alle links vom Gleis, zeigten aber die üblichen Farben der Nachtzeichen der Formsignale. Völlig neu war, daß jedes Signal Haupt- und Vorsignal in einem Signalbild vereinigte. Diese Signale wurden als Dreibildlichttagsignale bezeichnet, weil sich auf jedem Signalschirm drei Paare farbiger Lichter untereinander befinden. Jeder Signalbegriff wird mit zwei farbigen Lichtern nebeneinander signalisiert, die Ausnahme: Haltsignal vor Stationen: ein rotes Licht.
Die Anforderungen an das Signalsystem waren: »Beim elektrischen Betrieb auf der Stadtbahn sollen 50 km/h Grundgeschwindigkeit

und 90 sek Zugfolgezeit gefahren werden«; »selbsttätiger Ablauf der Signalstell- und Blockvorgänge« (Bedienungszeit für die Zugfolge wird gewonnen); »selbsttätige Dreibildlichttagsignale, elektrisch« (mechanische Stellvorgänge werden vermieden, dichte Zugfolge möglich); »alle Stell- und Blockvorgänge werden durch den Zug, mit Hilfe des Gleisstromes vorgenommen« (der Blockwärter ist entbehrlich); »der Blockschalter (Blockrelais), der mechanische Blockwärter – der Blockschrank, das selbsttätige Stellwerk«.

*Blockschrank*

Dieses Signalsystem ist aber nur auf einer rein elektrischen zweigleisigen Strecke möglich, auf eingleisigen oder im Gemeinschaftsbetrieb mit anderen Traktionsarten mußte man das Blocksystem mit Flügelsignalen beibehalten.

Bei selbsttätigen Signalanlagen werden die Signale und Blockeinrichtungen vom Zug gesteuert, der Wärter wird nicht mehr benötigt. Dazu ist es erforderlich, daß die Signale untereinander durch die Gleise in elektrischer Abhängigkeit stehen müssen. Die Fahrschienen sind gleichzeitig die elektrischen Leiter für den Signalstromkreis. Deshalb konnte auf Holzschwellen zur Isolation nicht verzichtet werden. Ein Gleis wird in mehrere „Blockabschnitte" (to block = sperren, abschließen) eingeteilt. Die Blockstrecke wird durch Isolierstöße begrenzt. Legt man an das eine Ende eines »Blockabschnittes« eine Stromquelle, an das andere einen Blockschalter, so fließt bei unbesetztem Gleis der Strom durch die Fahrschienen zum Blockschalter. Der Blockschalter wird durch diesen »Gleisstrom« erregt, der Anker zieht an, und das dazugehörige Signal kann eine Fahrtstellung zeigen.

Fährt ein Fahrzeug auf diesen Abschnitt auf, schließen die Fahrzeugachsen den »Gleisstromkreis« kurz. Der Anker des Blockschalters fällt und durch elektrische Kontakte wird das Signal eine Haltestellung zeigen. Das Haltsignal tritt ein, wenn die Blockstrecke besetzt ist, die Fahrtstellung erfolgt, wenn der Abschnitt wieder geräumt ist. Damit überprüft der Gleisstrom das Freisein eines Abschnitts.

Sind beide Fahrschienen eines Gleises durch Isolierstöße aufgeteilt, spricht man von einer »zwischenschienigen«, wenn nur eine Fahrschiene durch Isolierstöße aufgeteilt ist von einer »einschienigen« Anlage. Der Gleisstrom/Signalstrom ist Wechselstrom (vier Kabel, je 120 mm$^2$, 380 V Schrank-Schrank Phase gegen 0, nicht Erde = 220 V). Der Wechselstrom ist nötig, weil der Fahrstrom der elektrischen S-Bahn Gleichstrom ist, wobei die Fahrschienen als Rückleitung genutzt werden.

Die Fahrschienen (Isolierstöße) müssen bei »zweischienigen« Anlagen für den Fahrstrom wieder leitend überbrückt werden. Das besorgt der Drosselstoß. Er besteht im wesentlichen aus zwei Magnetspulen, die so geschaltet sind, daß der Fahrtstrom (Gleichstrom) durchfließen kann, der Wechselstrom des Gleisstromkreises aber gedrosselt wird. Die Drosselspulen sind beiderseits der Isolierlaschen angeschlossen und untereinander verbunden. Dadurch wird der Fahrstrom trotz Isolierstoß überbrückt.

Hinter einem Signal ist der elektrische Blockabschnitt noch nicht gleich isoliert, sondern um die volle Bremsweglänge eines Zuges in Fahrtrichtung weiterverlegt. Das rückliegende Signal kann erst in Fahrtstellung wechseln, wenn diese »Durchrutschlänge« vom vorausfahrenden Zug mit der letzten Achse freigefahren ist. Die Schutzstrecke hat die Aufgabe, den folgenden Zug, bei einem unbeabsichtigten »Überfahren« des Signals durch eine Zwangsbremsung zum Halten zu bringen (siehe Fahrsperreneinrichtung). Diese Schutzstrecken sind den Streckengeschwindigkeiten angepaßt, auf den Vorortstrecken (ca. 80 km/h) etwa 300 m; auf der Ringbahn (ca. 60 km/h) etwa 200 m und auf der Stadtbahn (ca. 50 km/h) etwa 150 m. An den Ausfahrsignalen jedoch nur einige Meter, da in der Regel jeder Zug im Bahnhof anhält.

Die Grundstellung der vollselbsttätigen Signale ist Fahrt, und dies bei allen Signalen,

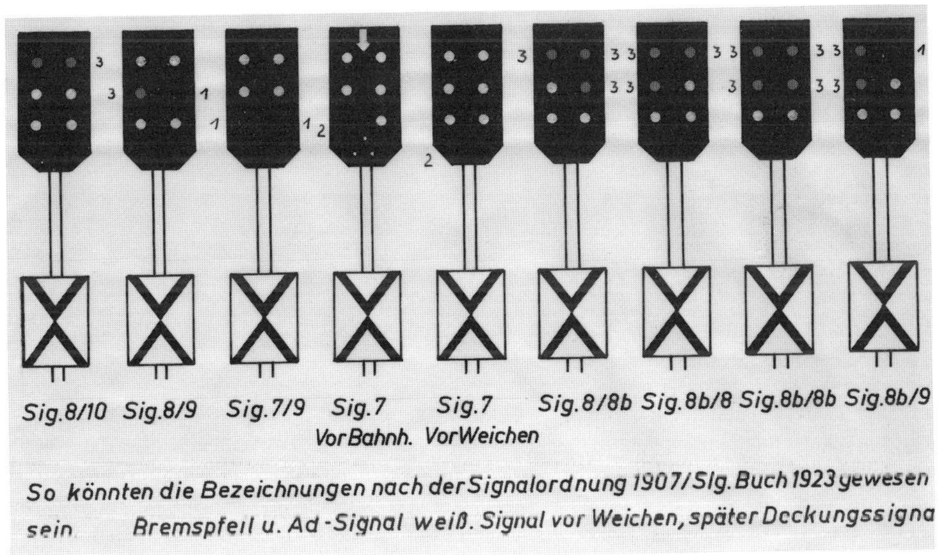


*Laternen: 1 = Gelb; 2 = Rot; 3 = Grün.*

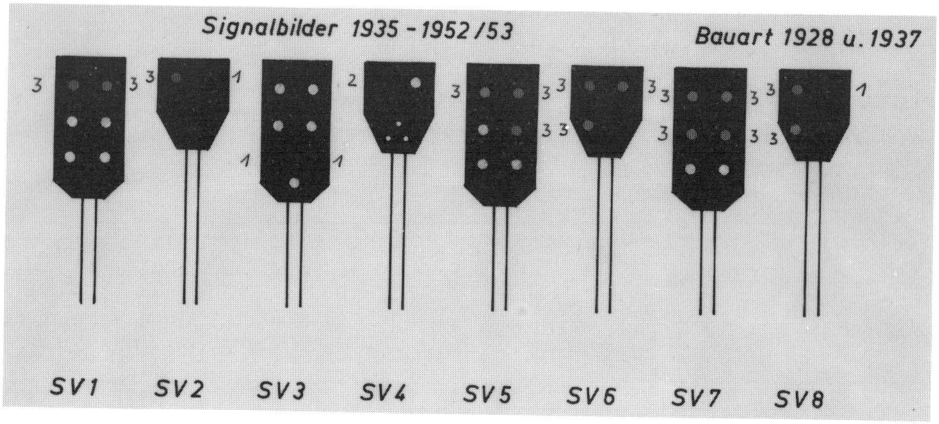


*Laternen: 1 = Gelb; 2 = Rot; 3 = Grün.*

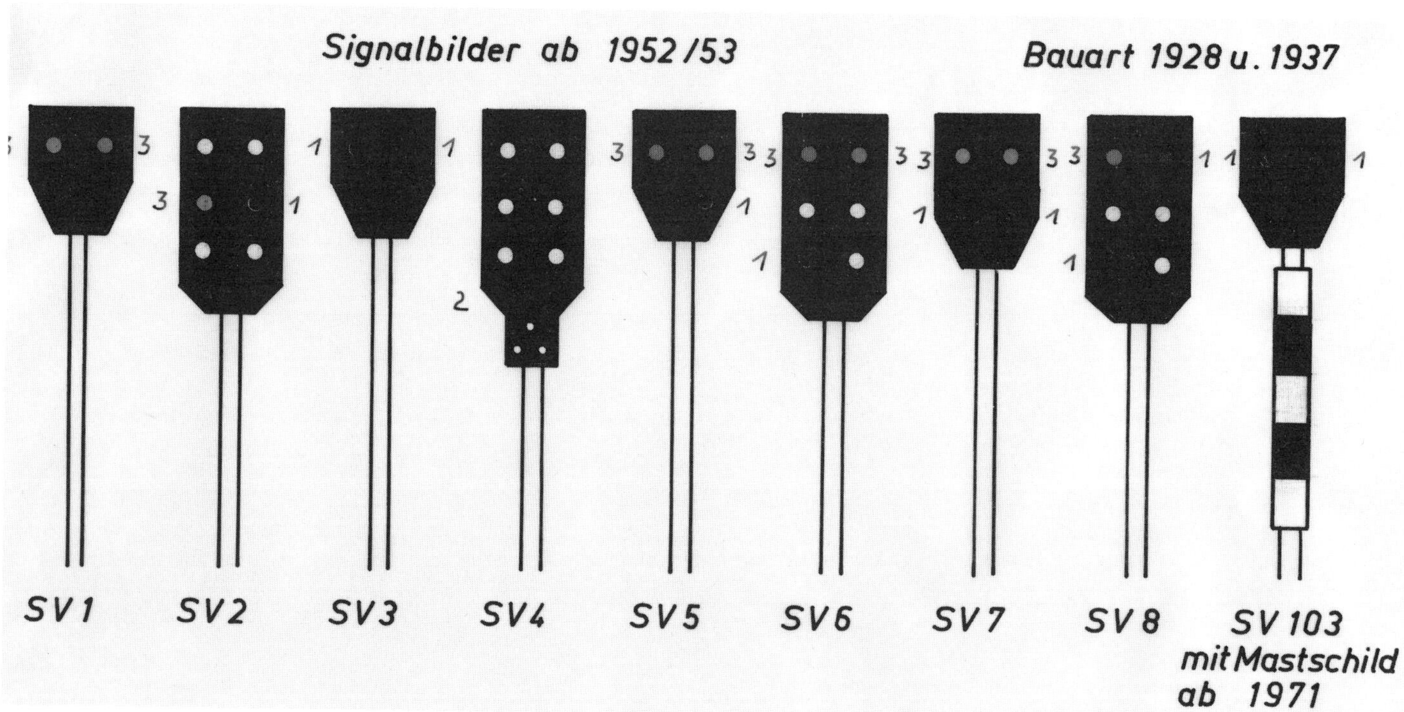


deren Blockabschnitt ohne eine Abzweigung, Kreuzung oder Zuführung bis zum nächsten Blockabschnitt reicht.
Die Grundstellung der halbselbsttätigen Signale vor Verzweigungen, Kreuzungen und auf Bahnhöfen mit Kehrgleisen ist Halt. Sie werden trotz automatischem Streckenblock vom Stellwerk aus bedient, der Wärter stellt sie auf »Fahrt«, der Zug auf »Halt«. Durch einen »Umleithebel« können sie in vollselbsttätige Signale umgestellt werden, dann sind sie wie normale Blocksignale geschaltet. Gleichzeitig werden im Durchfahrbetrieb alle Fahrstraßenhebel (im Stellwerk) verschlossen, so daß die im Bereich liegenden Weichen nicht bewegt werden können.
Standen die Signale auf der ersten, mit automatischem Streckenblock ausgerüsteten Strecke links vom Gleis, so legte man dem weiteren Ausbau der Strecken folgend sowie den betrieblichen Anforderungen entspre-

chend fest, daß der Standort der Signale rechts, links oder in der Mitte über dem Gleis sein konnte.
Die Blocksignale von 1928 haben mindestens sechs Laternen, bei den Einfahrsignalen ist das linke untere Licht Rot, das rechte untere Licht als Reserverot vorgesehen. An den Deckungs- und Wegesignalen kann die Anzahl der Laternen auf neun Stück erhöht sein.
Jede der Glaslinsenlaternen zeigt im eingeschalteten Zustand nur eine Farbe. Da die Sichtbarkeit der Lichtsignalbilder fast unabhängig vom Hintergrund ist, liegen die Lichtpunkte im allgemeinen nur vier bis fünf Meter über der Schienenoberkante. Etwa 1937 kamen die weiterentwickelten Signale dazu, bei denen die Signalfarben durch Blendenrelais gesteuert werden. Die Anzahl der Laternen konnte auf zwei, bei halbselbsttätigen Signalen auf drei und bei Signalen vor Abzweigungen auf drei bzw. vier vermindert werden.
Der mattschwarze Signalschirm der Bauart 1937 ist drehbar gelagert, die Signale können ausgerichtet werden. Streuscheiben in den Laternen verstärken die natürliche Streuung. Nach den örtlichen Erfordernissen werden zusätzlich ein- oder zweiseitige Streuscheiben mit bestimmten Seiten-, Höhen- oder Tiefenstreuwinkeln verwendet.
Die Signalschirme beider Bauarten, jedoch nicht die des ›Nord-Süd-Tunnels‹, sind über jeder Laterne mit Schuten versehen, um Spiegelungen durch andere Lichtquellen zu vermeiden. Die Lichtstärke der Signale wird bei Dunkelheit – wegen Blendgefahr – durch einen besonderen Schalter auf den Stellwerken oder in den Diensträumen der Aufsicht auf Nachtschaltung, am Tage auf volle Lichtstärke geschaltet.
Alle Signale sind mit einer schwarzen Nummer auf weißem Grund gekennzeichnet. Die Signale der einen Richtung haben gerade, die der Gegenrichtung ungerade Nummern. Anhand der fortlaufenden Signalnummern kann man feststellen, daß fast jedes zweite Signal seit Kriegsende nicht mehr vorhanden ist. Eine Ausnahme bildet die Strecke Jungfernheide – Gartenfeld.

### Das Zeichensystem der Signale

Jedes Signal ist ein Hauptsignal (linke Lichter) und gleichzeitig ein Ankündigungssignal für das nächstfolgende Signal (rechte Lichter) als Vorsignal. Alle Signale waren deshalb bis 1935 mit dem Vorsignalmerkzeichen versehen. Mit der Einführung des Signalbuches 1935 entfiel das Merkzeichen.
Das linke grüne Licht zeigt dem Triebwagenpersonal an, daß der folgende Abschnitt frei ist. Das rechte grüne Licht sagt aus, daß der nächste Abschnitt ebenfalls frei ist. Ist das rechte Licht orangegelb, bedeutet es, daß der nächste Abschnitt noch besetzt ist. Zeigen beide Lichter orangegelb, so ist das Blocksignal in Haltestellung, der anschließende Abschnitt ist noch besetzt. Hält der Zug vor einem Signal, dessen Laterne ein rotes Licht zeigt, so steht er vor einem Deckungssignal. Es deckt eine »Gefahrenstelle« (Bahnhof Kreuzung, Weichenbereiche).
Doppellichtsignale vor Abzweigungen zeigen ein drittes grünes Licht im Signalbild. Ist es unter dem linken grünen Licht, sagt es aus, daß der Zug durch eine »Ablenkung im Weichenbereich« von der durchgehenden Geraden abweicht. Ein drittes grünes Licht unter dem rechten grünen Licht zeigt an, daß am nächsten Signal diese »Ablenkung« vom durchgehenden geraden Gleis erfolgt. Sollte das Deckungssignal für die Abzweigung auf Halt stehen (Rot/halb selbsttätig), so wird die Abzweigung am vorher liegenden Signal nicht angekündigt. Bei einer Ablenkung/Abzweigung ist nicht ersichtlich, ob die Abzweigung nach links oder nach rechts führt.
Bei dichter Zugfolge wird die Blockstrecke zwischen dem Einfahr- und dem Ausfahrsignal – im Bahnhof – noch ein oder zweimal vor dem Bahnsteig unterteilt. Ein schnelles »Nachrücken« der Züge wird ermöglicht. Die Signale werden als Nachrücksignale bezeichnet.
Hält ein Zug im Bahnhof, zeigen nebem dem Einfahrsignal auch die Nachrücksignale »Halt« (Rot). Eine Ausnahme ist die Nord-Süd-S-Bahn, wo nur das letzte, das vor dem Bahnsteig stehende Nachrücksignal Rot zeigt. Das Einfahrtsignal und weitere dazwischenliegende Nachrücksignale zeigen Gelb-Gelb.
Mit der Einführung des Signalbuches am 1. 4. 1935 bekamen die Signale, die Verbindungen von Haupt- und Vorsignalen sind, ihre bis heute gültigen Bezeichnungen »Signalverbindungen« (Sv).
Zeigt ein Signalbild Sv 3, so darf der Zug, nachdem er vor dem Signal zum Halten gekommen ist, nur mit dem Auftrag des Triebwagenschaffners in den besetzten Abschnitt vorrücken (der Triebwagenschaffner erfüllte die Aufgaben des Zugführers). Der Triebwagenführer hatte die Geschwindig-

keit, je nach Strecken und Sichtverhältnissen so zu regeln, daß er *vor* jedem Hindernis rechtzeitig zum Halten kam. Die Geschwindigkeit war von Schrittgeschwindigkeit bis zur fahrplanmäßigen Höchstgeschwindigkeit erlaubt, bei Dunkelheit und unsichtigem Wetter jedoch nur von Schrittgeschwindigkeit bis maximal 20 km/h.
Das Fahren »auf Sicht« wurde so lange durchgeführt, bis der Zug an zwei für seinen Fahrweg gültige Fahrt frei zeigenden Sv-Signalen vorbei kam. Alle anderen Tätigkeiten hatten während der Fahrt zu unterbleiben, es wurde von beiden nur die Strecke beobachtet, der Zuruf der Signale war Pflicht.
Ab 1971 wird das Signal Sv 3 als Sv 103 bezeichnet, das Verhalten dem Signal gegenüber ist das gleiche geblieben: »Halt – permissives Fahren erlaubt.«

**Weitere Informationen an Sv-Signalen**

1. Auf Strecken mit sehr dichter Zugfolge verringert sich meist vor den Bahnhöfen der Signalabstand (Nachrücksignale). Der Signalabstand ist kürzer als der Bremsweg des Zuges. Mit dem Bremsen muß schon vor dem Sv 2 oder Sv 8 zeigenden Signal begonnen werden. An diesen Signalen ist ein Bremspfeil, der weiß leuchtet, angebracht. Später kam ein Bremslicht, weiß leuchtend, mit gleicher Bedeutung hinzu.

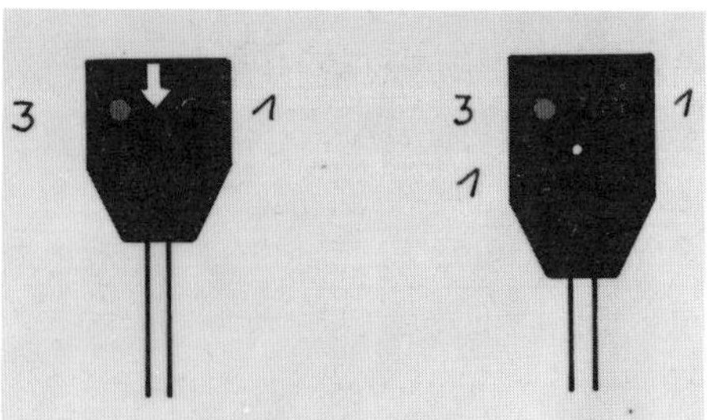


1 = Gelb; 3 = Grün

2. Für Leerfahrten zwischen Bahnsteig und Kehranlagen (Rangierabteilungen) werden keine »Streckensignale« (Sv 1–8) gegeben. Am haltzeigenden Signal (Sv 4) sind Vorrücksignale angebracht. Das Vorrücksignal kann auch extra stehen. Drei weiße Lichter in Form eines V oder zwei Lichtpunkte von links nach rechts steigend, zeigen die Zustimmung des Fahrdienstleiters zum Vorrücken ins Kehrgleis. Ab 1958 sind es nur noch zwei weiße Lichter.

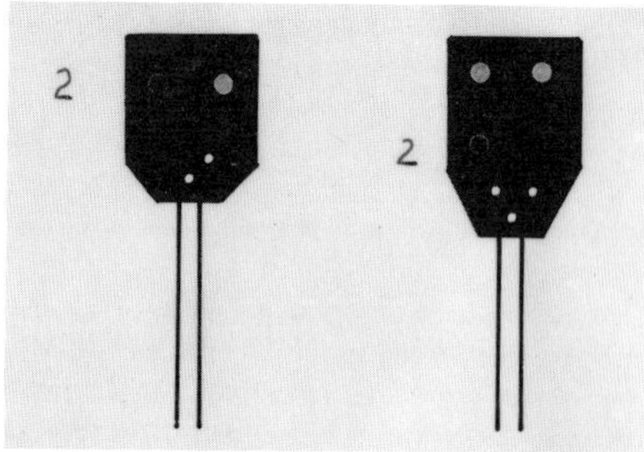


2 = Rot

3. Um an einem gestörten Sv 4 zeigenden Signal mit einer Zugfahrt vorbeizukommen, können an Signalen weiße Tafeln mit einem roten lateinischen ›M‹ angebracht sein. Ist so eine Tafel am Signal, so darf der Zug auf »mündlichen« Auftrag am Sv 4 zeigenden Signal vorbeifahren. Ist dieses Verfahren zu zeitraubend (Funkaufträge erst ab EMB) oder nicht sicher genug, z. B. an Deckungssignalen, so muß der Zug einen schriftlichen Befehl erhalten. Nach Aushändigung der schriftlichen Weisung darf der Zug das Sv 4 zeigende Signal überfahren.
Um den Weg der Übergabe eines schriftlichen Befehls zu ersparen, den Zugbetrieb nicht unnötig zu verzögern, sind an den Signalen, die Sv 4 zeigen (hauptsächlich Deckungssignale), Ersatzsignale angebracht. Wenn diese drei weißen Lichter in Form eines A aufleuchten, darf der Zug in den Abschnitt einfahren. Das Ersatzsignal ersetzt nicht das Signal, es ersetzt den schriftlichen Befehl A! Das Ersatzsignal kann ab 1958 auch als weißes »Blinklicht« gegeben werden. Es kann Sv-Signale geben, wo das Vorrück- und das Ersatzsignal gemeinsam aus vier Lichtern bestehen.

2 = Rot

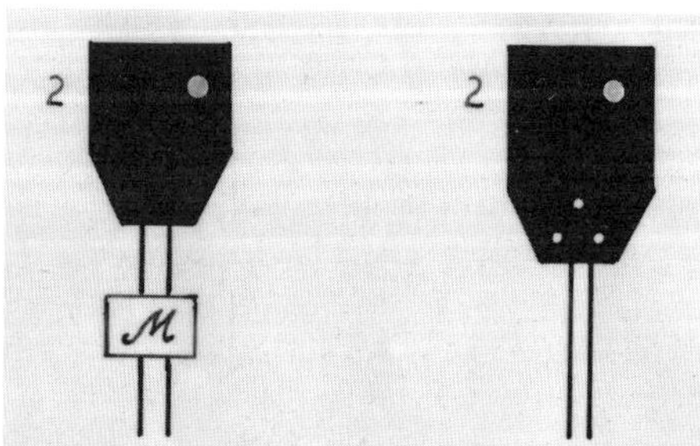


4. Das Signalbild Sv 6, 7 und 8 zeigt an, daß der Zug im anschließenden Weichenbereich mit 40 km/h zu fahren hat. Es kann als Ausfahrsignal zeigen, daß der Fahrweg vom durchgehenden geraden Fahrweg abweicht. Sind jedoch zwei Zielorte nur über »Abzweigungen« im Weichenbereich zu erreichen, so ist ein Zusatzsignal nötig, der »Richtungsanzeiger«. Eine schwarze, rechteckige Fläche mit weißleuchtenden Buchstaben zeigt den Fahrweg an. Der erste Buchstabe des nächsten Bahnhofes wird angezeigt.

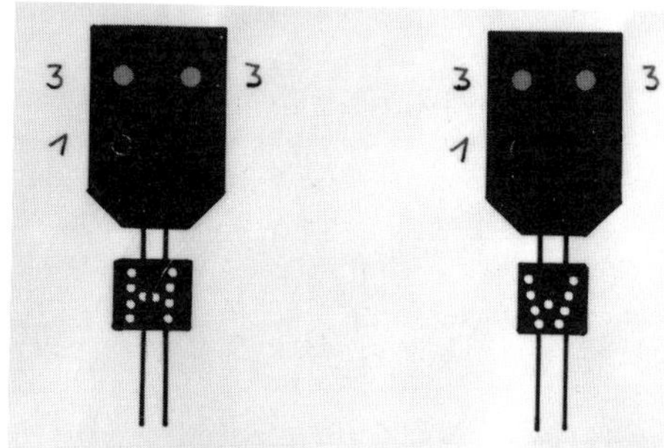


1 = Gelb; 3 = Grün

5. Ist bei einem Sv 6, 7 oder 8 zeigenden Signal die anschließende Geschwindigkeit abweichend von den vorgeschriebenen 40 km/h, so kann am Signal eine 30 als Lichtzeichen aufleuchten. Das gilt jedoch nicht für durch Bauarbeiten bedingte Langsamfahrstellen. Diese Geschwindigkeit ist ab Signal einzuhalten.

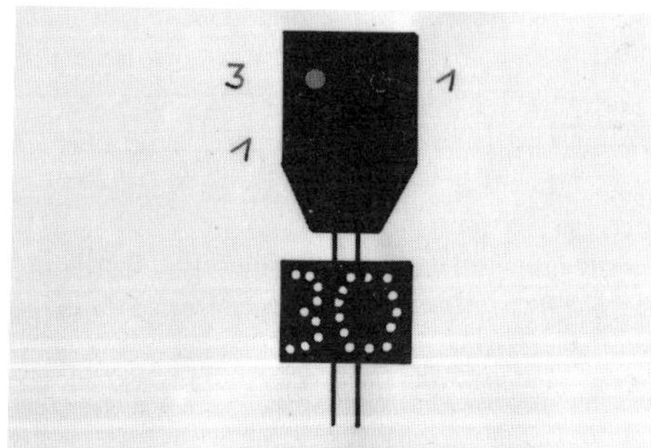


1 = Gelb; 3 = Grün

6. Mit Einführung des Einmannbetriebes auf der Berliner S-Bahn im Jahre 1968-70 mußte auf Bahnhöfen mit mehreren Bahnsteigen wegen der Funküberlagerung an einigen Ausfahrgleisen das Signal Zp 8 und 9a (Ab-

fahrauftrag) aufgestellt werden. Es kann am Sv-Signal (z. B. Bahnhof Ostkreuz und Insbrucker Platz) oder separat am (z. B. Bahnhof Jungfernheide) Flügelsignal erscheinen. Ein waagerechter weißer Lichtstreifen (Zp 8): Türen schließen. Ein senkrechter grüner Lichtstreifen (Zp 9a): Abfahren.

7. Eine Tafel mit der Aufschrift ›Signal . . . gestört‹ wird am Ausfahrsignal des vorliegenden Bahnhofs angehangen, wenn eine Signalstörung bekannt ist. Diese Tafel ist nur der Hinweis, daß weitere Meldungen über das gestörte Signal nicht erforderlich sind. Das Verhalten dem gestörten Signal gegenüber beeinflußt diese Tafel nicht.

8. In den Monaten der Heizperiode wird an den Signalen auf Bahnhöfen, wo Züge einsetzen, kehren oder abgelöst werden, noch eine Heizmerktafel angehangen. Mit Datum, Zeit und Heizstufe wird handschriftlich die jeweilige Änderung vermerkt:

Heizstufe S: Der gesamte Zug wird über Schütz (fernbedienter Schalter) geheizt, je eine Lamelle im Heizkörper erwärmt sich.

Heizstufe 1: Jeder Wagen wird ortlich von Hand eingeschaltet, je eine Lamelle im Heizkörper wird erwärmt. Zusätzlich wird die Apparateheizung eingespeist.

Heizstufe 2: Wie Heizstufe 1 und S zusammen, 2 Heizlamellen pro Heizkörper und die Apparateheizung erwärmen sich.

Heizstufe 3: Jeder Wagen wird von Hand umgeschaltet, 3 Lamellen jedes Heizkörpers erwärmen sich, die Apparateheizung bleibt eingeschaltet. Der Heizschützschalter wird wieder ausgeschaltet. (Jeder Heizkörper hat nur 3 Heizlamellen.)

*Die Heizstufen werden von der Zugleitung angeordnet, aufgrund der Außentemperaturen in Wannsee und Erkner (S-Bw).*

### Mastschilder an Sv-Signalen

Waren Deckungssignale in den 30er Jahren nur an ihrem roten Signallicht, am zusätzlichen Ersatzsignal bzw. an der M-Tafel erkennbar, so wurden sie in den 40er Jahren durch weiß-rot-weiße Mastschilder gekennzeichnet.

Mit Einführung des Signalbuches – 1971 wurden alle Sv-Signale mit Mastschildern ausgerüstet. Alle Deckungssignale erhielten ein rotes Mastschild; die Signale, hinter denen keine Gefahrenstelle lag, erhielten ein weiß-schwarz-weiß-schwarz-weißes Mastschild.

»Wenn die Signale ein einwandfreies Signalbild in Fahrtstellung oder Sv 3 (Sv 103) zeigen – sind die Mastschilder bedeutungslos.«

Die bei dem Versuchsbetrieb mit Einfahrsignalen auf dem Streckenabschnitt Bln-Lichtenberg – Ostkreuz gemachten Erfahrungen zahlten sich aus. Der Grundstock für die Ausrüstung aller Sv-Signale mit Mastschildern war geschaffen. Es wurde die bei Schnellbahnen immer benötigte Zeit im Störungsfall gewonnen.

Der Versuchsbetrieb betraf nur die Einfahrsignale (Haltstellung Sv 4 rot). Das Sv 4 zeigende Einfahrsignal wurde in Sv 3 (Sv 103) gelb/gelb umgewandelt, der Zug konnte permissiv in den Bahnsteig einfahren. Danach ging das Signal von Sv 3 (Sv 103) wieder in die Sv 4 Stellung zurück. An Sicherheit ging nichts verloren, der Zeitaufwand wurde verkürzt, denn das Geben von »Ersatzsignal« entfiel.

Die weiß-schwarz-weiß-schwarz-weißen Mastschilder erlauben einem Zug – bei Sv 103 oder Sv 4 – das permissive Fahren. Somit ist auf einem erheblichen Teil der S-Bahn das Geben von Ersatzsignalen oder mündlichen (Funk-) Aufträgen entfallen.

Hat das Signal ein rotes Mastschild oder ein weiß-rot-weißes, so ist das Weiterfahren bei Sv 4 (rot), HL 13 (rot), HL 100 (rot) nur nach besonderem Auftrag – permissiv bei rotem Mastschild, mit voller Geschwindigkeit (40 km/h im Weichenbereich) bei weiß-rot-weißem Mastschild erlaubt. Besondere Aufträge sind wieder:

a) Ersatzsignal (Zs 1/Zs 101)
b) Befehl A
c) Befehl B
d) (Gleiswechselanzeige entfällt bei S-Bahn)
e) Mündlicher Auftrag (wenn M-Tafel vorhanden)
f) Rangiersignale, nur im rein el. S-Bahnbetrieb

Das Vorhandensein der Mastschilder verein-

facht den Betrieb bei zweifelhaften Signalen bzw. bei erloschenen Signalen.

Streckenanschlag in Fahrtstellung.

## Fahrsperren

Die Fahrsperreneinrichtung, bestehend aus den beiden Hauptteilen:
a) die Ausrüstung der Strecke und
b) die Ausrüstung an den Fahrzeugen, bietet Schutz gegen das unbeabsichtigte Überfahren eines haltzeigenden Signals.
Ohne Zutun des Triebfahrzeugführers wird am haltzeigenden Signal die Hauptluftleitung des Zuges durch das selbsthaltende Auslöseventil entleert, der Zug erhält somit eine Zwangsbremsung. Der Steuerstrom wird geerdet, das selbsthaltende Auslöseventil der Fahrsperre schließt erst wieder, wenn die Hauptluftleitung völlig leer ist. Die mechanische Fahrsperre bietet ausreichende Sicherheit für Züge mit 80 km/h Geschwindigkeit und wurde 1926 auf der Berliner Stadt-Ring- und Vorortbahn eingeführt.
Die Dampflokomotiven der Baureihe T 12, die häufig auf den Strecken eingesetzt waren, wurden wie alle elektrischen Trieb- und Steuerwagen mit dieser Sicherheitseinrichtung ausgerüstet.

## Streckenausrüstung

An jedem Signalstandort der Berliner S-Bahn ist auf der rechten Seite des Gleises ein beweglicher Streckenanschlag montiert. Die Streckenanschläge sind elektrisch angetrieben, an Flügelsignalen können sie auch mechanisch verbunden sein. Vorsignale sind nicht mit der Fahrsperre ausgerüstet. Zeigt das Signal eine Fahrtstellung, ist die Sperrschiene abgeklappt. An einem Signal in Haltstellung befindet sich die Sperrschiene im Profil des Auslösehebels der Fahrzeuge.
Alle Gleissperrsignale, Lichtsperrsignale, z. T. die Wartezeichen (gelbes W) in den Kehranlagen sind mit der Fahrsperre ausgerüstet.
In Kopfbahnhöfen sind feste Streckenanschläge in Höhe der H-Tafeln; in Bahnhöfen mit haltzeigenden Ausfahrsignalen, die Deckungssignale sind, können zeitgesteuerte Streckenanschläge eine bestimmte – am Einfahrsignal angezeigte – Geschwindigkeit überwachen. In den Bahnbetriebswerken sind vor Einfahrt und nach Ausfahrt aus den Schuppengleisen feste Streckenanschläge zur »Überprüfung des Anschlages« vorhanden. Fahrsperrenproben wurden vom Triebwagenpersonal immer bei Übernahme, im EMB-Betrieb vor Einsetzen eines Zuges durchgeführt.
Störungen an der Fahrsperreneinrichtung sind sofort zu melden, ein Weiterfahren mit gestörter Fahrsperreneinrichtung ist nur unter besonderen Sicherheitsbestimmungen bis zum Heimat-Bw erlaubt.
Es ist mitunter erforderlich, die Fahrsperreneinrichtung kurzzeilig außer Betrieb zu setzen. Das mit einem Zählwerk verbundene Zählerventil unterbricht kurzzeitig die Bremsauslösung am führenden Wagen, wenn mit einem besonderen Schlüssel (3-Lappenschlüssel) während der Vorbeifahrt am haltzeigenden Signal das Ventil geschlossen wird. Die am dreistelligen Zählwerk erscheinende Zahl ist im besonderen »Fahrsperrenbuch« zu begründen. Wenn der Zug an einem Signal eine Zwangsbremsung erhält oder bei einer

Bremsprobe mit Fahrsperre sowie bei »Überprüfung des Anschlages«, zählt am Gefahrenzähler ein zweistelliges Zählwerk weiter. Auch diese Nummer ist im Fahrsperrenbuch zu vermerken. Beide Zählwerke sind verplombt.

### Gefahrenschalter

Bei Strecken mit selbsttätigen Signalen, deren Signale in der Grundstellung »Fahrt frei« zeigen, kann es in besonderen Fällen notwendig werden, die Signale vor Einfahrt eines Zuges in Haltestellung zu bringen.
Dazu sind auf den Bahnsteigen an den Diensträumen an sichtbarer Stelle sogenannte Gefahrenschalter angebracht.
Wird der für das Gleis bestimmte Schalter gedreht, gelangen die Einfahr- und deren Nachrücksignale sofort in Haltestellung. Eine rote Lampe zeigt die Sperrung der Signale an. Durch Zurückschalten des Schalters werden die Einfahrsignale wieder in die Grundstellung zurückgelegt.
Neben den Strecken mit SV-Signalen gibt es noch Strecken, die mit Flügelsignalen, mit den Hauptlichtsignalen der älteren Bauart nach der Signalordnung von 1959 ausgerüstet sind. Diese Strecken sind zumeist eingleisig oder werden im Gemeinschaftsbetrieb mit anderen Zügen befahren. Wenn der automatische Streckenblock nicht mehr erforderlich ist oder wenn bei schwacher Frequentierung der Strecke der Bau des automatischen Streckenblocks nicht erforderlich war, wurde die Strecke mit einer anderen Signalart ausgerüstet.

Als »Mischlinge« könnte man die Ausfahrsignale des Bf Neukölln in Richtung Sonnenallee bzw. in Richtung Köllnische Heide und in Spandau Haupt in Richtung Pichelsberg bzw. Siemensstadt-Fürstenbrunn betrachten. Der Signalschirm in Neukölln zeigt in Richtung Sonnenallee ein Sv-Signal (Sv 1, Sv 2, Sv 3, Sv 103) und in Richtung Köllnische Heide ein Hauptlichtsignal (HL 102). Der Signalschirm in Spandau zeigt in Richtung Pichelsberg ein Sv-Signal (Sv 1 – Sv 2 oder Sv 3 bzw. Sv 103) und in Richtung Siemensstadt-Fürstenbrunn ein Hauptlichtsignal (HL 102). Zeigen beide Signale ein Rot im Signalbereich, könnte es *Sv 4 oder HL 100* aussagen.

### Signale der Fahrleitung (Auszug S-Bahn)

Nicht an den Sv-Signalen, sondern in Nähe der Stromschienen findet man noch die unbeleuchteten EL-Signale 1 und 2.
El 1: Das Triebfahrzeug ausschalten! (Stromschienenlücke/Trennstelle)

El 2: Das Triebfahrzeug kann wieder eingeschaltet werden!

Zur Stromersparnis wurde in den 40er Jahren auf den Stromschienenkästen ein weißes Feld befestigt, das aufforderte, das Triebfahrzeug auszuschalten. Der Zug hatte die Streckengeschwindigkeit erreicht. Im Signalbuch 1971 wird das Signal El 7 dafür verwendet.

*El 7*

## Vorschriften

Neben allen Dienstvorschriften, die für den Eisenbahnbetrieb erforderlich sind, hat die Berliner S-Bahn noch Sondervorschriften.
Im Jahre 1931 gab die Deutsche Reichsbahn-Gesellschaft erstmals eine »Sondervorschrift für selbsttätige Signalanlagen, Fahrsperren und Ad-Signale« heraus. Damit wurden die »Vorläufigen Sondervorschriften für die selbsttätige Zugsicherung der Stadtbahn und der Strecke Jungfernheide – Gartenfeld«, die »Sondervorschriften für die selbsttätige Zugsicherung der Strecke Potsdamer Vorortbahnhof – Lichterfelde Ost« und die »Sondervorschriften für Fahrsperren« von 1928 ungültig.
Diese Sondervorschrift, die DV 512 Bln, war (mit Änderungen, Einbesserungen, Nach- und Neudrucken) bis zum 1. 8. 1977 in Kraft. Abgelöst wurde sie durch die Neuauflage der Zeit entsprechend angepaßten DV (Dienstvorschrift) 432 (SRB), gültig seit 1. 8. 1977: »Sondervorschriften für die Regelung des Betriebes auf den elektrisch betriebenen Strecken der Berliner S-Bahn«.

*(Reiner Krznar)*

### Anmerkungen

1 Artur Fürst: Das Weltbild der Technik. Berlin 1924.
2 Königliches Eisenbahn-Anleihegesetzt vom 9. 6. 1913. Preußisches Gesetz Nr. 31, S. 326 ff., § 1. Zit. n.: Udo Kopenhagen: Zur Entwicklung des öffentlichen Personen-Nahverkehrs in Groß-Berlin 1856 – 1914. Berlin 1961.

## Literatur

Fritz Schneider, Karl Gotter: Die deutsche Signalordnung in Wort und Bild. Berlin 1927
Deutsche Reichsbahngesellschaft: Fahrdienstvorschriften 1907, Ausgabe 1927
Deutsche Reichsbahngesellschaft: Sondervorschriften für Selbsttätige Signalanlagen, Fahrsperren und Ad-Signale. Berlin 1931
»Signalbuch« 1935, Düsseldorf o. J. (Alba-Reprint)
Henke/Knuth/Köhler: Die Berliner S-Bahn. Leipzig 1957
Helmut Weiß: Schriftliche Weisungen für die Züge. Leipzig 1958
»Uns gehören die Schienenwege«, Festschrift 125 Jahre Eisenbahnen in Deutschland. Deutsche Reichsbahn. Berlin o. J. (1960)
Autorenkollektiv: Die Berliner S-Bahn, 1. und 2. Auflage, Berlin 1963/1968
R. Zschech: Triebwagenarchiv. Berlin 1966
M. Benzenberg/A. Joachimsthaler (Hrsg.): 100 Jahre elektrische Eisenbahn. 1879 – 1979. Starnberg 1979
Hans D. Reichardt: S-Bahn Berlin. Moderne Eisenbahn, Heft 8, Düsseldorf 1972
Hans D. Reichardt: Berliner S-Bahn. 50 Jahre elektrischer Stadtschnellverkehr. Düsseldorf 1974
»50 Jahre Berliner S-Bahn«. 1924 bis 1974. Festschrift der Reichsbahndirektion Berlin, Verwaltung der S-Bahn. Berlin 1974
Böttcher/Neustädt/Borchert (Hrsg.): Eisenbahnsignale A – Z. Berlin 1975
Peter Bley: Berliner S-Bahn. Vom Dampfzug zur elektrischen Stadtschnellbahn. Düsseldorf 1980
Gerhard Armanski, Wolfgang Hebold-Heitz (Hrsg.): Züge aus der Vergangenheit. Die Berliner S-Bahn. Berlin 1981
Alfred Behrens, Volker Noth: Berliner Stadtbahnbilder. Berlin 1981
VB Kompress. Ausgewählte Beiträge zur Verkehrsgeschichte, Heft 1, Hrsg.: Deutscher Modelleisenbahn-Verband der DDR (DMV), Bezirksvorstand Berlin. Berlin 1981

# Eine ganz persönliche S-Bahn-Geschichte

Peter Buchmann

Über 100 Jahre Berliner Stadt- und Ringbahn, davon 50 Jahre elektrischer S-Bahn-Betrieb. Zweiundzwanzig Jahre (von 1958 bis 1980) habe ich bei der Deutschen Reichsbahn bzw. S-Bahn miterlebt, von der Lehre als Lokomotivschlosser im Reichsbahnausbesserungswerk (Raw) Tempelhof bis zum Wagenmeister S-Bahn im S-Bahn-Betriebswerk (S-BW) Papestraße.

Großgeworden bin ich sowieso mit der Eisenbahn, denn nicht nur mein Vater war Triebwagenführer bei der S-Bahn, sondern auch meine Tanten und Onkels waren bei der Eisenbahn beschäftigt.
Mein erstes großes Erlebnis mit der S-Bahn liegt über dreißig Jahre zurück und war die Mitfahrt im Führerstand eines Triebwagens (ET). Mein Vater war damals Triebwagenführer im S-BW Papestraße und eines Sonntages durfte ich mit zum Nachmittagsdienst, den er an diesem Tag auf der Strecke Jungfernheide nach Gartenfeld verrichtete. Es machte mir auch gar nichts aus, daß diese Strecke nochmals unterteilt war und die Züge von Jungfernheide eingleisig nur bis Wernerwerk fuhren. Von dort ging es im Pendelbetrieb weiter nach Gartenfeld, denn die Spreebrücke zwischen Jungfernheide und Wernerwerk war durch Kriegsschäden nur eingleisig befahrbar.
Jedenfalls ist es viel aufregender und beeindruckender aus dem Führerstand zu schauen, als das vorbeiziehende Panorama beim Blick aus dem Seitenfenster des Fahrgastraumes zu betrachten. Es sind nicht nur die Fahrgeräusche des Zuges, die anders empfunden werden, nicht nur die Geräusche der Zugsteuerung und der Bremse, die Tätigkeit des

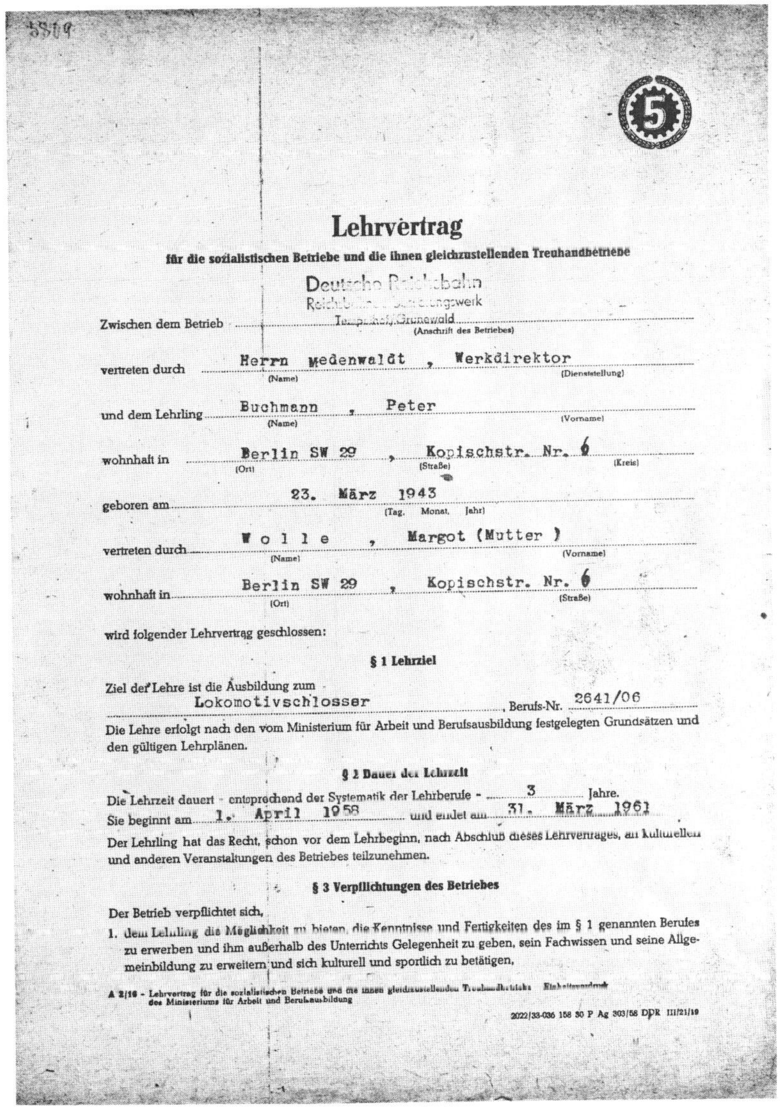

**Lehrvertrag**

**für die sozialistischen Betriebe und die ihnen gleichzustellenden Treuhandbetriebe**

Zwischen dem Betrieb Deutsche R[illegible]bahn Reich[illegible]ungswerk [illegible]/Grunewald (Anschrift des Betriebes)

vertreten durch Herrn Wedenwaldt (Name), Werkdirektor (Dienststellung)

und dem Lehrling Buchmann (Name), Peter (Vorname)

wohnhaft in Berlin SW 29 (Ort), Kopischstr. Nr. 6 (Straße) (Kreis)

geboren am 23. März 1943 (Tag. Monat. Jahr)

vertreten durch W o l l e (Name), Margot (Mutter) (Vorname)

wohnhaft in Berlin SW 29 (Ort), Kopischstr. Nr. 6 (Straße)

wird folgender Lehrvertrag geschlossen:

**§ 1 Lehrziel**

Ziel der Lehre ist die Ausbildung zum Lokomotivschlosser, Berufs-Nr. 2641/06

Die Lehre erfolgt nach den vom Ministerium für Arbeit und Berufsausbildung festgelegten Grundsätzen und den gültigen Lehrplänen.

**§ 2 Dauer der Lehrzeit**

Die Lehrzeit dauert - entsprechend der Systematik der Lehrberufe - 3 Jahre.
Sie beginnt am 1. April 1958 und endet am 31. März 1961

Der Lehrling hat das Recht, schon vor dem Lehrbeginn, nach Abschluß dieses Lehrvertrages, an kulturellen und anderen Veranstaltungen des Betriebes teilzunehmen.

**§ 3 Verpflichtungen des Betriebes**

Der Betrieb verpflichtet sich,

1. dem Lehrling die Möglichkeit zu bieten, die Kenntnisse und Fertigkeiten des im § 1 genannten Berufes zu erwerben und ihm außerhalb des Unterrichts Gelegenheit zu geben, sein Fachwissen und seine Allgemeinbildung zu erweitern und sich kulturell und sportlich zu betätigen,

A 2/16 - Lehrvertrag für die sozialistischen Betriebe und die ihnen gleichzustellenden Treuhandbetriebe Einheitsvordruck des Ministeriums für Arbeit und Berufsausbildung

2022/33-036 158 30 P Ag 303/58 DDR III/21/19

*Im S-BW*

Fahrers und des Schaffners, die mir beide viel erklärten, sondern diese total andere Perspektive. Das glitzernde Band der Schiene wird vom Zug aufgesogen, die Lichter der Signale huschen vorbei, die Kilometersteine grüßen. Die Landschaft zieht nicht vorbei, nein, sie fliegt einem entgegen, genau wie die Weichen, Brücken, die entgegenkommenden Züge und die Bahnhöfe mit ihren Stellwerken und anderen Kunstbauten.
Die einzige Trübung bestand für mich darin, daß ich mich bei jedem Bahnhof, Stellwerk und entgegenkommenden Zug ducken mußte, damit mich die anderen Eisenbahner nicht sahen, weil ja die Mitfahrt im Führerstand eigentlich verboten ist. Danach bin ich noch des öfteren »vorne« im Führerstand Strecke für Strecke mitgefahren, bis ich dann Jahre später selbst S-Bahn-Züge fuhr.
Als Kind hat mir die S-Bahn natürlich besser gefallen als zum Beispiel die U-Bahn, nicht nur weil es mehr zu sehen gibt, sondern auch, weil die Züge und Bahnhöfe einfach viel mehr Eisenbahnatmosphäre ausstrahlen. Da die Züge damals meistens sehr voll waren, mußte ich als Kind immer stehen. Um zum Türfenster rauszuschauen, mußte ich mich immer ausstrecken, weil die Türfenster nicht so tief heruntergezogen waren wie die Seitenfenster.

Durch meine »Eisenbahnerziehung« war mir natürlich verboten, die Türen des fahrenden Zuges zu öffnen um rauszugucken, geschweige denn von anderen Experimenten, wie sich weit hinauszulehnen. Ganz mutige Kinder trauten sich während der Fahrt von einer Tür zur anderen außen am Zug entlang zu klettern, die Füße auf dem Umlaufblech abstützend und mit den Händen sich an den geöffneten Fenstern festhaltend.
Natürlich wurden mir nicht bloß die Eindrücke des Reisens vermittelt, sondern ich bekam auch ganz andere Eindrücke vom Eisenbahnerleben. Angefangen von privaten Festen meines Vaters mit seinen Kollegen, über Betriebsfeste und -ausflüge, bis zu den Weihnachtsfeiern für Eisenbahnkinder.

Die erste Weihnachtsfeier fand in Mahlow (heute DDR, Kreis Teltow) statt, da gelangten wir ganz normal mit der S-Bahn hin. Mitte bis Ende der fünfziger Jahre gab es dann einen speziell ausgestalteten Weihnachtszug, der als Sonderzug die Kinder zu den Weihnachtsfeiern brachte. Eine Zeitlang hatte eine Schule in Treptow (Ost-Berlin) die Patenschaft über das S-BW Papestraße übernommen und wir Eisenbahnkinder und die Schüler feierten dann gemeinsam. So richtig mit »Kulturprogramm«, Essen und Trinken und feierlicher Bescherung.
Irgendwann wurde auch einmal die Werkstatthalle des S-BW Papestraße zur Weihnachtsfeier hergerichtet. Die beiden Hallengleise mit Arbeitsgruben, die sonst zum Motor- oder Achswechsel dienten, wurden mit Bohlen abgedeckt. Die Halle wurde frisch gestrichen und gereinigt, mit Tischen und Bänken versehen und noch weihnachtlich ausgeschmückt. Nebenan auf Gleis 65 fuhr dann der Weihnachtszug ein, die Rampen, die sonst zum Ölen der Züge benutzt wurden, dienten an diesem Tag zum Aussteigen. Da saßen wir Kinder neben Maschinen, Achsen, Motoren und anderen Ersatzteilen, mit dem typischen S-Bahn-Geruch der Halle, nebenan fuhren S-Bahn-Züge ein und aus, und wir feierten Weihnacht. Vielleicht sollten wir schon Eisenbahnatmosphäre schnuppern, um später bei der Bahn zu arbeiten.

Noch einige Worte zum Weihnachtszug. Dieser Zug wurde ab ca. 1957 vom S-BW Papestraße als Sonderzug, für die Fahrten zu den Weihnachtsfeiern, gestellt. Es wurden immer nur neu aus dem RAW Schöneweide überholte S-Bahn-Wagen genommen, die Polsterbänke besaßen, frischen Lack und einheitliche Türen (d. h. die Abmessungen der Türfenster und die Bauart der Türgriffe mußten gleich sein) hatten. Im S-BW wurden alle Seiten- und teilweise auch die Stirnwandfenster mit weihnachtlichen Motiven, Märchen- und Sagengestalten bemalt. Hinzu kamen noch bunte Glühlampenketten im Fahrgastraum, und an den Gepäckraufen waren frische Tannenzweige befestigt. Wenn der Zug dann fuhr, verkleideten sich einige Kollegen als Weihnachtsmänner und verteilten Süßigkeiten an die Kinder. Als es noch Triebwagenführer und Triebwagenschaffner gab, wurde die hübscheste Schaffnerin als Engel

*Der Weihnachtszug*

verkleidet und sie fertigte den Zug dann auch so ab.

Eine Episode (typisch für die Verhältnisse bei der Deutschen Reichsbahn in West-Berlin) sei noch anzumerken.
Da der Weihnachtszug auch in Ost-Berlin eingesetzt wurde, wie beschrieben aber in West-Berlin bemalt worden war, passierte er nicht die Kontrolle durch den Betriebsleiter der S-Bahn. Es seien zuviel Märchen, bzw. Sagengestalten »westlichen« Aussehens an den Fenstern und in diesem Zustand durfte der Zug dann nicht in Ost-Berlin eingesetzt werden. Erst als im S-BW Friedrichsfelde die Scheiben neu gestaltet waren, gab es freie Fahrt für den Weihnachtszug! Dieses Ereignis trug auch dazu bei, daß der Weihnachtszug in den folgenden Jahren nicht mehr ausgestaltet wurde. Dazu sei noch angemerkt, daß die Ausschmückung des Zuges, genau wie das Fahren, von den Kollegen in freiwilliger, unbezahlter Arbeit unternommen wurde, bzw. wurde der Lohn für einen Solidaritätszweck gespendet.

Übrigens fuhr der letzte Weihnachtszug 1979 auch im normalen Fahrplan. Es war gedacht, durch die äußere Erscheinungsform des Zuges Arbeitskräfte und Lehrlinge für die S-Bahn zu werben.

Eine andere Geschichte sind die negativen Seiten eines Eisenbahners in West-Berlin, wie zum Beispiel das Lohn- oder Gehaltsgefüge. Das begann damit, daß nach dem ersten Streik 1948 der Lohn der Westberliner Eisenbahner von der Deutschen Reichsbahn zu 60 % in Westgeld und zu 40 % in Ostgeld gezahlt wurde. Die »politisch einwandfreien Reichsbahner« bekamen die 40 % »Ost« aber vom Senat West-Berlins im Verhältnis 1 zu 1 in Westgeld umgetauscht. Die dem Senat »politisch nicht genehmen Reichsbahner« (wie SED-, später SEW- oder FDJ-Mitglieder, oder auch führende FDGB-Mitglieder) erhielten diesen Umtausch aber nicht. Sie bekamen vom Ostberliner Magistrat eine »Einkaufsbescheinigung« und konnten für ihre 40 % im Ostteil der Stadt einkaufen (nach dem 13. August 1961 bezahlte die Reichsbahn die Eisenbahner nur noch mit Westgeld).

Eine andere unangenehme Seite des Eisenbahnerdaseins in West-Berlin war und ist die Einrichtung der ärztlichen Versorgung. Bis zur Eröffnung der sogenannten Poliklinik am Schöneberger Ufer im Gebäude der ehemaligen Reichsbahn-Direktion, mußten die Eisenbahner Ärzte in Ost-Berlin aufsuchen. Die Eröffnung der Poliklinik nach dem Bau der Mauer sollte als vorbildliche medizinische Einrichtung dienen, denn der Gedanke, daß eine Vielzahl von Ärzten unter einem Dach vereint ist, ist ja zu begrüßen. Die Realität war aber, abgesehen von der fachlichen Qualifikation einiger Ärzte, daß die technische Ausrüstung nicht dem Standard »westlicher« Prägung entsprach (veraltete Röntgenapparate und zahnärztliche Einrichtung), viele Arztpositionen nicht besetzt waren und Ärzteberatungskommissionen (vergleichbar mit den Vertrauensärzten der AOK) eingerichtet wurden. Die letzteren arbeiteten oft mit den Kaderleitern der Dienststellen zusammen, so daß das »Arztgeheimnis« nicht immer gewährleistet war.

Ärgerlich war auch, daß die Reichsbahn-Direktion auf vielen Bahnhöfen oder Dienststellen die Sanitätsstellen schließen ließ und die Beschäftigten wegen jeder kleinen Unpäßlichkeit zur allseits nicht beliebten Poliklinik fahren mußten.
Angenehmer sind mir da die Erinnerungen an die vielen Ausflugsfahrten mit der S-Bahn, wie zum Beispiel nach Spindlersfeld zum Freibad Oberspree oder nach Grünau und dann mit der Straßenbahnlinie 86 bis zur Bammelecke. Fast »exotisch« waren die FDGB-Reisen in die DDR, nach Thüringen oder in die Sächsische Schweiz und auch die Fahrten ins Kinderferienlager der Deutschen Reichsbahn im Erzgebirge. Das war und ist auch eine Hauptaufgabe des Freien Deutschen Gewerkschaftsbundes, im Rahmen der Sozialversicherung für die Werktätigen Ferienreisen und für die Kinder »frohe Ferientage« zu organisieren. Die Fahrten ins Ferienheim bzw. die FDGB-Reisen waren natürlich im Verhältnis zu »westlichen Reisen« sehr billig. Die An- und Abreise war auch

umsonst, denn jeder Eisenbahner (Reichs- und Bundesbahn) erhält je nach Dienstalter eine bestimmte Anzahl von Freifahrtscheinen für das In- und Ausland.

Kurioserweise betrachtet dabei die Deutsche Reichsbahn die Bundesrepublik nicht als Ausland, denn die Fahrscheine, die für die Bundesrepublik ausgegeben werden, gelten als Inlandfahrscheine. Freifahrtscheine gab es für folgende Länder (Stand ca. 1975): Polen, Tschechoslowakei, Bulgarien, Jugoslawien, Rumänien, Sowjetunion, China, Dänemark, Schweden, Österreich, Italien und Frankreich. Theoretisch konnte man als Eisenbahner mit der Transsibirischen Eisenbahn bis nach Peking fahren, mir ist jedoch kein Fall aus der Praxis bekannt.

Noch einige Gedanken zu meiner Lehre und Dienstzeit bei der Deutschen Reichsbahn in West-Berlin. Der praktische Teil der Lehre befand sich in der Lehrwerkstatt des RAW Tempelhof. Die Berufsschule dagegen absolvierten wir im RAW »Roman Chwalek« (FDGB-Funktionär der Reichsbahn in Ost-Berlin) in Schöneweide. Unser Lernkollektiv hatte den Namen »Dynamo«, den konnten wir Lehrlinge uns selber aussuchen, er mußte nur irgendetwas mit »Sozialismus« zu tun haben. Die zwei Tage Berufsschule waren natürlich »östlich« geprägt, nicht nur, daß die deutsche Geschichte anders betrachtet wurde, auch der Sportunterricht war schon »vormilitärisch« geprägt. Erinnern kann ich mich noch an Geländemärsche und Luftdruckgewehrschießen. Auch wurde sehr viel Wert auf »Ordnung und Disziplin« gelegt, angefangen vom äußeren Erscheinungsbild, Achtung der Produktionsmittel und Pünktlichkeit.

Voll Stolz wurde uns auch zum 10. Jahrestag der Gründung der DDR der S-Bahn-Zug der Baureihe 170 vorgeführt, als große sozialistische Errungenschaft, leider hat dieser Zug dann in der Praxis versagt, weil er etliche Konstruktionsmängel aufwies. Abgesehen davon, daß er für einige Bahnhöfe zu lang war, nahm er auch beim Anfahren zuviel Strom auf, so daß die anderen Züge beinahe

stehen blieben. Dieser Zug wurde dann Ende der sechziger Jahre verschrottet, ich hoffe, daß es dem jetzigen Versuchszug der Baureihe 270 nicht ebenso ergeht.
Nach der Lehrzeit arbeitete ich noch ein halbes Jahr im RAW Tempelhof als Werkzeugdreher, und nach dem Bau der Mauer am 13. August 1961 wurde ich dann in das S-BW Papestraße versetzt. Angefangen habe ich als Schlosser in der Triebfahrzeugunterhaltung, wo die S-Bahn-Züge in einem bestimmten Turnus überholt und gewartet werden. Alle 5000 km werden die Motoren und Apparate nachgesehen und Verschleißteile wie Motorkohlen oder Kontakte ersetzt. In der Werkstatthalle werden Achsen, Motoren oder Kompressoren gewechselt. Jede Nacht werden die Züge auf Fahrtüchtigkeit untersucht, gleichzeitig werden sie gereinigt.

*Im S-Bahn-Betriebswerk*

Viel Zeit und Mühe kostete die Behebung der vielen mutwilligen Zerstörungen im Fahrgastraum der Züge. Es verging kaum ein Tag, ohne daß Fensterbretter abgerissen waren, Tür- oder Fensterscheiben eingeschlagen und Teile der Beleuchtung demoliert waren. Die schlimmsten Zerstörungen erlebte die S-Bahn nach dem Konzert der Rolling Stones in der Waldbühne 1965; allein im S-BW Papestraße war fast ein Drittel der Züge zertrümmert und die Wiederherstellung der Inneneinrichtung hat Tage gedauert.

**Erst spielten die „Rolling Stones" – dann machten die Fans Kleinholz**

**Berlin, 1965**

87 Verletzte, 28 demolierte S-Bahn-Züge, 300 000 DM Sachschaden und eine zu 75 % zertrümmerte Waldbühne — das ist die Bilanz des „Rolling Stones"-Gastspiels in Berlin. Am 15. September 1965 geraten 21 000 Jugendliche außer Rand und Band, als Mick Jagger die Verstärker aufdreht.

Die »schönen Zeiten« des Eisenbahnerdaseins, trotz Schichtdienst und teilweise politischer Bevormundung seitens der Parteisekretäre der SEW oder der Funktionäre des FDGB gab es auch. Das drückte sich nicht nur in offiziellen Betriebsfeiern aus, sondern mehr im Zusammenhalt der Kollegen untereinander, denn der Schichtdienst Tag und Nacht, auch an Feiertagen, »schweißt« die Kollegen irgendwie zusammen. Wer kann denn schon als Arbeiter, wohlgemerkt während der Arbeitszeit, zum Friseur gehen, oder, sofern vorhanden, sein Auto reparieren und »Grillpartys« veranstalten. Oder den Achtstundentag, durch vorzeitiges Verlassen oder Späterkommen, auf sechs oder fünf Stunden verkürzen. Das ging natürlich nur für das Werkstättenpersonal, der Triebfahrzeugführer kann seinen Zug ja nicht einfach auf der Strecke stehenlassen und nach Hause gehen.
1962 machte ich meine Ausbildung zum Triebwagenführer. Meine erste Fahrt als Auszubildender begann abends am Bahnhof Beusselstraße und ab Bahnhof Jungfernheide Richtung Staaken mußte ich dann selber fahren. Nach dem Bedienen des Türschließschalters und nach dem Abfahrauftrag des Schaffners drückte ich den Totmannsknopf (Fahrschalterknopf), bis der Lehrtriebwagenführer sagte »es reicht«, den Rest der Strecke rollt der Zug von alleine. Er half mir auch beim Bremsen, und ich war zufrieden, als wir im nächsten Bahnhof Siemensstadt-Fürstenbrunn richtig zum Halten kamen.
So schwer ist das S-Bahn-Fahren nicht: meine Tochter oder Kinder von Freunden haben es auch probiert, auf den Totmannsknopf zu drücken und den Zug zum Fahren zu bringen (auch mit Fahrgästen), schwierig ist es nur, wenn der Zug »knackevoll« ist (wann sind sie es noch?), oder bei widrigen Witterungsbedingungen, wie im Herbst oder Winter. Unvergessen sind mir die Fahrten der Sonne entgegen, egal ob Auf- oder Untergang, oder auch nachts alleine als Fahrer den Zug spazieren zu fahren. Denn die »Freiheit«, gerade nachts ein paar Minuten mit einem Kollegen auf einem Bahnhof zu quatschen und dann den Fahrplan wieder einzuholen, gab es nur bei der S-Bahn in West-Berlin.

Die letzten Jahre im S-BW Papestraße als Wagenmeister bis zum Streik 1980 vergingen ziemlich schnell, die Zustände sind schon woanders beschrieben, ich hatte mein »Eisenbahnersein« schon verinnerlicht, es gab nichts Neues in der Arbeitswelt, bis ich mich entscheiden mußte zu streiken oder nicht. Meine letzte eigene Fahrt mit einem S-Bahn-Zug war auch zu Beginn des Streiks auf den Rangiergleisen des S-BW Papestraße zum Stellwerk TAT (Tempelhof Außenturm, am Bahnhof Papestrasse), um mit der Fahrdienstleiterin die technischen Seiten des Streiks zu besprechen.

Am 26. September 1980 wurde ich dann »unehrenhaft« aus dem Dienst der Deutschen Reichsbahn entlassen.

Nachtrag: Da sich die Reichsbahn bei mir für meine zehn- und zwanzigjährige Dienstzeit in Form von Urkunden und Blechmedaillen bedankt hat, möchte ich mich ironischerweise recht herzlich für ihre in keiner Weise gegebenen Unterstützung der S-Bahn-Ausstellung bedanken.

Deutsche Reichsbahn
**S-Bahnbetriebswerk Berlin-Wannsee**

Deutsche Reichsbahn · S-Bahnbetriebswerk Berlin-Wannsee
Bismarckstraße 39 · Berlin (West) 39

Herrn
Klaus-Peter Buchmann

Provinzstr. 100
1000 Berlin 51

Fernsprecher: 803 17 22

Wir bitten, in der Antwort Zeichen und Datum dieses Schreibens anzugeben

| Ihre Zeichen | Ihre Nachricht vom | Unsere Zeichen | Datum |
|---|---|---|---|
| | | Er/Meh | 26.09.1980 |

Betreff Ihre fristlose Entlassung zum 26.09.1980

Werter Herr Buchmann !

Hiermit spreche ich Ihnen Ihre fristlose Entlassung zum 26.09.1980 aus.

Begründung:

Sie haben bisher Ihren Dienst nicht aufgenommen und außerdem am 25.09.1980 Kollegen der Triebwagenhalle Papestraße mit kriminellen Aktionen gedroht.
Damit haben Sie schwerwiegend gegen die sich für Sie aus der "Vereinbarung über lohn- und arbeitsrechtliche Bestimmungen für die Beschäftigten der Deutschen Reichsbahn mit Wohnsitz in Berlin (West)" und der Eisenbahnerverordnung ergebenden Arbeitspflichten verstoßen.
Ich sehe mich daher veranlasst, Sie auf der Grundlage der o. a. Vereinbarung, § 9, Ziff. 1, fristlos aus dem Reichsbahndienst zu entlassen.

Die Zustimmung der zuständigen Gewerkschaftsleitung wird nachgeholt.

Wir möchten Sie bitten, umgehend alle reichsbahneigenen Gegenstände wie Betriebsausweis usw. abzugeben und machen Sie darauf aufmerksam, daß die Schweigepflicht auch nach Ihrem Ausscheiden ihre Gültigkeit behält.
Das Betreten von Reichsbahn-Anlagen, soweit sie nicht dem öffentlichen Verkehr dienen, ist Ihnen nach Ihrem Ausscheiden nicht mehr gestattet.

Rechtsmittelbelehrung:

Gegen diese fristlose Entlassung können Sie innerhalb von 14 Tagen nach Erhalt dieses Schreibens Einspruch bei der Konfliktkommission unseres Betriebes einlegen.

Deutsche Reichsbahn S-Bahnbetriebswerk Berlin-Wannsee

E r c h e n
Reichsbahn-Rat
Leiter der Dienststelle

Rbd Bln 31.79
Dr Bln 5679 1.0

# *Der Eisenbahnwaggon als Wochenendhäuschen*

*Kauflustige mit Zollstock und Augenmaß bei der Besichtigung der ausgedienten Wagen.*

*Nach der Elektrifizierung der Wannseebahn rangierte die Eisenbahndirektion Berlin eine größere Anzahl von Wagen aus. Auf dem Rangierbahnhof Tempelhof suchten sich Kauflustige aus dem »Waggonfriedhof« einen Waggon als Wochenendhäuschen aus.*
*Personenwagen zweiter und dritter Klasse kosteten je nach Ausstattung zwischen 150 und 320 Mark.*
*Auch der Unterbau konnte für 20 Mark erworben werden und die Eisenbahn beförderte sie an den Bestimmungsort.*

*Auf der Suche nach dem passenden Wagen für das neue Laubengrundstück.*

*Der richtige Wagen ist gefunden*

*Laubenkolonie an der S-Bahn*

*Fertige Eisenbahnkolonie*

# Spinne, Wanne, Hampelmann

## S-Bahn Glossar

Peter Buchmann, Detlev Wittgen

### A

Achsen im Sand – entgleister S-Bahnzug
Abrüsten – Zug mit Sicherheitsauflagen im S-BW abstellen
Adler – Zuggruppenbezeichnung, Strecke, Anhalter Bahnhof–Wannsee
Anklagebank – lange Bank im Dienstabteil
Anton – Zuggruppenbezeichnung, Strecke Sonnenallee–Gesundbrunnen
Aufrüsten – Zug zum Einsatz vorbereiten
Ausbröckelung – Materialfehler auf der Lauffläche des Radreifens
Auslauf – Plan des Wagenmeister beim fahrplanmäßigen Aussetzen der Züge im S-BW (= S-Bahn-Betriebswerk)
Aussetzer – planmäßig ins S-BW fahrender Zug
Ausspanner – Schadzug, der dem S-BW zugeführt wird
Automat – Hilfsstromselbstschalter, Sicherungseinrichtung im Führerstand

### B

Bahnbulle – Bahnpolizist
Bankierzüge – Bezeichnung für S-Bahnzüge, Baujahr 1934, Baureihe 125/276
Bärenfett – Getriebefett
Berta – Zuggruppenbezeichnung, Strecke Jungfernheide–Gartenfeld
Besteck – Sammelbegriff für Fahr-, Bremsventil-, Gas-, Lampen- und Vierkantschlüssel des Triebwagenführers
Bimse – Reinigungsmittel für die Seitenscheiben im Fahrgastraum
Blaues Wunder – Baureihe 170, zum 10. Jahrestag der DDR-Gründung neuentwickelter S-Bahnzug, später wegen Konstruktionsmängel verschrottet
Blitzableiter – siehe Automat
Bock – Gleisabschluß
Bremsaffe – Schlosser im S-BW, der die Bremse instandsetzt
Bücher – Betriebsbücher für jeden Viertelzug
Bulettenzug – Versorgungszug für die Kantinen der Triebfahrzeugführer, nicht für den öffentlichen Verkehr zugelassen
Bulle – Bezeichnung für die S-Bahnzüge, Baujahr 1925, Baureihe 168
Bulettenschrank – Kantine der Poliklinik (ehemalige Reichsbahndirektion)

### C

Cäsar – Zuggruppenbezeichnung, Strecke Friedrichstraße (Gesundbrunnen)–Köllnische Heide

### D

Deutschrepublikanischer Reichseisenbahnbremsklotzsohlen-Bewegungsbeamter – Triebfahrzeugführer
Dreiviertelzug – drei Viertelzüge als betriebliche Einheit, 24 Achsen

### E

Einkaufszug – der letzte Zug der Zuggruppe Cäsar von Friedrichstraße nach Papestraße brachte vom Kaufhaus Friedrichstraße (Intershop) für die Kollegen Ware mit
Einlauf – Plan der Wagenmeister zum fahrplanmäßigen Einsetzen der Züge
Einmannhahn – Bedienungselement der Sicherheitsfahrschaltung
Einsetzer – Züge im Berufsverkehr
EMB – Einmannbetrieb, nur mit einem Triebfahrzeugführer besetzte Triebfahrzeuge
Emil – Zuggruppenbezeichnung, Strecke Friedrichstraße–Spandau-West
Erdschalter – Teil der Fahrsperreneinrichtung

### F

Fernsehzug – Sonderzug der S-Bahn mit Fernsehkamera und Monitor zur Kontrolle der Stromschiene
Funkenmariechen – Kollegin, die für die Funk- und Bremsprobe der Züge verantwortlich ist

### G

Galgen – Hebevorrichtung für S-Bahn-Fahrzeuge im S-BW
Gebetsbuch – Fahrdienstvorschriften
Glaskasten – S-Bahner-Kneipe am Bahnhof Westkreuz
Goldfuchs – Dienstrangbezeichnung: Inspektor
Große Halle – Fahrzeughalle im S-BW
Gustav – Zuggruppenbezeichnung, Strecke Zoo–Köllnische Heide

### H

Halbzug – 2 Viertelzüge als betriebliche Einheit, 16 Achsen
Hampelmann – Fahrtrichtungsanzeiger auf Bahnhöfen
Handschuhschlosser – Schlosser, der nur mit Handschuhen arbeitet
Hebamme – S-Bahn-Gerätezug, Hilfszug bei Havarien
Heinrich – Zuggruppenbezeichnung, Strecke Friedrichstraße–Staaken
Heißläufer – schadhaftes Achslager
Hemme – Handbremse im Triebwagen

Holzklasse – Holzbänke im Fahrgastraum, ehemalige 3. Klasse
Holzwurm – Tischler
Hund – Vorrichtung am Gleissperrsignal, daß das Überfahren des »Halt« zeigenden Signal verhindert, so daß der Zug entgleist
Hundekopf – Plan der Berliner S-Bahn, der den Umrissen eines Hundekopfes ähnelt

## J

Jumbo – spezieller Triebwagen im RAW Schöneweide, der für Probe- und Rangierfahrten eingesetzt wird

*S-BW von innen*

## K

Kanalratte – Schlosser im S-BW
Kaue – Aufenthaltsraum für Triebfahrzeugführer auf dem Bahnhof Papestraße
Kaufhaus – Bahnhof Friedrichstraße (Intershop)
Kelle – Befehlsstab
Kellenschwinger – Aufsicht
Kiste – Ausrüstungsgegenstand des Triebfahrzeugführers
Kippstange – Hebelstange zum Bewegen von Fahrzeugen
Kleine Halle – Werkstatthalle
Knallkapsel – Warnsignal für liegengebliebene Züge
Knopfdrücker – Triebfahrzeugführer
Knüppel – Stromabnehmerschaltstange
Koffergriffe – Türgriffe der »Bautzener« Türen (Türbauart)
Kommandierrolle – Büro des Gruppenleiters für Triebfahrzeugbetrieb
Kofanti – nicht erklärbarer Name für die Baureihe 169, Baujahr 1924
Kuckuck – optisches Warnsignal am Erdschalter
Kuhfänger – Schienenräumer
Kuppelknecht – Rangierleiter
Kutscher – Triebfahrzeugführer
Kinderwagen – Beiwagen der Baureihe 169

## L

Latschen – flache Stelle auf der Lauffläche des Radreifens
Leiste – Hammer des Wagenmeisters
Liebeslaube – Abteil an der Betriebskupplungsseite des Beiwagen
Lodz – Stadtstreicherjargon für Bahnhof Friedrichstraße
Ludwig – Zuggruppenbezeichnung, Strecke Friedrichstraße–Wannsee
Lumpensammler – letzter fahrplanmäßiger Zug zum Endbahnhof

## M

Märchenbuch – Dienstübergabebuch
Materialzug – umgebauter S-Bahnzug für die Versorgung der S-Bahn-Betriebswerke mit Materialien, Ersatzteilen, etc.; nicht für den öffentlichen Verkehr zugelassen
Maus – stationäre Starkstromkupplung im S-BW
Meisterbude – Meisterbüro
Moppel – Reinigungstuch der Wagenreiniger

## N

Natokutte – Nylonmantel, über der Uniform von Triebwagenführern auf dem Weg zum Dienst getragen, um nicht als Reichsbahner erkannt und belästigt zu werden
Negus – siehe Kofanti
Nieten-Reko – umgebauter Viertelzug der Baureihe 165/275
Nordpol – Zuggruppenbezeichnung, Strecke Beusselstraße–Staaken (Spandau Hauptbahnhof)
Nullmannhahn – Bedienungselement der Sicherheitsfahrschaltung

## O

Oberputzer – Vorarbeiter der Wagenreiniger
Olympia – Bezeichnung für die S-Bahnzüge Baujahr 1936, Baureihe 166/276
Osten – Gleisbereich im S-BW Papestraße
Owala – Oberwagenlaterne, Baureihe 165/275, Zugschlußsignal

## P

Passimeter – Durchgangsfahrkartenschalter
Piktogramm – Hinweisschild
Plumpe – Berliner Ausdruck für Bahnhof Gesundbrunnen
Polizist – Grenzzeichen (Signalbegriff)
Polnischer Fahrschlüssel – umgebauter Fahrschlüssel
Posterklasse – Polsterbänke im Fahrgastraum, ehemals 2. Klasse
Postzug – S-Bahnzug mit Dienstpostbeförderung
Putzer – Wagenreiniger
Polyesterklinik – Poliklinik für Westberliner Eisenbahner

## Q

Quirl — großer Besen zum Ausfegen der Züge

## R

Raufe — Gepäckablage
Reko-Zug — umgebaute S-Bahn-Fahrzeuge
Rollbock — Hilfsgerät für entgleiste und nicht mehr fahrbereite Wagen
Rotkäppchen — weibliche Aufsicht
Rucksackleisten — Schutzleisten an den Dienstabteil- und Stirnwandfenstern

## S

Schaku — Scharfenbergkupplung
Schläger — Bremsschaden
Schlemme — Reinigungsmittel für die Stirnwandscheiben
Schmiermaxe — Wagenreiniger, der die Züge abschmiert
Schneezug — umgerüsteter S-Bahnzug für den Wintereinsatz (freifahren von eingeschneiten Weichen und Kreuzungen), nicht für den öffentlichen Verkehr zugelassen
Schnelläufer — siehe Bankierzug
Schotterdetektive — Bahnpolizei
Schuppen — Wagenhalle eines S-Bahn-Betriebswerkes
Schwächen — Absetzen eines Viertelzuges von einer betrieblichen Einheit
Sechskanträder — Achse mit vielen flachen Stellen
Sifa — Sicherheitsfahrschaltung
Sonne — Berliner Ausdruck für Bahnhof Sonnenallee
Spinne — Plan der Berliner S-Bahn
Stadtbahnzug — Bezeichnung für die S-Bahnzüge Baujahr 1927, Baureihe 165/275. Meistgebauter Triebwagenzug der Welt
Stube&Küche — 1 Viertelzug, bestehend aus einem Triebwagen und einem Steuerwagen
Stullenbretter — Ablagefläche im Fahrgastraum
S.V.-2, Spinat mit Ei — Signalbegriff (grün/gelb): »Fahrt frei, Halt erwarten!«

## T

Tatzen — Lager am Fahrmotor
Totmannsknopfdrucker — Triebfahrzeugführer
Totmannsknopf — Fahrschalterknopf
Trennen — Auseinanderfahren von Viertelzügen
Trennstelle — Stromschienenlücke
Tresen/Theke — Abdeckung des Hauptklemmbretts im Führerstand
Turnstange — Haltestange im Dienstabteil

## U

Überzieher — Schutzüberzug für den Bremsventilgriff
Unkrautzug — umgebauter S-Bahnzug zum Versprühen von Unkrautvernichtungsmittel auf Bahnanlagen; nicht für den öffentlichen Verkehr zugelassen
Ü-Wagen — Überführungswagen, umgebaute Güterwagen für S-Bahn-Betrieb zugelassen

## V

Veep — Vereinfachter, eingleisiger, elektrischer Pendelbetrieb
Verstärken — Ansetzen eines Viertelzuges an eine betriebliche Einheit
Viehabteil — Traglastenabteil
Viertelzug — kleinste betriebliche Einheit, bestehend aus einem Triebwagen mit Steuer- bzw. Beiwagen
Villa Wolle — Gebäude des T. B. Gruppenleiters im S-BW Papestraße
Vollzug — größte betriebliche Einheit, 4 Viertelzüge, 32 Achsen

## W

Waggonmeister — Wagenmeister
Wanne — Fahrkartenschalter, nur zum Entwerten der Fahrkarten
Wannseezug — Bezeichnung der Baureihe 165/275, Bauart Wannsee, Baujahr 1932
Wäsche — Reinigungsanlage für S-Bahn-Fahrzeuge

Weihnachtszug — umgerüsteter S-Bahnzug, Einsatz als Sonderzug zu den Weihnachtsfeiern der Eisenbahnerkinder; nicht für den öffentlichen Verkehr zugelassen
Werkstattfahrt — Sonderfahrt vom S-BW zum RAW Schöneweide
Westen — Gleisbereich im S-BW Papestraße

## Z

Zeep — Zeitweise, eingleisiger, elektrischer Pendelbetrieb
Zwischendeck — S-Bahner-Kneipe im Anhalter Bahnhof

Die frühen Photografien aus der Glanzzeit der deutschen Eisenbahnen zeigen die Beteiligten in sorgfältig arrangierter Unbeweglichkeit. Es geht um Repräsentation, nicht um die Darstellung von Arbeitsprozessen. Im Mittelpunkt steht die ausgeübte Funktion: sie drückt sich aus in Kleidung und Körperhaltung. Bei Gruppenbildern dominieren im Vordergund die Uniformen der Stationsvorsteher und Bahnkontrolleure, der Lokomotivführer und Bahnmeister. Nur die ganz Oberen können es sich leisten, die Uniform mit dem Gehrock zu vertauschen. Die vielen im Bildhintergrund, vom Heizer an abwärts, müssen sich mit dem Vorzeigen ihrer Arbeitsgeräte begnügen. Die Hierarchie bei den deutschen Eisenbahnern, dem Militär nachgebildet, scheint unumstößlich. Sie hat ihre ökonomische Basis in einem enormen Lohngefälle, das erst in den 20er Jahren dieses Jahrhunderts etwas geringer wird. Im Jahre 1862 bezieht ein Betriebsinspektor der preußischen Staatseisenbahn ein Jahreseinkommen von durchschnittlich 1250 Taler; ein Lokomotivführer oder Bahnmeister, in der Mitte der Hierarchie angesiedelt, kommt auf jährlich 400 Taler; vom Heizer an abwärts reduziert sich das Einkommen drastisch, er verdient jährlich 250 Taler. Am untersten Ende rangiert der Bremser mit 180 Taler. Nur der Bahnwärter verdient noch weniger, aber dafür ist er oft auch noch Besitzer eines respektablen Gemüsegartens, das ihn und seine Familie mit dem Nötigsten versorgt. Zur gleichen Zeit weist die Statistik an Lebenshaltungskosten einer fünfköpfigen Familie 450 Taler aus. – Die Phantasiebilder der Jungen blieben davon unberührt. Kaum einer, der sich nicht wünschte, einmal Lokführer zu werden. Nur wenigen aber war es vergönnt, in so einer schönen Uniform davon zu träumen.

# Eisenbahner und Eisenbahnarbeiter

Durch welche Ratschläge man das Leben der Bahnwärter zu erleichtern gedachte läßt sich aus einem Rundschreiben entnehmen, das die preußischen Bahnverwaltungen im Jahr 1868 verbreiteten:

*»...ans Haus und an die engbegrenzte Strecke gebunden, haben die Bahnwärter mitunter allem Verkehr mit Menschen fern, jahraus jahrein ihrer einförmigen Beschäftigung obzuliegen. Es verdient hierbei den geist- und gemütveredelnden Einfluß des Bienenzüchtens hervorzuheben. Man kann sich nach dem Wandel von hunderten von Bienenzüchtern erkundigen und wird kaum einen finden, der unordentlich oder faul wäre oder seine Freistunden im Wirtshaus zubrächte. Und wer wirklich Bienenfreund ist, ist sicher auch ein fleißiger, ordnungsliebender, verträglicher und überhaupt ein guter Mensch.«*

Das Eisenbahnsystem als in sich geschlossener Bienenstaat, wo jeder an seinem Platz den ihm auferlegten Pflichten nachgeht – so hat man sich den deutschen Eisenbahner konstruiert und so wurde es auch von vielen geglaubt.

Zuverlässigkeit, Pünktlichkeit und Verläßlichkeit, das waren die Eigenschaften, die der deutschen Eisenbahn ihren guten Ruf einbrachte, bis zum heutigen Tag. Selbst die Teilung Deutschlands hat daran nichts Wesentliches geändert, sieht man von einigen Lockerungsübungen im Westen ab.

Das Selbstbild des deutschen Eisenbahners war tief verankert und fand auch seine Entsprechung in den Sicherheitserfordernissen eines Verkehrssystems, das auf Berechenbarkeit und Stetigkeit angelegt war. Erst die Einführung von Selbstblocksystemen und automatischer Zugbeeinflussung, von elektronischer Überwachung und zentraler Datenverarbeitung hat dazu geführt, daß subjektive Eigenschaften sich von technischen Abläufen wieder etwas trennen können.

Dies mag *ein* Grund dafür sein, warum die Eisenbahner sich sehr spät erst gewerkschaftlich organisiert haben und sich häufig im reformistischen Teil der Arbeiterbewegung wiederfanden. Weitere Gründe lagen sicher in der unterschiedlichen sozialen Herkunft der Eisenbahner, den sehr verschiedenartigen Arbeitsanforderungen und der obrigkeitsstaatlichen Struktur des deutschen Eisenbahnsystems. Obgleich zunächst noch privatwirtschaftlich organisiert, orientierten sich die Eisenbahngesellschaften in Deutschland an dem Vorbild der preußischen Obrigkeitsverwaltung. Lange bevor die Angestellten der Banken sich mit dem Titel Beamte schmücken konnten, gab es schon den Eisenbahnbeamten, der sich als Inhaber von Hoheitsrechten fühlen durfte. Etwas davon wird an den alten Fotografien sichtbar. So stramm und gerade wie die beiden Eisenbahner auf dem Bild unten links haben sich selbst ›gemeine‹ Soldaten ohne Offizier nur selten hingestellt.

Es bedurfte schon großer gesellschaftlicher Umwälzungen wie in Deutschland in den Jahren nach dem 1. Weltkrieg, ehe die Eisenbahner sich zu größeren Streiks und außerbetrieblichen Kampfformen entschlossen. Dabei waren die Löhne der Eisenbahner häufig unter dem Existenzminimum, bei extrem langer Arbeitszeit. Um die Jahrhundertwende war ein Arbeitstag von zwölf bis 14 Stunden gängige Praxis. Pünktliche Lohnzahlungen waren keineswegs selbstverständlich und eine geregelte Arbeitszeit gab es für die Mehrzahl der Eisenbahnarbeiter ohnehin nicht. Der vorgesehene Urlaub von ein paar freien Tagen stand auf dem Papier. Diese Arbeitsbedingungen änderten sich erst grundsätzlich in den 20er Jahren, als die gewerkschaftlich organisierte Arbeiterbewegung für die Mehrzahl der Berufe einen geregelten Arbeitstag von acht Stunden durchsetzen konnte.

Linke Seite: Wagenwerkstatt des Ausbesserungswerkes Tempelhof aus dem Jahre 1904. (Archiv Pierson).

Unten: Wagenwäscher auf dem Potsdamer Bahnhof in der Reinigungstruppe der Wannseebahn (Archiv Pierson).

**Bahnbetriebswerk**

Dem ungeübten Betrachter setzt sich die Eisenbahn zusammen aus Bahnhof und Zügen, aus Schaffnern, Kontrolleuren und Lokomotivführern. Er nimmt damit bestenfalls einen Bruchteil von dem wahr, was den Eisenbahnbetrieb ausmacht. Damit die Züge benutzbar bleiben, müssen sie unterhalten werden: geputzt, gewaschen, repariert, überholt und geprüft. In der Regel geschieht dies in einem Bahnbetriebswerk, im Eingeweihtenjargon kurzerhand Bw oder im Falle der S-Bahn SBw genannt. Wer darin heute noch einen geheimnisumwitterten Ort vermutet, in dem sich die Geburt der Lokomotiven ständig neu vollzieht, sieht sich schmählich enttäuscht. In langen, neonbeleuchteten Hallen stehen Lokomotive, Wagen oder Triebfahrzeugwerke über Gruben, die den Zugang zur Wagenunterseite ermöglichen. In den Zwischenräumen und auf Regalen liegen Ersatzteile, Werkzeuge, kleinere Maschinen, einige Schienen weiter die automatische Waschanlage, die das umständliche Putzen des Wagenäußeren überflüssig macht. Was umfangreichere Arbeiten erfordert wird in das Ausbesserungswerk überwiesen. Das düstere Ineinander von Dampf- und Kesselschmieden, unterirdischen Depots, Pumpenhäusern und Werkzeughallen, die sich um einen Ringlokschuppen garnieren, ist einer nüchternen Werkhalle gewichen, deren Funktionen überschaubar scheinen, eher den Anlagen eines TÜV vergleichbar. Nur wer genau hinsieht merkt, daß sich bloß die Anschaulichkeit verändert hat. Die Komplexität ist gewachsen. Wer sich in den Schaltplan einer S-Bahn hineinversetzt, weiß, wie einfach demgegenüber der Konstruktionsplan einer Dampflokomotive sich nachvollziehen läßt.

Ehe die erste Schwelle gelegt, die Schienen befestigt waren und die Züge schließlich ihrem ›eisernen Pfad‹ folgen konnten, mußten gewaltige Erdmassen bewegt werden, Millionen Kubikmeter Geröll und Gestein, Sand und Kies. Der Bau der ersten großen Eisenbahnstrecken in den 30er und 40er Jahren des vorigen Jahrhunderts hatte erstmals riesige Massen von Arbeitern konzentriert und zusammengeführt. Diese Arbeiter waren zum großen Teil noch Halbproletarier: Tagelöhner vom Land, Heimarbeiter aus dem Textilgewerbe, Handwerksgesellen, arbeitslose Fabrikarbeiter. Der größte Teil bestand aus Wanderarbeitern, die oft jahrelang von Strecke zu Strecke zogen.

Die Arbeit erforderte schwere körperliche Anstrengungen, der Arbeitstag betrug zwischen zwölf bis 14 Stunden. Die Unterbringung auf den vielen Baustellen war äußerst dürftig. Um die Arbeitsleistung auf den Baustellen zu steigern, wurde beim Eisenbahnbau erstmals in großem Umfang das Akkordsystem eingeführt. Die harten Arbeits- und Lebensbedingungen, aber auch die Konzentration vieler Arbeiter am gleichen Ort, oft weit weg von feudalen oder halbfeudalen Kontrollen, schufen früh die Voraussetzungen für Widerstands- und Kampfformen. Über die Verlaufsformen dieser Kämpfe ist nur sehr wenig bekannt; ihr Ausmaß läßt sich jedoch erschließen aus den vielen Gesuchen der Eisenbahngesellschaften an die staatlichen Stellen, durch den Einsatz von Polizei und Militär zur ›Züglung der meistens fremden, zum großen Teil lasterhaften und verbrecherischen Leute‹ beizutragen.

Im Unterschied zu den beamteten Eisenbahnern, aber auch zu den in den Lokomotiv- und Waggonfabriken arbeitenden Maschinenarbeitern, die oft ein ausgeprägtes Standesbewußtsein als Facharbeiter hatten, reißen die Klagen über das wilde Auftreten der Erd- und Eisenbahnbauarbeiter während des ganzen 19. Jahrhunderts nicht ab. Auf fast allen größeren Baustellen kam es Jahr für Jahr zu Arbeitsniederlegungen und erbitterten Lohnkämpfen.

Die geringe soziale Integration dieser Erd- und Bauarbeiter hatte ihre Entsprechung in der Struktur der Arbeit selber. Harte körperliche Arbeit, häufig wechselnde Arbeitsplätze, relativ geringe Anforderungen an berufliche Qualifikation und die Erfahrung der eigenen Austauschbarkeit verhinderten, daß ein soziales Sicherheitsgefühl ausgebildet werden konnte.

Die Abhängigkeit von dem, was man selber körperlich leistete, und die hohen Berufsrisiken haben dies sicher unterstützt. Nach den Unfallstatistiken zählte die Arbeit auf den Eisenbahnbaustellen zu der gefährlichsten Arbeit überhaupt. Nirgends lag die Unfallquote mit tödlichem Ausgang höher als hier. - Die Nazis wußten schon, welcher propagandistische Aufwand nötig war, um die zwangsmobilisierten Arbeiter ruhig zu halten als es im August 1936 bei der Nord-Süd-Bahn zum Einsturzunglück mit 19 Todesopfern kam.

# S-Bahn-Systeme im Vergleich

Herbert F. Rauh

**Die Bedeutung der öffentlichen Verkehrsmittel**

Von fast allen Schichten der Gesellschaft unserer industriell hochentwickelten Staaten wird die uneingeschränkte individuelle Nutzung des Kraftwagens als der höchste Ausdruck ihrer Freiheit gesehen und von jenen, die noch nicht im Besitz eines Pkw sind, mit allen Kräften angestrebt. Dies ist sicherlich ein wesentlicher Grund für die Heftigkeit, die die Auseinandersetzung zwischen den privaten und öffentlichen Verkehrsmitteln in der Vergangenheit immer wieder angenommen hat; Auseinandersetzungen, die zum Teil als Glaubenskrieg zwischen Schiene und Straße ausgetragen wurden und auch noch werden, unter dem Motto: Öffentlicher- gegen Individual-Verkehr! Und was heißt dieser Begriff Individual-Verkehr? Sind das nur die Autos oder auch Zweiräder, sind dann Fußgänger nicht besonders individuell? Wohin gehören die Taxis, die Kleinbusse, die Mitfahrer von Fahrgemeinschaften?
Der verwaschene Begriff beruht schlicht und einfach auf einer Übersetzungsungenauigkeit! Man übernahm aus amerikanischen Quellen den Begriff der Einzelbeförderung (individual transportation), übersetzte ihn in ein fachgelehrt klingendes Halbfremdwort und beraubte ihn damit des klaren Inhalts. Und er wurde mit Emotion gefüllt.
*Individualverkehr* ist ein Schlachtruf geworden. Sein Gegensatz – nicht minder verwaschen und emotionalisiert – heißt »ÖPNV«, öffentlicher Personen-Nahverkehr. Gemeint wird damit die Personenbeförderung nach Fahrplan mit Bussen und Bahnen, einfacher gesagt, der Linienverkehr.
Und auch eine andere, über Jahre mit Leidenschaft geführte Debatte ist inzwischen zur Farce geworden, ist steckengeblieben im zusammenbrechenden Berufsverkehr: Die *autogerechte Stadt.*
Nach einer einseitig Pkw-orientierten Zeit hat man inzwischen allgemein erkannt, daß alle verkehrslenkenden und verkehrsbaulichen Maßnahmen nicht ausreichen, den Raumbedarf für den fließenden und ruhenden »Individualverkehr« zu befriedigen. Kapazitätserweiterungen für diesen Verkehrsbereich gehen heute bereits häufig auf Kosten gerade derjenigen Lebensbereiche, denen die Verkehrsbeziehungen dienen sollten.
Mitscherlich bezeichnet in seiner Streitschrift »Die Unwirtlichkeit unserer Städte« die Stadt, in der man durch Jahrhunderte lebte, als ein *Biotop,* und er fügt zu diesem Begriff erklärend hinzu, daß es sich um einen Platz handle, »an dem sich Leben verschiedenster Gestalt ins Gleichgewicht bringt und in ihm erhält«. Und er stellt zu unserer binnenstädtischen Verkehrssituation fest: »Wer sich zu und von der Arbeit zurück seinen Weg erkämpfen muß, lebt in einem Biotop, das sekundär unbesiedelbar geworden ist durch Übersiedlung«.
Diese Aussage beweisen wir nicht nur täglich in den Spitzenstunden des Berufsverkehrs, sondern die Flut bricht über uns auch beim Erholungsverkehr der Wochenenden und beim Urlaubsverkehr herein und stellt Erholung und Urlaub in Frage.
Vor allem aber die erschreckende Zahl von Verkehrsopfern und die erhebliche Umweltbelastung durch den Straßenverkehr müssen in die Forderung nach der *menschengerechten Stadt* münden. Zur Verwirklichung dieses Zieles kann der moderne Nahverkehr ein gutes Stück beitragen.
In seiner Regierungserklärung im Jahre 1973 hat dies bereits der damalige Kanzler Brandt unmißverständlich angesprochen:
*»Um die Lebensbedingungen in den Städten zu verbessern, müssen zur Lösung der Probleme des Nahverkehrs neue Modelle erprobt werden. Der öffentliche Nahverkehr hat Vorrang vor dem Individualverkehr.«*
Es ist übrigens ein großer Irrtum, manchmal wohl auch boshafte Unterstellung, wenn behauptet wird, es ginge hierbei um die Abschaffung des Automobils. Es geht hierbei nur um die Lösung der Verkehrsprobleme in den Ballungsgebieten, und das sind nur etwa 3 % der Fläche unseres Landes. Allerdings leben hier über 50 % der Bevölkerung. Auf dem Lande aber, im Regional- und im Fernverkehr, ist das Auto ohnehin nicht zu ersetzen.
Der modal-split* des Personennahverkehrs hat sich in den letzten 20 Jahren zu Ungunsten des ÖPNV verändert; eine dauerhafte Trendwende aufgrund der Energiesituation ist nicht erkennbar. Dementsprechend geht auch die Langfristprognose des Deutschen Instituts für Wirtschaftsforschung von rückläufigen Aufkommensanteilen für den ÖPNV in den nächsten zwei Dekaden aus. Das Angebot im ÖPNV wird sich nach dieser Prognose an der Nachfrage eines wahrscheinlich weiter abnehmenden Benutzerkreises zu orientieren haben.

* *modal split:* Aufteilung der gesamten Verkehrsarbeit auf verschiedene Transportsysteme aufgrund des Einflusses von unterschiedlichen Verkehrsangeboten, sozioökonomischen Merkmalen, Gebietsstrukturen und Reisezwecken.

Wieviel von dem Verkehrsaufkommen des ÖPNV in einem bestimmten Gebiet auf der Schiene befördert wird, hängt maßgeblich

- vom Streckenverlauf der Schiene zu den Hauptverkehrsströmen,
- von der Nähe der Bahnstation zu den Siedlungsschwerpunkten und
- von der Qualität der Verkehrswege und damit dem Reisezeitverhältnis Schiene/Bus/Individualverkehr

ab. Dementsprechend kann man drei SPNV-Streckentypen unterscheiden.

Die Deutsche Bundesbahn betreibt z. Z. SPNV auf einem Streckennetz von ca. 23 000 km Länge, wobei diese Strecken zum großen Teil nicht ausschließlich dem SPNV dienen. Bahnbusverkehr wird auf einem Netz von ca. 90 000 km Linienlänge betrieben.

Auf der Grundlage unterschiedlicher Marktbedürfnisse ist nach Nahverkehr in Ballungsräumen, in Verdichtungsräumen und im übrigen außerhalb von Ballungs- und Verdichtungsräumen liegenden Bereich zu unterscheiden.

Von oben angegebenen Strecken- und Linienlängen entfallen auf

- die 10* Ballungsräume im Schienenverkehr rd. 3500 km und im Bahnbusverkehr rd. 9900 km,
- die 15* Verdichtungsräume im Schienenverkehr rd. 900 km und im Bahnbusverkehr rd. 3800 km,
- den außerhalb von Ballungs- und Verdichtungsräumen liegenden Bereich im Schienenverkehr rd. 18 600 km und im Bahnbusverkehr rd. 76 300 km.

### Aufgaben der S-Bahnen

Aus der Struktur der zu erschließenden Räume mit Siedlungs-, Beschäftigten-, Wirtschaftsstruktur und deren künftiger Entwicklung sowie aus den Anforderungen an öffentliche Nahverkehrsmittel leiten sich deren hauptsächliche verkehrliche Aufgaben her.

S-Bahnen vermögen entsprechend ihrer Zuordnung in das vorhandene Verkehrssystem dem Berufspendler-, Geschäfts-, Einkaufs-, Besorgungs-, Besuchs- und Ausbildungsverkehr sowie weiteren Verkehrsbedürfnissen zu dienen.

Zu den wesentlichen Aufgaben der S-Bahnen gehört:

1. Den Straßenverkehr durch Kanalisierung der Verkehrsbedürfnisse zu entlasten, die mit hohen Investitionen verbundene Erweiterung entsprechender Kapazitäten zu vermeiden und den Umweltschutz zu verbessern.

Ein S-Bahn-Netz, welches die Verbindung herstellt zwischen

- den im Umland oder in den Außenbereichen liegenden Wohnstätten und den in den Kerngebieten liegenden Arbeitsstätten,
- den Wohn- bzw. Arbeitsstätten und den Gebieten für Freizeit und Erholung,

fördert, sofern es im Kerngebiet gut »vermascht« ist und zugleich weit in das Umland ausstrahlt, die Mobilität und trägt zur intensiven Ausschöpfung des Arbeitskräftepotentials ebenso wie zur Befriedigung der vielfältigen anderen Verkehrsbedürfnisse in seinem Einzugsbereich bei.

Eine weitere wichtige Aufgabe der S-Bahnen ist also

2. die möglichst intensive Erschließung eines Ballungsraumes bis in seine Randgebiete und des verkehrlich darauf bezogenen Umlandes.

Die Problematik der Planungsräume liegt jedoch – wie man auf den ersten Blick meinen könnte – nicht in der Ballung, sondern in der Zersiedlung innerhalb der Ballungen. Ihr kann nur durch die Umlenkung der zentrifugalen Wanderungsbewegungen der Bevölkerung in die Kernsiedlungen zurück begegnet werden. Dies setzt eine Verbesserung der Kontakt- und Versorgungsvorteile in den Kernbereichen voraus; die Idee des »Stadthauses« sowie die bessere Abstimmung von Stadtplanung und Verkehrsplanung weisen hier in die richtige Richtung.

Der Erfolg der zu ergreifenden Maßnahmen hängt entscheidend davon ab, daß eine sinnvolle, auf die spezifische Eignung der verschiedenen Verkehrsmittel abgestellte Aufgabenteilung herbeigeführt wird, die, wie schon beschrieben, auch den Pkw einbezieht.

Die Deutsche Bundesbahn sieht hierbei ihre Aufgabe in der Schaffung leistungsfähiger Schnellverbindungen für die Aufnahme der Hauptverkehrsströme zwischen den Wirtschafts- und Siedlungsschwerpunkten der Verdichtungsgebiete, die kurze Reisezeiten, häufige und regelmäßige Bedienungen im Taktfahrplan und guten Fahrkomfort bieten; darüber hinaus soll die Bedienung der kommunalen Verkehrsmittel innerhalb der engeren Stadtgebiete unterstützt werden. Die angestrebte Leistungssteigerung wird dabei erreicht durch die weitgehende Trennung des Nahverkehrs von dem übrigen Eisenbahnverkehr, den Ausbau der vorhandenen Strecken zu eigenständigen S-Bahn-Netzen mit einer Verdichtung der Haltepunkte sowie durch den Einsatz schneller elektrischer Triebwagenzüge.

Der kommunalen Stadtbahn bzw. U-Bahn kommt eine ergänzende und begrenzt regionale, vorwiegend aber die innerstädtische Verkehrsbedienung zu, während der Omnibus die Aufgabe hat, den Zubringer- und Verteilerverkehr in bezug auf das Schnellbahnsystem sicherzustellen. S-Bahn-Netz und Stadtbahn- bzw. U-Bahn-Netz sind durch sorgfältig ausgewählte, räumlich konzentrierte Verknüpfungen so miteinander zu verbinden, daß die Verkehrsbedürfnisse nach Zeit und Raum möglichst gut befriedigt werden. An geeigneten S-Bahn-Haltepunkten der Außengebiete sind ausreichend große Anlagen für das park-and-ride-System* und gute Übergänge zu den Haltestellen der Zubringer-Omnibuslinien notwendig.

Auf diese gemeinsame Verkehrsbedienung ist das Modell ausgerichtet, das dem Ausbau der Schnellbahnnetze in den großen Verdichtungsräumen zugrunde liegt.

### Netzgestaltung

Die Mehrzahl der vorhandenen S-Bahn-Netze besitzt einen Verkehrsmittelpunkt, von dem aus die S-Bahn-Strecken sternförmig nach außen führen. Der Mittelpunkt ist durch eine Großstadt geprägt, die als Oberzentrum einer Region herausgehobene Funktionen in den verschiedenen Lebensbereichen zu erfüllen hat. Die einzelnen S-Bahn-Strecken dienen zur Erschließung der Verkehrskorridore, Sammlung der schienengebundenen Verkehrsströme in Richtung Großstadt und Rückführung in die Sied

* Nach dem Raumordnungsbericht der Bundesregierung gibt es insgesamt 24 Verdichtungsräume mit mehr als 150 000 Einwohnern; die 9 größten mit mehr als 700 000 Einwohnern sind vorstehend als Ballungsräume bezeichnet (Rhein-Ruhr einschließlich Rhein-Sieg, Rhein-Main, Hamburg, Stuttgart, München, Rhein-Neckar, Nürnberg, Hannover und Bremen).

* *park-and-ride:* Abstellen von Pkw auf besonderen Parkplätzen an ÖPNV-Haltestellen außerhalb der Innenstädte und Weiterfahrt mit öffentlichen Verkehrsmitteln.

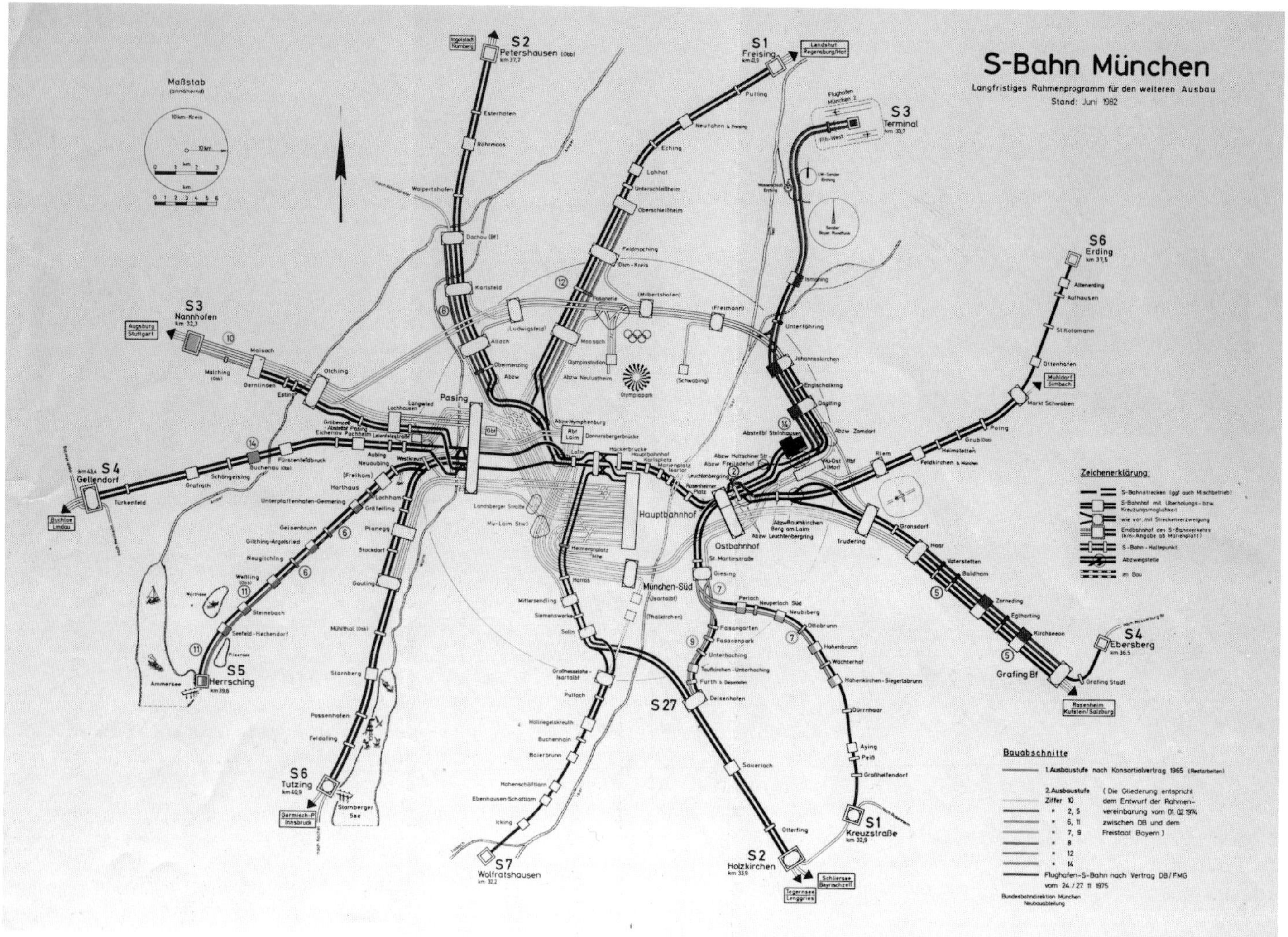


*S-Bahn München*

lungsgebiete des Verdichtungsraumes. Als Beispiel ist das S-Bahn-Netz von München zu nennen. Solch ein monozentrisches S-Bahn-Netz hat sich in der Mehrzahl der Fälle durch Ausbau und Ergänzung vorhandener Eisenbahnstrecken entwickelt, wobei die am Rande der City gelegenen, historisch gewachsenen Kopfbahnhöfe durch eine Tunnelbahn verbunden oder neue unterirdische Streckenabschnitte im Bereich der Innenstadt erstellt worden sind. Tunnelbahnen zur Verbindung von Kopfbahnhöfen gibt es in Berlin und München. In Hamburg, Frankfurt (Main) und Stuttgart führen ehemalige, in Kopfbahnhöfen endende Vorortstrecken als unterirdische S-Bahn-Strecken durch die Innenstadt. Die Tunnelstrecken stellen innerhalb des S-Bahn-Netzes hochleistungsfähige Stammstrecken dar, auf denen Zugfolgezeiten bis zu 2 Minuten zu verzeichnen sind.

Für die geplanten und ausgeführten monozentrischen S-Bahn-Netze gibt es zahlreiche Beispiele.[1] Die größten monozentrischen Netze werden heute in Frankfurt (Main), Hamburg, Leipzig, München und Stuttgart betrieben. Das lange Zeit größte leistungsfähigste und vorbildlichste Netz bildete die S-Bahn Berlin.

Im Gegensatz zu den monozentrischen S-Bahn-Netzen entsteht im Rhein-Ruhr-Gebiet ein polyzentrisches. Hier wird sich im größten Verdichtungsraum der Bundesrepublik Deutschland in einem Einzugsgebiet von rd. 5000 km² mit etwa 7,7 Millionen Einwohnern in absehbarer Zeit ein rd. 320 km langes, zusammenhängendes S-Bahn-Netz entwikkeln.[2] Nach seiner Fertigstellung wird es in West-Ost-Richtung die Großstädte Krefeld, Duisburg, Mühlheim (Ruhr), Essen, Bochum, Dortmund und Unna auf einer nördlichen und Mönchengladbach, Neuß, Düsseldorf, Wuppertal und Hagen auf einer

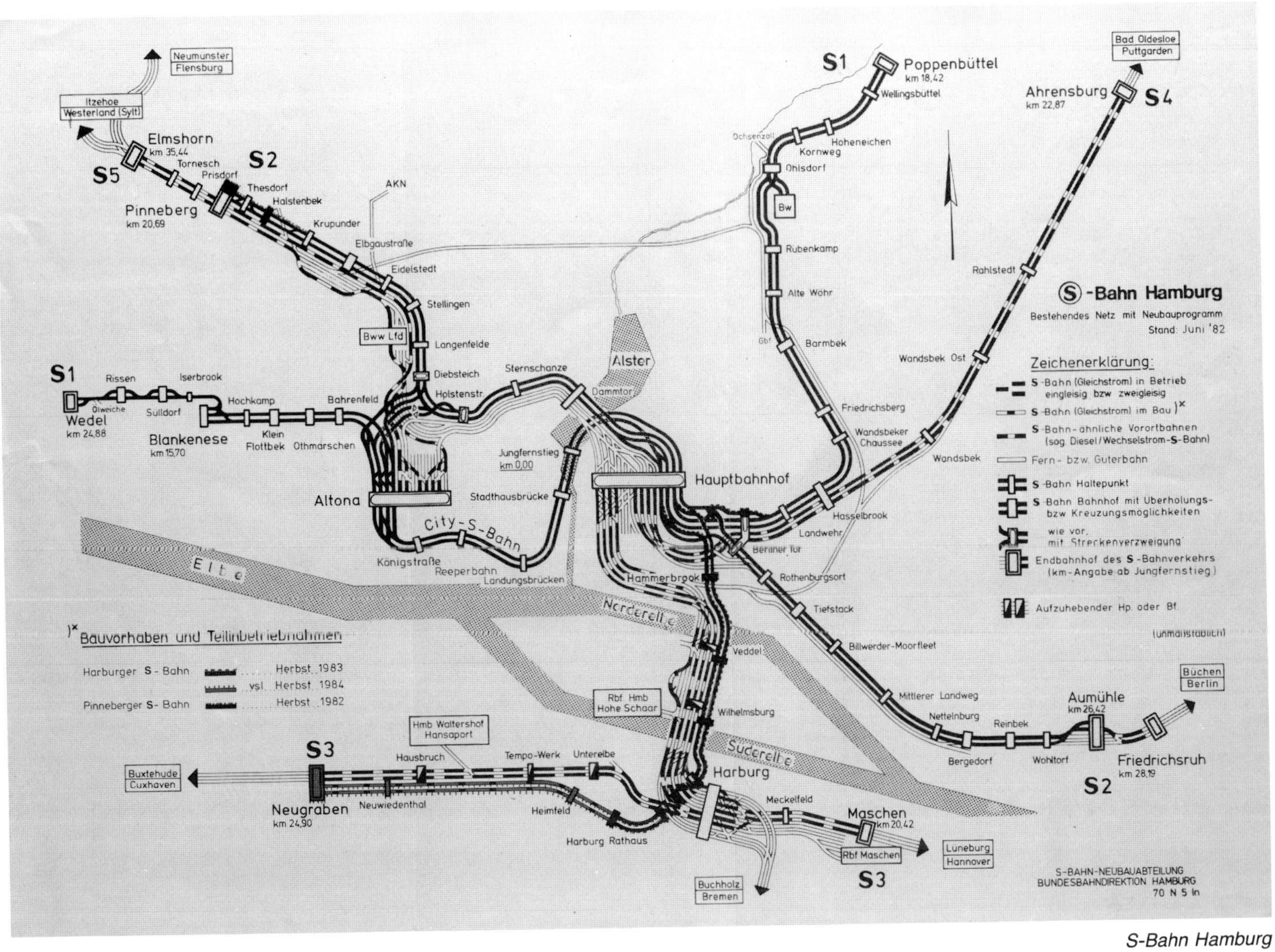


*S-Bahn Hamburg*

südlichen Sammelschiene verbinden. Diese beiden Verkehrskorridore werden in Nord-Süd-Richtung durch weitere S-Bahn-Strecken über Duisburg – Düsseldorf, Essen – Düsseldorf und Dortmund – Witten – Hagen miteinander verklammert.

Über Düsseldorf hinaus wird links- und rechtsrheinisch durch je eine S-Bahn-Strecke der Netzanschluß nach Süden zum monozentrisch geplanten S-Bahn-Netz Köln hergestellt. Zur Ergänzung dieses Grundgerüstes sind weitere S-Bahn-Strecken vorgesehen, so daß das Gesamtnetz später vielleicht auf rd. 500 km Streckenlänge anwachsen wird. Das gesamte Netz dehnt sich in der Luftlinie gemessen von West nach Ost über 90 km und von Nord nach Süd über 65 km aus. Die Entfernung von Großstadt zu Großstadt steigt kaum über 30 km und entspricht der radialen Ausdehnung monozentrischer S-Bahn-Netze; die Summe der Entfernungen ist der Länge großer monozentrischer S-Bahn-Netze gleichzusetzen.

Das polyzentrische Netz ist nicht auf einen einzigen Verkehrsmittelpunkt ausgerichtet, sondern verknüpft in einem weitläufigen Verkehrsraum mehrere Monozentren verschiedener Größe untereinander.[3] Hierzu zählen Großstädte wie Dortmund, Essen oder Düsseldorf, die je für sich ein sternförmig angelegtes S-Bahn-Teilnetz aufzuweisen haben. Die Siedlungsstruktur innerhalb des polyzentrischen Netzes kann auch als ein weit auseinander gezogenes Monozentrum angesehen werden, an dessen Rändern derselbe Verkehrsfluß wie bei einem typischen Monozentrum zu verzeichnen ist. Für die Vielgestaltigkeit der Siedlungsstruktur des Ruhrgebietes ist außerdem kennzeichnend, daß sich manche Städte nicht um den geographischen Ortsmittelpunkt herum entwickelt und verdichtet haben, sondern mit Schwer-

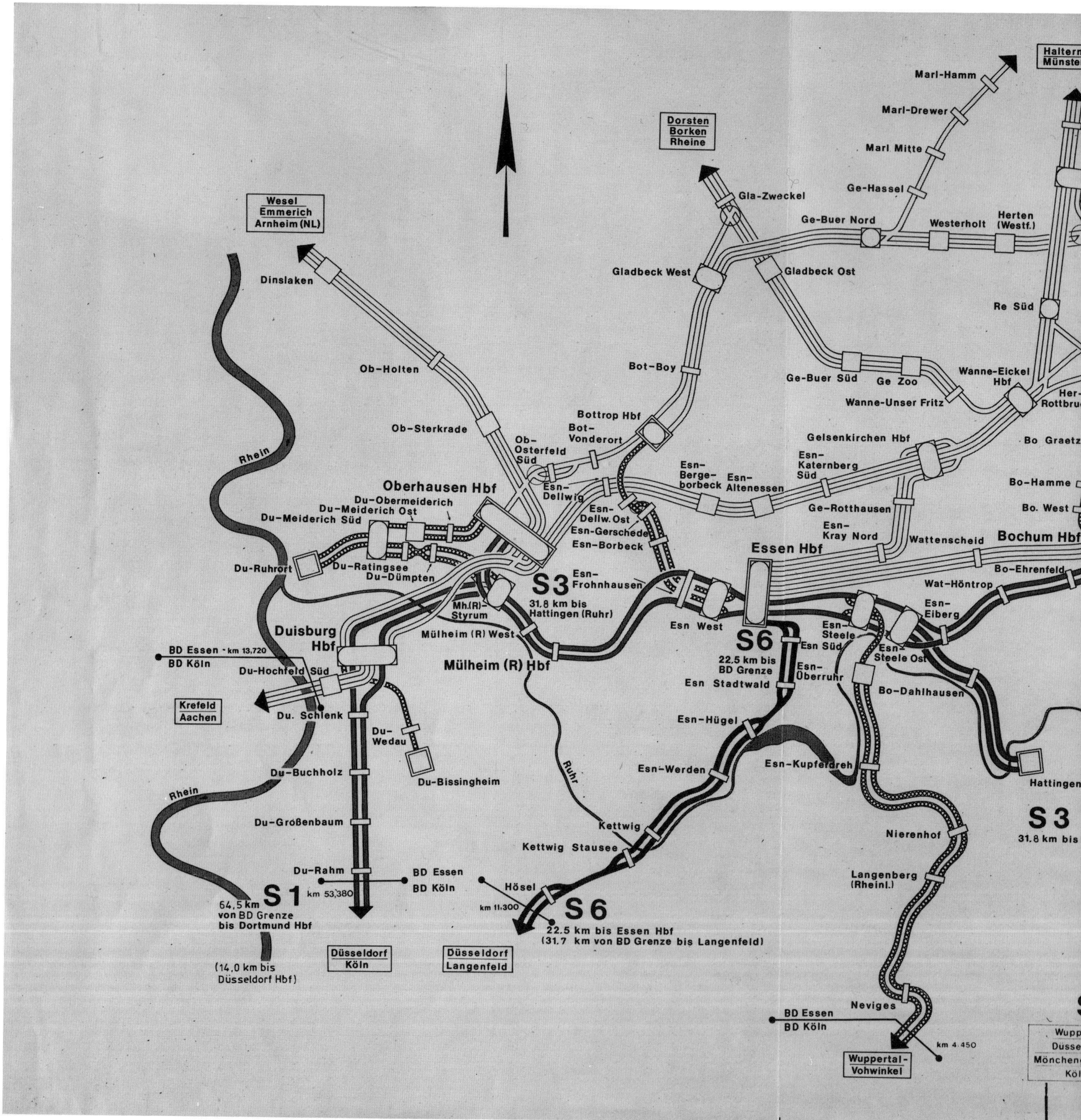

Wesel
Emmerich
Arnheim (NL)
Dorsten
Borken
Rheine
Haltern
Münster
Marl-Hamm
Marl-Drewer
Marl Mitte
Ge-Hassel
Gla-Zweckel
Ge-Buer Nord
Westerholt
Herten (Westf.)
Dinslaken
Gladbeck West
Gladbeck Ost
Re Süd
Ob-Holten
Bot-Boy
Ge-Buer Süd
Ge Zoo
Wanne-Eickel Hbf
Wanne-Unser Fritz
Bottrop Hbf
Bot-Vonderort
Ob-Sterkrade
Ob-Osterfeld Süd
Gelsenkirchen Hbf
Esn-Katernberg Süd
Esn-Berge-borbeck
Esn-Altenessen
Oberhausen Hbf
Esn-Dellwig
Du-Obermeiderich
Du-Meiderich Ost
Du-Meiderich Süd
Esn-Dellw. Ost
Esn-Gerschede
Esn-Borbeck
Ge-Rotthausen
Bo-Hamme
Bo. West
Esn-Kray Nord
Wattenscheid
Bochum Hbf
Essen Hbf
Du-Ruhrort
Du-Ratingsee
Du-Dümpten
S3
Esn-Frohnhausen
31,8 km bis Hattingen (Ruhr)
Bo-Ehrenfeld
Wat-Höntrop
Mh.(R)-Styrum
Duisburg Hbf
Mülheim (R) West
Esn West
S6
22,5 km bis BD Grenze
Esn-Steele
Esn Süd
Esn-Steele Ost
Esn-Eiberg
BD Essen - km 13,720
BD Köln
Du-Hochfeld Süd
Mülheim (R) Hbf
Esn-Überruhr
Esn Stadtwald
Bo-Dahlhausen
Krefeld
Aachen
Du. Schlenk
Esn-Hügel
Du-Wedau
Du-Bissingheim
Rhein
Ruhr
Esn-Werden
Esn-Kupferdreh
Hattingen
Du-Buchholz
Du-Großenbaum
Kettwig
Kettwig Stausee
Nierenhof
S3
31,8 km bis
Du-Rahm
BD Essen
BD Köln
Hösel
km 11,300
S6
22,5 km bis Essen Hbf
(31,7 km von BD Grenze bis Langenfeld)
Langenberg (Rheinl.)
S1
km 53,380
64,5 km von BD Grenze bis Dortmund Hbf
(14,0 km bis Düsseldorf Hbf)
Düsseldorf
Köln
Düsseldorf
Langenfeld
Neviges
BD Essen
BD Köln
km 4.450
Wuppertal-Vohwinkel

S-Bahn Rhein-Ruhr
DB
(Bereich der BD Essen)
S2
10,8 km bis Dortmund Hbf
Lünen Süd
Hamm
Do-Mengede
Castrop-Rauxel Hbf
Do-Oestrich
Her-Börnig
Cas-Rauxel Süd
Do-Bodelschwingh
Cas-Merklinde
Do-Huckarde
Do-Bövinghausen
Do-Marten Süd
Do-Lütgendtmd. Ost
Lütgendortmund Nord
Do-Lütgendortmund
Do-Dorstfeld Süd
Do-Dorstfeld
Do. Universität
Do-Barop
Do-Kley
Do-Oespel
Do-Kruckel
Bo-Langendreer
Wit-Annen Nord
Lünen
Münster
Gronau
S2
10,8 km bis Do-Mengede
Dortmund Hbf
S1
64,5 km bis BD Grenze
Kamen
Hamm
Un-Königsborn
S4
43,6 km bis Herne
Massen
Unna West
Do-Wickede
Do-Asseln
Do-Asseln Mitte
Do-Brackel
Do Knappschaftskrhs.
Do-Körne (DB)
Do. Semerteichstraße
Do. Stadthaus
Do. Möllerbrücke
Do. Westfalenhalle
Hamm
Soest
Unna
Fröndenberg
Holzwickede
Do-Sölde
Do-Aplerbeck
Do-Hörde
Do-Hahnen-mühlen-weg
Do Tierpark
Do-Aplerbeck Süd
Do-Kirchhörde
Do-Löttringhausen
Schwerte (Ruhr)
Frönden-berg
Bestwig
Witten Hbf
Witten Höhe
Wittbräucke
Herdecke
Wetter (Ruhr)
Iserlohn
Ha.-Kabel
Wengern Ost
Hagen-Vorhalle
Oberwengern
Siegen
Giessen
S8
Hagen Hbf
15,0 km bis BD Grenze
Ha.-Westerbauer
Ha.-Heubing
Ha.-Wehringhausen
G.-Knapp
G.Mitte (Kipp)
G.West
Gevelsberg Hbf
Köln
BD Essen
km 41.500
Schwelm
Ennepetal (Gevelsberg)
km 127,000
15,0 km bis Hagen Hbf
(67,0 km bis Mönchengladbach)
Gummersbach
Dieringhausen
Anmerkung:
Auf die Darstellung der heutigen Hp Do-Dorstfeld und Do-Lütgendortmund wurde aus Gründen der Übersichtlichkeit verzichtet
Zeichenerklärung:
im Betrieb
im Bau
in der Planung
S-Bahnstrecken
(ggf auch Mischbetrieb)
im Betrieb
Nahverkehr im Takt
im Betrieb
sonstiger Nahverkehr
Bahnhof mit Überholungs- bzw. Kreuzungsmöglichkeit
Bahnhof mit Streckenverzweigung
Endbahnhof
Haltepunkt
Abzweigstelle
Ausbaustufe I (BD Essen)
Ausführungsverträge Nr. 1 vom 16.Juli 1968 und Nr. 2 vom 23./28.Juni 1972 der S-Bahn Ruhr
Ausbaustufe 1(BD Köln), Ost-West-S-Bahn
Durchführungsvertrag Nr.3 vom 18.März 1978
Abkommen vom 14. Juli 1964
Maßstab
0 1 2 3 4 5 6 7 8 9 10 km
Bundesbahndirektion Essen
N-Abteilung
Stand: Herbst 1981

punkt in einer Randzone, wie z. B. die Stadt Oberhausen. Diese dezentrale Struktur hängt mit der Ausbreitung von Bergbau- und Industriezonen quer durch die Stadtgebiete zusammen.

Das S-Bahn-Netz Rhein-Ruhr entsteht gewissermaßen als »Netz im Netz« innerhalb des vorhandenen Eisenbahnnetzes, das die großen und mittleren Städte über Durchgangsbahnhöfe verbindet. In den Durchgangsbahnhöfen verlaufen die S-Bahn-Gleise meistens in Mitten- oder Randlage zu den Ferngleisen und nicht in Tieflage, wie in den Kopfbahnhöfen monozentrischer Netze.

Nicht immer läßt sich eine klare Trennungslinie zwischen mono- und polyzentrischen Netzformen ziehen, denn auch monozentrische Netze besitzen wiederum Subzentren, die sternförmig ausgeprägte Netzstrukturen aufweisen und durch mehrere Nahverkehrsstrecken radial erschlossen werden, darunter auch durch Teile von S-Bahn-Strecken. Typisch hierfür ist das S-Bahn-Netz von Frankfurt (Main), das die satellitenförmigen Sternnetze von Wiesbaden, Mainz, Darmstadt und Hanau mit dem Oberzentrum verbindet[4].

### Verkehrsaufkommen und Verkehrsablauf

Im Verkehrsaufkommen und Verkehrsablauf weisen mono- und polyzentrische S-Bahn-Netze deutliche Unterschiede auf. Monozentrische Netze besitzen überwiegend radiale Verkehrsströme, die in der Mitte des Oberzentrums beginnen oder enden. Durchgangsströme treten in nennenswertem Umfang nicht auf. Tangential gerichtete Verkehrsströme entwickeln sich nur in besonders ausgedehnten monozentrischen Netzen, wenn die Reisenden durch Umfahren der City Vorsprungszeiten über Querverbindungen erlangen. Beispiele hierfür sind die Ringlinie im früheren S-Bahn-Netz von Berlin oder die tangential geführten Linien S 12 und S 22 im S-Bahn-Netz München[5].

In polyzentrischen Netzen sind neben den radial auf die einzelnen Monozentren gerichteten Verkehrsströmen zusätzliche, sich überlagernde Ströme des Durchgangsverkehrs zwischen den Monozentren festzustellen. Diese durchgehenden Ströme des Nahverkehrs sind für ein polyzentrisches S-Bahn-Netz typisch, wie z. B. bei Betrachtung der künftigen, 82 Kilometer langen S-Bahn-Strecke Hagen – Mönchengladbach (Ost-West-S-Bahn) zu erkennen ist[6].

Mono- und polyzentrische S-Bahn-Netze unterscheiden sich auch in der Verteilung des aufkommenden Verkehrs. Typisch für Strecken des monozentrischen Netzes ist eine dreieckförmige Belegungscharakteristik der radial auf den Verkehrsmittelpunkt führenden S-Bahn-Strecken. Die Füllung der Züge wächst stufenweise vom Endpunkt einer Strecke bis zur Grenze der City und flacht sich jenseits des Cityrandes stark ab[7].

Im S-Bahn-Netz München beträgt die Verkehrsstromstärke einer Strecke an der Einmündung in die Stammstrecke das Drei- bis Siebenfache im Vergleich zum Anfangspunkt.

Auch außerhalb der Hauptverkehrszeit (HVZ) ändert sich die Belegungscharakteristik nicht wesentlich, weil nach Abklingen des Berufs- und Schülerverkehrs ein merklicher Geschäfts- und Besucherverkehr zur Großstadt einsetzt. Zeitlich entgegengerichtete Ströme aus der City zum Stadtrand oder in das Umland sind Ausnahmen, wenn z. B. durch Auslagerung von Arbeits- oder Ausbildungsstätten aus der City kleinere Subzentren am Stadtrand oder in Vororten entstehen.

Aus der Überlagerung verschiedener Verkehrsströme erwächst bei polyzentrischen Netzen eine etwa rechteckförmige Belegungscharakteristik der S-Bahn-Strecken. Bereits am Anfang einer Strecke herrscht ein beachtliches Verkehrsaufkommen, da die Strecke am Rande einer Stadtlandschaft beginnt. In vielen Fällen besteht dort eine Netzverknüpfung zum übrigen Eisenbahnnetz mit einem starken Umsteigeverkehr.

Untersucht man die Ganglinien des täglichen Verkehrsaufkommens, die den zeitlichen Rhythmus zwischen Großstadt und Umland widerspiegeln, so ist bei polyzentrischen Netzen ein stärkeres Absinken des Verkehrsaufkommens außerhalb der HVZ als bei monozentrischen Netzen festzustellen. Das stärkere Absinken ist dadurch zu erklären, daß die einzelnen Großstädte und teilweise auch die zwischengelegenen Mittelstädte wegen ihrer großen Bevölkerungszahlen und ihrer Wirtschaftskraft Funktionen eines Oberzentrums ausüben können. Der Einkaufsverkehr, der Geschäftsverkehr, der Behördenverkehr, selbst ein Teil des Schülerverkehrs spielen sich jeweils innerhalb der einzelnen Großstädte ab, so daß die S-Bahn nicht in dem Umfang außerhalb der HVZ benutzt wird wie in einem monozentrischen Netz, wo die an den S-Bahn-Strecken gelegenen Gemeinden derartige Möglichkeiten nicht bieten können. Allein im Rhein-Ruhr-Gebiet gibt es heute z. B. sieben Großstädte mit Universitäten oder Gesamthochschulen.

Die ausgeprägte Differenzierung zwischen HVZ und Zwischenverkehrszeiten (ZVZ) führt bei polyzentrischen S-Bahn-Netzen zu einer ungünstigeren Kostendeckung als bei monozentrischen Netzen. Daher müssen in polyzentrischen Netzen besondere Anstrengungen zur Auslastung der Züge in den Zeiten zwischen 9 Uhr und 12 Uhr und 14 und 16 Uhr unternommen werden. In den Nebenverkehrszeiten (NVZ) von 4 Uhr bis 6 Uhr und nach 19 Uhr fällt die Auslastung der Züge bei beiden Netzformen gleichermaßen merklich ab[8].

Erhebliche Abweichungen sind dagegen bei der Ermittlung des spezifischen Verkehrsbedürfnisses der im Einzugsgebiet der S-Bahn ansässigen Einwohner festzustellen. Der Großraum München besaß im Einzugsgebiet der S-Bahn nach Angaben des Verkehrs- und Tarifverbundes München (MVV) 1977 rund 2,2 Millionen Einwohner[9] zu je 0,4 Fahrten je Einwohner und Tag (außerhalb der Stammstrecke errechnet). Im Einzugsgebiet des polyzentrischen S-Bahn-Teilnetzes zwischen Hagen und Mönchengladbach werden gegenwärtig rund 2 Millionen Einwohner gezählt, deren Fahrtenzahl auf der künftigen Ost-West-S-Bahn bis zu 0,1 Fahrten je Einwohner und Tag prognostiziert wurde. Auch wenn unterschiedliche Auffassungen hinsichtlich der Größe des Einzugsgebietes berücksichtigt werden, sind doch erhebliche Abweichungen im Verkehrsbedürfnis beider Einzugsgebiete zu erkennen. Abweichungen ähnlicher Größe sind auch bei Vergleichen mit anderen Netzteilen im Rhein-Ruhr-Gebiet festzustellen.

Die Ursache des geringeren Verkehrsbedürfnisses könnte in abweichenden Verhaltensmustern der Bevölkerung oder ihrer weniger ausgeprägten Mobilität liegen[10] oder aus der Tatsache abgeleitet werden, daß in dem polyzentrischen Netz die gleich hohen Verkehrsbedürfnisse durch andere Verkehrsmittel befriedigt werden. Letzteres liegt nahe, denn die Verkehrsinfrastruktur im Rhein-Ruhr-

Gebiet ist sehr differenziert und heute bereits hoch entwickelt; dies gilt auch für das Straßennetz. Zwischen den einzelnen Monozentren besteht mitunter eine große Auswahl an Straßenverbindungen, während sich z. B. im Großraum München die Zugangswege zum Oberzentrum nur auf wenige radiale Hauptverbindungsstraßen konzentrieren. Jedoch gibt es im Rhein-Ruhr-Gebiet auch heute noch Engpässe und zahlreiche Einschränkungen, die besonders in den Großstädten und deren Randzonen täglich sichtbar zutage treten. Eine wesentliche Aufgabe der S-Bahn wird es sein, die Unzulänglichkeiten in der Verkehrsinfrastruktur abzubauen, Engpaßerscheinungen weitgehend zu beseitigen und eine Umlagerung von Verkehrsströmen von den überlasteten Straßen auf die Schiene herbeizuführen, denn für den sonst erforderlichen weiteren Ausbau anderer Verkehrswege, insbesondere des Straßennetzes, stehen in der riesigen Stadtlandschaft von Rhein und Ruhr kaum noch Grund und Boden zur Verfügung[11].

### Erstellen des Netzplanes und des Transportangebotes

Im Bereich eines Monozentrums eignen sich zur Bewältigung der Verkehrsströme im allgemeinen Durchmesserlinien. Wenn mehrere Monozentren dicht beieinander liegen, wie es in einem polyzentrischen Gebiet der Fall ist, stoßen an vielen Stellen beginnende und endende Durchmesserlinien aneinander, so daß in der Mehrzahl der Fälle eine Durchbindung solcher Linien über mehrere Monozentren hinweg aus betrieblichen Gründen sinnvoll erscheint. Dann entsteht ein funtionsfähiges und betriebswirtschaftlich zweckmäßiges Gesamtnetz mit durchgehenden S-Bahn-Verbindungen zwischen den Großstädten.

Bei der starken Linienbündelung auf den Stammstrecken monozentrischer S-Bahn-Netze ist eine gleichgroße Zahl von ein- und auszufädelnden Linien an den Endpunkten der Stammstrecke erwünscht. Wo dies von Natur aus nicht möglich ist, wie z. B. im S-Bahn-Netz Frankfurt (Main) oder Stuttgart, sind Hilfskonstruktionen nötig. Im S-Bahn-Netz Frankfurt (Main) müssen die späteren Linien aus Richtung Goddelau-Erfelden und Darmstadt von Süden kommend nach Osten auf die Stammstrecke umgelenkt werden, um einen Ausgleich mit den heutigen und späteren Linien westlich der Stammstrecke herbeiführen zu können. Da im S-Bahn-Netz Stuttgart später nur drei der sechs von Norden kommenden Linien Richtung Süden weitergeführt werden, wird die Kopflastigkeit durch Befahren einer Wendeschleife am Südende der Stammstrecke ausgeglichen.

In jedem S-Bahn-Netz ist es üblich, daß Stammzüge mit fester Taktfolge die Grundlast des anfallenden Verkehrs bewältigen. Daneben werden auf hochbelasteten Streckenabschnitten zum Auffangen des Spitzenverkehrs Ergänzungszüge gefahren und manche Zugumläufe durch zusätzliche Wageneinheiten zeitweise verstärkt. Im polyzentrischen S-Bahn-Netz Rhein-Ruhr stehen Ergänzungszüge und Umlaufverstärkungen weniger im Vordergrund, dafür um so mehr die zur Entlastung des S-Bahn-Verkehrs dienenden Eilzüge. Sie stellen eine schnelle Verbindung zwischen den Monozentren her und werden von Nahverkehrsreisenden gern benutzt, wenn der Reisezeitvorteil gegenüber einer Fahrt mit der S-Bahn im allgemeinen mehr als 10 Minuten beträgt.

Wenn Eilzüge des Regionalverkehrs zur Ergänzung des S-Bahn-Angebotes herangezogen werden, sind gewisse Randbedingungen zu beachten. Bei Mischbetrieb auf S-Bahn-Gleisen stören sich die beiden Zuggattungen gegenseitig, da ihre Fahrplantrassen unterschiedlich verlaufen. Bereits bei einem S-Bahn-Takt von 20 Minuten müssen auf einem 30 Kilometer langen Streckenabschnitt die S-Bahn-Züge einmal überholt werden, wenn diese eine Reisegeschwindigkeit von 50 km/h und die Eilzüge von 90 km/h aufweisen. Bei kürzeren Zugfolgezeiten sind weitere Überholungen notwendig, so daß ein schneller und zügiger S-Bahn-Betrieb fraglich wird. In diesem Fall müssen die Vorteile des Eilzugangebotes durch zu große Nachteile für die S-Bahn erkauft werden. Eine bessere Lösung ergibt sich dann, wenn die Eilzüge parallel zur S-Bahn auf Ferngleisen geführt werden.

Die Eilzüge übernehmen die Aufgabe von »Expreß-S-Bahn-Zügen«, die in diesem Zusammenhang erwähnt werden müssen. Von den Befürwortern der Expreß-S-Bahn wird mitunter auf das klassische Vorbild der sogenannten »Bankierszüge« der Berliner S-Bahn hingewiesen. Dabei darf nicht verschwiegen werden, daß auch diese Züge Ferngleise benutzten, nämlich auf dem langen Streckenabschnitt zwischen Potsdamer Fernbahnhof und Zehlendorf.

Durch Einbeziehen von Eilzügen in das S-Bahn-System wird das Zugangebot an den Zwischenstationen nicht verdichtet, da die Eilzüge nur an den Knotenpunkten halten. Den Fahrgästen der Zwischenstationen bringt das Angebot von Einsatzzügen der S-Bahn größere Vorteile. Sie haben kein Verständnis, wenn Züge zur Personenbeförderung im Nahverkehr, seien es Eilzüge oder sogenannte »Expreß-S-Bahn-Züge«, an den S-Bahn-Steigen ohne Halt durchfahren.

Eine bemerkenswerte Variante des Eilzugangebotes im polyzentrischen S-Bahn-Netz Rhein-Ruhr stellt die Führung der Eilzüge über Alternativstrecken zwischen den Monozentren dar[12].

### Wahl der Verknüpfungspunkte

In einem S-Bahn-Netz ist den Verknüpfungspunkten der S-Bahn mit den übrigen Verkehrssystemen große Bedeutung beizumessen, denn die S-Bahn bildet in einem Verdichtungsraum einen wesentlichen Bestandteil des gesamten öffentlichen Personennahverkehrs (ÖPNV). Die Zahl der Verknüpfungsmöglichkeiten im polyzentrischen S-Bahn-Netz Rhein-Ruhr ist wegen des vielseitigen und feinverästelten Verkehrswegenetzes dieses Verdichtungsraumes weitaus höher als in einem monozentrischen S-Bahn-Netz.

Allein die Verknüpfung der S-Bahn-Linien untereinander ergibt Unterschiede zwischen einem mono- und polyzentrischen Netz. Im monozentrischen Netz, wo fast alle S-Bahn-Linien gebündelt über die Stammstrecke geführt werden, können die Reisenden durch einmaliges Umsteigen von allen auf alle Linien übergehen. Im S-Bahn-Netz München sind sämtliche Linien mit Ausnahme der Tangentiallinie S 12 künftig an der S-Bahn-Station »München Hbf« zu erreichen, sechs Linien an der S-Bahn-Station Laim im Westen und ebenso viele im Ostbahnhof am östlichen Ende der Stammstrecke. Das S-Bahn-Netz Frankfurt (Main) bietet gleichgünstige Verknüpfungspunkte am jeweiligen Endpunkt der Stammstrecke, ebenso das S-Bahn-Netz Stuttgart. Wegen der fehlenden Linienbündelung im polyzentrischen

S-Bahn-Netz Rhein-Ruhr sind derartig günstige Umsteigebeziehungen nicht gegeben. Hier gilt es unter Abwägen der Zahl der Direktfahrer und Umsteiger eine vielseitige Linienkombination mit einer Höchstzahl von Verknüpfungsmöglichkeiten zu schaffen.
Zeitverluste durch häufigeres Umsteigen können in einem polyzentrischen S-Bahn-Netz durch das Eilzugangebot zum Teil ausgeglichen werden. Wer den Vorteil der vielseitigen Reisemöglichkeiten zwischen den Monozentren nutzen will, muß in einem polyzentrischen S-Bahn-Netz reisegewandt sein und gewisse Erfahrung beim Ausschöpfen des Beförderungsangebotes besitzen.
Während in monozentrischen Netzen die S-Bahn-Strecken häufig durch einen natürlichen Endpunkt begrenzt sind, weil sie durch Umwandeln früherer Stichbahnen entstanden sind, finden die S-Bahn-Strecken im polyzentrischen Netz Rhein-Ruhr meist ihre Ergänzung oder Fortsetzung in Nahverkehrsstrecken, die wiederum Teilstrecken im Fernverkehrsnetz sein können[13].

### Erstellen der S-Bahn-Fahrpläne

Zwischen mono- und polyzentrischen S-Bahn-Netzen bestehen Unterschiede beim Erstellen der S-Bahn-Fahrpläne. In monozentrischen Netzen bildet im allgemeinen der Betriebsablauf auf der Stammstrecke mit ihrer dichten Zugfolge den Ausgangspunkt für die Erstellung des Fahrplanes. Um einen solchen betrieblichen Engpaß überhaupt bewältigen und den S-Bahn-Fahrplan im gesamten Netz pünktlich abwickeln zu können, müssen die verschiedenen S-Bahn-Linien minutiös in die Stammstrecke eingefädelt werden. Die Leistungsfähigkeit der Stammstrecke läßt sich erst dann restlos ausschöpfen, wenn die S-Bahn-Züge die Strecke mit gleichem Abstand befahren. Eine gleichmäßige Taktfolge setzt voraus, daß alle S-Bahn-Linien am Anfang der Stammstrecke denselben Zeitrhythmus besitzen, z. B. einen 10- oder 20-Minuten-Takt.
In polyzentrischen Netzen, wo dieser Engpaß nicht gegeben ist, führt dagegen die räumlich mehrfache Verknüpfung der einzelnen S-Bahn-Linien durch Berühren verschiedener Knotenpunkte zu einer schwierigen Fahrplanerstellung. Bei einer zeitlichen Verschiebung der Knotenbelegung einer S-Bahn-Linie können im Fahrplan Veränderungen auch für andere Knotenpunkte, die von der betreffenden Linie berührt werden, erforderlich sein, so daß »überbestimmte Fahrplanbindungen« entstehen, die nur durch Kompromißlösungen zu beseitigen sind. Weitere Fahrplanbindungen entstehen in mono- und polyzentrischen S-Bahn-Netzen durch eingleisige Streckenabschnitte oder Mischbetriebsstrecken, wo Züge des Fernverkehrs Vorrang haben.
Der Schwierigkeitsgrad zur Koordinierung von S-Bahn- und Fernbahnverkehr auf Mischbetriebsstrecken ist in den einzelnen Netzen unterschiedlich. Im monozentrischen Netz München fahren auf 40 % der Strecken nur S-Bahn-Züge, abgesehen von ganz wenigen Güterzügen, auf weiteren 40 % läuft neben dem S-Bahn-Verkehr nur schwacher Bezirks- und Fernpersonenzugverkehr sowie geringer Güterzugverkehr und auf dem Rest der Strecken geht neben dem S-Bahn-Verkehr starker Reisezug- und Güterverkehr einher. Somit bereitet in 80 % des gesamten S-Bahn-Netzes die Koordinierung von S-Bahn- und Fernbahnverkehr wenig Schwierigkeiten. Genau umgekehrt liegen die Verhältnisse im polyzentrischen S-Bahn-Netz Rhein-Ruhr, wo schätzungsweise auf 70 bis 80 % aller Strecken erhebliche Anstrengungen zur Koordinierung unternommen werden müssen, solange noch viele Mischbetriebs- und nur wenige reine S-Bahn-Strecken vorhanden sind[14].

### Betriebssteuerung und Fahrzeugeinsatz

In monozentrischen Netzen ist es üblich, die Betriebssteuerzentrale für den S-Bahn-Betrieb im Mittelpunkt des Netzes unterzubringen. Da es in polyzentrischen Netzen keinen betrieblichen Mittelpunkt gibt, bedarf es eingehender Überlegungen bei der Ortswahl und der Frage, ob in ausgedehnten polyzentrischen Netzen eine einzige Steuerzentrale genügt. Im allgemeinen fällt die Ortswahl auf einen großen Knotenbahnhof, wo mit Hilfe nachrichtentechnischer Mittel der Informations- und Kommandofluß zweckmäßig gelenkt werden kann.
Ein ähnliches Problem taucht bei der Beheimatung und Unterhaltung der S-Bahn-Fahrzeuge auf. In monozentrischen Netzen bietet sich ein S-Bahn-Betriebswerk (S-Bahn-Bw) in der Nähe der Stammstrecke an (z. B. München–Pasing, Frankfurt–Griesheim), denn von da aus ist der Übergang in das S-Bahn-Netz auf alle Linien ohne nennenswerte Leerläufe möglich. Schwieriger ist die Unterbringung in den polyzentrischen Netzen, weil es hier keinen gemeinsamen Berührungspunkt aller Linien gibt. Hier sind eingehende wirtschaftliche Überlegungen anzustellen, um bei der Wahl eines geeigneten Bw-Standortes Leerlaufbewegungen möglichst zu vermeiden.

In monozentrischen Netzen werden an Beschaffenheit und Einsatz der S-Bahn-Fahrzeuge andere Bedingungen als in polyzentrischen Netzen gestellt. Die kurzen Zugfolgezeiten auf den Stammstrecken von weniger als 5 Minuten, die dichte Folge von S-Bahn-Stationen im Citybereich von Monozentren und die große Neigung an den Ein- und Ausfahrten der Stammstrecken erfordern eine hohe Beschleunigung der S-Bahn-Züge, wie sie durch den Einsatz des elektrischen Triebwagenzuges ET 420 der DB sichergestellt wird. Mit 11,6 km durchschnittlicher Reiseweite und einer Reisegeschwindigkeit von 60 km/h auf den Außenstrecken bzw. 50 km/h auf den innerstädtischen Strecken beträgt im S-Bahn-Netz München die mittlere Verweilzeit der Reisenden in den Fahrzeugen etwa 13 Minuten. Wegen der verhältnismäßig kurzen Verweilzeit ist ein S-Bahn-Fahrzeug mit niedrigen spezifischen Platzkosten und großem Stehplatzangebot sowie schnellen Fahrgastwechselzeiten angemessen. Bei Verweilzeiten unter 10 Minuten gibt es eine ganze Reihe von Reisenden, die an einem fehlenden Sitzplatz keinen Antoß nehmen, sofern ein angemessener Stehplatz eingenommen werden kann (kein Gedränge, ausreichende Festhaltemöglichkeiten, genügend Frischluft usw.)[15].
Im polyzentrischen S-Bahn-Netz Rhein-Ruhr sind für die S-Bahn-Züge niedrigere Beschleunigungswerte ausreichend. Hier kommt es nicht zu den dichten Zufolgezeiten wie auf den Stammstrecken monozentrischer Netze. Beispielsweise werden an den S-Bahnsteigen im Bahnhof Düsseldorf Hbf später während der Verkehrsspitzen kürzeste Zugfolgeabstände von 4 bis 5 Minuten auftreten. Soweit Steilrampen zu befahren sind, wie später im Bereich des Bahnhofs Düsseldorf Hbf mit rund 40 ‰ Neigung, können nied-

rigere Geschwindigkeiten wegen der auseinandergezogenen Zugfolgeabstände hingenommen werden.
Somit stellt der lokbespannte Wendezug, wie er als S-Bahnzug Rhein-Ruhr zum Einsatz kommt, eine wirtschaftliche Alternative dar. Die Trennung in Antriebsmaschine und Beförderungsgefäße senkt die Investitionskosten für die S-Bahn-Züge und bringt bei der Unterhaltung und Wartung erhebliche wirtschaftliche Vorteile mit sich.
Andererseits wird beim Einsatz eines neuen S-Bahn-Zuges Rhein-Ruhr erwartet, daß die Fahrzeuge einen etwas höheren Komfort als die vergleichbaren Triebwagenzüge besitzen. Sie müssen auf die durchschnittlich höheren Reiseweiten und die längeren Verweilzeiten in den Zügen des polyzentrischen Netzes Rücksicht nehmen, indem sie mehr Sitzplätze als die S-Bahn-Züge in monozentrischen Netzen bieten und mit Toiletten ausgerüstet sind. Beim ET 420 beträgt die Zahl der Sitzplätze in einem Kurzzug 194, die der Stehplätze 254 (bei vier Personen/$m^2$). Der S-Bahn-Wendezug bietet als 3-Wagen-Einheit mit einem Zweite-Klasse-Wagen, einem Erste-/Zweite-Klasse-Wagen und dem Steuerwagen insgesamt 222 Sitzplätze und 319 Stehplätze.

## Gedanken zu einer neuen Verkehrspolitik

Auf der Grundlage des Status quo stellen sich die Unterschiede zwischen mono- und polyzentrischen S-Bahn-Netzen im Verkehrsaufkommen, in den Verkehrsströmen, in der Netzgestaltung und der Linienplanung, im Transportangebot und in der Fahrplanerstellung, in der Wahl der Verknüpfungspunkte sowie in der betrieblichen und fahrzeugtechnischen Disposition – wie beschrieben – dar.
Aber das alles ist nur eine Facette des Problemzusammenhangs Verkehr, der sich durch die Trennung in Wohn-, Arbeits-, Lebens- und Freizeitbereiche, in Produktionsstätten, Fertigungsbetriebe und Verbraucherzentren mit ihrer Zersiedlung und immer längeren Wegstrecken ständig selbst multipliziert.
Die S-Bahn-Systeme in der Bundesrepublik Deutschland funktionieren; das belegen die Zahlen. Aber woran liegt es dann, daß trotz vermehrter Umsteigebereitschaft der Autofahrer noch immer unübersehbare finanzielle Lücken klaffen.
Nun, es liegt sicher auch mit daran, daß man bis heute kaum eine S-Bahn-Strecke gebaut hat, ohne daß sie nicht von einer ebenfalls neuen Autobahn begleitet wurde. Die Unsinnigkeit dieser Parallelinvestitionen ist noch immer die von den Planern als unerläßlich erachtete Verbeugung vor der heiligen Blechkuh. Weitere Gründe, warum viele an und für sich machbare Lösungen auf dem Verkehrssektor nur zögernd oder gar nicht zur Anwendung kommen, liegen nicht in ihrer prinzipiellen technischen oder organisatorischen Realisierbarkeit, sondern fast immer woanders: In bestimmten Interessenkollisionen, in einer echten oder scheinbaren »Unwirtschaftlichkeit«, im Amortisationszwang einmal installierter Infrastrukturen, in ungünstiger oder fehlender Gesetzgebung, in den Fallen unseres Ressortdschungels, in mangelnder Vorausplanung, fehlender Experimentierfreudigkeit, wachsender Risikoscheu von Industrie- und Forschungsinstituten und in vielen anderen Bereichen, die mit dem eigentlichen Verkehrsproblem auf den ersten Blick nichts zu tun haben.
Wie vielfach in der Medizin, wird auch im Verkehrsbereich an Teilproblemchen herumgebastelt, wobei man ein Leiden durch das andere ersetzt.
F. Vester schreibt hierzu in seinem Buch »Neuland des Denkens«: »Unkybernetische Planung äußert sich immer wieder darin, daß man die gegenwärtigen Systeme, in diesem Falle Verkehrssysteme, und Verhältnisse unter dem Zwang des zeitlich-linearen Ursache-Wirkung-Denkens in die Zukunft projiziert, sie extrapoliert. Und dies, obwohl jeder bei kurzem Nachdenken erkennen kann, daß die heute favorisierten Techniken in keinem Fall die Basis einer Zukunftsplanung sein können.«[16]

Energie- und Materialverbrauch, Raumbeanspruchung, ökologische und humanökologische Überlegungen müssen immer wieder die Nachprüfung initiieren, ob nicht der betreffende Transport durch eine andere Lösung vielleicht ganz wegfallen kann. Verkehr entsteht aus Ortsveränderungen, aus Transporten bzw. Reisen, die vielerlei Zwecken dienen. Diese Zwecke zu kennen ist die erste Voraussetzung sinnvoller Verkehrsplanung,

*S-Bahn Rhein-Main*

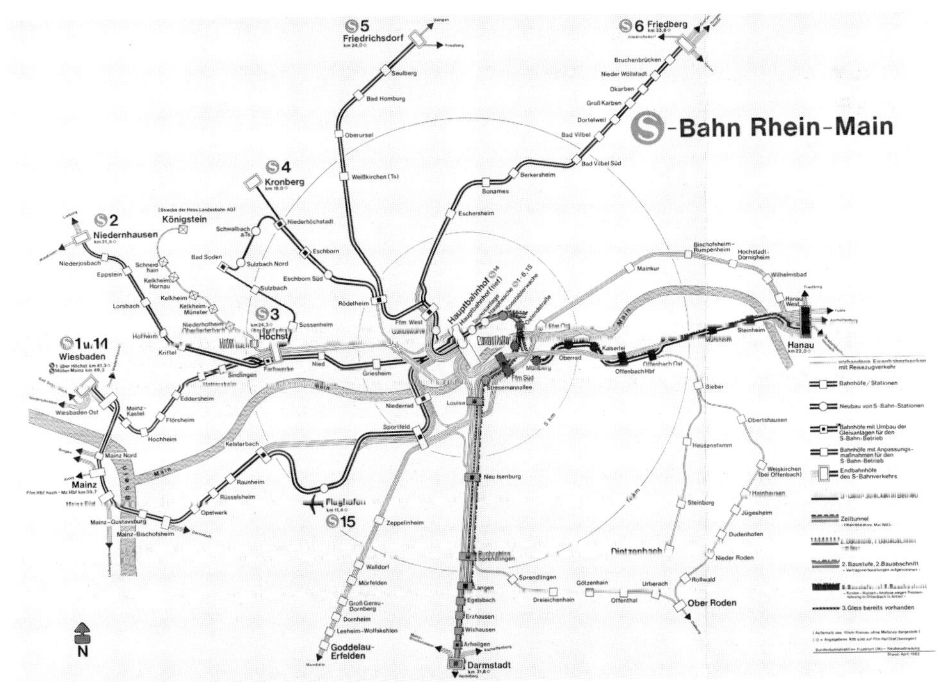

denn dann stellt sich von selbst die wichtige Vorfrage, ob und warum zur Erfüllung des Zwecks ein Transport, eine Reise notwendig ist und wie der Transport- und Reiseaufwand so gering wie möglich gehalten werden kann. Nicht Anpassungsplanung, sondern vernetzte Strukturplanung ist gefordert! Vermehrung der Mobilität durch Verminderung des Verkehrs!
Jedoch, kurzfristig und flächendeckend können die Planungsperspektiven nicht verändert werden. Dagegen sprechen der riesige Bauaufwand, die immensen Investitionskosten, die unsichere Wirtschaftlichkeit und die erforderlichen Eingriffe in gewachsene Stadt- und Baustrukturen.
Eine alternative Stadtverkehrspolitik und -planung wird auf dem Bestehenden aufbauen müssen, wird dieses nur schrittweise verändern und entwickeln können, um zu spürbaren Verbesserungen zu kommen. Sie wird vor allem auch mit dem Auto leben müssen. Die Aufgabe besteht aber vor allem darin, endlich eine sinnvollere Arbeitsteilung der verschiedenen Verkehrsmittel herbeizuführen, hierfür die neben dem Auto wichtigen Verkehrsarten entsprechend zu verbessern und dadurch eine vernünftigere Benutzung des Autos zu ermöglichen. Dieses Ziel, das sich schon in den verkehrs- und kommunalpolitischen Grundsatzprogrammen der sechziger Jahre findet, muß endlich ernsthaft und durch praktische Politik umgesetzt werden. Dazu parallel sollten wir den Zwang überwinden, von der heutigen technischen Wirklichkeit hochzurechnen, auf morgen zu schließen; versuchen wir umgekehrt, von der Zukunft auf heute zu projizieren, d. h. jetzt die Gedanken und Technologien zu entwickeln, die in der Zukunft bestehen können. Sie werden auch für heute in all ihren Auswirkungen die passenderen sein!

**Dies gilt auch für Berlin.**

Der »Spiegel« schrieb in seiner Ausgabe vom 12. 10. 1981 unter der Überschrift »Zierde der Stadt«: »In West-Berlin verrottet Europas einst leistungsfähigstes Verkehrssystem, die S-Bahn. ... Die Politiker müssen entscheiden: Stillegung oder freie Fahrt?« Und einige Sätze später kann man dann über ein Hauptproblem der S-Bahn in Berlin (West) lesen: »Doch weigern die Westberliner sich beharrlich, die S-Bahn, deren Netz kreuz und quer durch ihre Stadtlandschaft verläuft, zur Kenntnis zu nehmen – so, als sei die ganze Anlage von bösen Mächten mit einem Fluch belegt.« Die »Rückkehr der Steppe« auf die Gleisanlagen ist die im Augenblick letzte Phase einer Kausalkette Teilung der Stadt, S-Bahn als Bestandteil der »Zone«, Mauerbau 1961, S-Bahn-Boykott, Parallelbetrieb durch die BVG, stetiger dramatischer Fahrgastrückgang, wachsendes Defizit, Verschlechterung des Angebots, Eisenbahnerstreik, Streckenstillegungen – Agonie! Muß man das Ableben der S-Bahn erwarten? Ich glaube, nein!

Aber es muß bald etwas geschehen; die Untersuchungen müssen eine Therapie zur Auflösung des Fluchs anbieten, müssen die monokausale Denkweise – ja des Tabus – zur Isolierung der S-Bahn überwinden. Übernahme der S-Bahn durch den Senat von Berlin, Verbund von S-Bahn, U-Bahn und Bus zu einem für Betreiber und vor allem für Benutzer optimierten Verkehrssystem zeigen Perspektiven auf, die ein Gewinn für Berlin sein können und sein werden.

### Anmerkungen

1 Schreck/Meyer/Strumpf: S-Bahnen in Deutschland. Düsseldorf 1972
2 Der Minister für Wirtschaft, Mittelstand und Verkehr des Landes Nordrhein-Westfalen: Bevölkerung und Wirtschaft in Nordrhein-Westfalen. Schriftenreihe Band 1, Düsseldorf 1976
3 Siedlungsverband Ruhrkohlenbezirk: Siedlungsschwerpunkte im Ruhrgebiet, Untersuchungen zum S-Bahn-System. Heft 37, Essen 1970
4 Endmann, K.: Vergleich mono- und polyzentrischer S-Bahn-Netze. In: Eisenbahntechnische Rundschau, Heft 10, 1979
5 MVV Verkehrsforschung 032: Verkehrsaufkommen der S-Bahn (Zählung Okt./Nov. 1976), Erhebung und Ergebnisse. München 1977
6 Endmann, K.: Die Ost-West-S-Bahn – Ein Großprojekt zur Verbesserung des öffentlichen Personennahverkehrs zwischen Hagen, Wuppertal, Düsseldorf, Neuß und Mönchengladbach. In: Die Bundesbahn 54. Jg. (1978), H. 6, S. 431–440
7 Weigelt, H.: Über die Wirtschaftlichkeit von S-Bahn-Strecken. In: Archiv für Eisenbahntechnik (AET). Folge 30, 1978, S. 9–21
8 Endmann, K. (Anm. 4)
9 Deren Verkehrsbedürfnis im Mittel
10 Endmann, K. (Anm. 4)
11 Ebd.
12 Ebd.
13 Ebd.
14 Weigelt, H. (Anm. 7), Endmann, K. (Anm. 4)
15 Endmann, K. (Anm. 4)
16 Vester, F.: Neuland des Denkens – Vom technologischen zum kybernetischen Zeitalter. Stuttgart 1980

### Weitere Literatur


Der Bundesminister für Verkehr: Dokumentation sozioökonomischer und technischer Forschungsarbeiten auf dem Gebiet des Verkehrs. Dokumentation 37, Mobilität im Personenverkehr, Internationales Verkehrswesen. 2. Heft, März/April 1977, S. 69–71
Deutsche Bundesbahn, Bundesbahn-Zentralamt Minden (Westfalen): Dez. 26: Projektstudie S-Bahn-Wendezugwagen. Berichtsexemplar BZA Minden (W) 26.2603 Fwpse/K 4/73 vom 12. 11. 1976, 58 Seiten, 5 Anlagen
Endmann, K.: 50 Jahre S-Bahn-Symbol – Markenzeichen und Qualitätsbegriff. In: Die Bundesbahn 56. Jg. (1980), H. 12
Endmann, K.: S-Bahnen schrittweise realisieren. In: Eisenbahningenieur. 32. Jg. (1981), Heft 11
Heise, H.: Der Ausbau von S-Bahn-Netzen in den großen Verdichtungsräumen. In: Internationales Verkehrswesen. 24. Jg. (1972) H. 3
Heise, H./Wehner, L.: Planung und Ausbau von S-Bahn-Netzen der Deutschen Bundesbahn als Beitrag zur Verbesserung der Verkehrsverhältnisse in den großen Verdichtungsräumen der Bundesrepublik Deutschland. In: Schienen der Welt, Dezember 1972
Schade, D.: Entwicklung und Struktur. Personennahverkehr, Vorträge anläßlich des Seminars der Forschungsgruppe, Berlin, 6./7. Oktober 1980, Daimler-Benz AG, Stuttgart 1981
Weigelt, H./Götz, R./Weiß, H.: Stadtverkehr der Zukunft. Düsseldorf 1973
Weigelt, H.: Die S-Bahn als Evolution im Eisenbahnnetz. Personennahverkehr, Vorträge anläßlich des Seminars der Forschungsgruppe, Berlin, 6./7. Oktober 1980, Daimler-Benz AG, Stuttgart 1981
Werler, R.: Die S-Bahn – das Massenverkehrsmittel für Ballungsräume. Jahrbuch des Eisenbahnwesens. Darmstadt 1978, S. 80–90.
Werler, R.: S-Bahnen in der Bundesrepublik Deutschland – Stand, Ausbau, Planung. In: Verkehr und Technik, Sonderheft, März 1980

# *Die Stadtbahn im Modell von Bahnhof Zoo bis Bahnhof Savignyplatz*

**Darstellung einer stadträumlichen Situation im Maßstab 1:100 (Bahnanlagen und Triebwagenmodelle in HO (1:87)**

Modellbau: Hans Peil und Karl Heinz Buller Berlin
Modellbauelektrik: Christian Bein, Münster
S-Bahn-Modelle: Michael Passenheim, Berlin

*1961: Der vom DBG beschlossene S-Bahn-Boykott*

# Die Zukunft der S-Bahn

*Bahnhof Zoologischer Garten Ende der 50er Jahre*

# Senatskonzept für die S-Bahn vom 28.6.1982

## Vorlage des Senators für Stadtentwicklung und Umweltschutz, Dr. Volker Hassemer auf der Sitzung des Verkehrsausschusses des Berliner Abgeordnetenhauses am 22.6.1982

Grundlage des S-Bahn-Konzeptes ist das Ziel des Senats, aus verkehrlichen und stadtpolitischen Gründen möglichst zügig die S-Bahn in das System unseres ÖPNV zu integrieren. Gelände und Anlagen dürfen nicht weiter verrotten.

Die Ziele der S-Bahn-Integration und damit der verkehrspolitische Erfolg, dies haben die Berechnungen ergeben, setzen ein größeres S-Bahn-Netz voraus. Entsprechend dem S-Bahn-Konzept des Senats stellt sich das zu integrierende Schnellbahn-Zielnetz folgendermaßen dar:

1. Wannseebahn (Gleisdreieck – Wannsee)
2. Ringbahn (Frohnau – Gesundbrunnen – Sonnenallee)
3. Stadtbahn (Friedrichstraße – Zoo – Wannsee)
4. S-Bahn nach Lichtenrade
5. S-Bahn nach Lichterfelde-Süd
6. S-Bahn nach Staaken

Dies sind insgesamt 110 km, 76 % der bestehenden S-Bahn-Linien.

Vorgesehen sind darüber hinaus als Teil des S-Bahn-Konzepts U-Bahn-Verlängerungen, die sich im Verhältnis zu den vorgesehenen S-Bahn-Linien gegenseitig befruchten:

1. U 7 bis Rathaus Spandau
2. U 8 bis Märkisches Viertel
3. U 9 bis Lankwitz (Kirche)

Die Kostenberechnungen gehen davon aus, daß die Investitionskosten für U- und S-Bahn im Rahmen des Gemeindeverkehrsfinanzierungsgesetzes finanziert werden. Dafür stehen z. Z. Mittel in Höhe von 160 Mio DM jährlich zur Verfügung.

Die S-Bahn braucht, wenn sie in das nächste Jahrtausend hinein funktionstüchtig bleiben soll, eine grundlegende Erneuerung, da über 30 Jahre lang kaum Investitionen in die S-Bahn erfolgten. Vorausgesetzt wurde ein Standard, wie er in vergleichbaren westdeutschen Städten mit neuen Systemen üblich ist. Die Investitionskosten für die S-Bahn betragen 2570 Mio DM, die Betriebskosten liegen bei 266 Mio DM pro Jahr. Das verbesserte Verkehrsangebot durch die S-Bahn muß durch zusätzliche Belastungen aller Verkehrsteilnehmer im Rahmen einer Erhöhung der Verkehrstarife (z. B. bei Aufrechterhaltung des derzeitigen Kostendeckungsgrades im ÖPNV um 22 v. H.) und durch höhere, aus öffentlichen Mitteln abzudeckende Verluste erkauft werden. Die zusätzliche Haushaltsbelastung durch die S-Bahn beträgt 223 Mio DM/Jahr. Einsparungen im Bus-Bereich wurden mit 78 Mio DM errechnet. Wegen dieser hohen, nicht »aus dem Stand« im Landeshaushalt abzusichernden Betriebskosten hat der Senat einen Stufenplan entwickelt, der prinzipiell von einer Inbetriebnahme *nach* grundlegender Modernisierung ausgeht. Kosten für den S-Bahn-Betrieb fallen damit nicht sofort in voller Höhe an.

Aufgrund der Verteilung der vorhandenen Investitionsmittel auf S-Bahn und U-Bahn würden sich ohne Berücksichtigung der Auswirkungen von Preissteigerungen folgende Termine für Streckeneröffnungen ergeben:

| | | |
|---|---|---|
| A0 | In Betrieb: | S-Bahn Friedrichstraße – Charlottenburg |
| | 1984: | U-Bahn-Linie 7 nach Rathaus Spandau |
| | 1987: | U-Bahn-Linie 8 nach Paracelsusbad |
| A1 | 1990: | U-Bahn-Linie 8 nach Wilhelmsruher Damm |
| | 1991: | Wannseebahn (Gleisdreieck – Wannsee) |
| A2 | 1995: | S-Bahn Gleisdreieck – Lichtenrade |
| | 1995: | Stadtbahnverlängerung Charlottenburg – Westkreuz |
| | 1995: | U-Bahn-Linie 8 in das Märkische Viertel |
| | 1998: | Ringbahn zwischen Sonnenallee und Jungfernheide |
| | 2000: | Ringbahn zwischen Frohnau und Jungfernheide |
| A3/ A4 | 2003: | S-Bahn Priesterweg – Lichterfelde-Süd |
| | 2004: | S-Bahn Westkreuz – Wannsee |
| | 2005: | S-Bahn Westkreuz – Staaken |
| | 2005: | U-Bahn-Linie 9 nach Lankwitz (Kirche) |

Der Senat bekräftigt seine Auffassung, daß ein kurzfristiger Einstieg in die S-Bahn wünschenswert und sachlich gerechtfertigt ist.

Der heutige technische Zustand des S-Bahn-Netzes würde nach provisorischer Anfangsüberholung (Kosten ca. 40 Mio DM) eine Fortsetzung des Betriebes auf den laufenden Strecken sowie eine Inbetriebnahme aller anderen Strecken des 110-km-Netzes ohne größere Baumaßnahmen nach 1 – 2 Jahren ermöglichen. Dies erscheint ihm jedoch we-

gen der bereits geschilderten Betriebsproblematik nicht möglich. Der Senat tritt deshalb für die Inbetriebnahme eines Teilnetzes ein (71 km), es umfaßt:
die jetzt noch befahrenen S-Bahn-Strecken Frohnau – Lichtenrade, Friedrichstraße – Charlottenburg, Anhalter Bahnhof – Lichterfelde-Süd sowie die stillgelegte Wannseebahn.

Bei dieser Lösung betragen die Betriebskosten 152,8 Mio DM, die zusätzliche Haushaltsbelastung liegt bei 77 Mio DM. Auch diese Summe ist, dies betont der Senat, im Landeshaushalt nicht abgesichert.

Die Bundesregierung und die Alliierten Schutzmächte sind über das S-Bahn-Konzept des Senats unmittelbar nach dem Senatsbeschluß informiert worden. Sachgespräche mit dem BMV haben am 25. Juni 1982 begonnen.

# Die Zukunft kann schon morgen beginnen

Fahrgastinitiative Berlin

## Wer wir sind, was wir wollen

Die Berliner Verkehrspolitik ist seit Ende des Zweiten Weltkrieges gekennzeichnet durch eine einseitige Bevorzugung des Verkehrsmittels Auto, und der Tiefbau war über Jahrzehnte hinweg vollauf mit dem Ausbau normaler Stadtstraßen zu autobahnähnlichen Rennstrecken und dem Neubau von Autobahnen beschäftigt, die bereits in den dreißiger Jahren geplant worden waren. Der milliardenschwere Ausbau des Berliner U-Bahnnetzes diente dabei paradoxerweise auch dem Autoverkehr: indem der öffentliche Verkehr somit weiter in den Untergrund verwiesen wurde, bekam das Auto entsprechend mehr Platz auf der Straße. Programme aller Parteien versprachen und versprechen immer wieder die Förderung des öffentlichen Personennahverkehrs; umgesetzt wird davon aber seit Jahren kaum etwas.

Bei den Verkehrsbetrieben selbst ist die Interessenvertretung der Benutzer der öffentlichen Verkehrsmittel ebenfalls schlecht aufgehoben. Hier gehen die vordergründigen Interessen des Personals meist vor, das im übrigen außerhalb der Dienstzeiten selbst häufig eigene Pkws benutzt.

Die Verwöhnung breiter Teile der Bevölkerung durch das Auto hat die Fahrgastzahlen stagnieren lassen und das Gefühl dafür verdrängt, daß die Lebensqualität der Stadt durch das Auto allmählich geschwunden ist: Die Straße als Lebens- und Kommunikationsraum ging verloren, die Umweltbelastung durch Abgase nahm erschreckend zu.

Darüber hinaus betrachtet die vom Bundesministerium für Forschung und Technologie geförderte Forschung die konventionellen öffentlichen Verkehrsmittel als wenig förderungswürdig. Dementsprechend werden vorwiegend neue Technologien gefördert, deren Brauchbarkeit nicht nur fragwürdig ist, sondern die auch technisch längst noch nicht ausgereift sind.

Alle diese Überlegungen haben auf den ersten bundesweiten Bürgerinitiativen-Verkehrskongressen in Berlin 1978 und in Mülheim/Ruhr 1979 zu dem Gedanken geführt, überall in der Bundesrepublik auf lokaler Ebene Bürgerinitiativen zur Förderung des öffentlichen Nahverkehrs zu bilden, die sich als eine Art Interessenvertretung für die Fahrgäste von Bussen und Bahnen verstehen sollten.

In Berlin arbeiten wir seit Herbst 1979 unter dem Namen »Fahrgastinitiative Berlin« für die Einlösung der vielen, bisher Makulatur gebliebenen Absichtserklärungen der Parteien. Das seit über 30 Jahren ungelöste und für West-Berlin ganz spezifische Problem der S-Bahn nimmt dabei einen besonderen Stellenwert in unserer Arbeit ein.

Seit Inkrafttreten des Grundlagenvertrages und der ersten Verkehrsvereinbarungen über den Transitverkehr zwischen der Bundesrepublik und West-Berlin im Jahre 1971 hat die DDR des öfteren Angebote an den Berliner Senat gerichtet, die S-Bahn zu pachten. Diese Vorschläge mußten aber von westlicher Seite aus juristischen Gründen abgelehnt werden, und zwar zu Recht. Und so sind es denn auch eben diese Rechtsverhältnisse, die den verschiedenen Berliner Regierungen als Vorwand für ihre Tatenlosigkeit in der S-Bahnfrage stets willkommen waren.

Erst seit dem zweiten Reichsbahnerstreik im Sommer 1980 haben sich Westberliner Politiker aktiv um dieses Thema gekümmert — es wurde auch höchste Zeit! Was dabei allerdings nun, im Sommer 1982, herausgekommen ist, kann uns kaum überzeugen.

## Politischer Stand der Dinge im Sommer 1982 — und wie wir ihn beurteilen

Nachdem der SPD/FDP-Senat unter Vogel/Brunner in den ersten Monaten des Jahres 1981 das S-Bahnproblem erstmals aktiv anging und baldige Lösung ankündigte, wollte auch die Berliner CDU nicht abseits stehen. Vogel wurde die Bewältigung des Themas deshalb zugetraut, weil er zu Anfang der siebziger Jahre als Oberbürgermeister von München bereits Erfahrungen in der politischen Durchsetzung neuer S-Bahn-Konzepte hatte. Nach den Wahlen am 10. Mai 1981 bildete dann der neue CDU-Senat seinerseits eine Kommission, die ein S-Bahn-Konzept erarbeiten sollte.

Um nun beurteilen zu können, wie ernst es dem Senat mit der S-Bahn wirklich ist, waren wir auf den Abschlußbericht dieser Kommission angewiesen, der, zunächst für Januar 1982 angekündigt, dann endlich im Mai vom Senat beschlossen wurde. Offiziell veröffentlicht ist das Konzept aber bis heute nicht, sondern nur indirekt über ein Berichtsprotokoll des Senators Hassemer an den Verkehrsausschuß des Berliner Abgeordnetenhauses vom 25. Juni 1982.

Nach allem, was zu hören und zu lesen war, scheint das Hauptmotiv des Senats, sich für die S-Bahn-Reaktivierung einzusetzen, in der Sorge um die vielen Touristen zu liegen, die die verrotteten Bahnanlagen als Schandfleck ansehen und deshalb zukünftig nicht mehr wiederkommen könnten! Geht es also möglicherweise wieder nur um Prestige (Kreisel, ICC etc.) und nicht um den Berliner Nahverkehr? 76 % des ursprünglichen Netzes will man wieder in Betrieb nehmen – aber wann, aber wann? Die Wannseebahn soll 1990, die Staakener Strecke gar erst im Jahre 2005 wieder fahren! Warum dauert das so lange? Natürlich deshalb, weil die hohen Investitionskosten über einen möglichst großen Zeitraum verteilt werden sollen und weil die laufenden Betriebskosten nicht sofort voll zu Buche schlagen sollen. Bei genauem Hinsehen stellt sich dann aber heraus, daß es mit der oben erwähnten Renommiersucht, die so typisch für Berliner Politiker war und ist, noch mehr auf sich hat: Man will nämlich als erste Stadt ein Magnetbahnsystem aufbauen. Bis die M-Bahn aber voll erprobt ist – eine Versuchsanlage steht bei der AEG in Braunschweig – verrottet die S-Bahn weiter. Und die für 1984 für Berlin beantragte M-Bahn-Versuchsstrecke ist aus dem Etat des Forschungsministeriums nicht zu haben.

Der Wunsch nach einer M-Bahn hat aber noch andere als Prestigegründe. Zum einen geht es darum, dem in Schwierigkeiten geratenen AEG-Konzern mit langfristigen Neuaufträgen unter die Arme zu greifen; zum anderen könnte der Widerstand der Gewerkschaften bei Einführung einer kompletten fahrerlosen Technologie geringer ausfallen als bei der Vollautomatisierung bestehender U- und S-Bahnen.

Die Idee, die S-Bahn in Berlin überhaupt auf Magnettechnik umzustellen, hätte eigentlich einen empörten Protest bei der CDU hervorrufen müssen: Wie sollen nach einer Wiedervereinigung jemals wieder Züge zwischen West-, Ost-Berlin und Umland fahren, wenn dort zwei völlig verschiedene Systeme existieren? Auch die kurzfristigere CDU-Forderung nach grenzüberschreitendem S-Bahnverkehr wird so ad absurdum geführt.

Die lange Zeitplanung hat also ihren guten Sinn in der Senatslogik. Aber mit Verkehrspolitik zugunsten des öffentlichen Personenverkehrs hat das »Konzept« sehr wenig zu tun. Und die Verhandlungen mit der DDR brauchen ja auch ihre Zeit . . .

Es ist also festzuhalten:

1. Alle Parteien tönen heute laut für die S-Bahn, müssen aber intern durchaus noch über den Sinn kräftig streiten, weil es überall auch einflußreiche Gegner der S-Bahn gibt.
2. Die Kostenschätzungen des Senats sind zu hoch angesetzt, und man hat daher schon von einem »S-Bahn-Verhinderungskonzept« gesprochen.
3. Der Senat erteilt allen öffentlich diskutierten Sofortmaßnahmen-Vorschlägen eine eindeutige Absage. Wir brauchen die S-Bahn aber heute und nicht erst im Jahre 2005!
4. Die Geheimniskrämerei des Senats, die wir von allen Ost-West-Angelegenheiten prinzipiell gewohnt sind, ist in diesem Fall nicht nur undemokratisch; sie ist zugleich ein Hinweis darauf, daß es dem Senat so ernst mit der S-Bahn nicht sein kann. So wurde dann auch bald nach der Information des Verkehrsausschusses das Konzept für noch nicht endgültig und für entwicklungsfähig erklärt – d. h. im Klartext: Es wurde zurückgenommen. Das Ganze entpuppt sich also als ein Spiel mit der interessierten Öffentlichkeit. Die wahren Absichten des Senats bleiben im dunkeln – oder: es gibt keine.

Für die Bürgerinitiativen kann das nur heißen: Wir müssen unseren Druck auf die Politiker verstärken.

## Die Zukunft kann schon morgen beginnen

Auch ohne Berührung von Statusfragen kann eine Reihe von Maßnahmen für die S-Bahn ergriffen werden. Da sie einem weiteren Verfall der S-Bahn entgegenwirken, sind sie auf jeden Fall sinnvoll – unabhängig von späteren Betriebs- und Rechtsformen. Einzelheiten zu Finanzierungsfragen behandeln wir im nächsten Kapitel. In zeitlicher Reihenfolge halten wir folgende Maßnahmen für geboten:

1. Der Senat von Berlin (West) veranlaßt sofort:
– DGB und Senat selbst widerrufen den S-Bahn-Boykott von 1961.
– Die BVG informiert über S-Bahnanschlüsse in Bussen und U-Bahnen, auf Bahnhöfen, Liniennetzen, Fahrplänen und Zielschildern.
– Die Reichsbahn informiert über BVG-Anschlüsse auf S-Bahnhöfen und in den Zügen sowie in Fahrplänen.
2. In Verhandlungen mit der DDR erreicht der Senat von Berlin (West):
– Regelung des Defizitausgleichs für die noch in Betrieb befindlichen S-Bahnstrecken.
– Tarif- und Fahrplanabstimmung zwischen BVG und S-Bahn mit dem Ziel einer gegenseitigen Anerkennung der Fahrausweise. Konzept zur Aufteilung der Fahrgeld-Einnahmen.
– Angleichung der Löhne und sozialer Regelungen für die bei der S-Bahn beschäftigten Reichsbahner an BVG-Verhältnisse.
– Regelung eines zukünftigen Defizitausgleichs für die wieder in Betrieb zu nehmenden S-Bahnstrecken.
– Schadensbeseitigung an den im September 1980 stillgelegten S-Bahnstrecken und Instandsetzung von Bahnhofsgebäuden und Bahnsteiganlagen aller Strecken.
3. Die DDR veranlaßt:
– Wiederinbetriebnahme aller stillgelegten Linien. Die dafür erforderlichen Züge sind vorhanden; sie werden zum Teil aus Ost-Berlin ins Westnetz zurückgeführt. Damit ist ein 10-Minuten-Takt auf der Stadtbahn bis Spandau-West, der Ringbahn und der Wannseebahn möglich, auf dem übrigen Netz zunächst ein 20-Minuten-Takt.
4. Der Senat von Berlin (West) veranlaßt:
– Anpassung des BVG-Busnetzes an die S-Bahn, soweit noch nötig und Abschaffung überflüssigen Bus-Parallelverkehrs bei der BVG.
– Begrenzte Modernisierung von Anlagen und Zügen.
– Wiedereinbau des zweiten Gleises auf allen Strecken.

Mit diesen vier Schritten ist der Verkehrsverbund Berlin in der Praxis realisiert.

## Wer soll das bezahlen?

*Kurzfristig* ist das Defizit der noch in Betrieb befindlichen S-Bahnlinien (Frohnau – Lichtenrade, Heiligensee – Lichterfelde Süd, Friedrichstraße – Wannsee) abzudecken.
Betriebskosten: ca. 90 Millionen DM im Jahr,
davon Defizit: ca. 80 Millionen DM im Jahr, zur Zeit von der DDR getragen.
Im Verkehrsverbund ist ein gemeinsames Tragen dieses Defizits auszuhandeln mit Tarifen nach BVG-Niveau und ohne Fahrpreis-

erhöhung. Die Mittel können aufgebracht werden durch:

1. Verrechnung mit Gewinnen der DDR aus dem Eisenbahnfernverkehr,
2. Umwidmung von Mitteln des Landes Berlin, die bisher dem Straßenausbau zugute kamen,
3. Einsparungen im Busverkehr der BVG (Linie 66): ca. 3 Mio DM.

*Längerfristig* ist das Defizit des gesamten Westberliner S-Bahnnetzes zu decken.
Betriebskosten: ca. 250 Millionen DM im Jahr,
davon Defizit: ca. 150 Millionen DM im Jahr, also zusätzlich zu oben 70 Millionen DM im Jahr.
Der Senat nennt in seinem Bericht vom 25. Juni 1982 für ein kleineres S-Bahnnetz zusätzliche Haushaltsbelastungen in Höhe von 223 Millionen DM im Jahr. Das S-Bahn-Defizit betrug im letzten Jahr vollständigen Betriebs (1979) jedoch nur etwa 140 Millionen DM. Die Personalausgaben werden durch die anzupassenden Löhne zwar steigen; dem stehen aber höhere Fahrgeldeinnahmen gegenüber, da die öffentlichen Verkehrsmittel im Verkehrsverbund insgesamt stärker benutzt werden als in der pessimistischen Senatsrechnung vorausgesetzt.
Unter Zugrundelegung von Fahrpreisen nach BVG-Niveau können die zusätzlichen 70 Millionen DM im Jahr aufgebracht werden durch:

1. Umwidmung weiterer Mittel des Landes Berlin, die bisher für den Straßenausbau verwendet wurden,
2. weitere Einsparungen im Busverkehr der BVG. Der Senatsbericht nennt hier ca. 75 Mio. DM im Jahr, was eine radikale Einschränkung des BVG-Busverkehrs voraussetzt. Wir halten Einsparungen von 20 bis 30 Millionen DM für angebracht, etwa die Einstellung der Buslinie 65 sowie von Teilen der Linien 14, 53 und 99.

Beim Ausgleich des Defizits kann von einem »Blankoscheck« an die DDR keine Rede sein, da die Gegenleistung jederzeit kontrollierbar ist, die Zahlungen beispielsweise monatlich geleistet werden können und bei Vertragsbruch durch die DDR sofort zu stoppen sind. Wir sind der Meinung, daß dieser Fall nicht eintreten wird. Über andere Fragen, beispielsweise die der Tarifhoheit, wird im Rahmen der Tarifabsprachen verhandelt.

Für die *Schadensbeseitigung* zur Wiederinbetriebnahme der stillgelegten S-Bahnstrecken sollten Mittel des vom Senat von Berlin (West) verwalteten Reichsbahnvermögens verwendet werden. Hierüber hat der Senat mit den Alliierten zu verhandeln. Der Senat nennt in seinem Bericht als Kosten für eine provisorische Anfangsüberholung 40 Millionen DM.
Zur *Modernisierung* von Bahnhofsanlagen, technischen Anlagen, Gleisanlagen und Zügen werden ebenfalls Mittel aus dem Reichsbahnvermögen eingesetzt. Der Senat nennt als notwendige Investitionskosten einen Betrag von 2,57 Milliarden DM. Es ist darauf zu achten, daß entsprechende Mittel zur behutsamen Erneuerung des Bestehenden und nicht zu einer kahlschlagenden Luxusmodernisierung eingesetzt werden. Sollte das Reichsbahnvermögen hierzu nicht ausreichen, kann auf die Mittel des Bundes für den Schnellbahnbau im Rahmen des Gemeindeverkehrsfinanzierungsgesetzes (jährlich 160 Millionen DM) zurückgegriffen werden. Darüber hinaus wäre es sinnvoll, weitere Bundesausgaben für den Schnellstraßenbau in Berlin (West) stattdessen für Investitionen bei der S-Bahn zu verwenden. Gleichzeitig ist die U-Bahnlinie 9 nach Lankwitz und Marienfelde weiterzubauen. Das Märkische Viertel dagegen ist an die S-Bahn anzubinden, wodurch die Verlängerung der U-Bahnlinie 8 überflüssig wird.
Durch den verkehrspolitisch beabsichtigten Effekt des *Umsteigens auf öffentliche Verkehrsmittel* verringern sich der Autoverkehr und damit auch dessen Folgekosten. Neben der Streichung der Mittel für den Straßen-, Neu- und -Ausbau werden die Finanzen entlastet vor allem im Bereich der Unfallfolgekosten, der Krankenhäuser sowie bei der Beseitigung von Umweltschäden allgemein.

**Reichsbahn forever?**

Wer, so wie wir, eine dauerhafte vertragliche Regelung des S-Bahn-Problems anstrebt, kommt um die Frage nicht herum, wer zukünftig Betriebsführer sein soll. Wir müssen davon ausgehen, daß es seitens der Alliierten und auch seitens der Berliner und Bonner Politiker keinerlei Neigung gibt, am Status der Halbstadt etwas zu verändern.

Dies wäre aber Voraussetzung für eine Übernahme des S-Bahn-Betriebes in rein westliche Stellen. Wer dies will, muß ein politisches Konzept zur Übernahme vorlegen und dann sofort mit Verhandlungen beginnen. Bis dahin muß die Betriebsführung bei der Reichsbahn bleiben, und es müssen Wege gefunden werden, unter diesen Bedingungen den Betrieb sofort wieder aufzunehmen.

In der Öffentlichkeit ist bisher eine Reihe unterschiedlicher Vorschläge unterbreitet worden, die wir hier einmal auf ihren Realitätsgehalt abklopfen wollen:

1. DDR bleibt Betreiber der S-Bahn
   Für eine kurzfristige Wiederinbetriebnahme der S-Bahn erscheint das Verbleiben der Betriebsführerschaft bei der Reichsbahn als einzig denkbare Lösung. Eine endgültige Betriebsform für eine in einen Verkehrsverbund integrierte S-Bahn muß in späteren Verhandlungen gefunden werden. Dies schließt auch eine Klärung der problematischen arbeitsrechtlichen Situation der Reichsbahnbeschäftigten ein, die auch die folgenden Denkmodelle 1, 3 und 4 außer acht lassen.
2. DDR verpachtet S-Bahn an BVG
   Diese Lösung erscheint nicht denkbar. Die DDR kann nicht etwas verpachten, was ihr nicht gehört, da nach der Kapitulation alles Eigentum des Deutschen Reiches, auch die S-Bahn, von den Alliierten beschlagnahmt wurde.
3. Errichtung einer Reichsbahndirektion West
   Man kann der DDR nicht zumuten, auf Dauer einen Betrieb außerhalb ihres Territoriums zu führen, der nicht ihrer eigenen Bevölkerung zugute kommt. Die mit dieser Lösung gegebene Einflußmöglichkeit der DDR auf West-Berlin scheint als vertragliche Dauerlösung politisch nicht durchsetzbar.
4. Reichsbahn und BVG gemeinsam Betreiber innerhalb einer neuen S-Bahn-Gesellschaft
   Es scheint schlecht vorstellbar, daß ein kapitalistisch und ein sozialistisch geführter Betrieb gemeinsam eine Gesellschaft führen könnten.
5. BVG oder eine andere westliche Gesellschaft als Alleinbetreiber.

Die Alliierten müßten der Reichsbahn die Betriebsführung entziehen, oder die DDR müßte den Verzicht auf ihre Rechte erklären. Durch die absolute Loslösung des S-Bahn-Betriebes vom übrigen Reichsbahnbetrieb stellen sich technische Probleme, da bisher gemeinsam genutzte Anlagen für den Nah- und Fernverkehr verwaltungsmäßig getrennt werden müßten. Diese Lösung ist ohne eine Veränderung des Berlin-Status nicht möglich.
Da die gegenwärtige CDU-Politik aber auf diese Lösung hinausläuft, muß sie sich auch aus diesem Grunde fragen lassen, ob sie die S-Bahn wirklich will.

# Retten, was zu retten ist

Interessengemeinschaft Eisenbahn e. V.

### Der erste Schritt

Über die Berliner S-Bahn ist viel geredet, geschrieben und gestritten worden. Insbesondere seit den Streckenstillegungen im Herbst 1980, seitdem die S-Bahn im 20-Minuten-Takt lediglich auf einem Rumpfnetz von vier Linien verkehrt, ist die verkehrliche Bedeutung der rost-rot-gelben Bahn allseits »wieder«-erkannt worden. Die S-Bahn wurde Gegenstand von diversen wissenschaftlichen Arbeiten und verkehrlichen Konzepten. Doch was ist bisher an für uns alle sichtbaren und benutzbaren Resultaten herausgekommen? Gar nichts. Auch der Senat hat uns nichts zu bieten.

### Senat: S-Bahn 2000 — aber nicht finanzierbar

Der Senat schien die Bedeutung der S-Bahn für Berlin zu kennen: »Die an Bahnanlagen entstandenen Industriegebiete würden durch eine bessere Erreichbarkeit der Arbeitsplätze aufgewertet. Die S-Bahn ist das einzige . . . Verkehrsmittel, das die Erholungsgebiete des Grunewaldes und des Großen Wannsees unmittelbar erschließen könnte . . . Das negative Erscheinungsbild . . . und der fortschreitende Verfall von zum Teil denkmalswerten Anlagen könnte beseitigt werden.« Dies sagen Planer von Stadtentwicklungssenator Hassemer (zitiert nach der »Welt am Sonntag« vom 17. 6. 1982). Doch das, was der Senat als sein Konzept zur S-Bahn herausgab, entspricht leider nicht Hassemers löblicher Zielsetzung, »moglichst zugig die S-Bahn in das System unseres ÖPNV (öffentlicher Personennahverkehr) zu integrieren.« Ab 1990 sollen 110 km S-Bahn für 2,57 Mrd. DM abschnittsweise bis 2005 grundlegend modernisiert wieder in Betrieb genommen werden. Bis dahin soll der Betrieb ruhen. Der Grund: Der Senat hat kein Geld für die anfallenden Betriebskosten. Weder die für eine vorübergehende Mini-Lösung von 71 km S-Bahn veranschlagten 152,8 Mio DM und schon gar nicht die 266 Mio DM für den 110-km-Plan seien jährlich aus dem Haushaltstopf zu bekommen. Auch wenn die Fahrpreise um 23 Prozent angehoben würden und 78 Mio DM beim BVG-Busverkehr gespart würden, sei die S-Bahn nicht finanzierbar.

### Ein finanzielles oder politisches Problem?

Wir haben kein Geld, — das ist heute der Universalablehnungsgrund, der alles und zugleich auch wieder nichts erklärt. Aber stimmt es denn wirklich, daß wir uns die S-Bahn nicht leisten können? Müssen erst 2,57 Mrd DM investiert werden, damit die S-Bahn auf 110 km wieder fährt?

Daß dies nicht notwendig ist, weiß der Senat selbst. »Der heutige technische Zustand des S-Bahnnetzes würde nach provisorischer Anfangsüberholung (Kosten ca. 40 Mio DM) eine Fortsetzung des Betriebs auf den laufenden Strecken sowie eine Inbetriebnahme aller anderen Strecken des 110 km Netzes ohne Baumaßnahmen nach ein bis zwei Jahren ermöglichen.« Wir meinen, es ginge auch schneller. Der Gleiskörper ist technisch in Ordnung, da ständig Meßzüge der DR auch den Zustand z. Zt. nicht befahrener Strecken überprüfen und notwendige Oberbauarbeiten, z. B. zuletzt 1980/81 auf der Nord-Süd-Bahn und der Wannseebahn, durchgeführt wurden. Und 1975 waren z. B. erst die Arbeiten der Erneuerung der Unterwerke durch AEG abgeschlossen. Die Liste der in den letzten Jahren durchgeführten Baumaßnahmen ließe sich noch verlängern (vgl. dazu Signal 9/82). Es stimmt einfach nicht, wenn der Senat behauptet, daß in den letzten 30 Jahren kaum etwas in die S-Bahn investiert wurde. Der Senat müßte es besser wissen, da die Maßnahmen z. T. vom Land Berlin, dem Bund und der VdeR (Verwaltung des ehemaligen Reichsbahnvermögens) finanziert wurden!

Daß der Senat 2,57 Mrd DM für Investitionskosten veranschlagt, liegt also im Endeffekt daran,

— daß die Stillegung und der dadurch bedingte totale Verfall der vorhandenen Anlagen bis mindestens 1990 eingeplant wurde, da man sich nicht für die Aufbringung der erforderlichen laufenden Betriebskosten entschieden hat,

— die Mittel, die Berlin für Nahverkehrsvorhaben aus dem GVFG erhält, vom Senat für den unnötigen Ausbau der U-8 ins Märkische Viertel verwendet werden und

— daß man auch einen anderen Standard, »wie er in vergleichbaren westdeutschen Städten mit neuen Systemen üblich ist«, befürwortet, also DB-Standard.

Jedermann weiß, daß die öffentlichen Haushalte angesichts der angespannten ökonomischen Lage nicht mehr wie in der Vergangenheit expandieren können, sondern von Mittelknappheit gekennzeichnet sind. Alle Prognosen deuten darauf hin, daß dieser Zustand auch in den nächsten Jahren anhalten wird, da eine gesamtwirtschaftliche Belebung nicht in Sicht ist. Wenn also heute gesagt wird, die Betriebskosten der S-Bahn seien nicht aufzubringen, wieso soll sich dann künftig das

Problem anders stellen? Wo heute kein Geld ist, wird morgen erst recht nicht genug da sein, schon gar nicht bei einem Kostenstand der Jahre 1990 ff. Wer also der Senatslogik konsequent folgt, muß daher feststellen: So fährt die S-Bahn nie – nicht heute, nicht morgen, nicht abschnittsweise bis 2005!
Wenn also der Topf, aus dem die öffentlichen Ausgaben bestritten werden, nicht für alle Vorhaben genug Mittel beinhaltet, ist es letztlich immer eine politische Entscheidung, was wie für wen finanziert wird.
Wir, die betroffenen Bürger, die auf die Qualität des ÖPNV in Berlin angewiesen sind und mit der Reaktivierung und Integration der S-Bahn dessen Verbesserung wollen, müssen den Senat in dieser Sache zu politischen Zugeständnissen zwingen. Wir müssen darauf hinwirken, daß Mittel, die den Individualverkehr attraktivieren, für die Betriebskosten der S-Bahn verwendet werden. Wir müssen für eine Neuordnung und Straffung des ausgewucherten BVG-Busnetzes (vgl. Signal 7/82) eintreten, um freiwerdende Mittel auf die S-Bahn umzulenken. Wir müssen dafür eintreten, daß U-Bahnlinien in Konkurrenz zu bestehenden S-Bahnstrecken nicht weitergebaut werden (U-8 ins Märkische Viertel).

**Endlich den ersten Schritt tun**

Den Senat zu politischen Zugeständnissen zwingen, heißt, ihn zum Handeln bzw. Verhandeln zu zwingen. Verhandeln muß er mit der DR. Denn die DR ist eben der Betriebsführer der S-Bahn. Alle bisher geschmiedeten Konzepte sind nichts wert, solange sie nicht mit dem Betriebsführer der S-Bahn abgestimmt sind.
Der Senat jedoch pokert. Obgleich Weizsäcker immer wieder von der Notwendigkeit eines »praktischen Verbunds« mit der BVG gesprochen hat und betonte, daß er sich eine Lösung der S-Bahnfrage nur »unterhalb der Statusebene« vorstellen könne, will der Senat mit Bonn und den Alliierten und dann mit der DDR über den Status der Bahn verhandeln. Oft genug haben auch CDU-Politiker (z. B. Giesel) in der Öffentlichkeit geäußert, daß man nur dann bereit sei, in die S-Bahn zu investieren und Betriebsdefizite abzudecken, wenn man auch den direkten Zugriff auf die Anlagen habe, d. h. die S-Bahn unter westlicher Regie läuft. Einmal abgesehen davon, daß der Erfolg solcher Verhandlungen sehr fraglich ist, steht für uns eines fest: Ein solches Unterfangen dauert zu lange und versetzt der S-Bahn den endgültigen k. o.
Wir meinen, jeder Tag, an dem die S-Bahn nicht fährt und rostet, ist zuviel. Damit die von uns allen aufzubringenden Kosten gering gehalten werden, muß schnellstens etwas geschehen. Der Senat muß dazu gebracht werden, schon morgen mit der DR als Betriebsführer der S-Bahn in Verhandlungen zu treten. Gegenstand der Verhandlungen müssen Vereinbarungen über Sofortmaßnahmen zur Wiederinbetriebnahme z. Zt. stillgelegter wichtiger S-Bahnstrecken in Berlin-West (Wannseebahn, Ringbahn, Staaken), die Betreibung aller Strecken im 10-Minuten-Takt sowie ein Fahrplan- und Fahrscheinverbund mit der BVG sein. Dabei muß klar sein, daß Anfangsinvestitionen für die Betriebsaufnahme und ein Defizitausgleich vom Senat bereitgestellt werden müssen.
Sofortmaßnahmen zur Wiederinbetriebnahme zur Zeit stillgelegter S-Bahnstrecken bedeuten, daß Investitionen ausschließlich für den Betrieb dringend notwendiger technischer und unter dem Sicherheitsaspekt erforderlicher Arbeiten getätigt werden. Es handelt sich hierbei um die Überprüfung der Stellwerke und des Signalsystems sowie um die Ausbesserung und Wartung von Brücken. Dazu ist der Wiedereinbau z. Zt. konservierter technischer Teile, insbesondere von Signalen, geboten wie die Rückführung des früher in West-Berlin eingesetzten Wagenmaterials. Eine Sicherung und Wiederzugänglichmachung der Bahnhöfe ist selbstverständlich. Bei diesen Maßnahmen haben wir vorerst an keinerlei Verschönerung oder Modernisierung der Anlagen gedacht. Es geht uns bei diesen ersten Maßnahmen vorerst nur um die Herstellung der Betriebsfähigkeit und die Wiederaufnahme des Betriebes im Umfang vor 1980, um den 10-Minuten-Takt in der vollen Betriebszeit von 4 bis 1 Uhr. Die gleichzeitige Distanzierung aller Westberliner politischen und gesellschaftlichen Instanzen vom S-Bahnboykott von 1961 ist selbstverständlich.
Um diese Maßnahmen zu wollen, muß man kein Nostalgiker sein. Etwas fürs Auge tun, das kann man später immer noch. Sich über Konzepte streiten, das kann man tun, wenn die S-Bahn wieder auf den wichtigsten Strecken fährt. Über den künftigen Status der S-Bahn spekulieren, das kann man auf morgen verschieben. Worauf es heute ankommt, ist zu retten, was zu retten ist, – bevor alles verfallen ist, bevor alles wirklich zu teuer ist. Und dies nicht aus nostalgischer Spinnerei, sondern wegen der auch vom Senat anerkannten verkehrlichen Notwendigkeiten.

---

Wir sind verkehrspolitisch interessierte, von den S-Bahnstillegungen betroffene Bürger, ehemalige und aktive Eisenbahner, BVGer, Stadt- und Verkehrsplaner, Architekten und Sozialwissenschaftler. Wir arbeiten in der am 3. 7. 1980 gegründeten Interessengemeinschaft Eisenbahn Berlin e. V., die als gemeinnützig und förderungswürdig anerkannt ist, an der Beobachtung und Analysierung der aktuellen Verkehrspolitik. Wir erarbeiten Möglichkeiten von Verbesserungen im schienengebundenen Verkehr und entwickeln hierzu realistische Vorschläge, die den Verantwortlichen von Politik und Verwaltung unterbreitet werden und deren Verwirklichung verfolgt wird. Die Konzeptionen zur Verkehrspolitik werden in den Sitzungen der Fachabteilungen erarbeitet, an denen jedes Mitglied mitwirken kann.
Durch die vereinseigene Monatszeitschrift »Signal« werden die Arbeitsergebnisse des Vereins publiziert. Diese Zeitschrift ist im Berliner Bahnhofsbuchhandel, in den Modellbahnläden sowie im Abonnement erhältlich. Ferner geben wir zu Schwerpunkten zusammenfassende Studien heraus, u. a. die »Nahverkehrskonzeption Berliner Schnellbahnen« (1981), »Sofortmaßnahmen zur S-Bahnintegration« (erscheint 1982), »Verbesserungen im Bahnreise-Transitverkehr« (erscheint 1982).
Wer sich also für die Verkehrspolitik insbesondere im schienengebundenen Verkehr interessiert, dem ist bei uns ein Forum der Diskussion und Mitarbeit gegeben.
Unsere Aufgabe heißt: Bürgerbeteiligung an der Verkehrspolitik. Wer mehr über unsere Arbeit erfahren will, sollte zu uns kommen. Wir brauchen jeden.

*Interessengemeinschaft*
*Eisenbahn Berlin e. V.*
*Wilmersdorfer Straße 22*
*1000 Berlin 10*

# Überlegungen zur zukünftigen Rolle der S-Bahn in Berlin (West)

Dieter von Lüpke

**Die S-Bahn: ein Verkehrsmittel mit vielen attraktiven Eigenschaften**

Die öffentliche Diskussion der vergangenen zwei Jahre hat vielen Menschen die Augen geöffnet: In West-Berlin gibt es eine S-Bahn – sie muß nicht erst noch mit Milliardenaufwand gebaut werden, sondern besitzt bereits heute ein umfangreiches Streckennetz.
Wer immer schon S-Bahn gefahren ist oder wer – angeregt durch die aktuelle Debatte – kürzlich eine S-Bahnfahrt gewagt hat, wird darüber hinaus wissen, daß die S-Bahn im Durchschnitt höhere Fahrgeschwindigkeiten als die U-Bahn erzielt, daß sie ein bequemes Verkehrsmittel ist, daß auch mit größerem Gepäck oder Fahrrädern gut zugänglich ist, daß sie – im Vergleich zum Bus – die Umwelt relativ wenig mit Abgasemissionen belastet und daß – im wohltuenden Unterschied zu U-Bahnfahrten – ihre Benutzung nicht nur ein Transportvorgang ist: Beim S-Bahn-Fahren erlebt man einen Teil der Stadt mit seinen Bewohnern, Gebäuden, Straßenräumen, seiner Landschaft und seinem Wetter und erhält Einblicke in die mit der Entwicklung der S-Bahn eng verknüpfte Stadtgeschichte.
Wer sich noch weitergehend mit den näheren Eigenschaften des S-Bahn-Betriebs und seinen politischen und juristischen Rahmenbedingungen beschäftigt hat, weiß von der Sicherheit des derzeitigen Betriebs und den – noch – niedrigen Kosten einer Instandsetzung der stillgelegten Strecken, weiß von dem Vorhandensein eines großen Wagenparks und den Kooperationsangeboten der Deutschen Reichsbahn, weiß aber auch, daß – ähnlich wie bei der Instandsetzung leerstehender Wohngebäude – die Zeit gegen billige und schnelle Lösungen einer Wiederinbetriebnahme arbeitet.
Was also liegt näher als die Forderung, die S-Bahn lieber heute als morgen auf ihrem gesamten Streckennetz wieder in Betrieb zu nehmen, Linienführung und Fahrplan der Busse auf die S-Bahn abzustellen, die U-Bahn-Baupläne zu reduzieren und mit dem S-Bahnnetz abzustimmen, und die öffentlichen Mittel für den notwendigen Ausgleich des S-Bahn-Defizites bereitzustellen?
Solange man den Blick alleine auf die S-Bahn richtet, erscheint eine solche Forderung in der Tat als überzeugend – weitet man das Blickfeld jedoch aus und diskutiert man die anzustrebende zukünftige Rolle der S-Bahn im Zusammenhang allgemeiner verkehrlicher, stadtstruktureller und stadtpolitischer Gegebenheiten und Entwicklungen, so scheint es notwendig zu sein, die Forderung teilweise abzuändern und zu ergänzen. Der folgende Diskussionsbeitrag soll dazu Hinweise und Anregungen geben.

**Was wäre, wenn ...? Folgen einer weitgehenden S-Bahn-Instandsetzung, -Modernisierung und -Integration am erfundenen Beispiel der Familie Schmidtke**

Familie Schmidtke wohnt am Wilhelmsruher Damm im Märkischen Viertel und damit in einer der neuen Großsiedlungen am Stadtrand. Jeden Morgen von Montag bis Freitag – mit Ausnahme der kostbaren Urlaubswochen und der wenigen Krankheitstage – verläßt Herr Schmidtke um 7.30 Uhr die Wohnung, fährt mit dem Fahrstuhl nach unten und erreicht wenig später seinen Wagen auf der Parkpalette. Dank der großzügig ausgebauten Straßen verläuft die Fahrt ins Stadtzentrum in aller Regel reibungslos, so daß Herr Schmidtke bereits gegen 8.00 Uhr seine Tätigkeit in der Hauptverwaltung einer Bank in der Hardenbergstraße aufnehmen kann.
Als das Auto vor einem Jahr in der Werkstatt war, fuhr Herr Schmidtke an zwei Tagen mit öffentlichen Verkehrsmitteln zur Arbeit. Obwohl Wohnung und Arbeitsplatz durch die Buslinie 62 direkt verbunden werden und obwohl die Bushaltestellen in kurzer Entfernung sowohl von der Wohnung als auch vom Arbeitsplatz liegen, machte Herr Schmidtke die Erfahrung, daß er bei Benutzung des Busses insgesamt 49 Minuten für einen Weg benötigt und damit 21 Minuten mehr als bei einer Fahrt mit dem eigenen Auto.
Kurz nachdem Herr Schmidtke die Wohnung morgens verlassen hat, bricht seine 12jährige Tochter zur Schule auf. Sie besucht eine Gesamtschule am Senftenberger Ring im Märkischen Viertel und fährt daher in der Regel mit dem Fahrrad, wozu sie insgesamt etwa sieben Minuten benötigt. Bei Regenwetter oder Glatteis ist sie auch schon einmal mit der Buslinie 22 zur Schule gefahren, was bei einer Reisezeit von 13 Minuten aber nie zur freiwilligen Wiederholung anregte.
Zurück bleibt Frau Schmidtke. Sie muß sich mit der Hausarbeit beeilen, damit sie noch zum nahegelegenen Kaufhaus gehen und einige Einkäufe tätigen kann und damit sie rechtzeitig ihre Teilzeitarbeit als Arzthelferin in einer Praxis in Tegel aufnehmen kann. Dorthin benötigt sie eine Reisezeit von fast 35 Minuten, wobei sie zunächst einige Halte-

stellen weit mit dem 62er-Bus fährt und dann in die Buslinie 14 umsteigt, die bis Tegel durchfährt. Manchmal bricht sie bereits frühzeitig nach Tegel auf, um vor Arbeitsbeginn noch Schuhe, Kleidungsstücke oder andere Dinge zu besorgen, die dort reichhaltiger als im Märkischen Viertel angeboten werden.
Die Abende verbringt Familie Schmidtke in der Regel ohne Verkehrserzeugung vor dem eigenen Fernseher. Am Wochenende dagegen steht häufig ein Ausflug ins »Grüne« auf der Tagesordnung, was die Familie – einschließlich der oft widerstrebenden Tochter – im eigenen Auto vereint.
Ob Familie Schmidtke glücklich lebt, ist nicht bekannt. Bekannt ist jedoch ihre Reaktion auf Zeitungsberichte, die eines Tages melden, dem Senat sei es dank engagierten Einsatzes in erstaunlich kurzen Fristen gelungen, die S-Bahn auf ihrem gesamten ehemaligen Streckennetz wieder in Betrieb zu nehmen, ja, es seien bereits einige moderne Züge zusätzlich beschafft worden, und der direkte unterirdische S-Bahn-Anschluß des Märkischen Viertels sei – nach mutigem Verzicht auf eine weitere Verlängerung der U-Bahnlinie 8 – so weit vorbereitet worden, daß er in etwa zwei Jahren fertiggestellt sein werde.
Schmidtkes sind angenehm überrascht – hatten sie doch nach anfänglichen Presseberichten nicht mehr damit gerechnet, vor dem Jahr 2000 von einem S-Bahn-Betrieb zu hören. Ein erstes Mißbehagen kommt auf, als Frau Schmidtke kurz danach eine Monatsmarke für ihre Zeitkarte kaufen will: Der Angestellte der Verkehrsbetriebe verlangt 62,– DM und damit 10,– DM oder rund 20 % mehr als im Vormonat. Als Frau Schmidtke ärgerlich anmerkt, bereits in den vergangenen Jahren habe die jährliche Fahrpreiserhöhung mit acht bis zehn Prozent die Steigerung ihres eigenen Verdienstes weit übertroffen, 20 Prozent aber seien wirklich zu viel, erwidert der Mann hinter der Scheibe unwirsch, Qualitätsverbesserungen hätten nun mal ihren Preis, und da die S-Bahn auf allgemeinen Wunsch jetzt »integriert« sei, müßten auch alle dafür bezahlen. Daß sie auf ihrem Weg nach Tegel gar nicht von der S-Bahn profitieren könne, bringt Frau Schmidtke nicht mehr vor, da eine Diskussion offensichtlich zwecklos ist.
Wieder zu Hause, bedrängt Frau Schmidtke ihren Mann, in Zukunft ihr das Auto zu überlassen, weil sein täglicher Arbeitsweg – im Unterschied zu ihrem – durch die S-Bahn wesentlich verkürzt würde. Herr Schmidtke gibt nach und fährt einige Tage lang mit der Buslinie 62 zum S-Bahnhof Wittenau Nordbahn, der einen eigenen Zugang zum Wilhelmsruher Damm bekommen hat. Dort verkehren bereits moderne S-Bahnzüge im Abstand von zehn Minuten zum S-Bahnhof Gesundbrunnen und – über neue Verbindungsgleise – zum S-Bahnhof Putlitzstraße, wo ein Umsteigen zur U-Bahnlinie 9 in Richtung City möglich ist. Nach einer Woche ermittelt Herr Schmitke eine mittlere Reisezeit von beinahe 45 Minuten, stellt fest, daß er bei Benutzung des Autos jeden Morgen 17 Minuten länger schlafen konnte, – und fordert das Auto von seiner Frau zurück.
Während sich so die von Herrn und Frau Schmidtke gewählten Verkehrsmittel und Reiseziele auf die Dauer nicht ändern, besteht ihre Tochter auf einen Wechsel in der Schule. Sie hat von einem renommierten Gymnasium in Hermsdorf gehört und vertritt – schließlich mit Erfolg – die Meinung, der weite Schulweg sei noch akzeptabel, da sie ja zwei Stationen mit der schnellen S-Bahn fahren könne. So wächst – einer angeblich besseren Schule zuliebe – ihr Reisezeitaufwand für einen Schulweg von sieben auf knapp 28 Minuten, während zugleich ihre Eltern mit den Kosten für eine Zeitkarte belastet werden.
Zwei Jahre später wird der S-Bahn-Abzweig ins Märkische Viertel in Betrieb genommen. Unmittelbar vor dem Wohnhaus der Familie liegt nun ein Untergrundbahnhof und ersetzt die gewohnte Haltestelle der Buslinie 62. Die Tariferhöhung der Verkehrsbetriebe fällt in diesem Jahr mit etwa 20 Prozent wieder überdurchschnittlich hoch aus, was mit weiteren erheblichen Verbesserungen im S-Bahn-Angebot begründet wird.
Frau Schmidtke spürt auf ihren Fahrten nach Tegel immer noch nichts von den vielfach gerühmten Fortschritten – im Gegenteil: Sie macht die bittere Erfahrung, daß die Endhaltestelle des Busses 62 zur Vermeidung von Parallelverkehr mit der neuen S-Bahn zurückgezogen wurde, daß sich dadurch ihr Anfangsfußweg um sechs Minuten verlängert und daß sie sowohl auf den Bus 62 als auch auf den Bus 14 im Schnitt länger warten muß, weil deren Wagenabstände von sechs auf zehn bzw. von siebeneinhalb auf zehn Minuten verlängert wurden. Sie muß jetzt bereits 44 Minuten vor dem Beginn ihrer Arbeit aus dem Haus gehen, während sie früher mit einer Reisezeit von etwa 35 Minuten rechnete.
Eine Grundsatzdiskussion über die Frage »Wer darf mit dem Auto fahren?« endet dennoch wie in früheren Jahren. Herr Schmidtke hat sich bei einem Kollegen sachkundig gemacht und verweist darauf, daß er trotz S-Bahnhof vor dem Haus immer noch etwa 36 Minuten Reisezeit zum Büro benötigen würde und damit acht Minuten mehr als mit dem Auto. Ja, wenn der Senat damals nicht den Weiterbau der U-Bahnlinie 8 ins Märkische Viertel gestoppt hätte, würde er heute auch mit öffentlichen Verkehrsmitteln zur Arbeit fahren können, die S-Bahn-Benutzung aber sei einfach zu umständlich.
Dieses Argument wird allerdings von seiner Tochter schnell als Scheinargument entlarvt: Sie rechnet ihren Eltern vor, daß eine Benutzung der verlängerten U-Bahnlinie 8 mit fast 38 Minuten sogar noch etwas mehr Zeit in Ansprung genommen hätte als die Benutzung der neuen S-Bahn.
Tochter Schmidtke verläßt jetzt morgens bereits einige Minuten vor ihrem Vater das Haus. Die Zurücknahme der Buslinie 62 verlängert ihren Schulweg um etwas mehr als zwei Minuten, wobei es sich nach einigen Versuchen als die günstigste Lösung herausgestellt hat, mit der neuen S-Bahn zum S-Bahnhof Wilhelmsruh zu fahren und dort in eine andere S-Bahnlinie in Richtung Hermsdorf umzusteigen.
Eines Tages beschließt Frau Schmidtke, für den Einkauf einiger Kleidungsstücke nicht – wie üblich – vorzeitig nach Tegel zu fahren, sondern versuchsweise einen der modernen S-Bahnzüge vor ihrer Haustür zu benutzen. Mit einer für sie als Busbenutzerin eindrucksvollen Geschwindigkeit erreicht sie den S-Bahnhof Putlitzstraße, wo sie schnelle U-Bahnanschlüsse zu den Geschäften des Kurfürstendamms, der Tauentzien- und der Joachimstaler Straße vorfindet. Nach dem Einkauf stellt sie zu ihrem Erstaunen fest, daß sie das Stadtzentrum mit seinen attraktiven Einzelhandelsangeboten sieben bis acht Minuten schneller als das bisher von ihr bevorzugte Einkaufszentrum Tegel erreichen kann. So bildet sich bei ihr eine neue Gewohnheit heraus, bestimmte Sachen nicht mehr in den Geschäften des Märkischen

Viertels oder des Einkaufszentrums Tegel zu kaufen, sondern im Stadtzentrum oder in der Fußgängerzone Wilmersdorfer Straße, die sie über den S-Bahnhof Jungfernheide ähnlich schnell aufsuchen kann. Als sie viele Monate später in der Zeitung liest, die Geschäfte im Märkischen Viertel und in Tegel hätten Umsatzeinbußen zu verzeichnen und ein Kaufhaus im Märkischen Viertel dächte an eine Einschränkung seines Sortiments, ist Frau Schmidtke nicht überrascht. Verwunderung ruft dagegen bei ihr die Meldung hervor, der Senat sähe sich durch allgemeine Finanzschwierigkeiten gezwungen, die Innere Abteilung des Humboldt-Krankenhauses in Berlin-Reinickendorf wesentlich zu verkleinern — als sie dort vor wenigen Jahren einmal stationär behandelt werden mußte, hatte sie keineswegs den Eindruck bekommen, die Ärzte und Schwestern litten unter Arbeitsmangel. Aber was hat schon die Verkleinerung eines städtischen Krankenhauses mit dem Ausbau der S-Bahn zu tun?

## Wie realitätsnah und allgemeingültig ist das gewählte Beispiel der Familie Schmidtke? Empirische Untersuchungen zu den verkehrlichen, stadtstrukturellen und finanziellen Auswirkungen eines ausgedehnten S-Bahnbetriebs

Das skizzierte Beispiel mag dazu anregen, seine Realitätsnähe und seine Repräsentativität in Frage zu stellen. Beiden Fragen soll im folgenden nachgegangen werden, wobei zunächst die beispielhaft unterstellten Veränderungen im Angebot öffentlicher Verkehrsmittel diskutiert werden, danach die beschriebenen Reaktionen auf die Angebotsveränderungen und die angenommenen Einsparungen bei anderen Aufgabenbereichen der öffentlichen Hand.

### Erhöhung der Fahrpreise öffentlicher Verkehrsmittel

1981 konnten die Berliner Verkehrsbetriebe nur ca. 37 Prozent ihrer Betriebskosten durch den Verkauf von Fahrscheinen erwirtschaften, der restliche Betrag mußte überwiegend — abgesehen von kleineren Einnahmen aus Werbung, Vermietung und Kapitalanlagen — durch öffentliche Zuschüsse ausgeglichen werden. Neben Ausgleichszahlungen, die vom Bund oder vom Land Berlin für ermäßigte Fahrkarten für besondere Bevölkerungsgruppen, wie u. a. Schüler, Schwerbehinderte oder Arbeitslose geleistet wurden, mußten ca. 42 Prozent der gesamten Betriebskosten oder ca. 437 Mio DM als Verlust vom Land Berlin übernommen werden[1]. Auf Grund dieser hohen Belastung der öffentlichen Haushalte wird seit einiger Zeit das Ziel verfolgt, die Fahrpreise der Berliner Verkehrsbetriebe jährlich und in stärkerem Maße anzuheben, als es der allgemeinen Steigerung des Einkommens und der sonstigen Lebenshaltungskosten entspricht. So wurden die Tarife 1982 im Durchschnitt um 8,8 Prozent erhöht, und für 1983 ist eine Steigerung ebenfalls im Bereich von acht Prozent geplant[2].

Der Kostendeckungsgrad der S-Bahn-Strecken wird auch nach einer Integration und Modernisierung sicherlich nicht wesentlich über demjenigen des U-Bahn- und Bus-Betriebs liegen, Untersuchungen der Senatsverwaltung kommen sogar zu dem Ergebnis, daß er erheblich niedriger ausfallen würde[3]. Da die S-Bahn-Betriebskosten nur zum Teil durch Einsparungen im Busverkehr ausgeglichen werden können, erscheint es als konsequent, wenn die Senatsverwaltung die Integration und Modernisierung auch nur von 110 km oder ca. 76 Prozent des ehemals befahrenen Streckennetzes mit einer zusätzlichen — über die »normalen« jährlichen Erhöhungen hinausgehenden — Tarifanhebung von etwa 22 Prozent verknüpft[4]. Andere Untersuchungen lassen noch einschneidendere finanzielle Folgewirkungen einer S-Bahn-Integration und -Modernisierung erwarten:

Nach einer Prognose des Deutschen Instituts für Wirtschaftsforschung wird die Nachfrage nach Fahrten mit öffentlichen Verkehrsmitteln in Berlin (West) zwischen 1976 und 2000 allein auf Grund des Bevölkerungsrückgangs und der Veränderung der Bevölkerungsstruktur um ca. 16 Prozent zurückgehen, unter Berücksichtigung aller Einflußfaktoren sogar um ca. 32 Prozent.[5] Es liegt auf der Hand, daß eine derartige Entwicklung einer Ausweitung des Angebots an öffentlichen Verkehrsmitteln, wie sie die Integration und Modernisierung der S-Bahn darstellt, entgegenläuft, und daß der resultierende Einnahmerückgang bei gleichzeitigen, S-Bahn-bedingten Kostensteigerungen es notwendig macht, u. a. über noch weitergehende Tariferhöhungen nachzudenken.

### Einschränkung des Busverkehrs

Um den dargestellten finanziellen Schwierigkeiten des öffentlichen Nahverkehrs in Berlin (West) zu begegnen, kommen neben Tariferhöhungen auch Einschränkungen des Verkehrsangebots in Betracht. Dementsprechend wurde z. B. in jüngerer Zeit beschlossen, den Betrieb der Autobuslinien 24, 60, 75 und 85 vorwiegend in den Abendstunden einzuschränken oder sogar ganz aufzugeben.[6]

Die Ausweitung öffentlicher Verkehrsleistungen durch Integration der S-Bahn wird den Trend zu Einsparungen im Busverkehr wesentlich verstärken. Der zuständige Senator Hassemer spricht davon, daß bei einer S-Bahn-Integration »rigide Einsparungen« in der Größenordnung von etwa 20 Prozent der gesamten Busverkehrsleistung notwendig seien,[7] obwohl nicht das gesamte ehemalige S-Bahn-Streckennetz wieder in Betrieb genommen werden soll und obwohl gleichzeitig die Fahrpreise — woe oben geschildert — drastisch erhöht werden sollen.

Wieviele Busse an welcher Stelle eingespart werden sollen, wurde bisher von der Senatsverwaltung vorsichtshalber verschwiegen. Untersuchungen des Instituts für Stadt- und Regionalplanung der Technischen Universität Berlin zeigen aber, daß von derart einschneidenden Kürzungen nicht allein die den S-Bahn-Strecken unmittelbar benachbarten Buslinienabschnitte betroffen sein werden, sondern auch Busrouten, die — wie die Linien 14 und 62 im Beispiel der Familie Schmidtke — weiter von den S-Bahn-Strecken entfernt sind.[8]

### Verbesserung der Erreichbarkeit ferner Ziele bei gleichzeitiger Verschlechterung der Erreichbarkeit naher Ziele

Daß die S-Bahn-Integration und -Modernisierung in Verbindung mit Einschränkungen im Busverkehr für Frau Schmidtke die Erreichbarkeit des relativ nahe gelegenen Stadtteilzentrums Tegel verschlechtert, die Erreichbarkeit der weit entfernten City dagegen erheblich verbessert, ist kein untypischer Einzelfall. In Erreichbarkeitsrechnungen für zehn ausgewählte Berliner Zentren konnte überwiegend ein ähnlicher Effekt ermittelt werden. Obwohl in den Rechnungen von einem Planungsverkehrssystem S-Max ausgegangen wurde, das einen umfangreichen S-Bahn-Betrieb mit Buseinsparungen von weniger als 20 Prozent verbindet, zeigte sich, daß die Weiterentwicklung des öffentlichen Verkehrsangebots vom Winter 1979/80 zum Planungsverkehrssystem S-Max sechs Zentren innerhalb von 15 Minuten Reisezeit schwerer erreichbar macht, während bei einer Reisezeit von 30 oder 45 Minuten alle zehn Zentren erheblich besser erreichbar werden.[9]

Ursachen der Erreichbarkeitsveränderungen sind die — wie erläutert — aus finanziellen Gründen erforderlichen Einsparungen im Busverkehr und die besonderen Eigenschaften des Bus- und des S-Bahn-Verkehrs, auf Grund derer die S-Bahn bei kurzen Reiseweiten nicht zum vollwertigen Ersatz des Busses werden kann. Der Benutzer einer S-Bahn muß — im Vergleich zum Busbenutzer — in der Regel längere Fußwege zum und vom Haltepunkt des Verkehrsmittels zurücklegen und er muß in vielen Fällen länger auf das Eintreffen des Verkehrsmittels warten. Diese zusätzlichen Aufwendungen an Fußweg- und Wartezeiten werden durch die höhere Fahrgeschwindigkeit der S-Bahn ausgeglichen — allerdings nur dann, wenn die S-Bahn auf längeren Strecken benutzt wird. Die kritische Distanz, bis zu der die Busbenutzung kürzer ist, liegt in Stadtrandgebieten bei etwa vier Kilometer.

### Reisezeitvorteile des Pkw auch gegenüber beschleunigten öffentlichen Verkehrsmitteln

Die im obigen Beispiel der Familie Schmidtke angegebenen Reisezeiten im öffentlichen Nahverkehr mögen zunächst — vor allem im Vergleich zu Pkw-Reisezeiten — als zu hoch erscheinen, sie sind aber Ergebnis detaillierter Berechnungen.[10] Auch auf den Routen, die überwiegend mit Hilfe der modernisierten und daher erheblich beschleunigten S-Bahn zurückgelegt werden können, wird der Pkw in vielen Fällen das schnellere Verkehrsmittel bleiben. Maßgeblich dafür sind einmal die großzügigen Dimensionen des Berliner Straßennetzes und das — an vielen Orten — ausreichende Angebot an Stellplätzen, und zum anderen bestimmte Systemeigenschaften öffentlicher Verkehrsmittel:

Da ihre Benutzung nicht allein Fahrzeit kostet, sondern zusätzlich lange Anfangs-, Umsteige- und Endfußwegzeiten sowie lange Anfangs- und Umsteigewartezeiten, wirkt sich eine Erhöhung der Fahrgeschwindigkeit von Verkehrsmitteln nicht in einer entsprechend großen Erhöhung der Geschwindigkeit der gesamten Reise aus. Die Abbildungen 3 und 4 veranschaulichen diesen Umstand für einige ausgewählte Reisen der Familie Schmidtke und machen darüber hinaus deutlich, daß Zeiteinsparungen auf Grund des Ausbaus und der Beschleunigung der S-Bahn zum Teil durch eine Verlängerung der Fußweg- und Wartezeiten wieder zunichte gemacht werden. Dieser Effekt ist in der Regel immer dann zu erwarten, wenn engmaschige Bus- oder Straßenbahnnetze durch weitmaschigere U- oder S-Bahn-Netze ersetzt werden.

### Veränderung der Verkehrsmittelwahl

Bei der Diskussion der finanziellen Folgen einer S-Bahn-Integration und -Modernisierung wurde implizit davon ausgegangen, daß die Realisierung der teueren Maßnahmen nicht zu einer wesentlichen Steigerung der Zahl der Benutzer öffentlicher Verkehrsmittel führt. Diese Annahme wird bereits durch den Nachweis auch zukünftiger Zeitvorteile des Pkw gestützt und kann durch weitere Belege untermauert werden:

Bereits in der Vergangenheit ist das Schnellbahnnetz von Berlin (West) erheblich erweitert worden — zwar nicht durch Integration und Modernisierung von S-Bahn-Strecken, aber durch einen U-Bahn-Bau, der das U-Bahn-Netz von 1961 bis 1976 um 32 Kilometer oder ca. 53 Prozent erweiterte.[11] Dennoch war nicht nur nicht eine Veränderung der Verkehrsmittelwahl zugunsten öffentlicher Verkehrsmittel zu beobachten, sondern im Gegenteil nahm im selben Zeitraum der Anteil der Berufspendler, die mit öffentlichen Verkehrsmitteln zur Arbeit fahren, von 80 Prozent (1961) kontinuierlich auf 41 Prozent (1976) ab, während umgekehrt der Anteil der Pkw-benutzenden Berufspendler von 20 Prozent (1961) auf 59 Prozent (1976) anstieg.[12]

Eine neuere Untersuchung des Verkehrsmittelwahlverhaltens in Hamburg weist in eine ähnliche Richtung.[13] Danach benutzten im Jahr 1978 von allen Peronen, die — nach bestimmten Kriterien — als »Wahlfreie« eingestuft wurden, weil ihnen sowohl ein Pkw als auch öffentliche Verkehrsmittel zur Verfügung standen, und weil keine objektiven Zwänge die Benutzung des einen oder des anderen Verkehrsmittels aufdrängten, nur ca. 16 Prozent den öffentlichen Nahverkehr.[14] Selbst bei einer überdurchschnittlich guten Qualität des öffentlichen Nahverkehrsangebots, wie sie Herr Schmidtke nach Ausbau der S-Bahn für seinen Arbeitsweg vorfindet, entscheiden sich in Hamburg nur ca. 34 Prozent aller »wahlfreien« Personen für eine Benutzung öffentlicher Verkehrsmittel.[15] Eine weitere Verbesserung der Angebotsqualität durch Verkürzung der S-Bahn-Taktzeiten auf fünf Minuten und Einrichtung einer S-Bahn-Direktverbindung ohne Umsteigenotwendigkeit würde nach den Hamburger Beobachtungen nur weitere fünf Prozent der Wahlfreien zum Umsteigen veranlassen, so daß bei derartigen fast optimalen Verkehrsverbindungen dann insgesamt ca. 39 Prozent aller »Wahlfreien« öffentliche Verkehrsmittel in Anspruch nehmen würden.[16]

Angesichts dieser Untersuchungen erscheinen Rechenergebnisse der Senatsverwaltung als nicht untertrieben, wonach die Integration und Modernisierung der S-Bahn die Zahl der Benutzer öffentlicher Verkehrsmittel nur um drei bis sechs Prozent erhöhen würde.[17]

### Veränderung der Zielwahl

Die Weiterentwicklung des öffentlichen Nahverkehrs unter Einbeziehung des S-Bahn wird zwar — mangels alternativer Arbeitsplatzangebote — Arbeitnehmer kaum dazu veranlassen, ihren Arbeitsplatz zu wechseln, wird aber in vielen Fällen dazu führen, daß wahlfreie Einrichtungen wie Einzelhandelsgeschäfte, Dienstleistungsbetriebe, weiterführende Schulen, Sportstätten oder Naherholungsgebiete an anderen Orten als bisher aufgesucht werden.

In verschiedenen Untersuchungen konnte ein eindeutiger Zusammenhang zwischen der Zahl der Personen, die im Gebiet A wohnen und Einrichtungen im Gebiet B aufsuchen und nutzen, der Zahl der Einrichtungen im Gebiet B und der Reisezeit zwischen den

Gebieten A und B formuliert werden.[18]
Unterstellt man eine gleichmäßige Verteilung aller Einrichtungen im gesamten Stadtgebiet, geht danach die Zahl der Nutzer aus dem Gebiet A mit zunehmender Reisezeit in Form einer Hyperbel zurück. Die Integration und Modernisierung der S-Bahn läßt zwar zunächst die Einrichtungsstandorte unberührt, verändert aber die Reisezeiten zwischen ihnen und den Wohngebieten und erhöht oder verringert so die Wahrscheinlichkeit ihrer Inanspruchnahme. Werden die Reisezeiten verändert, ist zu erwarten, daß in Zukunft Einrichtungen, die von den Wohngebieten weit entfernt liegen, in höherem Maße aufgesucht, während umgekehrt nahegelegene Einrichtungen einen Besucherrückgang verzeichnen werden.
In einer Untersuchung des Instituts für Stadt- und Regionalplanung wurde – in starker Vereinfachung – angenommen, daß jeder Einwohner für ausgefallenere Besorgungen oder die Inanspruchnahme besonderer Dienstleistungen dasjenige der zehn größten Einzelhandelszentren West-Berlins aufsucht, das er von seiner Wohnung aus in der kürzesten Zeit erreichen kann.[19] Unter dieser Annahme ergeben sich erhebliche Veränderungen der Besucherzahlen der Zentren, wenn die S-Bahn integriert und modernisiert wird. Während vor allem die City und die innerstädtischen Zentren Neukölln (Karl-Marx-Straße) und Charlottenburg (Wilmersdorfer Straße) von der S-Bahn profitieren, verringert sich die Zahl der Besucher in den anderen Zentren zum Teil erheblich.

### Veränderung der Standortwahl

Für Berlin (West) sind keine systematischen Untersuchungen zum Zusammenhang zwischen Reisezeiten und Zielwahl einerseits und dem Standortwahlverhalten privater und öffentlicher Investoren andererseits bekannt. Dennoch dürfte unmittelbar einleuchten, daß eine Veränderung der Zielwahl mittelfristig die Wahl von Standorten nicht unberührt lassen wird und daß daher bei der Modernisierung und Integration eines umfangreichen S-Bahn-Streckennetzes tendenziell mit einer gewissen Verlagerung von privaten und öffentlichen Versorgungseinrichtungen aus den Stadtrandgebieten in zentrale Innenstadtgebiete gerechnet werden muß. Damit aber würde auch für diejenigen Benutzer öffentlicher Verkehrsmittel, die noch an den gewohnten Zielen festgehalten hatten, ein Zwang zur Umorientierung und zu längeren Reiseweiten entstehen.
Umgekehrte Entwicklungen sind für die Wohnungsbauinvestitionen zu erwarten: Eine integrierte und modernisierte S-Bahn würde die Erreichbarkeit von Stadtrandgebieten und ihre Attraktivität für zusätzliche Wohnungsbauinvestitionen erheblich erhöhen, was die bereits jetzt vielfach kritisierte Veränderung des alten Ortsbildes beschleunigen würde.[20]
Um die vermuteten Veränderungen in der räumlichen Verteilung von Versorgungseinrichtungen als wenig wahrscheinlich nachzuweisen, wird oft auf das geringe Investitionspotential in Berlin (West) verwiesen. Dabei wird jedoch übersehen, daß es gerade in Berlin (West) – u. a. auf Grund der starken Bevölkerungsabnahme – ein erhebliches »Desinvestitionspotential« gibt, dessen räumliche Konzentration auf Stadtrandgebiete zu ähnlichen verkehrlichen Effekten führen kann wie die Konzentration eines Investitionspotentials auf die Innenstadt.

### Einsparungen bei anderen öffentlichen Aufgabenbereichen

Nach den Berechnungen der Senatverwaltung erhöht die Integration und Modernisierung der S-Bahn trotz Fahrpreiserhöhungen, Einsparungen im Busverkehr und einer gewissen Steigerung der Fahrgastzahlen den vom Land Berlin auszugleichenden Verlust der öffentlichen Verkehrsbetriebe um ca. 127 Mio DM pro Jahr.[21] Da die Kreditaufnahme der öffentlichen Hand wohl kaum um diesen Betrag gesteigert werden kann, ergibt sich so der Zwang zu Streichungen bei anderen öffentlichen Aufgabenbereichen.
Angeregt durch die vor kurzem beschlossene Schließung von drei Krankenhäusern in Berlin (West)[22], wurde in das Beispiel der Familie Schmidtke eine Verkleinerung des Humboldt-Krankenhauses eingeführt, womit nicht zum Ausdruck gebracht werden sollte, daß Sparmaßnahmen dort am ehesten akzeptabel sind. Im Prinzip – ohne die Folgen diskutiert zu haben – sind Einsparungen bei allen öffentlichen Aufgabenbereichen denkbar.

### Zusammenfassung

Die vorgestellten empirischen Untersuchungen zeigen die Realitätsnähe des gewählten Beispiels.
Die Frage nach der Repräsentativität der Erfahrungen der Familie Schmidtke läßt sich dagegen nicht so eindeutig beantworten: Die Auswirkungen einer Weiterentwicklung des öffentlichen Nahverkehrs variieren von Stadtgebiet zu Stadtgebiet und von Bevölkerungsgruppe zu Bevölkerungsgruppe in so großem Ausmaß, daß man das eine repräsentative Beispiel zu ihrer Verdeutlichung nicht finden kann. So könnten zweifellos ohne große Mühe auch Beispiele formuliert werden, in denen sich die S-Bahn-Integration und -Modernisierung ausschließlich vorteilhaft auswirkt. Aber: Die empirischen Untersuchungen legen andererseits den Schluß nahe, daß die Erfahrungen von Schmidtkes nicht die einer untypischen und auf Grund ihrer geringen Zahl vernachlässigbaren Bevölkerungsgruppe sind.

Insgesamt stellt sich eine umfassende S-Bahn-Integration und -Modernisierung als eine Maßnahme dar,
– die das derzeitige Angebot öffentlicher Verkehrsmittel konzentriert, indem sie es in einigen Bereichen erheblich verbessert, in anderen Bereichen aber in gewissem Umfang verschlechtert,
– die weniger zu – wünschenswerten – Veränderungen der Verkehrsmittelwahl als zu – problematischen – Veränderungen in der räumlichen Verteilung von Nutzungen führt,
– und die mit hohen finanziellen Opfern sowohl der Benutzer öffentlicher Verkehrsmittel als auch der öffentlichen Hand erkauft werden muß.

### Folgerungen für die Planung des öffentlichen Nahverkehrs

Die keineswegs nur positive Bilanz der Auswirkungen einer S-Bahn-Integration und -Modernisierung legt es nahe, über eine Differenzierung, Weiterentwicklung und Ergänzung der anfangs formulierten Forderung nach möglichst rascher und umfassender Wiederinbetriebnahme der S-Bahn nachzudenken.

Leitziel dabei sollte eine stärkere Orientierung der Planung an der derzeitigen Angebotsstruktur des öffentlichen Nahverkehrs sein. Dieses Leitziel soll im folgenden in Planungsgrundsätzen und in einem Nahverkehrskonzept konkretisiert werden.

### Planungsgrundsätze

1.) Zur Begrenzung negativer Folgewirkungen (Fahrpreiserhöhungen, Verlängerung von Reisezeiten infolge von Buseinsparungen, Gefährdung der polyzentrischen Stadtstruktur, Belastung des Landeshaushaltes) sollte der S-Bahnbetrieb auf die dicht bebauten Stadtgebiete konzentriert werden, in denen die Nachfrage nach öffentlichen Verkehrsmitteln besonders groß ist, die mit U-Bahnlinien schlecht versorgt sind, und in denen der Busverkehr besonders langsam ist.
2.) Der U-Bahnbau sollte nur noch in geringerem Umfang weiterbetrieben werden, da er nicht nur die beim S-Bahnbetrieb zu beobachtenden Folgeprobleme bewirkt, sondern zusätzlich mit außerordentlich hohen Investitionskosten verbunden ist.
3.) Zum Ausgleich für stillgelegte S-Bahn-Strecken und aufgegebene U-Bahnplanungen sollte der Busverkehr intensiviert, beschleunigt und im Hinblick auf Pünktlichkeit, Bequemlichkeit und Emissionen verbessert werden[23].
4.) Endpunkte von S-Bahn-Strecken und Verknüpfungspunkte zwischen S-Bahn und Bussen sollten dort vorgesehen werden, wo die Entwicklung oder der Ausbau von Versorgungs- und Arbeitsplatzzentren Ziel der räumlichen Planung ist.
5.) In Gebieten, deren Versorgung mit öffentlichen Verkehrsmitteln durch die S-Bahn wesentlich verbessert wird, sollten Maßnahmen großflächiger Verkehrsberuhigung durchgeführt werden, u. a., um Pkw-Benutzer zum Umsteigen anzuregen.
6.) Um die Nachfrage nach S-Bahnleistungen zu erhöhen, sollten für geeignete Flächen im näheren Einzugsbereich von S-Bahnhöfen Bebauungspläne festgesetzt werden, die ein hohes Maß baulicher Nutzung zulassen[24].
7.) Soweit S-Bahn-Strecken nach diesen Planungsgrundsätzen eine wichtige Aufgabe übernehmen können, sollten sie möglichst schnell wieder in Betrieb genommen werden, da die Kosten ihrer Instandsetzung mit jedem Monat ohne Betrieb steigen.
8.) Soweit — nach heutigen Erkenntnissen — auf S-Bahn-Strecken verzichtet werden kann, sollten sie dennoch auf Dauer freigehalten werden, da nicht vorherrschende Entwicklungen ihren Betrieb zu einem späteren Zeitpunkt sinnvoll machen können.

### Die Fahrplan- und Streckennetzalternative S-Min als eine mögliche Konkretisierung der Planungsgrundsätze

Die Planungsgrundsätze können in unterschiedliche Planungskonzepte übersetzt werden. Eine mögliche Konkretisierung stellt die Fahrplan- und Streckennetzalternative S-Min dar, die in einem Forschungsvorhaben des Instituts für Stadt- und Regionalplanung der Technischen Universität Berlin entwickelt wurde.[25]
Bei S-Min werden die S-Bahn-Linien nur bis zu zentralen Standorten im Stadtrandgebiet (Rathaus Spandau, Märkisches Zentrum, Bahnhof Zehlendorf) geführt und dort mit einem gebündelten Busverkehr verknüpft. Der U-Bahn-Betrieb wird nur dort erweitert, wo bereits Strecken im Bau sind (Linie 7 bis Rathaus Spandau, Linie 8 bis Paracelsusbad). Der Busverkehr wird in Stadtrandbereichen verdichtet und beschleunigt, wobei pauschal angenommen wurde, daß es durch verschiedene Maßnahmen (Vgl. Anm. 23) möglich sei, diejenigen Busgeschwindigkeiten auch in der Hauptverkehrszeit zu erreichen, die der Fahrplan der Berliner Verkehrsbetriebe für die Abendstunden vorsieht.
Detaillierte Untersuchungen deuten darauf hin, daß S-Min alternativen Planungskonzepten auf der Basis anderer Planungsgrundsätze überlegen ist. So wurden die Planungskonzepte S-Max (umfangreicher S-Bahn-Betrieb, geringe U-Bahn-Erweiterungen, erhebliche Kürzungen im Busverkehr) und U-Max (kein S-Bahn-Betrieb, Erweiterung des U-Bahn-Netzes um 80 km, erhebliche Kürzungen im Busverkehr) entworfen und mit S-Min u. a. daraufhin verglichen, wie sich die Reisezeiten der derzeitigen Benutzer öffentlicher Verkehrsmittel verändern. Während S-Min die gesamte Reisezeitsumme, die im Winter 1979/80 von allen Benutzern öffentlicher Verkehrsmittel für die untersuchten Wege[26] aufgewendet werden mußte, um ca. 6,4 Prozent verringert, beträgt die entsprechende Reisezeitersparnis bei S-Max nur ca. 3,1 Prozent und bei U-Max nur ca. 5,0 Prozent.[27]
Diese und andere Untersuchungsergebnisse scheinen die Angemessenheit der obigen und für S-Min-maßgeblichen Planungsgrundsätze zu bestätigen. Nicht nachgewiesen ist damit, daß S-Min die denkbar beste Alternative für die Weiterentwicklung des öffentlichen Nahverkehrs in Berlin (West) ist — der Modifizierung von S-Min oder der Abteilung anderer Planungskonzepte aus obigen Grundsätzen sind damit keine Grenzen gesetzt.

### Anmerkungen

1 Alle Zahlenangaben beruhen auf Berichten des »Tagesspiegels« vom 14. 1. 1982 (»Fahrgastzahlen der BVG steigen weiterhin langsam an«) und vom 29. 6. 1982 (»Am meisten zahlt die BVG für ihre 15 000 Mitarbeiter«).
2 Vgl. Tagesspiegel vom 29. 6. 1982 (»Am meisten zahlt die BVG für ihre 15 000 Mitarbeiter«).
3 Nach Angaben in Welt am Sonntag vom 17. 6. 1982 (»Schon morgen könnte sie wieder rollen«) würde selbst eine besonders gut ausgelastete S-Bahn-Strecke nur ca. 19 Prozent der Betriebskosten aus Fahrgeldeinnahmen decken können.
4 Vgl. Tagesspiegel vom 23. 6. 1982 (»Modernisierung der S-Bahn schon während des laufenden Betriebs«); verteilt man die Tarifanhebung von 22 Prozent auf zwei Termine und addiert man sie mit »normalen« Erhöhungen von acht bis zehn Prozent, so ergeben sich die im Beispiel der Familie Schmidtke angegebenen Steigerungsraten von zweimal 20 Prozent.
5 Vgl. Niklas, J.: Hat die S-Bahn eine Beförderungsaufgabe in Berlin (West)?, in: DIW-Wochenbericht 5/81, S. 51, 53. Die absehbaren Veränderungen der Bevölkerungsstruktur sind dabei insofern für den öffentlichen Nahverkehr bedeutsam, als Gruppen mit einer überdurchschnittlich hohen Inanspruchnahme öffentlicher Verkehrsmittel (z. B. Rentner oder Schüler) in besonders großem Umfang abnehmen werden.
6 Vgl. Tagesspiegel vom 14. 1. 1982: »Fahrgastzahlen der BVG steigen weiterhin langsam an«.
7 Vgl. Tagesspiegel vom 23. 6. 1982 (»Modernisierung der S-Bahn schon während des laufenden Betriebs«) und vom 30. 7. 1982 (»Senat sieht Betriebskosten der S-Bahn als Problem«).
8 Vgl. v. Lüpke, D., Glasbrenner, H.: Veränderung der Erreichbarkeit ausgewählter Standorte in Berlin (West) durch eine mögliche Integration der S-Bahn in das Verkehrsangebot der Berliner Verkehrsbetriebe, Berlin 1982, S. 23—42 (eine Veröffentlichung befindet sich in Vorbereitung). Von den Verfechtern weitgehender Buseinsparungen wird oft der Begriff der »Parallellinien« verwandt. Versteht man darunter Buslinien, deren Strecke derjenigen von S-Bahn-Linien genau entspricht, findet man nur wenige Parallellinien in Berlin (West): Im wesentlichen handelt es sich dabei um Streckenabschnitte der Buslinien 65 und 66. Andere Buslinien fahren ebenfalls parallel zu S-Bahn-Strecken, auf Grund des größeren Abstandes können ihre Funktionen aber nicht mit denen der S-Bahn gleichgesetzt werden.

9 Vgl. v. Lüpke, D., Glasbrenner, H., (Anm. 8), S. 83–85.

10 Den Reisezeitrechnungen für die Ausgangsphase des Beispiels liegen Fahrpläne und Streckennetze öffentlicher Verkehrsmittel vom Winter 1979/80 zugrunde. Für den S-Bahn-Betrieb in der zweiten und dritten Phase des Beispiels wurde eine Taktzeit von zehn Minuten und eine Fahrzeit angenommen, die sich bei einem – recht hohen – Beschleunigungs- und Bremsvermögen moderner S-Bahn-Züge von ein $m/sec^2$ ergibt. Wartezeiten im öffentlichen Nahverkehr wurden in allen Fällen mit der Hälfte der Taktzeit gleichgesetzt. Umsteigefußwegzeiten beruhen auf Begehungen großer Umsteigeknotenpunkte.

11 Vgl. Niklas, J., (Anm. 5) S. 54.

12 Vgl. Der Senat von Berlin (Hrsg.): Bericht 1977 zur Verkehrsentwicklungsplanung, Berlin 1978, Bd. 1, S. 50; die Zahl der zu Fuß oder mit Zweirädern zur Arbeit kommenden Berufspendler bleibt bei diesen Zahlen unberücksichtigt.

13 Vgl. Höffler, K.-H., Hüttmann, R., Pasquay, F.: Verkehrsmittelwahl bei unterschiedlichem ÖPNV-Angebot, in: Verkehr und Technik 1982, Heft 6, S. 217.

14 Ebd., S. 218.

15 Dieser Prozentanteil gilt für eine Angebotskategorie, die durch eine hohe Beförderungsgeschwindigkeit von über 20 km/h, einen Takt von zehn Minuten und eine Umsteigehäufigkeit von eins beschrieben wird. Vgl. Höffler, K.-H., Hüttmann, R., Pasquay, F. (Anm. 13), S. 224.

16 Vgl. ebd., S. 221.

17 Vgl. Tagesspiegel vom 23. 6. 1982: »Modernisierung der S-Bahn schon während des laufenden Betriebes«.

18 Vgl. u. a. Kutter, E.: Areales Verhalten des Stadtbewohners – Folgerungen für die Verkehrsplanung, Braunschweig 1973, Veröffentlichungen des Instituts für Stadtbauwesen der TU Braunschweig, Heft 12, S. 116–122.

19 Vgl. v. Lüpke, D., Glasbrenner, H. (Anm. 8), S. 79–83. Um die Unterschiede der Attraktivität der zehn Zentren zu berücksichtigen, wurden die Reisezeiten zu den Zentren mit unterschiedlichen Faktoren gewichtet.

20 Vgl. Tagesspiegel vom 14. 1. 1982: »Zersiedlung soll verhindert werden«.

21 Vgl. Tagesspiegel vom 23. 6. 1982: »Modernisierung der S-Bahn schon während des laufenden Betriebs«.

22 Vgl. Tagesspiegel vom 18. 12. 1982: »1300 Arbeitsplätze an Kliniken sollen eingespart werden«.

23 Eine Intensivierung des Busverkehrs ist möglich durch Verkürzung der Wagenfolge und Einrichtung neuer oder Verlängerung bestehender Linien. Für eine Beschleunigung kommt eine Vielzahl von Maßnahmen in Betracht: Einrichtung von Busspuren und Busschleusen, Lichtsignalsteuerung durch Busse, Einsatz von Eindeck-Gelenkbussen mit einer größeren Zahl von Türen, Abschaffung von Fahrkartenkontrolle und -verkauf durch den Busfahrer oder Wiedereinführung von Schaffnern, Einrichtung von Schnellbuslinien mit größerem Haltestellenabstand. Vor allem Busspuren und Lichtsignalsteuerungen führen zu beträchtlichen Fahrzeitverkürzungen (Vgl. u. a.: Kirchhoff, H.-H., Köhler, U.: Lösungsansätze zur Verbesserung des Omnibusverkehrs in Hamburg, Teil I und II, in: Verkehr und Technik 1981, Hefte 2 und 3, S. 51 ff. und 99 ff., oder: Joos, E.: Computergesteuerte Lichtsignalanlagen zur Beschleunigung von Tram und Bus in Zürich, in: Verkehr und Technik 1981, Heft 12, S. 512 ff.). Zugleich können damit weitere positive Effekte wie größere Pünktlichkeit oder Einsparung von Personal und Bussen erzielt werden. Daß außerdem in Folge dieser Maßnahmen der Pkw-Verkehr eine gewisse Verlangsamung in Kauf nehmen muß, ist unter der Zielsetzung einer Veränderung der Verkehrsmittelwahl nicht unerwünscht. Was die Reduktion von Bus-Emissionen angeht, ist der Einsatz von Duo-Bussen, die wahlweise mit Strom aus Oberleitungen oder Batterien oder mit Dieselmotoren fahren können, von Oberleitungsbussen oder von Straßenbahnen denkbar.

24 In manchen Fällen könnten auch umgekehrt Bebauungspläne sinnvoll sein, die – etwa im Interesse der Erhaltung eines alten Ortsbildes – durch die S-Bahn-bedingte Nutzungsänderungen unterbinden.

25 Vgl. v. Lüpke, D., Glasbrenner, H. (Anm. 8), S. 23–31.

26 Aus zeitlichen und finanziellen Gründen konnten nur die Reisezeiten von etwa 43 Prozent aller mit dem öffentlichen Nahverkehr zurückgelegten Wege betrachtet werden.

27 Vgl. v. Lüpke, D., Glasbrenner, H. (Anm. 8), S. 58–63.

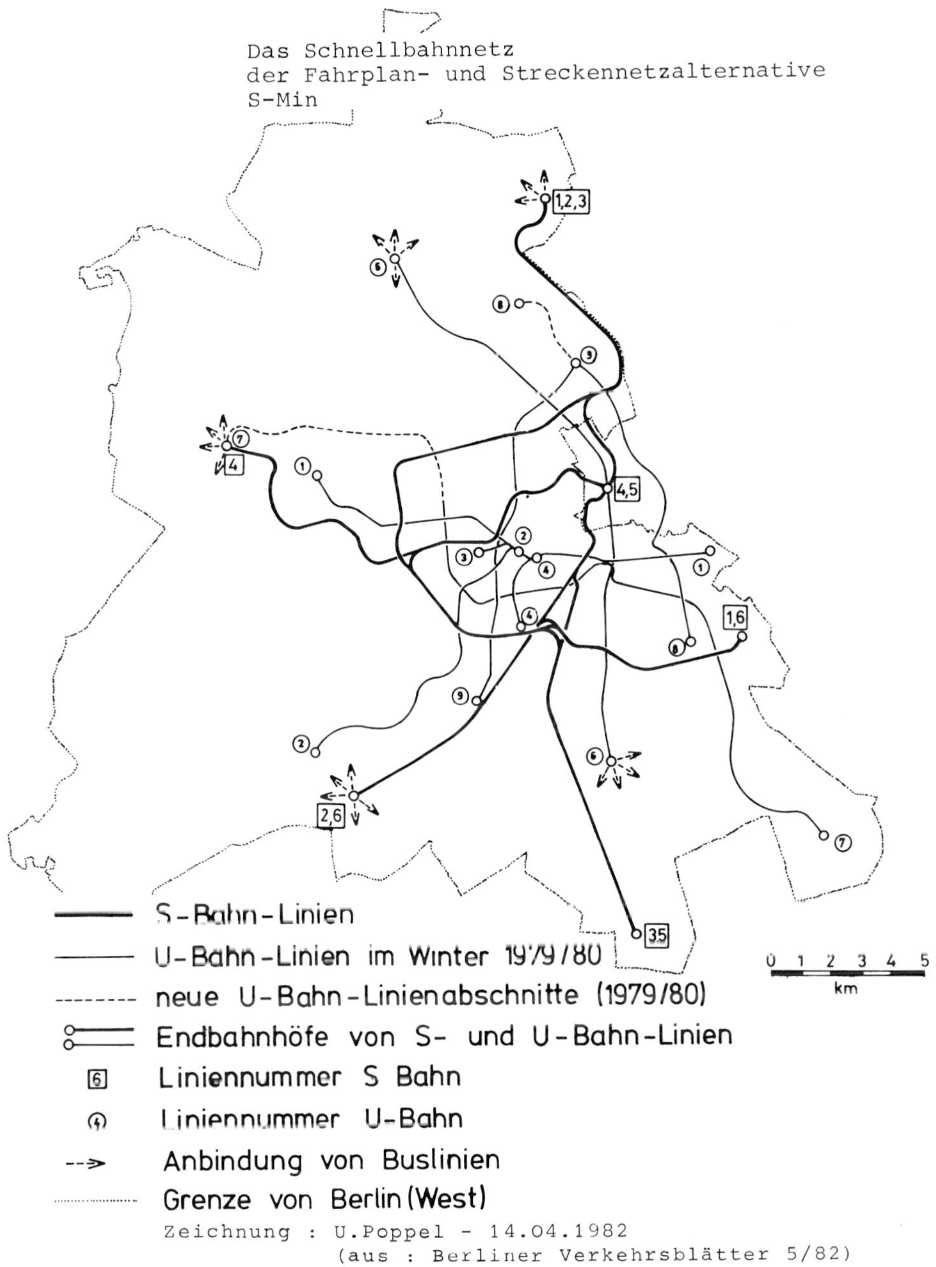

# Mit der S-Bahn für einen humaneren Stadtverkehr

## Bereich Verkehr der AL

**Wer wir sind . . .**

Nostalgiegetränkter Blick zurück – sei es im Zorn, mit Wehmut oder in guter Laune – liegt der AL nicht. Wer zur AL gehört oder mit ihr sympathisiert, sieht auf ie Gegenwart, auf das Hier und Heute, blickt in die Zukunft. Ihre Freunde wollen die Gegenwart verändern und die Zukunft gestalten. Wissen um die Vergangenheit ist nur so weit gefragt, wie es für die Arbeit an diesen Zielen nötig oder dienlich ist.
Das prägt auch die Einstellung der AL zur S-Bahn. Die junge Generation aus der AL weiß allenfalls aus der Technikgeschichte von den Sonderlokomotiven für die Dampf-S-Bahn, deren Heizflächen ungewöhnlich groß waren, damit sie für das häufige Beschleunigen nach den kurz aufeinander folgenden Bahnhofsaufenthalten Dampf genug hatten. Die ALer wissen auch nichts von den vielen Konstruktions-, Prüf- und Erprobungsarbeiten an nur solch' einem Detail wie den Türen der elektrisch betriebenen S-Bahn-Züge, um bei geringstem Raumbedarf schnellsten Fahrgastwechsel zu ermöglichen, nur eine von vielen Arbeiten, bei denen die Berliner S-Bahn der Verkehrsmitteltechnik neue Wege gewiesen hat. Höchstens vom Hörensagen kennen die ALer die Verkehrsleistungen der S-Bahn von 1930, 1936, 1942 oder 1948. Sie brauchen auch von solchen Dingen nichts zu wissen.

**. . . und was wir wollen**

Die ALer gehen aus von der generellen Verminderung des gesamten Verkehrs in der Stadt als oberstem verkehrspolitischem Ziel einer menschen- anstatt autogerechten Stadtplanung. Für den notwendigerweise verbleibenden Verkehr ist der gesamtgesellschaftliche Aufwand an Arbeit, Material, Energie und Geld möglichst gering zu halten. Hieraus leitet sich im Bereich des Personenverkehrs eindeutig eine Priorität für den öffentlichen und den nicht motorisierten individuellen Verkehr gegenüber dem motorisierten Individualverkehr ab.
Ziel soll es nicht mehr sein, die räumliche Mobilität der Bevölkerung endlos zu erhöhen, sondern Ziel soll gerade die Minimierung der Zwangsmobilität sein, und wenn schon Verkehr, dann möglichst zusammengefaßter, öffentlicher. Hierzu müssen möglichst viele Leute vom motorisierten Individualverkehr auf den öffentlichen umsteigen.

**Attraktivitätsvorsprung des Autos . . .**

Dem steht zur Zeit ein deutliches Gefälle an Attraktivität vom privaten Pkw zum öffentlichen Verkehrsmittel entgegen. Nur ein Abbau dieses Gefälles kann den wünschenswerten Umsteigeeffekt weg vom Pkw hervorrufen. Dazu muß der öffentliche Verkehr *relativ* attraktiver werden. Auch die ständigen Kostensteigerungen je Beförderungsfall im öffentlichen Verkehr können nur aufgehalten werden durch zusätzliche Fahrgäste und nicht durch zusätzliche Fahrpreise.
Jede direkte Maßnahme zur Qualitätssteigerung des öffentlichen Verkehrs wird jedoch durch gleichzeitigen Ausbau und Neubau von Straßen ad absurdum geführt, weil dadurch das Attraktivitätsgefälle auf qualitativ höherem Niveau und mit höheren Kosten konstant gehalten oder gar noch verstärkt wird. Kein Pkw-Fahrer wird zum Benutzer öffentlicher Verkehrsmittel, wenn er dank fortschreitendem Straßenbau sein Ziel mit dem Pkw noch schneller als bisher erreicht. Das Berliner Straßennetz ist bereits zu gut.
Die Integration der S-Bahn in den Westberliner öffentlichen Nahverkehr ist eine hervorragende Maßnahme, dessen Attraktivitätsrückstand gegenüber dem Individualverkehr abzubauen. Gleichzeitig müssen jedoch alle Maßnahmen, die den Pkw-Verkehr beschleunigen, gestoppt werden. Dazu gehört zur Zeit vor allen Dingen der Stadtautobahnbau.
Darüber hinaus muß auf dem Gebiet des innerstädtischen Verkehrs – man mag das bedauern oder begrüßen – die Zahl der in den Straßen spazieren fahrenden oder spazieren stehenden Autos entscheidend verringert werden. Die Straßen müssen wieder in den Lebensraum der Stadtbewohner, in ihr Erlebnisfeld, in ihr Wohnen, Gehen, Verweilen, Sprechen, Anschauen und Hören einbezogen werden. Sie müssen dafür in der Verkehrsfläche schmaler, der Autoverkehr muß langsamer werden.
Die Vorschläge dafür, auch vom Bereich Verkehr der AL, sind Legion. Sie beginnen beim Stopp für weiteren Straßenbau und bei der Entwidmung bestehender Straßen in Wohn- und Erholungsgebieten zugunsten der Fußgänger. Hauptverkehrsstraßen können verschmälert, Schleichwege durch bauliche Maßnahmen wie beispielsweise eingebaute Schwellen unattraktiv gemacht werden. Überhaupt sollten bauliche Maßnahmen wegen ihrer höheren Effizienz immer Vorrang vor Verkehrsregelungen durch Verbote haben.

Die Zurückdrängung der Fußgänger und der Fahrradfahrer durch das Auto kann rückgängig gemacht werden durch die Einrichtung von Fahrradwegen auf der bisher dem motorisierten Verkehr vorbehaltenen Fahrbahn, durch die Einrichtung von Fußgängerüberwegen an Bahnhofs-, Werks-, Schul- und Theaterzugängen, Übergänge an bepflanzten oder begrünten Mittelstreifen in 50 Meter Abstand, durch Abbau der Sperrgitter auf Straßenmittelstreifen sowie Ampelregelungen, die Fußgängern wie auch Radfahrern ebensoviel Zeit lassen wie Autofahrern.
Die Gleichberechtigung der Verkehrsteilnehmer, die derzeit stark zu Lasten der Benutzer öffentlicher Verkehrsmittel verzerrt ist, kann wiederhergestellt werden durch eingeschränktes Halteverbot auf allen von Bussen befahrenen Straßen, erhebliche Verlängerung des Busspurennetzes, Buskurzspuren oder Busschleusen an Kreuzungen sowie die Zurückverlegung von Bushaltestellen an fahrgastfreundlichere Stellen der Kreuzungsbereiche.
Schließlich trägt eine starke Verringerung des Parkplatzangebots, vor allem an den Zielorten des Berufs-, Einkaufs- und Ausflugsverkehrs ebenso dazu bei, den Attraktivitätsvorsprung des Autoverkehrs abzubauen wie eine gerechtere Verteilung der Kosten der jeweiligen Verkehrsart auf die Benutzer von Pkw und öffentlichen Verkehrsmitteln. Dies kann etwa geschehen durch eine entsprechende Besteuerung des Autoverkehrs, die einen größeren Anteil der gesamtgesellschaftlichen Kosten des Autoverkehrs abdecken hilft, als dies bisher der Fall ist.

### ... und Attraktivitätsrückstand des öffentlichen Verkehrs

Daran, zur Humanisierung des Lebens in der Stadt den Individualverkehr zu verlangsamen, um ihn zwar nicht versiegen zu lassen, aber doch verringern zu helfen, kann aber erst gegangen werden, wenn zusätzlich eine Attraktivitätssteigerung des öffentlichen Nahverkehrs in die Wege geleitet worden ist. Auch hierzu sind die schon gemachten Vorschläge Legion. Sie alle stehen und fallen mit der Einrichtung eines Fahrausweis- und Verkehrsmittelverbundes zwischen den beiden in West-Berlin vorhandenen Verkehrsträgern BVG und S-Bahn. Hinzu kommen können die Verdichtung des Netzes und der Fahrtaktzeiten des neu zusammengefaßten öffentlichen Verkehrs, was für die S-Bahn eine Zugfolge von fünf bis zehn Minuten bedeuten würde.
Die Umsteigemöglichkeiten zwischen BVG und S-Bahn, aber auch zwischen U-Bahn und Bus oder Bussen untereinander können besser gestaltet werden, sowohl was die Länge der Umsteigewege als auch was die Fahrplananschlüsse betrifft. Wesentlich ist auch die Erweiterung des Sitzplatzangebots sowie der Transportmöglichkeiten von Kinderwagen, Rollstühlen und Gepäckstücken vor allem in den Bussen. Über die Rückgewinnung der Bevorrechtigung des Busverkehrs in den Straßen wurde weiter oben schon einiges gesagt.
Nicht zuletzt sind annehmbare und soziale Fahrpreise vor allem auch im Fernverkehr vonnöten, denn dort ist der öffentliche Personenverkehr am wenigsten mit dem Individualverkehr konkurrenzfähig. Dies führt dazu, daß viele einen Pkw zwar eigentlich nur für Fernfahrten bereithalten, ihn jedoch, da er schon einmal vorhanden ist, auch für Stadtfahrten benutzen.
Erst mit solchen Maßnahmen, die geeignet sind, dem öffentlichen Personennahverkehr einen Geschwindigkeitsvorteil und Attraktivitätsvorsprung gegenüber dem Auto zu sichern, besteht Aussicht, den Anteil der mit öffentlichen Verkehrsmitteln zurückgelegten Wege wieder zu steigern und ihn — auf längere Sicht gesehen — erheblich über die Zahl der mit dem Auto zurückgelegten Wege zu heben.
Wenn sich herumspricht, daß man mit öffentlichen Verkehrsmitteln schneller, billiger und bequemer sein Ziel erreicht, daß man in der Bahn lesen kann statt sich im Auto über einen Stau zu ärgern, wird der Verkehr mit Bahn und Bus aufhören, Restverkehr für Alte, Arme, Arbeitslose, Ausländer und Auszubildende zu sein. Im Interesse einer Humanisierung des Lebens in der Stadt setzt sich die AL dafür ein, alles zu tun, um dem Fahren in öffentlichen Verkehrsmitteln den Makel des »billigen Ersatzes«, der ihm im Augenblick anhaftet, zu nehmen.

### Vorzüge der S-Bahn

Zur geforderten Attraktivitätssteigerung des öffentlichen Verkehrs wird nach Auffassung der AL die S-Bahn gebraucht, das S-Bahn-Netz im Verbund mit dem U-Bahn- und dem Bus-Netz. Verbund heißt Tarifverbund und Fahrplanverbund. Dann kann zwischen den drei Netzen beliebig umgestiegen werden, und man kann sicher sein, daß man auf den nächsten Bus oder Zug nicht 20 Minuten warten muß, wenn man die Haltestelle zum Umsteigen erreicht hat.
Voraussetzung hierfür wiederum ist die Wiederinbetriebnahme der gesamten S-Bahn, denn die überzeugendste Alternative zum Individualverkehr in West-Berlin ist ein 250 Kilometer langes Schnellbahnnetz als Grundlage des öffentlichen Nahverkehrsnetzes. Für einen Vorrang der Bahnen vor den Bussen sprechen nicht zuletzt auch Gründe des Umwelt- und des Arbeitsschutzes. Bahnen verursachen weniger Emissionen als Busse und setzen ihre Fahrzeugführer wesentlich weniger Arbeitsstreß aus als Busse.
Für die ALer ist die S-Bahn ein Verkehrsmittel, im Grunde ein Werkzeug, das helfen kann bei der Aufgabe, die Stadt für ihre Einwohner wieder besser bewohnbar, die Stadt menschlicher zu machen. Und bei dieser Prüfung schneidet die S-Bahn gut ab. Sie fährt schnell, sicher und zuverlässig. Sie ist bequem, bietet reichlich Platz für Kinderwagen, Fahrräder, Rollstühle und Gepäck und ist umweltfreundlicher als andere Verkehrsmittel.
An Energie braucht sie für den Beförderungsfall nur etwa ein Zehntel dessen, was das Auto benötigt, halb soviel wie der Bus, sogar noch weniger als die U-Bahn. Sie macht auch viel weniger Lärm als die Autos. Man muß sich dafür vor Augen halten, daß ein S-Bahn-Zug mit acht Wagen so viele Sitzplätze hat wie 100 Autos. Betrachtet man die übliche Platzausnutzung der Autos, entspricht ein solcher S-Bahn-Zug sogar 350 Autos. Verglichen mit diesen 350 Autos flüstert die S-Bahn durch die Stadt.
Luftverschmutzung durch Abgase kennt die S-Bahn nicht oder — wenn man die Sekundärenergieerzeugung in Kraftwerken einbezieht — nur wenig. Daß dies in Berlin ein besonders wichtiges Argument ist, hat sich bei dem viermaligen Smogalarm im Winter 1981/82 gezeigt und wird sich wahrscheinlich leider im Winter 1982/83 erneut zeigen.
Berlin ist keine Stadt der kurzen Wege mit dicht beieinander liegenden Wohn- und Arbeitsstätten, Ausbildungs- und Erholungseinrichtungen. Wie man Märkisches Viertel, Gropiusstadt und Falkenhagener Feld auch immer beurteilen mag, wegdiskutieren kann

man diese Stadtteile mit der Einwohnerzahl einer Großstadt nicht. Auch gibt es ja noch Frohnau, Lichtenrade und all die anderen Vororte mit ihren Verkehrsbedürfnissen.
Will man diese Stadt humaner, will man dazu die Straßen menschenfreundlicher machen, muß der Autoverkehr eingedämmt werden. Will man individuellen Autoverkehr eindämmen, müssen andere bequeme und schnelle Verkehrsmittel bereitstehen.

### Beschäftigungspolitische Aspekte

Ein weiterer Aspekt der Wiedereinbeziehung der S-Bahn in das Westberliner Verkehrsnetz ist gerade in der gegenwärtigen Zeit der Wirtschaftskrise nicht zu unterschätzen: der beschäftigungspolitische Aspekt. Bei überflüssigem Autobahn- und Straßenneubau eingesparte Arbeitskräfte können verlagert werden in den zukunftsträchtigeren öffentlichen Verkehr, soweit nicht interne Verlagerungen vom Straßenneubau hin zu Verkehrsberuhigungsmaßnahmen ausreichend sind.
Zusätzliche Arbeitsplätze können nicht nur im Tiefbausektor, sondern auch in der Metall-, Elektro- und Waggonbauindustrie geschaffen werden. Gerade die durch die derzeit drohende Pleite des AEG-Konzerns gefährdeten Arbeitsplätze könnten durch eine Renaissance der S-Bahn wieder sicherer gemacht werden.
Nicht zuletzt werden auch auf Dauer Arbeitsplätze geschaffen beim Betrieb einer wieder voll funktionsfähigen S-Bahn, Arbeitsplätze, die für ihre Inhaber weniger zermürbend und gesundheitsschädlich sind als die Arbeitsplätze der streßgeplagten Busfahrer.

### Maßnahmen und Forderungen

Zu den Sofortmaßnahmen, die auf dem Wege der S-Bahn-Integration schon jetzt ergriffen werden konnen, gehoren vor allem der sofortige Stopp aller Großvorhaben im Straßenneubau, die Verhinderung weiterer Stillegungen von S-Bahn-Strecken, die offizielle Rücknahme des S-Bahn-Boykott-Aufrufs von 1961, Werbemaßnahmen für die S-Bahn in den Medien und insbesondere durch die BVG, die Einleitung von Bürgerbeteiligung bei der Integration der S-Bahn sowie die Einleitung von Verhandlungen mit der Reichsbahn über einen Tarifverbund.

Dabei muß davon ausgegangen werden, daß es den Einwohnern von Rostock und Erfurt nicht weiter zugemutet werden kann, mit ihren Steuern das Defizit auszugleichen, das durch den Betrieb der S-Bahn in West-Berlin verursacht wird.
Bauliche Maßnahmen bei der S-Bahn sollen sich zunächst beschränken auf die Instandsetzung der S-Bahn-Strecken einschließlich ihrer elektrischen Anlagen, auf die Instandsetzung beschädigter S-Bahnhöfe sowie auf Verbesserungen an S-Bahnhofs-Ausgängen und Übergängen zur U-Bahn.
Später soll die volle Zweigleisigkeit wiederhergestellt werden, um eine dichte Zugfolge auch auf den Außenstrecken zu gewährleisten. Die selbstverständliche Verbesserung und Weiterentwicklung des ruhenden und rollenden Materials soll stetig im Lauf des Betriebes erfolgen.
Die AL schließt sich dem Brauch nicht an, die S-Bahnen der Bundesbahn, beispielsweise in München oder Frankfurt, oder die U-Bahn der BVG als Maßstab für die Westberliner S-Bahn hinzustellen. Weder die Münchener noch die Frankfurter S-Bahn haben ein S-Bahn-reines Schienensystem, wie es bei der Berliner S-Bahn auf dem größten Teil des Netzes üblich ist.
Auch die U-Bahn-Entwicklung der BVG kann keineswegs immer als Vorbild gelten. So hat die Westberliner U-Bahn den Energieverbrauch je Personenkilometer in den letzten 25 Jahren verdoppelt, bestimmt kein Ziel, dem nachzustreben angebracht wäre. Vorbildhaft ist allenfalls die S-Bahn im Ostteil von Berlin, deren Leistungsfähigkeit täglich unter Beweis gestellt wird.
Integration der S-Bahn bedeutet auch mehr als bloße Addition der Netze von S-Bahn, U-Bahn und Bus. Änderungen in den Netzen sind auch nach Meinung der AL unabdingbar. Die AL gibt aber einiges zu bedenken, was in der Diskussion um die S-Bahn-Integration bisher wenig beachtet wurde. Die Bahnnetze sind verhältnismäßig starr, Änderungen sind teuer und sollten nur nach eingehender Erwägung des Für und Wider, vor allem auch mit den betroffenen Bürgern ins Auge gefaßt werden.
Kurze Verlängerungen und Änderungen einiger U-Bahn-Strecken zur besseren Verknüpfung der Netze bieten sich an: die Verbindung von U 3 und U 4 am Wittenbergplatz sowie die Verlängerungen der U 2 zum S-Bahnhof Lindenthaler Allee und der U 8 zum S-Bahnhof Hermannstraße.
Dagegen ist die Verlängerung der U-Bahn-Linie 8 über die Kremmener Bahn hinaus auf jeden Fall ungünstiger als eine S-Bahn-Stichstrecke ins Märkische Viertel. Hierüber sollte eingehender nachgedacht werden, ebenso über einen S-Bahn-Anschluß des Falkenhagener Feldes über die Bötzowbahn.
Auch eine Begradigung der Nord-Süd-S-Bahn zwischen Potsdamer Platz und Yorckstraße ist für die AL eine Überlegung wert, auch wenn es hierzu bedenkenswerte andere Alternativen gibt. Eine Umsteigemöglichkeit zur U-Bahn am Gleisdreieck hat jedoch sicherlich höheren Verkehrswert als die weitere Bedienung des Askanischen Platzes ein Vierteljahrhundert nach Schließung des Anhalter Fernbahnhofs.

### Finanzierung der S-Bahn-Integration

Die Kosten der Integration der S-Bahn in das Westberliner Nahverkehrsnetz sind zunächst keineswegs auch nur annähernd so hoch wie der Senat mit seinen Äußerungen im Juni 1982 glauben machen wollte. Eine Wiederinbetriebnahme der 1980 stillgelegten S-Bahn-Strecken läßt sich in weniger als zwölf Monaten für wenige Millionen DM bewerkstelligen.
Allerdings würden dann als Folge der S-Bahn-Integration höhere laufende Aufwendungen auf die Staatskasse zukommen als es derzeit schon für den Defizitausgleich der BVG notwendig ist. Dem stünde jedoch ein Nutzen gegenüber, dessen Umfang versucht wurde darzustellen.
Gemessen an den Kosten für Autobahnbau (500 Millionen DM für die Autobahn durch den Tegeler Forst, 1–2 Milliarden DM für den vom Senat avisierten »Parkway« durch den Tiergarten) oder den Unterhalt von ICC und Deutscher Oper (100 Millionen Mark jährlich), nehmen sich die Kosten nicht nur für die Wiederinbetriebnahme, sondern auch für Modernisierung und Unterhalt der S-Bahn unter der Berücksichtigung von deren Nutzen geradezu bescheiden aus.
Und selbst eine Luxusmodernisierung der S-Bahn, die auch die AL für die spätere Zukunft als solche im Prinzip nicht ablehnt, wenn dadurch die Leistungsfähigkeit der S-Bahn und die Einheitlichkeit des Bahnsystems mit dem Umland nicht gefährdet wer-

den, ist nur ein Siebtel bis ein Zehntel so teuer wie gleichlanger U-Bahn-Bau. Selbst für die Luxusmodernisierung des gesamten S-Bahn-Netzes wären nur 15 bis 20 Kilometer U-Bahn-Neubau zu haben.

### Hindernisse und Erschwernisse

Wie kommt es vor dem Hintergrund des Gesagten, daß bis jetzt praktisch noch keinerlei Fortschritte bei der Einbeziehung der S-Bahn in das Westberliner Nahverkehrsnetz erzielt wurden? Da ist einmal die Lobby der BVG, die der Meinung ist, daß eine neu belebte S-Bahn in jedem Fall eine Konkurrenz zur BVG darstellt und deshalb bekämpft werden muß.
Dabei wird vorgeschoben, die Interessen der bei der BVG Beschäftigten seien bedroht, während doch durch die S-Bahn-Integration nicht nur der gesamte öffentliche Personennahverkehr Auftrieb erhält, sondern auch bei der S-Bahn selbst zukunftsträchtige Arbeitsplätze geschaffen werden.
Da sind weiterhin Elektro- und Waggonbaukonzerne, die ihre Felle davonschwimmen sehen, wenn sie die integrierte S-Bahn als Magnetbahn-Versuchsfeld verlieren, bei dem sie sich bis jetzt staatlich garantierte Berliner Subventions-Extraprofite erhoffen. Zudem könnten in den Jahren bis zur technischen Ausreifung der Magnetbahn erst einmal weiter U-Bahnen gebaut werden, wie sie der Senat bereits für das Märkische Viertel vorsieht. In Wahrheit sichert gerade die S-Bahn-Integration Arbeitsplätze bei AEG, Siemens oder Orenstein und Koppel.
Die Installierung einer Magnetbahn auf dem Gleiskörper der Westberliner S-Bahn würde jedoch nicht nur große Einbußen an Beförderungskapazität und Geld bedeuten und auch erst viel später ein erweitertes Verkehrsangebot zur Folge haben, sie würde darüber hinaus die Westberliner S-Bahn von der Ostberliner und der des Berliner Umlandes isolieren und damit Berlin ein weiteres Mal teilen beziehungsweise eine Wiedervereinigung erschweren.
Eigentlich müßte es angesichts dieser Tatsache einen Aufschrei des Entsetzens bei der Springer-Presse und der CDU geben, die doch beide jahrelang miteinander wetteiferten, die Teilung Berlins zu bedauern. Ganz abgesehen davon müßte dann der auch von der CDU gewünschte kleine Grenzverkehr mit der S-Bahn endgültig scheitern.
Stattdessen wird in gewohnter Manier der Schwarze Peter der DDR zugeschoben und einfach behauptet, die DDR blockiere oder erschwere notwendige Verhandlungen, obwohl dies häufig gar nicht den Tatsachen entspricht. Die vom Senat bis heute nicht wahrgenommene Verhandlungsbereitschaft der DDR in Sachen Offenhaltung des Grenzübergangs Staaken und in Sachen S-Bahn selbst beweisen es. Darüber hinaus darf bezweifelt werden, ob in Sachen S-Bahn der DDR die immer wieder unterstellte Schlüsselstellung überhaupt zukommt.
Die AL sieht in der S-Bahn ein der Bevölkerung gehörendes Vermögen. Sie spricht sich dafür aus, dieses Vermögen so weit und so bald wie möglich wieder zu nutzen, voll zu nutzen. Sie plädiert dafür, das Streckennetz der S-Bahn, wie es bis 1980 befahren wurde, wieder in Betrieb zu nehmen.
Die S-Bahn-Integration gehört dazu, nicht irgendwann in den neunziger Jahren, sondern jetzt. Dazu gehört auch ein Umdenken bei der Verwaltung, beim Senat, bei den Abgeordneten, bei den Meinungsbildnern, aber auch bei der gesamten Bevölkerung. Wir müssen weg von der Boykottpsychose, die schon 1961 falsch war, aber jetzt völlig unsinnig ist.
In diesem Zusammenhang wendet sich die AL auch entschieden gegen die selbst in jüngster Zeit immer noch verbreitete Auffassung, die Westberliner S-Bahn sei eine schrottreife Bahnruine. Auf den noch betriebenen Reststrecken fährt die S-Bahn immer noch sicher, pünktlich und zuverlässig. Bis zur Einstellung weiter Streckenteile 1980 war das auf dem gesamten Netz der Fall. Das ruhende und das rollende Material ist ebensowenig »verrottet« wie das die Sicherheit gewährleistende Signalsystem, das übrigens schon vor fünf Jahrzehnten eine Zugfolge von 90 Sekunden ermöglichte.
Was wir brauchen, ist kein protziges Luxusnetz um die Jahrtausendwende, sondern ein besseres öffentliches Nahverkehrsangebot jetzt.

# Stadt und Bahn müssen sich wieder aufeinander zu bewegen

## Die Grundstruktur des vorhandenen S-Bahn-Netzes als Ausgangspunkt für stadt- und verkehrsplanerische Überlegungen aus soziologischer Sicht

Konrad Koschinski und Jürgen Pohlmann

### Zwei Planungsmöglichkeiten

Die Reaktivierung des S-Bahn-Netzes in West-Berlin kann in zwei grundsätzlich verschiedenen Formen erfolgen.

Die eine Möglichkeit: Jene Teilstücke, die ein vom Privatauto nicht und von der BVG derzeit nur mangelhaft zu bewältigendes größeres Verkehrsaufkommen sinnvoll übernehmen können, werden befahren, die übrigen Strecken werden stillgelegt. Der jahrzehntelangen Auseinanderentwicklung von Bahn und Stadt wird voll Rechnung getragen, einige umgestaltete und auf die Innenstadt konzentrierte S-Bahn-Linien verwerten den Restverkehr, der ihnen angesichts der gewandelten Stadtstruktur und des städtebaulichen Tributs an das Automobil noch verbleibt. Sie befördern Schüler und Berufstätige ohne Führerschein, Hausfrauen, denen kein eigener Wagen zur Verfügung steht und Rentner, in vergleichsweise geringem Umfang auch Autobesitzer, die für die Fahrt zur Arbeit ein streßärmeres öffentliches Verkehrsmittel vorziehen oder gelegentlich auf die S-Bahn zurückgreifen, weil der Wagen streikt oder die Straße vereist ist.

Die andere Möglichkeit: Das trotz der Teilung im Jahr 1961 auch in West-Berlin funktionsfähige Ineinander übergreifende Systeme der Stadt-, Ring- und Vorortbahnen bleibt als organisch gewachsenes Netz erhalten, auch dort, wo die auf neue Ziele ausgerichteten großen Verkehrsströme einen anderen Verlauf nehmen. In diesem Fall eröffnet sich die Chance, daß Stadt und Bahn sich wieder aufeinander zu bewegen. Gebiete, die mit der S-Bahn gut erreichbar sind, werden bewußt gefördert, privater Autoverkehr – vor allem in die Außenbezirke – wird in bedeutendem Umfang verringert und auf die Schnellbahn verlagert. Die planende Verwaltung orientiert sich nicht mehr in erster Linie an den Erfordernissen des motorisierten Individualverkehrs, sondern wieder stärker am verkehrlichen und städtebaulichen Wert eines Bahnsystems, das die Konturen dieser Stadt ursprünglich wesentlich geprägt hat. Die Schnellbahn wird bewußt nicht auf die Innenstadt konzentriert, sondern verbindet weiterhin auch die einzelnen Zentren und Außenbezirke untereinander.

Wenn wir als Soziologen die Auswirkungen eines Schnellbahnsystems auf die sozialräumliche Gliederung, auf die Verteilung von Wohn- und Arbeitsstätten sowie der zentralen öffentlichen Einrichtungen betrachten, so messen wir der zweiten der eben skizzierten Möglichkeiten größere Chancen zu, die traditionell durch eine Vielzahl von kleinen und mittleren Zentren geprägte Stadtstruktur zu fördern wie auch zum Erhalt wertvoller städtebaulicher Elemente beizutragen. Sosehr die Verringerung des Mobilitätszwangs langfristiges Ziel sein muß, so klar ist für uns auch, daß nur ein ausgedehntes Schnellbahnnetz, das nicht einseitig auf die Innenstadt orientiert ist, die nun einmal vorhandenen Mobilitätsbedürfnisse anstelle des vor allem in den Außenbezirken dominierenden privaten Automobils befriedigen kann, natürlich in enger Verknüpfung mit Bus- und U-Bahn-Linien.

Bei Verwirklichung der ersten Möglichkeit, also Einpassung eines stark geschrumpften und modifizierten S-Bahn-Netzes in eine vom U-Bahn-Ausbau und der Dominanz des privaten Automobils geprägte Verkehrslandschaft, sehen wir keine grundsätzliche Veränderung der bisherigen Stadtentwicklungs- und Nahverkehrspolitik. Die drohende Zerstörung der polyzentrischen Struktur und die Stadtrandwanderung der Wohnbevölkerung werden damit nicht aufgehalten, denn es ist gerade auch die schlechte Erreichbarkeit der Großwohnsiedlungen, Villenvororte und Erholungsgebiete am Stadtrand mit öffentlichen Verkehrsmitteln, die die Bewohner der Innenstadt und Außenbezirke gleichermaßen zur Benutzung des indivuellen Kraftfahrzeugs veranlaßt – mit allen schädlichen Auswirkungen: den Blechlawinen in der Innenstadt wie den Schnellstraßen bis an die Stadtgrenzen. Die Randwanderung der Wohnbevölkerung ist unter anderem eine Folge des steigenden Individualverkehrs, weil er alte Stadtteile immer unbewohnbarer macht.

Ein die gesamte Stadtfläche erschließendes ausgedehntes Bahnsystem bringt freilich nicht automatisch die Abkehr vom motorisierten Individualverkehr mit sich, ist aber bei begleitenden Maßnahmen zur prinzipiellen Verkehrsbedingung und auch einer neuen Raumordnungspolitik eine Voraussetzung für die tatsächliche Prioritätensetzung zugunsten des öffentlichen Verkehrs.

### Grundsätzliche Kritik tradierter Planungsverfahren

Wir haben einen konzeptionellen Vorschlag erarbeitet, der auf den Erhalt der Grundstruktur des bis 1980 befahrenen S-Bahn-Netzes hinausläuft. Wir werden einige wichtige Punkte daraus in diesem Beitrag skizzieren. Vorausstellen möchten wir noch ein paar Bemerkungen zur Vorgehensweise der ingenieurwissenschaftlich und räumlich-geographisch orientierten Verkehrsplaner, insbesondere auch der Senatsverwaltung.

Die meisten Planer, gleichgültig ob an privaten Instituten, den Universitäten oder innerhalb der kommunalen Verwaltungen tätig, fragen bei der Konzeption von Schnellbahnlinien zuallererst nach den vorhandenen Verkehrsströmen. In West-Berlin wird ein jahrzentelang weitgehend ignoriertes S-Bahn-Netz getreu eingefahrenen planungstechnischen Grundlagen nunmehr daraufhin untersucht, ob es sich den ermittelten, hochgerechneten oder oft auch nur vermuteten Verkehrsströmen gemäß zurechtbiegen läßt.

Sowohl bei der Erarbeitung des Senatskonzepts als auch bei wissenschaftlichen Forschungsvorhaben zur Integration und Modernisierung der S-Bahn spielt die Verkehrsmodellrechnung eine große Rolle. Die empirisch ermittelten oder näherungsweise bekannten verkehrlichen Beziehungen gehen in computergerechte mathematische Modelle ein. Die Prämissen, unter denen die Verkehrsmodellrechnungen entstehen, etwa die Methode bei der Erhebung der verkehrlichen Beziehungen oder die Genauigkeit der verwendeten Daten werden dabei oft nicht oder nur unzureichend offengelegt und verständlich gemacht – schon gar nicht für den an der S-Bahn als Verkehrsmittel interessierten Laien.

Während bei den wissenschaftlichen Untersuchungen, die unabhängig von der Senatsverwaltung vor allem an der TU durchgeführt werden, die Möglichkeit besteht, anhand der veröffentlichten Forschungsberichte einen Einblick in Methode und Informationsgehalt der Verkehrsmodellrechnungen zu gewinnen, liegen von der S-Bahn-Kommission des Senats nur vergleichsweise dürre Mitteilungen vor. Obwohl ein endgültiges Netzkonzept noch nicht erarbeitet und eine Analyse der technischen und verkehrlichen Möglichkeiten der vorhandenen S-Bahn-Strecken nicht vorgelegt worden ist, wirken die Zahlenangaben – ob zu Investitions- und Betriebskosten oder zum künftigen Fahrgastaufkommen – erstaunlich präzise. Die einem nur geringen Fahrgastzuwachs gegenübergestellten riesigen Geldsummen müssen gerade für den engagierten Befürworter der S-Bahn niederschmetternd sein: 2,57 Milliarden DM Investitionskosten für drei bis sechs Prozent mehr Fahrgäste im öffentlichen Nahverkehr lautet die Prognose des Senators für Stadtentwicklung und Umweltschutz in einer Mitteilung vom Juni 1982.

Die Methode, mit der das Zahlenwerk über Kosten und Fahrgastaufkommen erstellt wurde, bleibt allerdings im Dunkeln – sie entzieht sich der demokratischen Kontrolle durch den Bürger.

### Die Vielfalt der Zentren Berlins muß bewahrt bleiben

Einmal positiv unterstellt, im Rechenzentrum des statistischen Landesamtes wäre es tatsächlich gelungen, gegenwärtige und künftige Verkehrsströme in West-Berlin exakt zu ermitteln, so sollte man allein anhand dieser Daten nicht vorschnell den Nutzen der S-Bahn beurteilen und begründen, warum »klassische« Linien gestrichen oder andere neu eingerichtet werden sollen. Ein derartiges Vorgehen würde bedeuten, vorhandenes Mobilitätsbedürfnis unkritisch zu fördern und ihm die günstigsten Verbindungswege zu bahnen. Die lediglich an vorgefundenen und in die Zukunft hochgerechneten Verkehrsdaten orientierte Schnellbahn- und Straßenplanung trägt entscheidende Verantwortung für stadtstrukturelle Fehlentwicklungen.

Angesichts dieser Erfahrung melden Stadtplaner, die der weiteren Zerstörung gewachsener und erhaltenswerter räumlicher wie sozialer Strukturen entgegenwirken wollen, Bedenken gegen die Schaffung eines ausgedehnten, hochmodernen Schnellbahnsystems für West-Berlin an. Sie haben Negativbeispiele aus München oder Frankfurt vor Augen, wo die Erschließung von Vorortsiedlungen oder Gemeinden des Umlandes durch die S-Bahn und die damit entstandenen »Lagegunstvorteile« rapide steigende Bodenpreise, das Verschwinden preiswerter Wohnungen, kleinerer Läden oder Handwerksbetriebe im Einzugsgebiet der Bahnhöfe mit sich gebracht haben. Als Folge der guten Erreichbarkeit der jeweiligen Innenstadtzentren wird eine merkliche Beeinträchtigung des eigenständigen wirtschaftlichen und kulturellen Lebens der Vororte und des Umlands festgestellt. Ähnliche Auswirkungen werden auch für die Westberliner Nebenzentren und Außenbezirke befürchtet.

Während jedoch in München, Frankfurt oder Stuttgart sämtliche S-Bahn-Linien in die City führen, erschließt das Westberliner S-Bahn-Netz in seiner bis 1980 betriebenen Form die nach dem Krieg neu entstandene westliche City nur mit vergleichsweise wenigen Linien direkt. Von bis zum Herbst 1980 betriebenen zehn S-Bahnlinien berührten nur drei den Bahnhof Zoo. Zu den am besten frequentierten Strecken gehörten gerade die um die Innenstadt herumführende Ringbahn und die deutlich östlich der City verlaufende Nordsüdbahn.

In den genannten westdeutschen Städten und auch in Hamburg sind in den Stadtzentren erst in den 60er und 70er Jahren völlig neue und extrem kostenaufwendige Tunnelstrecken errichtet worden, deren Betrieb aus wirtschaftlicher Sicht nur bei größtem Fahrgastaufkommen gerechtfertigt ist. Schon von daher muß möglichst viel Verkehr auf diese Neubautrassen gelenkt werden, zum Nachteil der übrigen flächendeckenden öffentlichen Verkehrsmittel – Straßenbahn und Bus – im näheren Umfeld der S-Bahn-Linien. Auch verfügten – mit Ausnahme Hamburgs – die westdeutschen Großstädte nicht über für den S-Bahn-Verkehr geeignete Eisenbahnanlagen: Die Bahnhöfe mußten erst dafür umgebaut oder neu errichtet werden, teilweise mußten die Strecken erst elektrifiziert oder auch völlig neu trassiert werden, dies alles mit erheblichem Kapitalaufwand, der wiederum nur dann vertretbar erschien, wenn als Folge möglichst viele Fahrgäste in die Innenstädte transportiert werden konnten.

In West-Berlin wäre dagegen mit vergleichsweise niedrigem Kapitalaufwand ein in seiner technischen Substanz großenteils immer noch funktionsfähiges Schnellbahnsystem wieder zu errichten, das aufgrund seiner Netzstruktur nicht monozentrisch auf eine City, sondern wesentlich auch auf die Verbindung mehrerer Zentren und Außenbezirke untereinander ausgerichtet ist, also der polyzentrischen Stadtstruktur West-Berlins in hohem Maße entspricht.

Nur bei einer weitreichenden Umgestaltung des Streckenverlaufs der S-Bahn und einer radikalen Ausdünnung des für kurze Entfernungen geeigneten Autobusverkehrs wären

die Warnungen berechtigt, die S-Bahn verkürze einseitig die Fahrten in die City und beeinträchtige damit die Attraktivität der bezirklichen Nebenzentren.
Im übrigen ist unabhängig von der möglichen Form der S-Bahn-Integration die Vielfalt der Unterzentren schon seit längerem gefährdet und teilweise bereits verschwunden. Die einst auch kulturell lebendigen Nebenzentren, gekennzeichnet durch eine relativ kleinräumige Vermischung der Lebensfunktionen Wohnen, Freizeitgestaltung und Arbeiten, sind häufig zu bloßen Geschäftszentren verkommen. In ihnen fehlen beispielsweise Freizeiteinrichtungen, Kinos und auch preiswerte Wohnungen. Diese negative Entwicklung ist gerade in einer Zeit fortgeschritten, in der das ausgedehnte S-Bahn-Netz durch die politisch Verantwortlichen und große Teile der Bevölkerung ignoriert wurde. Eine Integration des S-Bahn-Systems unter Beachtung seiner baulich-technischen Gegebenheiten und verkehrlichen Grundstruktur kann eigentlich nur Fehlentwicklungen korrigieren, die nicht durch die S-Bahn, sondern eben durch ihre mangelnde Nutzung begünstigt worden sind.
Bei der Reaktivierung und Modernisierung des Westberliner S-Bahn-Netzes sollten gezielt auch solche Linien beibehalten oder neu angeboten werden, die zwar nicht auf Anhieb stark gefragt, aber längerfristig positiv auf die Stadtentwicklung einwirken können. Als Beispiel nennen wir die Strecke nach Heiligensee: Während auf den über ein Kilometer von der S-Bahn entfernten Heiligenseer Wiesen eine umstrittene Bebauung geplant ist, sind bedeutende, unmittelbar südlich und nördlich des Bahnhofs Heiligensee gelegene Flächen zum Teil als nicht mehr notwendiges Gelände für den Eisenbahngüterverkehr, zum Teil als Reservebauland ausgewiesen; sie sollen auf längere Sicht nicht genutzt werden, obwohl hier die Bebauung weniger einschneidend für die Landschaft wäre als auf den Heiligenseer Wiesen. Soweit um den Bahnhof Heiligensee herum Wohnungen oder kleinere Gewerbebetriebe angesiedelt würden, wäre die S-Bahn-Nähe von großem Vorteil. So böte die S-Bahn eine attraktive Verbindung zum Nebenzentrum Tegel an der Gorkistraße und zu anderen Ortsteilen des Bezirks Reinickendorf sowie zu dem, von den Folgen der Grenzschließung besonders betroffenen Nebenzentrum Brunnenstraße/Badstraße am Bahnhof Gesundbrunnen. Bei einer Verknüpfung der Nordsüd-S-Bahn mit der U-Bahn im Bereich Potsdamer Platz/Gleisdreieck könnten die Bewohner Heiligensees auch die Innenstadt bequem erreichen — aber eben nicht nur diese.
Eine solche Linienführung könnte also gezielt als Entwicklungsfaktor für S-Bahn-nahe Gebiete in den Räumen Heiligensee, Tegel, Gesundbrunnen und Potsdamer Platz/Gleisdreieck eingesetzt werden. Zersiedlungstendenzen am Stadtrand wie auch der Strukturschwäche von innerstädtischen Bereichen in Grenznähe würde damit entgegengewirkt.

### S-Bahn-Integration mit geringem Kapitalaufwand

Wir meinen, daß die Vorortsiedlungen und Gartenstädte, aber auch die Großwohnsiedlungen der Außenbezirke nicht durch eine alle fünf Minuten verkehrende Hochleistungs-S-Bahn direkt mit der City verbunden werden sollten. Für sinnvoll halten wir stattdessen die Erschließung durch meist schon vorhandene, teilweise mit neuen Zugängen zu versehende Bahnhöfe an den traditionellen S-Bahn-Strecken, wobei intensiver, flächendeckender Autobusverkehr als Zubringer dienen soll. Für die Zubringerlinien und Züge erscheint ein abgestimmter Fahrplan-Takt von zehn Minuten als ausreichend. Unter weitgehender Beibehaltung der Netzstruktur, wie sie bis 1980 auch noch funktioniert hat, zusammen mit der konsequenten Schaffung von Umsteigemöglichkeiten zu bestehenden U-Bahn-Strecken und einem etwas modifizierten Busnetz, würden attraktive Verbindungen zwischen den verschiedenen Bezirken und Ortsteilen geschaffen, aber auch die Verkehrsströme in die Innenstadt mit erfaßt. Im Gegensatz zu anderen Vorschlägen, die eine starke Konzentration der Umsteigeverbindungen zur Innenstadt auf die Bahnhöfe Putlitzstraße, Zoo und Gleisdreieck sowie die U-Bahn-Linien 1 und 9 vorsehen, »bündelt« unsere Konzeption die Verkehrsströme nicht auf wenige Strecken und Bahnhöfe, sondern verteilt sie gleichmaßiger auf mehrere Linien, Umsteige- und Zielpunkte; zudem ist sie rascher und billiger zu verwirklichen*
Um die angestrebte bessere Verknüpfung von Nordsüd-S-Bahn und U-Bahn zu erreichen, ist die Einfädelung der zur Zeit stillgelegten U-Bahn-Trasse Wittenbergplatz—Bülowstraße—Gleisdreieck in den baulich für eine zusätzliche Bahnstrecke aus Richtung Gleisdreieck bereits vorbereiteten S-Bahnhof Potsdamer Platz unseres Erachtens die billigste Lösung. Für die Fahrgäste aus den nördlichen Stadtteilen wäre eine derartige Verknüpfungsform wegen ihrer niveaugleichen Umsteigemöglichkeit auch attraktiver als der oft vorgeschlagene Umsteigebahnhof Gleisdreieck mit seinem Höhenunterschied zwischen S- und U-Bahnsteigen.
Die Bewohner des Einzugsgebiets der südlichen Vorortstrecken aus Lichtenrade und Lichterfelde Süd können nach unserer Konzeption die Innenstadtzentren ebenfalls günstig erreichen: über den Südring der S-Bahn mittels einer direkten — ohne Streckenneubauten möglichen — Zugverbindung zwischen Papestraße und Zoologischer Garten über Halensee, aber auch mit der U-Bahn-Linie 7 oder dem Autobus Nr. 19 ab Yorckstraße. Der Bahnhof Papestraße müßte zu einem Turmbahnhof, in dem Ring- und Vorortbahnsteig dann kreuzungsförmig übereinander lägen, umgestaltet werden, was im Zuge der ohnehin geplanten Baumaßnahmen in diesem Bereich erfolgen könnte. Die bessere Umsteigemöglichkeit zum Ring käme auch Relationen wie Lankwitz—Neukölln, Marienfelde—Wilmersdorf oder Lichterfelde—Tempelhof zugute.
Die insgesamt 18 Übergangsmöglichkeiten zwischen S- und U-Bahn bräuchten keineswegs alle neu errichtet werden, sie sind teilweise fertig oder im Rohbau vorhanden, teilweise lediglich seit Jahren geschlossen und wieder instandzusetzen. Auch das ist ein Beispiel dafür, mit welch vergleichsweise geringem Kapitalaufwand, der sicherlich in Millionenhöhe, aber eben nicht — wie der Senat dies veranschlagt — in Milliardenhöhe liegt, ein umfangreiches S-Bahnnetz in das Westberliner Nahverkehrssystem einbezogen werden kann. Zwar erhält man für geringere Investitionskosten häufig nur befriedigende, nicht immer ideale Lösungen. Die

* Der Bahnhof Potsdamer Platz liegt zwar auf DDR-Territorium, ist jedoch für den öffentlichen Verkehr von Ost-Berlin aus z. Zt. gesperrt und auch langfristig nicht interessant. Er verfügt über zwei Ausgänge in Richtung West-Berlin, die wieder geöffnet werden könnten — vergleichbar dem Bahnhof Wollankstraße.

Verwirklichung aller wünschenswerten Vorhaben, insbesondere zur jeweils optimalen Gestaltung von Umsteigebahnhöfen, würde in der Tat Milliardensummen erfordern. Wir halten es indes für nützlicher, in absehbarer Zeit möglichst viele befriedigende Lösungen zu realisieren als bis ins nächste Jahrtausend auf vielleicht ideale bauliche Gegebenheiten zu warten. Im übrigen funktioniert seit achtzig Jahren mit großem Erfolg ein U-Bahn-System, dessen Linienverknüpfungen meistens auch alles andere als ideal gestaltet sind, man denke nur an Bahnhöfe wie Spichernstraße oder Hallesches Tor.

### Erhaltung der S-Bahnhöfe in ihrer architektonischen Gestaltung

Für die Durchführung eines attraktiven und zuverlässigen Betriebs können auch längerfristig zahlreiche bauliche Anlagen der S-Bahn erhalten bleiben; renoviert und restauriert tragen sie sowohl funktionalen Erfordernissen als auch dem Erhalt wertvoller städtebaulicher Substanz Rechnung.
Bedeutsam ist die Zahl der Bahnhöfe, die in ihrer architektonischen Gestaltung unverwechselbar sind und mit der sie umgebenden Stadtlandschaft eine Einheit bilden. Hier kann der Reisende noch zu »seinem« Bahnhof als Ausgangs- und Zielpunkt seiner Mobilität ein persönliches Verhältnis gewinnen. Die Erhaltung der städtebaulichen Zusammengehörigkeit von Straßenzügen und den sie erschließenden Bahnhöfen ist daher eine wesentliche Forderung. Es ist jedoch nicht hinreichend, ein oder zwei Bahnhöfe als Baudenkmäler zu konservieren und den Rest zu gesichtslosen, rein funktionalen Haltepunkten umzubauen und diese neuen Bahnhöfe so für ihre Umgebung zu Fremdkörpern zu machen. Eine derartige Restaurierung hätte reinen Alibi-Charakter. Sie wäre angesichts eines Bekenntnisses zur Geschichts- und Kulturlosigkeit auch vollends verzichtbar.
Es soll damit aber nicht der Nostalgie das Wort geredet werden. Es kann nicht darum gehen, die S-Bahn als betriebsfähiges Museum zu erhalten – moderne Technik ist für ein attraktives öffentliches Verkehrsmittel unabdingbar. Auch in der Vergangenheit sind, für die meisten unbekannt, veraltete Einrichtungen durch neuere Technologien ersetzt worden, vor allem im Bereich der Fahrstromversorgung. Wo immer möglich sollte neuzeitliche Technologie mit der historischen Bausubstanz zu einer Synthese verschmelzen, die sowohl dem dynamischen Charakter heutiger Verkehrsbedürfnisse als auch dem ästhetischen Gesicht vergangener Stilepochen Rechnung trägt.

### Verkehrsberuhigtes Umfeld

Ein Nachteil vieler S-Bahnhöfe ist deren Randlage zu den von ihnen erschlossenen Gebieten, wenn auch die Entfernungen oft nur wenige hundert Meter zu den Zentren der jeweiligen Stadtteile betragen. Dieser Nachteil muß wirksam kompensiert werden, wenn eine allgemeine Akzeptanz des Verkehrssystems S-Bahn gewährleistet sein soll. Das kann aber nicht nur durch Zubringerbusse erfolgen. Der Fußgänger- und Fahrradverkehr soll bei der Eröffnung neuer oder bislang geschlossener Ausgänge sowie bei der Gestaltung der Bahnhofsvorplätze und der umgebenden Straßenzüge vorrangig berücksichtigt werden. Der vom Automobil geprägten Bequemlichkeit, der Gehfaulheit vieler Menschen kann wirksam gegengesteuert werden, wenn die Nebenstraßen zum Bahnhof so attraktiv und einladend ausgestaltet werden, daß der Fußweg nicht mehr nur ein notwendiges Übel ist, sondern auch eine Erholungsfunktion beinhaltet. Verkehrsberuhigte, besser noch autofreie Straßenzüge, optisch abwechslungsreich mit viel Grün angelegt, lassen den notwendigen Fußweg kürzer erscheinen. Ein derartiger, vornehmlich für den Fußgänger gestalteter Bereich, ist ein wohltuender Kontrast zu Hektik und Lärm des nächstliegenden vom Automobil dominierten Verkehrszentrums und bietet dem Menschen einige Momente der Ruhe und Entspannung, bevor er sich in das unvermeidliche Getümmel eines Massenverkehrssystems begibt. Auf dem Weg zwischen Wohnung und Bahnhof kommt noch die Möglichkeit sozialer Kontakte, das Treffen von Bekannten und Kollegen aus der Nachbarschaft mit zumindest teilweise gleichen Wegen hinzu.
Somit verliert das Problem der Randlage deutlich an Gesicht; unter bestimmten Gesichtspunkten könnte sich dieser Nachteil sogar auf die beschriebene Art und Weise in einen Vorteil verwandeln.

### Planung vor Ort

Jeder einzelne der vorhandenen bzw. neu anzulegenden S-Bahnhöfe bedarf einer um-

*Blick auf den S-Bahnhof Sonnenallee aus der Brusendorfer Straße,*

*von der Schwarzastraße aus*

*und von der Saalestraße*

fassenden Untersuchung hinsichtlich seines direkten Einzugsbereiches und seiner Anbindung an die übrigen Verkehrsträger. Diese Studien dürfen auf keinen Fall ausschließlich »am grünen Tisch« betrieben werden, da selbst das beste Kartenmaterial nur eine räumlich-geographische Beschreibung der Örtlichkeiten, das genaueste Zahlenmaterial nur eine rein numerische Aussage über die verkehrlichen Beziehungen vermittelt. Weitere Erkundungen vor Ort sind unbedingt erforderlich, um den Einzugsbereich eines Bahnhofs in seiner gesamten Komplexität zu erfassen. Neben der Ermittlung der Verkehrsbeziehungen gilt es, die Zuordnung des jeweiligen Bahnhofs zu seiner unmittelbaren und weiteren Umgebung auch sozialräumlich, architektonisch und städtebaulich sorgfältig zu ermitteln. Die Erhebung der Verkehrsströme selbst muß die Kurzstrecken-, Durchgangs- und Zubringerverkehre umfassen und sie nach der Art in Berufs-, Einkaufs-, Schüler- und Freizeitverkehre aufteilen können. Dazu gehört eine ausführliche Befragung der potentiellen Benutzer, da weder die Fahrgastzahlen der BVG noch die Fahrgastzahlen des früheren oder heutigen S-Bahn-Netzes genaue Prognosen über die Akzeptanz einer in das bestehende Nahverkehrssystem integrierten S-Bahn zulassen. Die bisherige Struktur des gesamten öffentlichen Nahverkehrs und auch das Verkehrsverhalten der Bürger sind zu sehr von der speziellen Ausnahmesituation in Berlin (West) geprägt.

Befragungen im geschilderten Rahmen setzen die Mitarbeit der Bevölkerung voraus. Diese ist aber nicht nur hierfür erwünscht und erforderlich, sondern auch bezüglich der

*Bahnhofsschänke am Bahnhof Sonnenallee*

*Ringbahnbrücke über die Sonnenallee, etwa 80 m vom S-Bahn-Eingang entfernt*

Renovierung und Umgestaltung des Bahnhofs selbst wie der des Bahnhofsvorplatzes und seiner unmittelbaren Umgebung. Einzelpersonen, Bürgerinitiativen, Stadtteilgruppen, Ortsverbände der Parteien, Kirchengemeinden und andere lokale Organisationen sind gezielt darauf anzusprechen. Eine derartige Bürgerbeteiligung vermittelt den Anwohnern einen direkten Bezug zu »ihrem« Bahnhof, was sicherlich neben der erhöhten Lebensqualität im Bahnhofsumfeld auch auf die Fahrgastzahlen positive Auswirkungen haben wird.

Auch ohne solchen exakten Untersuchungsergebnisse ist es möglich, Vorschläge für die Umgestaltung bestehender und den Bau zusätzlicher Bahnhöfe zunächst skizzenhaft zu erarbeiten. Dies sollte in erster Linie an Ort und Stelle geschehen, um einen direkten Eindruck von Lage und Zustand der vorhandenen Bahnanlagen sowie vom städtebaulichen Charakter des näheren und weiteren Umfeldes zu erhalten.

Im Rahmen der Erarbeitung konzeptioneller Vorschläge erkundeten wir verschiedene Einzugsgebiete der S-Bahn zu Fuß, da sich insbesondere die Frage nach der Erschließung durch Fußgänger und Radfahrer nur aus der Perspektive dieser Verkehrsteilnehmer beantworten läßt. Auch das Problem der zweckmäßigen Busanbindung läßt sich leichter lösen, wenn die weitere Umgebung zunächst mit dem Bus erkundet wird, da zahlreiche Buslinien schon bei geringfügigen Änderungen Zubringerfunktionen übernehmen können. Aus der unmittelbaren Anschauung resultiert ein Gesamtüberblick, der Mögliches und Wünschenswertes viel realistischer einschätzen läßt, als das bei Überlegungen nur anhand von Planungsunterlagen möglich wäre.

Zur Verdeutlichung greifen wir beispielhaft einige vorhandene Bahnhöfe des S-Bahn-Netzes heraus. Die fußläufige Erkundung der Umgebung ist dabei in einigen markanten Punkten fotographisch festgehalten, so daß

*Bahnhof Köllnische Heide, im Hintergrund Hochhausbebauung*

*Blick aus der Steinbockstraße in Richtung Ostkopf des Bahnhofs Köllnische Heide*

*Blick vom neuzubauenden S-Bahn-Eingang Steinbockstraße zum Hochhaus hin*

*Vorplatz des Bahnhofs Lichterfelde West im Villenstil*

sich der Leser selbst ein Bild von den örtlichen Gegebenheiten machen kann. Im Zusammenhang mit den Erläuterungen zu den jeweiligen Fotos sind Vorschläge zur Umgestaltung aufgeführt. Wir haben die Bahnhöfe Sonnenallee und Köllnische Heide herausgegriffen, da in den bekanntgewordenen Konzepten jeweils eine dieser Stationen geschlossen bleiben soll, meist Köllnische Heide, obwohl diese ein sehr bedeutendes Einzugsgebiet hat. Der Bahnhof Sonnenallee verfügt über einen halbkreisförmigen Vorplatz, auf den die umliegenden Wohnstraßen radial hinführen und dessen architektonische Geschlossenheit noch nicht durch den Stilbruch eines modernen Gebäudes gestört wird. Eine Sperrung des Platzes für den Durchgangsverkehr und seine Ausgestaltung speziell für Fußgänger und Radfahrer, die zur S-Bahn wollen, könnte die Orientierung der Bewohner dieses Gebiets auf ihren Bahnhof mit Sicherheit fördern. – Der Bahnhof Köllnische Heide ist ideal für die Busanbindung des Neubaugebiets nordöstlich des Grenzübergangs an der Sonnenallee und der Industriebetriebe entlang der Grenzallee und Neuköllnischen Allee. Bei Anlage eines neuen Ausgangs vom östlichen Bahnsteigende zur Drosselbartstraße und Steinbockstraße steigt die Attraktivität der S-Bahn für die südöstlich und nördlich der Station gelegenen Siedlungen, vor allem auch für das Neubaugebiet an der Aronstraße. Der Zugang von der Steinbockstraße ist sehr fußgänger- und fahrradfreundlich zu erreichen. Wir halten es für zweckmäßig, beide genannten Bahnhöfe beizubehalten, zumal auf dem Südring wegen seiner zahlreichen zentral gelegenen Verknüpfungspunkte zum BVG-Netz der Betrieb zweier S-Bahn-Linien, die zusammen im Abschnitt Neukölln–Halensee einen Fünf-Minuten-Takt ergeben, durchaus gerechtfertigt ist.

Auch die Bereiche der Bahnhöfe Lichterfelde West, Frohnau, Hermsdorf und Wittenau Nord haben wir fotographisch erfaßt und stellen in diesem Katalog einige Charakteristika vor. Insbesondere die Station Lichterfelde West zeichnet sich sowohl durch ihre verkehrsgünstige Lage als auch durch die architektonischen Bauten in ihrer unmittelbaren Nachbarschaft aus. Die Bushaltestellen an der verkehrsreichen Drakestraße sind lediglich ca. drei bis fünf Minuten vom Bahnsteigaufgang entfernt, die Straße Unter den Eichen ist über den Nordausgang an der Knesebeckstraße gut zu erreichen. Der Bahnhofsvorplatz ist nahezu frei von Durchgangsverkehr und wird von liebevoll restaurierten Häusern im Villenstil gesäumt, in denen sich zahlreiche Ladengeschäfte befinden. Zusammen mit den Läden an der Curtius- und Drakestraße schließt sich unmittelbar an den Bahnhof das Geschäftszentrum dieses Teils von Lichterfelde an. – Ergänzend sei noch erwähnt, daß die Buslinie 11 S-Bahn-Fahrgäste in wenigen Minuten ins südliche Dahlem einschließlich der Freien Universität bringen könnte.

Die anderen erwähnten, im Bezirk Reinickendorf gelegenen, Bahnhöfe wollen wir hier nicht mehr detailliert beschreiben. Ihre unmittelbare Umgebung haben wir jedoch bildlich dokumentiert, weil in zwei Fällen – in Frohnau und Hermsdorf – auf attraktiven, relativ zentral gelegenen und fußgängerfreundlichen Vorplätzen eine besonders gute Busanbindung möglich ist. Als Kontrast dazu sind der bestehende und der am Wilhelmsruher Damm im Rohbau fertiggestellte Ausgang des Bahnhofs Wittenau Nord dar-

*Taxistand am Bahnhof Lichterfelde West*

*Ladenzeile am Bahnhof Lichterfelde West*

Zeitungsladen am S-Bahnhof Frohnau

Ideale Haltestelle für Zubringerbusse vor dem S-Bahnhof Hermsdorf

Frohnau, Ludolfinger Platz: Harmonisches Ensemble mit S-Bahnhof

Blick aus der Eingangshalle des Bahnhofs Hermsdorf

gestellt, die beide an stark befahrenen Durchgangsstraßen liegen. So wichtig der Bahnhof auch für Buszubringer ins Märkische Viertel ist, so stellt doch der außerordentlich dichte Autoverkehr hier ein Problem dar, zumal die S-Bahn-Reisenden auf dem Weg zu Anschlußbussen teilweise die Fahrbahnen überqueren müßten. Ein weiterer Bahnhof für das Märkische Viertel sollte sinnvollerweise an der Schorfheidestraße angelegt werden, wo optimale Einrichtungen für den Buszubringerdienst von vornherein einzuplanen sind.

## Etwas tun gegen das Nicht-Wissen

Es kam uns in diesem Aufsatz darauf an zu zeigen, daß mit relativ kostengünstigen Maßnahmen und mit positiven Auswirkungen auf die sozialräumliche Gliederung und das Stadtbild das vorhandene S-Bahn-Netz sehr effektiv ins Westberliner Verkehrssystem integriert werden kann. Unabhängig von allen Baumaßnahmen sollte jedoch endlich mit einer gezielten Informationskampagne zugunsten der S-Bahn begonnen werden. Inzwischen ist es wohl weniger der politische Boykott als einfach das Nicht-Wissen um den noch bestehenden oder auf dem vorhandenen Netz möglichen S-Bahn-Verkehr, der viele davon abhält, die Züge zu benutzen oder sich verkehrspolitisch für die Wiederaufnahme des vollen Betriebs einzusetzen. Die allererste Voraussetzung für den Erfolg des praktischen Verkehrsverbunds, gleichgültig in welcher institutionalisierten Form, ist die Information über gemeinsame Tarife, Fahrpläne, das Liniennetz und die Umsteigemöglichkeiten. Der Verkehrswert eines mit einem Verbund-Fahrschein zu benutzenden S-Bahn-Netzes wäre schon groß genug, um dafür die Werbetrommel zu rühren, wenn sie nur wieder geöffnet wären: die Bahnhofshalle Schönebergs, die Gewächshausaufgänge der Wannseebahn, der Ringbahnsteig am Gesundbrunnen und die über siebzig anderen S-Bahn-Stationen dieser Stadt, die es doch längst schon gibt.

*Eingang Bahnhof Wittenau Nord – schlecht für Reisende, die die Oranienburger Straße überqueren müssen.*

*Eingang zum Bahnhof, typisch daneben der Zeitungskiosk*

*Ein abschreckendes Bild. Dennoch befindet sich links der im Rohbau fertiggestellte Eingang Wilhelmsruher Damm zum Bahnhof Wittenau Nord – ein gesicherter Fußgängerüberweg wäre hier geradezu lebenswichtig.*

# Reichsbahnlied (Tote Gleise)

*Die Gleise laufen nach Osten nach Westen*
*die Richtung war immer klar.*
*Kollege B. stand im Triebwagen vorn, fast 35 Jahr*
*er fuhr die Züge durch die Trümmer Berlins,*
*durch Währungsreform und Blockade,*
*den Amis zum Trotz, die rote S-Bahn fuhr,*
*von Bernau bis Lichtenrade/:*

*Er trifft ein Mädchen aus Breslau, ein gebranntes Kind*
*beim Fest der Weltjugend in Ost-Berlin,*
*sie zieht zu ihm in die Laube am Bahndamm,*
*und als sie schwanger wird, heiratet sie ihn*
*nach Flitterwochen in der Sächsischen Schweiz*
*kriegten sie ne Werkswohnung gestellt*
*Und er fuhr die Berliner frühmorgens zur Arbeit*
*von Ostkreuz nach Gartenfeld/:*

*17. Juni 53 von Henningsdorf zogen die Kollegen*
*zum Alex für mehr Lohn.*
*»Die Anstifter sind Agenten« schrieb des Neue Deutschland*
*»die den Sozialismus bedrohn«*
*Geh doch in Osten rote Sau, das hörte er dann oft*
*und erwiderte mit Stolz im Blick*
*Drüben da bestimmen die Arbeiter den Fahrplan*
*vom Kartoffelacker bis zur Fabrik/:*

*Und das Wirtschaftswunder made in USA*
*lockt die Menschen in den goldenen Westen*
*und als die DDR die Mauer baut, glaubt er,*
*das geschah zu ihrem Besten.*
*»Wer S-Bahn fährt, finanziert den Stacheldraht«*
*schrie die BZ und auch ihm tat es weh*
*wenn er durch Geisterbahnhöfe und Niemandsland,*
*die Strecke fuhr nach Heiligensee/:*

*Und sein Sohn wächst heran und marschiert schon mit,*
*68 am roten 1. Mai*
*und als den Prager Frühling kalte Panzer erstickten,*
*verläßt manch Genosse die Partei.*
*Er aber blieb und sein Junge fand im Stellwerk ne Lehre,*
*sein Vertrauen in die Sache blieb fest*
*bis zu dem Tag im August, als die Räder stoppten*
*von Düppel bis Spandau-West/:*

*Fristlos entlassen und als Terrorist beschimpft,*
*kam der Sohn vom Streik nach Haus.*
*Vater trank erstmal 3 Korn und sagte dann voll Zorn*
*»jetzt ist bei mir der Ofen aus«*
*Gab die Jacke und die rote Mütze zurück,*
*auf die er einst so stolz,*
*und die er trug so lange Jahr*
*auf dem S-Bahnhof Schönholz/:*

*Und vielleicht geht der Junge zur Bundesbahn und der Alte muß die Rente einreichen/ und er knurrt wenn ihm jemand mit Parteibuch kommt »in meinem Kopf da stell ich selber die Weichen«/ Tote Gleise laufen von Osten nach Westen bald wächst Löwenzahn drüber und Klee/ doch noch ist der Zug nicht abgefahr'n VON SCHÖNEBERG ZUR LENINALLEE!*

Entstanden anläßlich des Reichsbahnstreiks, gewidmet jenen Kollegen, deren feste Loyalität zum »1. deutschen Arbeiter- und Bauernstaat« erst durch ganz persönliche bittere Erfahrung zerbrach.

**Rainer Balcerowiak**

# Danksagung

Zuallererst bedankt sich die Arbeitsgruppe Berliner S-Bahn bei den Mitveranstaltern der Ausstellung für die hilfreiche und gute Zusammenarbeit: der Geschäftsstelle der Neuen Gesellschaft für Bildende Kunst (NGBK),
Dr. Jochen Boberg und Rainer Struck vom Museumspädagogischen Dienst Berlin (MD),
Frank Barth, Dr. Michael Haerdter und Peter Hielscher vom Künstlerhaus Bethanien,
Prof. Dr. Günther Gottmann vom Museum für Verkehr und Technik (MVT), Berlin,
und dem Verlag Ästhetik und Kommunikation.
Ausstellung und Katalog wären nicht zustandegekommen, ohne die zahlreiche Hilfe von Autoren und Fotografen, von Angehörigen der Deutschen Reichsbahn, von Fotografen und Malern, von S-Bahn-Experten und vielen einzelnen, die am Schicksal der S-Bahn politisch interessiert sind. Wenn wir hier aus Platzgründen nicht alle namentlich aufführen, so mögen uns die vielen Ungenannten verzeihen; wir haben ihre Unterstützung nicht vergessen.
Besonders bedanken möchten wir uns bei Hans Heinz Petersen, Alfred Gottwaldt, Peter Bley, Kurt Pierson, Herrn Brandt und Herrn Kuper vom Amt für Liegenschaften, Herbert F. Rauh von der Deutschen Bundesbahn, dem Lehrbauhof der Fachgemeinschaft Bau Berlin, dem Ausstellungsbau Dieter Kramer, Herrn Langbein und Herrn Bär von der Druckerei Neue PRESSE Coburg, den Fotografen Hans W. Mende, Jens Schumann, Willi Pragher und nicht zuletzt Ingeborg Ullrich, den Modellbauern Hans Peil und Karl-Heinz Buller, den vielen , die die Ausstellung mit aufgebaut haben, vor allem Christian Bein, Michael Kayser, Richard Weißwange und „Stoffel", Thomas Weigart, Michael Passenheim, Andreas Reidemeister, Horst Gottwald, Herrn Schernetzki, Hans Peter Rink für die harte Reproarbeit, Dieter Bohrer, Michael Götze, Hans D. Reichardt für die vielen Anregungen und verkehrsgeschichtlichen Hilfestellungen, Ingrid Gesslein für Entwurf und grafische Arbeiten, Herrn Marquardt, Monika Fomenko, Eberhard Franke, Hans-Jürgen Harnos, Professor Dr. Diethart Krebs, der Otto-Bartning-Oberschule, Berlin-Spandau, dem Verkehrsmuseum in Nürnberg.
Außerdem danken wir für die freundliche Unterstützung der Universitätsbibliothek der Freien Universität Berlin, der Universitätsbibliothek der Technischen Universität Berlin, der Staatsbibliothek Berlin (DDR), der Staatsbibliothek Preußischer Kulturbesitz, der Kunstbibliothek Preußischer Kulturbesitz, dem Geheimen Staatsarchiv Preußischer Kulturbesitz, dem Bildarchiv Preußischer Kulturbesitz, der Amerika-Gedenkbibliothek Berlin mit seiner Berlin-Abteilung, dem Landesarchiv Berlin, der Landesbildstelle Berlin, Herrn Prof. Dr. Dewitz vom Hochschulfilmreferat der Freien Universität Berlin, dem Institut für Semiotik und Kommunikationstheorie des FB Kommunikationswissenschaften der Freien Universität Berlin.
Folgende Firmen haben uns bei dem Modellbau unterstützt: Fa. Märklin, Fa. Roco, Fa. Brawa, Schmidt Elektronik ses., Fa. Merkur, Ingenieurbüro Norbert Neff, Fa. Heinz Pietsch Elektro- und Modellbauteile, Fa. Fleischmann, Fa. Lauer Elektronik, Rolf Hermann Modelleisenbahnen, Fa. Friedrich Krupp, Planungskollektiv 1.
Nicht bedanken können wir uns leider bei der Deutschen Reichsbahn und dem Verkehrsministerium der DDR; ihre Archive blieben uns verschlossen. Die DDR, so wurde uns nach einjährigem Bemühen lakonisch mitgeteilt, habe kein Interesse an unserer Ausstellung.

# Bildnachweis

Amerika-Gedenkbibliothek: 127; Ausstellungshalle Mathildenhöhe Darmstadt: 285, 294, 295; H. J. Bartsch: 271, 272, 273, 274; Der Bauingenieur: 108, 109, 110; Die Bautechnik: 87, 94, 96, 97, 98; Berlin und seine Bauten, 1896: 88, 89; Berlin und seine Eisenbahnen, 1896: 62, 63, 64, 65; Bildarchiv Preußischer Kulturbesitz: 30, 48, 55, 57, 58, 85, 144; Lothar Binger: 157, 159, 166, 179, 180, 181, 182, 185, 186, 187, 189, 203; Sammlung Binger: 162, 182, 183, 185, 191, 192, 193, 194, 195, 196, 197, 198, 199, 200, 201, 202; Hans Michael Bock: 101, 102; Peter Buchmann: 323, 324, 325, 326, 327, 328; Dpa: 350; Eva Maria Eilhardt: 127; Hella Fuhrmann: 187, 188, 189, 190; Galerie Lietzow: 284; Klaus Groth: 117; P. u. S. Hellemann: 161, 176, 191; Sammlung Rolf Hermann: 116, 310; Knut Hickethier: 151, 192, 195, 241, 243, 250, 251, 256, 258, 259, 261, 262, 264, 266, 267, 268; Franz-Josef Hilbers: 8, 90, 92, 96; E. Kasperski: 288; Archiv Diethart Kerbs: 16, 156, 329, 330, 334; Michael Klinec: 116; Sammlung Eberhard Knödler-Bunte: 50, 51, 52, 130, 332, 333; Konrad Koschinski: 379, 380; Sammlung Krings: 74, 75, 76, 77, 78, 79, 80, 81, 82, 84; Reiner Krznar: 313, 314, 315, 316, 317, 318, 319, 320, 321, 322; Kunstamt Schöneberg: 269; Landesbildstelle Berlin: 58, 119, 120, 132, 134, 158, 163, 173, 174, 175; J. Littkemann: 270; Dieter v. Lüpke: 367; Gerlinde Lustig: 114, 368, 380; Hans W. Mende: 234, 235, 236, 237, 238; Museum für deutsche Volkskunde: 277; Neue Gesellschaft für Bildende Kunst: 290, 291; Galerie Oberlicht: 281; Jürgen Pohlmann: 376, 377; Willy Pragher: 14, 25, 67, 70, 135, 136, 143, 147, 167, 168, 208, 214, 216, 301, 302; Michaela Preuß: 125, 275, 280, 283, 284, 285, 286, 287; Michaela Preuß/Lisa Lorenz: 206, 207, 208, 209, 210, 215, 217, 218, 220; Sammlung Herbert F. Rauh: 340, 341, 342, 343, 347; Sammlung Petersen: 19; Kurt Pierson: 18, 22; Privatbesitz: 20, 21, 23, 26, 49, 56, 59, 83, 85, 126; Privatbesitz Ressler: 165; Jens Schumann: 142, 146, 150, 173, 177, 239, 240, 242, 244, 245, 246, 247, 248, 251, 252, 253, 254, 256, 260, 261, 263, 265, 330, 354, 357, 358, 368; F. Seidenstücker: 160, 170; Henry Seligmann: 182; Privatbesitz Selke: 178; Bernd Sieme/Glinde; 297, 298; Karin Simoneit: 204, 205; Geheimes Preußisches Staatsarchiv Preußischer Kulturbesitz: 47; Deutsche Staatsbibliothek Berlin, Sammlung F. Albert Schwartz: 29, 31, 32, 33, 35, 36, 37, 38, 39, 43, 45, 72; Staatsbibliothek Preußischer Kulturbesitz: 40, 41; Deutscher Stahlbau: 95, 111; Ingeborg Ullrich; 157, 196, 198, 211, 213, 230, 231, 232, 233, 349; Ullstein Bilderdienst: 164, 352; Manfred Verhoolen: 257, 351, 372, 379, 378; Sammlung Lienhard Wawrzyn: 1, 334, 335, 336, 337; Angelika Weidling: 280; Detlev Wittgen: 300, 303, 304, 305, 306, 307, 309, 310, 311, 312, 313; F. Wolter: 184, 186; Zeitschrift des Vereins Deutscher Ingenieure, 1936: 112; Zeitschrift für das Bauwesen, 1884, 1885: 91, 92, 93, 94, 95, 97, 99, 100, 102, 103, 104, 105, 106, 107; Zweites Deutsches Fernsehen: 152, 153, 154, 155.

Öffentliches Interesse artikuliert sich in der Hauptversammlung. Es bilden sich Arbeitsgruppen und der Koordinationsausschuß, unterstützt durch Präsidium und Geschäftsstelle.

**Neue Gesellschaft für bildende Kunst e.V. 1 Berlin 12 · Hardenbergstr. 9 · Telefon 31 61 82**

## Lieferbare Kataloge

**Wem gehört die Welt – Kunst und Gesellschaft in der Weimarer Republik**
1977; 563 S., DIN A 4, über 900 sw-Abb., 66 Farbabb., Beiträge zur Zeitgeschichte, Architektur, bild. Kunst, Literatur und Publizistik, Arbeitertheater, Arbeiterfotografie, Film, Musik ........ DM 25,—

**Künstlerinnen international 1877–1977**
1977; 270 S., DIN A 4, 365 Abb., davon 10 farbig; u. a. Biografien von 173 Künstlerinnen ........ DM 25,—

**Kunst aus der Revolution – Kunst in die Produktion**
1977; Sowjetische Kunst 1927–1933; 2 Bände, zus. 360 S., DIN A 4, 536 Abb., davon 37 farbig .... DM 25,—

**Kunst der bürgerlichen Revolution 1830 bis 1848/49**
1972; 202 S., DIN A 4, 365 Abb., davon 17 farbig, Zeittafel ........ DM 13,50

**Englische Arbeiterkunst**
1977; 70 S., 39 Abb., davon 10 farbig. Kunst der Bergarbeiter von Ashington ........ DM 6,—

**Aufschlüsse über die Wirklichkeit – Projektstudium visuelle Kommunikation**
1976/77; 143 S., über 200 Abb.; Verhältnis bildende Kunst/Wissenschaft. Zwischenbericht der HdK Berlin ........ DM 13,—

**Theroie und Praxis demokratischer Kulturarbeit**
1976; 217 S., ca. 44 Abb. und 14 Schautafeln ........ DM 10,—

**Portugiesische Realisten**
1977; 120 S., 83 Abb., teilw. farbig ........ DM 10,—

**Maija Tabaka / Riga, Bilder 1962–1978**
1979; 60 S., zahlr. Abb., teilw. farbig ........ DM 8,—

**Laszlo Peri 1899–1967 /** Betonreliefs und -Skulpturen
1982, 90 S., zahlr. Abb. sw und farbig ........ DM 10,—

**35 Künstlerinnen aus Mexico**
1981; 104 S., zahlr. Abb., teilw. farbig ........ DM 12,—

**Masuhr - Traumschöne Bilder**
1981; 72 S., Bilder, Grafik, zahlr. Farbabb. . DM 15,—

**Realismusstudio: Dornseif**
1981; 40 S., Plastiken, sw-Abbildungen ...... DM 7,—

**Realismusstudio:**
**Polizei zer-stört Kunst - Der Fall Volland/NGBK**
1981; 128 S., ca. 60 sw-Abb. ........ DM 10,—

**Karl Hubbuch 1891–1979**
1981; (Badischer Kunstverein Karlsruhe), 329 S., zahlr. Abb. ........ DM 28,—

**Realismusstudio: Ina Barfuss - Der moderne Mensch**
1982; 48 S., 45 Abb., farb. u. sw. ........ DM 8,—

**Unbeachtete Produktionsformen**
1982; 134 S., sw-Abb. ........ DM 12,—

**Realismusstudio: Büttner / Oehlen**
«Rechts blinken – links abbiegen«, 1982 ... DM 12,—

Lieferung der Kataloge und Broschüren zuzüglich Porto und Verpackung. Bitte Vorausrechnung abwarten – Keine Zahlungen ohne Rechnung! Zahlungen aus dem Ausland: nur in DM-Beträgen.